Prática da Psicologia
baseada em evidências

Prática da Psicologia
baseada em evidências

Tamara Melnik (organizadora)

manole
editora

Produção editorial: Paris Serviços Editoriais e Educacionais
Projeto gráfico: Departamento de Arte da Editora Manole
Diagramação e imagens: Luargraf Serviços Gráficos Ltda. ME
Capa e imagem da capa: Iuri Guião

CIP-BRASIL. CATALOGAÇÃO NA PUBLICAÇÃO
SINDICATO NACIONAL DOS EDITORES DE LIVROS, RJ

P925

Prática da psicologia baseada em evidências / organização Tamara Melnik. - 1. ed. -
Santana de Parnaíba [SP] : Manole, 2024.

Inclui bibliografia e índice
ISBN 9788520465851

1. Psicologia - Pesquisa - Metodologia. 2. Psicodiagnóstico. I. Melnik, Tamara.

24-88923 CDD: 150.72
CDU: 159.9.072

Gabriela Faray Ferreira Lopes - Bibliotecária - CRB-7/6643

Edição – 2024

Editora Manole Ltda.
Alameda América, 876 – Tamboré
Santana de Parnaíba
06543-315 – SP – Brasil
Fone: (11) 4196-6000
www.manole.com.br | https://atendimento.manole.com.br

Impresso no Brasil | *Printed in Brazil*

Agradecimentos

Meus agradecimentos a todos os colaboradores desta obra, renomados professores e pesquisadores. Esta colaboração permitiu a congregação de eminentes referências tanto nacionais quanto internacionais no campo da Saúde Mental. Tive o privilégio, em diversas ocasiões, de coautoria em artigos, além de ter ministrado palestras e conferências conjuntas que contribuíram para o avanço e a disseminação da psicologia científica no Brasil.

Este livro representa o culminar de um percurso de 20 anos marcado por aprendizados significativos, produção acadêmica e ativismo dedicado à prática da Psicologia baseada em evidências (PPBE). Desde o início do meu mestrado, envolvi-me profundamente com a PPBE, dedicando-me à realização de estudos primários e à elaboração de Revisões Cochrane. Trabalhei também na organização do conhecimento e na promoção da importância da PPBE, o que inclui a concepção e implementação da primeira disciplina sobre o tema na Universidade de São Paulo (USP).

Expresso meu agradecimento a dois grandes mestres que me inspiraram: Professora Dianne Chambless (*in memoriam*), pioneira na prática da Psicologia baseada em evidências. A Professora Dianne acolheu-me enquanto professora visitante na Universidade da Pensilvânia, abrindo novas perspectivas no meu entendimento da psicologia científica e do comportamento humano; e Professor Doutor Álvaro Nagib Atallah, diretor do Centro Cochrane do Brasil e professor titular do Programa de Saúde Baseada em Evidências da Universidade Federal de São Paulo (Unifesp).

"Do not postpone your dreams"
(Não adie seus sonhos)
Dianne Chambless

Dedicatória

Aos meus pais (*in memoriam*), que sempre me conduziram por meio do amor em direção a realizações e a deixar o mundo melhor do que o encontrei. Ao meu filho, Michael, ao meu marido, meu maior incentivador, ao meu querido irmão, às minhas sobrinhas e a toda a minha família.

Sobre a organizadora

Tamara Melnik

Pós-doutora em Medicina Interna e Terapêutica pela Universidade Federal de São Paulo (Unifesp) com o tema "A prática da Psicologia baseada em evidências". Doutora em Psicologia pela Universidade de São Paulo (USP) em parceria com Cochrane Prostatic and Urologic Diseases e Centro Cochrane do Brasil. Mestre em Psicologia pela USP. Professora da disciplina Saúde Baseada em Evidências na Unifesp. Professora orientadora (mestrado e doutorado) do Programa de Pós-graduação em Saúde Baseada em Evidências da Unifesp. Pesquisadora do Centro Cochrane do Brasil. Professora visitante da Penn University. Membro da 12 Division of American Psychological Association. Professora do curso de especialização em Terapia Cognitivo-comportamental em Saúde Mental do Grupo de Estudo e Pesquisa em Transtornos de Ansiedade do Instituto de Psiquiatria do Hospital das Clínicas da USP. Revisora de periódicos internacionais (*British Medical Jornal, Cochrane Library*, entre outros) e nacionais. Idealizou e ministrou na USP a primeira disciplina no Brasil sobre a prática da Psicologia baseada em evidências. Membro do corpo editorial do *World Journal of Meta-Analysis*. Consultora científica atuando na elaboração de delineamentos experimentais na área da saúde. Organizou em parceria com o Prof. Dr. Álvaro Nagib Atallah o livro *Psicologia baseada em evidências: provas científicas da efetividade da psicoterapia*. Professora convidada do Instituto de Psicologia da USP. Possui publicações em periódicos como *Nature, Cochrane Reviews, BMJ*, entre outros.

Sobre os autores

Adriana Munhoz Carneiro

Psicóloga e pesquisadora. Doutora em Ciências pela Faculdade de Medicina da Universidade de São Paulo (FMUSP). Coordenadora do Programa de Psicologia ProGruda do Instituto de Psiquiatria (IPq) do Hospital das Clínicas (HC) da FMUSP.

Álvaro Nagib Atallah

Professor titular e chefe da disciplina de Medicina de Emergência e Medicina Baseada em Evidências da Universidade Federal de São Paulo (Unifesp).

Ana Carolina Pereira Nunes Pinto

Pesquisadora do Centro Cochrane Iberoamericano, Barcelona, Espanha, do Centro Cochrane do Brasil, São Paulo-SP, e do Centro Colaborador Internacional da Best Evidence Medical and Health (BEme). Orientadora e professora do Programa de Pós-graduação em Saúde Baseada em Evidências da Universidade Federal de São Paulo (Unifesp), do Centro Brasileiro de Saúde Baseada em Evidências e do curso de Fisioterapia da Universidade Federal do Amapá (Unifap).

Ana Clara de Paula Nazareth

Bolsista do Laboratório de Psicologia Experimental, Neurociências e Comportamento (LPNeC) do Programa de Pós-graduação em Psicologia do Instituto de Psicologia, Serviço Social e Comunicação Humana (IPSSCH) da Universidade Federal do Rio Grande do Sul (UFRGS).

Ana Maria Jacó-Vilela

Diretora do Instituto de Psicologia da Universidade do Estado do Rio de Janeiro (Uerj).

Andréia Schmidt

Doutora em Psicologia Experimental pela Universidade de São Paulo (USP) e professora associada do Departamento de Psicologia da Faculdade de Filosofia, Ciências e Letras de Ribeirão Preto da Universidade de São Paulo (FFCLRP-USP).

Angela Donato Oliva

Doutora pela Universidade do Estado de São Paulo (Unesp) e professora do Programa de Pós-Graduação da Universidade do Estado do Rio de Janeiro (Uerj) e do Instituto de Psicologia da Universidade Federal do Rio de Janeiro (UFRJ).

Angélica de Medeiros Claudino

Médica psiquiatra. Doutora em Ciências pela Universidade Federal de São Paulo (Unifesp). Pós-doutora pelo Institute of Psychiatry, King´s College London, Reino Unido. Professora orientadora do Programa de Pós-graduação em Psiquiatria da Unifesp. Coordenadora de pesquisa do Proata, Unifesp.

Angelo Brandelli Costa

Professor adjunto da Escola de Ciências da Saúde e da Vida da Pontifícia Universidade Católica do Rio Grande do Sul (PUCRS).

Antônio Bonfada Collares Machado

Mestre em Psicologia pelo Laboratório de Psicologia Experimental, Neurociências e Comportamento (LPNeC) do Programa de Pós-graduação em Psicologia do Instituto de Psicologia, Serviço Social e Comunicação Humana (IPSSCH) da Universidade Federal do Rio Grande do Sul (UFRGS).

Aparecida Angélica Zoqui Paulovic Sabadini

Graduada em Biblioteconomia e Documentação pela Universidade Estadual Paulista (Unesp, Marília, SP). Chefe da Seção de Preservação Histórica da Biblioteca Dante Moreira Leite do Instituto de Psicologia da Universidade de São Paulo (IP-USP). Integra a equipe de publicação da revista *Psicologia USP*. É membro da Comissão Executiva e coordenadora do *site* do CM-IP-USP.

Brisa Burgos Dias Macedo

Psicóloga clínica, mestre e doutoranda pelo Programa de Pós-graduação em Saúde Mental da Faculdade de Medicina de Ribeirão Preto (FMRP-USP).

Camilla Gonçalves Brito Santos

Psicóloga pela Universidade Federal de Juiz de Fora (UFJF). Mestre e doutoranda em Psicologia na linha de Processos Psicossociais em Saúde pela UFJF. Membro do Centro de Referência em Pesquisa, Intervenção e Avaliação em Álcool e Outras Drogas (Crepeia/UFJF). Psicóloga do Programa Álcool e Saúde. Docente na Faculdade Sudamérica.

Curt Hemanny

Psicólogo. Mestre e doutor em Processos Interativos dos Órgãos e Sistemas pelo Instituto de Ciências da Saúde da Universidade Federal da Bahia (UFBA).

Daniel Fulginiti

Psicólogo pela Pontifícia Universidade Católica do Rio Grande do Sul (PUCRS). Especialista em Terapia Cognitivo-Comportamental pela Wainer Psicologia Cognitiva e mestre em Psicologia Clínica pela Pontifícia Universidade Católica do Rio Grande do Sul (PUCRS). Desempenhou a função de Colaborador de Pesquisa no grupo Relações Interpessoais e Violência: Contextos Clínicos, Sociais, Educativos e Virtuais. É revisor do periódico *Temas em Psicologia* (*Trends in Psychology*).

Daniella Mouadeb

Psicóloga clínica. Especialista em Terapia Cognitiva Comportamental pelo Centro de Estudos em Terapia Cognitiva Comportamental e em Terapia de Aceitação e Compromisso pelo Centro Brasileiro de Ciência Comportamental Contextual. Psicóloga colaboradora do Programa Ansiedade (AMban) do Instituto de Psiquiatria do Hospital das Clínicas da Faculdade de Medicina da Universidade de São Paulo (IPq-HCFMUSP).

Eduardo A. Perin

Médico pela Faculdade de Medicina de Marília (Famema). Tem experiência na área de Psiquiatria, com ênfase em Transtorno Obsessivo-Compulsivo (TOC), Transtorno de Tourette, Transtorno de Déficit de Atenção e Hiperatividade (TDAH) e Sexualidade.

Emma Otta

Psicóloga pelo Instituto de Psicologia da Universidade de São Paulo (IP-USP), mestre e doutora em Psicologia pela USP. Professora titular da USP. No CNPq, foi membro do Comitê Assessor de Psicologia e presidente do CA; na Capes, foi membro do comitê para avaliação de cursos de Pós-Graduação em Psicologia. Foi chefe de Departamento, presidente da Comissão de Pós-Graduação do IP-USP, coordenadora do Programa de Pós-Graduação em Psicologia Experimental conceito 7 na Capes e diretora do IP-USP. Foi pró-reitora de Pesquisa da USP. Coordena o Projeto Temático Fapesp Painel USP de gêmeos: pesquisas sobre comportamento, saúde e bem-estar de gêmeos. Coordena também o Núcleo de Apoio à Pesquisa em Expressão de Emoções no Homem e nos Animais.

Érica Panzani Duran

Fisioterapeuta, bacharel e licenciada em Psicologia pela Faculdade Bahiana para o Desenvolvimento das Ciências. Especialista em Fisiologia do Exercício pela Universidade Federal de São Paulo (Unifesp) e em Psicoterapia Cognitivo-Comportamental pela Faculdades Integradas de Taquara e pelo Programa Ansiedade do Instituto de Psiquiatria do Hospital das Clínicas da Faculdade de Medicina da Universidade de São Paulo (IPq-HCFMUSP). Mestre em Ciências da Saúde pela FMUSP.

Felipe Alckmin-Carvalho

Psicólogo pela Universidade Presbiteriana Mackenzie. Mestre e doutor em Ciências pelo Programa de Pós-Graduação em Psicologia Clínica do Instituto de Psicologia da Universidade de São Paulo (IP-USP). Realizou estágio de pós-doutorado no Departamento de Enfermagem e Saúde Coletiva da Escola de Enfermagem da Universidade de São Paulo (EE-USP).

Felipe Corchs

Médico psiquiatra e analista do comportamento. Professor de Psiquiatria do Hospital das Clínicas da Faculdade de Medicina da Universidade de São Paulo (HCFMUSP). Coordenador do Ambulatório de Trauma e supervisor do Serviço de Psicoterapia na Orientação Analítico-Comportamental no Instituto de Psiquiatria (IPq) da USP. É orientador de mestrado e doutorado pelo Programa de Neurociências e Comportamento da USP e professor do mestrado e aprimoramento em Análise do Comportamento do Instituto Par, antigo Paradigma. Doutor em Ciências pela FMUSP e pós-doutor pelo Mount Sinai, em Nova Iorque.

Fernanda Machado Lopes

Doutora em Psicologia, pós-doutora em Neurociências. Professora adjunta do Departamento de Psicologia da Universidade Federal de Santa Catarina (UFSC).

Fiorella Karina Fernandes Saenz

Pesquisadora do Centro Cochrane Iberoamericano, Barcelona, Espanha, do Centro Básico de Pesquisa de Doenças do Sistema Nervoso Central, Lima, Peru, e do Instituto de Ciências Neurológicas, Lima, Peru. Psicóloga e membro do Grupo de Pesquisa (Gminis) da Pontifícia Universidade Católica do Peru (PUCP).

Gabriela Andrade da Silva

Psicóloga, doutora em Psicologia Experimental pelo Instituto de Psicologia da Universidade de São Paulo (IP-USP). Professora do curso de graduação em Psicologia da Universidade Federal do Sul da Bahia (UFSB) e do Programa de Pós-Graduação em Psicologia da Saúde (PPGPS) da Universidade Federal da Bahia (UFBA).

Gustavo Santana de Lima

Médico pela Universidade Federal de Goiás (UFG). Cirurgião geral pela Universidade Estadual de Campinas (Unicamp). Urologista pela Faculdade de Medicina do ABC. *Fellowship* em Andrologia pela Faculdade de Medicina do ABC. *Observership* em Uro-Oncologia no Moffitt Cancer Center, Tampa, Flórida, EUA. Pós-graduação em Cirurgia Robótica pelo Hospital Israelita Albert Einstein.

Hermano Tavares

Médico pela Universidade de São Paulo (USP) com residência em Psiquiatria no Instituto de Psiquiatria (IPq) da USP. Doutor em Psiquiatria pela USP. Pós-doutor em Jogo Patológico na Universidade de Calgary e em Psicofarmacologia. Livre-docente pela USP. Professor Associado 3 da USP.

Iraní Tomiatto de Oliveira

Psicóloga. Doutora em Psicologia Clínica pelo Instituto de Psicologia da Universidade de São Paulo (IP-USP). Diretora da Associação Brasileira de Ensino de Psicologia.

Irismar Reis de Oliveira

Psiquiatra e livre-docente em Psiquiatria pela Faculdade de Medicina da Bahia da Universidade Federal da Bahia (UFBA).

Joana Singer Vermes

Psicóloga clínica. Doutora em Neurociências e Comportamento pela Universidade de São Paulo (USP), mestre em Psicologia Experimental: Análise do Comportamento pela Pontifícia Universidade Católica de São Paulo (PUCSP). Membro da diretoria e docente no Instituto Par – Ciências do Comportamento.

Jorge Sinval

Psicólogo e mestre em Psicologia pela Faculdade de Educação e Psicologia da Universidade Católica Portuguesa (UCP). Master em Epidemiologia pela Faculdade de Medicina da Universidade de Lisboa. Ph.D. em Psicologia pela Faculdade de Psicologia e de Ciências da Educação da Universidade do Porto. Pós-doutor pela Universidade de Lisboa. Professor convidado da Universidade de São Paulo (USP) e da Universidade Federal de São Paulo (Unifesp).

Karen Vogel

Psicóloga pela Pontifícia Universidade Católica de São Paulo (PUCSP). Mestre em Ciências pela Faculdade de Medicina da Universidade de São Paulo (FMUSP). Especialista em Análise do Comportamento, aprimoramento em Terapia de Casal e Família. Fundadora do Instituto Brasileiro de Mindfulness.

Laisa Marcorela Andreoli Sartes

Psicóloga pela Universidade Federal de Juiz de Fora (UFJF). Doutora em Ciências pela Universidade Federal de São Paulo (Unifesp). Professora do Departamento de Psicologia da UFJF. Coordenadora do Centro de Referência em Pesquisa, Intervenção e Avaliação em Álcool e outras Drogas (Crepeia/UFJF).

Laura dos Santos Boeira

Doutoranda em Psicologia Social pela Pontifícia Universidade Católica do Rio Grande do Sul (PUCRS). Mestre em Bioética pela Universidade de Brasília (UnB). Psicóloga pela Universidade Federal do Rio Grande do Sul (UFRGS), com residência em Oncohematologia (RIS/GHC) e especialização em Gestão de Redes de Atenção em Saúde pela Fiocruz. Membro do WHO EVIPNet's Global Steering Group.

Leonardo Wainer

Psicólogo pela Pontifícia Universidade Católica do Rio Grande do Sul (PUCRS). Especialista em Terapia Cognitivo-Comportamental pela Wainer Psicologia Cognitiva. Terapeuta do Esquema com Certificação Avançada pela International Society of Schema Therapy (ISST) com formação em Terapia do Esquema pelo New Jersey Schema Therapy Institute. Diretor de Mídias da ISST. Mestrando no grupo de pesquisa: Avaliação em Bem-estar e Saúde Mental (Abes) da PUCRS. Integrante do Grupo Wainer de Intervenção e Pesquisa (GWIP).

Leopoldo Barbosa

Psicólogo pela Universidade Estadual da Paraíba (UEPB). Especialista em Psicologia Hospitalar pela Santa Casa de São Paulo. Mestre em Psicologia Clínica pela Universidade Católica de Pernambuco (Unicap) e doutor em Neuropsiquiatria e Ciências do Comportamento pela Universidade Federal de Pernambuco (UFPE). Pós-doutor em Ciências da Saúde pela Universidade Federal do Rio Grande do Norte (UFRN).

Leticia Roberta Rodrigues

Médica pela Universidade Federal Fluminense (UFF). Psiquiatra pela Universidade Estadual de Campinas (Unicamp). Psiquiatra da infância e adolescência pela Universidade Federal de São Paulo (Unifesp). Preceptora de Psiquiatria do Hospital Israelita Albert Einstein. Supervisora nos ambulatórios Teamm e Dica.

Lisiane Bizarro

Professora titular do Instituto de Psicologia da Universidade Federal do Rio Grande do Sul (UFRGS). Pesquisadora CNPq e secretária geral da Sociedade Brasileira de Psicologia. Psicóloga e mestre em Psicologia do Desenvolvimento pela UFRGS e Ph.D. em Psicologia pelo Institute of Psychiatry King's College London, com estágio de pós-doutorado em Farmacologia Comportamental. Professora visitante no The Douglas Research Centre, McGill University.

Luisa Braga Pereira

Mestre e doutoranda do Programa de Pós-Graduação em Psicologia da Universidade do Estado do Rio de Janeiro (Uerj).

Marcele Regine de Carvalho

Pós-doutora pela UFRJ. Docente no Departamento de Psicologia Clínica do Instituto de Psicologia (IP) e no Programa de Pós-Graduação em Psiquiatria e Saúde Mental do Instituto de Psiquiatria (Ipub) da Universidade Federal do Rio de Janeiro (UFRJ). Coordenadora do Núcleo Integrado de Pesquisa em Psicoterapia nas Abordagens Cognitivo-Comportamentais do Ipub/UFRJ. Supervisora clínica na Divisão de Psicologia Aplicada do IP/UFRJ.

Marcelo Feijó de Mello

Médico pela Faculdade de Ciências Médicas da Santa Casa de São Paulo. Mestre em Psiquiatria pelo Hospital do Servidor Público Estadual FMO (1995) e doutor em Psiquiatria e Psicologia Médica pela Universidade Federal de São Paulo (Unifesp). Pós-doutorado em Neurociências pela Unifesp realizado na Brown University. Professor livre-docente adjunto do Departamento de Psiquiatria da Escola Paulista de Medicina da Unifesp e professor titular da Faculdade de Medicina do Hospital Israelita Albert Einstein.

Marco de Tubino Scanavino

Médico assistente licenciado do IPq-HCFMUSP. Coordenador do Ambulatório de Impulso Sexual Excessivo e de Prevenção aos Desfechos Negativos Associados ao Comportamento Sexual do IPq-FMUSP.

Margareth da Silva Oliveira

Doutora em Ciências, pós-doutora na área da Saúde, professora titular do curso de Psicologia da Pontifícia Universidade Católica do Rio Grande do Sul (PUCRS).

Maria Imaculada Cardoso Sampaio

Doutora em Psicologia Experimental pelo Instituto de Psicologia da Universidade de São Paulo (IP-USP). Mestre em Ciência da Informação e Documentação pela Escola de Comunicações e Artes da Universidade de São Paulo (ECA-USP), onde cursou Biblioteconomia. Fez parte da Diretoria da Federação Brasileira de Associações de Bibliotecários, Cientistas da Informação e Instituições (FeBAB). Foi diretora da Biblioteca do Instituto de Psicologia da USP. Membro da diretoria da Associação Brasileira de Editores Científicos de Psicologia (ABECiPsi), da qual foi uma das fundadoras.

Maria Paula Foss

Doutora em Ciências Médicas pela Universidade de São Paulo (USP). Psicóloga do Setor de Distúrbios do Movimento e Neurologia comportamental do Hospital das Clínicas da Faculdade de Medicina de Ribeirão Preto (HCFMRP) da USP. Professora do Programa de Pós-Graduação em Psicobiologia da Faculdade de Filosofia, Ciências e Letras de Ribeirão Preto (FFCLRP) da USP.

Mariângela Gentil Savoia

Psicóloga pela Pontifícia Universidade Católica de São Paulo (PUCSP). Mestre em Psicologia Clínica pela Pontifícia Universidade Católica de Campinas (Puccamp) e doutora em Psicologia Clínica pela Universidade de São Paulo (USP). Pesquisadora do Programa Ansiedade do Instituto de Psiquiatria do Hospital das Clínicas da Faculdade de Medicina (IPq-HCFM) da USP. Coordena o curso de especialização em Terapia Comportamental e Cognitiva em Saúde Mental e o de Formação em Terapia cognitivo e comportamental no Programa Ansiedade (Amban) no IPq-HCFMUSP. Coordenadora do Conscientia – Núcleo de Estudos em Comportamento e Saúde Mental e editora-chefe da Coscientia Editora.

Marly Amorim Palavras

Psicóloga. Doutora em Ciências pela Universidade Federal de São Paulo (Unifesp). *Adjunct fellow* na School of Medicine, Western Sydney University. Especialista em Transtornos Alimentares pelo Programa de Atenção aos Transtornos Alimentares (Proata) da Unifesp, onde foi colaboradora até 2021.

Mirlene Carvalho de Novaes

Psicóloga pela Universidade Federal de Minas Gerais (UFMG). Especialista em Terapia Cognitivo-Comportamental e mestranda em Psicologia da Saúde pela Universidade Federal da Bahia (UFBA).

Nathalia Marchewka Valente

Assistente de pesquisa e advogada na Pontifícia Universidade Católica do Rio de Janeiro (PUCRio).

Nathálya Soares Ribeiro

Psicóloga pela Universidade Federal de Juiz de Fora (UFJF). Mestre e doutoranda em Psicologia na linha de Processos Psicossociais em Saúde pela UFJF. Neuropsicóloga pelo Centro de Diagnóstico Neuropsicológico de São Paulo (CDN/SP). Formação em Terapia Cognitivo-Comportamental pelo Núcleo de Estudos Interdisciplinares em Saúde Mental (Neisme). Membro do Centro de Referência em Pesquisa, Intervenção e Avaliação em Álcool e Outras Drogas (Crepeia/UFJF). Psicóloga do Programa Álcool e Saúde. Docente na Faculdade Sudamérica.

Nazaré Hayasida

Bacharel e licenciada em Psicologia pela Faculdade de Ciências Humanas de Olinda. Mestre em Educação pela Universidade Federal do Amazonas (Ufam). Doutora em Psicologia pela Faculdade de Filosofia, Ciências e Letras de Ribeirão Preto da Universidade de São Paulo (FFCLRP-USP). Pós-doutora em Psicologia pela Pontifícia Universidade Católica do Rio Grande do Sul (PUCRS). Fundadora e coordenadora da Clínica Escola de Psicologia da Faculdade de Psicologia da Ufam. Coordenadora do Grupo de Estudos em Terapias Cognitivas-Comportamentais (TCC) e Terapia dos Esquemas (TE). Coordenadora do Laboratório de Intervenções em Ciências Cognitivas. Professora associada da Ufam, na Faculdade de Psicologia e da Faculdade de Ciências da Saúde.

Nelson Carvas Júnior

Licenciado em Educação Física pela Universidade Paulista (Unip). Especialista em Fisiologia do Exercício pelo Centro de Estudos em Fisiologia do Exercício da Universidade Federal de São Paulo (Cefe/Unifesp) e mestre em Ciências da Saúde pelo Instituto de Assistência Médica ao Servidor Público Estadual (Iamspe).

Oswaldo Martins Rodrigues Junior

Mestre em Psicologia Social pelo Instituto Paulista de Sexualidade. Psicoterapeuta sexual e de casais.

Rachel Riera

Professora adjunta da Disciplina de Medicina Baseada em Evidências da Escola Paulista de Medicina (Unifesp). Coordenadora do Núcleo de Avaliação de Tecnologias em Saúde (Nats) do Hospital Sírio-Libanês. Orientadora do Programa de Pós-Graduação em Saúde Baseada em Evidências da Unifesp. Pesquisadora Cochrane. Coordenadora do Núcleo de Ensino e Pesquisa em Saúde Baseada em Evidências e Avaliação Tecnológica em Saúde (NEP-Sbeats) da Unifesp. É membro-fundador da Oxford-Brazil EBM Alliance.

Ricardo Alberto Moreno

Médico psiquiatra. Doutor em Ciências pela Faculdade de Medicina da Universidade de São Paulo (FMUSP). Diretor do Programa de Transtornos Afetivos (ProGruda) do Instituto de Psiquiatria do Hospital das Clínicas (IPq-HC) da FMUSP.

Ricardo Wainer

Psicólogo pela Pontifícia Universidade Católica do Rio Grande do Sul (PUCRS). Doutor em Psicologia pela PUCRS. Mestre em Psicologia Social e da Personalidade e especialista com Treinamento Avançado em Terapia do Esquema pelo New Jersey/New York Schema Institute, Estados Unidos. Professor titular da PUCRS. Diretor da Wainer Psicologia Cognitiva.

Roberta Borges Silva

Doutoranda em Saúde Baseada em Evidências pela Universidade Federal de São Paulo (Unifesp). Mestre em Nutrição Humana pela Universidade de Brasília (UnB) e especialista em Economia e Avaliação de Tecnologias em Saúde pelo Hospital Alemão Oswaldo Cruz. Pesquisadora no Núcleo de Avaliação de Tecnologias em Saúde do Hospital Sírio-Libanês e consultora técnica na Coordenação Geral de Evidências em Saúde, do Ministério da Saúde.

Rodolfo Furlan Damiano

Psiquiatra pela Universidade de São Paulo (USP). Doutor em Psiquiatria pelo Programa Tripartite da USP, Universidade Federal de São Paulo (Unifesp) e Universidade Federal do Rio Grande do Sul (UFRGS).

Rodrigo Fernando Pereira

Mestre e doutor em Ciências pelo Instituto de Psicologia da Universidade de São Paulo (IP-USP).

Rosana Z. Moreira

Enfermeira e Economista da Saúde. Mestre em Administração e Planejamento Estratégico pela Pontifícia Universidade Católica de São Paulo (PUCSP). Especialista em Economia e Avaliação de Tecnologias em Saúde (E-ATS) pela FECS/HAOC/Fipe/Proadi-SUS. Especialista em Economia da Saúde pela Faculdade de Saúde Pública da Universidade de São Paulo (FSP-USP). Especialista em Economia Empresarial e Engenharia Econômica pela Fefasp. Aperfeiçoamento em Psicopedagogia Institucional e Clínica pela Universidade Cruzeiro do Sul. Extensão em Geronto-Geriatria pelo Hospital do Servidor Público Municipal. Extensão em Economia Empresarial e Elaboração de Cenários pela Fundação Getulio Vargas (FGV-SP). Assistente sênior de Pesquisa do Grupo de Estudos e Pesquisas em Saúde Oral e Sistêmica Baseada em Evidências (Sosbe) da Universidade Federal de São Paulo (Unifesp). *Cochrane Citizen Scientist volunteer* em projetos de revisão sistemática. *Volunteer member* do International Society of Pharmacoepidemiology Drug Safety (ISPE BrazInt). *Lifetime membership* na American Association for the Advancement of Wound Care (AAWC).

Sidney Glina

Médico pela Faculdade de Medicina da Universidade de São Paulo (FMUSP), com residência em Cirurgia Geral e Urologia no Hospital das Clínicas da FMUSP. Doutor em Medicina pela FMUSP. Diretor administrativo do Projeto Alfa. Professor titular da Disciplina de Urologia da Faculdade de Medicina da Fundação do ABC. Editor do *International Brazilian Journal of Urology* e da *Einstein* (São Paulo).

Silvia Sztamfater

Psicóloga clínica. Doutora pela Faculdade de Medicina da Santa Casa de Misericórdia de São Paulo. Psicóloga colaboradora do Programa Ansiedade (Amban) do Instituto de Psiquiatria do Hospital das Clínicas da Faculdade de Medicina da Universidade de São Paulo (IPq-HCFMUSP).

Stella Yano

Psicóloga, supervisora clínica e neuropsicóloga. Mestre em Psicologia Experimental e doutora em Psicologia Clínica pelo Instituto de Psicologia da Universidade de São Paulo (IP-USP).

Tamara Otzen

Psicóloga. Doutora em Ciências Médicas pela Universidad de La Frontera, Chile, e em Saúde Baseada em Evidências pela Universidade Federal de São Paulo (Unifep). Presidente da Fundação para a Prevenção do Suicídio – OPA (opa.ufro.cl).

Tania Aldrighi Flake

Psicóloga. Doutora em Ciências da Saúde pelo Programa de Medicina Preventiva da Faculdade de Medicina da Universidade de São Paulo (FMUSP). Especialista em Psicoterapia Familiar e de Casal.

Tania Maria Nava Marchewka

Professora doutora em Direito Penal, Criminologia, Direito e Saúde Mental. Graduada em Direito pela Universidade Federal do Rio de Janeiro (UFRJ). Mestre em Direito Penal e doutora em Direito Penal pela Sociedade Universidade Gama Filho. Especializações em Serviços de Saúde Mental e Direito Sanitário na Universidade de Brasília (UnB). Especialista em Saúde Mental e Qualidade de Vida no Hospital Geral na Universidade Federal de São Paulo (Unifesp). Doutoranda em Ciências da Saúde na Unifesp. Pesquisadora no campo do Direito e Saúde Mental com publicação de artigos científicos. Procuradora de Justiça aposentada do Ministério Público do Distrito Federal e Territórios.

Tânia Rudnicki

Psicóloga. Doutora em Psicologia pela Pontifícia Universidade Católica do Rio Grande do Sul (UCRS). Pós-doutora em Psicologia da Saúde. Terapeuta cognitiva certificada pela Federação Brasileira de Terapias Cognitivas. Mestre e especialista em Psicologia Clínica. Pesquisadora associada do Centro de Investigação William James, Portugal.

Vanessa Dordron de Pinho

Mestre e doutora em Psicologia Social. Professora adjunta do Departamento de Psicologia Clínica da Universidade do Estado do Rio de Janeiro (Uerj). Presidente da Associação de Terapias Cognitivas do Estado do Rio de Janeiro (gestão 2022 a 2025).

Vinicius Tassoni Civile

Bacharel em Fisioterapia pela Universidade Metodista de São Paulo. Especialista em Fisioterapia Cardiorrespiratória pela Universidade Metodista de São Paulo. Doutor em Ciências pelo Programa de Pós-Graduação em Saúde Baseada em Evidências da Universidade Federal de São Paulo (Unifesp). Professor do curso de graduação em Fisioterapia da Universidade Paulista (Unip) e do curso de pós-graduação *lato sensu* em Fisioterapia em Terapia Intensiva da Unip. Pesquisador colaborador do Centro Cochrane do Brasil. Proprietário da Civile Consultoria em Pesquisa Clínica.

Virgínia Fernandes Moça Trevisani

Professora livre-docente pela Universidade Federal de São Paulo (Unifesp). Professora adjunta da disciplina de Medicina de Urgência e Medicina Baseada em Evidências da Escola Paulista de Medicina (EPM) da Unifesp. Professora titular da disciplina de Reumatologia da Universidade de Santo Amaro (Unisa). Membro da Comissão de Síndrome de Sjögren da Sociedade Brasileira de Reumatologia. Assistente pesquisadora do Centro Cochrane. Coordenadora da pós-graduação em Saúde Baseada em Evidências.

Sumário

Prefácio institucional

O livro *Prática da Psicologia baseada em evidências*, organizado pela Profa. Dra. Tamara Melnik, apresenta evidências científicas robustas para o diagnóstico e tratamento de diversos distúrbios mentais. A psiquiatria e a psicologia clínica fundamentam-se em uma vasta gama de pesquisas científicas, abrangendo estudos clínicos, pesquisas epidemiológicas, neurociência, genética e outros campos correlatos. Tais evidências são empregadas no desenvolvimento de diretrizes clínicas, protocolos de tratamento e abordagens terapêuticas baseadas em evidências para distúrbios como depressão, ansiedade, transtorno bipolar, transtorno obsessivo-compulsivo (TOC), transtorno de estresse pós-traumático (TEPT), entre outros.

As abordagens de tratamento frequentemente endossadas por evidências para distúrbios mentais incluem psicoterapia, medicação psiquiátrica, intervenções psicossociais, terapia cognitivo-comportamental (TCC), terapia de exposição, terapia de grupo e outras modalidades. Além disso, a continuidade da pesquisa contribui para o aprimoramento e a adaptação das abordagens de tratamento existentes e o desenvolvimento de novas intervenções.

É essencial salientar que o diagnóstico e o tratamento de distúrbios mentais devem ser personalizados conforme as necessidades de cada paciente, considerando aspectos como sintomas específicos, histórico médico e preferências pessoais. Por isso, recomenda-se que os profissionais de saúde mental baseiem-se nas evidências científicas disponíveis, mas também levem em conta a situação única de cada paciente ao planejar o tratamento.

As evidências científicas têm um papel crucial nos cuidados de saúde, servindo de fundamento para a prática clínica e a tomada de decisões, auxiliando profissionais da saúde a escolher os melhores tratamentos e intervenções com base em resultados de pesquisas sólidas. Além disso, contribuem para a eficiência e eficácia, promovendo a integração com a economia da saúde. As evidências científicas minimizam os riscos associados a práticas médicas obsoletas, ineficazes ou prejudiciais, assegurando que os pacientes recebam tratamentos seguros e eficazes, dentro dos padrões de qualidade. Elas possibilitam que profissionais de saúde e pacientes tomem decisões informadas conjuntamente, facilitando a medicina centrada no paciente e promovendo um entendimento mais amplo dos riscos e benefícios de diferentes opções de tratamento, preservando o direito à decisão por parte dos pacientes e de seus familiares.

Num mundo onde as doenças mentais assumem um papel cada vez mais significativo, o conteúdo deste livro é especialmente relevante para aqueles dedicados às causas da saúde. Hoje, quem não se interessa por isso? Arrisco dizer que esta literatura interessa a todos.

Boa leitura!

Prof. Dr. Claudio Luis Lottenberg
Presidente do Conselho Deliberativo da Sociedade Beneficente Israelita Brasileira Albert Einstein e presidente do Instituto Coalizão Saúde. Presidente da Confederação Israelita do Brasil (Conib).

Prefácio científico

Apenas 60% dos americanos responderam corretamente à pergunta sobre método científico da pesquisa da *Pew Research*, identificando a necessidade de um grupo controle nos testes clínicos para testar a eficácia de um novo medicamento, e apenas 52% foram capazes de identificar corretamente uma hipótese sobre um problema de mundo real, no caso, um computador que estava operando muito devagar[1]. Ainda na mesma pesquisa, somente 63% sabiam que o eixo inclinado da Terra em relação ao Sol determina as estações do ano, e meros 39% acertaram que o principal componente de um antiácido é uma base.

No Brasil, o cenário não é muito diferente. Pesquisa conduzida pelo Instituto Questão de Ciência em parceria com o DataFolha mostrou que 83% dos respondentes acreditam que medicina alternativa é uma boa opção para tratar doenças, 73% acham que alimentos geneticamente modificados fazem mal à saúde e 66% acreditam que energia espiritual pode curar doenças[2].

Em geral, pesquisas de opinião como essas trazem uma percepção positiva da ciência de maneira geral, mas questões específicas sobre conhecimento científico e, principalmente, sobre método científico, deixam claro que apoiar a ciência não é o mesmo que compreender a ciência[3]. Durante a pandemia, a falta de treinamento de médicos e profissionais de saúde em método científico ficou evidente com a promoção de tratamentos e medicamentos para Covid-19 mesmo após testes clínicos bem conduzidos que mostravam sua falta de eficácia[4] e, antes disso, já era possível observar a naturalidade com que o Brasil ignora evidências científicas com a inclusão de diversas práticas sem comprovação no Sistema Único de Saúde, desde 2006[5].

---

[1] Pew Research Center. (March 2019). *What Americans Know About Science.*

[2] Disponível em: https://www.revistaquestaodeciencia.com.br/questao-de-fato/2019/05/13/vacinas-evolucao-transgenicos-pesquisa-revela-crencas-dos-brasileiros

[3] Disponível em: https://skepticalinquirer.org/2020/03/believing-in-science-is-not-understanding-the-science-brazilian-surveys/

[4] Taschner, N. P., de Almeida, L. G., & Orsi, C. (2021). Revising the "Hype Pipeline" Model in Scientific Communication. *Frontiers in Communication*, 6. https://doi.org/10.3389/fcomm.2021.601023

[5] Taschner, N. P., Orsi, C., Almeida, P., & Pilati, R. (2022). The impact of personal pseudoscientific beliefs in the pursuit for non-evidence-based health care. *Journal of Evidence-Based Healthcare*, 3, e3516. https://doi.org/10.17267/2675-021xevidence.2021.e3516

Nesse cenário, vender ilusões e sonhos para curar doenças torna-se uma realidade bastante atraente para um mercado perverso. Na área de saúde mental, esse cenário é ainda mais favorável. Portadores de transtornos e doenças mentais, assim como seus familiares, muitas vezes encontram-se em situações de extrema vulnerabilidade emocional, buscando qualquer alternativa que lhes dê o mínimo de esperança. Não por acaso, grande parte do mercado de ilusões vende curas para doenças neurodegenerativas como Parkinson e Alzheimer, e também para depressão, ansiedade e outros transtornos[6]. Esse mercado costuma operar por debaixo do radar, e pode afastar pessoas de tratamentos adequados e baseados em evidências.

Dentro dessa realidade, na qual o ensino de ciências ainda é conteudista e focado em memorizar conceitos, sem grande preocupação em ensinar a pensar de forma crítica e racional, e na qual as escolas de Saúde e Medicina não ensinam método e processo científico, um livro como este é muito bem-vindo. O profissional de saúde precisa saber onde consultar sobre o que funciona e o que não funciona, o que sabemos e o que não sabemos sobre determinada prática. Precisa entender como se faz pesquisa clínica. Para saúde mental, já temos um primeiro passo.

Profa. Dra. Natalia Pasternak
Microbiologista.
Presidente do Instituto Questão de Ciência.
Professora da Universidade de Columbia.

[6] Disponível em: https://www.revistaquestaodeciencia.com.br/dossie-questao/2023/06/30/jolivi-o-lucrativo-e-obscuro-mercado-das-falsas-curas

Prefácio acadêmico

Atualmente nos deparamos com uma sociedade cuja característica principal é o rápido e crescente desenvolvimento científico, tecnológico, econômico e social. E, nesse cenário, o empírico cada vez mais perde espaço e dá lugar aos resultados baseados em evidências.

Tomadas de decisões são necessárias em todas as áreas do conhecimento, como ciências exatas, ciências biológicas, engenharias, ciências agrárias, ciências sociais aplicadas, linguística, letras e artes, ciências da saúde, multidisciplinar e ciências humanas. Na subárea da Psicologia, as tomadas de decisão, no âmbito da saúde mental, requerem precisão na prevenção, no diagnóstico, no tratamento, no prognóstico, o que eleva a segurança, diminui os riscos e reduz danos e custos.

O Centro Cochrane é uma organização que tem por objetivo contribuir para o aprimoramento das tomadas de decisões em saúde, com base nas melhores informações disponíveis. A missão do Centro Cochrane é elaborar, manter e divulgar revisões sistemáticas de ensaios clínicos randomizados, o melhor nível de evidência para as decisões em saúde.

Nesse sentido, baseado na metodologia Cochrane, apresentamos o livro *Prática da Psicologia baseada em evidências* (PPBE), uma obra inédita e atual constituída de informações e pesquisas baseadas no mais alto nível de evidência, o que aprimora a eficácia dos cuidados na saúde mental. Esta obra permitirá que profissionais da saúde, estudantes, pesquisadores e principalmente pacientes desfrutem das melhores práticas baseadas em evidências científicas seguras e atualizadas.

A obra está organizada em três seções. A Seção I aborda os aspectos conceituais e históricos da PPBE, a Seção II dedica-se aos fundamentos metodológicos da prática baseada em evidências e a Seção III apresenta as evidências da eficácia, efetividade e segurança das abordagens psicossociais.

O leitor encontrará nas próximas páginas deste livro a oportunidade de se deparar com o estado da arte do conhecimento em Psicologia, permitindo assim uma experiência inédita de atualização na prevenção e no tratamento dos transtornos mentais.

Profa. titular Lia Rita A. Bittencourt
Vice-Reitora da Universidade Federal de São Paulo (Unifesp).

Prefácio

O livro *Prática da Psicologia baseada em evidências*, organizado pela Profa. Dra. Tamara Melnik, aborda um tema de grande relevância e atualidade: a psicologia informada por evidências. Essa abordagem busca integrar a melhor evidência científica disponível à prática profissional, levando em consideração as necessidades de pacientes, usuários e comunidades para tomar decisões sobre prevenção, avaliação, diagnóstico, tratamento e promoção da saúde, além de outros domínios de atuação da Psicologia. Originária da medicina baseada em evidências, essa abordagem se consolidou nas últimas décadas como um paradigma para a prática médica e foi mais recentemente adotada pela Psicologia, reconhecendo a importância de basear intervenções em dados empíricos, além de teorias, prática profissional ou opiniões. No Brasil, apesar de ainda ser um movimento incipiente, vem ganhando força e visibilidade, especialmente entre profissionais e pesquisadores da área da saúde.

Como ciência humana e natural, a Psicologia possui amplos domínios nos quais a prática pode ser informada por evidências, seja na clínica ou na intervenção psicossocial. Existem protocolos baseados em evidências para o tratamento de diversos transtornos mentais, como depressão, ansiedade, fobia, transtorno obsessivo-compulsivo, entre outros, assim como programas para prevenção de violência, abuso de substâncias, gravidez na adolescência, *bullying*, e estratégias para promover resiliência, autoestima, empatia, assertividade, entre outras habilidades.

O psicólogo também pode ser um profissional-chave em equipes multidisciplinares, tanto no setor privado quanto no público, promovendo práticas baseadas em evidências. Isso inclui colaborar com equipes de saúde para oferecer assistência integral e humanizada ou atuar com profissionais da área social no desenvolvimento e implementação de políticas públicas, programas e projetos visando melhorar a qualidade de vida e a cidadania das populações, com base nas melhores evidências disponíveis na Psicologia e em outras áreas do conhecimento.

Importante ressaltar que a Psicologia informada por evidências não implica a aplicação mecânica ou acrítica das evidências científicas, mas a adaptação dessas a características, necessidades, expectativas e valores dos pacientes, usuários e comunidades atendidas. Considera a equidade, respeitando diferenças e desigualdades que possam influenciar o acesso, a qualidade e os resultados dos serviços de saúde, e os limites das políticas públicas e contextos sociais na implementação de intervenções baseadas em evidências. Exige uma postura ética, participativa, colaborativa e responsável, envolvendo todos os atores no processo de tomada de decisão.

No entanto, a Psicologia informada por evidências não busca ser uma solução única que ignore a complexidade e a singularidade dos fenômenos psicológicos. Existem domínios em que a integração de evidências é desafiadora, como criatividade, subjetividade, diversidade, ética e arte, exigindo uma abordagem mais reflexiva, crítica e contextualizada. Essa abordagem não é necessariamente incompatível com tais domínios, podendo ser complementar, buscando equilibrar objetividade e subjetividade, evidência e experiência.

Na era da desinformação e da superexposição nas redes sociais, abundam informações falsas ou sem respaldo científico sobre prática informada por evidência. Este livro é fundamental para a compreensão do que realmente é a Psicologia informada por evidências, seus limites e potencialidades, apresentando conceitos, princípios, métodos, ferramentas, desafios e aplicações de forma didática e acessível, com exemplos práticos e casos ilustrativos. Visa contribuir para a formação e atualização de psicólogos e outros profissionais interessados nessa abordagem, promovendo no Brasil uma Psicologia mais científica, ética e eficaz.

Prof. Dr. Angelo Brandelli Costa
Professor dos Programas de Pós-graduação em Psicologia, Sociologia e Ciências Políticas e Medicina e Ciências da Saúde da Pontifícia Universidade Católica do Rio Grande do Sul (PUCRS).
Coordenador do Grupo de Pesquisa Preconceito, Vulnerabilidade e Processos Psicossociais (PVPP-PUCRS).

Apresentação

O livro *Prática da Psicologia baseada em evidências* representa um avanço pioneiro e valioso no campo da saúde mental, destacando-se como uma "obra viva". Diferentemente das publicações tradicionais, esta obra está integrada a uma plataforma digital que será periodicamente atualizada com novas pesquisas científicas criticamente avaliadas. Essa metodologia garante que profissionais, acadêmicos, estudantes e o público em geral tenham acesso contínuo às informações e pesquisas mais recentes, maximizando a eficácia dos cuidados em saúde mental e promovendo intervenções mais eficazes e seguras.

Os benefícios da PPBE incluem assertividade na abordagem das complexas demandas em saúde mental, solidez científica dos tratamentos propostos, redução de custos, diagnósticos mais precisos, prevenção de recaídas, avaliações diagnósticas com maior acurácia, eficiente gestão de dados epidemiológicos e, consequentemente, maiores chances de remissão e sucesso terapêutico. Essas vantagens demonstram como a PPBE pode otimizar recursos limitados na saúde e contribuir significativamente para o avanço da prática psicológica e o bem-estar dos indivíduos.

Organizada em três seções, a obra oferece uma apresentação abrangente e detalhada da PPBE. A Seção I trata dos aspectos conceituais e históricos da PPBE, explorando seu desenvolvimento e relevância tanto no Brasil quanto internacionalmente, e posicionando-a como uma abordagem fundamental na prática psicológica moderna.

A Seção II, dedicada aos fundamentos metodológicos da prática baseada em evidências, aborda a formulação da questão de pesquisa, a busca em bases de dados bibliográficos, os tipos de delineamentos experimentais e a avaliação crítica da literatura, enfatizando a importância das revisões sistemáticas e metanálises Cochrane por sua metodologia rigorosa na identificação, avaliação e síntese das evidências científicas. Essa abordagem meticulosa assegura a confiabilidade das intervenções recomendadas e promove a aplicação prática de estratégias psicológicas suportadas pela mais alta qualidade de evidência disponível.

A Seção III apresenta as evidências da eficácia, efetividade e segurança das abordagens psicossociais, demonstrando sua aplicabilidade na prevenção e no tratamento de transtornos mentais. Com contribuições de pesquisadores e professores renomados, tanto nacionais quanto internacionais, o livro oferece uma visão integrada da experiência clínica e das evidências científicas rigorosas com as características e preferências dos pacientes, reafirmando o compromisso com uma prática clínica ética e fundamentada em evidências científicas.

Portanto, esta obra está alinhada com a demanda global por práticas de saúde baseadas em evidências, contribuindo para a disseminação do conhecimento e da prática clínica em Psicologia, ao mesmo tempo que se estabelece como um recurso essencial para uma ampla gama de interessados. Alinhando-se aos princípios rigorosos da Colaboração Cochrane, a organização internacional mais respeitada na disseminação de evidências científicas na saúde, este livro assegura que as recomendações clínicas sejam baseadas em evidências científicas transparentes, meticulosamente avaliadas e continuamente atualizadas, garantindo assim a excelência e a confiabilidade na prevenção e no tratamento de transtornos mentais.

Conteúdo complementar

Este livro contém conteúdo complementar disponibilizado em uma plataforma digital exclusiva.

Para ingressar no ambiente virtual, utilize o *QR Code* abaixo, faça seu cadastro e digite a senha **ppbe**:

Neste conteúdo complementar você encontrará as referências correspondentes a cada capítulo, que serão atualizadas anualmente pela organizadora do livro.

O prazo para acesso a este material limita-se à vigência desta edição.

A pirâmide das evidências e o sistema Grade (*grading of recommendations, assessment, development, and evaluations*) na Psicologia

Na Seção III, "Evidências da eficácia, efetividade e segurança das abordagens psicossociais na prevenção e no tratamento dos transtornos mentais", cada capítulo apresenta os tipos de delineamento experimentais incluídos. As evidências são avaliadas conforme a hierarquia das evidências (pirâmide) discutidas no texto, integrando-se ao sistema Grade para uma compreensão abrangente da confiança e qualidade das evidências. A seguir, seguem informações sobre cada tipo de estudo e sua avaliação pelo sistema Grade.

REVISÕES SISTEMÁTICAS (RSS) E METANÁLISES DE ENSAIOS CLÍNICOS RANDOMIZADOS (ECRS)

Características: as revisões sistemáticas (RSs) utilizam uma metodologia de pesquisa rigorosa, padronizada e reprodutível, com o propósito de sintetizar todas as evidências científicas relevantes sobre uma determinada questão de pesquisa. Seu objetivo principal é fornecer uma avaliação objetiva e atualizada sobre a eficácia, efetividade e segurança de intervenções e tratamentos. Reconhecidas por sua confiabilidade e precisão, as RSs se destacam pelo uso meticuloso de critérios de seleção de estudos e análise de dados rigorosa, buscando reduzir o risco de viés. Essa abordagem assegura que as conclusões sejam baseadas nas melhores evidências disponíveis, oferecendo suporte essencial para a tomada de decisões informadas na área da saúde.

Grade: considerado o mais alto nível de evidência. Contudo, mesmo uma revisão sistemática pode ser rebaixada devido a vieses, inconsistências, indireção, imprecisão ou publicação seletiva.

ESTUDOS DE COORTE

Os estudos de coorte, fundamentais na pesquisa observacional em ciências da saúde, servem para analisar a incidência e etiologia de doenças, além de elucidar a conexão entre fatores de risco e desfechos em saúde. Definindo-se uma coorte como um conjunto de indivíduos com uma característica ou experiência partilhada em um intervalo específico, esses estudos se dividem em prospectivos e retrospectivos. Os primeiros acompanham uma população ao longo do tempo para observar a manifestação de doenças e o impacto de variáveis específicas, enquanto os últimos analisam dados preexistentes para investigar correlações similares. Embora os estudos de coorte ofereçam insights valiosos sobre padrões de saúde e causalidade, enfrentam desafios relacionados a custos, duração e potenciais vieses, tais como seleção e informação, distintos dos encontrados em pesquisas experimentais. Embora inicialmente classificados como evidência de qualidade inferior no Grade, podem ser valorizados se mostrarem efeitos significativos ou relações dose-resposta claras.

ESTUDOS DE CASO-CONTROLE

Estudos de Caso-Controle: Estudos de caso-controle representam uma metodologia observacional retrospectiva amplamente empregada em epidemiologia para investigar fatores associados a doenças ou condições específicas. Diferenciando-se por comparar indivíduos afetados pela condição em estudo (casos) com aqueles não afetados (controles), esta abordagem permite a avaliação eficiente de múltiplos fatores de risco ou exposições prévias. A seleção criteriosa de casos e controles é fundamental para minimizar vieses e garantir a validade dos resultados. Embora este tipo de estudo ofereça insights valiosos sobre associações entre exposições e desfechos, a sua natureza retrospectiva e a impossibilidade de estabelecer causalidade direta limitam a interpretação dos achados. A utilização de estudos de caso-controle é particularmente vantajosa em situações em que a condição de interesse é rara ou quando o período de latência entre a exposição e o surgimento da doença é prolongado. No Grade, começam com evidência de baixa qualidade.

ESTUDOS TRANSVERSAIS (OU DE PREVALÊNCIA)

Avaliam a relação entre doenças e variáveis em um momento específico (recorte) numa população. Geralmente, são considerados de baixa qualidade no Grade.

ESTUDOS DE CASO E RELATOS DE CASO

Fornecem descrições detalhadas de pacientes individuais, sendo particularmente úteis para fenômenos raros. No sistema Grade, são vistos como evidência de muito baixa qualidade, devido à sua natureza anedótica e limitações de generalização.

OPINIÃO DE ESPECIALISTAS

Fundamenta-se no julgamento e experiência de especialistas, mais do que em evidências empíricas. É geralmente considerada de muito baixa qualidade no Grade, exceto quando apoiada por outras evidências robustas.

A pirâmide das evidências e a utilização do sistema Grade auxiliam pesquisadores, profissionais da saúde e tomadores de decisão a interpretar e aplicar as evidências científicas de maneira eficaz e informada.

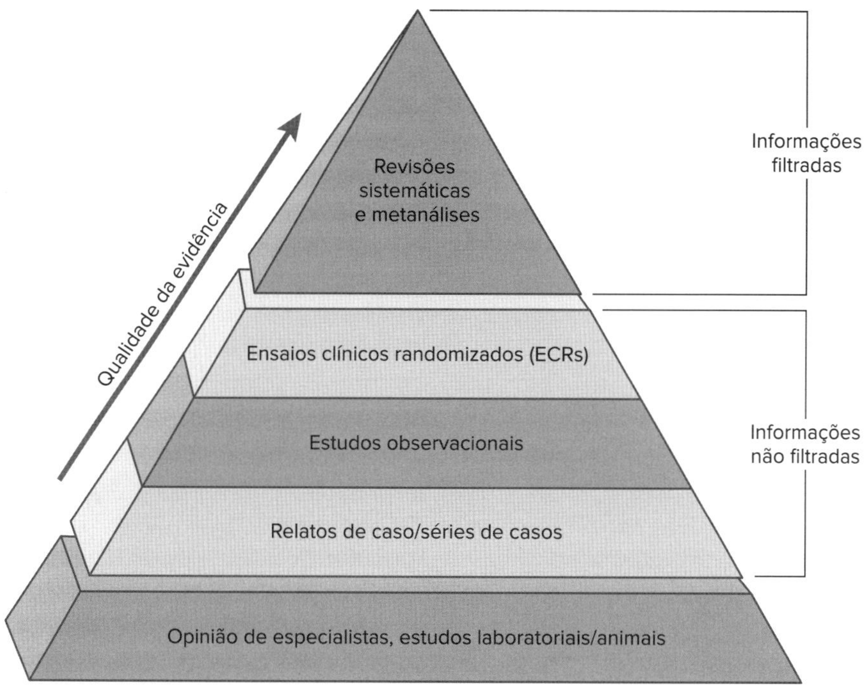
Revisões
sistemáticas
e metanálises
Informações
filtradas
Qualidade da evidência
Ensaios clínicos randomizados (ECRs)
Estudos observacionais
Informações
não filtradas
Relatos de caso/séries de casos
Opinião de especialistas, estudos laboratoriais/animais

SEÇÃO I

Aspectos conceituais e históricos da prática da Psicologia baseada em evidências no Brasil e no mundo

Capítulo **1**

A prática da Psicologia baseada em evidências: passado, presente e futuro

Tamara Melnik

A EVOLUÇÃO E O IMPACTO DA PRÁTICA DA PSICOLOGIA BASEADA EM EVIDÊNCIAS NAS ÚLTIMAS TRÊS DÉCADAS

O estudo "Global Burden of Diseases, Injuries, and Risk Factors Study (GBD) 2019" buscou avaliar a prevalência dos transtornos mentais em níveis globais, regionais e nacionais. Além disso, a pesquisa se debruçou sobre a análise de indicadores, como anos de vida ajustados por incapacidade (DALYs), anos vividos com incapacidade (YLDs) e anos de vida perdidos (YLLs) no período de 1990 a 2019. As conclusões apontam que os transtornos mentais estão entre as dez principais causas que afetam a saúde mundial. Diante desse cenário, é imperativo que autoridades governamentais e especialistas em saúde mental unam esforços para desenvolver e implementar programas de prevenção, diagnóstico e tratamento eficazes (GBD, 2019).

A capacidade de resposta dos sistemas de saúde à alta demanda por tratamentos para transtornos mentais tem se mostrado inadequada. Esse fato resulta em um expressivo desequilíbrio entre a necessidade de tratamento e a oferta disponível. Em países de baixa e média rendas, estima-se que entre 75 e 85% das pessoas afetadas por transtornos mentais não obtenham o tratamento apropriado. Esse déficit também é notado em países mais desenvolvidos, onde de 35% a 50% dos indivíduos afetados não têm acesso a cuidados adequados. Diante desse desafio, é fundamental garantir que os tratamentos oferecidos sejam baseados em evidências científicas sólidas, confirmando sua eficácia, efetividade, segurança e eficiência (GBD, 2019).

No contexto da pandemia e pós-pandemia de Covid-19, a necessidade de tratamentos com sustentação científica tornou-se ainda mais premente, conforme evidenciado por uma série de estudos globais (Lindert et al., 2021). Essas pesquisas abordaram desde a prevalência de transtornos mentais induzidos pela pandemia até análises longitudinais das mudanças na saúde mental ao longo do tempo, com especial atenção a grupos vulneráveis, como profissionais de saúde e idosos. Além disso, houve uma análise rigorosa do desempenho dos sistemas de saúde mental e uma avaliação da eficácia de intervenções emergentes, incluindo terapias a distância e aplicativos de bem-estar. Essa compilação de pesquisas, conduzida por diversas instituições acadêmicas, governamentais e de saúde, sublinha a importância crítica da Psicologia Científica na formulação de políticas e práticas de saúde mental robustas, especialmente em tempos de crises de saúde global (Lindert et al., 2021).

A prática da Psicologia baseada em evidências (PPBE) surgiu da necessidade de fundamentar intervenções psicológicas em pesquisas científicas robustas e confiáveis. Historicamente, em diversos momentos, a Psicologia apoiou-se em teorias e métodos que não foram submetidos a testes rigorosos (Melnik & Atallah, 2011). Isso levou a uma crescente demanda global por práticas com maior fundamentação científica (APA, 2006, 2014).

A American Psychological Association (APA) teve papel crucial ao definir diretrizes e padrões para a incorporação de evidências científicas na prática psicológica. Na década de 1990, Dianne Chambless, em colaboração com outros pesquisadores, definiu critérios para avaliar e classificar a eficácia de diferentes abordagens psicoterapêuticas. Essa ação foi determinante na criação da lista de tratamentos psicoterápicos empiricamente validados pela APA. Na mesma década, em 1991, Gordon Guyatt, professor da Universidade de McMaster, no Canadá, introduziu a expressão "Medicina baseada em evidências" (EBM), com o objetivo de atualizar os clínicos da linha de frente com as melhores evidências disponíveis.

Em 1995, a força-tarefa da APA (Divisão 12) publicou três relatórios. Neles, várias intervenções psicológicas foram reconhecidas como tratamentos empiricamente validados. Posteriormente, esses tratamentos foram renomeados como "tratamentos empiricamente sustentados" (ESTs) por Chambless e Hollon (1998). Esses relatórios, que receberam tanto reconhecimento como críticas, tornaram-se o foco de conferências, artigos e seções especiais em revistas acadêmicas, enfatizando a importância de usar evidências de pesquisa no atendimento clínico.

Observe na Tabela 1, a seguir, os critérios descritos por Chambless e Hollon (1998).

O mapeamento dos ESTs foi decisivo para definir critérios rigorosos, incluindo a necessidade de estudos controlados e randomizados, replicabilidade dos resultados e

Tabela 1 Tratamentos empiricamente sustentados

Tratamentos empiricamente sustentados
Tratamentos bem estabelecidos (*well-established treatments*): • Ao menos dois estudos bem conduzidos demonstraram eficácia em comparação a um placebo ou outro tratamento. • Ou um grande número de estudos de única amostra que demonstra eficácia com tamanhos de efeito robustos e replicação por diferentes investigadores ou equipes de investigadores.
• Esses estudos devem utilizar amostras com características específicas (como critérios diagnósticos) e fazer uso de procedimentos de avaliação confiáveis e válidos.
Tratamentos provavelmente eficazes (*probably efficacious treatments*): • Dois estudos mostram que o tratamento é mais eficaz do que um grupo de espera. • Ou o tratamento foi demonstrado eficaz em comparação a um placebo ou outro tratamento em um único estudo bem conduzido, ou foi demonstrado eficaz em uma série de estudos de única amostra. • Esses estudos também precisam de critérios diagnósticos claros e medidas de avaliação confiáveis e válidas.
Tratamentos de eficácia experimental (*experimental treatments*): • Tratamentos para os quais apenas um estudo bem conduzido foi realizado, mas que não atendem aos critérios para "provavelmente eficaz". • Ou uma série de estudos de única amostra que demonstram eficácia, mas não foram replicados por diferentes investigadores.
Tratamentos de eficácia questionável (*questionable efficacy*): • Tratamentos para os quais existem evidências de que não são eficazes ou são menos eficazes quando comparados a outros tratamentos.

Fonte: Chambless e Hollon, 1998.

validação de superioridade ou equivalência diante de outros tratamentos. Em 2015, David Tolin e um grupo de pesquisadores revisaram esses critérios em resposta às mudanças metodológicas no campo da saúde baseada em evidências. As revisões sistemáticas foram consideradas padrão-ouro na tomada de decisão, propiciando análises mais detalhadas sobre a qualidade metodológica dos estudos incluídos e a avaliação do potencial risco de viés.

Segundo Tolin et al. (2015), a dependência exclusiva de um ou dois ensaios clínicos randomizados (ECR) pode levar a vieses devido à possibilidade de resultados contraditórios entre os estudos. Esse cenário realça a importância das revisões sistemáticas (RSs) e das metanálises. Ao juntar vários ECRs com perguntas de pesquisa semelhantes, as RSs e as metanálises fornecem uma compreensão mais ampla e precisa dos efeitos de um tratamento, esclarecendo discrepâncias entre estudos individuais.

Tolin et al. (2015) argumentam que os critérios originais para os ESTs estão desatualizados. As principais lacunas identificadas incluem:

- a confiança em apenas dois estudos positivos, negligenciando outros estudos com resultados negativos ou inconclusivos;
- foco na remissão de sintomas sem considerar a melhora funcional global do paciente;
- ausência de avaliações rigorosas quanto à qualidade dos estudos e potencial risco de viés;
- limitada evidência sobre a efetividade dos tratamentos em ambientes clínicos reais;
- excesso de manuais de tratamento para diagnósticos específicos, dificultando a identificação de componentes de mudança no processo baseados em evidências sólidas.

Com base nessa análise crítica, Tolin et al. (2015) propuseram um sistema atualizado, disponível no site da Divisão 12 da American Psychological Association (APA): https://div12.org/treatments/. Esse sistema prioriza revisões sistemáticas e avaliações detalhadas da qualidade dos estudos, incorporando o Sistema Grade (*Grade of Recommendation Assessment, Development, and Evaluation*), sistema de graduação da confiança na evidência e força de recomendação para tomada de decisão (Tabela 2). A capacidade de interpretar os resultados de estudos clínicos e aplicá-los na prática diária tornou-se fundamental.

A importância das evidências criticamente avaliadas na PPBE e o potencial relacionado das diretrizes para melhorar a prática e os resultados levaram ao desenvolvimento de uma nova abordagem para avaliar a qualidade e a confiança na evidência e a força das recomendações, denominada sistema Grade, que foi publicado pela primeira vez em 2004. O Grade foi adotado por mais de cem organizações, entre elas a Cochrane Collaboration, o National Institute for Health and Care Excellence (NICE), a OMS e o UpToDate.

Atualmente, diversas organizações internacionais estão comprometidas em promover e avançar a PPBE, buscando garantir que a prática clínica seja guiada pelas melhores evidências disponíveis. Entre elas estão:

- British Psychological Society (BPS): situada no Reino Unido, a BPS é fervorosa defensora da Psicologia baseada em evidências, oferecendo uma variedade de recursos, publicações e eventos destinados a educar e apoiar profissionais da Psicologia no uso de métodos empiricamente validados.

Tabela 2 Critérios de recomendação

Critérios
Recomendação muito forte Todos os seguintes: • Há evidência de alta qualidade de que o tratamento produz um efeito clinicamente significativo nos sintomas do transtorno tratado. • Há evidência de alta qualidade de que o tratamento produz um efeito clinicamente significativo nos resultados funcionais. • Há evidência de alta qualidade de que o tratamento produz um efeito clinicamente significativo nos sintomas e/ou resultados funcionais pelo menos três meses após sua interrupção. • Pelo menos um estudo bem conduzido demonstrou eficácia em ambientes fora da pesquisa.
Recomendação forte Pelo menos um dos seguintes: • Há evidência de qualidade moderada a alta de que o tratamento produz um efeito clinicamente significativo nos sintomas do transtorno tratado. • Há evidência de qualidade moderada a alta de que o tratamento produz um efeito clinicamente significativo nos resultados funcionais.
Recomendação fraca Qualquer um dos seguintes: • Há apenas evidência de baixa ou muito baixa qualidade de que o tratamento produz um efeito clinicamente significativo nos sintomas do transtorno tratado. • Há apenas evidência de baixa ou muito baixa qualidade de que o tratamento produz um efeito clinicamente significativo, assim como nos resultados funcionais. • Há evidência de qualidade moderada a alta de que o efeito do tratamento, embora estatisticamente significativo, pode não ser de uma magnitude que seja clinicamente significativa.

Fonte: adaptada de Tolin et al., 2015.

- European Federation of Psychologists' Associations (EFPA): a EFPA dissemina a importância do rigor na pesquisa, na prática e na educação em Psicologia em toda a Europa. A entidade é um forte proponente da utilização de práticas e métodos baseados em evidências, incentivando uma abordagem científica rigorosa na aplicação da Psicologia.
- Association for Psychological Science (APS): a APS, uma organização de alcance internacional, tem como missão principal promover o avanço da ciência psicológica. A associação enfatiza a importância da aplicação de práticas baseadas em evidências e contribui significativamente para o desenvolvimento do conhecimento científico na Psicologia.
- International Association for Applied Psychology (IAAP): uma das organizações mais antigas na promoção da Psicologia, a IAAP incentiva fervorosamente o uso de métodos e práticas baseados em evidências. A associação desempenha um papel vital no suporte e na promoção dos profissionais da Psicologia, reforçando a importância da empiria na prática psicológica.
- World Federation for Mental Health (WFMH): embora a WFMH não seja exclusivamente voltada para a Psicologia, a sua missão inclui a construção da conscientização acerca da saúde mental, promovendo a prática baseada em evidências na prevenção, no tratamento e na recuperação de problemas de saúde mental. Por meio de seus esforços contínuos, busca garantir que intervenções e tratamentos psicológicos sejam eficazes, seguros e respaldados por evidências científicas sólidas, contribuindo, assim, para a integridade e o progresso do campo da Psicologia.

Além disso, diretrizes internacionalmente reconhecidas orientam a prática em saúde mental, entre as quais se destacam as do National Institute for Health and Care Excellence (NICE), da American Psychiatric Association, da Organização Mundial da Saúde (OMS), das Australian Clinical Guidelines for Early Psychosis, das VA/DoD Clinical Practice Guidelines, do Canadian Network for Mood and Anxiety Treatments (CANMAT), do Royal Australian and New Zealand College of Psychiatrists e da European Psychiatric Association. Essas diretrizes, elaboradas por organizações renomadas e fundamentadas em revisões rigorosas da literatura científica, oferecem recomendações abrangentes para diagnóstico, tratamento e prevenção de transtornos mentais. Elas têm o objetivo de otimizar o atendimento a pacientes em diversos contextos globais e promover melhores desfechos em saúde mental. Reconhecendo a importância da Psicologia baseada em evidências, importantes referências na Psicologia têm destacado sua eficácia, efetividade e segurança, colocando-a em paridade ou como primeira opção aos psicofármacos no tratamento de transtornos mentais.

Os parágrafos anteriores apresentaram uma revisão concisa dos fundamentos da PPBE, seguida de uma exploração mais detalhada de seu desenvolvimento ao longo das últimas três décadas em diversas iniciativas internacionais. A discussão nos parágrafos seguintes ampliará o entendimento, situando o surgimento da PPBE em um contexto filosófico e científico. Também destacamos o papel da PPBE na definição da hierarquia de evidências na Psicologia, na avaliação da prática clínica, nas críticas, mitos e limitações à PPBE e, finalmente, uma reflexão sobre os possíveis rumos da PPBE para os próximos 25 anos.

PPBE E A TEORIA DO CONHECIMENTO

A PPBE estabelece uma intersecção entre a melhor evidência científica disponível, a *expertise* profissional e os valores, as características e as preferências do indivíduo (Figura 1). Embora a PPBE não apresente uma nova teoria científica do conhecimento psicológico, ela evoluiu como uma estrutura heurística consistente para aprimorar a prática psicológica, abordando de forma explícita e consciente a relevância da evidência científica no campo da Psicologia.

Central à epistemologia da PPBE está a ideia de que o que é justificável ou razoável de acreditar depende da **confiabilidade da evidência**. A PPBE, embora reconheça um papel para todas as observações empíricas, argumenta que observações controladas fornecem evidências mais confiáveis do que

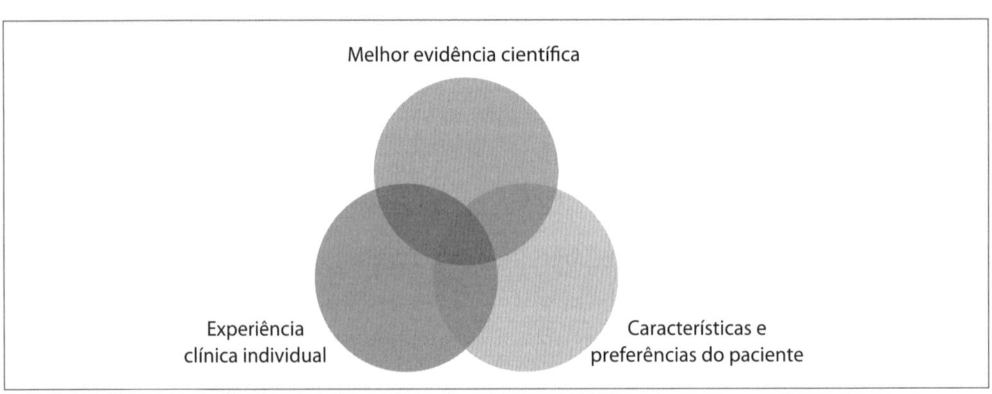

Figura 1 Domínios da prática da Psicologia baseada em evidências.
Fonte: Melnik & Atallah, 2011.

observações não controladas ou experiências pessoais de psicólogos.

O primeiro princípio epistemológico da PPBE sugere que nem todas as evidências são de igual valor, e que a prática psicológica deve ser fundamentada na melhor evidência disponível. O segundo princípio apoia a perspectiva filosófica de que a busca pela verdade é mais bem conduzida ao avaliar a totalidade da evidência, em vez de selecionar aquelas que apoiam uma afirmação específica. A evidência é necessária, mas não é o único critério para uma tomada de decisão eficaz, que também deve considerar as consequências relevantes para o decisor dentro do contexto e do ambiente específicos. Portanto, o terceiro princípio epistemológico da PPBE destaca que a tomada de decisão clínica exige a consideração dos valores e das preferências dos pacientes.

A EVOLUÇÃO DA PESQUISA NA PSICOTERAPIA: FATORES COMUNS *VERSUS* FATORES ESPECÍFICOS

Desde os primórdios da investigação na Psicologia, houve uma busca incessante para compreender a eficácia da psicoterapia e validar as intervenções psicoterápicas. A Tabela 3 apresenta as gerações de pesquisa em psicoterapia:

Em 1952, o psicólogo alemão Hans Eysenck conduziu uma análise crítica que se tornou um marco na evolução histórica da pesquisa científica na área. Ele examinou 19

Tabela 3 Gerações de pesquisa

	I	II	III	IV
Período	Década de 1950-1970 em diante	Década de 1960-1980 em diante	Década de 1970-2000 em diante	1984-atual
Tema	Justificação	Especificidade	Eficácia/custo-benefício	Eficácia/significado clínico
RESULTADO				
Questão temática	A psicoterapia é eficaz?	Qual psicoterapia é mais eficaz para este indivíduo com aquele problema específico e sob quais circunstâncias?	Como os tratamentos podem ser tornados mais (custo) efetivos?	Como a qualidade da entrega do tratamento pode ser melhorada?
Metodologias	Comparação de grupo controle; tamanhos de efeito; metanálise	Ensaio controlado randomizado; *design* fatorial; grupo placebo	Análise probit; curvas de crescimento; modelagem estrutural	Significado clínico
Questões-chave	Eficácia; remissão espontânea	Qual tratamento, por quem, é mais eficaz para este indivíduo com aquele problema específico e sob quais circunstâncias?	Resposta à dose; compensação médica; economia da saúde; medicina baseada em evidências; tratamentos validados empiricamente; diretrizes de prática	Perspectivas do usuário; prática baseada em evidências; monitoramento de resultados

(continua)

Tabela 3 Gerações de pesquisa (*continuação*)

	I	II	III	IV
PROCESSO				
Questão temática	Existem métodos objetivos para avaliar o processo?	Quais componentes estão relacionados ao resultado?	Como ocorre a mudança (por uma abordagem quantitativa)?	Como ocorre a mudança (por uma abordagem qualitativa)?
Metodologias	Amostragem aleatória de sessões de terapia; "mito da uniformidade" assumido	Metodologias de caso único	Texonomias; ligando processo a resultados	Métodos qualitativos; abordagem narrativa; análise do discurso; estudos descritivos; desenvolvimento teórico
Questões--chave	Comportamentos verbais e de fala	Condições facilitadoras rogerianas (por exemplo, empatia)	Aliança terapêutica; modos de resposta verbal	Paradigma de eventos; abordagem de caso único; métodos qualitativos

Fonte: adaptada de Wampold & Imel, 2015.

estudos empíricos sobre a eficácia da psicoterapia, usando como único critério de sucesso a avaliação do terapeuta sobre a evolução do paciente. Com base em seus achados, Eysenck postulou que as psicoterapias da época não apresentavam vantagens sobre o simples "deixar o tempo passar". Sua afirmação de que não havia evidências robustas para sustentar que a psicoterapia, independentemente de sua orientação teórica, auxilia de fato na recuperação dos pacientes neuróticos, gerou um grande debate.

Essa contundente análise provocou um amplo leque de reações no meio acadêmico e clínico. Enquanto parte da comunidade desconsiderou as observações de Eysenck, defendendo a eficácia da psicoterapia, outros pesquisadores tomaram suas conclusões como um desafio, buscando abordagens mais rigorosas para investigar a eficácia terapêutica. Uma dessas vozes críticas foi de Strupp, em 1964, que mais tarde consolidou-se como uma referência nas pesquisas sobre psicoterapia. Ele enfatizou que a eficácia do relacionamento terapêutico já estava bem fundamentada e que negar sua influência seria desconsiderar uma vasta quantidade de evidência acumulada. Strupp destacou alguns desafios: (1) a dificuldade em formular, detalhar e medir as observações multidimensionais realizadas durante a terapia; (2) a consistência do terapeuta em ser um observador (implicando mais aspectos do que somente a contratransferência); e (3) as restrições presentes na interação entre duas pessoas, que resultam em informações representativas, porém não abrangentes, a respeito de como os pacientes se relacionam com demais indivíduos.

Esse período crítico levou a uma intensificação dos esforços para aprimorar os métodos de pesquisa em psicoterapia, consolidando sua posição como um campo de estudo rigoroso e evidenciando a necessidade de avaliações empíricas contínuas na Psicologia (Chambless & Ollendick, 2001).

Carl Rogers (2007), uma das figuras mais emblemáticas da Psicologia humanista, enfatizou a importância do relacionamento terapêutico e da experiência vivida do cliente. Ele defendia a ideia de que a cura e o crescimento eram facilitados mais pelo relacionamento genuíno e empático entre o terapeuta e o cliente do que por técnicas específicas ou intervenções.

Por esse motivo, Rogers frequentemente expressou ceticismo sobre a aplicabilidade e a utilidade de pesquisas tradicionais em psicoterapia, especialmente aquelas que buscavam quantificar e estandardizar processos terapêuticos. Para ele, os aspectos qualitativos e subjetivos da experiência terapêutica, como autenticidade, compreensão empática e aceitação incondicional, eram mais cruciais e não podiam ser facilmente capturados por métodos de pesquisa convencionais.

Rogers (2007) considerou métodos que fossem congruentes com sua abordagem centrada na pessoa. Ele valorizava a pesquisa que buscava entender a experiência individual do cliente e que explorava os processos terapêuticos em termos qualitativos.

No entanto, muitos colegas e profissionais contemporâneos discordavam de sua postura, vendo a pesquisa empírica como um meio vital para validar e aprimorar a eficácia da psicoterapia. Para esses profissionais, mesmo que o relacionamento terapêutico fosse essencial, era importante também entender os mecanismos subjacentes à mudança terapêutica e validar diferentes abordagens por meio de estudos rigorosos. A ousada conclusão de Eysenck sobre a eficácia da psicoterapia gerou um renovado interesse pela pesquisa empírica no setor. Durante as décadas de 1970, 1980 e 1990, a grande maioria das revisões literárias apontava para a eficácia consistente da psicoterapia, independentemente de sua orientação teórica.

Luborsky et al. (1975), após analisarem 105 estudos, concluíram que diferentes formas de psicoterapia apresentaram eficácias similares, o que indicava que os benefícios poderiam estar mais atrelados ao processo terapêutico em si do que à abordagem específica adotada.

Smith e Glass (1977) corroboraram essa visão ao analisar 475 estudos, evidenciando um impacto positivo considerável das intervenções psicoterapêuticas. No entanto, Strupp (1964) trouxe um contraponto, aconselhando prudência na interpretação desses dados. Para ele, ainda que a psicoterapia demonstrasse benefícios claros, nem todos os pacientes alcançavam melhorias marcantes.

Esse corpo de pesquisas contribuiu para a identificação de "fatores comuns" como elementos centrais para o sucesso terapêutico. Entre eles estão a relação entre terapeuta e paciente, as expectativas sobre o tratamento e a competência do terapeuta. Esses *insights* levaram a uma reconsideração sobre o peso dos métodos específicos adotados em cada terapia. Essa reflexão deu origem à teoria do "veredicto do pássaro Dodô", segundo a qual todas as abordagens psicoterápicas se mostram eficazes de maneira comparável.

Wampold e Imel (2015) ampliaram essa perspectiva, apresentando uma série de trabalhos e revisões que enfatizam que a eficácia das diversas modalidades de psicoterapia é majoritariamente atribuída aos "elementos comuns" entre elas, e não necessariamente às técnicas específicas. Os autores argumentaram que elementos como a relação terapeuta-cliente, a empatia, a esperança e o suporte são os principais responsáveis pelo sucesso terapêutico.

Em contrapartida, diversas diretrizes internacionais apontam diferenças entre abordagens em relação à eficácia e à aderência. Assim, essas diretrizes defendem que "fatores específicos" e técnicas e intervenções específicas são cruciais para a eficácia. Entre as diretrizes estão as do NICE, as do Royal Australian and New Zealand College of Psychiatrists e as da Canadian Psychiatric Association.

Defensores de abordagens específicas, particularmente aqueles com enfoque cognitivo-comportamental, argumentam que os fatores específicos, que englobam elementos ou técnicas exclusivas para uma abordagem terapêutica particular, são essenciais para a eficácia terapêutica.

Esse debate ressalta a complexidade e a riqueza da pesquisa em psicoterapia, indicando a necessidade de uma compreensão multifacetada da hierarquia das evidências e de seu impacto na mudança terapêutica.

A EVOLUÇÃO DA HIERARQUIA DE EVIDÊNCIAS E SEU IMPACTO NA PPBE

As hierarquias iniciais de evidência focaram no tipo de desenho de estudo clínico e eram relativamente simples. Para avaliação dos resultados em psicoterapia, a hierarquia não apresentava equívocos quanto à superioridade de ensaios clínicos randomizados (ECRs) sobre estudos observacionais para determinar a confiabilidade da evidência relacionada aos efeitos do tratamento (Chambless et al., 1998).

Nas décadas de 1970 e 1980, na medicina, David Sackett, David Eddy e Archie Cochrane, entre outros, destacaram a necessidade de fortalecer a prática empírica na saúde e propuseram regras iniciais de evidência para orientar decisões clínicas (Figura 2).

A Cochrane representa um marco responsável pelos principais avanços na metodologia de revisão sistemática. Nomeada em homenagem a Archie Cochrane, um visionário que enfatizava a importância de profissionais da saúde organizarem um "resumo crítico, por especialidade ou subespecialidade, atualizado periodicamente, de todos os ensaios clínicos randomizados relevantes", a Cochra-

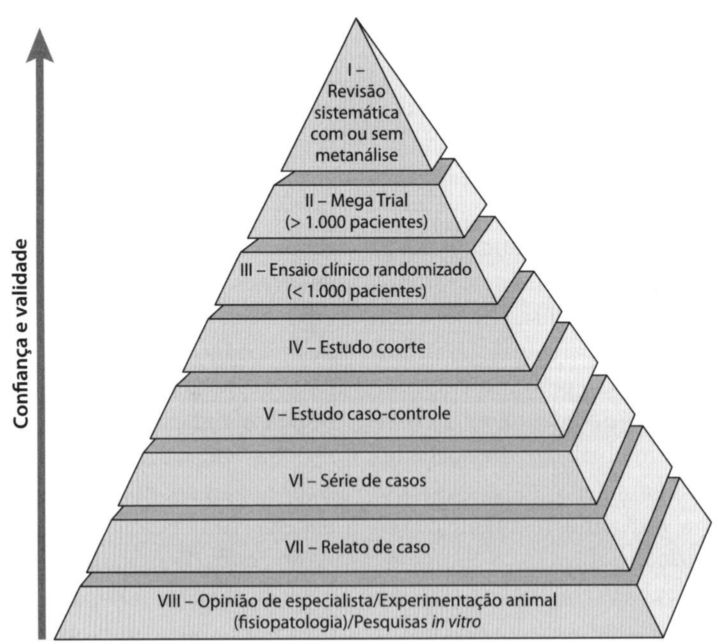

Figura 2 Pirâmide de evidências proposta pela Medicina.
Fonte: Melnik & Atallah, 2011.

ne Collaboration congrega mais de 100 mil colaboradores de mais de 130 países, dedicados a realizar revisões sistemáticas. Embora as revisões de ECRs continuem sendo o foco principal da Cochrane, seu escopo agora abrange também estudos observacionais que abordam efeitos de intervenção, assim como testes diagnósticos e modelos prognósticos.

A Cochrane tem sido uma força motriz significativa na promoção da prática baseada em evidências em diversas áreas da saúde, incluindo a Psicologia. A metodologia rigorosa de revisão sistemática desenvolvida por essa organização influenciou profundamente padrões globais para a avaliação de intervenções em saúde mental. A integração do trabalho desenvolvido pela Cochrane com as iniciativas de associações internacionais de Psicologia tem potencial para fortalecer ainda mais a base de evidências na saúde mental. Esse alinhamento entre organizações pode garantir que as práticas psicológicas sejam continuamente avaliadas, refinadas e aprimoradas, seguindo padrões de evidência rigorosos, e que as intervenções mais eficazes sejam identificadas e implementadas, beneficiando assim a prática clínica e os resultados para os pacientes.

A Sociedade Canadense de Psicologia (SCP) sugere uma hierarquia de evidência orientada especificamente para a Psicologia. A Figura 3, a seguir, traz uma representação de seus principais pontos:

É crucial observar que níveis mais altos não invalidam necessariamente os mais baixos. Cada nível tem seu valor, dependendo da pergunta de pesquisa. A hierarquia dá ênfase à relevância clínica, à aplicabilidade cultural e à coerência teórica.

Na hierarquia citada as revisões sistemáticas ocupam o topo da pirâmide e são

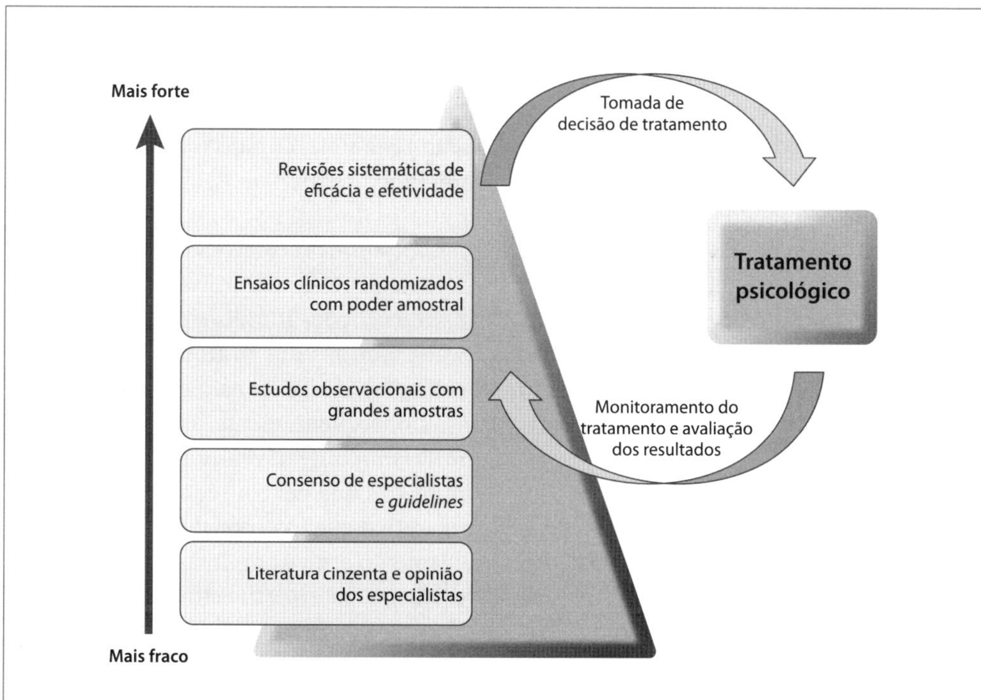

Figura 3 Hierarquia de evidência.

Fonte: Canadian Psychological Association, 2012 (traduzida pela autora).

essenciais para o desenvolvimento de diretrizes de prática clínica, para evitar a duplicação de pesquisas e para ajudar a informar o desenho de novos estudos de pesquisa. Desenvolvimentos futuros incluem o registro *a priori* em sites de registro profissional, como o *International Prospective Register os Systematic Reviews* (Prospero – Registro Prospectivo Internacional de Revisões Sistemáticas), o aumento da sofisticação dos métodos e a incorporação crescente de revisões sistemáticas em diretrizes baseadas em evidências e ferramentas de apoio à decisão clínica para facilitar a tomada de decisões clínicas.

Comunidades científicas têm abraçado iniciativas relacionadas à PPBE para desenvolver hierarquias, orientações e *checklists* para melhorar o *design*, a conduta e o relato de pesquisas. Ao longo do caminho, os pesquisadores têm se diferenciado cada vez mais entre ensaios explicativos (também conhecidos como ensaios de eficácia mecanicista ou prova de conceito), que abordam a pergunta "a intervenção pode funcionar no cenário ideal?", *versus* ensaios pragmáticos (também conhecidos como ensaios de efetividade prática), que abordam as perguntas "isso funciona em cenários do mundo real?" e "vale a pena e deve ser custeado por isso (eficiência)?".

Essas iniciativas resultaram na melhoria da qualidade do relato de pesquisa e são importante fonte de consulta para pesquisadores e também clínicos que buscam atualização em pilares essenciais na pesquisa científica.

MITOS E CRÍTICAS À PRÁTICA DA PSICOLOGIA BASEADA EM EVIDÊNCIAS

As críticas recorrentes à Psicologia baseada em evidências (PPBE) focam em três questões principais. A primeira é a afirmação de que a PPBE é excessivamente dependente do reducionismo e do positivismo do método científico. Muitos críticos têm se manifestado contra a aderência estrita à pirâmide da hierarquia de evidências, por considerá-la limitada e simplista (Melnik et al., 2014). A utilização da pirâmide não busca simplificar indiscriminadamente a complexidade dos fenômenos psíquicos, mas serve como uma orientação para priorizar evidências de acordo com rigor e confiança na estimativa de efeito.

A segunda crítica sugere que a PPBE promove uma "medicalização da Psicologia", desconsiderando o discernimento e o raciocínio clínico, resultando em tomadas de decisões automatizadas que não consideram a *expertise* do profissional. A PPBE não busca substituir o discernimento e o raciocínio clínico, e sim complementá-los. A PPBE, de fato, valoriza altamente o papel crítico da *expertise* adquirida ao longo da carreira, enfatizando a importância do julgamento criterioso na avaliação crítica e na tomada de decisão (Melnik et al., 2014).

Outra crítica à PPBE é que não há "evidência de alta qualidade" de que implementação tenha melhorado o atendimento ao indivíduo. Rebateríamos, observando a saga de atrasos de décadas na exclusão de terapias pseudocientíficas como constelação familiar e terapia de ressignificação sexual, exemplos de intervenções inúteis e prejudiciais que foram banidas das práticas baseadas em evidências (Melnik et al., 2014).

Consequentemente, a despeito de seus méritos incontestáveis, a PPBE apresenta limitações que devem ser contempladas. É imperativo que os especialistas exerçam um julgamento crítico ao adotá-la, harmonizando-a com sua *expertise* clínica e com a singularidade de cada paciente. Adicionalmente, as limitações devem estimular futuras investigações no campo.

Muitas respostas são necessárias, entre elas:

- escassez de pesquisas primárias de alta qualidade para temas prioritários na saúde mental no Brasil;
- desafios em produzir evidências robustas para intervenções mais complexas que envolvem pacientes refratários e equipes multidisciplinares;
- estudos de implementação e efetividade avaliando diferentes abordagens às necessidades individuais dos pacientes no "mundo real";
- elevados custos e desafios associados à capacitação de profissionais em práticas baseadas em evidências;
- obstáculos à implementação advindos de condicionantes institucionais, econômicas ou culturais;
- eventuais discrepâncias entre as evidências oriundas de pesquisas e a experiência clínica singular do profissional.

Apesar dos desafios, a PPBE tem se mostrado incontestavelmente relevante e útil no cenário atual da Psicologia, especialmente porque engloba intervenções e estratégias terapêuticas avaliadas e validadas cientificamente.

FUTURO DA PPBE

Olhando para o futuro, a prática de Psicologia baseada em evidências enfrentará novos desafios e encontrará novas oportunidades. A integração de tecnologias emergentes, como Inteligência Artificial, *big data* e *machine learning*, na prática psicológica tem o potencial de transformar o campo, proporcionando novas ferramentas de tratamento. No entanto, é importante notar que, apesar desses potenciais benefícios, o uso de *machine learning* e *big data* na saúde mental também levanta questões éticas, especialmente relacionadas à privacidade dos dados, ao consentimento informado e à necessidade de evitar viés nos algoritmos, o que requer uma abordagem cuidadosa e regulamentação apropriada.

Adicionalmente, a crescente diversidade da população global exige maior ênfase na inclusão cultural e na adaptabilidade das intervenções psicológicas. A PPBE precisará continuar a evoluir, considerando singularidades e contextos dos indivíduos.

A inclusão da PPBE nos programas de graduação e pós-graduação é necessária para difusão dos princípios e capacitação dos profissionais. A colaboração interdisciplinar, envolvendo diferentes áreas do conhecimento e diferentes abordagens, será crucial para a expansão e a evolução da PPBE.

CONCLUSÕES

A prática de Psicologia baseada em evidências tem percorrido um caminho significativo desde o seu início, estabelecendo-se como uma prática essencial no campo da Psicologia. Enquanto desafios atuais e futuros existem, a inovação, a pesquisa e a adaptação contínuas são a chave para assegurar que a PPBE continue a promover a sua principal finalidade: proporcionar tratamentos eficazes, seguros e individualizados a todos os indivíduos.

REFERÊNCIAS

Capítulo 2

História da Psicologia científica no Brasil: institucionalização, crise e dispersão

Ana Maria Jacó-Vilela

A Psicologia científica chegou ao Brasil no final do século XIX, trazida por médicos interessados em novas ideias, como o evolucionismo e o materialismo. A primeira tese experimental em Psicologia no Brasil foi de Henrique Roxo, em 1901.

Nos anos 1920, psiquiatras como Gustavo Riedel se interessaram pela psicologia experimental e criaram laboratórios em hospitais psiquiátricos. Waclaw Radecki chefiou um desses laboratórios e ofereceu o primeiro curso de formação de psicólogos, em 1932, mas que durou apenas um semestre.

A Psicologia também chegou por meio da educação, com a Reforma do Ensino de 1890. Livros de Psicologia educacional foram publicados por Manuel Bomfim e Lourenço Filho nos anos 1910 e 1920.

Nos anos 1930, surgiram as primeiras clínicas de orientação infantil no Rio de Janeiro e em São Paulo, com uma abordagem psicanalítica e psicossocial.

Nas décadas de 1940 e 1950, ocorreram movimentos de institucionalização da Psicologia, com a criação de associações, revistas e cursos de especialização. Os primeiros cursos de graduação em Psicologia surgiram na década de 1950.

A Lei n. 4.119 regulamentou a profissão de psicólogo em 1962, e o currículo mínimo foi estabelecido ainda nesse ano.

Nos anos 1970 e 1980, houve uma expansão crítica da Psicologia, com o questionamento de suas bases teóricas e práticas, influenciada por psicólogos latino-americanos. Surgiram novos campos, como a Psicologia comunitária, e a Psicologia social ganhou novo impulso.

Nesses diferentes momentos, é possível constatar a presença de mulheres. Atualmente, a Psicologia está presente em diversas políticas públicas e houve uma grande expansão no número de psicólogos, cursos e programas de pós-graduação. Há uma diversidade maior de áreas, abordagens e focos de atuação.

A historiografia da Psicologia no Brasil nos conta que a chamada Psicologia científica, desenvolvida na Alemanha e na França, foi recebida pelos médicos brasileiros interessados no "bando de ideias novas" (Romero, 1926) presente no último quartel do século XIX. Representando a intelectualidade da época, entusiasmavam-se pelo evolucionismo, pelo materialismo, pela ciência, pelas possibilidades de civilização e progresso implícitos nessas novas ideias. A Psicologia é uma delas, utilizada muitas vezes nas teses para obtenção do título de doutor em Medicina. Assim, aquele que é considerado o primeiro trabalho de Psicologia experimental publicado no Brasil é a tese de doutoramento de Henrique Roxo (1877-1969), intitulada *Duração psíquica dos atos elementares nos alienados* (Roxo, 1901). Nela o autor analisa os resultados do tempo de reação de internos no Hospício Nacional de Alienados (HNA)[1], utilizando-se, para isso, do psicômetro de Buccola, um instrumento hoje desconhecido. Comparou os resultados encontrados não só com hígidos, mas também entre os internos, destacando cor, sexo e idade, bem como diferentes diagnósticos.

Roxo é um personagem relevante na história da Psicologia porque, sendo um dos grandes psiquiatras de seu tempo, manteve a atenção nessa nova disciplina, incentivando, como catedrático de Moléstias Nervosas, o uso do Gabinete de Psicologia Experimental localizado no Pavilhão de Observações do HNA. Quando os equipamentos experimentais começaram a ser substituídos pelos testes psicológicos, Roxo prescreveu, em seu *Manual de Psiquiatria* (1925), a utilização de testes variados para diversos fins, principalmente para auxiliar na classificação diagnóstica.

O interesse psiquiátrico pela Psicologia era tão grande que, na Colônia de Psicopatas do Engenho de Dentro, também no Rio de Janeiro, seu diretor, Gustavo Riedel (1887-1934), criou em 1923 um Laboratório de Psicologia Experimental, chefiado pelo psicólogo polonês recém-chegado ao país, Waclaw Radecki (1887-1953). Sob sua liderança, reuniram-se assistentes das mais diferentes áreas, como Filosofia, Direito, além de militares[2]. Chamamos a atenção aqui para a presença de uma professora primária, Lucília Tavares (1902-1992), autora de um dos primeiros livros da área, *Psicologia do pensamento* (Tavares, 1930). Nesse laboratório se realizavam pesquisas experimentais, testagens psicológicas, sessões de psicanálise etc. Sua transformação em Instituto de Psicologia permitiu a criação do primeiro curso de formação de "profissionais psicólogos", que ocorreu somente durante um semestre em 1932, pois logo em seguida o instituto foi fechado e Radecki deixou o país (Centofanti, 1982).

Para além das instituições asilares, os médicos dos anos 1920 interessados no que hoje denominamos "saúde mental" se reuniram na Liga Brasileira de Higiene Mental, criada por Gustavo Riedel. Embora situada no Rio de Janeiro, a Liga tinha membros de todo o país. Criou uma revista, *Arquivos Brasileiros de Higiene Mental*, uma importante fonte de consulta sobre o pensamento psicológico da época. Uma demonstração da importância conferida pelos médicos à Psicologia é o alentado artigo de Radecki, no número 1 da revista, sobre a higiene mental da criança (Radecki, 1925). A Liga estava organizada em diversas seções, uma das quais era o Laboratório de Psicologia, chefiado por Plínio Olinto (1886-1956) e em que Maria

[1] O Hospício de Pedro II, criado em 1841 no Rio de Janeiro, foi o primeiro hospital psiquiátrico do país. Com nome em homenagem ao jovem Imperador, cuja maioridade havia sido promulgada naquele ano, começou a receber internos em 1852. Após a Proclamação da República (1889), passou a se chamar Hospício Nacional de Alienados, tendo tido depois vários outros nomes. Devido à superlotação e à criação de novas instituições (como o Manicômio Judiciário, em 1921), seus internos foram sendo transferidos, até que ele foi fechado, em 1944. Hoje em dia suas instalações formam o *campus* da Praia Vermelha da UFRJ.

[2] Os militares manifestaram interesse pela Psicologia muito precocemente. Radecki deu um curso para o Exército em 1928, que foi publicado como livro pela Biblioteca do Exército (Radecki, 1925). Vários cursos envolvendo temas de Psicologia foram ministrados ao longo dos anos por outras pessoas e pelos próprios militares (Jacó-Vilela et al., 2019). O Exército criou um curso de "psicotécnico" que existe até hoje e é uma das habilitações de seu corpo de oficiais.

Brasília Leme Lopes (1909-1996) fez algumas das primeiras padronizações de testes para a realidade brasileira (Jacó-Vilela, 2014).

Porém não só no meio médico o conhecimento e as técnicas psicológicas se fazem presentes. A Reforma do Ensino de 1890, conhecida como Reforma Benjamin Constant, já apresentava conteúdos de Psicologia dentro da disciplina de Lógica, a ser ministrada nas Escolas Normais. Em pouco tempo, Psicologia se dissociou da Lógica, com educadores publicando manuais para utilização naquelas instituições. Destaquem-se aqui dois deles: o de Manuel Bomfim (1868-1932), *Noções de Psicologia* (Bomfim, 1916), e o de Lourenço Filho (1897-1970), *Introdução ao estudo da Escola Nova* (Lourenço Filho, 1930). Se Bomfim procurava apresentar conceitos básicos às normalistas, Lourenço Filho buscava esclarecer quais são as "bases da Educação": Psicologia, Biologia e Estatística.

Esses livros e a apropriação da Psicologia pela Educação ocorreram em um momento em que os intelectuais, interessados em modernizar o país, entendiam que, para isso, era necessário "educar a população". Grandes esforços foram envolvidos nesse projeto, com importantes personagens a ele dedicados, como Anísio Teixeira (1900-1971) e Fernando de Azevedo (1894-1974), além do já citado Lourenço Filho. Com um funcionamento federativo, várias das então províncias promoveram suas "reformas educacionais", das quais as mais conhecidas e que geraram melhores resultados foram as de São Paulo, Minas Gerais, Rio de Janeiro e Ceará. Nesse momento, Helena Antipoff (1892-1974), psicóloga russa com formação em Genebra com Édouard Claparède (1873-1940), foi convidada a organizar e dirigir o Laboratório de Psicologia na Escola de Aperfeiçoamento de Professores em Belo Horizonte. Com um contrato inicial de dois anos, Antipoff permaneceu no Brasil até seu falecimento, tornando-se uma personagem fundamental para a institucionalização da Psicologia, principalmente em Minas Gerais.

A Educação embasava-se, então, nos conceitos e nas práticas psicológicas (Antunes, 1998). É o momento de grande utilização dos testes, principalmente os de nível mental, tendo em vista que uma das propostas da Escola Nova para a melhoria educacional era a criação de "classes homogêneas". Gabinetes de Psicologia foram criados em diferentes escolas, principalmente no Rio de Janeiro (então Distrito Federal) e em Minas Gerais, São Paulo, Bahia, Pernambuco e Rio Grande do Sul, primeiros lugares onde a Psicologia se fez presente.

Também nas recém-criadas Faculdades de Filosofia havia cátedra de Psicologia, às vezes uma única, às vezes mais de uma (uma "geral" e outra voltada mais especificamente para a temática educativa).

Entretanto, não só nessas Faculdades o ensino de Psicologia se fez presente. Encontrava-se no Direito, mesclado com a Antropologia Criminal de Cesare Lombroso (1835-1909). Isso possibilitou, já em meados do século XX, a existência de pessoas com formação autodidata em Psicologia atuando no Manicômio Judiciário[3]. Nesse sentido, embora a área de Psicologia Jurídica seja considerada "emergente" na Psicologia, é importante lembrar que ela já figurava, com o nome de "Psicologia aplicada ao Direito", na proposta curricular do curso de Radecki em 1932, o que é compreensível, visto a questão da lei e sua aplicação, o grande objeto do Direito, estar estreitamente ligada ao homem

[3] Estamos nos referindo aqui a Eliezer Schneider (1916-1998), que atuou no Manicômio Judiciário Heitor Carrilho nas décadas de 1950 a 1970. Essa experiência possibilitou que ele ministrasse a disciplina Psicologia Jurídica e fosse o criador do curso de Especialização em Psicologia Jurídica na década de 1970 na Uerj (Jacó-Vilela, 1999c).

que deve se submeter a essa lei. Considerado como livre e igual aos demais, como avaliar sua responsabilidade em relação ao crime? E em que condições ele pode ser considerado como não responsável? São grandes debates que vêm desde o século XVIII e ainda permeiam nossas discussões e, desde cedo, há uma aposta nos saberes psi como auxiliares no encontro das respostas e soluções para essas e outras questões (Jacó-Vilela, 1999b).

Outra área, hoje também considerada emergente, é a Psicologia dos Esportes. Entretanto, pelo lado da Educação Física, o interesse pela Psicologia surgiu muito cedo, pois aqueles que se ocupavam dessa atividade consideravam relevante a contribuição que a Psicologia poderia oferecer à sua disciplina.

O Governo Vargas (sob vários arranjos, com duração de 1930 a 1945) deu ênfase aos esportes, dentro da compreensão da importância do adestramento do corpo para uma evolução sadia (*mens sana in corpore sano*). Assim, se a Escola de Educação Física do Exército fora criada em 1932, a partir do Centro Militar de Educação Física já existente desde a década anterior, a Universidade do Brasil criou sua Escola Nacional de Educação Física e Desportos (EEFD), em 1939. Nela havia uma cátedra, Psicologia aplicada à Educação Física, sob a responsabilidade de Carlos Sanchez de Queiroz (1907-?). Como sua assistente, trabalhou Cecília Stramandinoli (1912-2005). Formada na primeira turma da EEFD, Cecília foi convidada a dar aulas de tênis, o que a levou a aprender o esporte; nele se destacou, sagrando-se campeã em várias competições. Posteriormente, passou a atuar como professora de Psicologia e como técnica no Isop, tendo publicado artigos nos Arquivos Brasileiros de Psicotécnica (Espírito Santo, 2017).

Novo campo começou a se constituir nos anos 1930, as Clínicas de Orientação. Normalmente vinculadas às secretarias de Educação, duas delas merecem destaque. Em São Paulo, a Clínica de Orientação Infantil na Seção de Higiene Mental da Diretoria de Saúde Escolar da Secretaria da Educação foi criada em 1938. Dirigida por Durval Marcondes (1899-1981), oferecia psicodiagnóstico, orientação de pais e psicoterapia, com uma abordagem psicanalítica. Arthur Ramos (1903-1949), por sua vez, dirigiu o Setor de Ortofrenia e Higiene Mental (SOHM) do Instituto de Pesquisas Educacionais da Diretoria da Instrução Pública do Distrito Federal, criado em 1935, na gestão de Anísio Teixeira. Atuava com as escolas experimentais e com uma visão social sobre as questões que afetavam os escolares, como atesta em seu livro *A criança problema*[4] (Ramos, 1939), no qual apresenta e analisa vários exemplos vividos no SOHM.

É importante frisar que outras clínicas voltadas à infância foram criadas naquela década e nas seguintes, como a dirigida pela psicanalista Maria Manhães (1917-2009), no Rio de Janeiro, e a criada pela psicóloga alemã radicada em São Paulo Betti Katzenstein (1906-1981). Essas iniciativas sem dúvida têm relação com a ênfase dada no período Vargas à criança ("o homem de amanhã"), percepção que continuou depois de seu governo.

Assim, em 1940 foram criados o Departamento Nacional da Criança (DNCr), vinculado ao Ministério da Educação e Saúde, e, em 1941, o Serviço de Assistência ao Menor (SAM), vinculado ao Ministério da Justiça. Trata-se, claramente, de duas visões de infância, aquela que deve ser educada e a que

---

[4] Há muitas críticas a esse livro, com base em seu título. Entretanto, Ramos traz uma importante mudança no diagnóstico infantil, de criança "anormal", principalmente por causas congênitas, para criança "problema", que considera decorrente, sobretudo, de situações familiares e/ou escolares.

deve ser corrigida. Mas, nesse momento, é importante sinalizar que em ambos os casos houve participação da Psicologia, no DNCr, por meio do Centro de Orientação Infanto-juvenil (COJ), onde atuaram Elisa Veloso (1914-2002) e Therezinha Lins de Albuquerque (1926-), e, no caso do SAM, de Glória Quintela (1899-1989), cuja atuação se deu no Setor de Psicotécnica do SAM, tendo publicado cinco artigos na revista *Arquivos do Serviço de Assistência a Menores* na década de 1940 – uma raridade naqueles tempos. Quintela também foi psicologista do Isop e, mais tarde, uma das primeiras psicólogas de Brasília.

Aos poucos, a Psicologia começou a se autonomizar. De um saber e prática imbricados em outros campos já estabelecidos, nos anos 1940 constitui-se como um campo disciplinar específico. Criaram-se associações – a Sociedade de Psicologia de São Paulo (SPSP), em 1945, e a Associação Brasileira de Psicotécnica (ABP), no Rio de Janeiro, em 1949. Essas duas associações iniciaram, logo em seguida, a publicação de suas revistas, respectivamente *Boletim de Psicologia* e *Arquivos Brasileiros de Psicotécnica*[5]. Ambas as revistas continuam sendo publicadas até hoje, um feito notável na realidade brasileira. Na década seguinte, em 1957, foi a vez da Sociedade Mineira de Psicologia (SMP). Todas essas associações surgiram pelo incentivo de estrangeiros presentes no país sob diferentes formas, mais ou menos duradouras. Assim, Otto Klineberg (1899-1992), professor visitante da USP, foi o incentivador da criação da SBSP; Emilio Mira y López (1896-1964), vivendo definitivamente no país, da ABP; e André Rey (1906-1965), em visita a Belo Horizonte, da SMP. Entretanto, em todas elas houve um número expressivo de mulheres participantes, muitas com contribuição incisiva para a construção da respectiva sociedade. Isso ocorreu em São Paulo, por exemplo, com Annita de Castillo e Marcondes Cabral (1911-1991), em Minas Gerais com Helena Antipoff, no Rio de Janeiro com Ofélia Boisson Cardoso (1894-1994).

Além disso, em São Paulo começaram a ser oferecidos cursos de especialização na área: Psicologia Educacional (USP, 1947) e Psicologia Clínica (Faculdade de Filosofia, Ciências e Letras Sedes Sapientiae, 1953, e USP, 1954). No Rio de Janeiro, as duas universidades então existentes, Universidade do Brasil e PUC-Rio, não se aliaram ao movimento. Entretanto, o Instituto de Seleção e Orientação Profissional (Isop)[6] da Fundação Getúlio Vargas oferecia inúmeros cursos de especialização, além de cursos de pequena duração e estágios.

Todos esses movimentos – associações, revistas, cursos – refletiam o momento histórico não só da Psicologia, mas também do país. A grande transformação para a modernidade (uma "modernização conservadora", no dizer de vários autores, seguindo a interpretação de Barrington Moore Jr., 1975), que começara com iniciativas varguistas, estava então em pleno curso, com modernização tecnológica, urbanização crescente, surgimento de indústrias. A Psicologia se tornava cada vez mais necessária para atender a essa nova realidade de mudanças sociais e subjetivas (Rose, 2008).

Os anos 1940 e 1950 foram, pois, ricos no processo instituinte. A criação das asso-

[5] Nome alterado, em 1969, para *Arquivos Brasileiros de Psicologia Aplicada* e, depois, para *Arquivos Brasileiros de Psicologia*, em 1978.

[6] O Isop foi criado em 1947 com o propósito de realizar processos de seleção e orientação profissional, bem como de Psicologia aplicada à educação e à clínica. Sob a gestão de Emilio Mira y López (1886-1964), tornou-se um centro não só de produção de conhecimentos e práticas psicológicas como também de difusão e formação na nova disciplina (Rosa & Silva, 1997; Jacó-Vilela, 2023).

ciações, das revistas e dos cursos mostrava a existência de um número considerável de pessoas vinculadas à área, que se reconheciam e eram reconhecidas como pertencentes a esse campo disciplinar. Assinalava, também, a existência de pessoas desejosas de conhecer e aprender sobre essa nova área, quiçá se tornarem parte do campo. Temos, pois, algumas das características que Vidal (2010) considera necessárias para a constituição de uma disciplina autônoma. As pessoas pertencentes a esse campo podem, então, ser nomeadas; são chamadas de psicologistas ou de psicotécnicos.

Outra demonstração de que o campo estava em fermentação é o surgimento de cursos de graduação em Psicologia. O primeiro foi criado em 1953 na PUC-Rio, seguido dos da PUC-RS (1954), da USP (1957), da então UCMG, hoje PUC-Minas (1959), e da Unicap (1962). Ou seja, são cinco cursos de graduação sem que haja legislação a respeito, quatro dos quais criados em instituições católicas, sinalizando uma mudança histórica interessante, tendo em vista que uma das possíveis causas do fechamento do curso de Psicologia criado por Radecki em 1932 foi a oposição das lideranças católicas (Centofanti, 1982).

Temos, portanto, as condições sociais necessárias para a regulamentação da profissão. Uma comprovação disso é que o primeiro anteprojeto de lei, feito pela Associação Brasileira de Psicotécnica em 1953 e publicado nos Arquivos Brasileiros de Psicotécnica em 1954, visou atender a uma solicitação do Ministério da Educação. Esse projeto distingue a formação básica, teórica, obrigatoriamente fornecida por uma faculdade de Filosofia, e a formação técnica, a ser realizada em instituições que mantivessem atividades de Psicologia aplicadas nas três grandes áreas: clínica, escolar e industrial, como era então chamada a atual Psicologia Organizacional e do Trabalho (Jacó-Vilela, 1999a). Essa formação bipartida provocou inúmeras críticas e, já no I Congresso Brasileiro de Psicologia, realizado ainda em 1953 em Curitiba, novo anteprojeto foi proposto. Ocorreu então um período de discussões e conciliações, principalmente entre as lideranças de São Paulo e as do Rio, com participação de personagens de relevo de outros lugares, como Minas Gerais. No Rio, foi necessária ainda uma conciliação entre Emilio Mira y López e Nilton Campos (1898-1963), catedrático de Psicologia na Universidade do Brasil e avesso à criação do curso de Psicologia, por entender que poderia favorecer o charlatanismo. As diferentes posições e interesses são bem discutidos por Baptista (2010), ao analisar as confluências, os desafios e os acordos que possibilitaram, finalmente, a promulgação da Lei n. 4.119/62 pelo presidente João Goulart, em 27 de agosto de 1962, data considerada desde então o "Dia do Psicólogo", denominação vencedora diante das utilizadas até aquele momento. No mesmo ano, o Conselho Federal da Educação, com base no Parecer n. 403, aprovou resolução que instituiu o currículo mínimo para os cursos de Psicologia, legislação esta vigente até a promulgação das Diretrizes Curriculares, em 2004.

O que o parecer e o currículo mínimo nos sugerem? Antes de mais nada, o parecer insiste na importância de uma formação "científica", para evitar o "charlatanismo", uma preocupação de Nilton Campos, como já mencionado. A ideia de "ciência" estará presente, dessa forma, no currículo mínimo nitidamente embasada no positivismo reinante, pressupondo o estudo de elementos psíquicos (percepção, memória, emoção, entre outros) de forma separada, abstrata, depois inseridos em um contexto social (o estudo dos mesmos processos em Psicologia Social). É, pois, uma visão que espera uma objetividade e uma neutralidade na construção e na transmissão desse conhecimento. Essas críticas, contudo, surgem muito depois. À época, houve muita alegria e satisfação com a regulamentação, outras universidades públicas criaram seus cursos, com uma demanda muito grande de candidatos – ou, melhor dizendo, candidatas, para serem as novas psicólogas.

Dificuldades, entretanto, logo surgiram. Os professores dos novos cursos, se tinham formação universitária, ela ocorria em áreas diversas, como Direito, Medicina, Teologia, Economia, embora a maioria fosse formada em Filosofia ou Educação, eram, portanto, normalmente autodidatas em Psicologia. Poucos deles haviam realizado algum tipo de formação pós-graduada no exterior, como Annita de Castilho e Marcondes Cabral, com Koffka, no Smith College, e com Wertheimer, na New School for Social Research, em 1942, e Eliezer Schneider, na Yowa University, em 1947.

Além disso, não havia docentes suficientes para cumprir o currículo mínimo e, muito menos, para os novos cursos que iam sendo criados. Os professores ministravam disciplinas diversas, não necessariamente de acordo com suas expertises, levando a que o mesmo conteúdo viesse a ser replicado em diferentes disciplinas.

Finalmente, não havia livros. Eram pouquíssimas as publicações em Psicologia existentes no país, seja de brasileiros, seja traduções. Assim, diversos mecanismos eram usados nos diferentes cursos.

Uma tentativa de solução dessa questão veio por meio de dois professores da USP (Jacó-Vilela, 2012). Dante Moreira Leite (1927-1976) traduziu, sozinho e também com parceiros, inúmeros manuais de Psicologia nas décadas de 1950 e 1960, sobre diferentes temas. Estava, pois, criando uma bibliografia básica para os cursos. Nos anos 1970, traduziu novos autores que então representavam uma guinada no modo de pensar psi, como Thomas Sasz e Erving Goffman.

Carolina Martuscelli Bori (1924-2004) teve outro tipo de contribuição, também muito relevante. Interessada na análise experimental do comportamento a partir da estada de Fred Keller (1899-1996) na USP em 1961, tornou-se importante pesquisadora e, sem dúvida, a maior divulgadora dessa abordagem no país. Bori traduziu um número expressivo de livros sobre a temática de seu interesse, propiciando seu desenvolvimento inicial no Brasil quando muitos novos cursos iam sendo criados. Não por acaso, a Sociedade de Psicologia de Ribeirão Preto, dedicada inicialmente a essa abordagem, foi criada em 197[17], apontando que a Psicologia Experimental havia se desenvolvido rapidamente no país.

Com a ditadura empresarial-militar instaurada em 1964, somente dois anos após a Lei n. 4.119/62, inúmeros cursos e instituições universitárias sofreram com a repressão, principalmente após o AI-5, em 1968. Professores e estudantes foram aposentados, afastados, perseguidos, exilados, torturados, mortos. Muitos foram para o exílio, outros lutaram contra a ditadura. Isso ocorreu nas mais diferentes áreas, a Psicologia entre elas (Souza, 2021).

Entretanto, ao mesmo tempo houve uma expansão dos cursos de Psicologia para outra seara, a das instituições particulares. Novas universidades privadas foram criadas, com incentivo da ditadura, atendendo (e criando demanda) interessados em Psicologia. Com psicólogos formados, a falta de professores foi preenchida, tornando-se o magistério um

[7] Em 1991, tornou-se Sociedade Brasileira de Psicologia (SBP) e, por motivos legais, em 2005 passou a ser denominada Associação Brasileira de Psicologia, embora continue sendo conhecida como SBP.

campo de atuação profissional. Mas logo uma nova iniciativa apresentou outra solução: a criação de cursos de pós-graduação.

Mais uma vez, coube à PUC-Rio a primazia, ao criar seu curso de Mestrado em 1967[8]. Outros se seguiram rapidamente. Assim, ao final da década de 1970, já havia 14 cursos de pós-graduação, com uma alta concentração em instituições de São Paulo (oito cursos), outros três do Rio de Janeiro e um dos estados do Rio Grande do Sul, Paraíba e Pernambuco. Isso possibilitou na década seguinte, especificamente em 1983, a criação da Associação Nacional de Pesquisa e Pós-graduação em Psicologia (Anpepp), que vem, desde então, congregando pesquisadores e professores dos programas de pós-graduação de todo o país.

Podemos nos perguntar o porquê de a Associação Brasileira de Ensino de Psicologia (Abep), que reúne os cursos de graduação, só ter sido criada em 1999. Supomos que essa demora (quase quarenta anos após a regulamentação da profissão e dos cursos) se deve ao papel exercido pelo Conselho Federal de Psicologia (CFP). Criado como uma autarquia pela Lei n. 5.766/71, regulamentada pelo Decreto n. 79.822/77, suas funções principais são orientar e fiscalizar o exercício profissional. Entretanto, naquele primeiro momento, com poucos profissionais e pouquíssimas instituições, pareceu razoável o CFP também ser o encarregado da formação do psicólogo, visto que deveria zelar pela atividade profissional do antigo estudante. Muitas foram as atuações do CFP relativas aos cursos de graduação, como a famigerada resolução que obrigou o "credenciamento de supervisores" (CRP, Resolução n. 15/77).

[8] O primeiro curso de Mestrado em Psicologia fora criado na UnB em 1964. Entretanto, com a repressão que a ditadura promoveu nessa instituição, o curso durou somente um semestre.

Ainda nessa fase inicial, o CFP criou o Código de Ética Profissional (o primeiro), em 1975, promulgado pela Resolução n. 08/1975. A Psicologia encontrava-se, portanto, totalmente institucionalizada.

Mas nem tudo eram flores. A ditadura empresarial-militar instaurada no país impedia, entre outras coisas, que a nova profissão refletisse sobre si mesma enquanto engatinhava em seus primeiros anos. Assim, somente nos anos 1970, acompanhando o processo de "distensão lenta e gradual" de abertura do regime militar, que inquietações vieram à luz e foram problematizadas.

Podemos encontrar aqui algumas condições de emergência de uma Psicologia que se quer diferente: o encerramento do período ditatorial, a partir de críticas internas e externas (de setores da sociedade, do exterior); a expansão do número de cursos, muito pelo incentivo da ditadura às instituições privadas, gerando forte incremento no número de psicólogos no país formados no novo campo, e não autodidatas com base em um interesse particular, como o eram seus docentes.

Uma crítica comum da época referia-se à restrição do conhecimento e da prática àquilo que vinha de outros países, mais desenvolvidos economicamente e sem as desigualdades presentes no Brasil. Era uma crítica tanto ao caráter exógeno da Psicologia, visto pesquisas e teorias serem oriundas de outros contextos, principalmente dos Estados Unidos, como à inserção do psicólogo como um profissional dedicado às elites. Como disse Silvia Leser de Mello em um texto da época, ao supor uma expansão do mercado de trabalho – o que é interessante para pensar como as possibilidades de atuação naquele momento eram restritas – que convocasse os psicólogos para atuar:

> com escolares em escolas públicas da periferia, com as famílias desses escolares,

> com os professores e diretores dessas escolas, com menores órfãos e abandonados, nos recolhimentos de menores, nos orfanatos, com as pessoas que cuidam desses menores, com delinquentes nas prisões, com os policiais e juízes, com os migrantes e suas famílias, chegados há pouco em São Paulo (Mello, 1975, p. 18).

A partir desse "se" voltado ao futuro, a autora conclui que os psicólogos se defrontariam com circunstâncias ambientais tão desfavoráveis ao desenvolvimento dos seres humanos (Mello, 1975, p. 19) que seriam obrigados a rever fórmulas e técnicas aprendidas, a reformular o próprio conceito de "comportamento normal".

O texto de Mello sintetiza um mal-estar existente à época, relacionado ao campo de trabalho, aos métodos e às práticas possíveis, às teorias utilizadas. Esse momento de inquietação foi bem expresso na Psicologia Social, que assumiu as críticas então existentes como um momento de "crise disciplinar" (Harré & Secord, 1976). Não por acaso foi dela que vieram muitas das alternativas que surgiram nos anos 1980, a principal, sem dúvida, a Psicologia comunitária, marcada pela Psicologia da Libertação de Ignácio Martin-Baró (1942-1989) e por novas proposições que surgiam nos países latinos.

O contato de profissionais com colegas latinos, com a percepção de laços históricos que podiam propiciar um sentimento de irmandade, de história e destino comum, foi outra condição de emergência da nova Psicologia. Silvia Lane (1933-2006), por seus contatos na Sociedade Interamericana de Psicologia, foi, sem dúvida, uma grande representante desse momento, principalmente por ser uma das fundadoras da Associação Brasileira de Psicologia Social (Abrapso), em 1980.

Outra influência importante recebida pelos psicólogos da época, já na área clínica, foi a dos psicanalistas argentinos. Desde o início dos anos 1970, estes estavam presentes no Brasil, principalmente no Rio de Janeiro e em São Paulo, a convite das sociedades psicanalíticas oficiais. Seus principais interlocutores, entretanto, no sentido de mais interessados em suas propostas de inovações técnicas, eram os psicólogos. As terapias breves, o grupo operativo, o trabalho institucional e a possibilidade de prevenção foram descobertas importantes para os psicólogos, frustrados por sua exclusão das sociedades psicanalíticas oficiais, principalmente no Rio de Janeiro. Parecia o encontro de "um lugar ao sol". A prática clínica, com seu enquadre individualizado e privado, pôde então ser percebida como dirigida às elites e substituída pelo papel de "agente de mudanças", com uma marca acentuada na prevenção. Abandonaram-se as categorias psicopatológicas clássicas, a dicotomia saúde/doença, e privilegiaram-se situações antes entendidas como de "normalidade" – acompanhamento de gestantes, atendimento pré e pós-cirúrgico etc.

Na área da saúde, outra influência decisiva ocorreu na mesma época, anos 1980: da Divisão 12, Society of Clinical Psychology, da American Psychological Association (APA), com sua proposta de Psicoterapias com Apoio Empírico (PAE). Entretanto, muito rapidamente se verificou a insuficiência desse enfoque centrado exclusivamente nas evidências cientificamente comprovadas, sem considerar aspectos culturais ou sociais. Assim, aos poucos essa proposição foi substituída pelo que é hoje conhecido como Psicologia baseada em evidências, em que podemos reconhecer "tres pilares conceptuales: (a) el fundamento empírico, (b) la integración de preferencias, valores e idiosincrasias de la población en la intervención y (c) el peritaje y la experiencia del professional" (Martínez-Taboas, 2014, p. 64)[9].

Mas não só na saúde houve mudanças. Também no âmbito escolar grandes alterações ocorreram, deixando-se de lado uma atuação centrada no aluno, principalmente em seu diagnóstico, o que o levava a ser responsabilizado por seu "fracasso" (Patto, 1990), optando-se por analisar e intervir nas relações institucionais. Abandonava-se o que era denominado pejorativamente como "clínica na escola" e se enfatizavam encontros entre professores, debates sobre a hierarquia, as regras etc.

Finalmente, na então denominada Psicologia industrial, outra importante transformação: o nome passou a ser Psicologia organizacional, abandonando-se de vez a Psicotécnica com seus testes e relevo à seleção profissional, optando-se por uma análise da organização em si (sua estrutura formal, seu funcionamento cotidiano, suas regras, sua localização espacial, sua história etc.). Mais tarde, com o surgimento da vertente intitulada "saúde do trabalhador", a área alterou novamente seu nome e hoje é conhecida como Psicologia organizacional e do trabalho, com uma importante associação que abriga pesquisadores, profissionais e estudantes.

A mudança não ocorreu somente nessas áreas clássicas. Outro ponto a destacar é a emergência de inúmeros novos campos, novas áreas – embora, como vimos ao longo deste texto, algumas viessem de uma história mais antiga. A diversidade do campo atual da Psicologia pode ser vista na composição do Fórum de Entidades Nacionais da Psicologia Brasileira (FENPB), que abriga 27 associações, de caráter e campos de interesse tão diversos quanto as aqui já citadas (Anpepp, CFP, Abep, Abrapso, SBPOT), bem como outras mais recentes, como as que enfocam Psicologia do desenvolvimento, Psicologia jurídica, Psicologia política, Psicologia da saúde, Neuropsicologia, Psicologia da aviação, Psicologia do esporte, Psicologia do tráfego, Psicologia escolar e educacional, Métodos projetivos, Bioenergética, História da Psicologia, Psicologia hospitalar, Psicologia e acupuntura (Degani-Carneiro et al., 2022).

Por motivos variados – discordância em relação aos objetivos, desconhecimento etc. –, algumas associações não fazem parte do FENPB, das quais, sem dúvida, a falta mais expressiva é a da Sociedade Brasileira de Psicologia. Isso aponta que a grande dispersão que vivemos desde os anos 1970/1980 implicou também compreensões distintas sobre os caminhos que o campo da Psicologia deve ter no Brasil.

O FENPB foi uma proposta do CFP concretizada no começo dos anos 2000. Ele representa a nova feição do CFP, que, embora na época de sua criação tenha mantido alianças com a ditadura militar (Souza, 2023), mudou sua posição política após o término desse período. Muitas foram as suas contribuições. Lembrando de sua vinculação umbilical com a formação em Psicologia, destaca-se uma delas: o movimento pela reformulação do currículo mínimo, que propiciou discussões na maioria dos cursos do país, com propostas consolidadas em reunião de coordenadores de cursos de graduação e conhecida como Carta de Serra Negra, de 1992. Desse movimento, e com as transformações do ensino superior no Brasil, redundaram as Diretrizes Curriculares finalmente aprovadas em 2004.

No começo do século XXI, o CFP buscou maior integração interna (daí a criação do FENPB), bem como a participação da Psicologia no debate público, principalmente sobre direitos humanos, possibilitando maior visi-

[9] Esse livro é uma comprovação da abrangência e da atualidade da Psicologia baseada em evidências.

bilidade social dessa área e sua inserção nas políticas públicas do país, via participação em inúmeras comissões e conselhos nacionais (em torno de 75 atualmente).

Além do interesse específico de gestões do CFP em ocupar esse novo lugar, a partir do protagonismo do movimento Cuidar da profissão, é preciso destacar os significativos aumentos quantitativos vividos pela Psicologia. Assim, conforme o Censo da Psicologia Brasileira (Bastos, 2022) – pesquisa nacional apoiada pelo CFP –, o número de psicólogos atingiu 473.173 registrados em 2022 (Sandall et al., 2022, p. 43)[10]. Esses novos profissionais são formados prioritariamente em instituições privadas, conforme levantamento inicial realizado no e-MEC e que ainda não foi analisado: em torno de 90% dos cursos de Psicologia no país estão sediados em instituições privadas. Tendo em vista a variação da qualidade dessas instituições, desde as confessionais e comunitárias até aquelas cujo objetivo principal é o lucro, esse é um tema que merece atenção de todos os interessados na Psicologia.

Outros dados do Censo apontam como a categoria é diversa, ao analisar gênero e sexualidade, raça, idade (Carvalho-Freitas et al., 2022). Os psicólogos também relatam um número muito grande de atividades que realizam, com a primazia da psicoterapia, mantendo, portanto, a caracterização do campo como voltado para o cuidado (Bastos et al., 2022). Nesse sentido, assinale-se que esse Censo inovou, ao perguntar aos respondentes acerca de sua identidade de gênero, dando possibilidade de resposta também como não binário. Assim, 79% se identificaram com o gênero feminino (uma diminuição com os Censos anteriores), 20% com o gênero masculino e 0,7% como não binários.

O último ponto se reflete na citação de autores. O Censo encontrou 1.695 autores, dos quais apenas 21 receberam 2% ou mais de citações. Entre esses 21, a grande maioria é de autores considerados como "da clínica", encabeçados por Freud com 28% das citações, seguido por Aaron Beck com 14%. Entretanto, mesmo avaliando somente esses 21 mais citados, é possível verificar a diversidade de correntes e teorizações a que recorrem os psicólogos. Convém destacar também que os únicos brasileiros citados são Silvia Lane e Jorge Ponciano Ribeiro, cada um com 2% de referências (Jacó-Vilela et al., 2022).

Um último dado ainda a ser observado se refere à pós-graduação. Se tínhamos, ao final dos anos 1970, somente 14 cursos de pós-graduação, quase cinquenta anos depois a situação é bem distinta. São 101 programas, ou seja, o número de cursos é bem maior, visto boa parte deles ter os cursos de Mestrado e de Doutorado, além de uma pequena presença de mestrados profissionais. Diferentemente do que ocorre na graduação, há uma prevalência das instituições públicas: 69 programas são oferecidos por 42 instituições públicas e os 32 restantes estão sediados em 30 instituições de ensino privadas.

Há uma melhor distribuição regional, no sentido de que atualmente não existem programas de pós-graduação em apenas quatro estados brasileiros: Acre, Amapá, Roraima e Tocantins. Entretanto, a escala de distribuição pelas regiões mantém-se desigual. Assim, dos 69 programas oferecidos em instituições públicas, 28 encontram-se no Sudeste, 17 no Nordeste, 11 no Sul, 8 no Centro-oeste e 5 no Norte. Em contrapartida, 70% dos programas oferecidos pelas instituições particulares situam-se nas regiões Sudeste e Sul (Capes, 2022, p. 81).

Esse conciso percurso da Psicologia entre nós pretendeu apontar fatos e momentos marcantes na história da disciplina. Como

[10] O quantitativo se refere àqueles registrados nos Conselhos Regionais, e não ao número de formados em Psicologia.

um trabalho sintético, não foi possível abordar os diferentes caminhos da Psicologia nos diversos lugares do país. São, certamente, histórias que têm muito em comum, mas que também se diferem em vários pontos. Para que todas essas histórias sejam bem contadas, precisamos que profissionais e pesquisadores das áreas em que se divide a Psicologia, bem como dos diferentes lugares em que ela é exercitada como ciência e profissão, dediquem também um olhar à sua história.

CONCLUSÕES

Nos últimos 40 anos, boa parte da nossa Psicologia tem se transformado, com uma atuação prevalente nas políticas públicas, tanto por formação e opção profissional como por questões de empregabilidade. Há também uma compreensão da historicidade de seu fazer, seja na investigação, seja na prática profissional, como pode ser visto no primeiro "eixo estruturante" da formação proposto pelas Diretrizes Curriculares em vigor, Fundamentos epistemológicos e históricos (MEC, 2011).

Uma presença contínua em todos os momentos da história da Psicologia entre nós é a feminina. Encontramos mulheres em instituições variadas, desde Lucília Tavares e Helena Antipoff nos anos 1920 até inúmeras outras hoje em dia, visto o Censo apontar que 79% da categoria se identifica com o gênero feminino.

O objeto de interesse dos psicólogos mudou, deixando de se centrar somente nos operários nas fábricas, nos insanos em hospícios, nas crianças nos bancos escolares, e abarcando também outros grupos, como os jovens em conflito com a lei, os meninos de rua ou na rua, a saúde do trabalhador, a violência contra a mulher, e também tudo aquilo que envolve gestão e parto, as questões relativas à alimentação, os direitos humanos, os diferentes grupos sociais minoritários em termos de poder – muitas vezes majoritários em termos numéricos, como é o recente interesse por conteúdos referentes a relações étcnico-raciais e a gênero e sexualidade. Tudo isso se refletiu nas mudanças curriculares, pois é necessário formar de maneira diferente os novos psicólogos.

Podemos então dizer que, a partir dos anos 1970/1980, novos problemas, novas abordagens e novos métodos surgiram na Psicologia, entre seus profissionais e pesquisadores. Não ocorreu, contudo, uma ruptura total com a Psicologia pesquisada, ensinada e praticada até então, como se pode concluir por dois dados do Censo da Psicologia brasileira: a pequena citação de autores brasileiros e o alto índice de referências à psicoterapia como principal atividade profissional.

Essa é a situação que supomos ser prevalente nos dias de hoje, e que consideramos dever sua existência a condições que possibilitaram sua emergência a partir dos anos 1970/1980, como dito anteriormente: a luta contra a ditadura e o arrefecimento desta, novas gerações de psicólogos, formados em cursos específicos, o convívio com os latinos, a recepção e a apropriação de novas tendências no campo psi, propiciando a construção de uma ciência e profissão com maior especificidade brasileira.

REFERÊNCIAS

Capítulo 3

História do Instituto de Psicologia da Universidade de São Paulo e a primeira disciplina sobre prática da Psicologia baseada em evidências no Brasil

Aparecida Angélica Zoqui Paulovic Sabadini

O INÍCIO DA PSICOLOGIA NA USP

Um dos primeiros professores da então Faculdade de Filosofia, Ciências e Letras da Universidade de São Paulo (FFCL-USP), o sociólogo francês Paul Arbousse-Bastide (1898-1974), destaca na abertura do número 1 do Anuário da FFCL-USP de Filosofia: "é belo assistir ao nascimento de uma universidade", referindo-se à fundação da USP.

A Universidade de São Paulo foi criada com a reunião de algumas escolas existentes (Faculdade de Direito do Largo São Francisco, Escola Politécnica, Faculdade de Medicina, Faculdade de Farmácia e Odontologia, Instituto de Educação e Escola Superior de Agricultura "Luiz de Queiroz", de Piracicaba) e pela criação da nova unidade básica, a FFCL, em 25 de janeiro de 1934 (Decreto n. 6.283), por Armando de Salles Oliveira (1887-1945), então interventor federal no estado de São Paulo. Assim, a FFCL foi criada especialmente para ser o "elo entre as unidades já existentes" (Gutierrez, 2006, p. 126).

Os principais fundadores da USP – Júlio de Mesquita Filho (1892-1969) e Armando de Salles Oliveira (1887-1945), segundo Gutierrez (2006, p. 125), tinham a convicção de que, para alcançar as metas desejadas, os futuros professores da USP, especificamente da FFCL, deveriam "ser pessoas do mais alto gabarito". No Brasil, naquela ocasião, "não se encontravam acadêmicos com essas especificações em quantidade suficiente", e a solução encontrada foi trazer professores de outros países. Segundo o autor, a tarefa de recrutar os docentes estrangeiros ficou a cargo do Professor Theodoro Augusto Ramos (1895-1937), o primeiro diretor da recém-criada FFCL, que tratou diretamente com os governos europeus e trouxe jovens professores de grandes centros de pesquisas da França, da Itália e da Alemanha.

Nessa tarefa, denominada "Missões estrangeiras" na FFCL-USP, destaca-se a "Missão francesa", pois a maior parte dos docentes da recém-criada universidade eram os franceses da área de Ciências Humanas. No início das missões, era reitor da USP, na gestão 1934-1938, o Professor Reynaldo Porchat (1868-1953).

Nesse pano de fundo, a Psicologia nasceu logo no início da criação da USP, como uma das cadeiras (cátedras) do curso de Filosofia, na antiga FFCL. O curso de Filosofia era constituído de quatro cadeiras: Filosofia, História da Filosofia, Filosofia da Ciência e Psicologia. Assim, a Psicologia foi parte integrante do nascimento da Universidade – um motivo justo de orgulho, mas também um grande desafio.

A entrevista "Faculdade de Filosofia da USP: lições inesquecíveis" (1993, p. 189) apresenta, logo no início, um texto sobre o sentimento de "deslumbramento" daqueles que ingressavam na antiga Faculdade de Filosofia, pois ". . . nela se adotavam métodos de ensino vigentes na Europa, que conduziam os alunos a se tornarem pesquisadores. Deslumbramento porque os estudantes conviviam e aprendiam com professores estrangeiros de renome internacional. E também com notáveis mestres brasileiros. . .".

E a Psicologia participou desses momentos; vivenciou a época das missões francesas e beneficiou-se com as ricas contribuições de renomados professores estrangeiros e brasileiros. No âmbito internacional destacamos as contribuições dos professores franceses Etiènne Borne (1907-1993), nos anos de 1934 e 1935, e Jean Maugüé (1904-1985), no período de 1935 a 1944, e do professor norte-americano Otto Klineberg (1899-1992), chefe da Cadeira de Psicologia do curso de Filosofia, no período de 1945 a 1947.

Em relação aos primeiros psicólogos, Bosi (2011, p. 13) relata: ". . . era na Escola Normal que se estudava Psicologia: ali se formaram os primeiros laboratórios... e dali surgiram os que impulsionaram a nascente Psicologia: Lourenço Filho, Noemy Silveira Rudolfer, Virginia Bicudo, Betti Katzenstein. . .". Localizada, à época, na Praça da República e designada como Instituto de Educação Caetano de Campos, Clemente Quaglio (1872-1948) fundou na Escola o Laboratório de Psicologia Experimental, reorganizado e ampliado pelo médico italiano Ugo Pizzoli (1863-1934), em 1913. Em 1931, começaram a funcionar os cursos de nível superior e em 1933 a escola recebeu o nome de Instituto de Educação (Angelini, 2011).

No ano de 1938, foi inaugurado o Curso de Pedagogia na FFCL, oriundo do Curso de Professores (criado em 1933) do Instituto de Educação (agregado à USP em 1934), já com uma cadeira de Psicologia Educacional, cujos chefes foram Noemy Silveira Rudolfer (1902-1988), no período de 1938 a 1954, e Arrigo Leonardo Angelini, de 1954 a 1970.

Em 1947, a Profa. Annita de Castilho e Marcondes Cabral (1911-1991) assumiu a chefia da cadeira de Psicologia do curso de Filosofia no lugar de Otto Klineberg e, em 1953, a Congregação da FFCL aprovou, a partir de uma proposta sua, a criação do Curso de Psicologia na USP. Ainda no ano de 1953, houve uma grande reformulação em relação às disciplinas de Psicologia oferecidas no curso de Filosofia, ministradas integralmente por professores brasileiros, a partir desse ano (Baptista, 2004).

A Lei Estadual n. 3.862, de maio de 1957, deu bases para a criação do curso de Psicologia, iniciado na FFCL em 1958. O curso era formado pelas cadeiras de Psicologia Educacional (curso de Pedagogia) e de Psicologia (curso de Filosofia), que se desdobrou nas cadeiras de Psicologia Clínica e Psicologia Social e Experimental, mais tarde transformadas em departamentos (Sabadini, Veríssimo, Cadidé & Ades, 2008).

O antropólogo e professor francês Claude Lévi-Strauss (1908-2009), segundo Bosi (2011, p. 13), quando recorda, em Tristes tópicos, os "jovens de São Paulo como flores de um fresco ramalhete o primeiro nome evocado é Annita de Castilho e Marcondes Cabral, a criadora do curso de Psicologia".

No ano de 1961, a Psicologia contou com os ensinamentos do professor americano Fred Simmons Keller (1899-1996), da Columbia University, New York, que veio para o Brasil a convite do então diretor da FFCL, Professor Paulo Sawaya (1903-1995). O Professor Keller trouxe para o nosso meio a análise do comportamento, em moldes skinnerianos. Participaram das atividades do laboratório instalado por Keller: Carolina Martuscelli Bori

(1924-2004), Rodolpho Azzi (1927-1993), Maria Amelia Matos (1939-2005), Maria Ignez Rocha e Silva, Mario Arturo Alberto Guidi e Dora Selma Fix Ventura. Nessa época, formou-se também uma linha independente de etólogos, iniciada com o professor Walter Hugo de Andrade Cunha (Sabadini et al., 2008).

As aulas do curso de Psicologia foram ministradas em vários ambientes em São Paulo. Na fase inicial do curso, as disciplinas Filosofia, Antropologia e Sociologia foram ministradas na rua Maria Antônia, n. 294, local onde estava localizado o prédio principal da FFCL; depois vieram as aulas expositivas de Psicologia Experimental, Psicologia da Aprendizagem, entre outras.

A Profa. Annita e outros professores da cadeira de Psicologia, no período de 1953 a 1966, ministraram aulas práticas de Psicologia Social e Experimental em um histórico porão localizado no então palacete Jorge Street, antiga residência do industrial Jorge Street, adquirido pelo Governo do Estado de São Paulo no início do segundo semestre de 1937. Conhecido também como Palacete da Glette, situado na alameda Glette, n. 463, o casarão abrigou os cursos da antiga FFLC: História Natural, Química, parte da Psicologia e Geologia, de 1938 a 1969. Ao longo desses anos, passaram pelo espaço Glette grandes personalidades que fizeram história na USP e, consequentemente, contribuíram muito para o início da Universidade. Com a demolição da mansão, restou para alunos, professores e funcionários uma centenária e memorável figueira (*Ficus macrophylla*), árvore símbolo daqueles que por lá passaram. Atualmente, no local junto à figueira funciona um estacionamento. O muro que ainda está lá é o pouco que sobrou das construções da época residencial do Palacete.

O treinamento clínico era dado, a partir de 1964, na clínica psicológica da rua Jaguaribe, n. 585, e no Hospital Psiquiátrico situado na Vila Mariana, entre outros locais. Em 1966, todas as aulas de Psicologia Social e Experimental foram transferidas para uma casa na rua Cristiano Viana, n. 177. Em 1967, toda a estrutura do Curso de Psicologia foi agrupada em um único pavilhão: o Bloco 10, conhecido como B10, na Cidade Universitária (Angelini, 2011; Baptista, 2004; Bosi, 2011).

O INSTITUTO DE PSICOLOGIA DA USP

Próximo de completar 54 anos de fundação, o Instituto de Psicologia da Universidade de São Paulo (Ipusp) foi criado em 16 de dezembro de 1969, pelo Decreto Estadual n. 52.326, que aprovou a reestruturação da USP, instituindo novas unidades universitárias e principalmente o desdobramento da Faculdade de Filosofia, Ciências e Letras (FFCL), atual Faculdade de Filosofia, Letras e Ciências Humanas (FFLCH).

A Reforma Universitária de 1968 fixou normas de organização e funcionamento do ensino superior. Acabaram-se as cátedras e criaram-se os departamentos, extinguindo-se também "o cargo de professor catedrático, substituindo-o pela categoria de professor titular" (Angelini, 2011, p. 39).

A criação do Ipusp envolveu "uma verdadeira campanha de esclarecimento", segundo Angelini (2011, p. 25), na qual se empenhou o Professor Arrigo Leonardo Angelini, coordenador do Curso de Psicologia da então FFLC, que propôs a criação do Instituto, com o total apoio do Professor Samuel Pfromm Netto (1932-2012). Em 9 de maio de 1969, em memorável sessão do Conselho Universitário, foi aprovada a proposta de criação do Instituto de Psicologia da USP, com 13 votos a favor e 11 contra.

De acordo com Granja (2011), no texto *Atualidades de uma trajetória*, assim que no Instituto passaram a existir as cadeiras de Psicologia e Psicologia Educacional, então pertencentes à FFCL, foram transferidas para o Ipusp, "constituindo seu núcleo formador inicial" (Granja & Sampaio, 2011, p. 104).

No início de 1970, com o desdobramento de duas cátedras, o Instituto é instalado com quatro departamentos, tendo como diretor o Professor Arrigo Leonardo Angelini. As bibliotecas pertencentes a essas cátedras foram transferidas para as novas instalações na Cidade Universitária e, em 1972, decidiu-se pela fusão dessas coleções. No mesmo ano foi criada a Biblioteca do Ipusp, com o conjunto de obras provenientes das cadeiras de Psicologia (Angelini, 2011; Granja & Sampaio, 2011).

As atividades do Ipusp eram realizadas no Bloco 10 e em barracões provisórios, próximos à Raia Olímpica da Cidade Universitária, e, como a própria história nos apresenta, "foi um provisório que durou muitos anos".

Ao longo desses anos, o Instituto foi crescendo e se expandindo nos campos ensino, pesquisa e extensão, tornando-se referência. Ampliou de forma expressiva seus recursos humanos e patrimônios materiais.

Em local privilegiado e cercado pela natureza, onde é possível ver lindas árvores, flores diversas e de múltiplas cores, belos animais (como tucanos, passarinhos, saguis, corujas) e maravilhas da natureza micro, o Instituto está situado na avenida Professor Mello Moraes, n. 1.721, rua paralela à Raia Olímpica; lá estão as diversas e conhecidas capivaras da Raia da USP.

Com um extenso campo verde, o Ipusp conta atualmente com uma área construída de 14.110 m^2, onde estão instalados sete prédios (blocos de A a G), nos quais estão localizados laboratórios de ensino e pesquisa, salas de aulas, salas de docentes, biblioteca, diversos serviços de atendimento e setores administrativos. Em 2017, o Instituto passou a contar com a Casa das Culturas Indígenas.

Dos sete prédios do Ipusp, três foram contemplados com nomes de docentes que se destacaram por relevantes contribuições ao ensino, pesquisa e extensão universitária em suas carreiras acadêmicas. São eles: Bloco B: Didático, recebeu o nome de Annita de Castilho e Marcondes Cabral; Bloco C: Serviço de Biblioteca e Documentação, recebeu o nome de Dante Moreira Leite; Bloco G: Administração geral do Ipusp, recebeu o nome de César Ades.

Nesse rico e diversificado espaço circulam e circularam muitas pessoas que fazem e fizeram a história do Ipusp: docentes (ativos e aposentados), servidores técnico-administrativos, estudantes de graduação e pós-graduação, pesquisadores, estagiários, trabalhadores terceirizados, usuários de múltiplas instituições nacionais e internacionais, pessoas que procuram atendimento psicológico, entre outros.

O Ipusp tem como missão:

> Formar psicólogas e psicólogos, docentes, pesquisadoras e pesquisadores comprometidos com os princípios democráticos e ético-políticos da ciência e da profissão em Psicologia e com as realidades social, econômica, educacional, cultural, política e ambiental do país; profissionais detentores de uma formação crítica, diversificada e abrangente, articulada ao ensino, à pesquisa, à cultura e à extensão sobre sólidas bases conceituais e metodológicas, para atuar no ensino, na geração e disseminação da pesquisa, produção científica, atendimento à comunidade e políticas públicas, visando enfrentar as desigualdades e promover a melhoria da qualidade de vida, colaborando para a definição, conquista e acesso a direitos, nas esferas da saúde, educação (Missão, visão e valores, 2015).

As atividades didático-científicas são desenvolvidas em quatro departamentos – Psicologia da Aprendizagem, do Desenvolvimento e da Personalidade (PSA); Psicologia Clínica (PSC); Psicologia Experimental (PSE); e Psicologia Social e do Trabalho (PST) –; no Centro-Escola do Instituto; no Serviço de Biblioteca e Documentação "Dante Moreira Leite"; e em laboratórios de ensino e pesquisa. O Ipusp conta também com rede de informática, Centro Acadêmico Iara Iavelberg, Casa das Culturas Indígenas e três auditórios, que receberam os nomes: Aurora Furtado, Carolina Martuscelli Bori e Maria Amelia Matos.

O Ipusp, de acordo com informações extraídas de seu site institucional em 2023, conta com 80 docentes e 129 servidores técnico-administrativos, 400 estudantes de graduação e 561 de pós-graduação. Os cursos de pós-graduação oferecidos são mestrados e doutorados *stricto sensu*, em Psicologia Escolar e do Desenvolvimento Humano, Psicologia Clínica, Psicologia Experimental, Psicologia Social e Neurociências e Comportamento. Há uma política de incentivo a bolsas de mestrado e doutorado, doutorado-sanduíche, mobilidade estudantil na graduação e na pós-graduação, apoiada pelas agências de fomento, Pró-Reitorias de Graduação, Pós-Graduação, Pesquisa e Agência USP de Cooperação Acadêmica Nacional e Internacional (Aucani). (Instituto de Psicologia, n.d.)

A instituição recebe docentes e estudantes estrangeiros para desenvolverem disciplinas e atividades de pesquisa conjunta, promovendo incentivo a convênios, intercâmbios e parcerias nacionais e internacionais. São realizadas "atividades de extensão por meio de cursos de extensão, estágios, atividades de difusão cultural e eventos, seminários abertos ao público interessado nas diferentes áreas da Psicologia e na relação com políticas públicas nas áreas de Educação, Saúde, Assistência, Meio Ambiente, Direitos Humanos e Justiça" (Souza, 2020, pp. 15-16).

Desde os anos 2000, o Instituto realiza iniciativas com o objetivo de resgatar, preservar e divulgar a sua memória. Em 2001, foi fundado o Centro de Memória do Instituto de Psicologia da USP (CM- Ipusp), com sede na Biblioteca Dante Moreira Leite, durante a gestão do Professor César Ades na diretoria do Ipusp e da Profa. Maria Imaculada Cardoso Sampaio na chefia técnica da biblioteca. A bibliotecária Aparecida Angélica Zoqui Paulovic Sabadini integrou a Comissão de Criação do CM-Ipusp e posteriormente assumiu a sua vice-coordenação e coordenação, no período de 2012 a 2015. Em 2011, o site do CM-Ipusp foi lançado oficialmente durante a gestão da Profa. Emma Otta na diretoria. Em virtude da relevância dos trabalhos realizados pelo Centro de Memória, em 2015 a Congregação aprovou a sua transformação em Museu de Psicologia, durante a gestão do Prof. Gerson Yukio Tomanari. Em maio de 2016, foi lançado oficialmente como Museu.

Após a criação do Museu de Psicologia do Ipusp (MuP-Ipusp), várias ações foram desenvolvidas, contudo, a sua manutenção dependia do atendimento das exigências estabelecidas pelo Estatuto de Museus. Nesse contexto, "reconhecendo a impossibilidade de atender tais exigências, que demandariam investimento de recursos humanos e orçamentários, o projeto do MuP- Ipusp foi encerrado em 2020, momento em que se instituiu o Grupo de Transição-Memória IP [GTr], com o objetivo de formular uma Política de Memória Institucional para o Instituto de Psicologia". No início de 2023, foi aprovado pela Congregação o documento "Política de Memória do IP". Essas iniciativas foram realizadas durante a gestão da Profa. Ana Maria Loffredo e contaram com a coordenação da Profa. Marie Claire Sekkel nos citados GTr e no documento. A Biblioteca Dante Moreira Leite participou de todo esse processo de transição. Para a articulação e a execução da Política de Memória, foi constituído o Grupo "Teia – Memória e patrimônio cultural do Ipusp" (Memória, n.d).

A comunidade acadêmica do Ipusp tem uma rica produção intelectual, com publicações nacionais e internacionais, de artigos científicos, livros e capítulos, trabalhos de eventos, *posts* em mídias sociais reconhecidas, entre outros. A coleta, o processamento e o cadastramento desse material em banco de dados e repositório é realizada na Biblioteca Dante Moreira Leite. É de conhecimento que o acervo da biblioteca do Instituto é considerado um dos mais completos e representativos da área de Psicologia na América Latina.

Desde a criação do Ipusp, constituíram o quadro de diretores: Arrigo Leonardo Angelini (gestão 1970-1974), Dante Moreira Leite (gestão 1974-1976), Arrigo Leonardo Angelini (gestão 1976-1980), Maria José de Barros Fornari de Aguirre (gestão 1980-1984), Arrigo Leonardo Angelini (gestão 1984-1988), Zelia Ramozzi-Chiarottino (gestão 1988-1992), Sylvia Leser de Mello (gestão 1992-1996), Lino de Macedo (gestão 1996-2000), César Ades (gestão 2000-2004), Maria Helena Souza Patto (gestão 2004-2008), Emma Otta (gestão 2008-2012), Gerson Yukio Tomanari (gestão 2012-2016), Marilene Proença Rebello de Souza (gestão 2016-2020) e, a partir de 2020, Ana Maria Loffredo.

Nesse período de existência do Instituto, foram outorgados nove docentes como Professores Eméritos: Carolina Martuscelli Bori (1924-2004), em 19 de setembro de 1994; Ecléa Bosi (1936-2017), em 20 de outubro de 2008; Walter Hugo de Andrade Cunha (1929-2022), em 26 de março de 2015; Maria Helena Souza Patto, em 16 de março de 2016; Sylvia Leser de Mello, em 15 de junho de 2016; Eda Terezinha de Oliveira Tassara, em 7 de fevereiro de 2018; Zelia Ramozzi-Chiarottino, em 13 de junho de 2018; Lino de Macedo, em 29 de agosto de 2018; Geraldo José de Paiva, em 27 de agosto de 2021.

Em resumo, podemos dizer que a Psicologia está presente há quase 90 anos na Universidade de São Paulo, em três etapas distintas e marcantes em seu desenvolvimento: 1934, criação da cadeira de Psicologia na então FFCL; 1957, criação do curso de Psicologia na antiga FFCL; 1969, criação do Instituto de Psicologia.

Nesse contexto, sucessivas gerações de pessoas no Instituto encarregaram-se de construir a instituição, de formar excelentes profissionais e de produzir e transmitir conhecimento científico em nível nacional e internacional, além dos diversos atendimentos realizados ao público em geral. Nascimento (2020) apresenta, no capítulo "Pessoas que fizeram e fazem parte da história do Instituto de Psicologia da USP", um rico elenco de 1.651 representantes da memória da instituição.

Como nos fala Angelini (2011, p. 39): "considerando o desempenho que representa, no Brasil, o Instituto de Psicologia, em termos de ensino, de produção científica e de serviços à comunidade, pode-se concluir que foram plenamente justificados e oportunos os treze votos favoráveis do Conselho Universitário que, em 1969, em boa hora, permitiram a criação desta unidade básica da USP".

O INSTITUTO DE PSICOLOGIA DA USP E A PRÁTICA DA PSICOLOGIA BASEADA EM EVIDÊNCIAS

Em 2013, a Profa. Dra. Tamara Melnik, com a participação da Profa. Dra. Sonia Beatriz Meyer e da Profa. Dra. Maria Imaculada Cardoso Sampaio, ministrou a primeira disciplina no Brasil sobre prática da Psicologia baseada em evidências (PPBE) no Instituto de Psicologia da Universidade de São Paulo.

O curso abordou em detalhes conceitos fundamentais da PPBE, como mostra a Tabela 1.

Ao proporcionar esse treinamento abrangente em princípios e métodos da PPBE, o curso permitiu a reflexão sobre a relevância de sua aplicação nos contextos clínico, acadêmico, institucional e de gestão de políticas públicas em saúde mental.

No ano de 2011, o Instituto de Psicologia sediou o workshop Uso de Evidências em Psicologia, coordenado por Tamara Melnik, Gabriela Andrade da Silva e Maria Imaculada Cardoso Sampaio. Os trabalhos discorreram sobre as aplicações da Psicologia Baseada em Evidências, as diferentes fontes de evidência em psicoterapia, a articulação entre a pesquisa e a prática clínica, educação e enfermagem baseadas em evidências e como formular estratégias de buscas utilizando o Pico. Com essa ação, o Ipusp fortalece sua missão de trazer desafios e inovações para a comunidade acadêmica.

Tabela 1 Conteúdo abordado na disciplina sobre PPBE

Conceitos fundamentais e atividades realizadas
Aspectos históricos da PPBE
Formulação da pergunta Picot
Fontes de evidências
Delineamentos experimentais de caso único
Estudos observacionais
Ensaios clínicos randomizados
Revisões sistemáticas e metanálises
Diretrizes clínicas
Avaliação crítica da literatura | Aulas expositivas
Discussões
Exercícios práticos de busca em bases de dados
Leitura de artigos

Picot = P: população/pacientes; PPBE: prática da Psicologia baseada em evidências.

Fonte: elaborada pela autora.

O apoio às atividades de ensino e pesquisa sempre foi uma preocupação da Biblioteca Dante Moreira Leite. Nesse contexto, além de promover o uso da melhor evidência na tomada de decisão, bibliotecários, docentes e pesquisadores levantaram a bandeira da Psicologia baseada em evidências em cursos, participação em disciplinas e, também, apresentando trabalhos sobre o tema em congressos nacionais e internacionais. A vanguarda do Ipusp nessa questão fica patente quando se observa na internet o número de ocorrências sobre o tema encabeçado por autores da comunidade ipuspiana.

Diante da importância crescente da PPBE no mundo, urge a implementação de intervenções psicológicas com sustentação científica. O artigo publicado fornece detalhes do curso ministrado para permitir que outras instituições repliquem a experiência (Melnik et al., 2019).

Em resumo, essa inciativa ressalta o pioneirismo e a relevância do primeiro curso brasileiro sobre PPBE. Concluímos que a disseminação da PPBE nas universidades brasileiras é fundamental em grades curriculares de graduação e pós-graduação em Psicologia.

REFERÊNCIAS

Capítulo 4

Estudo com psicólogos brasileiros sobre o uso da prática da Psicologia baseada em evidências

Tamara Melnik, Jorge Sinval, Vanessa Dordron de Pinho, Margareth da Silva Oliveira, Fernanda Machado Lopes

A Psicologia como ciência, além de profissão, vem se consolidando nos últimos anos, e o que caracteriza o conhecimento científico como diferente do conhecimento advindo do senso comum é o método. Enquanto o senso comum tem caráter subjetivo, intuitivo e assistemático, o conhecimento científico tem rigor metodológico, baseia-se em fatos, é sistemático e passível de verificação (Marconi & Lakatos, 2010). Dessa forma, as diretrizes metodológicas desempenham um papel fundamental na prática da Psicologia baseada em evidências (PPBE) em diversas abordagens e campos de atuação. Tanto no campo das organizações e do trabalho como no contexto escolar e educacional e da Psicologia clínica, o uso de métodos científicos sólidos nos processos de avaliação das intervenções é fundamental para garantir a validade e a confiabilidade dos resultados obtidos, além de minimizar possíveis vieses e interpretações subjetivas. Além disso, as diretrizes metodológicas também incentivam a transparência e a replicabilidade dos estudos, contribuindo para o avanço e o desenvolvimento da área como um todo.

O advento da PPBE foi influenciado por um conjunto de fatores científicos, sociais, econômicos e políticos, entre eles: o interesse de pesquisadores, clínicos e associações profissionais em comprovar os resultados dos serviços prestados pela categoria; a demanda dos consumidores em assegurar a qualidade dos serviços recebidos; o empenho das agências governamentais em proteger os direitos dos consumidores; o interesse dos planos de saúde em maximizar a relação custo-benefício dos tratamentos (Leonardi & Meyer, 2015).

A abordagem baseada em evidências preconiza que os psicólogos tomem decisões informadas e embasadas em estudos científicos com evidências de eficácia e efetividade, adaptando a intervenção às características e preferências do cliente. Dessa forma, as diretrizes metodológicas são essenciais para garantir a qualidade e a aplicabilidade dos conhecimentos produzidos na PBE, beneficiando tanto os profissionais como os clientes que buscam auxílio nessa área, nos diversos campos de atuação (Melnik & Atallah, 2011; Melnik, Souza, & Carvalho, 2014). Em outras palavras, a PPBE exige que os psicólogos acessem, avaliem e integrem a literatura de pesquisa com a experiência clínica e os valores, o contexto e as preferências dos clientes (American Psychological Association [APA], 2006).

Nesse contexto, a educação continuada, que envolve constante atualização referente à melhor evidência disponível na literatura científica, é importante e ética porque uma prática orientada exclusivamente pela opinião e pela experiência do terapeuta é sujeita ao viés de expectativas positivas e superestimação da eficácia da psicoterapia (Welch, 2023). Contudo, há um consenso na literatura sobre a lacuna entre a quantidade de evidências de pesquisa em Psicologia e o uso dessas evidências por psicólogos clínicos (Dozois, 2013). Atualmente, pouco se sabe sobre o conhecimento e o uso da PPBE por psicólogos no Brasil e suas necessidades educacionais.

Apesar de o movimento que sugere que os profissionais da Psicologia devam, entre outras recomendações, pautar sua prática em evidências produzidas por estudos com alto rigor metodológico ser relativamente recente (cerca dos últimos 20 anos), as discussões sobre a efetividade em psicoterapia já ocorriam em meados dos anos 1950. No entanto, o movimento de PPBE ainda produz controvérsias e acalorados conflitos na literatura internacional da Psicologia (Monteleone & Witter, 2017).

Algumas iniciativas internacionais que estabelecem tratamentos psicológicos baseados em evidências para a maioria dos transtornos mentais têm sido desafiadoras (Layard & Clark, 2014; Melnik & Atallah, 2011), pois infelizmente ainda há muita resistência por parte dos psicólogos clínicos em usar literatura científica para embasar sua prática (Melnik et al., 2014). Alguns argumentam que a PPBE pode tornar a Psicologia extremamente manualizada, uma *hard science*, que desvaloriza a evidência clínica individualizada e a intuição do terapeuta. Além disso, reclamam que o tempo dispendido para leitura e compreensão da literatura científica é muito grande, além do investimento em aprender intervenções com as quais não são familiarizados (Dozois, 2013; Melnik et al., 2014). Ainda, existe a discussão sobre o que seria uma evidência confiável e sobre a implementação de dados de pesquisa para a realidade.

Em 2015, a Divisão 12 da APA atualizou os critérios para o que constitui evidência rigorosa e confiável em Psicologia, colocando as revisões sistemáticas como o nível primário na pirâmide de evidências. Na mesma direção, o National Institute for Health and Care Excellence (NICE) também estabeleceu um processo no qual um painel de especialistas, incluindo clínicos, pesquisadores e consumidores, avalia evidências científicas para determinar as melhores opções de tratamento para transtornos de saúde física e mental. Na Inglaterra, por exemplo, espera-se que os tratamentos considerados como intervenções de linha de frente para cada condição sejam fornecidos aos pacientes pelo Serviço Nacional de Saúde, com o NICE também monitorando até que ponto o Serviço está cumprindo essas recomendações. Especificamente sobre saúde mental, o NICE divulgou que os tratamentos psicológicos baseados em evidências são intervenções eficazes na linha de frente, isoladamente ou em combinação com outros tratamentos, para uma ampla gama de transtornos mentais. Apesar disso, uma proporção significativa de pacientes adultos no Reino Unido não recebe cuidados de saúde mental baseados em evidências, com estimativas variando de 10 a 40% (Clark et al., 2009; Layard & Clark, 2014; Shafran et al., 2009).

Os fatores que influenciam a implementação eficaz da PPBE permanecem pouco compreendidos. Melnik e Atallah (2011) sugerem que é um cenário complexo, no qual fatores e características em diferentes dimensões globais (social, organizacional, econômica e política) e individuais (orientações teóricas, dificuldades de adaptar às características dos pacientes) desempenham um papel ativo. Considerando os altos custos para o sistema de saúde e a grande demanda por serviços de saúde mental, a avaliação das intervenções tem sido preocupação na agenda política de diversos países. No Brasil, tanto a Lei n. 12.401/2011 como a Lei n. 10.216/2001 dão respaldo legal "para a utilização das melhores evidências científicas na saúde pública como base para diagnóstico e tratamento de doenças no país" (Marchewka et al., 2021, p. 624). Ou seja, a PPBE está alinhada aos princípios legislativos e éticos de maximizar o benefício e promover o cuidado responsável ao selecionar intervenções com evidências de eficácia e efetividade (Welch, 2023), mas ainda não se tornou amplamente utilizada pelos psicólogos clínicos.

Melnik e Atallah (2011) mostraram que fatores como o processo de aprendizado associado à implementação das diretrizes baseadas em evidências, as atitudes e crenças dos profissionais de saúde, integração das recomendações do Conselho Federal com as do meio acadêmico e as restrições de recursos afetam o processo de implantação da PPBE. A tradução do conhecimento é definida como um processo dinâmico e interativo que inclui síntese, disseminação, troca e aplicação eticamente sólida do conhecimento para melhorar a saúde (Straus et al., 2009). Assim, uma vez que a PPBE envolve tradução do conhecimento, inovação e desacomodação, incluindo mudança de paradigmas e de atitudes, é compreensível que sua incorporação aconteça de forma gradativa.

Considerando, por um lado, as recomendações para o uso da PPBE e, por outro, a resistência por parte de alguns clínicos em adotar essa prática, Melnik et al. (2014) afirmam que é crucial identificar e compreender mitos, preconceitos e facilitadores específicos para permitir o desenvolvimento de estratégias eficazes de implementação da PPBE. Dessa forma, o objetivo deste capítulo é apresentar os resultados de uma pesquisa que investigou os conhecimentos, as habilidades e as atitudes dos psicólogos clínicos brasileiros em relação à PPBE e os obstáculos existentes para a adesão a essa prática[1].

Método

Participantes

Esta pesquisa se caracterizou como correlacional e transversal. A amostra não probabilística foi selecionada por conveniência, composta de psicólogos brasileiros que atuam na área de Psicologia clínica e que têm registro no Conselho Federal de Psicologia.

Instrumentos

Para a coleta de dados foi utilizado um questionário estruturado composto de duas partes. A primeira parte teve como objetivo reunir os dados demográficos dos participantes, como sexo, idade, ano de estudo, universidade e qualquer treinamento realizado em PPBE. A segunda parte continha questões abertas e fechadas investigando a compreensão dos psicólogos sobre a PPBE, sua familiaridade com bancos de dados e uso de ferramentas científicas, e formas de investimento em especialização ou aperfeiçoamento profissional. O questionário foi aplicado em português, on-line, com duração estimada de cinco a dez minutos para ser respondido.

Procedimentos

Todos os procedimentos realizados neste estudo seguiram as normas éticas; com aprovação do Comitê de Ética em Pesquisa da Pontifícia Universidade Católica do Rio

[1] Este capítulo é uma adaptação para o português do artigo intitulado *Knowledge and use of Evidence-based practice in psychology in the clinical practice of Brazilian psychologists: A cross-sectional study,* a ser publicado em uma revista científica internacional.

Grande do Sul (n. 3.786.486; CAAE: 26776019.3.0000.5336) e o Termo de consentimento livre e esclarecido foi obtido de todos os participantes. A pesquisa foi divulgada via redes sociais, principalmente em grupos relacionados à Psicologia no Facebook, e diretamente via correio eletrônico (e-mail) para os psicólogos com registro profissional do Conselho Regional de Psicologia (CRP) ativo.

O endereço eletrônico dos psicólogos foi obtido com base na Plataforma on-line OrientaPsi (http://orientapsi.cfp.org.br/) ou por método bola de neve, em que um profissional indicava outros que se enquadrassem nos critérios de inclusão. Foi enviada uma carta-convite contendo o link de acesso on-line ao questionário, que ficou disponível de janeiro de 2020 a julho de 2021 via plataforma Qualtrics. Ao acessar o link, os participantes eram direcionados ao Termo de consentimento livre e esclarecido, que deveria ser lido e aceito antes da continuação para o preenchimento do questionário. Foi solicitado o número do registro profissional no Conselho Regional de Psicologia para garantir que os dados estavam sendo coletados de profissionais da área da Psicologia.

Procedimentos de análise de dados

As estatísticas descritivas foram efetuadas para traçar o perfil demográfico, profissional e de treinamento dos participantes.

Foi realizada uma análise de classes latentes (ACL) para identificar subgrupos de psicólogos com padrões semelhantes em termos de características profissionais e de treinamento (Hagenaars & McCutcheon, 2002). A ACL baseia-se no pressuposto de que existe uma variável categórica subjacente e não observada que organiza uma população em grupos mutuamente exclusivos (Collins & Lanza, 2010). O pacote poLCA (Linzer & Lewis, 2011) foi utilizado para efetuar a ACL. Duas medidas de parcimônia (que têm em conta a complexidade do modelo) foram utilizadas para avaliar a qualidade global de ajustamento do modelo aos dados: o Akaike Information Criterion (AIC) (Akaike, 1973) e o Bayesian Information Criterion (BIC) (Schwarz, 1978). Devido à sua simplicidade, o BIC é geralmente mais adequado para modelos regulares de ACL (Forster, 2000; Lin & Dayton, 1997). As estatísticas χ^2 do ajustamento e do χ^2 da razão de verossimilhanças (G^2) também são apresentadas para avaliar o ajuste do modelo aos dados (Goodman, 1970). Essas estatísticas baseiam-se no princípio frequências observadas *versus* frequências esperadas. Tanto para AIC como para BIC, χ^2 e G^2, quanto menor for o valor, melhor será (do ponto de vista estatístico) o modelo. Uma vez que não existia expectativa prévia (sob o ponto de vista teórico) a respeito do número de classes latentes, foi realizada uma análise de duas a cinco classes latentes utilizando 21 variáveis de interesse.

Todas as análises estatísticas foram realizadas com a linguagem de programação estatística R (R Core Team, 2023), no ambiente de desenvolvimento integrado RStudio (RStudio Team, 2023). Utiliza-se $\alpha = 0.05$ para todas as análises estatísticas.

Resultados

Caracterização da amostra

A maioria da amostra de psicólogos respondentes foi composta por mulheres (73,3%) brasileiras (99,7%), residentes nas regiões Sudeste (45,5%) e Sul (26,8%) do Brasil, com média de 40 anos de idade e formadas(os) em média há 12 anos. Em relação à prática clínica, a maioria mostrou preferência por atender adultos (94,3%), na modalidade individual (99,6%), com duração de seis meses a dois anos (70%) e com base nas abordagens cognitivo-comportamental (37,5%) ou psicanálise (26,9%), sendo que mais de uma resposta por participante era possível nesses itens. O tempo médio de atuação na área clínica foi de 11 anos e as patologias citadas como mais frequentes entre os clientes atendidos pelos psicólogos respondentes foram transtornos de ansiedade (91,2%) e de humor (73,4%). A Tabela 1 apresenta maiores detalhes sobre a caracterização geral da amostra.

Tabela 1 Caracterização geral da amostra

	Classe 1	Classe 2	Classe 3	Classe 4	Amostra conjunta
	(n = 215)	(n = 175)	(n = 100)	(n = 206)	(n = 696)
Idade (anos)					
M (DP)	42,71 (± 11,44)	39,41 (± 11,11)	42,27 (± 11,97)	37,77 (± 9,510)	40,35 (± 11,08)
Sexo					
Masculino	61 (28%)	49 (28%)	28 (28%)	48 (23%)	186 (27%)
Feminino	154 (72%)	126 (72%)	72 (72%)	158 (77%)	510 (73%)
Tempo de formação em Psicologia (anos)					
M (DP)	14,20 (± 10,22)	13,66 (± 10,25)	13,47 (± 9,977)	10,95 (± 7,811)	13,00 (± 9,622)
Orientação teórica					
Cognitivo-comportamental	78 (36%)	100 (57%)	17 (17%)	66 (32%)	261 (38%)
Humanista-existencial	31 (14%)	13 (7%)	15 (15%)	24 (12%)	83 (12%)
Psicanálise	55 (26%)	23 (13%)	41 (41%)	68 (33%)	187 (27%)
Sistêmica	26 (12%)	16 (9%)	11 (11%)	16 (8%)	69 (10%)
Integração de várias teorias	41 (19%)	20 (11%)	10 (10%)	18 (9%)	89 (13%)
Contextuais	4 (2%)	21 (12%)	2 (2%)	10 (5%)	37 (5%)
Junguiana	9 (4%)	2 (1%)	13 (13%)	13 (6%)	37 (5%)
Gestáltica	21 (10%)	9 (5%)	6 (6%)	10 (5%)	46 (7%)
Outras	30 (14%)	35 (20%)	14 (14%)	39 (19%)	118 (17%)
Público (faixa etária) que atende					
Crianças	72 (33%)	54 (31%)	39 (39%)	81 (39%)	246 (35%)
Adolescentes	141 (66%)	101 (58%)	69 (69%)	149 (72%)	460 (66%)
Adultos	207 (96%)	156 (89%)	98 (98%)	195 (95%)	656 (94%)
Idosos	101 (47%)	61 (35%)	54 (54%)	83 (40%)	299 (43%)
Modalidade terapêutica					
Individual	215 (100%)	174 (99%)	99 (99%)	205 (100%)	693 (100%)
Casal	66 (31%)	37 (21%)	32 (32%)	52 (25%)	187 (27%)
Grupos	48 (22%)	46 (26%)	20 (20%)	55 (27%)	169 (24%)
Família	43 (20%)	27 (15%)	17 (17%)	42 (20%)	129 (19%)
Duração média do tratamento					
Breve (até 6 meses)	96 (45%)	62 (35%)	22 (22%)	64 (31%)	244 (35%)
Intermediária (entre 6 meses e 2 anos)	145 (67%)	118 (67%)	70 (70%)	155 (75%)	488 (70%)
Prolongada (mais de 2 anos)	49 (23%)	48 (27%)	39 (39%)	84 (41%)	220 (32%)

(continua)

Tabela 1 Caracterização geral da amostra (*continuação*)

	Classe 1	Classe 2	Classe 3	Classe 4	Amostra conjunta
	Patologia mais frequente que atende				
Transtornos de ansiedade	197 (92%)	152 (87%)	93 (93%)	193 (94%)	635 (91%)
Transtornos do humor	153 (71%)	124 (71%)	78 (78%)	156 (76%)	511 (73%)
Transtornos da personalidade	56 (26 %)	52 (30%)	35 (35%)	67 (33%)	210 (30%)
Transtornos alimentares e obesidade	36 (17%)	34 (19%)	13 (13%)	42 (20%)	125 (18%)
Transtornos relacionados a substâncias	31 (14%)	26 (15%)	15 (15%)	41 (20%)	113 (16%)
Esquizofrenia e outros transtornos psicóticos	24 (11%)	11 (6%)	13 (13%)	26 (13%)	74 (11%)
Transtornos cognitivos ou do neurodesenvolvimento	31 (14%)	34 (19%)	14 (14%)	34 (17%)	113 (16%)
Disfunções sexuais	22 (10%)	18 (10%)	18 (18%)	32 (16%)	90 (13%)
Outras	26 (12%)	29 (17%)	10 (10%)	27 (13%)	92 (13%)

Fonte: elaborada pelos autores.

Investimento em aperfeiçoamento e acesso à prática baseada em evidências

Em relação ao investimento na formação e aperfeiçoamento, a maioria respondeu que investe em livros (89,9%), faz cursos de formação ou especialização (78,3%) ou estuda por conta própria (76,7%). Chama a atenção que menos da metade respondeu que investe em supervisão (48,3%). Sobre o tipo de referência que busca para embasar seus atendimentos, a maioria referiu consultar livros (91,2%) ou artigos científicos (81,2%). Por fim, sobre a prática baseada em evidências, 66,8% responderam já terem ouvido falar, mas 51,1% admitiram usar essa prática para embasar seus atendimentos. Por sua vez, 59,5% dos psicólogos responderam que costumam usar alguma base de dados como fonte de referência para sua prática clínica. A Tabela 2 apresenta maiores detalhes sobre as formas de investimento em aperfeiçoamento e acesso à PPBE por parte dos participantes.

Entre os que responderam que ouviram falar sobre PPBE em outras fontes, a maioria citou artigos científicos (n = 31), seguido por cursos de formação ou extensão (n = 24), colegas de profissão (n = 18), congressos ou eventos (n = 17) e sites da internet (n = 10). Muitas outras fontes foram citadas (p. ex.: Programa Secad, ONGs, *podcasts*, afiliação institucional, "não lembro") em baixa frequência.

A análise da questão aberta "O que você entende por PPBEs?" indicou que muitos participantes têm alguma noção sobre o que sejam essas práticas, mas apenas uma minoria compreende de fato o que é atuar usando as evidências científicas. De forma sucinta, somente 19 participantes deste estudo parecem conhecer o tripé que caracteriza a PPBE, conforme os relatos a seguir: "Atuação profissional que considera o conhecimento científico, expertise do profissional e preferências do cliente na tomada de decisão clínica"; "União entre evidências científicas, perícia do terapeuta e particularidades do paciente para se escolher o melhor tratamento para o paciente". A maioria da amostra apenas articulou que PPBE refere-se ao uso de práticas com evidências científicas de eficácia/efetividade (n = 322), por exemplo: "Uma prática cuja eficiência e

Tabela 2 Prática baseada em evidências

Variáveis	Amostra (n = 696)[A]	
	n	%
Forma como investe na formação		
Livros	626	89,9
Cursos de formação ou especialização	545	78,3
Estuda por conta própria	534	76,7
Faz cursos de curta duração	501	72,0
Participa de congressos	391	56,2
Supervisão	336	48,3
Grupos de estudo	267	38,4
Mestrado	236	33,9
Doutorado	90	12,9
Outras (ver resposta aberta)	42	6,0
Tipo de referência que busca para embasar seus atendimentos?		
Livros	635	91,2
Artigos científicos	565	81,2
Experiência clínica	538	77,3
Cursos	392	56,3
Supervisão	364	52,3
Práticas baseadas em evidências	356	51,1
Consulta colegas	310	44,5
Intuição ou aquilo que acredita que funciona	71	10,2
Outros (ver resposta aberta)	10	1,4
Costuma usar alguma base de dados como fonte de referência para sua prática clínica?		
Sim	414	59,5
Não	282	40,5
Você já ouviu falar em práticas baseadas em evidências?		
Sim	465	66,8
Não	231	33,2
Onde você ouviu falar sobre práticas baseadas em evidências?		
Nunca ouvi falar	201	28,9
No curso de especialização	193	27,7
Disciplinas de pesquisa	146	21,0
No mestrado	139	20,0
Na graduação	134	19,3
No doutorado	52	7,5
Outros (ver resposta aberta)	191	27,4

Nota: Em todos os itens, mais de uma resposta por participante era possível.

eficácia foi testada por meio de experimento científico e observou-se uma evidência positiva para seu uso. Ou seja, esta prática possui evidência científica comprovada que funciona"; "Utilizar os melhores conhecimentos científicos disponíveis para nortear suas decisões clínicas". As demais respostas sugerem falta de compreensão acerca das PPBEs.

Foi realizada uma análise preliminar da outra pergunta aberta deste estudo, a qual questionava os participantes sobre os obstáculos acerca das PBEs na área da Psicologia. Considerando o universo de 616 respostas obtidas para essa questão, 109 expressaram não saber do assunto e não opinaram. Isso indica que muitos psicólogos clínicos brasileiros reconhecem não ter noção do que sejam as PPBEs. O cenário da falta de divulgação das PPBEs no contexto brasileiro fica mais bem elucidado em outras respostas. Muitos participantes atribuíram os obstáculos à formação do psicólogo, como no relato: "Pouco consolidada no Brasil, a começar pelas grades de ensino das próprias graduações". Outros mencionaram que nem todas as abordagens psicológicas valorizam o uso de evidências científicas, como nos trechos: "A base epistemológica da abordagem adotada pelo profissional" e "A falta de preocupação dos profissionais da maior parte das abordagens com relação à validação das estratégias terapêuticas utilizadas". Houve diversas respostas relatando a falta de divulgação do tema, a dificuldade de acesso a artigos científicos, as bases de dados que não são fáceis de utilizar, como a seguir: "Acesso a dados em português, maior divulgação científica, apoio dos conselhos regionais". Ainda, vários participantes mencionaram a falta de apoio, interesse e financiamento a pesquisas no Brasil, o que foi identificado em discursos como: "Falta de incentivo e financiamento de pesquisas" e "Baixo orçamento para desenvolvimento de pesquisas no Brasil". Em conjunto, esses dados sinalizam que o pouco conhecimento e a baixa adesão às PBEs no Brasil pelos psicólogos clínicos podem estar associados à falta de disseminação dessa proposta.

Análise de classes latentes (ACL)

Foram testados quatro modelos, desde duas classes latentes até cinco classes latentes. O modelo com quatro classes foi aquele que apresentou a melhor qualidade do ajustamento do modelo aos dados em termos de BIC, enquanto o modelo com cinco classes latentes apresentou AIC, G^2 e χ^2 menores; porém, em termos de interpretabilidade, a solução de quatro classes parece mais plausível (Tabela 3). Como tal, a solução de quatro classes latentes foi abordada e discutida (o material completo sobre a análise de classes latentes pode ser acedido mediante solicitação ao autor correspondente).

As frequências relativas (em proporção) para cada uma das 21 variáveis categóricas são apresentadas na Tabela 4 e na Tabela 5.

Tabela 3 Índices de qualidade do ajustamento para os modelos testados

N. de classes	AIC	BIC	G^2	χ^2	g.l.
2	14892,21	15087,66	5874,816	3021205	653
3	14549,13	14844,58	5487,735	1701618	631
4	14412,39	14807,84	5306,999	1360224	609
5	14345,28	14840,72	5195,886	1311061	587

AIC: Akaike Information Criterion; BIC: Bayesian Information Criterion; g.l.: graus de liberdade; G^2: razão de verossimilhanças.

Fonte: elaborada pelos autores.

Tabela 4 Proporção de sucesso (i.e., "sim") em cada questão

Como você investe na sua formação?	Classe 1	Classe 2	Classe 3	Classe 4
Livros	0,86	0,89	10,00	0,80
Estuda por conta própria	0,73	0,78	0,91	0,55
Participa de congressos	0,31	0,80	0,80	0,20
Faz cursos de curta duração	0,65	0,70	0,92	0,50
Cursos de formação/especialização	0,67	0,80	0,90	0,75
Grupos de estudo	0,13	0,36	0,66	0,42
Supervisão	0,00	0,33	0,96	0,80
Mestrado	0,20	0,64	0,38	0,04
Doutorado	0,04	0,33	0,12	0,00
Outras	0,03	0,08	0,06	0,08

Nota: classe 1 – psicólogos profissionais experientes/estabelecidos; classe 2 – jovens psicólogos acadêmicos; classe 3 – psicólogos clínicos supervisionados; classe 4 – jovens psicólogos clínicos.

Fonte: elaborada pelos autores.

Tabela 5 Proporção de sucesso (i.e., "sim") em cada questão

Você busca que tipo de referência para embasar seus atendimentos?	Classe 1	Classe 2	Classe 3	Classe 4
Livros	0,90	0,91	0,81	0,98
Experiência clínica	0,80	0,63	0,77	0,87
Supervisão	0,07	0,33	0,89	0,99
Consulta colegas	0,38	0,39	0,41	0,58
Intuição ou aquilo que acredita que funciona	0,12	0,02	0,07	0,17
Artigos científicos	0,70	0,98	0,61	0,88
Práticas baseadas em evidências	0,36	0,89	0,03	0,59
Cursos	0,46	0,50	0,43	0,79
Outros	0,00	0,03	0,01	0,02
Bases de dados	0,40	0,97	0,33	0,61
Já ouviu falar em prática da Psicologia baseada em evidências?	0,47	0,99	0,30	0,77

A primeira classe latente consistiu em psicólogos profissionais experientes/estabelecidos. Esses profissionais mais velhos e com mais experiência referiram que investem mais em livros, estudam por conta própria (sozinhos) e investem em cursos/especializações. A maioria não utiliza bases de dados nem nunca ouviu falar de práticas baseadas em evidências. Utilizam como referências para embasar sua prática clínica livros, experiência clínica e artigos científicos. Entre esses profissionais, a supervisão não é utilizada como referência.

A segunda classe latente consistiu em jovens psicólogos acadêmicos. Esses profissionais são mais jovens e, consequentemente, têm menos experiência. Investem mais em livros, estudam por conta própria (sozinhos), vão a congressos, fazem cursos de curta duração e pós-graduação. Eles usam bancos de dados e já ouviram falar de práticas baseadas em evidências. Utilizam como referências para embasar sua prática clínica livros, artigos científicos e práticas baseadas em evidências.

A terceira classe latente foi constituída por psicólogos clínicos supervisionados. Esses profissionais são mais experientes e investem mais em livros, cursos/especializações e supervisão. Eles são menos propensos a usar bancos de dados e não estão familiarizados com o termo PPBE. Utilizam como referências para embasar sua prática clínica livros, experiência clínica e supervisão. Eles não procuram a PPBE como fonte para suas sessões.

Por fim, a quarta classe latente foi composta de jovens psicólogos clínicos. Esses profissionais são mais jovens, com menos experiência e investem mais em livros, autoaprendizagem, congressos, cursos de curta duração, cursos/especializações e supervisão. Eles usam bancos de dados e estão bastante familiarizados com o termo PPBE, mas não necessariamente a aplicam.

Discussão

O objetivo desta pesquisa foi investigar o nível de conhecimento e utilização da PPBE por psicólogos clínicos brasileiros em sua prática diária. O estudo constatou que, embora os psicólogos brasileiros reconheçam a importância da PPBE no atendimento ao paciente, uma porcentagem menor deles recebeu treinamento sobre essa prática em seu local de trabalho e um número ainda menor implementou a PPBE com frequência em sua prática clínica. Provavelmente, isso se deve à falta de recursos, incluindo acesso limitado a bancos de dados de pesquisa e programas de treinamento, que dificultam sua capacidade de se manter atualizados com as evidências mais recentes advindas de pesquisas científicas. Além disso, o estudo revelou que uma baixa porcentagem de psicólogos no Brasil leu e avaliou criticamente pesquisas clínicas ou utilizou evidências para direcionar as suas práticas clínicas. Independentemente da orientação teórica, este estudo demonstrou que os psicólogos no Brasil têm uma compreensão deficitária sobre PPBE.

Esses resultados indicam que pode haver uma lacuna no processo de formação de psicólogos no Brasil sobre PPBE. Assim, os cursos de Psicologia no Brasil devem revisar criticamente suas estratégias educacionais atuais e melhorá-las para aprimorar o conhecimento dos alunos sobre a PPBE, bem como suas habilidades para implementar evidências na prática clínica. Um estudo realizado no Canadá avaliou 26 tipos de psicoterapias e constatou que cerca de 50% delas não tinham sido avaliadas em termos de eficácia e efetividade. O estudo revelou que, embora houvesse alguma menção à PPBE nos sites, ela não era destacada e havia falta de ênfase na promoção dessa abordagem na prática. O estudo recomenda que as associações psicológicas aumentem seu foco na PPBE e forneçam mais recursos para apoiar sua implementação na prática clínica. Os autores recomendaram educação continuada e fiscalização por parte dos órgãos reguladores da profissão para garantir que os usuários dos serviços de psicoterapia estejam recebendo o tratamento mais indicado para cada caso (Beaulieu et al., 2020).

Há um consenso de que o treinamento sobre as premissas da PPBE melhora o conhecimento, a autoeficácia na implementação e, por extensão, as práticas de implementação. Em contrapartida, neste estudo, perguntamos onde eles ouvem sobre PPBE e 28,9% relataram nunca terem ouvido falar antes. Mais de um terço dos participantes em nosso estudo citaram que não haviam recebido treinamento anterior em PPBE, embora todos tenham sido aprovados no curso de Psicologia oferecido em suas universidades. Uma explicação para esse achado pode ser uma possível inconsistência na forma como a pesquisa tem sido difundida nos cursos de Psicologia. Parece que nem sempre a PPBE está incluída no conteúdo ministrado. Assim, as faculdades de Psicologia no Brasil devem revisar seus currículos para garantir que a PPBE seja incluída e ensinada a todos os alunos antes da formatura, para que seja aplicada independentemente da abordagem ou do campo em que se vá atuar.

Um dado apontado por Monteleone e Witter (2017) é que, embora a PPBE venha sendo amplamente defendida entre pesquisadores da Psicologia, ela apresenta como limitação o fato de as publicações focarem quase exclusivamente no modelo conceitual da PPBE, sem atenção ao ensino das habilidades necessárias para sua aplicação. O contrário ocorre na Medicina, visto que o desenvolvimento de habilidades práticas ocupa 60% ou mais das publicações.

Descobertas semelhantes foram discutidas por McHugh e Barlow (2010). Os autores fizeram uma revisão abrangente sobre o estado de disseminação e implementação de tratamentos psicológicos baseados em evidências, e problematizaram os desafios associados à promoção da adoção e do uso de tais tratamentos na prática clínica, apresentando várias estratégias para melhorar a disseminação de práticas baseadas em evidências. Eles concluíram que, embora um progresso significativo tenha sido feito nos últimos anos, ainda há muito trabalho pela frente para garantir que todos os pacientes tenham acesso aos tratamentos disponíveis mais eficazes já avaliados.

Os resultados do presente estudo têm várias implicações internacionais que envolvem a formação acadêmica e os currículos do psicólogo. A implementação da PPBE pode ser um processo complexo, mas algumas estratégias fundamentais que podem ser usadas incluem:

1. Construir uma cultura de programas de treinamento em PPBE: isso envolve a criação de um ambiente de apoio no qual a PPBE é valorizada e incentivada por todas as orientações teóricas com compreensão adequada das evidências em Psicologia.
2. Fornecer treinamento e supervisão na graduação em Psicologia: treinamento e supervisão são essenciais para a implementação bem-sucedida da PPBE. Isso pode incluir treinamento em técnicas e métodos de PPBE, acesso a manuais de tratamento baseados em evidências e suporte e consulta contínuos com profissionais experientes em PPBE.
3. Engajar as partes interessadas na saúde mental: a implementação da PPBE geralmente é mais bem-sucedida quando todas as partes interessadas estão envolvidas e comprometidas com o processo. Isso pode incluir médicos, clientes, administradores de saúde, formuladores de políticas mentais e outros.

Afirma-se que estratégias criativas e divertidas são fundamentais para estimular o comprometimento e o aprendizado dos alunos sobre a PPBE. Uma dessas estratégias eficazes é ensinar o processo da PPBE. Existe um consenso de que a implementação normalmente envolve as seguintes etapas: identificação do problema; realização de pesquisa bibliográfica; avaliar as evidências; aplicar as provas; monitorar o progresso; e documentar o processo (Damschroder et al., 2009).

A primeira etapa na implementação da PPBE é identificar o problema ou a questão específica que precisam ser abordadas. Isso pode envolver a realização de uma avaliação completa das necessidades e sintomas do cliente. Construa preferencialmente um formato de pergunta Pico (participante, intervenção, controle, *outcome*/resultados). Uma vez identificado o problema, o próximo passo é realizar uma pesquisa bibliográfica para encontrar a melhor evidência disponível para informar a tomada de decisão clínica. Isso pode envolver a pesquisa em bancos de dados, como PubMed, PsycINFO, Embase, Central and Cochrane Library.

Depois de realizar a busca na literatura, o próximo passo é avaliar criticamente a qualidade das evidências encontradas com o auxílio de algumas ferramentas. Existem vários instrumentos que podem ser usados para avaliar o risco de viés em ensaios clínicos, incluindo: Cochrane Risk of Bias Tool, ferramenta amplamente utilizada que avalia o risco de viés em ensaios clínicos randomizados (ECRs) e é usada para avaliar a qualidade da evidência produzida por um ensaio; Newcastle-Ottawa Scale (NOS), uma ferramenta usada para avaliar o risco de viés em estudos observacionais e que avalia a qualidade de estudos não randomizados; Quality Assessment of Diagnostic Accuracy Studies (QUADAS-2), uma ferramenta usada para avaliar o risco de viés em estudos de precisão diagnóstica, atestando a qualidade dos estudos que avaliam a precisão de testes diagnósticos; Risk of Bias in Non-randomized Studies of Interventions (ROBINS-I), uma ferramenta usada para avaliar o risco de viés em estudos não randomizados de intervenções, projetada para fornecer uma avaliação abrangente da qualidade desses estudos.

Essas ferramentas são usadas por pesquisadores, revisores sistemáticos e outros para avaliar a qualidade dos ensaios clínicos e o risco de viés que pode afetar a validade dos resultados. A escolha da ferramenta dependerá do tipo de estudo que está sendo avaliado, e é importante usar a ferramenta apropriada para o desenho específico do estudo. Isso pode envolver a consideração de fatores como, além do delineamento, tamanho da amostra e fontes potenciais de vieses.

As evidências reunidas na pesquisa bibliográfica devem então ser aplicadas ao caso específico em questão. Isso pode envolver considerar as características individuais do cliente e fazer um julgamento clínico informado tanto pelas evidências da pesquisa como pela experiência clínica. Após a implementação da PPBE, é importante monitorar o progresso do cliente e fazer os ajustes necessários no plano de tratamento. Isso pode envolver a reavaliação das evidências e a consideração de outros fatores, como a resposta do cliente ao tratamento. Por fim, é importante documentar o processo de implementação da PPBE, incluindo a busca de evidências, a avaliação destas e sua aplicação ao caso específico. Isso pode ajudar a garantir que o processo seja transparente e possa ser facilmente replicado em casos futuros.

Um estudo de revisão temática demonstrou que várias estratégias interativas de ensino e estratégias de ensino clinicamente integradas foram enfatizadas para aprimorar o conhecimento e as habilidades da PPBE (Horntvedt et al., 2018). Os métodos integrativos envolvem a participação ativa do professor e dos alunos de Psicologia, como estudos de caso, dramatizações e simulações. Os métodos de ensino integrados clinicamente envolvem a incorporação da PPBE na prática clínica, como o fornecimento de oportunidades para experiências práticas de aprendizado e programas de orientação. Segundo os autores, essas estratégias promovem efetivamente o desenvolvimento e a aplicação do conhecimento e das habilidades da PPBE dos profissionais de Psicologia.

As quatro classes latentes propostas mostram a realidade da PPBE no Brasil. A diversidade existente quanto ao investimento formativo e às fontes para embasar as sessões com os clientes evidencia a existência de diferentes olhares. A primeira e a terceira classes de psicólogos – menos orientadas para PPBE – contrastam com os outros dois perfis (mais focados em evidências). A prática, o ensino e a pesquisa da Psicologia no Brasil estão evoluindo (Prates et al., 2019). Profissionais recém-formados devem ter mais familiaridade com bancos de dados, ser mais sensíveis à importância de uma abordagem baseada em evidências e, consequentemente, ter mais compreensão da pesquisa científica (Briner et al., 2022).

A adoção da PPBE pode encontrar alguns obstáculos. Os profissionais podem ter pouca disponibilidade para ler as pesquisas mais recentes e aplicá-las ao seu trabalho clínico. Alguns psicólogos podem estar menos familiarizados com bases de dados eletrônicas e/ou ter acesso limitado à pesquisa. Em termos de formação, os psicólogos podem não ter recebido informação suficiente em PPBE durante a graduação, o que pode dificultar a sua aplicação na prática. Barends et al. (2017) encontraram barreiras semelhantes entre 2.789 profissionais de gestão na Bélgica.

Fatores pessoais e culturais também podem desempenhar um papel importante, pois as crenças dos psicólogos podem entrar em conflito com a PPBE (por exemplo, acreditar que sua experiência clínica e intuição são suficientes). Outra explicação possível é que a abordagem terapêutica em que eles podem ter sido treinados pode ser menos orientada para práticas baseadas em evidências. Fatores individuais, como abertura à mudança, também desempenham um papel que, juntamente com a complexidade de integrar novas evidências na prática atual, podem tornar desafiador mudar de abordagens clássicas para abordagens baseadas em evidências (Barends et al., 2017).

Limitações do estudo e recomendações

Este estudo é a primeira tentativa de identificar perfis baseados em evidências entre psicólogos clínicos no Brasil. Estudos futuros são necessários para permitir a confirmação dos quatro perfis identificados. A amostra do presente estudo provém de uma especialização da área da Psicologia (ou seja, Psicologia clínica), o que não é suficiente para supor que esses perfis serão os mesmos nas outras áreas de especialização. Outros perfis podem surgir de fatores contextuais (ou seja, áreas de especialização, organizações profissionais) e heterogeneidade individual.

O estudo atual lança luz sobre a lacuna entre a crença na PPBE e o conhecimento dessa abordagem entre os psicólogos clínicos. Mais estudos são necessários no Brasil sobre a PPBE usando amostras aleatórias maiores em diferentes cenários e de diferentes áreas de especialização. Também é recomendável investigar as barreiras que impedem os estudantes de Psicologia de implementar a PPBE além do fato de não receberem treinamento sobre ela. Além disso, a realização de estudos qualitativos pode ajudar a examinar e compreender as percepções, bem como fornecer sugestões para preencher a lacuna entre a educação e a prática. Finalmente, estudos experimentais futuros são necessários para testar o efeito de certas intervenções no aprimoramento da implementação da PPBE entre psicólogos.

Apesar dessas limitações, o uso da PPBE por psicólogos brasileiros ainda é visto como uma abordagem valiosa para a tomada de decisão clínica, pois ajuda a garantir que os clientes recebam tratamentos apoiados nas melhores evidências disponíveis. Obter conhecimento sobre a compreensão dos psicólogos e sua capacidade de implementar a PPBE em um ambiente clínico é essencial para educadores psicólogos nacionais e estrangeiros.

Esse conhecimento pode ajudá-los a avaliar e aprimorar as estratégias atuais para educar alunos de graduação sobre a PPBE. Além disso, administradores acadêmicos e professores devem projetar seus cursos para aplicar os conceitos dessa prática, promovendo cursos de treinamento, *workshops* e seminários. Por exemplo, cursos focados em pesquisa, como mestrado e doutorado acadêmico, devem incluir cenários clínicos que envolvam a aplicação da PPBE. Além disso, os cursos clínicos e mestrados profissionalizantes devem incluir tarefas para integrar a PPBE em seus planos de ensino, buscando superar qualquer barreira sobre a implementação dessa prática.

CONSIDERAÇÕES FINAIS

A prática baseada em evidências é essencial para psicólogos em todo o mundo. No entanto, ter fortes crenças sobre a PPBE e seus benefícios não significa necessariamente que ela seja implementada com frequência. Em contrapartida, fornecer cursos de treinamento em PPBE é essencial para aprimorar a implementação dessa prática. Isso significa que, para avançar a ciência da Psicologia e aprimorar os cuidados psicológicos para o futuro, é vital incorporar a PPBE nos currículos de Psicologia. Também é fundamental ensinar aos estudantes de Psicologia o valor do conhecimento baseado em evidências e como acessá-lo, avaliá-lo e aplicá-lo corretamente conforme a necessidade. Isso pode ser alcançado por meio de uma cooperação rigorosa entre faculdades de Psicologia, clínicos, professores e alunos para aprimorar o processo de implementação.

REFERÊNCIAS

Capítulo **5**

A Cochrane e as revisões sistemáticas e metanálises na saúde mental

Tamara Melnik

A Cochrane é uma organização internacional, independente, sem fins lucrativos, que atualmente conta com a participação de 100 mil pesquisadores em todo o mundo. A sua principal missão é o compromisso com o mapeamento e a disseminação de evidências científicas confiáveis, fundamentais para decisões informadas na Saúde global.

A Cochrane foi fundada por Iain Chalmers e outros renomados pesquisadores na Inglaterra e oficialmente estabelecida em 1993. A organização foi nomeada em homenagem a Archie Cochrane, um epidemiologista britânico que foi um grande defensor do uso de ensaios controlados randomizados para a tomada de decisões informadas em cuidados de saúde. Archie Cochrane é amplamente conhecido pelo seu influente livro *Effectiveness and Efficiency: Random Reflections on Health Services*, publicado em 1972, que defendia a importância do mapeamento de todos os ensaios clínicos randomizados atualizado por especialidade e subespecialidade na prática médica, uma proposta que inspirou a criação da Cochrane Collaboration.

O Centro Cochrane do Brasil está associado ao Programa de Pós-Graduação em Saúde Baseada em Evidências da Escola Paulista de Medicina da Universidade Federal de São Paulo (Unifesp) e contribui significativamente para a formação de especialistas e pesquisadores nessa área, ampliando o impacto dessa abordagem no cuidado ao paciente e nas políticas de saúde.

O Prof. Dr. Álvaro Nagib Atallah, como fundador e diretor, é o pioneiro na implementação e disseminação da Medicina baseada em evidências no Brasil. O reconhecimento do Centro Cochrane do Brasil como órgão complementar da Unifesp em 2020, sob a Resolução n. 191 do Conselho Universitário (Consu), é um testemunho de seu valor e de sua importância. Isso não só solidifica a posição do Centro na estrutura acadêmica e de pesquisa da Unifesp como também amplia sua capacidade de influenciar e melhorar as práticas de saúde em nosso país.

Em 2021 o Centro Cochrane do Brasil completou 25 anos de sua fundação e representa mais de um quarto de século de contribuições significativas para a saúde baseada em evidências, impactando a qualidade da atenção à saúde, a formação acadêmica e a elaboração de políticas de saúde baseadas em metodologia rigorosa e cientificamente comprovada.

Além de sua colaboração estratégica com instituições renomadas, como a Organização Mundial da Saúde (OMS), a Cochrane destaca-se por seus recursos informativos de alta qualidade, entre os quais se destaca a Cochrane Library. Essa biblioteca digital é uma coleção respeitada de base de dados que contém diferentes tipos de sínteses de evidências de alta qualidade para auxiliar na tomada de decisões de saúde. Inclui revisões sistemáticas Cochrane, uma das mais altas formas de evidência em cuidados de saúde.

As revisões sistemáticas Cochrane são sínteses abrangentes de evidências científicas, fundamentais para a tomada de decisões informadas na área da saúde. Essas revisões caracterizam-se por um protocolo predefinido e rigoroso, uma busca exaustiva de literatura, critérios estritos para seleção de estudos e extração de dados, avaliação robusta da qualidade metodológica dos estudos e uma síntese estatística sofisticada dos dados, quando possível por meio de metanálises. A integridade e a transparência no processo visam mitigar vieses e fornecer uma avaliação confiável da eficácia e segurança de intervenções em saúde. Além disso, essas revisões são dinâmicas, com atualizações periódicas para incorporar novas evidências, assegurando sua relevância e confiabilidade ao longo do tempo.

Reconhecidas pelo rigor metodológico e pela abordagem sistemática, as revisões sistemáticas Cochrane desempenham um papel crítico no campo da saúde global, auxiliando profissionais, gestores de políticas públicas e pacientes na tomada de decisões embasadas. Elas consolidam um vasto espectro de pesquisas, oferecendo uma análise objetiva e abrangente da efetividade de intervenções médicas, e são consideradas padrão-ouro na análise de evidências em saúde. A prática regular de atualizações sustenta a continuidade de sua pertinência e autoridade científica na evolução dinâmica do conhecimento médico e de práticas de saúde.

A estratégia organizacional da Cochrane gira em torno de três pilares principais, que são: a elaboração meticulosa de sínteses de evidências, a advocacia global para a saúde baseada em evidências e o empenho em tornar essas evidências universalmente acessíveis e aplicáveis. Por meio da *Cochrane Library*, que atualmente hospeda mais de 9 mil revisões sistemáticas e 2.300 protocolos (dados de 22/10/2023), a organização disponibiliza um repositório de informações que são integralmente acessíveis a profissionais de saúde, pesquisadores e formuladores de políticas. Entre as mais de 9 mil revisões sistemáticas até o momento, existem 8.784 revisões de intervenções, que analisam a eficácia de tratamentos e outras intervenções. Há 179 revisões focadas em diagnósticos, avaliando a precisão dos métodos de diagnóstico. Além disso, existem 68 revisões gerais que fornecem um amplo panorama sobre um tópico, 43 revisões metodológicas que exploram a validade de métodos específicos, 24 revisões qualitativas que sintetizam dados não numéricos, 18 revisões de prognóstico que avaliam as perspectivas futuras para condições ou tratamentos, 12 revisões rápidas que são elaboradas em um período mais curto para decisões urgentes e 8 protótipos, que são exemplos ou modelos preliminares para novos estudos ou abordagens. Essa plataforma é instrumental para a OMS e para outras entidades de saúde que dependem de evidências confiáveis e objetivas para orientar práticas e políticas de saúde global.

A Tabela 1 fornece uma visão geral concisa dos principais tipos de delineamentos de estudos e sínteses de evidências publicados na Cochrane relacionados à saúde mental e a psicoterapias.

Operando sob princípios de colaboração, relevância, integridade e qualidade, a Cochrane desenvolveu diversas ferramentas e produtos além da *Cochrane Library*. Entre eles estão os *Cochrane Clinical Answers*, resumos pragmáticos baseados em evidências que oferecem respostas diretas às questões

Tabela 1 Principais tipos de delineamentos de estudos e sínteses de evidências relacionados à saúde mental

Busca realizada 22/10/2023	Número disponível
Revisões sistemáticas	594
Protocolos de revisão	107
Ensaios clínicos randomizados	18.724
Editoriais	1
Coleções especiais	1
Respostas clínicas	35

Fonte: elaborada pela autora.

clínicas comuns, e os *Cochrane Podcasts*, que proporcionam resumos de revisões recentes de forma acessível. Esses recursos, utilizados globalmente (inclusive pela OMS), reforçam o compromisso da Cochrane em promover um entendimento mais profundo e uma aplicação prática das descobertas científicas no cuidado à saúde.

A integridade da Cochrane é fortalecida por sua política de independência econômica de fundos e de fontes com potenciais conflitos de interesse, uma posição que sustenta sua parceria com organizações internacionais e reforça sua reputação como fonte confiável de informações em saúde. Concluindo: em uma era de sobrecarga informativa, a Cochrane, com seus rigorosos padrões e variedade de recursos, incluindo a *Cochrane Library*, serve como modelo de confiabilidade, influenciando o caminho para melhores práticas e políticas de saúde informadas por evidências em todo o mundo.

CONSIDERAÇÕES FINAIS

A Cochrane desempenha um papel fundamental no avanço da saúde baseada em evidências globalmente. Por meio de seus rigorosos padrões metodológicos e compromisso com a síntese objetiva de resultados de pesquisas, a organização produz recursos amplamente utilizados por profissionais, pesquisadores e formuladores de políticas para orientar a prática clínica e a elaboração de diretrizes em saúde.

As revisões sistemáticas Cochrane, em particular, são reconhecidas internacionalmente como fonte de evidências confiáveis sobre a eficácia de intervenções em diversas áreas da saúde, incluindo a saúde mental. Ao consolidar um grande volume de estudos e avaliá-los criticamente, essas revisões fornecem uma visão abrangente e equilibrada sobre o que funciona na prática clínica. Dessa forma, a Cochrane cumpre um papel essencial ao traduzir o conhecimento científico em informações acessíveis e aplicáveis no cuidado à saúde, orientando profissionais e políticas públicas rumo a melhores resultados em saúde baseados em evidências.

REFERÊNCIAS

Capítulo 6

Políticas públicas informadas por evidências para a tomada de decisões efetivas: o papel da Psicologia

Laura dos Santos Boeira, Angelo Brandelli Costa

INTRODUÇÃO

A Psicologia tem o potencial de apoiar desde a formulação até os processos de implementação e avaliação de políticas, ao considerar a interface entre os contextos sociais, políticos e culturais. No entanto, esse é um campo pouco explorado na ciência psicológica, a qual tem muito a contribuir, tanto por seu compromisso com a equidade como por seu entendimento de vieses cognitivos que influenciam a formulação de políticas. Mesmo o campo da Psicologia política no Brasil, que observou importantes avanços nos últimos anos, ainda tem enfoque maior na clínica psicológica politizada, em tópicos relacionados à ditadura militar e nos comportamentos de eleitores, eleitoras e governantes (Stucky et al., 2024) do que no ciclo de políticas públicas, desde sua formulação até sua implementação.

A Psicologia é um campo de saberes e práticas privilegiado para a redução das iniquidades sociais (Kelly, 2022). Em 2022, a Associação Americana de Psicologia (APA) criou uma força-tarefa presidencial voltada à equidade em saúde, objetivando utilizar a Psicologia para causar um impacto positivo em questões sociais críticas e traçando abordagens inovadoras para a ciência psicológica, a educação e a capacitação de profissionais, a prática psicológica, as políticas públicas e a incidência política. Uma das perguntas orientadoras dessa força-tarefa está relacionada justamente a como psicólogos e psicólogas podem melhor aplicar suas habilidades em nível macro para remover barreiras sistêmicas e facilitar mudanças sociais (Kelly, 2022).

Tal iniciativa é um marco, todavia já vinha se consolidando como uma prática estimulada pela APA desde 1956, quando a Associação se envolveu na construção de uma resolução legislativa para incluir profissionais da Psicologia entre os informantes de políticas sociais (Garrison et al., 2017). Em 2014, a Associação lançou um guia de orientação à incidência política com foco em temas de relevância social (American Psychological Association, 2014), argumentando que profissionais de Psicologia poderiam desempenhar papel-chave na comunicação com legisladores diretamente envolvidos na redação de legislações, na participação em comitês científicos de aconselhamento e em audiências públicas sobre o tema. Parte importante desse processo é compreender como se comunicar com atores políticos e seus vieses cognitivos, os quais limitam a tomada de decisão estritamente racional ou isenta

(Meyer & Rosinger, 2019). A Psicologia como campo de saber também produz diversas ferramentas para tornar essa comunicação mais efetiva.

Para a Psicologia, incidir politicamente – ou, nos termos norte-americanos, envolver-se em práticas de *advocacy* – incluiria identificar necessidades sociais não atendidas, agir para mudar as circunstâncias que contribuem para o problema ou para desigualdades e enquadrar as mensagens-chave da forma mais efetiva para driblar os vieses cognitivos inerentes a esse processo (Heinowitz et al., 2012). Além disso, a APA (Garrison et al., 2017) subscreve o entendimento de que as políticas públicas só são consideradas efetivas quando atendem às necessidades dos cidadãos de forma eficiente, servem à justiça social, apoiam instituições e processos democráticos e incentivam uma cidadania engajada (Kraft & Furlong, 2010).

A despeito desse potencial, profissionais de Psicologia ainda manifestam desinteresse na participação política, acreditando que esta não vai gerar efeitos; incertezas sobre se têm conhecimentos e habilidades suficientes para adentrar a arena política; e desconhecimento sobre o ciclo de políticas públicas e de incidência (Heinowitz et al., 2012). O rompimento do foco individual da Psicologia para atenção a transformações macropolíticas não parece ser tarefa fácil, ao mesmo tempo que a Psicologia é uma ciência robusta sensível a marcadores sociais e, portanto, poderia constituir com propriedade a defesa de ações equitativas, engajando cidadãos e cidadãs (Garrison et al., 2017).

OBJETIVO DO CAPÍTULO

Neste capítulo, abordaremos o papel da Psicologia no ciclo de políticas públicas informadas por evidências, englobando desde a identificação de problemas prioritários até as etapas de monitoramento e avaliação. Vamos debater os conceitos de "evidência" e exemplos de como as políticas podem ser informadas por achados qualitativos e quantitativos, de modo que se tornem mais efetivas e equitativas em seus resultados. Refletiremos sobre o papel fundamental da colaboração entre diferentes atores, incluindo profissionais, pesquisadores, gestores públicos e comunidades, para promover a implementação efetiva das políticas públicas informadas por evidências. Por fim, apresentaremos exemplos de barreiras e facilitadores do uso de evidências em políticas públicas, sinalizando como promover práticas de compartilhamento de conhecimentos que sejam éticas e inclusivas.

FUNDAMENTOS DAS POLÍTICAS PÚBLICAS INFORMADAS POR EVIDÊNCIAS

O conceito de "políticas informadas por evidências" evoluiu ao longo dos anos, para acomodar as mudanças pelas quais tanto a ciência como os governos passaram durante os processos de globalização e digitalização. Condiciona-se compreender esse conceito como o uso sistemático e transparente dos melhores dados, pesquisas e outras formas de evidência no processo de tomada de decisão (Kuchemüller et al., 2022; Oxman et al., 2009). Acredita-se que, ao acessar, avaliar, adaptar e aplicar o uso de evidências ao cotidiano dos governos, é possível promover a melhoria da eficácia, eficiência e legitimidade percebida da tomada de decisões (Kuchemüller et al., 2022; Brasil, 2020).

O próprio conceito de "evidência", no entanto, não é um consenso entre a comunidade científica. Enquanto há grupos que defendem que governos deveriam considerar exclusivamente os achados oriundos de estudos randomizados, adotando uma lógica de "padrão-ouro metodológico", grupos como a Comissão Global de Evidências para Responder aos Desafios Sociais (2022) já observam um mosaico ampliado de evidências sendo utilizados e valorizados pela gestão pública. Em relatório produzido durante a pandemia de Covid-19, a Comissão identificou oito tipos de evidências mais encontrados nos cotidianos de governos mundo afora: pesquisas comportamentais e de implementação, estudos de avaliação de impacto, estudos de modelagem, análises de dados/sistemas de informação, informações qualitativas (oriundas tanto de pesquisas como de processos de consulta pública), sínteses de evidências, avaliação de tecnologias e análise de custo-efetividade, e diretrizes (*guidelines*).

O Ministério da Saúde do Brasil destaca, ainda, a importância de combinar evidências globais com evidências locais:

> As evidências globais (evidências disponíveis em todo o mundo) são pontos de partidas importantes para avaliação sobre potenciais efeitos de intervenções, pois efeitos em um contexto específico podem levar a conclusões errôneas sobre o que esperar de uma intervenção. As evidências locais (produzidas e disponíveis em cenários específicos) contribuem para julgamento sobre problemas, opções para enfrentar os problemas e estratégias de implementação (Brasil, 2020, p. 15).

Para melhor apoiar a incorporação de evidências nas políticas públicas, é essencial conhecer os ciclos de formulação e implementação das políticas e incidir de forma oportuna. Dificilmente um conhecimento científico apresentado de forma vertical à gestão pública será utilizado, ainda mais se a pergunta da pesquisa em questão não for prioritária para os tomadores de decisão em políticas públicas naquele momento. Mesmo que exista uma massa crítica de centros de pesquisa e universidades em determinado contexto, se o conhecimento produzido por eles estiver distante e desconectado dos problemas políticos, as chances de ele ser utilizado são muito escassas (Weyrauch et al., 2016).

PROCESSO DE FORMULAÇÃO E IMPLEMENTAÇÃO DE POLÍTICAS INFORMADAS POR EVIDÊNCIA

Conforme demonstra a Figura 1, o ciclo de políticas públicas envolve a identificação do problema de política a ser enfrentado, a formulação da política, a implementação, o monitoramento e a avaliação, e uma nova etapa de tomada de decisão diante dos resultados da implementação, que pode envolver a adaptação ou a mudança de mecanismos da política, ou mesmo sua interrupção (FGV Clear, 2021). Na etapa de formulação, são úteis as evidências que ajudam a entender as causas, as consequências, o tamanho e a prioridade do problema, bem como a opinião de diferentes partes interessadas na forma como o problema as afeta. Já na etapa de formulação, é importante compreender quais são as intervenções efetivas para enfrentar o problema de política (Brasil, 2020; Comissão Global de Evidências para Responder aos Desafios Sociais, 2022).

Em seguida, na etapa de implementação, tornam-se relevantes as evidências qualitativas que apoiem a contextualização das intervenções no nível local e o mapeamento de barreiras e facilitadores. Com a etapa de monitoramento e avaliação, a análise de dados e os diferentes modelos de avaliação (de custo-benefício, de impacto, entre outros) podem

Figura 1 Ciclo de políticas públicas.
Fonte: FGV Clear, 2021.

apoiar a tomada de decisão. Na etapa de revisão dos resultados da política, pode ser necessário voltar à revisão do estado da arte do conhecimento científico sobre o tema para compreender atualizações e mudanças, em especial quando uma política está respondendo a um problema emergente, como foi o caso da pandemia de Covid-19 (Brasil, 2020; Comissão Global de Evidências para Responder aos Desafios Sociais, 2022).

No Brasil, há relevantes exemplos de políticas informadas por evidências formuladas nas últimas duas décadas, descritos no livro *Políticas públicas e usos de evidências no Brasil: conceitos, métodos, contextos e práticas*, do Instituto de Pesquisa Econômica Aplicada (Koga et al., 2022). A política nacional de transferência condicional de renda, conhecida como Programa Bolsa Família, foi informada por evidências desde a criação, até os processos de avaliação e adaptação para públicos específicos, como os povos indígenas. O Programa também gerou dados que permitiram ampliar o arcabouço de evidências quantitativas e qualitativas sobre diferentes políticas intersetoriais, como saúde e educação. Outro exemplo, no país, é o processo de incorporação de tecnologias em saúde, desde os procedimentos até os medicamentos, que passa pela sistematização de evidências para consideração da Comissão Nacional de Incorporação de Tecnologias do Ministério da Saúde.

Duas pesquisas realizadas pelo nosso grupo destacam como as evidências podem informar tomada de decisão em políticas públicas. De acordo com o primeiro estudo, o Aconselhamento e testagem voluntária para HIV (VCT-HIV) é eficaz na redução de riscos sexuais entre populações-chave, incluindo pessoas que injetam drogas e homens que fazem sexo com homens (Costa et al., 2022). O artigo desafiou a noção do Centro de Controle e Prevenção de Doenças (CDC) dos Estados Unidos, que organizou orientações técnicas sobre o VCT-HIV desde 1990, mas subsequentemente deixou de recomendar essa estratégia. No entanto, as necessidades das populações-chave nunca foram explicitamente consideradas. A revisão sistemática e metanálise realizada pelo nosso grupo no artigo identificou que o VCT-HIV reduziu a frequência de sexo inseguro quando comparado à linha de base para populações específicas.

A EQUIDADE COMO PRINCÍPIO ORIENTADOR DA FORMULAÇÃO, IMPLEMENTAÇÃO E AVALIAÇÃO DE POLÍTICAS INFORMADAS POR EVIDÊNCIAS

No campo da saúde, pioneiro em incluir a equidade como horizonte das políticas (Culyer, 2001), o conceito é definido como a ausência de iniquidades, ou seja, de diferenças injustas e evitáveis ou remediáveis entre grupos sociais com diversos níveis de vantagens/desvantagens sociais subjacentes (Whitehead, 1992; Braveman & Gruskin, 2003). Essa ausência seria alcançada por meio do tratamento desigual de desiguais, conforme suas necessidades (Fortes, 2015; Sanchez & Ciconelli, 2012; Albuquerque et al., 2011). Tal definição encontra eco em Escorel (2009), para quem equidade é a igualdade proporcional, ou seja, a distribuição de partes diferentes a pessoas diferentes, na proporção da diferença. Assim, o conceito de equidade se referiria a uma distribuição compensatória de recursos para remediar desigualdades fundamentais que impedem certas pessoas ou grupos de acessar determinados direitos.

No entanto, a equidade demanda mais do que a redistribuição de recursos: é necessário, também, incluir a dimensão de reconhecimento das identidades dos grupos sociais e como determinadas características podem se traduzir em privilégios ou exclusão (Fraser & Honneth, 2003). A equidade, então, seria o ato de distribuir direitos, regras e recursos levando em conta dimensões como preferências, necessidades e características das pessoas, a posição sociocultural de determinados grupos e os recursos disponíveis.

Atingir resultados positivos em políticas públicas depende de adotar um olhar para marcadores sociais que, se não compensados, resultam em situações de iniquidade e barreiras para que determinados grupos acessem os potenciais benefícios das intervenções sociais. Compreender como a política afeta diversas populações, incluindo identificar precisamente quem está se beneficiando e quem é excluído das metas, prioridades e alocação de recursos relacionados à política, deve ser uma prioridade para formuladores de políticas públicas (Hankivsky et al., 2014). A promoção da equidade está relacionada com a avaliação constante das iniquidades e decisões sobre a alocação de recursos, usando critérios objetivos em todas as etapas do ciclo de políticas públicas (Leclerc et al., 2012).

Para tanto, seria relevante orientar as políticas públicas de modo que fossem abordadas tanto a melhoria das condições de vida cotidianas como a redistribuição de poder, dinheiro e recursos. Isso poderia ser feito por meio de avaliação da implementação e do impacto de ações voltadas ao ajuste de iniquidades, com engajamento tanto de tomadores de decisão em nível governamental como da população (Borde et al., 2015). Alguns organismos, como a Organização Mundial de Saúde, já recomendam avaliar a performance de sistemas de políticas considerando sua capacidade de resposta, qualidade das ofertas, equidade e eficiência (World Health Organization, 2012).

A equidade pode ser caracterizada de formas diferentes a depender de com qual elemento da política ela está dialogando. Por exemplo, pode ser considerada a equidade em relação aos resultados/benefícios da política, observando a forma como estes se distribuem entre diferentes grupos. A equidade ainda pode ser refletida nas barreiras e nos facilitadores de acesso e usufruto de políticas, na distribuição do financiamento ou mesmo na capacidade de resposta/adaptação a valores, preferências e contingências locais (World Health Organization, 2012). Existem múltiplas alavancas políticas que podem influenciar a equidade, como focar em grupos demográficos específicos, facilitar o acesso a serviços públicos e adequar as intervenções para melhor atender às necessidades desses grupos, identificar e superar barreiras relacionadas à adesão e ao financiamento dessas intervenções e coletar dados desagregados relacionados a raça, sexo, idade e outros identificadores demográficos para fins de monitoramento (Communities Collaborating to Reconnect Youth, 2019; O'Neill et al., 2014).

Outra dimensão da equidade diz respeito a quanto uma política está comprometida em realizar reparações de injustiças permanentes (Palmquist, 2020). Um exemplo recente são as ações afirmativas de cotas raciais para acesso a universidades ou vagas em concursos públicos. Essas ações visam à reavaliação positiva de identidades discriminadas, combatendo uma histórica sub-representação, mas enfrentam críticas junto às partes defensoras da igualdade formal, em que todos seriam iguais perante a Lei e, portanto, tal política discriminatória poderia ferir um princípio fundamental constitucional (Piovesan, 2008; Oliven, 2007). No entanto, tal política parece, antes, amparar-se nesta compreensão de equidade:

> Temos o direito a ser iguais quando a nossa diferença nos inferioriza; e temos o direito a ser diferentes quando a nossa igualdade nos descaracteriza. Daí a necessidade de uma igualdade que reconheça as diferenças e de uma diferença que não produza, alimente ou reproduza as desigualdades (Santos Souza, 2003, como citado em Piovesan, 2008, p. 889).

Além das resistências sociais enfrentadas, as barreiras para uma efetiva implementação de políticas capazes de intervir nos determinantes sociais são diversas. No entanto, essas barreiras podem ser resumidas em três categorias: 1) reconhecimento e compreensão – falta de consenso sobre indicadores de equidade ou falta de compreensão das relações causais entre determinantes sociais e resultados de políticas; 2) organização e visualização de dados – falta de dados robustos no nível administrativo para identificar a causalidade complexa e não linear de determinantes sociais e resultados de políticas; e 3) operacionalização e coordenação intersetorial (Embrett & Randall, 2014). A lacuna entre a identificação das necessidades de equidade e a definição da agenda para a implementação de políticas pode ser um desafio a ser superado. Os formuladores de políticas muitas vezes se abstêm de enfrentar as barreiras estruturais e intersetoriais – como habitação e saneamento –, oferecendo pequenas e paliativas mudanças na entrega das políticas (Embrett & Randall, 2014).

Savas (1978) defende que a equidade deve ser um dos três principais critérios para alocação de recursos públicos, juntamente com eficiência e eficácia. A eficiência é a razão entre recursos disponíveis e gastos, enquanto a eficácia refere-se à medida com que uma alocação de recursos garante o atendimento das necessidades da população e evita impactos negativos. A equidade, nesse caso, seria a distribuição desigual de recursos para compensar as condições desfavoráveis e alcançar os resultados desejados.

Um aspecto a avançar é como incorporar a diversidade de pontos de vista das partes interessadas para desenvolver uma avaliação de equidade informada por critérios compartilhados e consensuais. Ao longo dos anos, foram desenvolvidos métodos e ferramentas para informar as decisões de políticas pró-equidade, permitindo identificar o grau, o tipo e o objetivo das intervenções, abordando questões como as características do público-alvo, a alocação adequada de recursos e o monitoramento da implementação e dos resultados (Rodney & Hill, 2014; O'Neill et al., 2014). No Brasil, em 2022, foi lançada a plataforma Inclua, do Instituto de Pesquisa Econômica Aplicada (Ipea), que oferece ferramentas para gestores do Executivo identificarem e avaliarem os riscos de desatenção, tratamento inadequado e exclusão de segmentos específicos em políticas públicas, programas, projetos, ações ou serviços (Instituto de Pesquisa Econômica Aplicada, 2022). No entanto, as ferramentas existentes ainda têm aplicação limitada no cotidiano da política pública, em especial no âmbito da formulação de leis e programas.

BARREIRAS E FACILITADORES PARA A IMPLEMENTAÇÃO DE POLÍTICAS INFORMADAS POR EVIDÊNCIAS

Há diferentes vieses que podem constituir barreiras para o uso de evidências: talvez o mais desafiador seja a dissonância cognitiva, ou seja, o fato de que, frequentemente, aquilo que acreditamos ser o correto a fazer não encontra ressonância nas melhores evidências disponíveis, criando-se um conflito entre seguir o que a ciência e os atores-chave apontam como um caminho mais razoável ou nos manter fiéis às nossas intuições iniciais (Van Woensel, 2020). É comum, por exemplo, que formuladores de políticas demandem que sejam oferecidas evidências que apoiem suas crenças iniciais (Stirling, 2010).

Ademais, há o desafio de como lidar com as inevitáveis incertezas que permeiam o fazer científico – nem sempre será possível estimar os impactos sociais ou compreender com nitidez como ocorrerá a distribuição de benefícios e prejuízos de determinada política. É preciso manejar com transparência a expectativa social de que evidências são capazes de oferecer certezas, em especial em momentos em que os formuladores de políticas são vistos com desconfiança (Schultz & Ward, 2021). Pesquisadores não devem inflar seus achados para ocupar os espaços de incertezas, compreendendo que as evidências e as ferramentas que aportam são apenas mais um elemento na arena da decisão política, reconhecendo que o consenso nem sempre será possível ou desejável (Knottnerus & Tugwell, 2017).

Uma estratégia eficaz para disseminar e estimular o uso de evidências científicas nas organizações é a criação de unidades especializadas dedicadas à tradução de conhecimento para subsidiar a tomada de decisão ou serviços de aconselhamento científico. Essa abordagem contribui para reduzir a distância entre formuladores de políticas e especialistas envolvidos na produção de conhecimento sobre o assunto (Instituto de Pesquisa Econômica Aplicada, 2021).

Há outras recomendações que podem ajudar a superar as barreiras ao uso de evidências em políticas. É fundamental investir nos serviços informacionais e na infraestrutura de pesquisa dos órgãos, bem como explicitar as fontes que embasam as decisões e as políticas em saúde, promovendo a integração das evidências científicas com outras fontes de informação relevantes. Para isso, é recomendável estabelecer parcerias mais sólidas entre organizações da sociedade civil, governos e instituições de pesquisa. O desenvolvimento de protocolos para o uso de evidências e o reconhecimento e investimento em líderes engajados em práticas informadas por evidências também são aspectos importantes a serem considerados (Oliver et al., 2014; Instituto de Pesquisa Econômica Aplicada, 2021; Romão, 2021).

Além disso, é crucial incentivar e investir na capacitação de pesquisadores e tomadores de decisão, a fim de promover uma cultura de aprendizagem contínua. Por fim, pesquisadores devem apresentar as contribuições de suas pesquisas em linguagem amigável, oferecendo recomendações e refletindo sobre sua aplicabilidade prática. Ainda, pode ser útil investir no desenvolvimento das habilidades de comunicação das evidências, visando diferentes públicos, como a sociedade em geral, a mídia e os diversos atores envolvidos nas políticas públicas. A seguir, abordaremos como pesquisadores da Psicologia podem adequar metodologias científicas para melhor informar políticas, compor serviços de aconselhamento científico e apoiar as estratégias de engajamento das partes interessadas.

ADEQUAÇÃO DAS METODOLOGIAS DE PESQUISA PARA INFORMAR POLÍTICAS PÚBLICAS

Antes de definir a pergunta e a metodologia de pesquisa, pode ser útil conduzir uma revisão sistemática rápida ou um mapa de evidências no campo de políticas de interesse. As revisões sistemáticas rápidas são estudos dedicados a mapear as evidências disponíveis sobre um tema de forma oportuna, adotando pequenos atalhos em relação às revisões sistemáticas tradicionais (Haby et al., 2016). Por meio das revisões rápidas, é possível compreender o estado da arte de um campo da política e identificar incertezas e perguntas adicionais a serem respondidas. Já os mapas de evidências permitem organizar o conhecimento sobre determinado tema identificando nitidamente as metodologias e os cruzamentos entre problemas e desfechos que estão saturados, assim como as lacunas (Bazalgette, 2020). A apresentação visual dos mapas de evidências permite o nivelamento do conhecimento entre as partes interessadas e seu efetivo engajamento (Boeira et al., 2021).

Envolver as partes interessadas no desenho metodológico e na implementação do projeto de pesquisa desde o início pode ser uma forma útil de promover o uso dos achados em políticas públicas. Essa estratégia é especialmente efetiva ao se adotar uma perspectiva de aprendizagem colaborativa como forma de lidar com possíveis desequilíbrios nas dinâmicas de poder e trabalhar a metodologia adaptada ao contexto das políticas locais por meio de parcerias robustas de pesquisa (Erismann et al., 2021).

Um dos modelos utilizados pela gestão que pode ser adaptado aos protocolos de pesquisa é a teoria da mudança. Essa ferramenta explicita os problemas a serem endereçados, quais atividades serão realizadas para enfrentar os problemas, quais são os resultados de curto e médio prazo esperados, que mecanismos serão adaptados para atingir os resultados e qual o impacto final almejado (Bazalgette, 2020). Construir o modelo lógico das pesquisas com ferramentas partilhadas pela gestão pública pode apoiar imensamente no enfrentamento das barreiras de comunicação. Outro aspecto essencial é adotar transparência em relação à metodologia aplicada para o estudo, sempre que possível utilizando ferramentas de risco de viés e grau de confiabilidade nos achados, como a Cochrane Risk of Bias, a AMSTAR e a Grade, entre outros *checklists* que apoiam a avaliação metodológica (Brasil, 2020; Bazalgette, 2020).

Cabe ressaltar que o uso de evidências em políticas públicas é permeado por incertezas em relação tanto ao rigor das pesquisas disponíveis como à aplicabilidade do conhecimento global ao nível local (Langer et al., 2020). Equipes de pesquisa, no intuito de apresentar seus achados para uso imediato de tomadores de decisão, frequentemente tentam camuflar as incertezas e assumir uma generalização irreal dos resultados. Esse processo, no entanto, não favorece o estabelecimento de relações de confiança entre academia e gestão pública, sendo antes recomendável reportar adequadamente as limitações metodológicas do seu estudo e oferecer sugestões de como complementar os saberes para atingir o máximo de certeza possível ao tomar uma decisão política.

ENGAJAMENTO DE PARTES INTERESSADAS

Compreender as necessidades de evidências de potenciais usuários dos resultados e trabalhar com eles de maneira colaborativa para aumentar sua capacidade, motivação e oportunidade de utilizar evidências em suas tomadas de decisão é um aspecto-chave a ser considerado. Isso pode ocorrer por meio de consultas aos usuários sobre quais evidências são necessárias, colaborações para criar evidências e modelos de comunicação e interpretação das evidências para os usuários finais (Bazalgette, 2020).

Há muitas maneiras de engajar partes interessadas no processo da pesquisa em Psicologia, mas nem sempre as equipes preveem o tempo necessário para esse engajamento. É altamente recomendado que os protocolos/projetos de pesquisa voltados a políticas públicas e os achados iniciais circulem entre as partes interessadas, seja por meio de consultas públicas, seja em reuniões ampliadas. Há grande valor em coletar percepções sobre lacunas, dificuldades de compreensão, valores e preferências das diferentes partes interessadas (cidadãos, trabalhadores, representantes de organizações da sociedade civil, do setor privado e outros pesquisadores).

Uma das modalidades de engajamento, os painéis de cidadãos são uma oportunidade de diálogo com usuários diretos das políticas, que têm experiências distintas relacionadas ao problema em questão. Esses cidadãos são selecionados para garantir diversidade étnica, socioeconômica, de gênero e outras formas de diversidade, a fim de discutir o problema, suas causas, opções para abordá-lo e principais considerações de implementação. Os participantes recebem um resumo da pesquisa em linguagem simples (às vezes em formato de vídeo), e seus valores são a base para as discussões do painel (Sheedy et al., 2008).

Já os diálogos deliberativos, também conhecidos como diálogos de políticas, são uma ferramenta para compartilhar conhecimentos e experiências, além de incentivar a participação de diversos atores sociais envolvidos em um problema de saúde por meio de reuniões. Esses diálogos abordam alternativas para lidar com os problemas, considerações sobre implementação e aspectos de equidade, incluindo a apreciação dos participantes em relação à síntese de evidências ou às respostas rápidas e seus resultados (Brasil, 2020). Após os diálogos, é produzida uma síntese ou relatório a partir da transcrição das falas, utilizando metodologias de análise qualitativa para identificar categorias e descobertas relevantes.

Além disso, a criação de comitês para debater temas de políticas públicas com abordagens participativas, assim como o desenvolvimento de habilidades comunitárias para acompanhar o monitoramento de indicadores relacionados à política, são formas efetivas de garantir a implementação e a avaliação dos resultados das decisões informadas por evidências (Vicente, 2019). Esses processos devem ser incluídos nos planejamentos de pesquisas e reportados como parte essencial dos achados, pois apoiam tomadores de decisão em compreender a dimensão ampliada em que aquele conhecimento encontra a política pública em desenvolvimento, permitindo, inclusive, antecipar resistências sociais.

CONSOLIDAÇÃO DE SERVIÇOS DE ACONSELHAMENTO CIENTÍFICO

A Organização para a Cooperação e Desenvolvimento Econômico (OCDE) indica que parece haver benefício em estabelecer equipes ou órgãos específicos para assessorar formuladores de políticas, combinando a dimensão do aconselhamento científico com a facilitação dos processos de consulta a atores-chave (OCDE, 2015a). O aconselhamento científico é uma prática cada vez mais comum em países, que nomeiam indivíduos ou estruturam órgãos, conselhos ou comitês para incidir sobre o ciclo de políticas informadas por evidências, desenvolvendo ferramentas de apoio à tomada de decisão (Gluckman & Wilsdon, 2016; OCDE, 2015b).

Esse processo inicia com indivíduos, em geral cientistas, sendo convidados a ocupar comitês ou cargos em governos, em grande medida por sua reputação pessoal e profissional. Rapidamente, porém, observou-se que apenas a reputação e a senioridade não conferiam todas as habilidades necessárias para esse tipo de atividade: uma pessoa realizando aconselhamento científico necessita transitar bem não só pela ciência, como pelos processos de política pública e pelo engajamento de atores-chave, valorizando a intersetorialidade (Doubleday & Wilsdon, 2012). Em 2014, foi criada uma rede internacional de aconselhamento científico para governos, a International Network for Government Science Advice (INGSA), para reunir profissionais e organizações que já trabalhavam nessa perspectiva e desenvolver capacidades para que mais sistemas de aconselhamento pudessem se multiplicar mundo afora (Gluckman & Wilsdon, 2016).

No ano seguinte, a OCDE (2015b) desenvolveu um *checklist* para tornar o processo de aconselhamento científico mais transparente. Nele, é indicada a importância de explicitar responsabilidades e papéis para os diferentes atores que interagem durante o aconselhamento, promover ativamente o engajamento de partes interessadas e oferecer o aconselhamento informado pelas melhores evidências disponíveis, refletindo a diversidade de opiniões e posicionamentos, comunicando incertezas e adotando um processo sistemático que não sofra interferência política. A esses critérios, Van Woensel (2020) adiciona que um aconselhamento científico responsável deve empreender esforços para ser holístico, ou seja, considerar amplamente o ecossistema de política e de ciência; reflexivo, apontando seus vieses; antecipatório em relação a desafios que podem ser desencadeados por determinada política ou desafio social; e responsivo, de modo a oportunizar trocas entre legisladores e aconselhadores, garantindo que o aconselhamento oferecido foi compreendido e útil.

O processo de aconselhamento científico segue, em linhas gerais, uma primeira interação entre a equipe de aconselhamento e os formuladores de políticas para identificação de problemas prioritários e averiguação da necessidade de uma nova política, mapeamento e engajamento de atores-chave em torno do tema, levantamento transparente e síntese de evidências disponíveis, estruturação de um relatório com recomendações e indicação de incertezas, disseminação do material e monitoramento/acompanhamento de seu uso (Stirling, 2010; Sarría-Santamera et al., 2013; Knottnerus & Tugwell, 2017; Van Woensel, 2020).

Na literatura, é destacada a importância de resguardar a autonomia, a independência e a imparcialidade da equipe de aconselhamento em relação ao órgão governamental (Sarría-Santamera et al., 2013; Knottnerus & Tugwell, 2017; Van Woensel, 2020; Schultz & Ward, 2021). O papel da equipe que oferece aconselhamento não é tomar a melhor decisão ou formular uma proposta, mas oferecer o máximo de evidências disponíveis para que a elaboração de uma política e sua implementação ocorram de forma efetiva. O uso ou não dessas informações caberá aos formuladores.

No entanto, o aconselhamento científico pode ajudar a destacar dimensões que devem ser consideradas no processo de tomada de decisão. O aconselhamento científico do Parlamento europeu, por exemplo, adota o esquema STEEPED (Figura 2), que busca, para cada nova proposição, analisar as evidências disponíveis diante de aspectos sociais, tecnológicos, econômicos, de meio ambiente, políticos/legais, éticos e demográficos.

Acosta, Nestore, Jarquín-Solís e Doubleday (2022) realizaram um levantamento de artigos sobre órgãos de aconselhamento, ve-

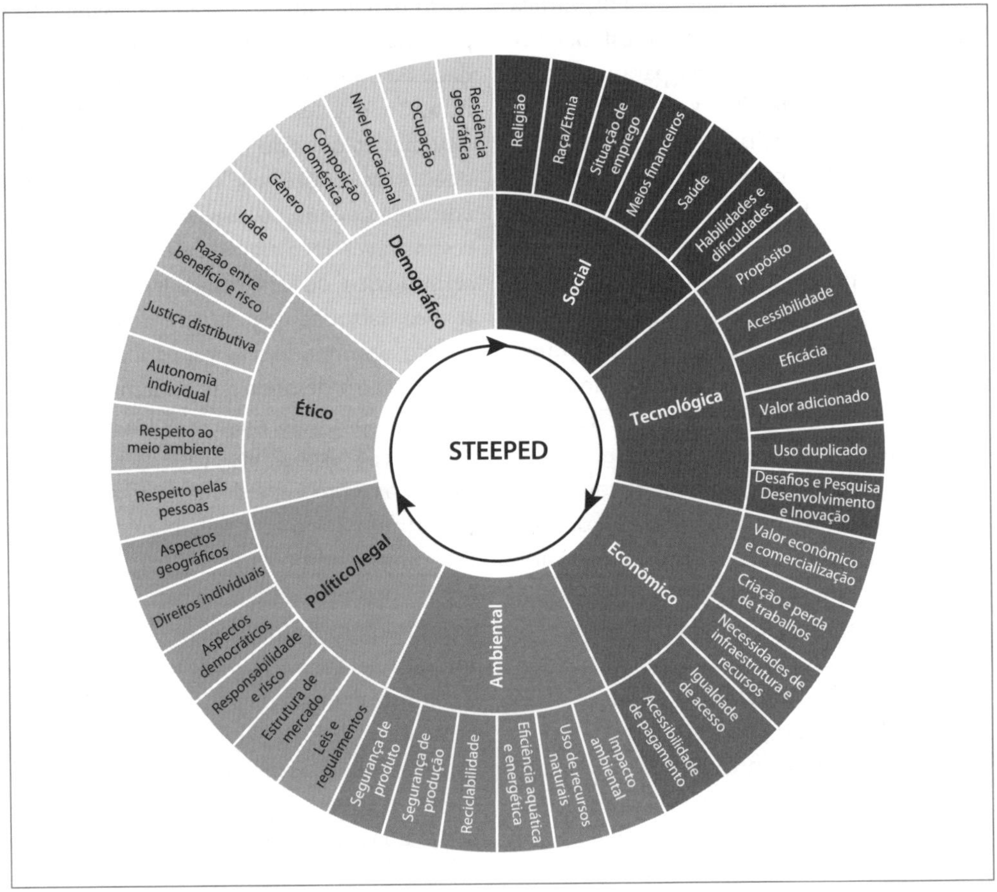

Figura 2 Esquema STEEPED.
Fonte: traduzida de Van Woensel, 2020.

rificando que, em termos de equipes, 53% eram equipes autônomas e 47%, indicadas politicamente. Além disso, a maior parte dos órgãos tinha cientistas em sua composição, por vezes junto de servidores públicos e formuladores de políticas. Em termos de serviços oferecidos, os órgãos de aconselhamento produziam desde sínteses de evidências para políticas (*policy briefs*) até análise de clima e de tendências políticas, processos de engajamento de cidadãos e oficinas de ideação de cenários possíveis e respostas a esses cenários.

Akerlof et al. (2019) apontam que, apesar dos avanços, a área do aconselhamento científico ainda tem importantes questões por responder, como se o uso de evidências científicas melhora a implementação e o resultado de programas e políticas sociais, em que condições os formuladores de políticas buscam e utilizam informações científicas, e como criar relações e canais de confiança que apoiem o uso. Um serviço de aconselhamento científico deve adotar uma perspectiva ampliada de tradução de conhecimento, trabalhando para que as mensagens transmitidas sejam diretas, aplicáveis, em linguagem amigável, enfatizando situações negligenciadas e exemplificando com histórias reais o potencial impacto da decisão (Cairney & Kwiatkowski, 2017; DellaVigna, 2009; Service et al., 2014). É essencial explicitar benefícios imediatos para diferentes públicos-alvo, antecipar possíveis barreiras de implementação e fornecer ferramentas simples que possam facilitar os processos políticos e burocráticos (Cairney & Kwiatkowski, 2017; DellaVigna, 2009; Service et al., 2014).

CONSIDERAÇÕES FINAIS

Neste capítulo, refletimos sobre o conceito plural de "evidências", indicando os diferentes tipos de evidências necessários para cada momento do ciclo de políticas públicas. Ao situar a equidade como princípio orientador das políticas informadas por evidências, convocamos a Psicologia a produzir estudos atentos a marcadores sociais e aos diferentes contextos locais, aliando metodologias quantitativas e qualitativas. Há diferentes graus de esforços que podem ser empreendidos para apoiar o desenvolvimento de políticas e intervenções sociais, desde a coconstrução de problemas de pesquisa e o engajamento com as partes interessadas, até o estabelecimento de unidades de aconselhamento científico para a gestão.

É de suma importância que o campo da Psicologia estabeleça uma conexão sólida entre suas pesquisas e o ciclo de políticas públicas. Ao trabalhar de forma colaborativa com tomadores de decisão, pesquisadores podem potencializar o impacto de seus achados, assegurando que o conhecimento científico seja considerado de forma relevante na formulação, implementação e avaliação de políticas e programas voltados para a saúde mental e o bem-estar da sociedade. Ao compreender as necessidades e os desafios enfrentados pela gestão pública, é possível direcionar os estudos de forma a fornecer evidências robustas e aplicáveis em formatos amigáveis, considerando os elementos prioritários ao contexto local, contribuindo assim para intervenções efetivas que atendam às demandas da população.

REFERÊNCIAS

Capítulo 7

Necessidade da implementação da saúde mental baseada em evidências nas instituições de custódia brasileiras

Tania Maria Nava Marchewka, Tamara Melnik, Álvaro Nagib Atallah, Nathalia Marchewka Valente

FUNDAMENTOS METODOLÓGICOS NAS CIÊNCIAS DA SAÚDE MENTAL BASEADA EM EVIDÊNCIAS NAS INSTITUIÇÕES DE CUSTÓDIA BRASILEIRA

Este capítulo aborda a coleta de dados em uma pesquisa realizada com 109 pacientes internos em três instituições de custódia e tratamento psiquiátrico no Rio de Janeiro e no Distrito Federal. É possível verificar a importância de adotar informações levantadas com base em instrumentos estruturados de avaliação diagnóstica e de risco, bem como utilizar medidas terapêuticas adequadas.

INTRODUÇÃO

Existe um enorme contingente de pacientes psiquiátricos que cometeram crimes e estão internados em hospitais de custódia e tratamento psiquiátrico (HCTPs/instituições de custódia) no Brasil. Nesses locais, a questão da saúde mental é norteada pelas seguintes perguntas: Os diagnósticos e tratamentos nas instituições de custódia fazem uso dos princípios da saúde mental baseada em evidências? A assistência ao tratamento pode ser considerada boa prática terapêutica? A saúde é garantida no Brasil pelo art. 196 da Constituição Federal de 1988 (Brasil, 1988). Além disso, é garantida por lei a incorporação das melhores evidências científicas em saúde pública. Assim, a Lei n. 12.401, de 28 de abril de 2011, assegura que as tecnologias de diagnóstico e tratamento de doenças no Brasil devem ser baseadas nas melhores evidências científicas disponíveis (Brasil, 2011). A Lei n. 10.216, de 6 de abril de 2001, dispõe sobre a proteção e os direitos das pessoas portadoras de transtornos mentais e redireciona o modelo assistencial em saúde mental.

O conceito de "Medicina baseada em evidências", cunhado por David Sacket e Gordon Guyatt, da MacMaster University, tem como ideia principal basear as decisões em saúde no exame das evidências científicas disponíveis com base em pesquisas clínicas bem documentadas, as chamadas "evidências" (Atallah & Castro, 1998). A Medicina baseada em evidências assegura que o cuidado em saúde seja baseado na melhor informação disponível, incorporando-a. No entanto, existe grande variação na prática clínica relativa às intervenções diagnósticas e terapêuticas em Psiquiatria, e nem sempre as terapias medicamentosas ou terapêuticas podem ser amparadas por evidências científicas de boa qualidade. Na "saúde mental baseada em evidências", estas precisam ser aliadas à *expertise* clínica e às preferências do indivíduo em relação ao tratamento (Lima et al., 2000). A Psicologia baseada na melhor evidência disponível para o cuidado com o cliente promove a prática psicoterapêutica eficaz e contribui com a saúde pública (Melnik et al., 2014).

Um dos grandes desafios da justiça criminal e dos profissionais do direito e da saúde mental é, justamente, lidar com os pacientes dos hospitais de custódia e tratamento psiquiátrico (HCTPs) no Brasil. Isso porque grande parte dos internos é composta de pacientes sem a devida assistência médico-psicológica (Cordioli et al., 2006; Cordeiro & Lima, 2014). Nesse contexto, questiona-se se é possível que os diagnósticos nessas instituições levem a um bom tratamento e se o Estado negligencia o direito à assistência em saúde mental aos internos recolhidos em HCTPs em cumprimento de medidas de segurança.

DADOS EPIDEMIOLÓGICOS RECENTES: PREVALÊNCIA E INCIDÊNCIA

Os transtornos psiquiátricos são altamente prevalentes em todo o mundo. Os mais frequentes são os transtornos depressivos, que afetam 350 milhões de pessoas, e o transtorno bipolar, que atinge 60 milhões. A esquizofrenia e outras psicoses afetam 21 milhões de pessoas, e a demência (ou déficit cognitivo) atinge outras 47,5 milhões (World Health Organization, 2022). Além disso, problemas como depressão, ansiedade, pânico, transtorno obsessivo-compulsivo e outros podem afetar até 15% das populações ao menos uma vez na vida (World Health Organization, 2022). Um amplo estudo multicêntrico realizado na Região Metropolitana de São Paulo com coleta de dados entre 2005 e 2007 mostrou que 29,6% dos habitantes sofrem de algum tipo de transtorno mental, sendo os mais comuns os transtornos de ansiedade (19,9%), seguidos pelos transtornos de humor (11%), de controle de impulsos – como o déficit de atenção (4,2%) e de uso de substâncias psicoativas (3,6%) (Andrade et al., 2012).

A Associação Americana de Psicologia (APA) divulgou, em 2006, a Força Tarefa Presidencial intitulada Prática clínica baseada em evidências na Psicologia (APA, 2006), que mapeou os tratamentos psicoterápicos empiricamente validados. A APA identificou quais são as melhores evidências disponíveis para a prática baseada em evidências, e listou-as no *website* http://cmd.cochrane.org/about-us, descrevendo os melhores tratamentos psicológicos que, combinados com a *expertise* do clínico, determinam as condutas recomendáveis. Os melhores tratamentos para cada condição e diagnóstico são frequentemente reavaliados em estudos clínicos randomizados e revisões sistemáticas, muitas das quais produzidas e publicadas pela *Cochrane Collaboration* (Atallah, 2009).

IMPACTO DOS ASPECTOS PSICOLÓGICOS/TRATAMENTO RELACIONADOS NA EXECUÇÃO DAS MEDIDAS DE SEGURANÇA NAS INSTITUIÇÕES DE CUSTÓDIA E TRATAMENTO PSIQUIÁTRICO

Os questionamentos acerca das medidas de segurança no campo jurídico, no tocante aos diagnósticos e terapêuticas em saúde mental em instituições de custódia no Brasil, sempre foram ignorados, apesar da existência do Relatório das Inspeções aos Manicômios, coordenado pelo Conselho Federal de Psicologia em 2015 (Melnik & Atallah, 2011). Essa inspeção foi essencial no ambiente em que se buscava denunciar a fragilidade do sistema prisional em termos de abandono e precariedade na avaliação e tratamento dos internos portadores de transtornos mentais pela prática de crime, os quais são internados em estabelecimentos de custódia.

Importante destacar aqui os estudos e as primeiras diretrizes para o tratamento da esquizofrenia, por exemplo, diagnóstico da maioria dos internos, apontam a importância das intervenções psicossociais, como o suporte da família, incluindo intervenções familiares e psicoterapias psicodinâmicas (Melnik et al., 2011). Ressalta-se aqui que a esquizofrenia aparece como transtorno mental prevalente entre os indivíduos em cumprimento de medida de segurança rastreados por Diniz (2013). No entanto, o tratamento hoje exige uma abordagem diferenciada, consubstanciada em um novo olhar e uma nova escuta, além de medicamentos, e com a implicação responsável de membros da família e da comunidade no cuidado (Melnik et al., 2014).

DIAGNÓSTICO E TRATAMENTO NAS TRÊS INSTITUIÇÕES DE CUSTÓDIA E TRATAMENTO PSIQUIÁTRICO PESQUISADAS

Os dados colhidos na pesquisa sobre o transtorno mental motivador da internação no Distrito Federal foram complementados com dados dos relatórios da equipe do setor psicossocial da Vara de Execuções Penais e do relatório da equipe de assistência da Ala de Tratamento Psiquiátrico. No entanto, no estado do Rio de Janeiro, não foi possível obter acesso a grande parte dos laudos de insanidade mental devido à reestruturação do estabelecimento penitenciário para sua incorporação em Instituto de Perícia Psiquiátrica Forense da Secretaria de Justiça do Estado do Rio de Janeiro. Na ocasião, muitos internos do Hospital Heitor Carrilho já se encontravam em processo de desinstitucionalização para serem submetidos aos serviços de assistência em saúde mental em centros de atenção psicossocial (CAPs) ou em residências terapêuticas em seus municípios.

No Rio de Janeiro, constatou-se que cinco internos não tinham, em seu prontuário, o exame de sanidade mental, e dez deles não tinham qualquer exame de cessação de periculosidade. Além disso, oito internos não tinham em seu prontuário o parecer da equipe assistente. Em 12 laudos, não foi possível identificar a classificação internacional de doenças (CID), nem o transtorno que motivou a internação.

Observa-se a dificuldade de acesso aos documentos necessários para uma análise completa da situação dos internos nessas instituições de custódia e tratamento psiquiátrico (Tabelas 1 e 2). Essa limitação pode impactar negativamente a qualidade do diagnóstico e do tratamento oferecidos aos pacientes, ressaltando a importância de uma gestão mais eficiente e acessível das informações para garantir o atendimento adequado e a segurança dos indivíduos em processo de desinstitucionalização e reintegração social.

Instrumentos diagnósticos

Tabela 1 Distribuição dos exames de insanidade mental e cessação de periculosidade (internos do DF e do RJ)

	Distrito Federal (n = 39)		Rio de Janeiro (n = 70)	
Existência do laudo/exame de insanidade mental				
Sim	29	74,4%	22	31,4%
Não	10	25,6%	48	68,6%
Existência do exame de cessação de periculosidade				
Sim	19	48,7%	56	80,0%
Não	20	51,3%	14	20,0%

(continua)

Tabela 1 Distribuição dos exames de insanidade mental e cessação de periculosidade (internos do DF e do RJ) (*continuação*)

	Distrito Federal (n = 39)		Rio de Janeiro (n = 70)	
Presença de diagnóstico no exame de insanidade mental				
Sim	25	64,1%	28	40,0%
Não	14	35,9%	42	60,0%
Presença de diagnóstico no exame de cessação de periculosidade				
Sim	8	20,5%	35	50,0%
Não	31	79,5%	35	50,0%
Grupo de diagnóstico				
Transtorno mental	16	41,0%	29	41,4%
Transtorno mental e dependência química	9	23,1%	5	7,1%
Retardo mental	1	2,6%	4	5,7%
Dependência de álcool	-	-	3	4,3%
Dependência química	1	2,6%	2	2,9%
Transtorno mental e retardo mental	-	-	1	1,4%
Transtorno mental e transtorno neurológico	1	2,6%	1	1,4%
Outros	2	5,1%	6	8,6%
Sem informação	9	23,1%	19	27,1%

Fonte: elaboração dos autores.

Tabela 2 Realização conjunta de exames, diagnóstico deles constantes e CID dos exames de insanidade mental e cessação de periculosidade (internos do DF e do RJ)

	Distrito Federal (n = 39)		Rio de Janeiro (n = 70)	
Realização conjunta dos exames				
Nenhum exame	2	5,1%	1	1,4%
Somente exame de insanidade mental	18	46,2%	13	18,6%
Somente exame de cessação de periculosidade	8	20,5%	47	67,1%

(continua)

Tabela 2 Realização conjunta de exames, diagnóstico deles constantes e CID dos exames de insanidade mental e cessação de periculosidade (internos do DF e do RJ) (*continuação*)

	Distrito Federal (n = 39)		Rio de Janeiro (n = 70)	
Exames de insanidade mental e cessação de periculosidade	11	28,2%	9	12,9%
Diagnóstico nos exames				
Não há diagnóstico	9	23,1%	19	27,1%
Diagnóstico em um exame	27	69,2%	39	55,7%
Diagnóstico em dois exames	3	7,7%	12	17,1%
Comparação dos CIDs nos exames				
CIDs iguais	2	5,1%	-	-
CIDs diferentes	1	2,6%	1	1,4%
Informação deficiente	19	48,7%	19	27,1%
Sem informação	17	43,6%	50	71,4%
Comparação do diagnóstico nos exames				
Diagnósticos concordantes	2	5,1%	6	8,6%
Diagnósticos discordantes	1	2,6%	6	8,6%
Diagnóstico incompleto	27	69,2%	39	55,7%
Sem informação	9	23,1%	19	27,1%
Avaliação do diagnóstico no exame de insanidade mental				
Diagnóstico completo	20	51,3%	14	20,0%
Diagnóstico incompleto	5	12,8%	14	20,0%
Sem informação	14	35,9%	42	60,0%
Avaliação do diagnóstico no exame de cessação de periculosidade				
Diagnóstico completo	7	17,9%	7	10,0%
Diagnóstico incompleto	1	2,6%	28	40,0%
Sem informação	31	79,5%	35	50,0%

CID: classificação internacional de doenças.

Fonte: elaboração dos autores.

Conforme se depreende da Tabela 3, adiante, considerando 6,40% (nove casos) dos doentes com transtorno mental no Distrito Federal, nenhum familiar foi entrevistado para o fechamento do diagnóstico, e isso aconteceu com 100% (29 casos) dos internos no Rio de Janeiro. O exame clínico foi mencionado nos documentos de apenas quatro doentes do Distrito Federal e em nenhum do Rio de Janeiro, e o exame psicométrico, em dois casos do Distrito Federal. Não foi mencionado o uso de instrumentos de avaliação diagnóstica específicos em nenhum dos casos. Entre os nove internos do Distrito Federal com dependência química, somente um foi submetido ao exame toxicológico e quatro a exame clínico. O interno do Distrito Federal que tinha diagnóstico de dependência química (comorbidade com transtorno mental) também não foi submetido ao exame toxicológico, tendo sido anotadas em seus documentos apenas anamnese, entrevista com uma irmã e análise de relatórios médicos e sociais anteriores. No Rio de Janeiro, havia três internos classificados como tendo "dependência de álcool" e dois com "dependência química". Perícia psiquiátrica foi realizada em um único interno alcoólatra e nos dois com dependência química, mas não foi registrado o exame toxicológico em nenhum deles.

O único doente com retardo mental no Distrito Federal recebeu seu diagnóstico após anamnese, análise de laudos psicológicos e psiquiátricos anteriores e avaliação psicométrica. No Rio de Janeiro, havia quatro pacientes com retardo mental, três deles submetidos a "anamnese e exame psíquico" e o quarto, a perícia psiquiátrica. Nenhum paciente, no Rio de Janeiro, foi submetido a exame psicométrico; um doente tinha "transtorno mental e retardo mental" e outro, "transtorno mental e transtorno neurológico", ambos diagnosticados por meio de "perícia psiquiátrica", sem qualquer outro tipo de exame. O interno com transtorno mental e neurológico no Distrito Federal foi submetido unicamente à anamnese, e o médico que o atendeu também examinou prontuários médicos anteriores.

Os laudos dos internos continham informações incompletas sobre o instrumento que foi utilizado para a realização do diagnóstico. Isso ocorreu porque, conforme explicitamente declarado nos laudos, esses diagnósticos basearam-se apenas em anamnese. Em nenhum laudo foi mencionado o SCID (o instrumento semiestruturado que serve para a entrevista resultante no diagnóstico de acordo com o DSM-V).

Uma análise dos instrumentos diagnósticos utilizados tanto no Distrito Federal como no Rio de Janeiro mostra grande heterogeneidade e evidencia a ausência de uma normatização sobre as ferramentas adequadas para aplicação em internos sob custódia legal. Conforme mostram as Tabelas 2 e 3, há uma distribuição da realização dos exames de insanidade mental e cessação de periculosidade dos internos do Distrito Federal e do Rio de Janeiro.

Resultado

A tarefa do presente estudo foi realizar uma leitura interdisciplinar nos campos do Direito e da saúde mental. O procedimento metodológico desenvolvido para essa investigação começou com uma revisão das revisões sistemáticas da Medicina e da Psicologia baseadas em evidências e das Diretrizes em Saúde Mental já publicadas, para, em seguida, enfrentar a realidade dos registros dos tratamentos praticados nos hospitais de custódia, *in loco*. No entanto, foi impossível estabelecer qualquer paralelo entre o que é praticado nessas instituições e o que é preconizado como o melhor tratamento possível. Isso ocorreu

Tabela 3 Instrumentos utilizados no diagnóstico dos internos do Distrito Federal e do Rio de Janeiro

	Instrumentos	Distrito Federal (n = 16)		Rio de Janeiro (n = 29)	
Transtorno mental	Anamnese, análise de prontuários médicos anteriores	4	25,00%	0	0
	Anamnese	2	12,50%	0	0
	Exame psicométrico, anamnese, entrevista com a mãe e com a esposa, análise de prontuários médicos anteriores, exame clínico	1	6,30%	0	0
	Anamnese, entrevista com a irmã, análise de relatórios médicos e social anteriores	1	6,30%	0	0
	Anamnese, entrevista com a mãe	1	6,30%	0	0
	Anamnese, entrevista com a mãe, análise de prontuários médicos anteriores	1	6,30%	0	0
	Anamnese, entrevista com a mãe, exame clínico, análise de prontuários médicos anteriores	1	6,30%	0	0
	Anamnese, entrevista com agente de polícia	1	6,30%	0	0
	Anamnese, entrevista com a irmã, exame clínico, avaliação psicodiagnóstica e psicométrica, análise de prontuários médicos anteriores	1	6,30%	0	0
	Anamnese, entrevista com o pai, análise de prontuários médicos anteriores	1	6,30%	0	0
	Anamnese, exame clínico	1	6,30%	0	0
	Anamnese, exame clínico, análise de prontuários médicos anteriores	1	6,30%	0	0
	Perícia psiquiátrica	0	0	12	41,40%
	Anamnese, exame psíquico	0	0	5	17,20%
	Exame de sanidade mental	0	0	3	10,30%
	Laudo médico psiquiátrico	0	0	1	3,40%
	Parecer para cessação de periculosidade	0	0	1	3,40%
	Sem informação	0	0	7	24,13%
Transtorno mental e dependência química	Anamnese: entrevista com a mãe e com a irmã, exame clínico	1	6,30%	0	0
	Anamnese	1	6,30%	0	0
	Anamnese: análise de prontuários médicos anteriores, avaliação psicométrica	1	6,30%	0	0

(continua)

Tabela 3 Instrumentos utilizados no diagnóstico dos internos do Distrito Federal e do Rio de Janeiro (*continuação*)

	Instrumentos	Distrito Federal (n = 16)		Rio de Janeiro (n = 29)	
Transtorno mental e dependência química	Anamnese: entrevista com a mãe, exame clínico, análise de prontuários médicos anteriores	1	6,30%	0	0
	Anamnese: entrevista com a mãe, exame clínico, análise de prontuários médicos anteriores e laudo psicológico do IML n. 80/01	1	6,30%	0	0
	Anamnese, entrevista com o irmão, exame clínico	1	6,30%	0	0
	Anamnese: entrevista com o padastro, análise de prontuários médicos anteriores	1	6,30%	0	0
	Anamnese: entrevista com a mãe, exame clínico, análise de prontuários médicos anteriores	1	6,30%	0	0
	Anamnese, exame toxicológico	1	6,30%	0	0
	Sem informação	-	-	2	6,80%
	Perícia psiquiátrica	-	-	1	3,40%
	Exame de sanidade mental	-	-	1	3,40%
	Anamnese, perícia psiquiátrica	-	-	1	3,40%

IML = Instituto médico-legal.

principalmente devido ao fato de os registros de diagnósticos e as ferramentas diagnósticas e terapêuticas serem incompletos, inexistentes ou pouco claros, bem como ao aspecto vago das anotações em prontuários médicos e criminais, tornando impossível verificar se o tratamento adequado estava sendo aplicado, especialmente para transtornos que contêm espectros variados de gravidade e tipos, como a esquizofrenia, cujos detalhes não estavam presentes nos laudos.

Ficou evidente que não há preocupação com o uso de instrumentos diagnósticos padronizados para a avaliação dos internos sob custódia. Na grande maioria dos casos, foi realizada somente a anamnese com o portador do transtorno, sem uso de qualquer questionário estruturado. Em mais da metade dos casos no Distrito Federal e em todos os pacientes do Rio de Janeiro, o exame psicométrico foi realizado somente em dois pacientes do Distrito Federal, sem descrição do método ou instrumento. E, do universo de 109 pacientes dessa pesquisa, somente um foi submetido a exame toxicológico para comprovação de uso de álcool ou drogas. Isso quer dizer que diagnósticos como "esquizofrenia", "retardo mental", "dependência de álcool" ou outros, na amostra, foram baseados exclusivamente na análise de um examinador, perito pericial, que utilizou somente a entrevista para chegar a essa conclusão.

Devido às características da cena judiciária – na qual todas as provas colhidas são submetidas ao duplo escrutínio das partes adversas, sendo refutadas com veemência pela parte que se sentir prejudicada –, é interessante que o avaliador forense se valha de elementos objetivos que confrontem sua apreciação subjetiva. Assim, é de grande importância o uso de entrevistas estruturadas, de instrumentos objetivos para medir funções psíquicas, incluindo o risco de violência, que deve ser verificado com a aplicação de instrumento para avaliação da periculosidade (ou sua cessação) entre os internos das instituições de custódia. Além disso, exames funcionais e de imagens, bem como testes neuropsicológicos, devem ser utilizados. No entanto, a objetividade desse procedimento pode ser influenciada por aspectos subjetivos e pela relação de transferência que existe entre periciando e periciado.

Do ponto de vista clínico e específico da psicopatologia, Dalgalarrondo (2008) explica que, embora o processo diagnóstico em psiquiatria siga princípios gerais da ciência médica, o diagnóstico de um transtorno mental pode ser baseado em dados clínicos, exames de neuroimagem estrutural (tomografia computadorizada, ressonância magnética etc.) e funcionais (tomografia computadorizada por emissão de fóton único, SPECT, tomografia por emissão de pósitrons, PET, mapeamento por eletroencefalograma etc.), mas testes psicológicos ou neuropsicológicos auxiliam de forma muito importante, principalmente para o diagnóstico diferencial entre um transtorno psiquiátrico primário (esquizofrenia, depressão primária etc.) e doença neurológica.

Outra preocupação resulta da recente Resolução n. 487, de 15 de fevereiro de 2023, do Conselho Nacional de Justiça (CNJ), que "institui a Política Antimanicomial do Poder Judiciário e estabelece procedimentos e diretrizes para implementar a Convenção Internacional dos Direitos das Pessoas com Deficiência e a Lei n. 10.216/2001, no âmbito do processo penal e da execução das medidas de segurança". Além disso, impacta notadamente na legislação brasileira constitucional, penal, processual penal e de execução penal, inclusive sem interação com o direito à saúde mental baseado em evidências. Vale ressaltar que, com isso, mostra-se bastante significativo o aumento do risco e agravos em pacientes crônicos, sem condições clínicas devido à falta de avaliações confiáveis, bem como sem estrutura socioeconômica, uma vez que o Estado negligencia há décadas a garantia da saúde mental aos internos em medida de segurança.

Importante destacar ainda que uma tomada de decisão como a da implementação da mencionada Resolução n. 487/2023 merece análise em vários campos do conhecimento e da segurança pública para que seja possível a avaliação progressiva acerca dessas transferências. Causa perplexidade a não integração e interação com os aparelhos do Estado, bem como com a sociedade.

A saúde mental dos internos em instituições de custódia expõe claramente a falta de planos terapêuticos com as inovações da saúde mental e planos de governo responsáveis. Caso contrário, estarão sujeitos a ações de cobrança de responsabilidades para as instituições estaduais e federais. Além disso, é necessário frisar a necessidade de construção de projetos e planos de trabalhos intersetoriais que possam avaliar a complexidade do problema e guiar os profissionais da saúde e do Direito, bem como o legislador, para que conheçam essa realidade e o perigo de agravos e consequências irreparáveis para o interno, suas famílias e a sociedade.

Vejamos alguns aspectos que chamam a atenção na citada Resolução n. 487/2023, que, no Capítulo II, Seção V – Da desinstitucionalização, preceitua:

> Art. 16. No prazo de até 6 (seis) meses a partir da entrada em vigor desta Resolução, a autoridade judicial competente revisará os processos a fim de avaliar a possibilidade da extinção da medida de segurança em curso, progressão para tratamento ambulatorial em meio aberto ou transferência para estabelecimento de saúde adequado, em casos relativos:
> I – a execução da medida de segurança que estejam sendo cumpridas em HCTPs, em instituições ou unidades prisionais;
> II – a pessoas que permaneçam nesses estabelecimentos, apesar da extinção da medida de segurança ou da existência de ordem de desinternação condicional; e
> III – a pessoas com transtorno mental ou deficiência psicossocial que estejam em prisão processual ou cumprimento de pena em unidades prisionais, delegacias de polícia ou estabelecimentos congêneres.
> Parágrafo único. Para fins do disposto no *caput*, o Comitê Estadual Interinstitucional de Monitoramento da Política Antimanicomial previsto no art. 20, VI, e as equipes conectoras ou multidisciplinares qualificadas apoiarão as ações permanentes de desinstitucionalização.
> Art. 17. Sem prejuízo do disposto no artigo anterior, a autoridade judicial competente para a execução penal determinará a elaboração, no prazo de 12 (doze) meses contados da entrada em vigor desta Resolução, de PTS para todos os pacientes em medida de segurança que ainda estiverem internados em HCTPs, em instituições congêneres ou unidades prisionais, com vistas à alta planejada e à reabilitação psicossocial assistida em meio aberto, a serem apresentadas no processo ou audiência judicial que conte com a participação de representantes de entidades envolvidas nos PTSs.
> Art. 18. No prazo de 6 (seis) meses contados da publicação desta Resolução, a autoridade judicial competente determinará a interdição parcial de estabelecimentos, alas ou instituições de custódia e tratamento psiquiátrico no Brasil, com proibição de novas internações em suas dependências e, em 12 (doze) meses a partir da entrada em vigor desta Resolução, a interdição total e o fechamento dessas instituições.

Entretanto, imediatamente surge a nota de repúdio da Associação Brasileira de Psiquiatria (ABP), que enfatiza:

1. A ABP, em cumprimento da sua missão, repudia qualquer ato de autoridade judicial e/ou pública que determine a interdição parcial, total e/ou fechamento de estabelecimentos, alas ou instituições de custódia e tratamento psiquiátrico no Brasil, com ou sem proibição de novas internações em suas dependências, após 6 (seis) ou 12 (doze) meses contados da entrada em vigor da Resolução n. 487/2023. Importante frisar, inclusive para delimitar responsabilidades, que a implementação ou determinação de que o atendimento às pessoas com transtorno mental seja cumprido em leitos de Hospital Geral ou outra instituição de saúde referenciada pelo CAPS da RAPS não é suficiente para o atendimento adequado e acurado de todos os pacientes/cidadãos nessa situação de enfermidade, podendo causar grande prejuízo à saúde pública, bem como risco ao paciente, familiares e população em geral. Cabendo ao Poder Judiciário a competência tão somente de definição de segregação da pessoa com transtorno mental entre a unidade prisional e/ou as instituições hospitalares.
2. A ABP mantém-se firme no compromisso de defender a vida e a saúde mental

dos brasileiros, incentivando a promoção da sanidade mental geral, a adoção de tratamentos e procedimentos adequados ao quadro clínico de cada paciente e o combate à política de extinção de leitos psiquiátricos, como dispositivo de atendimento em saúde mental para casos graves e agudos, ou que afetem ou prejudiquem a defesa à saúde pública, como ocorre no presente caso. Se executada a previsão da Resolução n. 487/2023, todo o público-alvo dos programas de tratamento psiquiátrico em instituições hospitalares poderá ser prejudicado, piorando seu estado mental/psiquiátrico e gerando grande risco para a sociedade em geral e, principalmente, perigo para os familiares, profissionais da saúde e pessoas que com ele convivem.

3. A implementação ou determinação de que o atendimento às pessoas com transtorno mental seja cumprido em leitos de Hospital Geral ou outra instituição de saúde referenciada pelo CAPS da RAPS não é suficiente para o atendimento adequado e acurado de todos os pacientes/cidadãos nessa situação de enfermidade, podendo causar grande prejuízo à saúde pública, bem como risco ao paciente, familiares e população em geral. Cabendo ao Poder Judiciário a competência tão somente de definição de segregação da pessoa com transtorno mental entre a unidade prisional e/ou as instituições hospitalares.

EXECUÇÃO DAS MEDIDAS DE SEGURANÇA – ARTS. 171 A 179 DA LEI N. 7.210/84

Cumpre destacar aqui os impactos da Resolução n. 487/2023 na execução das medidas de segurança:

1. Medida de segurança – natureza, espécies, princípios, prazo: Código Penal, Supremo Tribunal Federal, Superior Tribunal de Justiça, Conselho Nacional de Justiça.
2. Perícia forense: exame de insanidade mental, manual de avaliação psiquiátrica de diagnóstico – DSM (APA), CID (OMS), instrumentos para diagnósticos, controvérsias.
3. Censo realizado em 2011 nos estabelecimentos de custódia encomendado pelo Departamento Penitenciário Nacional (Depen): registrou 3.989 homens e mulheres vivendo em regime de clausura. População desconhecida.
4. CRM, São Paulo/2014: instituições de custódia, falta de aprofundamento da reforma psiquiátrica, de rede extra-hospitalar e capacitação de profissionais da Saúde e da Justiça.
5. Posição do CNJ: Resolução n. 113, art. 17, orienta que o juiz da execução nas medidas implemente, sempre que possível, políticas de saúde mental.
6. Desinternação progressiva; art. 184 da Lei de Execução Penal: progressão nas medidas de segurança – art. 5º, XLVI, CF.
7. Internação provisória: não prevista no Código Penal, mas no Código de Processo Penal – art. 318, VII. Medida cautelar: crime praticado com violência e grave ameaça. A periculosidade presumida é constatada pela perícia.
8. Prazo inicial (CP) e prazo final (CP, STF, STJ, CNJ): Tribunais Superiores e Política Criminal para Medidas de Segurança (Súmula 527 do STJ: "O tempo de duração da medida de segurança não deve ultrapassar o limite máximo da pena abstratamente cominada ao crime praticado"). Súmula; Resolução n. 113 do CNJ; Resolução n. 4 e n. 5 do Conselho Nacional de Política Criminal e Penitenciária (CNP-

CP), que anunciam a política antimanicomial (Reforma psiquiátrica).

9. Marco Legal de Garantia de Direitos à Saúde Mental: Constituição Federal de 1988, art. 196 ("A saúde é direito de todos e dever do Estado, garantido mediante políticas públicas sociais e econômicas que visem à redução de risco de doença e de outros agravos e ao acesso universal e igualitário às ações e serviços para sua promoção, proteção e recuperação"); Lei n. 7.210/84, Lei de Execução Penal; Lei n. 12.401/2011, que incorporou tecnologias em saúde na assistência pública (SUS); Lei n. 10.216/2001, que define exigências sobre a assistência psiquiátrica prestada aos portadores de transtornos mentais.
10. Estudos e pesquisas sobre saúde mental baseada em evidências: provas científicas em Psicologia e Psiquiatria baseadas em evidências para diagnósticos e tratamentos.

Em linhas gerais, segundo o arcabouço legal exposto, aliado às concepções da Medicina e da Psicologia baseadas em evidências, interagindo com o Direito, é natural supor que, ao tomar uma decisão baseada em provas científicas, uma medida judicial impacta na legislação constitucional, penal, processual penal e de execução penal, e deve levar em conta a legislação penal com interface com a Medicina e a Psicologia. Dessa colocação, pode-se inferir que os profissionais do Direito devam adquirir conhecimentos mínimos em Medicina e Psicologia baseadas em evidências para uma melhor tomada de decisão. Isso se aplica especialmente no sentido de promover ações, fiscalização e monitoramento dos serviços de saúde para as pessoas acometidas de transtornos mentais que praticaram crimes e estão nas instituições de custódia por essa razão. Além disso, buscar maiores informações sobre a saúde mental no sistema prisional como um todo para fundamentação das decisões do Judiciário, produzidas e inseridas nos autos do processo, permitirá ao juiz formar sua convicção e, finalmente, decidir.

CONCLUSÃO

Dos 109 pacientes dessa pesquisa, somente um foi submetido a exame toxicológico para comprovação de uso de álcool ou drogas. Na grande maioria dos casos, o instrumento diagnóstico utilizado foi notadamente a anamnese, sem uso de qualquer questionário estruturado. Em mais da metade dos casos no Distrito Federal e em todos os pacientes do Rio de Janeiro, nem os familiares foram entrevistados. Além disso, o exame psicométrico foi feito em apenas dois pacientes do Distrito Federal, sem descrição do método ou instrumento. Isso quer dizer que diagnósticos como "esquizofrenia", "retardo mental", "dependência de álcool" ou outros, na amostra, foram baseados exclusivamente na análise de um examinador, perito forense, que utilizou somente a entrevista para chegar a essa conclusão. Em nenhum dos internos submetidos ao exame de cessação de periculosidade nas três instituições foi aplicada a escala HCR-20. Nos últimos 20 anos, foram desenvolvidos instrumentos de avaliação padronizados, inseridos nos esforços para melhorar a validade e a fidedignidade das previsões quanto ao risco de violência. De forma geral, a expectativa, no âmbito psiquiátrico pericial, é de que esses instrumentos possam gerar dados confiáveis sobre pacientes que cometeram atos violentos sob certas circunstâncias (Serpa Jr., 2006).

A subjetividade das avaliações realmente merece discussão. A avaliação psiquiátrica em geral tem se tornado mais objetiva nas últimas décadas com a publicação e a revisão frequentes de critérios diagnósticos como

DSM e CID, e a validação de instrumentos apropriados para determinar quem tem e quem não tem transtorno mental com menos "contaminação" de subjetividade do avaliador. De acordo com manuais como o CID-10 e o DSM, existem critérios objetivos a serem seguidos para o fechamento de um diagnóstico em transtornos mentais, como a necessidade da presença de certo número de sintomas durante determinado período para a caracterização da psicopatologia. Além disso, há que caracterizar a disfunção social/ ocupacional, ou seja, algo que se verifica examinando o entorno do paciente, seus familiares e pessoas de relacionamento – o que representou uma minoria no presente levantamento. Esses são os critérios para diagnóstico descritos em consensos e que, se por um lado formam a base de trabalho para o perito, por outro ainda estão sujeitos a questionamentos, como aponta Serpa Jr. (2006).

O autor enfatiza que a presença desses critérios de avaliação no vocabulário da psicopatologia não indica, como uma hipotética ingenuidade positivista poderia querer crer, qualquer espécie de imaturidade científica da psicopatologia. Serpa Jr. (2006) afirma que "a clínica dos transtornos mentais é mais 'carregada de valores' que a clínica das doenças somáticas", porém, "isto não quer dizer que ela esteja mais atrasada do ponto de vista científico". Entende-se que, pelo contrário, isso indica que ela lida com uma riqueza e uma complexidade de valores muito maior, sobre os quais os agentes nem sempre estão de acordo.

Isso significa que, apesar de o dilema da complexidade e da subjetividade do diagnóstico em psicopatologia estar longe de chegar a uma resposta concreta, as bases que já se têm disponíveis atualmente (questionários diagnósticos estruturados, exames laboratoriais, de imagem e psicométricos e outras ferramentas validadas) para redução de incertezas e de subjetividades não estão sendo utilizadas nos casos dos portadores de transtorno mental em custódia no Distrito Federal e no Rio de Janeiro, como se observou na pesquisa. Isso tem implicações diretas na saúde, como a falta de tratamento ou tratamento inadequado.

CONSIDERAÇÕES FINAIS

O estudo mostrado neste capítulo aborda questões importantes, mas também levanta novas perguntas em busca de respostas. Assim, a interseção entre os saberes médicos, psicológicos e jurídicos revela-se como fator primordial para a expansão do conhecimento e a abertura a novas áreas de saber.

Ao analisar uma hipótese composta de três partes distintas, torna-se evidente a necessidade de diálogo entre Medicina, Psicologia e Direito. O objetivo do estudo foi buscar provas científicas, especialmente nas áreas de Medicina e Psicologia baseadas em evidências, para orientar as decisões no campo da justiça criminal. Essa perspectiva busca estabelecer critérios de avaliação diagnóstica nos exames de sanidade mental e de cessação de periculosidade, aproximando as evidências científicas disponíveis em saúde com as provas utilizadas no processo penal para embasar decisões jurídicas.

Na realidade, há muitas questões em aberto nesse campo de pesquisa no Direito e na prática, bem como nas políticas públicas, no sentido de promover mudanças no modelo de assistência ao portador de transtorno mental em conflito com a lei, com base científica, especialmente no âmbito da medida de segurança. Nesse sentido, é fundamental que a Psiquiatria e a Psicologia, no contexto jurídico, busquem tratamento e cuidado adequados para indivíduos que sofrem de transtorno mental em qualquer situação de vida, garantindo a dignidade da pessoa humana, incluindo o direito à saúde.

Também foi observada nos laudos examinados nesse estudo uma questão relevante: a falta de apoio socioeconômico familiar para a desinstitucionalização do interno. Esse fator tem sido determinante para que, mesmo após o desaparecimento dos sintomas em vários casos, alguns internos não obtenham a ordem de ressocialização devido à falta de suporte familiar e social.

Essas condições identificadas na pesquisa evidenciam a necessidade de intervenção do Estado nas esferas executiva, legislativa e judiciária, por meio de planos de trabalho, busca de convênios, entre outras medidas. É fundamental estabelecer programas permanentes de desinternação progressiva para pacientes em condições clínicas adequadas, com responsabilidade e cuidado. Isso requer o envolvimento familiar e social, conscientizando a sociedade de que os portadores de transtornos mentais em conflito com a lei têm direito à saúde mental em condições dignas, buscando combater estigmas e garantindo sua inclusão na comunidade como cidadãos plenos, apesar dos crimes cometidos devido aos transtornos mentais que os acometeram.

REFERÊNCIAS

SEÇÃO **II**

Fundamentos metodológicos

Capítulo 8

Tipos de perguntas de pesquisa na saúde mental

Roberta Borges Silva, Rachel Riera

INTRODUÇÃO

O processo de tomada de decisão em saúde informado por evidências científicas é complexo e deve considerar diferentes domínios ou contextos. A geração de evidências científicas acontece por meio do planejamento, da condução e da publicação de estudos primários e de estudos secundários (como revisões sistemáticas, que sumarizam evidências já disponíveis na literatura). A incorporação dessas evidências científicas na prática clínica ou na formulação e avaliação de políticas em saúde depende dos seguintes aspectos: (i) interpretação e avaliação crítica dos resultados de estudos existentes; (ii) contextualização dos achados considerando o cenário de interesse; (iii) relato e disseminação dos resultados para os atores envolvidos; e (iv) monitoramento dos efeitos da implementação prática das evidências científicas (Spring, 2007).

A etapa inicial dos processos supracitados é a identificação do problema observado ou vivenciado na prática e que poderá ser resolvido utilizando uma resposta originada de uma pesquisa. O problema identificado precisa ser detalhado e analisado, para que uma resposta ou proposta de solução seja buscada na literatura existente ou para que um novo estudo seja desenvolvido na busca pela obtenção dessa resposta. Nesse sentido, a transformação de um problema em pergunta de interesse é um processo que exigirá do profissional e dos pesquisadores um conhecimento aprofundado do tema e também de aspectos metodológicos (Stillwell et al., 2010).

A pergunta de interesse é um aspecto crucial no contexto da saúde informada por evidências, pois orienta a definição dos objetivos do estudo, do planejamento metodológico e da interpretação dos resultados, considerando a direção e o tamanho do efeito obtidos no processo de investigação (Farrugia et al., 2010; Morgan et al., 2018).

CRITÉRIOS FINER

A transformação de um problema em pergunta de interesse pode ser apoiada pela adoção de critérios que refletem aspectos gerais importantes da pergunta, e que podem subsidiar um bom planejamento de um estudo. A estratégia Finer, do inglês *Feasible, Interesting, Novel, Ethical and Relevant* (viável, interessante, original, ética e relevante) auxilia o pesquisador a identificar se a pesquisa a ser realizada apresenta esses atributos, essenciais para a formulação de uma boa pergunta (Cummings et al., 2007).

- *Feasible*: A pesquisa é viável? Existem recursos financeiros disponíveis para sua realização? É possível acessar a população de interesse ou uma amostra dessa população?
  Uma pesquisa viável é aquela que pode ser realizada utilizando evidências científicas disponíveis, a exemplo de uma revisão sistemática, ou cujos contexto e cenário são propícios para tal, no caso de um estudo primário (por exemplo, um ensaio clínico randomizado). A realização de um estudo piloto pode ser uma boa estratégia, por exemplo, para avaliar a viabilidade da pesquisa em questão (Aslam & Emmanuel, 2010).
- *Interesting*: O trabalho pode gerar interesse de pesquisadores, financiadores/patrocinadores e da sociedade?
  O envolvimento e o interesse do pesquisador responsável pela proposta da pesquisa no tema podem contribuir para obter atenção, interesse e apoio de outras pessoas e instituições na pesquisa proposta (Aslam & Emmanuel, 2010).
- *Novel*: A pergunta de interesse é uma lacuna de pesquisa?
  A capacidade de responder a uma lacuna de pesquisa é uma característica de uma boa pergunta de interesse; para tanto, é necessário lançar mão de estratégias para identificar se a pergunta proposta já foi respondida, como o acesso a bases de dados de estudos publicados na área de interesse.
- *Ethical*: Aspectos como segurança dos potenciais participantes, confidencialidade dos dados e protocolos éticos estão sendo considerados no contexto da pergunta de pesquisa?
  Uma pergunta de pesquisa ética considera os critérios dispostos em protocolos éticos existentes para orientar pesquisas realizadas em seres humanos e animais.
- *Relevant*: A pesquisa pode direcionar mudanças reais na sociedade? Prioridades locais (de gestores e pacientes, por exemplo) foram consideradas nesse processo?
  A definição de uma pergunta relevante pode ser beneficiada pelo envolvimento de partes interessadas no tema, como profissionais da saúde, formuladores de políticas, pacientes, comunicadores e pesquisadores; dessa forma, pode-se contribuir para o planejamento e condução de um estudo capaz de auxiliar na prática a solução do problema (Thomas et al., 2019).

ACRÔNIMOS PARA UMA PERGUNTA DE INTERESSE ESTRUTURADA

Após a reflexão sobre os aspectos gerais da pergunta de interesse, e de forma a trazer maior compreensão sobre quais são seus elementos, a quem está destinada e qual o resultado de interesse, sugere-se a estruturação dessa pergunta. Para que isso seja possível, uma série de estratégias podem ser utilizadas, as quais se adaptam a cada tipo de pergunta a ser respondida. Essas estratégias são conhecidas como acrônimos ou mnemônicos, e são bastante adotadas na saúde baseada em evidências. Os acrônimos são formas de estruturar a pergunta por meio do detalhamento de seus elementos, e subsidiam os próximos passos do estudo, a exemplo da definição do objetivo e do planejamento metodológico.

O acrônimo PICO (ou PICOS) pode ser utilizado para estruturar perguntas de investigações do efeito de intervenções (de tratamento ou prevenção) em desfechos de interesse (Tabelas 1 e 2) (Methley et al., 2014).

Para perguntas de interesse que objetivam investigar a associação entre determinadas exposições e desfechos em saúde, pode-se adotar a estratégia Pecos (Morgan et al., 2018).

Tabela 1 Pergunta de interesse utilizando o acrônimo PICOS

Qual a eficácia e segurança de técnicas de *mindfulness* para a prevenção de depressão em residentes da área da saúde?	
P – População	Residentes da área da saúde – médicos, enfermeiros, nutricionistas, psicólogos
I – Intervenção	Técnicas de *mindfulness*
C – Comparador	Nenhuma intervenção
O – *Outcome* (desfecho)	Prevenção de depressão
S – Tipo de estudo	Ensaios clínicos randomizados

Fonte: elaborada pelas autoras.

Tabela 2 Pergunta de interesse utilizando o acrônimo Pecos

A jornada de trabalho acima de 60 horas semanais está associada ao surgimento de sintomas de depressão em residentes da área da saúde?	
P – População	Residentes da área da saúde – médicos, enfermeiros, nutricionistas, psicólogos
E – Exposição	Jornada de trabalho > 60 horas semanais
C – Comparador	Carga-horária < 60 horas semanais
O – *Outcome* (desfecho)	Sintomas de depressão
S – Tipo de estudo	Estudos de coorte prospectivos

Fonte: elaborada pelas autoras.

O diagnóstico, rastreamento ou detecção de condições de saúde é um dos objetos de estudos de acurácia diagnóstica. No âmbito dessas investigações, a pergunta de interesse poderá ser estruturada descrevendo-se a população de interesse, o teste índice (que está sob investigação) e o teste de referência, também conhecido como padrão-ouro, e o diagnóstico de interesse, por meio do acrônimo Pird (Tabela 3) (Campbell et al., 2015).

Tabela 3 Pergunta de interesse utilizando o acrônimo Pird

Qual a acurácia do *Insomnia Severity Index* comparado ao DSM-IV (*Diagnostic and Statistical Manual of Mental Disorders*) para detecção de insônia em residentes da área da saúde?	
P – População	Residentes da área da saúde – médicos, enfermeiros, nutricionistas, psicólogos
I – Teste índice	*Insomnia Severity Index*
R – Teste de referência (padrão-ouro)	DSM-IV (*Diagnostic and Statistical Manual of Mental Disorders*)
D – Diagnóstico de interesse	Detecção de insônia

Fonte: elaborada pelas autoras.

Perguntas de interesse que buscam identificar a prevalência ou a incidência de condições de saúde não são contempladas pela lógica estrutural das estratégias PICOS, Pecos ou Pird. Nesse caso, o acrônimo CoCoPop é recomendado para estruturar esse tipo de pergunta, em que "Co" refere-se à variável de interesse do estudo, o segundo "Co" significa o contexto ou cenário relevante para a pergunta e "Pop", a população (Tabela 4) (Munn et al., 2015).

Tabela 4 Pergunta de interesse utilizando o acrônimo CoCoPop

Qual a prevalência de síndrome de *burnout* em profissionais de saúde no primeiro ano de residência?	
Co – Condição	Prevalência de síndrome de *burnout*
Co – Contexto	Primeiro ano
Pop – População	Residentes da área da saúde

Fonte: elaborada pelas autoras.

Ainda nesse raciocínio, a estratégia PICo pode ser utilizada para formular e descrever perguntas de interesse de cunho mais qualitativo, que focam, por exemplo, na avaliação de fenômenos de interesse em determinada população e contexto (Tabela 5) (Munn et al., 2018).

Tabela 5 Pergunta de interesse utilizando o acrônimo PICo

Quais são as experiências e as percepções de residentes da área da saúde em programas de mentoria e desenvolvimento profissional presentes no currículo da residência?	
P – População	Residentes da área da saúde
I – Fenômeno de interesse	Experiências e percepções
Co – Contexto	Programas de mentoria e desenvolvimento profissional

Fonte: elaborada pelas autoras.

Além dos acrônimos exemplificados anteriormente, há vários outros descritos na literatura e que podem apoiar o detalhamento de perguntas de interesse na área da Psicologia (Cooke et al., 2012; Methley et al., 2014; Munn et al., 2018).

Este capítulo abordou definições, conceitos e exemplos relacionados à etapa de identificação e estruturação de perguntas de interesse. Essa etapa constitui o momento inicial da prática da Psicologia baseada em evidências, seja no processo de busca por respostas em estudos já existentes, seja no de desenvolvimento de um novo estudo para obter essas respostas.

REFERÊNCIAS

Capítulo 9

Como praticar a Psicologia baseada em evidências

Tamara Melnik

Na prática clínica, enfrentamos desafios que demandam não apenas a capacidade de acolher a complexidade do sofrimento humano, mas também um treinamento de competências específicas. No atendimento clínico, é essencial que o profissional tenha habilidades de comunicação empática, compreensão cultural, capacidade de avaliação e diagnóstico, e competência para formular planos de tratamento baseados em evidências. Além disso, a gestão eficaz da relação terapêutica, a adesão estrita à ética e à confidencialidade e o compromisso com o aprendizado contínuo e o autocuidado são cruciais. Essas competências são adquiridas e refinadas por meio de formação acadêmica, treinamento supervisionado e prática constante na carreira (American Educational Research Association, 2006).

A prática da Psicologia baseada em evidências (PPBE) é crucial para assegurar intervenções de alta qualidade, eficácia, efetividade e segurança, promovendo o uso racional de recursos em um sistema de saúde com recursos limitados e incentivando a educação contínua dos psicológos e profissionias que atuam na área. Essa abordagem não só prioriza tratamentos que apresentam melhor relação custo-benefício, evitando procedimentos desnecessários, mas também fomenta uma tomada de decisão informada, combinando evidência científica, experiência clínica e preferências do paciente individuais (Melnik & Atallah 2011). Além disso, a PPBE tem o potencial de reduzir disparidades no atendimento à saúde, assegurando acesso equitativo a tratamentos eficazes, fortalecendo a confiança do público no sistema de saúde através da transparência, e sustentando a prática psicológica ética com maior responsabilidade dos profissionais. Portanto, sua implementação é essencial para o aprimoramento contínuo da saúde pública e dos resultados para pacientes em todo o país.

Oferecer um atendimento de excelência aos nossos clientes é uma responsabilidade ética (APA Presidential Task Force on Evidence-Based Practice, 2006). Muitos pacientes estão em sofrimento, causando dor a si próprios ou a outras pessoas, com problemas que podem comprometer seu desempenho em papéis essenciais, seja como pais, seja como cônjuges ou profissionais. Diante do impacto negativo que ausência e atraso de tratamento adequado podem gerar, é crucial empregarmos nossa *expertise* para mitigar essas dificuldades.

Na literatura existe um consenso sobre o processo estruturado, que envolve seis etapas de como praticar a PPBE:

1. **Formulação da pergunta clínica**: O primeiro passo para a prática da Psicologia baseada em evidências é elaborar uma pesquisa estruturada em perguntas sobre a eficácia ou segurança de uma intervenção considerando o formato PICO (paciente, intervenção, comparação, *outcomes*). Esse questionamento específico direciona a busca por evidências pertinentes e aplicáveis à situação clínica. Para mais detalhes, consultar o Capítulo 8, que apresenta os tipos de perguntas utilizados em pesquisa.
   Implementação: Em um cenário em que um cliente/paciente preenche critérios de ansiedade social, o psicólogo poderia perguntar: "Para adultos com ansiedade social, a terapia cognitivo-comportamental é mais eficaz do que o psicodrama na redução de sintomas de acordo com a escala Hamilton?".
   P – Adultos com diagnóstico de ansiedade social.
   I – Terapia cognitivo-comportamental.
   C – Psicodrama.
   O – Redução da gravidade dos sintomas de acordo com a escala Hamilton.
2. **Busca da melhor evidência**: A importância de treinamentos específicos sobre os mecanismos de busca para identificação de literatura relevante é fundamental para pesquisadores e clínicos. Bases de dados como PsycINFO, PubMed, Embase e Cochrane Library podem ser consultadas para localizar estudos que respondam à sua questão clínica.
   Implementação: Identificar os descritores de pesquisa específicos (Descs, Meshs, Entrees) é crucial para mapear os estudos relevantes que comparam a terapia cognitivo-comportamental e o psicodrama no tratamento da ansiedade social.
3. **Avaliação crítica da evidência**: O uso de ferramentas como a lista de verificação dos critérios do CONSORT (Altman et al., 2001) para estudos randomizados controlados na Psicologia e o sistema GRADE (Schünemann et al., 2013) para avaliar a qualidade geral das evidências é de suma importância. Analisar critérios como o delineamento experimental do estudo, risco de viés, consistência dos resultados, precisão e aplicabilidade clínica constitui uma etapa crucial na PPBE.
   Implementação: Ao revisar a literatura sobre ansiedade social, recomenda-se utilizar essas ferramentas para determinar a confiabilidade e a relevância dos estudos, dando atenção especial à qualidade metodológica e à robustez dos resultados.
4. **Tomada de decisão clínica:** Os psicólogos integram as evidências robustas disponíveis, sua *expertise* clínica e as preferências e características do paciente para embasar decisões consistentes. É crucial comunicar claramente ao paciente/cliente as alternativas de tratamento, articulando os benefícios e os riscos potenciais fundamentados nas evidências coletadas.
   Implementação: Após a análise crítica das evidências, considerando sua experiência e as especificidades do paciente, o psicólogo exploraria as alternativas terapêuticas para a ansiedade social, optando, em colaboração com ele, pela estratégia mais pertinente.
5. **Avaliação de desempenho:** Esta fase engloba o monitoramento constante e a avaliação dos resultados terapêuticos. Instrumentos de *feedback*, como questionários validados e métricas de resultados relatadas pelo paciente, são essenciais para mensurar a eficácia e a efetividade do tratamento e realizar modificações quando necessário.

Implementação: Uso de instrumentos padronizados e *feedback* do paciente para monitorar os avanços na terapia para ansiedade social, ajustando as intervenções de modo a assegurar a eficácia terapêutica.

6. **Aprendizagem e melhoria contínua:** A prática da Psicologia demanda um engajamento com o desenvolvimento profissional contínuo. Os psicólogos necessitam manter-se alinhados com os avanços na literatura científica, engajar-se em educação continuada e estar predispostos a refinar e ampliar suas habilidades e métodos com base em novos *insights* científicos.
Implementação: Constante atualização e aprimoramento sobre os mais recentes estudos e intervenções efetivas para o tratamento da ansiedade social, incorporando novas percepções e metodologias em sua prática, conforme pertinente.

REFERÊNCIAS

Capítulo **10**

Ensaios clínicos randomizados na Psicologia: relevância e desafios

Ana Carolina Pereira Nunes Pinto, Fiorella Karina Fernandes Saenz, Virgínia Fernandes Moça Trevisani

Os primórdios do ensaio clínico controlado remontam a três séculos atrás, um período crucial, que coincide com o desenvolvimento da saúde baseada em evidências. Em 1747, defrontando-se com um surto de escorbuto a bordo do navio *HMS Salisbury*, da nobre Marinha Real Britânica, o médico escocês James Lind empreendeu uma jornada científica singular (Bhatt, 2010). Sua preocupação não consistia apenas em enfrentar a doença, oriunda da deficiência de vitamina C, cujos efeitos levava ao apodrecimento das gengivas, aparecimento de feridas abertas na pele e prostração e morte dos marinheiros, mas também documentar o acontecimento de modo confiável. Ele notou que a situação em que se encontravam oferecia uma oportunidade única para testar diferentes tratamentos em um ambiente controlado, uma vez que as condições de vida dos marinheiros eram semelhantes no navio (Bhatt, 2010).

Com isso em mente, ele dividiu doze marinheiros afetados pela doença em seis grupos de dois e descreveu:

> No dia 20 de maio de 1747, selecionei doze pacientes com escorbuto, a bordo do *Salisbury* no mar. Seus casos eram o mais semelhantes possível. Todos eles, em geral, apresentavam gengivas podres, manchas e fadiga, com fraqueza nos joelhos. Eles estavam alojados juntos em um único local, sendo um compartimento apropriado para os doentes no porão dianteiro; e tinham uma dieta comum a todos, ou seja, mingau de água adoçado com açúcar de manhã; frequentemente, caldo de carneiro fresco para o jantar; outras vezes, pudins leves, biscoitos cozidos com açúcar, etc., e para a ceia cevada e uvas-passas, arroz e groselhas, sagu e vinho ou algo semelhante. Dois deles receberam um litro de sidra por dia. Outros dois tomaram vinte e cinco gotas de elixir de vitríolo (ácido sulfúrico) três vezes ao dia... Outros dois tomaram duas colheres de sopa de vinagre três vezes ao dia... Dois dos pacientes em pior estado foram submetidos a um tratamento com água do mar... Outros dois receberam duas laranjas e um limão todos os dias... Os dois pacientes restantes tomaram... um elixir recomendado por um cirurgião hospitalar... A consequência foi que os efeitos benéficos mais súbitos e visíveis foram percebidos pelo uso de laranjas e limões; um daqueles que os tomaram, ao final de seis dias, estava apto para o serviço... O outro estava mais recuperado do que qualquer outro em sua condição; e... foi designado para cuidar dos demais doentes. Depois das laranjas, considerei que a sidra teve os melhores efeitos... (Lind, 1753).

Ao comparar os resultados entre os diferentes grupos, James Lind pôde não somente observar qual intervenção seria mais efetiva para tratar pacientes com escorbuto, como também promoveu um marco histórico que destacou a importância de testar hipóteses de forma sistemática e controlada, e de usar evidências para orientar práticas em saúde. Além disso, Lind antecipou e embasou muitos dos princípios utilizados em ensaios clínicos contemporâneos. No século seguinte, em 1811, surgiu a primeira definição de placebo (Bhatt, 2010), e, em 1863, o médico Austin Flint realizou um experimento comparando um placebo a um tratamento ativo (Collier, 2009) e, no final do século XVIII, a preocupação com viés por pesquisadores de Harvard (Collier, 2009), o que levou à necessidade de cegamento e randomização, surgindo o primeiro ensaio clínico controlado duplo-cego, conduzido pelo Conselho de Pesquisa Médica do Reino Unido em 1943, sobre a patulina para o resfriado (Hart, 1999), e o primeiro ensaio clínico randomizado amplamente divulgado em 1948, testando a estreptomicina para tuberculose pulmonar (Marshall, 1948).

A atribuição aleatória (randomização) em ensaios clínicos minimiza o potencial de viés e variáveis de confusão, que podem distorcer o impacto real de uma intervenção. Esse delineamento rigoroso ajuda a garantir que quaisquer diferenças observadas nos resultados entre os grupos de tratamento e controle sejam mais provavelmente devidas à própria intervenção, em vez de outros fatores (Higgins et al., 2022). Isso permite que os pesquisadores estabeleçam uma ligação causal entre uma intervenção e seus resultados, e é crucial não apenas para a pesquisa sobre intervenções farmacológicas, como também para intervenções não farmacológicas, como as de saúde mental, em que muitas variáveis podem influenciar o bem-estar psicológico de uma pessoa.

Nos dias atuais, além de ensaios controlados e randomizados, a presença de duplo-cegamento é reconhecida amplamente como a fonte mais confiável de evidência para fundamentar decisões sobre intervenções em saúde (Higgins et al., 2022). Contudo, a condução de ensaios clínicos randomizados duplo-cegos na área da saúde mental pode ser extremamente desafiadora e, por vezes, inviável.

Por exemplo, ao investigar os efeitos de intervenções na saúde mental, os pesquisadores se deparam com desafios singulares devido a fatores como natureza complexa e multifacetada das intervenções psicológicas, probabilidade de contaminação dos grupos, análise de desfechos subjetivos, recrutamento, aderência e avaliação em longo prazo, desafios éticos e de financiamento. A seguir, exploraremos exemplos práticos dessas situações desafiadoras.

GRUPO CONTROLE E CEGAMENTO

A presença de um grupo controle em ensaios randomizados proporciona um referencial para a intervenção experimental e permite a realização de inferências causais sobre a eficácia do tratamento e eventos adversos (Higgins et al., 2022). A complexa e multifacetada natureza das intervenções psicológicas torna desafiadora a formação de grupos de tratamento e controle bem definidos (Hohenschurz-Schmidt et al., 2023), como os propostos por Lind há alguns séculos.

Por exemplo, a terapia cognitivo-comportamental (TCC) abrange uma variedade de técnicas e abordagens terapêuticas que visam abordar diferentes aspectos do funcionamento mental e comportamental dos indivíduos. A TCC é uma abordagem amplamente utilizada na psicoterapia que se baseia na interação entre pensamentos, emoções e comportamentos, com o objetivo de promover mudanças positivas na maneira como as pessoas pensam, sentem e agem (Fenn & Byrne, 2013). Portanto, a TCC não se concentra em uma única técnica ou intervenção específica, mas sim em um conjunto diversificado de estratégias, como identificação de pensamentos distorcidos, técnicas de relaxamento, treinamento de habilidades sociais, reestruturação cognitiva, treinamento em habilidades de solução de problemas, tarefas comportamentais, terapia de exposição e prevenção de resposta, *mindfulness*, exposição e dessensibilização. Essas estratégias geralmente são adaptadas às necessidades de cada paciente e utilizadas em maior ou menor grau, sozinhas ou em combinação, a depender da necessidade individual, da avaliação do terapeuta e das metas específicas do paciente (Fenn & Byrne, 2013). Assim, a utilização de *shams* adequados para essa e outras intervenções psicológicas é problemática, e os participantes, em geral, podem perceber sua falta de autenticidade.

Diante disso, intervenções psicológicas, como a terapia cognitivo-comportamental, frequentemente são comparadas com tratamentos habituais ou grupos de controle sem tratamento (Faltinsen et al., 2022), nos quais demonstram efeitos de magnitude pequena a moderada (Williams et al., 2020). Assim, os mecanismos de tratamento "específicos" (como mudanças de comportamento) e "comuns" (como a relação terapêutica) muitas vezes estão interligados e são difíceis de isolar em intervenções psicológicas (Wampold, 2015).

Apesar dos enormes desafios enfrentados nos ensaios de intervenção psicológica, existem teorias mecanísticas que poderiam orientar o desenvolvimento de intervenções de controle (Akerblom et al., 2015). A utilização de intervenções de controle com alta semelhança é viável e pode ser uma alternativa interessante em determinados cenários (Hohenschurz-Schmidt et al., 2023).

Outro ponto importante a considerar é que, dada a presença comum de interações entre terapeuta e paciente em intervenções de saúde mental, o cegamento frequentemente se torna desafiador ou inviável. A interação entre pacientes fora das sessões também pode levar à contaminação dos grupos e comprometer o cegamento, influenciando os resultados. Portanto, a condução de ensaios clínicos com grupos comparáveis em saúde mental é uma difícil tarefa. Em uma revisão sistemática Cochrane que avaliou 96 ensaios clínicos randomizados em saúde mental, envolvendo um total de 4.200 participantes, os pesquisadores identificaram variações marcantes nos efeitos entre o uso de placebos *versus* ausência de tratamento e lista de espera. A maioria dos estudos apresentava notável variabilidade de conteúdo das intervenções de controle e todos eles foram avaliados como apresentando alto risco de viés, com a qualidade das evidências categorizada como baixa a muito baixa (Faltinsen et al., 2022).

Os autores também observaram que, quando os pesquisadores optam por utilizar placebos ou intervenções de controle habituais em estudos envolvendo indivíduos com transtornos de saúde mental, frequentemente isso resulta em estimativas menores de eficácia para a intervenção experimental, em comparação com o uso de grupos de controle de lista de espera ou sem tratamento. A escolha da intervenção de controle, portanto, exerce considerável impacto na percepção da eficácia de um tratamento para saúde mental. Assim, é necessário desenvolver diretrizes metodológicas para alcançar um consenso sobre os padrões futuros para o delineamento e o relato das intervenções de controle em pesquisas envolvendo intervenções de saúde mental (Faltinsen et al., 2022).

RECRUTAMENTO E ACOMPANHAMENTO DE PARTICIPANTES

Recrutar tamanhos de amostras suficientes para atingir bom poder estatístico em ensaios clínicos é desafiador (Liu et al., 2018). Isso é especialmente importante quando se trabalha com populações específicas ou condições menos comuns de saúde mental ou de difícil diagnóstico ou transtornos estimagtizados, como os transtornos de despersonalização ou transtornos do espectro da esquizofrenia. O engajamento e o acompanhamento de participantes ao longo do tempo para avaliar resultados de longo prazo também podem ser dispendiosos, e encontrar financiamento suficiente pode ser uma barreira significativa. Portanto, a maioria dos ensaios clínicos randomizados sobre saúde mental apresentam tamanho reduzido, com notável variabilidade metodológica e clínica em aspectos como a população com problemas de saúde mental e com aumentada taxa de falta de adesão e perda de acompanhamento (Faltinsen et al., 2022).

Além da dificuldade de diagnóstico e da baixa prevalência de algumas condições de saúde mental, o estigma associado aos transtornos mentais pode ser um fator importante na dificuldade de recrutar pacientes. O estigma pode ser definido como um processo que envolve rotulagem, separação, consciência de estereótipos, endosso de estereótipos, preconceito e discriminação em um contexto no qual o poder social, econômico ou político é exercido em detrimento dos membros de um grupo social (Link & Phelan, 2001). O estigma associado aos transtornos mentais é prevalente no contexto social e afeta diretamente o paciente e seus familiares, podendo influenciar suas atitudes, reações, busca por ajuda formal e engajamento com o tratamento. Uma revisão sistemática prévia identificou 144 estudos com 90.189 participantes que demonstraram que o estigma estava associado com reduzida procura de ajuda (Clement et al., 2015). A expressão "busca de ajuda" (*help-seeking*) é usada para denotar todos os estágios do processo, abrangendo o início e o envolvimento com o cuidado (Kovandžić et al., 2011). Sob essa perspectiva, é possível inferir que, além da dificuldade em recrutar pacientes, o estigma provavelmente leva a uma maior perda de motivação, dificuldade em aderir às diretrizes de tratamento ou em comparecer às sessões regulares e retirada do estudo durante o acompanhamento.

AVALIAÇÃO DOS DESFECHOS

Muitos desfechos em Psicologia são subjetivos, como qualidade de vida, mudanças de humor ou outros sintomas psicológicos, tornando complexa sua medição objetiva e confiável. A avaliação de desfechos subjetivos em Psicologia pode ser desafiadora devido a diversas razões. Vamos pensar em algumas delas.

Um ponto é que as percepções e as experiências psicológicas variam consideravelmente de pessoa para pessoa. O que uma pessoa considera um resultado positivo ou negativo pode ser muito diferente para outra pessoa, mesmo em situações semelhantes. Por exemplo, um resultado positivo para uma pessoa com transtorno bipolar em estado de euforia pode ser quando ela consegue iniciar vários projetos criativos e se envolver em atividades intensamente produtivas, mesmo que isso signifique perder o sono. Para outra, também com transtorno bipolar, mas que esteja em episódio depressivo profundo, perder o sono pode significar um resultado negativo (Katschnig et al., 2006).

É importante que na avaliação dos pacientes com transtornos mentais – por exemplo, uma pessoa com transtorno bipolar – leve-se em conta não apenas a estabilização de seus estados de humor (dimensão afetiva), como também a qualidade de suas decisões durante os episódios de mania (dimensão cognitiva) e seu engajamento em comportamentos de automutilação ou isolamento durante a depressão (dimensão comportamental). Avaliar essas várias dimensões de maneira abrangente e a interdependência entre elas pode ser uma tarefa complexa (Butler et al., 2018).

Além disso, diferentemente de medidas físicas, como temperatura ou pressão arterial, os desfechos subjetivos não têm padrões objetivos claros para avaliação (Bernheim et al., 2006). Não existe uma "norma" universal para sentimentos, emoções ou satisfação. Por exemplo, uma pessoa com personalidade *borderline* pode se envolver em comportamentos de automutilação como uma forma de lidar com sua angústia emocional durante um período. Durante outro período, ela pode parecer estar se comportando de maneira relativamente estável e funcional, mas internamente está lutando com medo de abandono e autoestima instável. Outra pessoa com transtorno de personalidade *borderline* pode experimentar acessos intensos de raiva, seguidos por episódios de euforia e comportamentos impulsivos, como gastos excessivos. Essa outra pessoa pode tender a ser mais aberta sobre suas emoções e suas lutas, mas também pode se isolar socialmente durante os períodos de depressão. A avaliação dos desfechos nesses dois casos deve, portanto, considerar as particularidades do período e interindividuais, levando em conta a subjetividade de cada caso.

Outro ponto relevante é que os participantes de estudos psicológicos podem ser suscetíveis a viés de resposta (Gove & Geerken, 1977). Por exemplo, uma pessoa com transtorno de ansiedade social que participa de um ensaio clínico pode, durante as sessões de terapia, estar inclinada a apresentar uma imagem mais positiva de si mesma, ocultar suas emoções verdadeiras, minimizando a intensidade de sua ansiedade e tentando parecer mais confiante do que realmente se sente. Isso pode ocorrer porque a pessoa teme ser julgada ou avaliada negativamente por outros, incluindo os terapeutas do estudo. Portanto, ela pode relatar menos sintomas de ansiedade do que realmente experiencia para evitar expor suas inseguranças.

Em contrapartida, pode também haver situações em que as pessoas com transtornos mentais têm dificuldade em expressar completamente suas emoções, sentimentos e experiências internas por meio de palavras (Gove & Geerken, 1977). Isso é particularmente verdadeiro quando as emoções são complexas ou difíceis de descrever. Por exemplo, uma pessoa com depressão maior que experimenta uma falta de energia constante e apatia em relação às atividades que costumava gostar, mas luta para articular a completa falta de interesse que sente, pode dizer que se sente "triste". No entanto, a pessoa pode sentir que essa palavra não captura a profundidade de sua tristeza e, quando outros questionam como ela está se sentindo, ela apenas responde "estou bem" para evitar discussões mais profundas, mesmo que não seja verdade. Esse é um fenômeno comum e destaca como as pessoas com depressão maior podem enfrentar dificuldades ao tentar expressar suas emoções internas de vazio emocional e físico por meio de palavras, o que pode levar a uma desconexão entre o que estão sentindo e o que conseguem comunicar. Isso ressalta a importância de abordagens que ofereçam alternativas de comunicação, como a expressão artística ou a escrita, para ajudar as pessoas a expressar e compreender suas emoções e experiências de maneira mais completa.

Além disso, alguns pacientes podem apresentar introspecção limitada, com reduzida capacidade de autoanálise e interpretação errônea a respeito de si. Por exemplo, uma pessoa com transtorno de personalidade narcisista, que é convidada a participar de uma avaliação psicológica, pode tender a se concentrar excessivamente em sua imagem positiva e em suas conquistas e ter autoimagem inflada, destacando suas qualidades e sucessos. Ela pode minimizar ou ignorar qualquer traço de personalidade considerado inadequado ou menos positivo. Quando, durante sua avaliação, é questionada sobre possíveis falhas ou fraquezas, ela provavelmente evitará discutir ou tenderá a minimizar a importância delas, e a avaliação, nesse caso, pode ser desafiadora.

Outro ponto que deve ser levado em consideração é o contexto em que a pessoa está inserida, o qual também pode influenciar significativamente suas respostas. As mesmas perguntas feitas em diferentes ambientes podem levar a respostas diferentes, mesmo que o estado emocional subjacente não tenha mudado. Por exemplo, uma pessoa que sofreu um acidente de carro traumático no passado e foi diagnosticada com transtorno de estresse pós-traumático. Em algumas situações, como quando está dirigindo perto de cruzamentos movimentados, ela experimenta intensas reações de ansiedade e *flashbacks* do acidente. No entanto, quando está em casa ou em ambientes seguros, ela se sente mais calma e capaz de lidar com suas emoções. Portanto, é importante compreender os gatilhos específicos ao realizar a avaliação desse paciente (Bryant, 2019).

A cultura e o contexto social também podem exercer papel importante nas avaliações de desfechos. As definições de sucesso, felicidade e bem-estar variam de cultura para cultura e de acordo com o contexto social. Por exemplo, uma pessoa com transtorno alimentar que sempre viveu em uma sociedade ocidental em que há uma forte ênfase na magreza como ideal de beleza pode acreditar que alcançar um corpo extremamente magro é a chave para o sucesso e para a felicidade. Essa pessoa provavelmente irá reduzir severamente sua alimentação, recorrendo a comportamentos de restrição e purgação para manter um peso corporal baixo. Ao passo que uma pessoa que sempre viveu em uma cultura na qual a corpulência é associada à riqueza e ao sucesso pode ter como definição de sucesso e felicidade o oposto.

Outra questão que deve ser considerada é que as emoções e os estados mentais podem flutuar ao longo do tempo. Por exemplo, uma pessoa com transtorno obsessivo-compulsivo pode experimentar flutuações em seus níveis de ansiedade devido a suas obsessões e compulsões. Em um dia, pode se sentir relativamente calma e capaz de lidar com suas obsessões, sentindo-se aliviada e menos ansiosa em relação a sua obsessão específica, o que permite que ela se concentre em outras atividades. Mas, em outros momentos, suas preocupações obsessivas podem se intensificar. Ela pode ficar obcecada com pensamentos intrusivos, como germes ou segurança, o que a leva a realizar compulsões repetitivas, como lavar as mãos várias vezes. A avaliação no primeiro e no segundo momento pode levar a ideia de que a pessoa apresentou piora do quadro. No entanto, isso pode representar apenas um sinal de flutuação das emoções, e a avaliação deve levar em conta períodos maiores para que seja possível identificar algum sinal de resposta ou não ao tratamento (Stein et al., 2019).

Diante da complexidade e da subjetividade das avaliações dos resultados relacionados aos transtornos mentais, torna-se evidente que a mensuração objetiva desses resultados é extremamente desafiadora. Em geral, são empregados questionários e escalas para avaliar esses resultados subjetivos. No entanto, essas ferramentas podem apresentar limitações em sua capacidade de capturar as nuances e a complexidade das experiências humanas. Além disso, a necessidade de validação cultural desses instrumentos também pode restringir sua aplicabilidade. Portanto, a avaliação de desfechos subjetivos em Psicologia requer abordagens cuidadosas, sensibilidade cultural, consideração das limitações da introspecção e compreensão de que a subjetividade inerente torna esse processo complexo e extremamente desafiador.

QUESTÕES ÉTICAS

Há também questões éticas importantes que devem ser levadas em consideração durante a condução de um ensaio clínico na área da saúde mental, uma vez que os interventores frequentemente estão lidando com populações vulneráveis e certas intervenções psicológicas podem envolver riscos emocionais para os participantes. Os pesquisadores devem equilibrar cuidadosamente os benefícios potenciais da pesquisa com a proteção dos participantes (Carlson et al., 2018).

Imagine um ensaio clínico que testa a eficácia de uma nova medicação para o tratamento do transtorno bipolar. Nesse caso, devem-se levar em conta algumas questões éticas, como a probabilidade de o participante estar passando por flutuações de humor durante a obtenção do consentimento informado, o que pode limitar sua capacidade de julgamento e decisão. É essencial garantir que o consentimento seja obtido de forma adequada, respeitando a capacidade de compreensão e a tomada de decisão informada, mesmo durante os episódios de mania ou depressão. Ainda a respeito dessa situação, as pessoas com transtorno bipolar podem ter diferentes graus de acesso à informação e ao tratamento. Garantir a equidade de acesso durante a seleção dos participantes de modo justo e que não discrimine a pessoa com base em fatores socioeconômicos é crucial.

Em outra situação, uma pessoa com transtorno de ansiedade social que participa de um ensaio clínico pode necessitar de atenção especial ao considerar a exposição a situações sociais temidas que podem ser extremamente angustiantes para ela. Os pesquisadores devem estar atentos ao bem-estar emocional dos participantes e ter planos de contingência para lidar com qualquer angústia exacerbada (Carlson et al., 2018).

Questões éticas também devem ser consideradas ao tentar garantir a segurança dos pacientes em ensaios clínicos com terapias em grupo. Por exemplo, pessoas com transtorno de personalidade *borderline* podem ter dificuldade em estabelecer limites e manter a confidencialidade. A natureza volátil das emoções das pessoas com esse tipo de transtorno pode influenciar a dinâmica do grupo. Os pesquisadores devem monitorar as interações entre os participantes para evitar conflitos e assegurar um ambiente terapêutico positivo. Ou, em outra situação, pessoas com transtorno de personalidade antissocial podem ter comportamentos impulsivos e predisposição para a violência. É essencial que os pesquisadores avaliem cuidadosamente o risco potencial de prejudicar os outros durante o ensaio clínico e garantam um ambiente seguro, em que os participantes se sintam confortáveis em compartilhar suas experiências, ao mesmo tempo que se protege a privacidade e se implementam medidas para mitigar esses riscos (Carlson et al., 2018).

Outro aspecto não menos importante é a necessidade de manutenção do princípio da *equipoise* nos ensaios clínicos de saúde mental. "*Equipoise*" é um termo usado na pesquisa clínica e na ética médica para se referir ao estado de incerteza ou equilíbrio genuíno entre os tratamentos ou intervenções que estão sendo comparados em um estudo. Em outras palavras, isso significa que os pesquisadores devem estar em um estado de equilíbrio em relação à eficácia relativa e à segurança dos tratamentos em questão, sem ter uma preferência clara por um tratamento em relação ao outro.

O princípio da *equipoise* é importante porque ajuda a garantir a ética e a integridade dos ensaios clínicos. Quando há uma verdadeira incerteza sobre qual tratamento é superior, é mais ético recrutar pacientes para o estudo, pois não se está influenciando esses pacientes a escolher um tratamento específico com base em suposições preexistentes (Freedman, 1987).

Imagine um ensaio clínico comparando a eficácia da TCC com a terapia de aceitação e compromisso (ACT) para o tratamento da ansiedade social. Os pesquisadores podem enfrentar dificuldades em manter a *equipoise* se um terapeuta tiver mais experiência ou preferência por um desses enfoques terapêuticos, o que pode afetar sutilmente o treinamento e o suporte oferecidos aos participantes. Outro ponto importante a observar é que, à medida que os resultados dos ensaios clínicos são acumulados e evidências mais sólidas se desenvolvem, a *equipoise* pode mudar. Se um tratamento se mostrar claramente superior em termos de eficácia e segurança, continuar a realizar um ensaio clínico comparativo com tratamentos inferiores pode ser considerado antiético, uma vez que os participantes poderiam estar sendo privados de um tratamento melhor. A utilização dos grupos comparativos propostos por Lind, que hoje em dia poderiam parecer antiéticos, respeitava, pelo menos em parte, o princípio da *equipoise*. Isso se deve ao fato de que na época não existiam evidências confiáveis sobre a eficácia e a segurança das intervenções propostas. Portanto, a *equipoise* é uma consideração dinâmica que pode evoluir com o tempo, à medida que novas evidências surgem.

CONSIDERAÇÕES FINAIS

Apesar dos inúmeros desafios e da complexidade, a realização de ensaios clínicos randomizados de qualidade na área da saúde mental é essencial para avançar a prática baseada em evidências. Essas informações ajudam a moldar políticas de saúde mental baseadas em evidências confiáveis, priorizando tratamentos eficazes. Evidências robustas provenientes de ensaios clínicos randomizados são fundamentais para orientar decisões políticas, diretrizes clínicas e alocar recursos de saúde de forma eficiente, permitindo que estes sejam direcionados para tratamentos com maior probabilidade de sucesso. Para tanto, os pesquisadores na área da saúde mental precisam ser criativos, inovadores, cuidadosos e sistemáticos, como Lind, ao enfrentar dificuldades, planejar, implementar e comunicar os resultados de seu ensaio clínico, considerando os aspectos dos transtornos mentais em todas as suas nuances e adaptando-o a eles.

REFERÊNCIAS

Capítulo 11

Revisões sistemáticas na Psicologia

Tamara Melnik

INTRODUÇÃO

No campo da Psicologia, assim como em outros campos de estudo, as revisões sistemáticas (RSs) têm ganhado destaque (Tolin et al., 2015). A crescente popularidade das RSs na Psicologia deve-se, principalmente, à sua capacidade de reunir uma ampla variedade de estudos primários, especialmente os relacionados a intervenções psicológicas, fornecendo uma síntese clara sobre sua eficácia, efetividade, eficiência e segurança. O objetivo deste capítulo é apresentar conceitos e princípios metodológicos envolvidos na elaboração das RSs que avaliam intervenções, ou seja, as que consideram a eficácia, a efetividade, a eficiência e a segurança de intervenções na Psicologia.

É fundamental reconhecer que, na Psicologia, as RSs não se limitam a avaliar intervenções clínicas. Elas podem fornecer sínteses do estado do conhecimento sobre teorias psicológicas, entre outros tópicos. Sua abrangência pode identificar futuras prioridades de pesquisa em áreas como Psicologia social, organizacional, clínica, entre outras; responder a perguntas sobre fenômenos psicológicos que, de outra forma, não poderiam ser respondidas por estudos individuais; identificar lacunas ou vieses em pesquisas primárias, que necessitam ser abordados em estudos futuros e gerar ou avaliar teorias sobre como certos processos ou comportamentos psicológicos ocorrem.

Assim, as RSs na Psicologia geram diversos tipos de conhecimento, beneficiando não só psicólogos e pesquisadores, mas também pacientes e gestores em políticas públicas. Por exemplo, profissionais da saúde mental podem usar revisões sistemáticas para fundamentar suas práticas em diversos contextos. Para garantir que uma revisão sistemática seja valiosa para os usuários no campo da Psicologia, os autores devem preparar e publicar *a priori* um protocolo transparente, completo e preciso, destacando a justificativa para realização da revisão, a metodologia empregada, os principais achados, enfatizando a contribuição para a teoria e a prática psicológicas.

ASPECTOS CONCEITUAIS: PRINCIPAIS DIFERENÇAS ENTRE A REVISÃO SISTEMÁTICA E A METANÁLISE

A revisão sistemática agrega resultados de estudos primários que satisfazem critérios de inclusão e exclusão previamente estabelecidos, com o objetivo de responder a uma pergunta de pesquisa específica. Esse processo requer uma investigação minuciosa em múltiplas fontes de informação, empregando uma estratégia de busca abrangente e meticulosa, idealmente elaborada por bibliotecários especializados em estratégias de busca para revisões sistemáticas.

Nas RSs que avaliam a eficácia de uma intervenção e incluem ensaios clínicos randomizados (ECRs), a pergunta de pesquisa é estruturada no formato PICO (população, intervenção, comparação e desfecho – do inglês *outcome*). Tal metodologia é fundamentada em práticas rigorosas, transparentes e replicáveis, visando minimizar o viés, entender as variações nos resultados e, consequentemente, oferecer informações confiáveis que possam orientar o processo de tomada de decisão.

A metanálise é uma técnica estatística utilizada para integrar os resultados de dois ou mais estudos independentes e similares, produzindo uma única medida do efeito. Existem diversos tipos de metanálise, entre os quais se destacam as pareadas (ou diretas) e as de rede (ou de comparações múltiplas). Uma das principais vantagens da metanálise reside na sua capacidade de fornecer uma estimativa do efeito mais precisa, incrementando de maneira significativa o poder estatístico. No campo da Psicologia, isso se mostra particularmente valioso, visto que muitos estudos individuais não detêm, com frequência, poder suficiente devido ao tamanho reduzido das amostras. Uma metanálise pode conduzir a conclusões definitivas, mesmo quando os resultados dos estudos primários individuais se apresentam como ambíguos. Veja, na Tabela 1, o descritivo das etapas para a elaboração de uma revisão sistemática.

Título

O título deve indicar de forma explícita que o delineamento do estudo é uma revisão sistemática apresentando a pergunta de pesquisa PICO, clarificando se inclui ou não uma metanálise.

Tabela 1 Etapas para a elaboração de uma revisão sistemática

Etapa	Descrição
1. Definição da pergunta de pesquisa	Formulação da pergunta norteadora da revisão no formato PICO
2. Planejamento dos critérios de elegibilidade	Definição dos critérios de elegibilidade para inclusão e exclusão dos estudos
3. Planejamento dos métodos	Planejamento da busca eletrônica e de buscas adicionais, extração e análise dos dados
4. Busca dos estudos	Busca abrangente nas principais bases de dados, *preprints* e literatura cinzenta
5. Verificação dos critérios de elegibilidade	Aplicação dos critérios e seleção dos estudos incluídos
6. Coleta dos dados	Extração dos dados relevantes dos estudos selecionados
7. Risco de viés	Avaliação da qualidade metodológica dos estudos
8. Análise e apresentação dos resultados	Síntese quantitativa (metanálise) e/ou qualitativa dos dados extraídos
9. Interpretação dos resultados, GRADE e conclusões	Interpretação dos achados, avaliação da confiança nas evidências e formulação das conclusões
10. Atualização da revisão	Atualização periódica da busca e da revisão

Fonte: elaborada pela autora.

Resumo estruturado

O resumo deve compreender: introdução, objetivos, critérios de elegibilidade (de acordo com o PICO), bases de dados consultadas, resultados, avaliação do risco de viés, método de síntese dos dados (qualitativo/quantitativo), limitações da RS, conclusões, implicações para a prática e pesquisa e o número de registro do protocolo da revisão sistemática.

RECURSOS, *EXPERTISE* E COMPETÊNCIAS DO TIME DE REVISORES ENVOLVIDOS NA ELABORAÇÃO DA RS

O tempo despendido no processo de elaboração da RS, desde a definição da pergunta de pesquisa até a publicação, é determinado pela pergunta de pesquisa a ser respondida e pelo número de estudos publicados sobre o tema em análise, bem como pela competência técnica dos participantes. Torna-se imprescindível calcular o tempo requerido para a elaboração da RS e ponderar a disponibilidade de cada membro da equipe para oferecer sua contribuição. O processo de análise dos dados, avaliação do risco de viés e da confiança das evidências é sempre feito por dois revisores (aos pares), e, em caso de discórdia, um terceiro revisor é consultado.

A construção de um cronograma minucioso e factível, contemplando todas as fases do processo – incluindo treinamentos, reuniões, redação do protocolo, busca e seleção de estudos, assim como extração e análise de dados e preparo do relato final para publicação –, é de vital importância.

É fundamental levar em conta os custos financeiros, por exemplo, para a contratação de serviços de tradução, no caso da necessidade de análise de estudos publicados em línguas estrangeiras, ou da obtenção de pesquisas que não sejam de acesso livre. Portanto, é aconselhável elaborar um orçamento meticuloso que compreenda todas as despesas antecipadas.

JUSTIFICATIVA PARA REALIZAÇÃO DE UMA RS E A PESQUISA DE RSS PREVIAMENTE PUBLICADAS SOBRE O TEMA

Antes de iniciar uma nova RS, é crucial assegurar que há uma pergunta de pesquisa claramente estabelecida e relevante que justifique sua realização. É vital verificar se essa pergunta já não foi adequadamente respondida por uma RS publicada anteriormente e se existem pesquisas primárias que poderiam ser incorporadas à proposta de nova RS.

Dependendo do tema, pode existir uma RS previamente publicada que esteja desatualizada. A decisão sobre a atualização dessa RS fundamenta-se em dois critérios principais: a publicação de novos estudos e a avaliação crítica da qualidade das RSs já publicadas. Um aspecto adicional é a inspeção minuciosa dos métodos utilizados para analisar o risco de viés nos estudos individuais, bem como a avaliação da solidez das evidências apresentadas na RS preexistente. Cabe indagar se uma revisão atualizada poderia aumentar a confiabilidade dos achados.

Para determinar a necessidade de empreender uma nova RS ou revisar uma previamente publicada, os pesquisadores devem conduzir uma investigação preliminar na literatura, focando em RSs concluídas ou em andamento. Aconselha-se a busca em bases de dados especializadas em RSs, como a *Cochrane Library*, mais especificamente na *Cochrane Database of Systematic Reviews* (CDSR), no *Centre for Reviews and Dissemi-*

nation (CRD) e no *International Prospective Register of Systematic Reviews* (PROSPERO). Esses acervos disponibilizam informações sobre revisões em curso (incluindo acesso a protocolos registrados).

ELABORAÇÃO E REGISTRO DO PROTOCOLO

Iniciar uma RS exige, primeiramente, a elaboração de um protocolo detalhado. Esse protocolo, similar a um projeto de estudo primário, deve ser planejado previamente, proporcionando uma descrição clara e transparente de todas as etapas e os métodos que serão empregados, incluindo as análises previstas. A confecção desse protocolo reduz o risco de equívocos sistemáticos ou vieses, prevenindo decisões influenciadas pelos resultados já conhecidos *a priori*. O protocolo assegura que o estudo siga fielmente seu plano original, independentemente do caráter dos resultados.

Para elaborar o protocolo, a etapa inicial consiste em definir a pergunta de pesquisa (PICO), confirmar a viabilidade da RS por meio de buscas exploratórias e assegurar a disponibilidade de estudos primários que respondam ao PICO proposto.

O protocolo deve especificar minuciosamente todas as fases da revisão, incluindo a justificativa, os objetivos, os critérios de elegibilidade, as bases de dados a serem consultadas, a estratégia de busca, as fases de triagem e seleção, os métodos de extração de dados, a avaliação da qualidade dos estudos, a descrição das evidências e os planos para análises estatísticas. A estruturação do protocolo deve ser orientada pelas diretrizes do *Preferred Reporting Items for Systematic Reviews and Meta-Analyses Protocol* (PRISMA-P).

É importante ressaltar que o registro do protocolo deve ser feito *a prori*, ou seja, antes de iniciar a seleção de estudos e a extração de dados. Esse registro garante a transparência da RS e auxilia na identificação de potenciais vieses de relato, ao permitir a comparação entre métodos e desfechos previamente registrados e os publicados. O registro da RS evita esforços duplicados e recursos gastos em revisões redundantes.

Uma plataforma amplamente reconhecida para o registro de revisões sistemáticas é o *PROSPERO*, da Universidade de York. Outras instituições, como Joanna Briggs Institute, Campbell Collaboration e Cochrane, também possuem registros próprios. Além disso, o protocolo pode ser publicado em revistas científicas de acesso aberto (p. ex., *BMJ*) ou em bancos de dados *preprint*.

FERRAMENTAS PARA AUXILIAR NO *REPORT* DA REVISÃO SISTEMÁTICA (PRISMA)

Recomenda-se que as RSs sigam as diretrizes do guia PRISMA, que detalha 27 itens essenciais para um relatório completo, desde o título até a conclusão. Esse guia visa aprimorar a qualidade dos relatos de RS. É essencial frisar que o *checklist* PRISMA deve ser usado para aprimorar o relato e não para avaliar a qualidade da pesquisa em si. A documentação do fluxograma de estudos analisados em RS e a transparência do processo são fundamentais (Figura 1).

DEFININDO A INTERVENÇÃO E COMPARADORES EM SAÚDE MENTAL

A intervenção em foco, dentro do contexto da saúde mental, deve ser claramente detalhada. Isso pode envolver terapias, medicações, abordagens comportamentais ou outras modalidades. Aspectos como frequên-

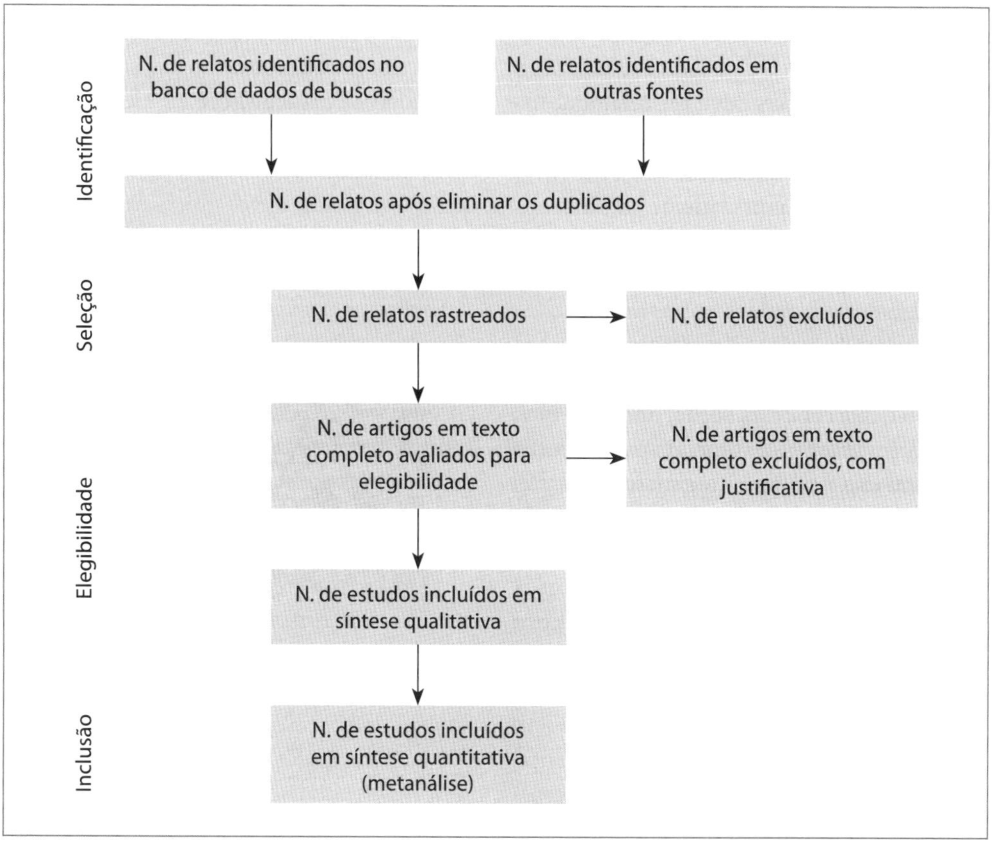

Figura 1 Fluxograma dos estudos incluídos na revisão sistemática.
Fonte: Higgins et al., 2023.

cia, modalidade (presencial/*on-line*), período de duração devem ser especificados. Como comparadores, podem-se considerar tratamento padrão, psicoeducação, psicofármacos e grupos de controle em espera. Também é vital observar e relatar se haverá cointervenções, como psicoeducação, meditação, atividades de grupo, entre outras, já que essas cointervenções podem alterar os resultados dos desfechos em saúde mental.

Os desfechos devem ser categorizados como principais ou secundários. A mensuração dos desfechos pode incluir escalas de avaliação psiquiátrica, questionários, relatos do paciente, entre outros, e deve ser indicada, preferencialmente usando instrumentos validados. Os desfechos podem abordar a melhora dos sintomas, a funcionalidade, os relatos do paciente sobre sua qualidade de vida e eventos adversos associados a tratamentos. Desfechos escolhidos devem ser de relevância clínica para a população em questão. Se desfechos tiverem medidas recorrentes, os tempos de avaliação de interesse devem ser especificados com a devida fundamentação.

BASE DE DADOS E ESTRATÉGIAS DE PESQUISA EM SAÚDE MENTAL

A pesquisa de estudos em saúde mental deve ser exaustiva, precisa e metodológica, com o objetivo de localizar todas as evidências relevantes que atendam aos critérios de seleção e minimizar o risco de viés de publicação. A estratégia de pesquisa usada para cada banco de dados deve ser relatada, incluindo os termos de pesquisa específicos para saúde mental, a data em que a pesquisa foi realizada e a quantidade de estudos encontrados, garantindo que a pesquisa possa ser replicada e que todo o procedimento seja transparente no campo da saúde mental (consultar o Capítulo 12 – Estratégias de busca em revisões sistemáticas na saúde mental).

No decorrer desta seção, abordaremos uma série de temas essenciais para a compreensão dos fundamentos metodológicos da PPBE. Cada tema será destacado em um capítulo específico, garantindo, assim, uma análise pormenorizada. Além dos tópicos já mencionados sobre RSs, há capítulos com informações complementares sobre os princípios das estratégias de busca, risco de viés, uma análise crítica sobre os vieses e como identificá-los e um capítulo sobre princípios da metanálise.

REFERÊNCIAS

Capítulo **12**

Estratégia de busca

Tamara Melnik, Maria Imaculada Cardoso Sampaio

O entendimento dos princípios para a elaboração de uma estratégia de busca é crucial para a atualização dos profissionais de saúde. Essa aquisição possibilita o mapeamento das evidências científicas e auxilia na redação de artigos científicos. Em revisões sistemáticas (RSs), a estratégia de busca é essencial para assegurar rigor, transparência e abrangência. A estratégia garante que as conclusões sejam baseadas em todas as evidências disponíveis, auxiliando na tomada de decisões clínicas informadas e na criação de políticas de saúde sólidas e bem fundamentadas.

Carol Lefebvre, *expert* internacionalmente reconhecida em estratégias de busca para revisões sistemáticas, define a estratégia de busca como:

> um plano cuidadosamente organizado para identificar de forma eficaz e eficiente estudos ou evidências relevantes em bases de dados eletrônicas e outras fontes. Ela deve ser construída de forma sistemática para garantir a abrangência e a precisão, utilizando termos de pesquisa, operadores booleanos e, muitas vezes, filtros ou limitadores específicos. (Lefebvre et al., 2002, p. 892, tradução nossa).

Ainda de acordo com Lefebvre et al. (2002), a estratégia de busca demanda precisão, replicabilidade e transparência. Seis aspectos foram considerados pela autora como essenciais na busca por evidências científicas: a tradução precisa da questão de pesquisa em termos de busca, escolha correta dos operadores booleanos e dos números de linha, tradução adequada da estratégia de busca para cada base de dados, inclusão de descritores relevantes e ausência de erros ortográficos.

No contexto das revisões sistemáticas, é imperativo que a estratégia de busca seja submetida à avaliação de especialistas em pesquisas bibliográficas, ou bibliotecários com conhecimento aprofundado na área temática em questão. É prudente evitar limitações relativas ao idioma ou ao ano de publicação nas estratégias de busca. Caso haja limitações, é essencial que estas sejam devidamente justificadas no corpo do texto da revisão sistemática.

O ponto de partida para a formulação de uma estratégia de busca envolve a definição clara da questão de pesquisa, no modelo PICO (participantes, intervenção, controle e desfechos). Essa abordagem estruturada facilita uma busca mais direcionada e abrangente e contribui de maneira significativa para o mapeamento dos estudos da revisão sistemática.

Vamos ilustrar a abordagem do PICO com o exemplo de uma revisão sistemática desenvolvida no modelo Cochrane e publicada na *Cochrane Library*. Trata-se da revisão de Cindy-Lee Denis e Therese Dowswell, publicada em 2013 (Figura 1). O problema de pesquisa objetivou verificar a efetividade das intervenções psicossociais e psicológicas para a prevenção da depressão pós-parto.

Cada coluna do PICO apresenta um elemento que compõe a questão da pesquisa. Vemos, então: a população, as intervenções, a condição de comparação e o desfecho da pesquisa. Logo à frente veremos como esses elementos se cruzam para formar a estratégia de busca.

BASES DE DADOS E ESTRATÉGIAS DE PESQUISA EM RSS NA SAÚDE MENTAL

A pesquisa de estudos deve ser exaustiva, precisa e metodológica, com o objetivo de localizar todas as evidências relevantes que atendam aos critérios de seleção e minimizar o risco de viés de publicação. A estratégia de pesquisa usada para cada base de dados deve ser relatada, incluindo os termos de pesquisa específicos para saúde mental, a data em que a pesquisa foi realizada e a quantidade de estudos encontrados, garantindo que a pesquisa possa ser replicada e que todo o procedimento seja transparente no campo da saúde mental.

BASES DE DADOS EM SAÚDE

Bases de dados em saúde são coleções organizadas de informações relacionadas à área da saúde, que podem incluir literatura científica, registros clínicos, dados epidemiológicos, entre outros. Elas são ferramentas essenciais para profissionais de saúde, pesquisadores e gestores na busca de informações atualizadas e confiáveis para fundamentar suas práticas, pesquisas e tomadas de decisão. Recomenda-se que os pesquisadores busquem em pelo menos quatro bases de dados gerais, como *MEDLINE*, *CENTRAL*, *Embase*, *Cochrane Library*. Para

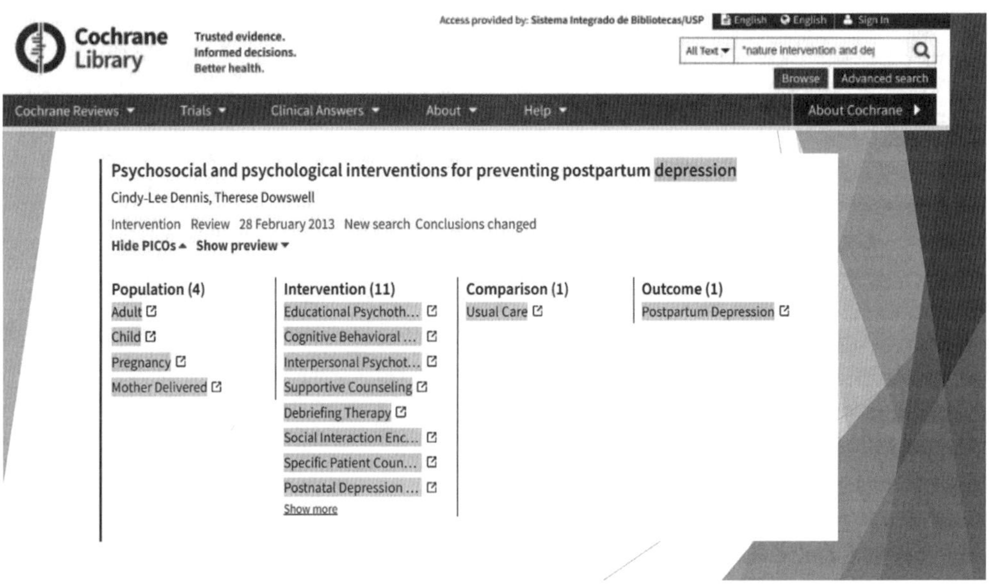

Figura 1 Estratégia Pico para revisão sistemática no modelo Cochrane.
Fonte: reproduzida de https://www.cochranelibrary.com/en/.

questões específicas de saúde mental, a pesquisa em bases de dados especializadas é crucial, com destaque para *PsycINFO* (abrangendo Psicologia e Psiquiatria). A seguir, algumas características e exemplos de bases de dados em saúde.

Bases de dados bibliográficas:

- *PubMed*: uma das mais conhecidas, oferece acesso gratuito a citações da literatura biomédica, principalmente da *MEDLINE*.
- *MEDLINE*: mantida pela National Library of Medicine dos EUA, é uma das mais extensas bases de dados de literatura biomédica.
- *EMBASE*: especializada em literatura relacionada a medicamentos e farmacologia, porém cobre outras áreas da saúde.
- *CENTRAL*: Cochrane Central Register of Controlled Trial.

Bases de dados especializadas (enfocam áreas ou temas específicos da saúde):

- *PsycINFO*: especializada em literatura das áreas de Psicologia e disciplinas relacionadas.
- *Cochrane Library*: concentra-se em revisões sistemáticas em saúde elaboradas com o protocolo Cochrane de revisões.
- *Colaboração Campbell*: rede internacional de pesquisa em ciências sociais que produz sínteses de evidências de qualidade relevantes para políticas.
- *ReBEC*: Registro Brasileiro de Ensaios Clínicos é uma base de dados em acesso livre e gratuita para registro dos ensaios clínicos finalizados, ou em andamento, realizados com seres humanos.
- ClinicalTrials.gov: base de dados que fornece informações sobre estudos clínicos para pesquisadores, profissionais de saúde e público em geral. Outros registros clínicos relevantes são: *International Clinical Trials Registry Platform* (ICTRP) e *The WHO Clinical Trials Register.*
- Registros eletrônicos de saúde (RES): fonte de informação do Sistema Único de Saúde (SUS) que reúne e organiza informações sobre os usuários do SUS, com histórico individualizado e integrado.
- Sinan: base de dados epidemiológicos mantido pelo governo federal cujo objetivo é reunir e informar sobre os casos de doenças e agravos que constam da lista nacional de doenças de notificação compulsória.
- Bancos de dados genômicos: armazenam sequências genéticas e informações relacionadas. Como exemplo temos o *GenBank*, base de dados de sequências genéticas mantida pelo *National Center for Biotechnology Information* (NCBI) dos EUA.

Literatura cinzenta em saúde mental

A literatura cinzenta, em contexto de saúde mental, engloba relatos não presentes em bases de dados convencionais. Inclui dissertações, teses, relatórios governamentais e resumos de conferências com circulação limitada. Essa literatura pode revelar resultados inéditos ou negativos não publicados em revistas científicas e é vital para minimizar o viés da revisão. Recursos recomendados para a busca de literatura cinzenta em saúde mental incluem:

- *Open Grey*: http://www.opengrey.eu/
- *ProQuest*: https://www.proquest.com/libraries/academic/databases/
- Biblioteca Digital Brasileira de Teses e Dissertações: https://bdtd.ibict.br/vufind/

Desenvolvendo a estratégia de busca em saúde mental

A estratégia de busca, como técnica (ou conjunto de regras) aplicada em fontes de informação, visa à recuperação eficiente da informação em resposta a determinada pergunta de pesquisa. Por isso, precisa ser elaborada e reelaborada, até ter certeza de que minimizamos, ao máximo, a possibilidade de perder estudos relevantes, capazes de mudar totalmente o resultado da revisão.

Vocabulário controlado *versus* não controlado em saúde mental

Uma estratégia de busca bem formulada combina termos de vocabulário controlado e não controlado. O vocabulário controlado é composto de termos padronizados e descritores usados para indexar estudos. No contexto de saúde mental, é essencial explorar ambos os tipos de vocabulário para garantir uma busca abrangente e eficaz. A seguir listamos os principais vocabulários relevantes na saúde mental, controlados para diferentes bases de dados:

- *MeSH* (*Medical Subject Headings*): desenvolvido pela *National Medical Library* (NLM), tem como objetivo reunir, organizar e hierarquizar os descritores utilizados na indexação e na recuperação do *PubMed*, do qual a *MEDLINE* é uma das fontes de informação. A *Cochrane Library* utiliza os "medical subject headings" para indexar e recuperar suas revisões.
- *PsycINFO* (*Thesaurus of Psychological Index Terms*): vocabulário controlado desenvolvido pela American Psychological Association, visa reunir, organizar e sistematizar os termos para indexação e recuperação dos descritores em Psicologia.
- *Emtree*: base de dados que utiliza uma lista de termos controlados para indexação e recuperação da informação.
- *DECS/MeSH*: o tesauro multilingue foi desenvolvido com base no *MeSH – Medical Subject Headings*, acrescido de categorias exclusivas para áreas específicas de ciência e saúde, vigilância sanitária, saúde pública, homeopatia e medicinas tradicionais, complementares e integrativas. É utilizado para indexação e recuperação da informação na Lilacs e outras fontes das bibliotecas virtuais em saúde (BVS).
- Vocabulário controlado da USP: lista de assuntos utilizada para indexação e recuperação da informação no banco de dados bibliográficos da USP (Dedalus). Abrange todas as áreas do conhecimento e é elaborado pelo conjunto de bibliotecas da Universidade de São Paulo.

O vocabulário não controlado baseia-se no uso de termos livres, comumente encontrados no título ou no resumo das publicações. Na investigação em saúde mental, é essencial identificar sinônimos, acrônimos e termos relacionados a condições mentais, tratamentos ou intervenções de interesse, com o objetivo de tornar a busca mais abrangente. Por exemplo, ao pesquisar sobre depressão, sinônimos como "transtorno depressivo" ou "melancolia" podem ser considerados. No *Medline*, para cada termo *MeSH* relacionado à saúde mental, existe uma lista de termos relacionados, denominados "*entry terms*", que devem ser integrados na estratégia de busca. Para identificar sinônimos efetivamente, dicionários médicos e o site *Thesaurus* (www.thesaurus.com) são recomendados. Em bases de dados como a *Lilacs*, é crucial usar sinônimos em todos os idiomas disponíveis (espanhol, inglês e português) para otimizar a sensibilidade da busca.

Operadores booleanos

Os operadores booleanos, nomeados em homenagem ao matemático do século XIX George Boole, são termos usados para conectar e definir o relacionamento entre palavras ou frases de busca. Eles desempenham um papel crucial na ampliação, restrição ou especificação de uma pesquisa, especialmente em bases de dados de saúde mental.

Os principais operadores booleanos são:

- AND (E): busca registros que contenham ambas as palavras-chave. Por exemplo, "depressão AND terapia" retornaria registros que mencionem tanto depressão como terapia.
- OR (OU): expande os resultados, retornando registros que contêm qualquer uma das palavras-chave. A busca por "depressão OR ansiedade" traria registros sobre depressão, ansiedade ou ambos.
- NOT (NÃO): exclui registros que contêm a palavra-chave especificada. Por exemplo, "depressão NOT medicamentos" retornaria registros sobre depressão, mas não sobre medicamentos.

A representação do relacionamento entre os termos de busca mediados pelos operadores booleanos pode ser observada na Figura 2, a seguir.

Outros recursos para elaboração de estratégias de buscas são os parênteses, que podem ser usados para agrupar termos e definir a ordem em que os operadores são aplicados. As aspas buscam uma frase exata, como "tratamento cognitivo-comportamental".

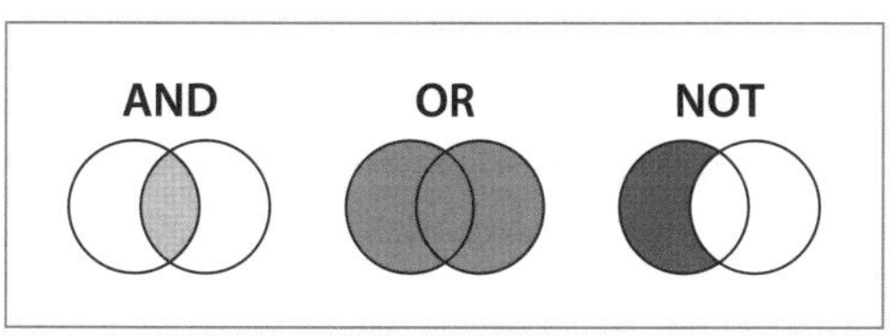

Figura 2 Operadores utilizados na composição da estratégia de busca booleanos.

Fonte: https://biblioo.info/operadores-booleanos/.

A Tabela 1, demonstra outros elementos importantes na elaboração de estratégias de buscas.

Importante observar que a aplicação dos operadores pode variar, de acordo com a fonte de informação consultada. Vale consultar os tutorias ou um profissional especializado. Dominar esses operadores permite que profissionais da saúde mental conduzam buscas mais específicas e eficientes, otimizando a pesquisa de literatura científica sobre tratamentos e estudos de caso na área. A Tabela 1, a seguir, apresenta outros operadores que auxiliam na construção da estratégia de busca e que permitem maior refinamento

Tabela 1

Operador	Significado
NEAR/x	Encontra registros onde os termos unidos pelo operador estejam a determinado número de palavras de cada um. Substitua o X por número para especificar o número máximo de palavras que separam os termos.
NEAR	O operador sem X na base de dados *Web of Science* encontrará registros em que os termos unidos por NEAR estão a 15 palavras de cada um.
SAME	Na *Web of Science*, o SAME é utilizado no campo "endereço" para restringir a pesquisa a termos que aparecem no mesmo endereço. O SAME funciona como AND quando usado em outros campos, como "tópico" ou "título".
Parênteses ( )	Os parênteses são utilizados para agrupar partes de pesquisas complexas. Na base *Web of Science* o parêntese expressa a prioridade da pesquisa. A expressão que está entre parênteses será executada primeiro.
Aspas	Para definição de termos compostos.

Fonte: adaptada pelas autoras de imagem da Biblioteca do Instituto de Arquitetura e Urbanismo da USP.

na busca. Vale observar o uso de operadores booleanos, aspas, asterisco e parênteses na estratégia. A estratégia foi aplicada ao *PubMed*, no dia 25/10/2023, e resultou na recuperação de 522 registros. Lembramos que outras bases de dados demandam a adaptação da estratégia.

> (((Adult or "Middle Aged" or "Young Adult" or Adolescent* or Pregnancy or "Mother Delivered") and ("Telephone Follow-up" or "Educational Psychotherapy" or "Debriefing Therapy" or "Interpersonal Psychotherapy" or "Encounter Group Therapy" or "Specific Patient Counseling Session" or "Postnatal Depression Counseling" or "Cognitive Behavioral Therapy" or "Home Visit" or "Supportive Counseling" or "Social Interaction Encouragement")) and "Postpartum Depression")))

Estratégia-piloto em saúde mental

Ao trabalhar questões relacionadas à saúde mental, é fundamental realizar uma estratégia-piloto em uma das principais bases de dados, preferencialmente a *MEDLINE* via *PubMed*. Essa estratégia-piloto serve para avaliar se a abordagem de pesquisa é capaz de identificar os principais estudos relacionados à pergunta de pesquisa em saúde mental. Após o refinamento da estratégia-piloto, ela pode ser adaptada para outras bases de dados relevantes. Se necessário, os pesquisadores podem se beneficiar do uso da *Peer Review of Electronic Search Strategies – PRESS 2015 Guideline Evidence Based Checklist*. Esse instrumento oferece diretrizes sobre a utilização eficaz de termos relacionados ao PICO, operadores booleanos, vocabulário controlado e não controlado, bem como o emprego apropriado de limites e filtros.

Estratégias de busca sensíveis *versus* específicas em saúde mental

Uma estratégia sensível é aquela que identifica a maioria dos estudos relevantes para saúde mental. Isso geralmente envolve o uso de termos relacionados à população e à intervenção em questão. Uma estratégia específica, em contrapartida, foca em minimizar a inclusão de estudos irrelevantes. A especificidade pode ser aprimorada ao incorporar termos associados ao *design* do estudo apropriado para a revisão sistemática. É recomendado o uso de filtros validados para cada base de dados, como os disponíveis em: https://work.cochrane.org/rct-filters-different-databases.

Busca manual de estudos

A busca manual de estudos é outra estratégia crucial. Os pesquisadores devem revisar referências citadas em estudos relevantes, revisões sistemáticas no campo da saúde mental e anais de congressos focados em Psicologia e Psiquiatria. Isso garante a inclusão de estudos potencialmente negligenciados na estratégia de busca inicial. Além disso, o contato com especialistas no campo da saúde mental pode revelar pesquisas adicionais relevantes.

Uso de filtros para ensaios clínicos randomizados validados

Os filtros para ECRs validados ajudam os pesquisadores a encontrar de maneira eficiente e eficaz a evidência de maior qualidade para responder às suas questões de pesquisa. Especialmente na saúde, área em que a tomada de decisão baseada em evidências é fundamental, garantir que as decisões sejam informadas pelos melhores estudos disponíveis é crucial. A Cochrane disponibiliza em seu Manual (*Handbook*) informações sobre filtros de ECR validados.

Concluindo este capítulo, podemos dizer que uma estratégia de busca começa com uma pergunta de pesquisa bem definida, continua com o conhecimento das fontes de informação adequadas e dos operadores de busca utilizados nessas fontes, e termina com um trabalho árduo e paciente de elaboração e reelaboração da estratégia e das buscas nas fontes de informação.

REFERÊNCIAS

Capítulo **13**

Risco de viés

Angela Donato Oliva, Luisa Braga Pereira

INTRODUÇÃO

Nas últimas décadas, o enfoque do campo da Psicologia tem sido voltado para o estabelecimento da eficácia de estratégias psicoterápicas e tratamentos de determinadas psicopatologias (Mariano, 2019). A eficácia de um tratamento pode ser aferida pelos benefícios que ele demonstra em ensaios clínicos randomizados (pesquisas controladas) e, quando aplicado, há visível melhora do paciente. Um tratamento é considerado eficaz quando se alcança o objetivo pretendido, ou seja, quando se soluciona um problema. A eficácia remete ao entendimento das causas de um quadro, tem forte relação com a tomada de decisão e diz respeito ao conhecimento sobre o que deve ser feito para resolver o problema. O uso de conhecimentos empíricos de qualidade e atualizados permite que o terapeuta tenha as informações necessárias para conduzir os tratamentos de seus pacientes de forma eficiente (Sampaio & Sabadini, 2014). A eficiência se refere à utilidade, aos efeitos de um tratamento, se são aqueles esperados, em quais pacientes eles foram observados e sob que circunstâncias. Quando um tratamento é efetivo, ele é, ao mesmo tempo, eficiente e eficaz. A prática baseada em evidências (PBE) consiste em um *modus operandi* que busca promover a fundamentação da tomada de decisão na prática clínica a partir de evidências empíricas (Melnik et al., 2014). A PBE, de maneira sintética, busca integrar a experiência clínica, as melhores evidências científicas (pesquisas e ensaios clínicos randomizados de alta qualidade) e o cuidado que envolve a segurança e a ética das intervenções de cada indivíduo de uma cultura, na tentativa de reduzir a incerteza e os erros na tomada de decisão do terapeuta (Cochrane Brasil, n.d.).

O processo da tomada de decisão clínica apoia-se em um tripé de informação, que inclui: a disponibilidade das melhores evidências empíricas; a *expertise* do terapeuta; e as características dos pacientes ou populações atendidas, envolvendo suas necessidades, valores e preferências (Ward et al., 2021). Nesse tipo de prática clínica, tanto o psicoterapeuta como o cliente se envolvem nas tomadas de decisão que concernem ao tratamento psicológico.

A implementação da PBE requer que o terapeuta tenha acesso à literatura científica atual para que, com base em suas próprias investigações e reflexão crítica, seja capaz de informar os seus pacientes sobre os recursos terapêuticos de avaliação, prevenção e intervenção mais indicados para cada caso

(Hunsley, 2007). Contudo, os profissionais clínicos frequentemente se deparam com dificuldades em acessar tais evidências empíricas. A limitação de informações confiáveis não é o único desafio da PBE, visto que o grande número de possibilidades de tratamento e opções intervencionistas pode prejudicar a tomada de decisão do terapeuta (Dozois et al., 2019). Nesse contexto de incerteza sobre a melhor abordagem a ser aplicada, o profissional passa a utilizar a sua própria experiência clínica para guiá-lo; entretanto, tal processo costuma ser distorcido por vieses cognitivos e motivacionais (Stewart et al., 2018; Ward et al., 2021).

O viés é um importante aspecto a ser considerado no âmbito da tomada de decisão em pesquisas e práticas clínicas, visto que ele pode comprometer a *expertise* do terapeuta e gerar resultados inesperados ou, até mesmo, prejudiciais ao paciente (Magnavita & Lilienfeld, 2016). As habilidades de decisão e resolução de problemas dos profissionais de saúde são afetadas pelas restrições cognitivas e temporais inerentes dessas ocupações (Vitacca et al., 2023). Mesmo aqueles terapeutas que são experientes, bem treinados, inteligentes e têm boas intenções estão propensos a erros de julgamento (Lilienfeld & Lynn, 2014). Portanto, a compreensão dos vieses mais frequentes na prática clínica faz-se essencial para o avanço da PBE.

Os vieses de julgamento e tomada de decisão foram amplamente discutidos pelo modelo de sistema dual (Kahneman, 2012). Investigar o papel das "intuições", como Kahneman denomina, ou crenças e valores que vamos construindo ao longo dos contextos culturais de desenvolvimento, é muito importante, pois esses aspectos não interferem apenas no raciocínio, no julgamento e na tomada de decisão que fazemos no dia a dia, mas também na atuação clínica. Uma ideia amplamente difundida era a de que os seres humanos são racionais em suas decisões, porém os aspectos emocionais levariam a um afastamento dessa racionalidade. O que se foi percebendo é que há casos em que a cognição apresenta erros sistemáticos devidos ao próprio mecanismo cognitivo, sem a interferência das emoções sobre o pensamento. Há, portanto, vieses que afetam a maneira como ativamos informações na memória, sensíveis ao que foi apresentado mais recentemente ou guardado em experiências passadas mais remotas, entre outros fatores. Ou seja, os autores começaram a perceber que a tomada de decisão envolve um risco considerável desses vieses inerentes ao raciocínio. Na clínica psicológica, por exemplo, quando se faz a anamnese, o psicoterapeuta tenta aproximar as informações trazidas no relato do cliente aos conhecimentos prévios que tem e busca, em sua própria memória, experiências semelhantes para ajudar no encaminhamento profissional do caso.

Segundo Kahneman (2012), a cognição humana seria composta de dois diferentes sistemas de raciocínio que se influenciam mutuamente. O Sistema 1 é caracterizado pela tomada de decisões rápida, automática, inconsciente e com pouco gasto energético, enquanto o Sistema 2 está relacionado com a mobilização deliberada da atenção para tarefas mentais complexas que demandam esforço, energia e concentração. O Sistema 1 atua "secretamente" em muitas escolhas e julgamentos que fazemos. Ele constrói rapidamente e a qualquer instante uma interpretação coerente ao que estamos ouvindo ou vendo. Isso indica que o Sistema 1 opera com associação de ideias, atribui causalidade e identifica semelhanças, o que, em um primeiro momento, é ótimo, mas a boa tomada de decisão precisa que várias coisas sejam levadas em consideração ao mesmo tempo. O Sistema 1 cria as impressões ou intuições que podem ser usadas para um trabalho analítico e mais lento executado pelo Sistema 2. Já o Sistema 2 realiza atividades que envolvem atenção e esforço, construindo pensamentos em uma série ordenada de passos e aplicando testes de probabilidades para embasar as escolhas em situações profissionais a partir dessas primeiras "intuições". O Sistema 2 fornece um processamento mais detalhado e específico para a resolução de um problema, além de monitorar o comportamento e tender a "corrigir" avaliações imprecisas e erros sistemáticos do Sistema 1.

Estima-se que os mecanismos que constituem o Sistema 1 sejam compartilhados com outras espécies de animais (Carruthers, 2009), ao passo que eles teriam sido evolutivamente moldados para a resolução de problemas indispensáveis para a sobrevivência de um organismo (Kahneman, 2012). Esse sistema se mostra altamente contextualizado e personalizado e caracteriza um tipo de raciocínio que avalia as pistas ambientais de forma rápida e específica para as necessidades de cada sujeito.

Para além da função adaptativa do Sistema 1, estipula-se que ele seja o principal responsável pelos erros de julgamento na tomada de decisão (Aven, 2018; Kahneman et al., 2021). Em geral, o raciocínio rápido gera respostas úteis e adequadas para a resolução de problemas; ainda assim, quando um indivíduo se depara com questões mais complexas, deriva-se a incidência de vieses. Se não ficarmos atentos à limitação da mente (Sistema 1 do raciocínio) relacionada à confiança excessiva naquilo em que acreditamos saber, não enxergaremos a extensão: a) de nossa ignorância; b) da incerteza dos acontecimentos; e c) do papel do acaso na ocorrência dos eventos.

Segundo Kahneman et al. (2021), dois construtos são essenciais para a compreensão dos possíveis erros relativos ao raciocínio humano: as heurísticas são estratégias de decisão simples e aceleradas que ignoram parte das informações disponíveis; por sua vez, o viés pode ser definido como a imprecisão sistemática e previsível no julgamento gerada a partir da frequente utilização de heurísticas na tomada de decisão. O processamento cognitivo humano pode ser afetado por diversos tipos de heurísticas, dentre as quais várias estão relacionadas com erros de julgamento na prática clínica.

TIPOS DE HEURÍSTICAS

Todos os indivíduos podem cometer erros de julgamentos por meio do uso de heurísticas (Lilienfeld & Lynn, 2014). Kahneman e Tversky (1972) buscaram, ao longo de uma década de estudos, estabelecer os diferentes tipos de heurísticas que mais afetam a tomada de decisão humana. Segundo os autores, três possibilidades de heurísticas se referem a representatividade, disponibilidade e ancoragem.

A heurística da representatividade refere-se à probabilidade de classificar se um evento ou um sujeito pertencem a uma determinada categoria por parecer similar ou ter características tipicamente encontradas naquela classe (Kahneman & Tversky, 1972). Quando um sujeito se baseia na heurística da representatividade para tomar uma decisão, ele ignora as informações de frequência de base, ou seja, a probabilidade real que um evento ou desfecho ocorra em uma população (Tversky & Kahneman, 1974).

Os estereótipos são fatores importantes para que se aplique a heurística de representatividade. Embora muitos julgamentos realizados cotidianamente possam ser favorecidos pela perspectiva representativa, esta apenas funciona em situações cujos desfechos prováveis são fáceis de calcular (Kahneman & Tversky, 1972). A tomada de decisão a partir da representatividade torna-se problemática quando um sujeito se propõe a prever a ocorrência de eventos improváveis (Kahneman, 2012).

A heurística da representatividade também é marcada pela insensibilidade à qualidade da evidência apresentada. Nesse sentido, o Sistema 1 tende a considerar que todas as informações disponíveis são verdadeiras (Kahneman, 2012). Tal propriedade da representatividade pode influenciar negativamente a tomada de decisão clínica (Kahneman & Tversky, 1972).

A falácia da conjunção pressupõe que a combinação de dois eventos (A e B) é mais provável de acontecer do que a ocorrência de apenas um desses eventos (A ou B). O erro de julgamento baseado na conjunção está associado à heurística da representatividade na medida que informações subjetivamente consideradas como características de um indivíduo ou situação podem ser agregadas de modo a criar histórias e contextos plausíveis (Kahneman, 2012). Assim, a falácia da conjunção promove uma confusão entre o que é plausível e o que é provável. A plausibilidade consiste em um aspecto subjetivo do julgamento, não sendo necessariamente baseada em informações concretas e confiáveis (Kahneman, 2012).

Tversky e Kahneman (1974) e Kahneman (2012) descreveram a heurística de disponibilidade, que se refere a estimar a ocorrência de determinados eventos a partir do quão frequentes (ou recentes) são as informações percebidas pela pessoa e que ficam disponíveis em sua memória. A heurística de disponibilidade é influenciada pelo quão recentemente o sujeito teve contato com uma informação importante para a sua tomada de decisão (Kahneman et al., 2021). A heurística da disponibilidade está ligada à facilidade com que uma informação é recuperada pela memória. Eventos proeminentes, dramáticos, repetidos, recentes ou experiências pessoais tendem a ser recordados mais facilmente, não porque de fato sejam mais prováveis de acontecer, mas simplesmente porque a memória apresenta vieses de recuperação de informação. A facilidade com que as ocorrências vêm à mente é uma heurística do Sistema 1. Quando alguém decide pegar um ônibus ao invés de um avião, porque houve, poucos dias antes, um acidente aéreo, essa tomada de decisão é um viés de disponibilidade, pois o risco ou a probabilidade de acidente aéreo de fato não mudou.

A heurística de ancoragem refere-se ao fenômeno no qual o julgamento é fortemente influenciado pela primeira impressão, perspectiva ou valor que se obtém de uma situação ou evento (Tversky & Kahneman, 1974). Nesse sentido, os valores de ancoragem agem como referências para o ajustamento da tomada de decisão com base nas respostas mais plausíveis possíveis. Há uma ancoragem que ocorre como um processo de ajuste e é guiada pelo Sistema 2; nesse caso, a pessoa ajusta sua estimativa (usando algum conhecimento prévio como referência) a partir de um valor ou informação âncora. Há uma ancoragem que ocorre como um efeito de *priming*, inerente ao Sistema 1, e a pessoa, sem perceber, é influenciada por uma informação prévia em sua decisão (Kahneman, 2012).

Finalmente, a tendência de avaliar a validade de uma informação com base nas reações emocionais que ela provoca é denominada heurística do afeto (Lilienfeld & Lynn, 2014). As emoções que ficam mais salientes em um processo de julgamento ou tomada de decisão dependem das características do indivíduo e da situação ou tarefa à qual o sujeito está exposto (Slovic et al., 2005). Eventos incomuns podem ser percebidos com mais comoção e acabam sendo considerados como mais frequentes do que na realidade eles são. Distorcemos as estimativas dos eventos em função de nossas expectativas e da intensidade de carga emocional que a eles fica atrelada. A heurística do afeto cria, como nos demais vieses mentais, um mundo diferente do mundo real (Kahneman, 2012).

As respostas heurísticas não implicam a aleatoriedade, elas são simplesmente mais acessíveis e facilmente calculadas de forma a gerar soluções rápidas para problemas. Na maioria dos casos, as heurísticas são úteis para a tomada de decisão; porém, em alguns cenários, elas tornam o processamento da informação pouco confiável (Kahneman, 2012). Os vieses cognitivos advêm da confiança nos próprios julgamentos derivados de heurísticas e não podem ser atribuídos a efeitos de cunho motivacional, como a percepção de possíveis penalidades ou recompensas (Tversky & Kahneman, 1974).

TIPOS DE VIESES

Assim como diversas modalidades de heurísticas têm sido descritas na literatura, enfatiza-se a existência de diferentes categorias de vieses cognitivos. O viés de confirmação apresenta-se como a tendência humana de privilegiar a evidência que um indivíduo acredita ser verdadeira ou em cuja veracidade quer acreditar, ao mesmo tempo que informações não consistentes com hipóteses criadas pelo sujeito são negadas e ignoradas (Lilienfeld & Lynn, 2014; Johnson, 2018). Supõe-se que esse viés tenha função evolutiva, pois ele permite que indivíduos e estruturas sociais sejam influenciados a favorecer certas crenças e opiniões (Peters, 2022).

O viés retrospectivo, descrito inicialmente por Fischhoff e Beyth (1975), é a propensão de sujeitos afirmarem que "já sabiam o que iria acontecer", ou seja, refere-se à crença de ser capaz de prever um fenômeno antes de ele ocorrer. Entretanto, a suposta previsão dos acontecimentos depende das informações derivadas dos resultados e das consequências das ocorrências. Assim sendo, o viés retrospectivo consiste na influência de conhecimentos recentes sobre a justificativa de julgamentos passados (Hawkins & Hastie, 1990; Gerken, 2023).

A confiança exagerada nos próprios julgamentos está associada ao viés retrospectivo, ao passo que um sujeito não percebe o quanto o conhecimento adquirido posteriormente ao desfecho de uma situação ou tarefa afeta a sua habilidade de tomar a decisão mais adequada possível (Bernstein et al., 2015). Nesse sentido, o indivíduo superestima suas capacidades preditivas, pois mesmo as questões difíceis de serem resolvidas parecem ser fáceis quando consideradas em retrospecto (Lilienfeld & Lynn, 2014).

A tomada de decisão também pode ser impactada pela negligência dos dados faltantes. Esse tipo de viés envolve a tendência de subestimar os eventos que não são conhecidos, levando os sujeitos a ignorarem a existência de informações além daquelas já familiares a eles (Bowes et al., 2020). Por sua vez, o viés do ponto cego consiste no fenômeno no qual os sujeitos acreditam sofrer menos os efeitos de vieses sobre os seus comportamentos e julgamentos em comparação com os seus pares (Scopelliti et al., 2015). Portanto, verifica-se que todos estão sujeitos à influência de vieses, ainda que os próprios indivíduos não percebam os seus erros de julgamento (Lynn et al., 2023).

Os vieses e as heurísticas estão associados a erros de julgamento em diversos contextos sociais, como em situações do dia a dia e cenários profissionais relacionados com os campos da medicina, da ciência forense e de recursos humanos (Kahneman et al., 2021).

Portanto, faz-se necessário avaliar a extensão do impacto dos vieses cognitivos na prática clínica psicológica e, mais especificamente, no avanço da PBE como área do conhecimento.

A INFLUÊNCIA DE VIESES E HEURÍSTICAS NA TOMADA DE DECISÃO NA PRÁTICA CLÍNICA

A tomada de decisão inadequada pode ser explicada pela presença de vieses cognitivos que afetam os julgamentos (Kahneman et al., 2021). Ainda assim, as respostas intuitivas oriundas do Sistema 1 de processamento não necessariamente são derivadas das heurísticas, mas também podem ser originadas da *expertise* do indivíduo em resolver determinados tipos de problema. Sugere-se que os julgamentos intuitivos realizados por especialistas sejam mais bem explicados pelos efeitos do conhecimento prático do que pelas heurísticas (Kahneman, 2012). Contudo, todos os indivíduos são propensos ao erro de julgamento, mesmo as autoridades em determinado tema (Lilienfeld & Lynn, 2014).

Diagnósticos errôneos podem constituir graves consequências do uso da heurística de disponibilidade na prática clínica (Redelmeier & Ng, 2020). A análise do impacto de heurísticas, vieses e excesso de confiança pode explicar casos de tomada de decisão inadequada no contexto clínico e o uso de técnicas e abordagens terapêuticas ineficazes, sem testagem e evidências suficientes para a sua validação, e potencialmente nocivas aos pacientes (Bowes et al., 2020; Lilienfeld & Lynn, 2014; Washburn et al., 2023). É possível que os terapeutas confiem demasiadamente em suas intuições, oriundas do processamento rápido de informações do Sistema 1 e influenciadas pelas heurísticas e vieses, ao invés de conferir e analisar detalhadamente todas as evidências e conhecimento disponíveis para cada caso clínico (Washburn et al., 2023).

Ainda que as heurísticas e os vieses tenham um importante impacto sobre a tomada da decisão em questões do campo da Psicologia e, consequentemente, da PBE, a maior parte da literatura sobre erros de julgamento clínico advém da medicina (Howard, 2019; O'Sullivan & Schofield, 2018; Redelmeier & Ng, 2020). As práticas psicológicas e médicas apresentam diversas diferenças nos processos de diagnóstico, avaliação e intervenção e nos problemas e experiências com os quais cada profissional se depara (Bowes et al., 2020). Destaca-se a necessidade da condução de mais estudos que avaliem a influência de vieses cognitivos sobre a prática clínica de psicólogos.

Os erros de julgamento na tomada de decisão são desafios inerentes ao contexto clínico e que o terapeuta tem que enfrentar. As revisões de literatura realizadas por Lilienfeld e Lynn (2014) e por Bowes et al. (2020) descrevem e exemplificam os prejuízos das heurísticas e vieses para os psicólogos. Segundo os estudos, os terapeutas podem estar sujeitos ao ofuscamento diagnóstico, ocorrido quando as características salientes dos casos mais frequentes na população são mais facilmente lembradas. Isso se deve a um dos efeitos da heurística de disponibilidade, que é não utilizar informações importantes que estariam armazenadas em algum lugar da memória porque elas não estão nas "pautas recentes" de discussão; essas informações que ficam encobertas poderiam levar a um diagnóstico distinto e mais preciso. Em acréscimo, as falácias cognitivas podem levar os profissionais de saúde mental a: 1) realizar diagnósticos errôneos baseados apenas na representatividade dos sintomas dentro dos critérios diagnósticos para um transtorno, principalmente quando este tem pouca incidência na população geral (efeito da heurística de representatividade); 2) tomar decisões clínicas fundamentadas em informações insuficientes e nos sintomas iniciais de determinado paciente (consequência da heurística de ancoragem); 3) permitir que as próprias respostas emocionais despertadas na interação com cada paciente influenciem suas decisões diagnósticas (produto da heurística do afeto).

Os vieses também estão intimamente relacionados com dificuldades nas questões clínicas. O viés de confirmação pode levar os profissionais de saúde mental a ignorarem informações que contrariem suas crenças iniciais. Nesse sentido, origina-se uma profecia autorrealizável, na qual os terapeutas apenas consideram evidências que sejam consistentes com as suas hipóteses, mesmo quando tais evidências são falaciosas (Lilienfeld & Lynn, 2014). Já o viés retrospectivo pode impelir os profissionais a superestimar a probabilidade de um desfecho ocorrer, perceber erroneamente os comportamentos de seus pacientes como inevitáveis e valorizar em demasiado as suas próprias habilidades preditivas (Bowes et al., 2020).

Uma manifestação comum do viés de negligência pelos dados faltantes é denominada "ilusão dos clínicos", por meio da qual profissionais de saúde superestimam a cronicidade e a intratabilidade de certas questões clínicas (Washburn et al., 2023). Como os terapeutas frequentemente atendem pacientes que possuem psicopatologias severas, eles podem superdimensionar a quantidade de indivíduos com diagnósticos em saúde mental ao fazer comparações com uma escala populacional, tendendo, portanto, a ter percepções exageradas da prevalência e da gravidade de certos transtornos psicológicos (Bowes et al., 2020). Por mais que essa estimativa errônea de grandeza possa ser, em parte, consequência dos efeitos da heurística de disponibilidade, é possível que ela também reflita a propensão a desconsiderar informações sobre a prevalência de transtornos psicológicos entre sujeitos que não buscam tratamento (Lilienfeld & Lynn, 2014).

A revisão sistemática de Featherston et al. (2020) verificou as influências de diferentes tipos de vieses e heurísticas sobre a tomada de decisão clínica. Segundo os autores, a maior parte dos estudos selecionados envolveu amostras de terapeutas e psicólogos e 77% das pesquisas analisadas verificaram que os profissionais de saúde foram negativamente impactados por falácias cognitivas, especialmente pela heurística de representatividade. Portanto, estima-se que os vieses diminuam a eficácia da prática clínica dos terapeutas. Ainda assim, há uma lacuna na literatura atual no que se refere a estudos empíricos que avaliam a presença de erros de julgamento na tomada de decisão clínica de psicólogos e, consequentemente, na condução de revisões sistemáticas sobre a temática.

Dado que a prática clínica psicológica é negativamente impactada pelos vieses cognitivos, destaca-se a busca por estratégias que possam mitigar tal influência (Lilienfeld et al., 2009; Ludolph & Schulz, 2018). Entre as diferentes estratégias que podem ser utilizadas para otimizar a experiência clínica de psicólogos e torná-la menos dependente do processamento rápido por meio de heurísticas e vieses, evidencia-se a promoção da *expertise* científica. Segundo o guia sobre as diretrizes da PBE publicado pela APA (2006), a compreensão do método científico permite que os terapeutas avaliem diferentes delineamentos de pesquisas, analisem a magnitude de efeitos entre estudos, comparem resultados de intervenções conduzidas em diversos contextos culturais, apliquem os princípios de pesquisas relevantes na prática clínica e tenham uma postura aberta para a utilização da teoria e de evidências empíricas para guiar suas futuras intervenções, sem permitir que preconceitos ou erros de julgamento interfiram na tomada de decisão. A partir do que foi exposto, fica evidente a necessidade e relevância de realizar ensaios clínicos randomizados e revisões sistemáticas de forma a combater os erros de julgamento e aprimorar a *expertise* clínica.

A IMPORTÂNCIA DE ENSAIOS CLÍNICOS RANDOMIZADOS, REVISÕES SISTEMÁTICAS E METANÁLISES: A DIMINUIÇÃO DO VIÉS NAS PESQUISAS CIENTÍFICAS E OS BENEFÍCIOS PARA A PBE

Os ensaios clínicos randomizados são estudos prospectivos cujo objetivo principal consiste em testar a efetividade de determinada intervenção ou tratamento por meio da randomização das características dos participantes entre grupos (Hariton & Locascio, 2018). Por seu intermédio, é possível realizar comparações entre participantes de grupos distintos, e as diferenças nos resultados ou desfechos tendem a ser atribuídas às intervenções. Segundo as normas estabelecidas pela APA (2006), os ensaios clínicos randomizados são pesquisas que configuram o padrão-ouro e podem, em muitos casos, estabelecer causalidade entre as variáveis independente e de desfecho, pois permitem avaliar mais claramente os efeitos de uma intervenção. A randomização é uma aliada poderosa, funcionando como ferramenta que imprime o rigor científico necessário aos procedimentos de pesquisa e auxilia na redução de vieses cognitivos (Hariton & Locascio, 2018).

A menor incidência de vieses cognitivos nos estudos clínicos que utilizam delineamentos randomizados não ocorre pela ausência desses vieses nesse tipo de estudo, mas pelo esforço de pesquisadores em evitá-los por meio de cuidados metodológicos. Ainda que os vieses presentes nos ensaios clínicos randomizados não possam ser mensurados, é possível e imprescindível avaliar o risco de viés. Há algum tempo estão sendo realizadas reflexões e discussões aprofundadas acerca dos potenciais vieses aos quais a pesquisa clínica está sujeita e, ao mesmo tempo, estão sendo propostos procedimentos para diminuí-los, de modo a trazer confiabilidade aos resultados apresentados (Dhrangadhariya et al., 2023).

A qualidade das evidências empíricas descortinadas por ensaios clínicos randomizados pode ser avaliada por intermédio de revisões sistemáticas da literatura. Revisões sistemáticas constituem-se como um método que avalia um conjunto de dados provenientes, preferencialmente, de ensaios clínicos randomizados ou de pesquisas empíricas, buscando responder a uma pergunta específica, de forma objetiva. Elas possibilitam a comparação entre estudos com delineamentos similares e estimam o quanto desfechos das pesquisas selecionadas seguem as diretrizes do padrão científico (APA, 2006).

Revisões sistemáticas e metanálises são fundamentais para o avanço científico, visto que elas permitem que os pesquisadores e os terapeutas tenham acesso a uma vasta quantidade de evidências e, consequentemente, obtenham o conhecimento necessário para tomar as decisões clínicas mais adequadas para o tratamento de cada paciente (Lasserson et al., 2019). Avaliações sobre a eficácia de determinado tratamento ou intervenção psicológica devem estar baseadas nas informações compiladas por revisões sistemáticas de ensaios clínicos randomizados, evidenciando, então, a aplicabilidade e as limitações do modelo de intervenção analisado (APA, 2006). Os métodos sistemáticos utilizados pelo tipo de revisão citada propõem-se a diminuir, ao máximo, o impacto do viés sobre as conclusões e decisões que podem ser tomadas pelo leitor (Lasserson et al., 2019).

Todavia, é inegável que todas as pesquisas científicas, inclusive ensaios clínicos randomizados, são suscetíveis a vieses. Mesmo com rigor metodológico, existe uma tendência intrínseca de superestimar o tamanho do efeito das intervenções avaliadas. Falhas no delineamento, condução e análise podem levar a resultados de desfechos subestimados ou, mais comumente, superestimados (Higgins et al., 2011). Portanto, minimizar vieses em ensaios clínicos randomizados é essencial, dado que vieses não identificados e não tratados podem se propagar e comprometer a integridade de revisões sistemáticas, resultando em sínteses distorcidas das evidências (Savović et al., 2014). Assim, revisões sistemáticas devem adotar uma abordagem rigorosa, avaliando e destacando de maneira criteriosa potenciais fontes de viés e limitações dos estudos elegíveis, para assegurar conclusões precisas e transparentes.

Revisões sistemáticas também precisam ser avaliadas em relação ao risco de viés que podem apresentar, pois elas incluem estudos com diferentes qualidades e variados riscos de vieses. Na área da saúde, as revisões podem incluir diferentes tipos de desenho de estudo, dependendo da pergunta clínica de interesse. A evidência que a revisão sistemática gera depende da qualidade ou dos vieses metodológicos dos estudos que ela analisa. Nesse sentido, a avaliação do risco de viés é essencial para garantir a confiabilidade dos resultados derivados dos estudos incluídos em revisões sistemáticas. Atualmente, existem diversas ferramentas disponíveis para a condução de tais análises, como o *Cochrane Risk of Bias* (RoB2) e os instrumentos desenvolvidos pelo Joana Briggs Institute. Para cada tipo de desenho de estudo, existem ferramentas específicas para avaliar a qualidade, como descrito na Tabela 1, que apresenta as principais ferramentas utilizadas para esse fim. A aplicação dessas ferramentas promove uma análise mais qualificada, minimizando subjetividades e reforçando a transparência no processo de avaliação do risco de viés. A escolha de qual ferramenta utilizar também constitui um importante passo da avaliação do risco de viés, dado que nem todos os instrumentos existentes são adequados para atestar a validade interna dos estudos. É indispensável que, a despeito da ferramenta escolhida, a avaliação do risco de viés seja feita por dois avaliadores independentes, que devem basear suas análises nos principais desfechos de cada estudo e utilizar fontes de informações diversificadas, de modo a proporcionar uma avaliação abrangente das pesquisas.

Tabela 1 Ferramentas de avaliação da qualidade metodológica dos estudos de acordo com o delineamento

Delineamento	Ferramenta de viés
Revisões sistemáticas	*AMSTAR 2* *ROBIS*
Estudos de acurácia diagnóstica (estudos que avaliam a precisão com que um teste diagnostica uma condição)	*QUADAS-2*
Coorte/caso controle (prognóstico/fator de risco)	*QUIPS*
Epidemiológicos Transversais Relato de caso/série de caso	*JBI – Critical Appraisal Tools*
Estudos não randomizados	*Cochrane ROBINS-I tool* *Newcastle-Ottawa Scale*
Ensaios clínicos randomizados	*Cochrane Risk of Bias Tool*

Fonte: elaborada pelas autoras.

É importante destacar que a robustez das conclusões de uma revisão sistemática está fortemente atrelada à qualidade e aos vieses metodológicos dos estudos primários que a compõem. A confiabilidade da estimativa do tamanho do efeito, proveniente de uma revisão sistemática que engloba estudos com diferentes rigores metodológicos, pode ser aferida pela abordagem *Grading of Recommendations Assessment, Development and Evaluation* (GRADE). Esse método foi desenvolvido para mensurar o grau de confiança nas evidências apresentada pelas revisões sistemáticas. O GRADE categoriza a confiança nas evidências em quatro níveis: alto, moderado, baixo e muito baixo, considerando os domínios risco de viés, inconsistência, imprecisão, evidência indireta e viés de publicação. Adicionalmente, em contextos pertinentes, a certeza da evidência pode ser elevada considerando o tamanho do efeito, relação dose-resposta e fatores plausíveis de confusão (Brasil, 2014). Para facilitar a aplicação do GRADE em revisões sistemáticas, o *software* GRADEPro GDT é recomendado e pode ser acessado no site: https://gdt.gradepro.org/app/#projects.

Além do GRADE, as revisões sistemáticas podem minimizar problemas utilizando outra ferramenta. Na área da saúde, as revisões podem incluir estudos de *coorte* ou transversais sobre prevalência. Estudos de prevalência diferem dos estudos de incidência de novos casos, porém nem sempre na condução de uma revisão sistemática essa distinção fica clara. No agrupamento de estudos, importa saber se os dados apresentados são de prevalência pontual, se foram considerados os casos de prevalência ao longo do tempo ou se foram incluídos estudos de incidência. Para minimizar esse e outros problemas, foi desenvolvida uma ferramenta denominada *JBI Critical Appraisal Tools* (Aromataris & Munn, 2020), que, desde sua primeira versão, em 2014, até a mais recente, de 2020, auxilia na elaboração de uma síntese e interpretação dos resultados da revisão sistemática. De acordo com esse manual, os revisores (ou avaliadores) devem responder a nove itens para cada estudo incluído na revisão, com "sim", "não", "não está claro" ou "não aplicável", que julgam a qualidade metodológica dos trabalhos elegíveis, classificando com clareza um resultado como positivo por trazer informação de qualidade aceitável em contraste com avaliação negativa ou com informação incerta.

Como previamente abordado neste capítulo, o ensaio clínico randomizado é o desenho de estudo utilizado para avaliar a eficácia e a segurança de intervenções. Os ensaios clínicos randomizados são estudos planejados para mitigar os vieses, uma vez que o processo de randomização aloca de maneira imparcial os participantes nos grupos de intervenção e controle. É fundamental entender que existe uma correlação direta entre a robustez metodológica de um estudo e a minimização do risco de vieses inerentes. Portanto, ensaios clínicos de alta qualidade metodológica tendem a apresentar um menor grau de incerteza, conferindo, assim, maior confiabilidade aos seus resultados. Em síntese, cinco principais fontes de vieses podem ser identificadas nos estudos relacionados a intervenções de saúde (Brasil, 2014):

1. Viés de seleção: a seleção diferencial em grupos de alocação pode ser mitigada pela randomização, garantindo o sigilo na alocação. A eficácia dessas medidas é evidenciada pela similaridade nas características basais dos grupos.
2. Viés de desempenho: refere-se a diferenças sistemáticas nos cuidados oferecidos pelos profissionais de saúde aos pacientes entre os grupos de intervenção e controle, além da própria intervenção em estudo. A distinção primordial entre os grupos deve ser unica-

mente a intervenção sob avaliação. Para mitigar essas variações, é crucial que tanto os profissionais de saúde como os pacientes estejam "cegos" quanto à alocação dos grupos.

3. Viés de detecção: relaciona-se com discrepâncias sistemáticas na avaliação de desfechos entre grupos. Ensaios com cegamento na avaliação dos desfechos reduzem essa susceptibilidade.
4. Viés de atrito: diferenças sistemáticas entre grupos devido à perda seletiva de participantes durante a pesquisa.
5. Viés de relato seletivo: diz respeito à divergência entre o protocolo estabelecido e a apresentação dos desfechos, podendo levar à omissão de resultados desfavoráveis e à priorização de desfechos favoráveis.

No contexto da análise de vieses, tem-se empregado a ferramenta Colaboração *Cochrane*. A ferramenta *Cochrane Risk of Bias* (RoB ou RoB 1.0) foi desenvolvida, em sua primeira versão, em 2008 e atualizada em 2011, composta de sete domínios (Higgins et al., 2011) para avaliar, em ensaios clínicos randomizados, com base no julgamento dos revisores, o risco de viés. Em sua segunda versão, o instrumento RoB 2.0 (Higgins et al., 2019; Sterne et al., 2019) passou a analisar o grau desse risco por intermédio da síntese dos resultados de cada estudo, alocando as respostas às perguntas de diferentes domínios de vieses potenciais. Ainda que os domínios de vieses investigados pela versão mais atualizada da ferramenta apresentem nomes diferentes da versão original, os conceitos e os parâmetros mensurados permanecem semelhantes.

Faz-se importante notar que, antes de escolher fazer uso do RoB 2.0, os pesquisadores devem definir claramente o propósito de sua revisão sistemática, verificando se ela se propõe a avaliar o efeito inicial de determinada terapia (efeito de atribuição) ou se deseja analisar o efeito da adesão dos participantes a um protocolo terapêutico. A maior parte das revisões sistemáticas tem como objetivo verificar o efeito da atribuição de uma intervenção, o qual pode ser estimado por meio da análise por intenção de tratar (*Intention-to-treat*; ITT). A análise ITT visa incluir todos os participantes randomizados em sua avaliação, inclusive aqueles que desistiram ou mudaram de intervenção, de forma a permitir uma melhor estimação da real eficácia de um protocolo terapêutico (Higgins et al., 2019). Dado que a ITT apresenta diversas variações, torna-se fundamental a reflexão dos pesquisadores acerca do formato mais adequado para o propósito da revisão sistemática.

Avaliar o viés em ensaios clínicos utilizando a ferramenta *Cochrane Risk of Bias Tool* 2.0 (RoB 2.0) é um procedimento que busca analisar a incerteza em relação ao risco de distorção dos resultados de cada estudo. Isso é feito por meio da análise das respostas a uma série de questões, cada uma abordando diferentes potenciais vieses. As respostas a essas questões variam entre "sim", "provavelmente sim", "provavelmente não", "não", "não há informação" e "não aplicável". Enquanto as alternativas "sim" e "não" indicam a presença ou a ausência de informações claras que guiam a avaliação de determinado aspecto, as opções que contêm o termo "provavelmente" refletem a suposição de que os autores da revisão sistemática tenham um julgamento baseado nas evidências disponíveis (Sterne et al., 2019). Com base nas respostas fornecidas a essas questões, os estudos incluídos em uma revisão sistemática podem ser classificados, quanto ao risco de viés, como alto, baixo ou com algumas preocupações (Higgins et al., 2019). A ferramenta RoB 2 avalia cinco domínios:

1. Viés decorrente do processo de randomização: refere-se à coleta de informações sobre como os participantes de um estudo são alocados em grupos de controle ou intervenção. Para que um estudo seja metodologicamente robusto, os grupos devem ser comparáveis, garantindo uma randomização adequada. A alocação não deve ser influenciada por avaliações subjetivas dos pesquisadores, pois uma correta randomização evita vieses. Um exemplo é a heurística de representatividade, que se refere à seleção tendenciosa de participantes baseada em características presumidas sobre quais deles apresentarão os melhores desfechos (Higgins et al., 2019; Sterne et al., 2019).
2. Viés devido a desvios das intervenções pretendidas: é avaliado com base em se os participantes e a equipe do ensaio clínico estão cientes da alocação e intervenção designada. O conhecimento sobre a intervenção pode influenciar tanto pesquisadores como participantes, predispondo-os a expectativas e interpretações enviesadas. Um exemplo desse tipo de viés é o fenômeno conhecido como viés de retrospectiva, em que os indivíduos acreditam erroneamente que previram um resultado. Por exemplo, esse conhecimento pode resultar em um ceticismo exagerado ou uma confiança desmedida na eficácia da intervenção, o que pode impactar os resultados do estudo. Além disso, esse domínio avalia desvios que ocorrem quando as intervenções estipuladas no protocolo não são seguidas rigorosamente. Esses desvios podem incluir a administração de tratamentos adicionais não previstos no protocolo, falhas na implementação adequada das intervenções planejadas ou a não adesão dos participantes à intervenção a eles designada (Higgins et al., 2019; Sterne et al., 2019).
3. Viés devido à falta de dados sobre desfecho: avalia a perda de seguimento de participantes ao longo da condução do estudo. Dados de desfecho ausentes podem introduzir viés de negligência dos dados na avaliação do efeito de uma intervenção. Essas ausências podem resultar de participantes que desistem, falham em fornecer dados em visitas de estudo, ou casos em que dados são perdidos ou participantes falecem. Esse domínio analisa o risco de viés associado aos dados ausentes e os métodos adotados para contabilizá-los (Higgins et al., 2019).
4. Viés na mensuração do desfecho: avalia os erros na medição de desfechos que podem enviesar estimativas do efeito de intervenções. Tais erros são classificados como erro de medição (para desfechos contínuos), erro de classificação (para desfechos dicotômicos ou categóricos) ou sub/sobredeterminação (para eventos). Os erros de medição podem ser diferenciais, quando relacionados à designação da intervenção e mais prováveis quando os avaliadores não são cegos para essa designação, ou não diferenciais. Esse domínio foca principalmente em erros de medição diferenciais. Por exemplo, o risco de viés aumenta quando o avaliador do desfecho é o próprio participante, utilizando autorrelato (Higgins et al., 2019). Cerca de 30% dos indivíduos em grupos placebo relatam melhorias após intervenção (Sterne et al., 2019). Participantes são suscetíveis ao viés do ponto cego, não reconhecendo que sua percepção de desfechos positivos pode ser influenciada por efeitos placebo, regressão à média, flutuações naturais de comportamentos, experiências cotidianas e

outras atividades, como meditação ou exercícios físicos (Lynn et al., 2023).

5. Viés na seleção do resultado relatado: refere-se a apresentação seletiva de desfechos favoráveis com base em significância estatística, direção e magnitude do efeito. Em ensaios clínicos, essa escolha seletiva, muitas vezes conduzida pelo viés de confirmação, leva à ênfase em evidências que confirmam hipóteses, desconsiderando resultados contrários. Tal viés não só afeta a divulgação de resultados, como também influencia quais estudos são submetidos para publicação. Estudos com desfechos significativos são mais propensos à submissão e aceitação para publicação (Dalton et al., 2016). Na Psicologia, nota-se uma aparente prevalência de resultados que confirmam hipóteses (Haeffel, 2022). Popper (1980) enfatizou que refutar uma teoria pode representar um avanço científico, estabelecendo o critério de falsificabilidade como diferencial entre ciência e não científico. A aparente prevalência de hipóteses confirmadas na Psicologia suscita preocupações sobre o impacto do viés de confirmação na integridade científica da área. É fundamental reconhecer que a ciência avança ao testar rigorosamente teorias, permitindo que novas ideias desafiem paradigmas estabelecidos.

É imprescindível enfatizar a inegável importância dos ensaios clínicos randomizados na avaliação da eficácia e segurança das intervenções a serem estudas. Além disso, é fundamental a condução de revisões sistemáticas de qualidade para a construção da base da PBE. No entanto, é essencial reconhecer que tanto os ensaios clínicos como as revisões sistemáticas podem ser influenciados por vieses. Portanto, é crucial identificar e mitigar esses vieses para garantir a validade e a confiabilidade dos resultados. Existem várias manifestações de vieses metodológicos e cognitivos que, se não forem adequadamente controlados, podem afetar a eficácia e minar a confiabilidade das evidências clínicas.

Espera-se que, com essas reflexões, o leitor perceba as motivações metodológicas que nortearam pesquisadores comprometidos com o avanço do conhecimento. Quando são propostas questões capazes de avaliar, em alguma medida, o risco de viés dos estudos selecionados por revisões sistemáticas, elas funcionam como instrumentos para os profissionais desenvolverem uma compreensão sobre a qualidade e a confiabilidade do conhecimento descortinado pelas pesquisas e o que pode ser devido a erros sistemáticos. Essa informação é fundamental na tomada de decisão clínica. Esse ponto é essencial para os profissionais que buscam se aproximar da prática baseada em evidências (PBE).

PRÁTICA BASEADA EM EVIDÊNCIA COMO ESTRATÉGIA CONTRA O VIÉS

A abordagem da PBE exige uma definição precisa de "evidência". Esse termo engloba uma ampla variedade de eventos, fenômenos, relatos, ou observações, desde que adequadamente contextualizados. No âmbito da pesquisa científica, "evidência" refere-se a informações com relevância teórica. Uma teoria ou um modelo teórico procura estabelecer uma relação lógica entre fatos, com o objetivo de compreender a realidade. Essas evidências podem assumir um caráter tanto positivo como negativo em relação à teoria, podendo confirmar ou refutar suas premissas. Os fatos, por si só, não conduzem automaticamente à formação de teorias. Avaliar teorias baseadas em evidências pode envolver abordagens *top-down* e *bottom-up*. A primeira indaga se as teorias encontram respaldo nas evidências ou se a estrutura teórica é compatível com as evidências que busca explicar. Já a segunda abordagem busca determinar a confiabilidade, a validade e a consciência das teorias em relação às evidências disponíveis. Enfrentar o desafio da circularidade é crucial, pois muitas vezes as evidências são identificadas pela teoria e, simultaneamente, a teoria é testada com base nessas evidências. Portanto, priorizar a busca por contraexemplos torna-se essencial. Além disso, é preciso entender que as percepções estão sujeitas a distorções, podendo resultar em vieses ou erros. Diante dessas complexidades relacionadas à confiabilidade dos sistemas teóricos, é benéfico buscar estratégias metodológicas que minimizam essas complicações. A perspectiva popperiana, que prioriza a busca por evidências negativas, pode ser de grande valia para contrapor vieses nos processos de construção do conhecimento, ainda que tal abordagem não esteja amplamente adotada na Psicologia (Haeffel, 2022).

Os vieses implícitos, aqueles não percebidos pelos indivíduos afetados, perpetuam erros clínicos e apresentam dificuldades para extinção (Gopal et al., 2021). Nesse contexto, considerar alternativas e entender a perspectiva de terceiros são práticas benéficas para minimizar os erros de julgamento causados por esses vieses, orientando tomadas de decisão clínica que levam em consideração diferentes fatores (Lilienfeld & Lynn, 2014).

Segundo as diretrizes da APA (2006), a consciência dos limites de conhecimento e a atenção aos próprios vieses cognitivos e afetivos estão intimamente ligadas à *expertise* clínica do terapeuta. A PBE auxilia os profissionais de saúde a reconhecerem os vieses que podem afetar a tomada de decisão clínica. Embora esses vieses não sejam evitáveis, existem abordagens metodológicas que podem ajudar a reduzi-los (Doherty & Carroll, 2020). O pensamento crítico também desempenha um papel fundamental na discussão sobre vieses, heurísticas, estereótipos e erros de julgamento humano. Esse pensamento crítico não deve se limitar a questionar as próprias suposições, mas deve ser direcionado à avaliação crítica das evidências científicas (Bornstein, 2016). Além disso, a PBE demanda uma busca contínua pelo aprimoramento dos modelos empíricos utilizados, submetendo-os a avaliações rigorosas para identificar as intervenções psicoterapêuticas mais adequadas e eficazes. A emergência de "novos modelos" na prática clínica requer uma avaliação cautelosa, sendo a avaliação minuciosa fundamental para verificar a robustez e a eficácia dos tratamentos. Uma defesa intransigente de determinada abordagem não está alinhada com o ideal da PBE.

No mesmo sentido, ensaios clínicos randomizados e revisões sistemáticas da literatura são fundamentais para o avanço do conhecimento científico. No entanto, é necessário que os profissionais saibam interpretar os resultados de forma crítica. A postura de credulidade não auxilia na jornada do conhecimento. As pesquisas devem aderir a protocolos e diretrizes robustas, pois essa é a forma de produzir um corpo de evidências científicas confiáveis na Psicologia (APA, 2006). Nesse contexto, a adoção de métodos, técnicas e intervenções baseados nos princípios da PBE torna-se uma estratégia essencial para terapeutas que desejam minimizar seus erros de julgamento e aprimorar sua prática clínica. O objetivo é proporcionar uma abordagem profissional que atenda eficazmente às necessidades dos pacientes. O desafio nas investigações reside na elaboração de delineamentos metodológicos que buscam, se necessário, refutar as teorias que norteiam sua prática clínica (Bornstein, 2016).

CONSIDERAÇÕES FINAIS

Ao longo deste capítulo, ficou evidente o impacto significativo dos vieses na tomada de decisões clínicas e na condução de ensaios clínicos de pesquisa. Enfatizou-se que as revisões sistemáticas podem ser afetadas por esses erros sistemáticos e destacaram-se as ferramentas disponíveis para minimizar tais influências. Na formação de terapeutas clínicos, é necessário dedicar uma atenção especial à habilidade de interpretar resultados de pesquisas e revisões sistemáticas. É importante compreender que os resultados de pesquisa, incluindo revisões sistemáticas, devem ser abordados com olhar crítico e analítico, em vez de uma adesão acrítica. Finalmente, para aprimorar a prática clínica e avançar em direção à PBE, é essencial reconhecer que, assim como estamos sujeitos a erros de julgamentos na prática clínica, as pesquisas variadas que rigorosamente testam abordagens clínicas em busca de evidências negativas, e não somente positivas, precisam estar na pauta dos psicólogos e profissionais da saúde. Isso nos aproximará ainda mais dos princípios fundamentais da PBE.

REFERÊNCIAS

Capítulo **14**

Anatomia do *florest plot* (gráfico floresta): como interpretar um gráfico de metanálise

Tamara Melnik

Um passo importante em uma revisão sistemática é a avaliação cuidadosa se é apropriado conduzir uma metanálise. Por definição, a metanálise é a combinação estatística de resultados de dois ou mais estudos similares. Em geral, os estudos que avaliam a eficácia da psicoterapia são realizados com poucos participantes, e a metanálise pode aumentar a precisão da estimativa de efeito do tratamento. Além disso, as metanálises podem responder a perguntas não esclarecidas por estudos individuais e, portanto, resolver controvérsias decorrentes de estudos com resultados conflitantes.

A metanálise é, normalmente, um procedimento bifásico. Na primeira fase, calcula-se uma estatística sumária para cada estudo, visando representar o efeito da intervenção de maneira uniforme em todos os estudos. Por exemplo, a estatística resumida pode ser uma razão de riscos para dados dicotômicos, ou uma diferença entre médias, se os dados forem contínuos (Deeks et al., 2023).

Na segunda fase, estima-se o efeito da intervenção agregada (combinada), calculado como uma média ponderada dos efeitos de intervenção apresentados nos estudos analisados. O peso atribuído a cada estudo é, com frequência, inversamente relativo à variância da estimativa de efeito desse estudo, significando que estudos com maior precisão (variância menor) tendem a ter maior peso (Deeks et al., 2023).

A estimativa do efeito combinado é comumente acompanhada por um intervalo de confiança, que oferece uma avaliação da exatidão da estimativa. Em termos gerais, quanto maior o número total de participantes nos estudos na metanálise e quanto menor a variabilidade nas estimativas de efeito entre os estudos, mais estreito será o intervalo de confiança (Deeks et al., 2023).

A maioria das metanálises implica a combinação de estimativas de efeito provenientes de estudos que apresentam, em alguma medida, heterogeneidade clínica. Essa diversidade pode ser notada nas características dos participantes, nas intervenções aplicadas ou nos resultados avaliados nos diferentes estudos. Essa realidade suscita questionamentos acerca da legitimidade da agregação de estudos e de como lidar com a heterogeneidade durante a análise (Deeks et al., 2023).

Sem dúvida, os estudos agregados em uma revisão sistemática apresentarão diferenças. Toda forma de diferença entre os estudos pode ser classificada como heterogeneidade. É oportuno fazer uma distinção entre as diversas categorias de heterogeneidade. A variação nas características dos participantes, nas intervenções aplicadas e nos resultados obtidos pode ser caracterizada como diversidade clínica (heterogeneidade clínica), enquanto no desenho do estudo, nas ferramentas de aferição dos resultados e no risco de viés pode ser caracterizada como diversidade metodológica (heterogeneidade metodológica). A variabilidade nos efeitos das intervenções avaliadas nos diversos estudos é identificada como heterogeneidade estatística, e é o resultado da diversidade clínica, metodológica ou de ambas, neles presente. A heterogeneidade estatística se revela quando os efeitos observados da intervenção diferem mais entre si do que o previsto por mero erro aleatório (chance). Por convenção, referiremo-nos à heterogeneidade estatística simplesmente como heterogeneidade (Deeks et al., 2023).

É importante estar familiarizado com os tipos de dados mais comuns (por exemplo, dicotômicos, contínuos) que resultam da medição de um resultado em um estudo individual (p. ex., ensaio clínico randomizado) e escolher medidas de efeito adequadas para comparar grupos de intervenção. As metanálises são apresentadas graficamente em um "gráfico de floresta" (*forest plot*). Como em outros gráficos, no topo, o título informa o leitor sobre a comparação estudada. Ver, na Figura 1, exemplo extraído de uma revisão Cochrane – Intervenções psicossociais para tratamento da disfunção erétil (Melnik et al., 2007), em que detalhamos cada coluna do gráfico de floresta "Terapia de grupo *versus* lista de espera (desfecho número de pacientes com disfunção erétil após o tratamento)".

Todos os três estudos incluídos avaliaram o número de participantes com persistência de DE (disfunção erétil) após o tratamento. A terapia de grupo, de acordo com a metanálise apresentada, mostrou um menor número de participantes com DE na avaliação realizada após o tratamento (RR 0.11, IC 95% 0.03 a 0.33; participantes = 45; estudos = 3; I2 = 41%).

A seguir, a descrição de cada coluna do gráfico (Figura 1):

- A primeira coluna lista o nome do primeiro autor do estudo, juntamente com o ano de publicação, fornecendo uma referência rápida sobre a origem dos dados.
  Em um gráfico de floresta, cada estudo é representado por uma linha horizontal que traz a estimativa de efeito do estudo e seu respectivo intervalo de confiança. A precisão da estimativa de efeito de cada estudo é geralmente indicada pelo comprimento dessa linha horizontal (intervalo de confiança). Quanto menor o comprimento, menor o intervalo de confiança e, portanto, a estimativa de efeito é mais precisa. Estudos com universo amostral grande têm intervalos de confiança menores. Um ponto ou intervalo à direita da linha geralmente indica um benefício da intervenção experimental, enquanto um ponto ou intervalo à esquerda indica um benefício da intervenção comparativa.
- Dados do grupo de intervenção (n/N): essa coluna apresenta informações específicas sobre o grupo de intervenção em cada pesquisa. Aqui, "n" refere-se ao número de participantes que tiveram o desfecho estudado, e "N" é o total de indivíduos no grupo. A partir desses dados, é possível calcular a taxa de eventos, ou risco absoluto, no grupo de intervenção, dividindo-se o "n" pelo "N". Esse cálculo pode ser feito individualmente para cada estudo ou em um contexto agregado para todos os estudos (risco relativo).

Desfecho: Persistência da disfunção erétil			Peso do estudo (%)	Razão de risco (RR)
Estudos incluidos	**n/N**	**n/N**		**95% CI**
01 pós-tratamento				
Kockott, 1975	5/8	7/8	34,30	0,71 [0,39, 1,30]
Ansari, 1976	13/21	15/18	39,06	0,74 [0,50, 1,10]
Price, 1981	0/14	7/7	6,48	0,04 [0,00, 0,55]
Munjack, 1984	0/8	7/8	6,57	0,07 [0,00, 1,00]
Kilmann, 1987	1/4	4/4	13,59	0,25 [0,05, 1,36]
Subtotal (95% CI)	55	45	100,00	0,37 [0,15, 0,96]
Total eventos: 19 (terapia de grupo), 40 (lista de espera)				
Teste de heterogeneidade: Chi^2 = 16,03, df = 4 (P = 0,003), I^2 = 75,0%				
Teste de efeito global: Z = 2,04 (P = 0,04)				
02 aos seis meses de seguimento				
Price, 1981	4/14	7/7	47,27	0,29 [0,12, 0,65]
Munjack, 1984	4/8	8/8	52,73	0,50 [0,25, 1,00]
Subtotal, (95% CI)	22	15	100,00	0,40 [0,23, 0,68]
Total eventos: 8 (terapia de grupo), 15 (lista de espera)				
Teste de heterogeneidade: Chi^2 = 1,05, df = 1 (P = 0,31), I^2 = 4,4%				
Teste de efeito global: Z = 3,33 (P = 0,0009)				

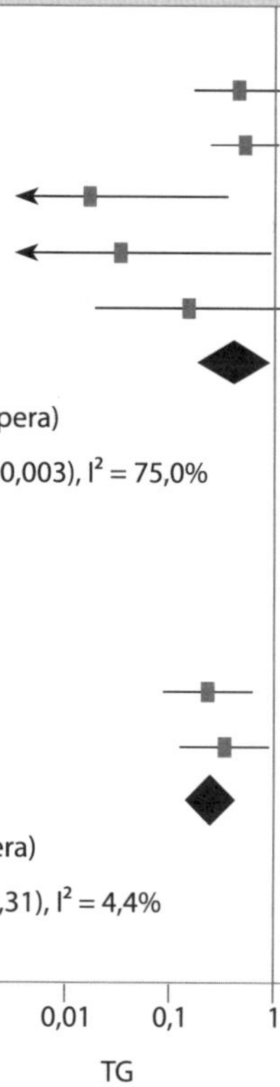

Figura 1 Recorte do gráfico de floresta "Terapia de grupo *versus* lista de espera".
Fonte: Melnik et al., 2007.

- Dados do grupo controle (n/N): similar à coluna anterior, mas focada no grupo controle. Também permite o cálculo da taxa de eventos, fornecendo o risco absoluto no grupo controle, tanto em uma base individual como combinada.
- Eixo vertical representa a linha de efeito nulo: uma linha vertical que representa o ponto de "nenhum efeito" (como um risco relativo de 1) cruza o eixo horizontal. Se os intervalos de confiança dos estudos cruzam essa linha, isso indica que esses estudos, por si só, não mostraram um efeito estatisticamente significativo.
- Gráfico central: aqui encontramos o coração do *forest plot*. O eixo horizontal mostra a magnitude do efeito e, como mencionado acima, o eixo vertical indica a linha de nenhum efeito. Cada estudo é representado por uma linha horizontal com um quadrado no centro, que simboliza o efeito estimado do estudo (risco relativo, *odds ratio*, etc.). O tamanho do quadrado reflete a quantidade de informação ou o peso com que o estudo contribui para a estimativa global. As extremidades das linhas horizontais denotam o intervalo de confiança. Um losango na parte inferior sintetiza os resultados com-

binados de todos os estudos. A posição do centro e das extremidades desse losango indica a estimativa de efeito geral e seu intervalo de confiança.

- Risco relativo e IC de 95%: à direita do gráfico, essa coluna exibe numericamente as estimativas de efeito e seus intervalos de confiança, proporcionando uma referência quantitativa clara.
- Peso do estudo: o gráfico de floresta também deve mostrar a contribuição relativa de cada estudo para a estimativa combinada, normalmente por meio do tamanho do quadrado que o representa. Expresso em percentuais, esse valor indica a contribuição relativa de cada estudo para a análise global.
- Heterogeneidade: como descrito acima, a variação entre estudos (heterogeneidade) deve ser considerada, embora a maioria das revisões não tenha estudos suficientes para permitir a investigação confiável de suas causas. Elas também incluem uma indicação da heterogeneidade entre os estudos, que é uma medida de quão consistentes (ou inconsistentes) são os resultados dos estudos entre si. Isso pode ser apresentado, por exemplo, como uma estatística (como I^2) ou a sobreposição dos intervalos de confiança dos estudos incluídos. No exemplo acima ($I^2 = 41\%$), considera-se heterogeneidade baixa.
- Diamante: na parte inferior do gráfico, após as linhas dos estudos individuais, o diamante indica o resultado combinado da metanálise. O centro do diamante representa a estimativa do efeito combinado, e a largura representa o intervalo de confiança.

CONSIDERAÇÕES FINAIS

Ao interpretar um *forest plot*, é importante não apenas olhar para o resultado combinado, mas também considerar a consistência dos resultados dos estudos individuais, o tamanho dos intervalos de confiança e a presença de possíveis viéses. Em resumo, um gráfico de floresta é uma ferramenta visual e analítica que sintetiza e apresenta compreensivelmente os resultados de múltiplos estudos, facilitando a interpretação de complexas análises estatísticas e ajudando na tomada de decisões baseadas em evidências.

REFERÊNCIAS

Capítulo **15**

Psicometria e os testes diagnósticos na prática baseada em evidências

Jorge Sinval

INTRODUÇÃO

A importância do uso de instrumentos psicométricos de qualidade na Psicologia baseada em evidências reside na necessidade de garantir um grau de confiança maior nos dados recolhidos e interpretados (Flake et al., 2017). Os instrumentos psicométricos são uma ferramenta importante na prática profissional tanto de psicólogos como de outros profissionais (Furr, 2020), nomeadamente na área da pesquisa. Instrumentos psicométricos bem desenvolvidos e robustos (i.e., com boas evidências de validade) são essenciais para a obtenção de dados precisos e relevantes, que servirão como base para o diagnóstico, a intervenção e a avaliação das práticas psicológicas. Ao utilizar instrumentos psicométricos com boas propriedades de medida, os profissionais de Psicologia podem tomar decisões mais informadas e baseadas em melhores evidências, contribuindo assim para um potencial aumento da qualidade dos serviços prestados e possível promoção do bem-estar dos indivíduos e das comunidades.

Além disso, a utilização de instrumentos psicométricos adequados é crucial para a pesquisa em Psicologia, desempenhando um papel fundamental na reprodutibilidade e replicabilidade dos resultados das pesquisas e na confiança que os pesquisadores podem ter nos seus resultados. Com instrumentos psicométricos apropriados é possível, entre outros, realizar comparações de escores entre grupos e selecionar itens mais adequados de acordo com o nível de aptidão ou atitude que se deseja discriminar. Esses tipos de informações conduzem a melhores evidências e a uma maior qualidade no processo de mensuração e análise, o que contribui para o avanço do conhecimento científico na área. Ao utilizar instrumentos com boas propriedades psicométricas, os pesquisadores podem aumentar a qualidade dos resultados obtidos, o que poderá potenciar a identificação de padrões, a generalização de descobertas e a construção de teorias mais sólidas e fundamentadas.

Por fim, a adoção de instrumentos psicométricos de qualidade na Psicologia baseada em evidências também contribui para o fortalecimento da ética profissional e da confiança pública na área. Ao utilizar instrumentos psicométricos com evidências de validade apropriadas, os profissionais de Psicologia demonstram seu compromisso com a integridade científica e a responsabilidade perante indivíduos e comunidades atendidas. O uso de instrumentos psicométricos adequados garante que os processos de avaliação e intervenção sejam realizados com rigor científico e respeito às necessidades e direitos dos indivíduos, promovendo a justiça e a equidade na prática psicológica (American Educational Research Association et al., 2014).

Os instrumentos são geralmente publicados inicialmente numa primeira língua, normalmente o inglês (Elosua & Iliescu, 2012), e posteriormente, quando se revelam ferramentas úteis e com evidências de validade, são adaptados transculturalmente a outros contextos (países e/ou culturas). Para esse efeito, existem várias orientações (Beaton et al., 2000; Gudmundsson, 2009; Hambleton, 1996; Hambleton et al., 2005; He & van de Vijver, 2012; Ohrbach et al., 2013; van de Vijver & Hambleton, 1996); as definidas pela *International Test Commission* (ITC) merecem uma atenção especial (International Test Commission, 2018). Poortinga (1989) alertou para a necessária cautela na comparação de construtos e resultados obtidos em diferentes versões linguísticas de um mesmo instrumento psicométrico. Outros autores acrescentam preocupações sobre os tipos de análises que podem ser realizados com dados transculturais (van de Vijver, 2016; van de Vijver & Fischer, 2009). Para além da necessidade de versões multilinguísticas dos mesmos instrumentos, há também a consciência de que tais esforços devem ser desenvolvidos com rigor metodológico. Este capítulo começa por descrever a utilização dos *standards* para os instrumentos psicológicos, discutindo o desenvolvimento de novos instrumentos e, em seguida, abordando a adaptação de instrumentos.

AVALIAÇÃO PSICOLÓGICA

A primeira avaliação psicológica extensiva ocorreu na China há mais de 3.000 anos, medindo a criatividade, a percepção espaço-visual, o pensamento divergente e a resolução de problemas (Oakland, 2004). Desde então e até a atualidade, a avaliação psicológica tem conquistado o seu espaço em diversos contextos. A avaliação psicológica é um constituinte tão importante da prática psicológica que a sua utilidade é, sem dúvida, essencial (Hunsley & Mash, 2008). A avaliação é vista por muitos psicólogos profissionais como a caraterística única e definidora da sua especialidade (Diniz et al., 2007; Krishnamurthy et al., 2004). A capacidade de efetuar uma avaliação psicológica é vista como uma competência essencial (Hunsley & Mash, 2008). Tanto no exercício da sua profissão como em pesquisa, os psicólogos recorrem a diversas técnicas e tecnologias, embora as mais utilizadas sejam, sem dúvida, questionários, índices, inventários, escalas e testes (Muñiz & Bartram, 2007); muitos são os termos utilizados para designar os instrumentos psicométricos (Cohen et al., 2022; Streiner, 2003). São a expressão mais impactante e conhecida da psicometria na sociedade, tendo influenciado a tomada de decisões em contextos educativos, sociais, legais e clínicos (Elosua & Iliescu, 2012). A atenção a questões pragmáticas e conceituais na medição tem sido a pedra angular da ciência psicológica (Hunsley & Mash, 2008). Os psicólogos devem fundamentar as suas opções nos instrumentos que utilizam, particularmente quando se trata de testes psicológicos, cujas consequências podem ser muito mais profundas na vida dos inquiridos (Hutz et al., 2016). Para se aprofundar em tais atividades de avaliação, é essencial o conhecimento dos procedimentos e dos princípios psicométricos (Hunsley et al., 2015). A testagem, a utilização dos testes e a avaliação continuam a crescer em nível mundial (Zumbo, 2014), algo que torna importante o incentivo à utilização ética dos testes e apresentação de diretrizes para poder avaliar a qualidade das práticas de testagem (Plake & Wise, 2014).

Para utilizar corretamente os testes psicológicos e os questionários, esses instrumentos de medida devem fornecer propriedades psicométricas adequadas, tais como uma dimensionalidade, a fiabilidade dos resultados e a invariância da medida. Além disso, os profissionais devem ter competência suficiente para utilizá-los (Muñiz et al., 2012).

Como qualquer outra técnica, os testes podem ter uma boa ou má utilização, dependendo do profissional que os emprega e do contexto em que são aplicados. A utilização de normas e diretrizes que foram originalmente desenvolvidas para outro país pode ser questionável (Zumbo, 2014), embora seja, sem dúvida, melhor do que não utilizar quaisquer diretrizes ou *standards*. Infelizmente, em nível internacional, são poucos os códigos de ética que abordam a utilização correta dos testes e da avaliação (Oakland & Iliescu, 2016). No entanto, os testes são utilizados em praticamente todos os países e em muitos grupos diferentes (Laher, 2022), embora a sua disponibilidade e a sua utilização difiram consideravelmente entre os diferentes países (Oakland, 2004). A prática psicométrica nem sempre acompanha os avanços da teoria psicométrica, e é isso que acontece frequentemente em se tratando da Europa (Elosua & Iliescu, 2012). As adaptações de testes de outras línguas (principalmente do inglês) são muito comuns. Mesmo testes desenvolvidos recentemente podem ter evidências de validade insuficientes em seus manuais (Gonçalves et al., 2017). Para melhorá-los, mais conhecimento de psicometria deverá ser desenvolvido e aplicado, e outros estudos mais abrangentes sobre as adaptações a contextos específicos deverão ser produzidos (Muñiz & Bartram, 2007).

No que diz respeito ao Brasil, a pesquisa em avaliação psicológica vem ganhando cada vez mais atenção de profissionais e organizações (Machado & Morona, 2007; Pereira & Bandeira, 2009), e o interesse pelo estudo das propriedades psicométricas dos instrumentos tem sido revitalizado (Vieira & Campos, 2011), tendo atingido um nível de maturidade considerável (Wechsler et al., 2019). A sua utilização está ganhando um estatuto crescente entre os profissionais, sobretudo graças ao número de estudos recentes e à maior facilidade de acesso a eles (Chiodi & Wechsler, 2008; Wechsler et al., 2019). O Brasil foi pioneiro na implantação de um sistema certificado com base em critérios internacionais de qualidade dos testes (American Educational Research Association et al., 2014) com o objetivo de agrupar/classificar todos os instrumentos existentes em um país (Primi, 2010). O *Sistema de Avaliação de Testes Psicológicos* (Satepsi), do Conselho Federal de Psicologia (2010), criado em 2001, é um marco na prática profissional da Psicologia (Mansur-Alves et al., 2016; Primi, 2010). A criação do Instituto Brasileiro de Avaliação Psicológica (Ibap), o apoio do Conselho Federal de Psicologia para a organização de comissões de avaliação psicológica e o crescente número de grupos científicos (espalhados por diferentes estados) dedicados à criação/adaptação e pesquisa de instrumentos psicométricos mostram um claro desenvolvimento da avaliação psicológica no Brasil (Wechsler et al., 2019). Duas outras associações merecem destaque: a Sociedade de Avaliação Psicológica de Minas Gerais (Capsi-MG) e a Associação Brasileira de Rorschach e Métodos Projetivos (ASBRo) (Wechsler et al., 2022). A maioria dos estudos de adaptação transcultural de instrumentos de avaliação psicológica no Brasil segue diretrizes internacionais e nacionais (Cassepp-Borges et al., 2010; Manzi-Oliveira et al., 2011). Dito isso, algumas preocupações devem ser levantadas: há profissionais que ainda utilizam instrumentos que não foram considerados adequados pelo Conselho Federal de Psicologia (Baumgartl et al., 2010). Infelizmente, há testes muito utilizados que não cumprem os critérios de evidências de validade adequadas (Baumgartl & Primi, 2006), porém tem-se registado uma melhoria nos últimos anos (Wechsler et al., 2019). É consensual a necessidade de mais estudos sobre as evidências de validade dos instrumentos utilizando uma taxonomia comum (Baumgartl & Primi, 2006; Manzi-Oliveira et al., 2011; Primi et al., 2009). Sempre que possível, esses estudos devem ser realizados em conjunto com estudos regionais para produzir a padronização necessária para cada território. O treinamento/formação em avaliação psicológica deve continuar a melhorar (Chiodi & Wechsler, 2008; Mäder, 2016; Nunes et al., 2012), como tem acontecido nas últimas duas décadas, com o auxílio do crescente número de programas de pós-graduação e linhas de pesquisa dedicados ao tema da avaliação psicológica. Apesar dos desenvolvimentos existentes, podem dar-se melhorias por meio do desenvolvimento/adaptação de instrumentos para sujeitos com necessidades especiais e do aumento do uso de testes adaptativos computadorizados (Wechsler et al., 2019). Nunca é demais lembrar que a avaliação psicológica deve ser realizada por um profissional de Psicologia devidamente reconhecido (Primi, 2010), algo que nem sempre acontece. Entre os países da América do Sul, o Brasil parece aquele que tem a organização mais robusta do movimento de desenvolvimento de testes (Wechsler et al., 2022).

Em Portugal, a avaliação psicológica tem uma evolução promissora, uma vez que o número de estudos que envolvem a avaliação das propriedades psicométricas dos instrumentos está aumentando (Almeida et al., 2013). Existem mais instrumentos do que nunca, que podem ser utilizados pelos profissionais e estudados pelos pesquisadores. Esse é um progresso bem-vindo, embora se deva ser cauteloso na seleção de instrumentos para uso profissional, uma vez que a utilização de instrumentos sem as devidas evidências de validade para determinado contexto representa uma prática profissional insatisfatória (Hunsley et al., 2015). Algumas opiniões têm sido expressas, como nomeadamente a Ordem dos Psicólogos Portugueses (2015) refere que seria útil ter uma definição de instrumentos de avaliação psicológica que distinguisse os que são exclusivos da Psicologia dos que são transversais a outras áreas científicas. Tal preocupação foi também demonstrada por um inquérito recente a psicólogos portugueses, que indicou que a utilização de testes psicológicos deveria ser da responsabilidade exclusiva dos psicólogos (Seabra-Santos et al., 2019). Além disso, foi registada a necessidade de treinamento/formação adequada para a utilização de instrumentos psicológicos (Diniz et al., 2007; Seabra-Santos et al., 2019), bem como a consciência dos limites, fragilidades e pontos fortes dos instrumentos (Simões, 2005). Além das evidências de validade nem sempre terem sido avaliadas como deveriam, há casos em que o mesmo instrumento está sendo estudado de forma autônoma por diferentes autores (Gonçalves et al., 2017) sem que um tenha conhecimento do outro. Outro problema que ocorre é a utilização de diferentes versões dos instrumentos (i.e., utilização de itens com diferentes traduções para a mesma população) e o desconhecimento dos *standards* e diretrizes internacionais relativas à aplicação de testes (Diniz et al., 2007; Muñiz et al., 1999). Essa fragmentação pode tornar alguns desses esforços menos eficazes do que poderiam ser. Há a necessidade de mais estudos de adaptação que avaliem corretamente as propriedades psicométricas dos instrumentos (Almeida et al., 2006), sobretudo no caso dos testes internacionais e dos testes destinados a grupos minoritários, bem como a utilização de instrumentos com evidências de validade insuficientes (Almeida et al., 2013). O desenvolvimento de legislação e *standards* na avaliação psicológica, juntamente com mais formação/treinamento e supervisão pós-graduada, foram algumas das necessidades atuais identificadas pelos psicólogos portugueses (Seabra-Santos et al., 2019). No entanto, apesar de partir de uma posição de fragilidade e atraso em termos de avaliação psicológica, Portugal tem sido capaz de adotar algumas das mais modernas tendências de avaliação psicológica, alcançando posições preeminentes em alguns tópicos (Brand, 2022). Em todas as avaliações – independentemente de se destinarem à investigação, à prática ou à tomada de decisões com impacto na vida dos sujeitos – deverão existir evidências de validade para o fim a que se destinam; esse é o princípio mais importante do panorama psicométrico (Campbell, 2013). Para utilizar um teste ou um questionário, este deve apresentar evidências de validade adequadas. A avaliação das evidências de validade de um instrumento psicométrico consiste num processo de acumulação de evidências relevantes que é demonstrativo do quão apropriada e adequadamente o instrumento satisfaz os objetivos para os quais foi desenvolvido (Sireci & Padilla, 2014). Assim, "são as interpretações dos resultados dos testes para as utilizações propostas que são avaliadas, e não o teste em si" (American Educational Research Association et al., 2014, p. 11).

STANDARDS PARA TESTES EDUCACIONAIS E PSICOLÓGICOS

Existem vários *standards* e diretrizes para avaliar as propriedades de mensuração dos instrumentos psicométricos, que são adotadas por várias organizações e associações profissionais importantes (Chan, 2014). As *Directrizes da ITC para a tradução e adaptação de testes* (International Test Commission, 2018), a *checklist* COSMIN (Gagnier et al., 2021; Mokkink et al., 2016), os *Princípios para a validação e utilização de procedimentos de seleção de pessoal da SIOP* (Society for Industrial and Organizational Psychology, 2018), a *Avaliação da medição de desfechos relatados pelo paciente* (Valderas et al., 2008) e o *Modelo de revisão da Federação Europeia de Associações de Psicólogos* (Evers et al., 2013) são exemplos. Os *Standards para os testes educacionais e psicológicos* (American Educational Research Association et al., 2014) são a referência mais amplamente aceita e utilizada em termos de *standards* e diretrizes para os testes psicológicos, sendo o resultado do consenso de três grandes organizações poderosas (Zumbo, 2014): a *Associação Americana de Pesquisa Educacional* (AERA; American Educational Research Association), a *Associação Americana de Psicologia* (APA; American Psychological Association) e o *Conselho Nacional de Mensuração na Educação* (NCME; National Council on Measurement in Education). Hunsley et al. (2015) exortam os psicólogos a utilizar a edição mais recente dos *Standards para testes educacionais e psicológicos* (American Educational Research Association et al., 2014) como referência, uma vez que apresenta *standards* para uma avaliação cientificamente fundamentada. Apesar de algumas críticas (Zumbo, 2014) relativamente ao seu custo – o que dificultou a sua divulgação – e ao seu enfoque no contexto estadunidense, continua a ser a referência mais conhecida em termos de diretrizes de avaliação de evidências de validade. No entanto, recentemente, os *Standards para testes educacionais e psicológicos* de 2014 foram disponibilizados gratuitamente em inglês e em espanhol para todos os interessados (ver www.testingstandards.net), ajudando a disseminar as melhores práticas em termos de testes.

Os *Standards* fornecem critérios para avaliar as práticas de testagem, os testes e os efeitos da sua utilização (Sireci & Padilla, 2014). Além disso, fornecem informações aos editores, aos utilizadores e aos criadores de testes, dados que estão relacionados com elementos essenciais de um programa de testagem que deve informar o desenvolvimento, a seleção e a utilização dos testes (Plake & Wise, 2014). No entanto, Zumbo (2014) observa que os autores dos *Standards* provêm de três organizações estadunidenses que não são, por definição ou concepção, "organizações internacionais," pelo que se deve ter cuidado ao adotar os *Standards* em nível global. Dito isso, os *Standards* desempenham um papel fundamental na comunidade de avaliação mundial para o propósito de desenvolvimento/adaptação de testes e questionários (Zumbo, 2014) e são igualmente citados em revistas estadunidenses e internacionais (Zumbo & Chan, 2014).

Desde a sua publicação original (American Psychological Association, 1954) passaram-se mais de 60 anos e ocorreram várias alterações, resultando na mais recente 5ª revisão (American Educational Research Association et al., 2014). Uma das evoluções mais importantes do conteúdo dos *Standards* foi a definição de validade. Essa definição não é consensual, mas é considerada por muitos como o critério mais importante para avaliar os resultados dos testes (Royal, 2017). A definição de validade passou por um processo de reformulação desde a década de 1970, acabando por conduzir à definição apresentada na versão de 1999 dos *Standards*, que ainda hoje se mantém (Shepard, 2016). Essa evolução transformou a validade num conceito mais vasto e bastante complexo (Wolming & Wikström, 2010). A discussão em torno da validade foi objeto de vários contributos importantes, como os de Messick (1989), que propôs a validade como um conceito unitário, ou a proposta de Kane (2006), que, por meio de uma abordagem argumentativa, enfatizou a viabilidade prática. Apesar de existirem definições complexas, também foram sugeridas definições mais simples. É o caso da definição de Nunnally (1973), que propõe que a validade existe se um instrumento de medida fizer aquilo para que foi concebido. Se um instrumento cumpre bem a função para a qual foi concebido, tem validade (Nunnally, 1972). Nos *Standards* atuais, a validade é um conceito unitário e é definida como "o grau em que as evidências e a teoria apoiam as interpretações dos resultados dos testes para a utilização prevista dos testes" (American Educational Research Association et al., 2014, p. 11).

A abordagem atual dos *Standards* consiste em construir um argumento de validade baseado em cinco tipos diferentes de fontes de validade (American Educational Research Association et al., 2014): conteúdo do teste (Sireci & Faulkner-Bond, 2014), processos de resposta (Padilla & Benítez, 2014), estrutura interna (Rios & Wells, 2014), relações com outras variáveis (Oren et al., 2014) e consequências do teste (Lane, 2014).

As evidências de validade baseadas no conteúdo do teste, designada "validade de conteúdo" nas versões anteriores dos *Standards*, dizem respeito à relação entre o construto a que o teste se destina a medir e o conteúdo do próprio teste (American Educational Research Association et al., 2014). O conteúdo de um teste deve representar o construto proposto e deve ser adequado aos objetivos do teste (Sireci & Faulkner-Bond, 2014). A avaliação desse tipo de evidência pode incluir análises que demonstrem se o conteúdo do teste representa o domínio do conteúdo e a relevância do domínio do conteúdo em relação à interpretação proposta para os resultados do teste (American Educational Research Association et al., 2014). Sireci (1998) apresentou um quadro com quatro elementos para avaliar evidências de validade baseadas no conteúdo do teste: definição do domínio, representação do domínio, relevância do domínio e adequação dos procedimentos de construção do teste. A validade de conteúdo do teste é uma questão central, não podendo ser ignorada na conceção do teste, sob pena de criar um problema quando se está na busca de uma medida critério (Ebel, 1956). Essa fonte de evidências de validade pode ser avaliada de várias formas: a representatividade dos itens em relação ao domínio (e.g., utilizando o rácio de validade de conteúdo ou o índice de validade de conteúdo), a relação lógica/empírica do conteúdo do teste com o domínio de desempenho, a qualidade dos itens do teste, a análise de sensibilidade e outras (Downing, 2003).

As evidências de validade baseadas no processo de resposta podem fornecer pistas sobre a relação entre a natureza da resposta ou o desempenho do examinando e o construto (American Educational Research Association et al., 2014). Trata-se de evidências sobre a integridade dos dados, no sentido de que o erro associado à aplicação do teste é controlado ou eliminado o máximo possível (Downing, 2003). Para obter evidências de validade sobre os processos de resposta, é possível questionar os participantes no teste sobre as suas estratégias de resposta, registar o desempenho numa tarefa de escrita, os tempos de resposta, a familiaridade com o formato, a validação da matriz de *scores* preliminares (no caso de um teste de aptidões), a exatidão na combinação de diferentes formatos de pontuação, descrições e interpretações compreensíveis/precisas dos *scores* (Downing, 2003). A relação entre esse tipo de evidências de validade e as que se baseiam no conteúdo do teste é coerente com a visão unitária da validade (Padilla & Benítez, 2014). No entanto, esse tipo de evidência de validade é menos representado do que outras fontes de evidências de validade (Beckman et al., 2005).

As evidências de validade baseadas na estrutura interna são descritas como o nível em que as dimensões e itens do teste estão em conformidade com o construto proposto (American Educational Research Association et al., 2014). Podem ser divididas em três componentes básicos: dimensionalidade, confiabilidade dos *scores* e invariância da medida (Rios & Wells, 2014). A dimensionalidade centra-se nas inter-relações entre os itens que sustentam os *scores* pretendidos para o teste. A invariância da medida é útil para testar se a estrutura dos itens e dos instrumentos é idêntica e comparável em diferentes grupos (Davidov et al., 2014). Por último, a confiabilidade indica em que medida os *scores* são consistentes em utilizações repetidas. Para obter evidências de validade para a dimensionalidade é possível utilizar a análise fatorial confirmatória (AFC) (Brown, 2015) e os modelos *bifactor* (Holzinger & Swineford, 1937). No que diz respeito à invariância de medida, podem-se utilizar a análise fatorial confirmatória de multigrupos (Byrne, 2016; Millsap, 2011) e o funcionamento diferencial dos itens (Penfield & Camilli, 2006). Relativamente à confiabilidade dos *scores*, é possível estimar a consistência interna, as formas paralelas, a concordância interavaliadores e a confiabilidade teste-reteste. Embora habitualmente a estimativa mais utilizada da consistência interna seja o coeficiente α (Cronbach, 1951), esse coeficiente não é o mais adequado, a menos que os itens sejam *tau*-equivalentes. Foram propostas várias outras alternativas, como o coeficiente de ρ de Jöreskog (1971), a confiabilidade composta/compósita (CR) de Fornell e Larcker (1981); o ρ de Dillon e Goldstein (1984), o β de Revelle (1979), o ω de McDonald (1999), ou ω de Raykov (2001); alguns deles são também úteis quando os erros de medição (resíduos dos itens) estão correlacionados, uma vez que o coeficiente α subestimará a fiabilidade.

A fonte de evidências de validade baseadas nas relações com outras variáveis advém da análise da relação dos *scores* instrumento selecionado com variáveis externas, especialmente as relações teste-critério (McCoach et al., 2013). É definida como uma importante fonte de evidências, uma vez que se espera que a utilização de determinada medida esteja relacionada com algumas outras variáveis externas (American Educational Research Association et al., 2014). Um exemplo é a utilização de notas universitárias em relação à validade do sistema de seleção (Oren et al., 2014). As relações entre os *scores* dos instrumentos medidos e outras variáveis podem fornecer evidência convergente (relações entre os mesmos construtos ou construtos semelhantes) e/ou discriminante (relações entre os *scores* dos testes e as medidas de construtos supostamente diferentes) (Beckman et al., 2005). Se existir interesse em relacionar os *scores* do teste com uma variável critério, os profissionais/investigadores podem optar por duas abordagens para obter esse tipo de informação: preditiva (relação entre os *scores* do teste e os *scores* critério que são obtidos mais tarde) ou concorrente (relação entre os *scores* do teste e os *scores* critério obtidos sensivelmente ao mesmo tempo). A variável de critério é uma medida de um resultado ou de um atributo que é operacionalmente diferente daquele que é medido pelo teste (American Educational Research Association et al., 2014). Assim, os resultados do teste funcionam como um preditor hipotético desse critério-alvo. Isso se refere às formas tradicionais de evidências de validade relacionadas com o critério (Sireci & Parker, 2006) e inclui conceitos de validade convergente e discriminante, que estavam contidos na validade de construto em versões anteriores dos *Standards* (McCoach et al., 2013). Ajuda a elucidar o que é o construto, esclarecendo a *rede nomológica* (Cronbach & Meehl, 1955). As evidências de validade para esse tipo de fonte podem ser obtidas por meio da correlação com outras variáveis relevantes, correlações com testes que mensurem construtos semelhantes ou iguais, correlações com medidas dissemelhantes; correlações teste-critério ou generalização da evidência, isto é, validade externa (Downing, 2003).

Por último, as evidências de validade baseadas nas consequências da testagem são uma fonte de evidências que pretende avaliar os efeitos da avaliação para apoiar ou contestar a validade das interpretações dos *scores* (Beckman et al., 2005). Os testes podem ter um efeito desejado sobre os inquiridos e algumas consequências podem resultar diretamente da interpretação pretendida dos *scores* – como a melhoria do desempenho num domínio específico –, mas também podem conduzir a efeitos indesejados (American Educational Research Association et al., 2014). Essa fonte de evidências tenta avaliar se os efeitos positivos pretendidos estão sendo alcançados e se estão produzindo alguns efeitos negativos (Lane, 2014). Esse tipo de evidência de validade tem especial utilidade para programas de avaliação e responsabilização que podem influenciar políticas em programas educativos, como o *Program for International Student Assessment* (PISA) (Marôco et al., 2016). Alguns exemplos de como obter esse tipo de evidência incluem: impacto dos *scores*/resultados dos testes nos alunos ou na sociedade, consequências na aprendizagem, falsos positivos, falsos negativos, razoabilidade do método de estabelecimento do *score* de aprovação/reprovação (corte), confiabilidade da decisão de aprovação/reprovação, precisão da classificação, erro padrão condicional da medição do *score* de aprovação (Downing, 2003).

Para aceder corretamente aos diferentes tipos de evidências de validade, devem ser utilizadas técnicas estatísticas adequadas (Sireci et al., 2006). Foi desenvolvido um grupo sofisticado de princípios e métodos (psicometria) para construir e avaliar testes (Andriola, 2009; Hutz et al., 2015; Pasquali, 2011; Wood et al., 2007). O rigor científico e a utilidade clínica da psicometria levaram-na a ser considerada uma das tradições nobres (Meehl, 1997). Nos últimos anos, a psicometria sofreu melhorias substanciais e, hoje em dia, oferece contributos relevantes, pelo que já é tempo de reduzir o fosso entre a teoria psicométrica e a prática psicométrica utilizada pelos profissionais/pesquisadores (tanto pelos que elaboram os testes como pelos que os utilizam) (Elosua & Iliescu, 2012). Isso permitirá a contínua procura por evidências sólidas que sustentem a utilidade dos instrumentos utilizados na avaliação psicológica (Hunsley & Mash, 2008). Várias referências fornecem perspectivas e informações adicionais sobre essas questões, tanto em português (Damásio & Borsa, 2017; Faiad et al., 2021; Hutz et al., 2015) como em inglês (Downing & Haladyna, 2006; Irwing et al., 2018; Lane et al., 2016; Leong et al., 2016; Mair, 2018; McDonald, 1999; Nunnally & Bernstein, 1994; Rust et al., 2021; Schweizer & DiStefano, 2016).

DESENVOLVER UM NOVO INSTRUMENTO OU ADAPTAR UM INSTRUMENTO EXISTENTE?

Antes de enveredar no desenvolvimento de um novo instrumento psicométrico, seja para a pesquisa, seja para a prática, é aconselhável procurar um instrumento que já tenha sido desenvolvido e que preencha os requesitos desejados (Gall et al., 2014). A escolha apropriada do instrumento de medida é essencial, pois este tem um valor importante na tomada de decisões sobre indivíduos, organizações e instituições. Portanto, é crucial que a escolha dos instrumentos seja meticulosa. Há várias fontes de informação que podem ser consultadas (e.g., *Mental Measurements Yearbook*) e que devem fazer parte do processo de avaliação antes de se adotar um instrumento.

A escolha do instrumento deve considerar os indivíduos que utilizarão o instrumento e que interpretarão seus resultados. Para isso dever-se-á examinar e avaliar cuidadosamente o instrumento antes da sua adoção. Nitko (2015) sugere uma abordagem sistemática para que se realize uma revisão e avaliação rigorosa dos instrumentos. Uma vez que não há instrumentos que atendam perfeitamente às necessidades específicas do pesquisador/profissional, a estratégia deverá passar pela comparação das vantagens de um instrumento em relação a outros, sendo esse um passo vital na seleção da opção mais favorável (Johnson & Morgan, 2016). A estratégia de revisão e avaliação sugerida por Nitko (2015) para a escolha de instrumentos contempla seis passos:

1. Esclarecer o propósito: definir os objetivos e as necessidades específicas para as quais o instrumento será usado, considerando a população-alvo e os resultados pretendidos.
2. Usar o contexto local como base para avaliar um novo instrumento: considerar a forma como o instrumento será utilizado no contexto específico e identificar as necessidades, os desafios e os recursos disponíveis.
3. Estudar análises profissionais dos materiais do instrumento: examinar as análi-

ses de fontes de informação sobre instrumentos psicométricos como o *Mental Measurements Yearbook* ou o *website Test Collection (https://www.ets.org/test-collection.html)*, da Educational Testing Service, artigos científicos, manuais técnicos e guias de utilizador. Essa etapa tem em conta o Standard 9.2 dos *Standards for educational and psychological testing* (American Educational Research Association et al., 2014). Esse *Standard* menciona que, antes da adoção/uso de um instrumento, o pesquisador/profissional que vai utilizá-lo deverá estudar e avaliar os materiais fornecidos pelo criador desse instrumento. São de particular importância aqueles que resumem os propósitos do instrumento psicométrico, especificam os procedimentos de administração dele, definem as populações-alvo a quem pode ser aplicado e discutem as interpretações de *scores* para as quais as evidências de validade estão disponíveis.

4. Obter cópias do instrumento sob avaliação: rever os materiais do instrumento, incluindo itens de teste, manuais de administração e pontuação e quaisquer materiais suplementares.
5. Resumir os pontos fortes e fracos do instrumento para o contexto específico em causa: com base na revisão e na avaliação, identificar os pontos fortes e fracos do instrumento em relação ao contexto específico e às necessidades.
6. Chegar a uma conclusão sobre o instrumento e sustentar essa conclusão: tomar uma decisão final sobre a adequabilidade do instrumento para os propósitos desejados e preparar a justificação da escolha com base nas evidências recolhidas durante o processo de avaliação.

Johnson e Morgan (2016) fornecem um guia de avaliação para documentar de forma estruturada a revisão de instrumentos aqui descrita (pp. 22-23). No caso de as evidências encontradas sobre os instrumentos existentes serem insatisfatórias, dever-se-á então ponderar o complexo processo de criação de um novo instrumento psicométrico (Gall et al., 2014).

DESENVOLVIMENTO DE NOVOS INSTRUMENTOS PSICOMÉTRICOS

Quando existe a necessidade de medir um construto latente com uma abordagem quantitativa, o pesquisador deve utilizar instrumentos psicométricos. Para tal, existe a opção de criar um instrumento novo ou adaptar um instrumento já existente, levantando questões como: qual das opções vale mais a pena? Quais são as vantagens e desvantagens de cada procedimento? Em que situações cada opção é mais pertinente?

Ao criar um instrumento, deve haver uma razão subjacente suficientemente forte para justificar a construção de um novo instrumento (Moreau & Wiebels, 2022). Por exemplo, quando o construto ou construtos que serão abordados não estão contemplados num instrumento psicométrico existente, é pertinente que se desenvolva um novo instrumento. Ou quando se reconhece que é improvável uma adaptação de determinado instrumento a outro contexto ser bem-sucedida, pode ser adequado construir um novo instrumento. Esse processo pode ser diferente tanto no nível da análise estatística como no dos procedimentos de recolha de dados em relação à adaptação do instrumento. Existem várias diretrizes para desenvolver novos instrumentos psicométricos (Bandalos, 2018; Boateng et al., 2018; Clark & Watson, 2019; Cohen et al., 2022; Cooper, 2023; Irwing & Hughes, 2018; Lane et al., 2016; Muñiz & Fonseca-Pedrero, 2019; Wilson, 2023). De-

Vellis e Thorpe (2021) apresentaram uma proposta para o desenvolvimento de novas escalas em nove etapas:

Etapa I – É necessário determinar claramente o que se quer medir: os custos serão muito maiores se apenas se fizer este passo depois de gerar os itens e recolher os dados. Assim, este deve ser o primeiro passo. O processo inclui, entre outras questões, ser sensível a quão específica será a medida, à ênfase que deve ser dada a um fenómeno e não a outros, e se deve basear-se na teoria existente ou abrir novas propostas teóricas.

Etapa II – Gerar um conjunto de itens: é necessário criar um grupo extenso de itens que sejam possíveis candidatos para a inclusão na escala (Bejar, 2010; Morrison & Embretson, 2018; Pacico, 2015). Não existe um número específico de itens iniciais ou mesmo uma relação ideal entre o número inicial e o número final de itens no desenvolvimento da escala. No entanto, alguns autores sugerem a criação de um mínimo inicial de itens que seja o dobro do número de itens considerado para a versão final do instrumento (Muñiz & Fonseca-Pedrero, 2019), sendo necessário também ter sensibilidade para introduzir (ou não) itens formulados de forma negativa ou positiva, ainda que essa opção não seja consensual (Salazar, 2015; Suárez-Alvarez et al., 2018).

Etapa III – Determinar o formato da escala de resposta: existem vários tipos de escalas de resposta, e o tipo de item deve ser compatível com o formato a ser utilizado (Cabooter et al., 2016; Cohen et al., 2022). De um ponto de vista puramente estatístico, as escalas de Likert (Likert, 1932) oferecem vantagens para posterior análise, uma vez que permitem uma métrica específica, simetria, ponto central neutro, mensuração da percepção da concordância e intervalos homogêneos entre os pontos da escala, mas também apresentam algumas desvantagens (Hartley, 2014). A extensão da escala de resposta é um tema em que não existe um consenso claro, no entanto parece que a maioria das recomendações aponta para uma escala de cinco ou sete pontos (Colman et al., 1997; Dawes, 2008; Leung, 2011; Revilla et al., 2014).

Etapa IV – Fazer com que o conjunto inicial de itens seja revisto por peritos: dever-se-á pedir a outros pesquisadores (com *expertise* nos construtos visados) que avaliem a pertinência da inclusão de cada item. O objetivo é maximizar as evidências de validade baseadas no conteúdo do instrumento. Métricas como o Índice de validade de conteúdo (IVC) (Polit et al., 2007) ou o rácio de validade de conteúdo (RVC) (Gilbert & Prion, 2016; Lawshe, 1975) podem ser usadas para essa finalidade.

Etapa V – Entrevista cognitiva: esta etapa qualitativa tem por objetivo compreender o processo de raciocínio subjacente à interpretação e à compreensão dos novos itens por parte dos inquiridos (Willis, 2004). O mecanismo básico consiste em perguntar aos participantes o que entenderam de um item e como conceberam a resposta a ele. Esse processo de entrevista cognitiva pode ajudar a identificar eventuais problemas com a redação dos itens ou com a escala de resposta utilizada. Uma estratégia comum consiste em pedir aos inquiridos que pensem em voz alta enquanto leem e respondem a cada item.

Etapa VI – Considerar a inclusão de itens de validação: pode ser possível, e relativamente conveniente, incluir alguns itens adicionais no mesmo questionário com o objetivo de ajudar a refinar a evidência final de validade da escala. Há dois tipos de itens a considerar: os itens que detectam falhas ou problemas na escala, como a desejabilidade social, e os que medem construtos relacionados e que, por isso, podem ser utilizados *vis-à-vis ao* desempenho desses itens para servir de evidência de validade concorrente ou divergente. Há também a possibilidade de adicionar itens para detectar outros problemas como o esforço insuficiente na resposta (Huang et al., 2015) ou a aquiescência (Wetzel et al., 2015).

Etapa VII – Aplicar os itens a uma amostra para desenvolvimento: depois de obter o conjunto de itens a aplicar, será necessário aplicar esses itens em conjunto a uma amostra representativa da população pretendida. Normalmente, a análise utilizada na próxima fase do desenvolvimento é a análise fatorial exploratória (AFE), que deve ser utilizada se não existirem fortes indícios sobre a estrutura que o instrumento deve ter (i.e., dimensionalidade). No entanto, se existir uma noção firme *a priori* do número de fatores e da relação entre eles, dever-se-á utilizar a análise fatorial confirmatória (AFC) na etapa seguinte (Brown, 2015). Não existe uma orientação clara quanto à dimensão da amostra, mas Nunnally e Bernstein (1994) salientaram que, com uma amostra de mais de 300 sujeitos, já é possível efetuar análises substancialmente robustas. As recomendações, no entanto, variam: alguns autores apontam para cinco sujeitos por item, pelo menos para a AFE (Hair et al., 2009); outros recomendam um mínimo de 100 sujeitos para essa mesma análise (Sapnas & Zeller, 2002). Para a AFC vários autores apresentam diferentes heurísticas, no entanto abordagens mais robustas podem – e devem – ser utilizadas (Kelley & Lai, 2018).

Etapa VIII – Avaliar os itens: este é o momento em que as propriedades distribucionais de cada item são avaliadas. Mesmo com um conjunto generoso de itens, não há garantia de que as variáveis latentes desejadas se manifestem nesses itens. É nesta etapa que se realizam as análises fatoriais, quer seja AFC, quer seja AFE, para que a dimensionalidade seja investigada. Adicionalmente, é possível analisar os itens pelas suas médias, variâncias, correlações entre itens que teoricamente pertencem ao mesmo construto, e pela confiabilidade dos coeficientes dos *scores*, por exemplo utilizando os estimadores α (Cronbach, 1951) ou ω (McDonald, 1999).

Passo IX – Otimizar a extensão da escala: os instrumentos curtos são menos trabalhosos para os inquiridos, mas as escalas mais longas tendem a apresentar melhores índices de confiabilidade. Assim, esses dois aspectos apresentam uma relação inversa e o pesquisador deve escolher o balanço ideal entre brevidade e confiabilidade. Ou seja, se a confiabilidade da escala for demasiado baixa, a brevidade deixará de ser uma virtude. Existem algumas melhorias que podem ser realizadas do ponto de vista estatístico, como eliminar itens com cargas fatoriais mais baixas, investigar quais os itens que menos contribuem para a confiabilidade da escala, dividir a amostra para testar as modificações impostas.

ADAPTAÇÃO DE INSTRUMENTOS PSICOMÉTRICOS

Quando se opta por não construir um novo instrumento, a adaptação transcultural pode ser vantajosa, uma vez que já existem uma base teórica e uma estrutura fatorial dos itens para outra cultura/contexto. Caberá ao pesquisador avaliar se essa estrutura se mantém ou se, em contrapartida, as diferenças transculturais exigem que sejam feitas alterações à estrutura original para esse novo contexto. Seja qual for a decisão, é sempre necessário tentar compreender até que ponto a teoria inerente à estrutura original dos instrumentos é robusta às diferenças culturais existentes na nova amostra. Mais uma vez, existem vários procedimentos para o efeito (Gudmundsson, 2009; Hambleton et al., 2005; Heggestad et al., 2019). A ITC, por meio da sua segunda edição das *Diretrizes para a tradução e adaptação de testes* (International Test Commission, 2018), resumiu-os em 18 diretrizes, divididas em seis categorias:

Categoria I – Diretrizes de pré-condição. A primeira categoria é composta de três diretrizes que mencionam as decisões que devem ser tomadas antes de se iniciar o processo de tradução/adaptação propriamente dito: 1) obter autorização do titular da propriedade intelectual; 2) avaliar se o grau de sobreposição da definição e do conteúdo do construto medido pelo instrumento (i.e., conteúdo dos itens) é suficiente para o uso pretendido; e 3) minimizar a influência de quaisquer diferenças linguísticas e culturais que sejam irrelevantes para o uso pretendido.

Categoria II – Diretrizes para desenvolvimento de testes. A segunda categoria centra-se no processo concreto de adaptação de um instrumento psicométrico (cinco diretrizes), nomeadamente: 1) ter em conta as diferenças linguísticas, psicológicas e culturais por meio da escolha dos especialistas experientes; 2) utilizar orientações de tradução adequadas; 3) obter evidências de que o conteúdo dos itens e as instruções do teste têm um significado congruente para as populações pretendidas; 4) obter evidências de que as categorias de pontuação, o formato dos itens, as escalas de classificação, os modos de administração e as convenções no uso do teste são adequados para as populações pretendidas; e 5) recolher dados-piloto para realizar uma avaliação em pequena escala das evidências de validade (permitindo atempadamente quaisquer revisões que sejam necessárias).

Categoria III – Diretrizes de confirmação. A terceira categoria inclui quatro diretrizes relacionadas com a recolha de evidências para abordar a equivalência e as evidências de validade de um instrumento psicométrico em várias culturas e línguas: 1) selecionar uma amostra relevante tanto em termos de representatividade como em termos de dimensão; 2) fornecer evidência estatística sobre a equivalência do construto, equivalência de método e de itens entre as versões de origem e de destino (e.g., AFC, funcionamento diferencial dos itens); 3) fornecer evidências que apoiem as normas e as evidências de validade do instrumento (American Educational Research Association et al., 2014); 4) utilizar uma análise de dados adequada e um desenho que permita equiparabilidade (i.e., "*test equating*") ao associar *scores* de diferentes versões.

Categoria IV – Diretrizes de administração. A quarta categoria contém duas diretrizes relativas à preparação e às condições necessárias para a aplicação do instrumento: 1) preparar instruções e materiais de aplicação para reduzir os problemas relacionados com a língua e a cultura provocados por modos de resposta e processos de aplicação que possam afetar a validade das inferências retiradas dos *scores* obtidos; e 2) estabelecer as condições necessárias para a aplicação do instrumento nas populações pretendidas.

Categoria V – Diretrizes de pontuação e interpretação. A quinta categoria contém duas diretrizes relativas às comparações dos *scores* dos grupos: 1) realizar a interpretação das diferenças dos grupos com base em todas as informações relevantes disponíveis; e 2) estabelecer comparações dos *scores* entre populações quando o nível de invariância da medida assim o permitir (Davidov et al., 2018).

Categoria VI – Diretrizes de documentação. A última categoria contém duas diretrizes relacionadas com documentação de apoio do instrumento: 1) fornecer documentação que tenha em conta qualquer alteração à versão original e evidências que apoiem a equiparação (i.e., equivalência) dos *scores* entre populações; e 2) desenvolver documentação para os utilizadores da medida adaptada que apoie as boas práticas no contexto da nova população.

Hernández et al. (2020) desenvolveram uma lista estruturada com critérios avaliativos que auxiliam os pesquisadores/profissionais que estão no processo de adaptação de um instrumento a implementar as recomendações da ITC e serve como modelo para avaliar a qualidade das adaptações de instrumentos. Nessa lista, cada um dos critérios avaliativos pode tem uma classificação (i.e., “Não aplicável”, “Não aceitável”, “Aceitável”, “Excelente”). A lista consiste em 29 critérios que abrangem todas as fases da adaptação de instrumentos: pré-condição, desenvolvimento, confirmação, administração, pontuação e interpretação, e documentação.

Desenvolver um teste estandardizado a partir do zero pode ser tão dispendioso como adaptar um teste transculturalmente. No que respeita aos custos monetários e temporais, é necessário confirmar a utilidade das várias fontes de evidências de validade dos instrumentos adaptados, pelo que o pressuposto de que o desenvolvimento de um novo instrumento é mais dispendioso pode não ser totalmente justificado (Gudmundsson, 2009), deixando a decisão a critério de cada investigador.

Dima (2018) oferece uma boa referência que apresenta uma perspectiva aplicada e condensada das diferentes orientações, apoiada por um tutorial para um protocolo psicométrico de seis etapas. Providencia a análise necessária – por meio da gratuita linguagem de programação estatística *R* (R Core Team, 2023) – para efetuar uma avaliação mais quantitativa de uma nova medida desenvolvida ou adaptação de um instrumento já existente.

As reflexões sobre a adaptação e o desenvolvimento de instrumentos psicométricos fornecem contributos úteis não só para os pesquisadores, mas também para os profissionais. Elas podem permitir uma escolha mais abrangente de instrumentos, fundamentada na existência de estudos de adaptação para a população desejada, bem como oferecer evidências de validade, como enfatizado nas diretrizes do ITC (International Test Commission, 2018). Ou, quando uma lacuna for identificada na mensuração de determinado construto, criar um instrumento. Assim, mais do que saber aplicar um instrumento, é preciso primeiro saber avaliar a qualidade do instrumento para o uso pretendido e refletir sobre a importância teórica de cada passo, evitando procedimentos puramente cegos baseados apenas em números, já que não são raros os estudos de adaptação sem planejamento (Zumbo & Chan, 2014).

REFERÊNCIAS

SEÇÃO III

Evidências da eficácia, efetividade e segurança das abordagens psicossociais na prevenção e no tratamento dos transtornos mentais

Capítulo **16**

Evidências da terapia comportamental dialética

Érica Panzani Duran, Brisa Burgos Dias Macedo

INTRODUÇÃO

A terapia comportamental dialética (DBT, do *inglês Dialectical Behavioral Therapy*), desenvolvida pela psicóloga Marsha M. Linehan na década de 1980, é uma forma de psicoterapia especificamente orientada para indivíduos com desregulação emocional severa, particularmente aqueles diagnosticados com transtorno de personalidade *borderline* (TPB). Desde a sua origem, diversas pesquisas foram realizadas para avaliar a eficácia, particularmente, como um tratamento eficaz para outros transtornos. A DBT combina a terapia comportamental tradicional com conceitos de aceitação e *mindfulness*. Mas, além de seu mérito teórico e prático, qual é a evidência empírica que sustenta a DBT como um tratamento eficaz?

Neste capítulo, vamos mergulhar na literatura científica e explorar as muitas formas pelas quais a DBT tem sido estudada, validada e aplicada. Desde os primeiros estudos randomizados controlados (ERCs) até recentes revisões sistemáticas e metanálises, a evidência da eficácia da DBT é robusta e diversificada.

Vamos começar discutindo o processo e os resultados dos ERCs iniciais, que deram à DBT uma base sólida na prática baseada em evidências. Veremos como os estudos foram realizados e que tipo de medidas foram usadas para determinar a eficácia do tratamento.

Em seguida, vamos explorar as revisões sistemáticas e metanálises, uma ferramenta poderosa na ciência que permite aos pesquisadores sintetizarem os resultados de vários estudos para formar conclusões gerais sobre a eficácia da DBT. Discutiremos algumas das principais descobertas dessas análises e como elas contribuíram para o nosso entendimento da DBT.

Finalmente, vamos examinar como a DBT foi adaptada para tratar uma gama diversificada de transtornos além do TPB. Essas adaptações têm permitido que uma variedade de populações se beneficie da abordagem única da DBT para a gestão emocional e a regulação do comportamento.

Ao longo do caminho, também consideraremos as limitações da pesquisa existente e as áreas que necessitam de mais investigação. A DBT, como qualquer tratamento, não é uma solução única para todos e é importante entender onde ela pode ser mais eficaz e para quem.

Usaremos a literatura científica para explorar as muitas maneiras pelas quais a DBT se estabeleceu como um tratamento baseado em evidências para uma variedade de distúrbios mentais.

MARSHA LINEHAN E OS PRIMEIROS ESTUDOS

Em 1980, unindo os interesses advindos de sua vivência pessoal e da seriedade como cientista, Marsha iniciou sua trajetória fazendo uso de modelos de tratamentos, das terapias comportamentais e cognitivas, já disponíveis e amplamente validados para uma gama de transtornos psiquiátricos. Seu objetivo era adaptar os tratamentos para mulheres com condutas autolesivas sem intenção suicida (Casis) e comportamentos suicidas graves. No entanto, sua primeira descoberta foi o quanto o foco na mudança comportamental das mulheres com desregulação emocional submetidas a essa adaptação de modelo terapêutico reproduzia invalidações significativas que elas sofriam em seus ambientes. Isso teve um impacto significativo no desenrolar do processo terapêutico e no aumento de comportamentos de risco (Linehan et al., 1991).

Então Marsha abre uma nova perspectiva: testar elementos focados em aceitação, mas estes eram pouco estudados. Ao retirar o elemento de mudanças comportamentais, observou-se um aumento da frustração das pacientes, pois ainda apresentavam comportamentos autolesivos. Primordialmente, adicionou às intervenções focadas na mudança os elementos de aceitação, oriundos das práticas de Kabat-Zinn. Essa associação foi proporcionada pela dialética, fazendo com que o ritmo do processo se encaixasse e o paciente conseguisse incorporar as mudanças comportamentais necessárias de forma validante, sentindo-se menos pressionado e mais compreendido pelo psicoterapeuta. Desse modo, além do balanço com o uso dos protocolos, os princípios da DBT consistem na combinação entre mudança, aceitação e dialética (Swenson, 2016). Porém, o próximo desafio foi lançado: buscar evidências empíricas que sustentam a DBT como um tratamento eficaz.

ESTUDOS RANDOMIZADOS CONTROLADOS

A validade e a eficácia da DBT têm sido constantemente comprovadas por meio de estudos randomizados controlados (ERCs), considerados "padrão-ouro" na pesquisa em Psicologia clínica. Esses estudos geralmente envolvem a comparação de pacientes que recebem DBT com aqueles que recebem outros tratamentos, ou nenhum tratamento, e avaliam a eficácia do tratamento ao longo do tempo.

Um estudo conduzido por Linehan et al. na década de 1990 comparou a DBT com o tratamento conforme o usual (TAU) em uma amostra de mulheres com TPB e histórico de Casis. Os resultados mostraram que aquelas que receberam DBT tiveram menos tentativas de suicídio, menos internações hospitalares por causa de comportamentos autodestrutivos, redução no abandono do tratamento e melhoraram mais em medidas de raiva do que aquelas que receberam TAU. Tais estudos culminaram no desenvolvimento e lançamento dos manuais oficiais de DBT publicados em 1991 (Linehan et al., 1991).

Aumentando a consistência dos primeiros achados, em um estudo posterior, Linehan et al. (2006) descobriram que a DBT também era eficaz para reduzir a automutilação, a depressão e as internações psiquiátricas de pessoas com TPB, além da diminuição da raiva, como já encontrado no primeiro estudo (Linehan et al., 2006).

Até 2016, a *Behavioral Tech* já havia catalogado mais de 20 ECRs que avaliavam o uso da DBT padrão (*standard*) e mais de 15 estudos conduzidos com o mesmo delineamento e que avaliaram o uso do treinamento de habilidades isolado (Stoffers et al., 2020). Estima-se que, desde então, o número tenha se ampliado consideravelmente, tendo em vista que atualmente, no ano de 2023, uma busca rápida na base de dados *Pubmed* de ECRs conduzidos sobre DBT gere um total de 185 artigos. Ainda nessa linha, é interessante frisar que o *Clinical Trails*, plataforma responsável por gerenciar e registrar os ECRs, já soma 173 estudos em andamento ou já concluídos.

Para compreender os resultados dos estudos já conduzidos em DBT de forma mais assertiva, é imprescindível que o clínico conheça a estrutura de tratamento desse modelo de terapia para avaliar a ocorrência de possíveis adaptações às necessidades de grupos específicos e/ou contextos (Dimeff et al., 2022).

DBT *STANDARD VERSUS* ADAPTAÇÕES DOS MODOS DA DBT

A maior parte dos estudos publicados visa avaliar a eficácia do modelo DBT *standard*, ou seja, o fornecimento integrado dos quatro modos de tratamento: psicoterapia individual, treinamento de habilidades, *coaching* telefônico e consultoria para psicoterapeutas no modelo originalmente proposto por Linehan et al. (1991).

No entanto, há necessidade de ser avaliada em outros formatos para que seja mais eficiente dependendo da população tratada, como mostra um estudo com pacientes em contexto de internação que evidenciou diminuição da ocorrência de Casis e dos sintomas de humor (Bohus et al., 2004). Estudo mais recente demonstrou que o tratamento com DBT *standard* beneficiou igualmente pacientes com comportamentos suicidas crônicos que fizeram o treino por 6 e 12 meses (McMain et al., 2022).

Outro ponto importante é que, em um estudo no qual a eficácia da DBT *standard* no tratamento de CASIS e comportamento suicida de pacientes com TPB foi comparada com outros modelos de terapia já consagrados no tratamento de pacientes com o mesmo diagnóstico, a DBT não demonstrou superioridade, sendo os resultados semelhantes ao obtido com o *Good Psychiatric Management* (GPM, traduzido como "bom manejo clínico") (McMain et al., 2009), que se mantiveram inclusive dois anos após o *follow-up* (McMain et al., 2012). Tal fato chama a atenção, tendo em vista que uma abordagem generalista como o GPM tem maior aplicabilidade e menor complexidade, principalmente por não se tratar de uma abordagem modular.

Dentro dessas comparações surge a necessidade de tornar a DBT uma abordagem ainda mais eficiente, o que compreende também torná-la menos modular. Estudos que avaliam o braço do treinamento de habilidades isolado vêm sendo realizados e ganharam ainda mais forças nos últimos anos (Valentine et al., 2015). Muitos pesquisadores optaram por testar essa parte do tratamento isolada por entenderem a necessidade de viabilizar o estudo para o máximo de contextos possíveis.

A eficácia apenas com o treinamento de habilidades solo já foi testada em diversos contextos e com pacientes com os mais diversos diagnósticos. Nesse contexto, mulheres com TPB abandonaram menos frequentemente o tratamento quando submetidas ao treino de habilidades em comparação a TAU (Soler et al., 2009). O treinamento de habilidades também melhorou os sintomas gerais do TPB em comparação ao grupo controle (Heerebrand et al., 2021). Ademais, mulheres com transtornos alimentares (bulimia nervosa e comer emocional) reduziram os sintomas purgativos e a compulsão alimentar com treinamento de habilidades quando comparado a lista de espera ou grupo controle (Telch et al., 2001; Harley 2008). Outros resultados foram encontrados nos mais diversos desfechos, como no tratamento de transtornos do humor (Van Dijk, 2013), transtorno do déficit de atenção (Hirvkoski et al., 2011) e uso de substâncias (Whiteside, 2011). O treino de habilidades ainda foi adaptado para o sistema prisional, melhorando a agressividade de homens e mulheres privados de liberdade em comparação com os efeitos do manejo de caso (Shelton et al., 2009).

Ainda que se faça o treino isoladamente, é importante frisar que a generalização das habilidades já foi considerada ponto essencial para manutenção dos resultados após a alta (Heerebrand et al., 2021).

REVISÕES SISTEMÁTICAS E METANÁLISES

Além dos ERCs, revisões sistemáticas e metanálises também fornecem evidências da eficácia da DBT. Iniciaremos com a metanálise de Kliem et al. (2010), que examinou 16 estudos que avaliavam a eficácia da DBT para TPB. Os resultados mostraram que a DBT é eficaz para reduzir uma variedade de comportamentos problemáticos associados ao TPB, incluindo comportamentos suicidas e não suicidas de autoagressão, depressão, raiva e disfunção social. Essa metanálise foi muito importante para a consolidação da DBT, visto que é uma abordagem relativamente nova (Kliem et al., 2010).

Em 2014, outro estudo revisando 28 artigos encontrou eficácia em estabilizar o paciente, melhorar a adesão, além de controlar comportamentos autodestrutivos (Panos et al., 2014). Um ano mais tarde, foi realizado outro estudo com 20 ensaios clínicos randomizados que endossa a eficácia na redução de comportamentos suicidas (Valentine et al., 2015).

Além desse, outro estudo analisando o período de 1946 a 2020 buscando tamanho médio de efeito em psicoterapias para o transtorno de estresse pós-traumático a DBT estava entre as formas de psicoterapias (Slotema et al., 2020).

Para a adaptação da DBT em transtornos alimentares foram analisados 11 ECRs. Nesses estudos, a DBT demonstrou uma eficácia superior ao grupo controle na melhoria da regulação emocional, na redução dos sintomas e no aumento do índice de massa corporal (Rozakou-Soumalia et al., 2021). Além disso, a DBT mostrou-se eficaz em diversos contextos, como no tratamento de universitários com ideações suicidas (Pistorello et al., 2012), pacientes cronicamente suicidas sem diagnóstico especificado (Linehan et al., 2006) e em casos de comer emocional ou bulimia nervosa (Safer & Jo, 2010). A relevância do estudo desse modelo terapêutico na adolescência também se destaca, com evidências de uma significativa redução nas tentativas de suicídio e na gravidade do comportamento suicida e em Casis (McCauley et al., 2018; Fleischhaker et al., 2011) especialmente em psicopatologias graves.

CONSIDERAÇÕES FINAIS

As evidências científicas apontam para a eficácia da DBT em tratar uma série de comportamentos problemáticos de alguns transtornos, principalmente do TPB. É importante lembrar que, apesar das evidências científicas favoráveis, a DBT pode não ser eficaz para todos os indivíduos. O tratamento deve ser sempre individualizado e adaptado às necessidades únicas de cada paciente. Ao longo do caminho, também consideramos as limitações da pesquisa existente e as áreas que necessitam de maior investigação. Reiteramos que a DBT, como qualquer tratamento, não é uma solução única para todos e é importante entender onde ela pode ser mais eficaz e para quem.

No entanto, nenhum dos tratamentos tem uma base de evidências muito robusta, e há algumas preocupações em relação à qualidade dos estudos individuais. Em geral, os achados apoiam um papel substancial da DBT no tratamento de pessoas com TPB, mas indicam claramente a necessidade de estudos replicáveis.

REFERÊNCIAS

Capítulo 17

Evidências na prevenção e no tratamento do suicídio

Tamara Otzen

INTRODUÇÃO

O suicídio é um fenômeno complexo e devastador que tem sido objeto de extensa pesquisa em Psicologia. Não há uma única definição de suicídio com a qual todos concordem. Contudo, a World Health Organization (WHO) define suicídio como "o ato de causar intencionalmente a própria morte". A WHO também destaca que o suicídio pode ser tentado ou consumado. Uma tentativa de suicídio ocorre quando alguém tenta tirar a própria vida, mas não tem sucesso. Um suicídio consumado ocorre quando alguém morre como resultado de suas próprias ações (WHO, 2022).

Um aspecto fundamental na avaliação de riscos associados ao suicídio é a ideação suicida (IS), que representa um espectro complexo e heterogêneo de contemplações relacionadas com a morte e o suicídio. Assim como no caso do suicídio e apesar de sua prevalência e gravidade no âmbito clínico, não existe uma definição uniforme que o aborde, gerando dificuldades significativas para a pesquisa e comparação de resultados. As variações na definição podem abranger desde simples deliberações até planejamentos detalhados do ato suicida (Harmer et al., 2023).

Esse desafio de nomenclaturas é amplificado pela falta de consenso nas diretrizes clínicas sobre um padrão-ouro para sua avaliação e gestão. Embora existam ferramentas e escalas para quantificar a IS e o risco de suicídio, a precisão preditiva ainda é subótima. É crucial entender que a IS não é um fenômeno estático. Sua apresentação pode variar amplamente em intensidade, duração e natureza. Uma abordagem binária simplista, como sim/não, não capta adequadamente essa complexidade.

Além disso, é um erro supor que as IS são indicativas de uma tentativa de suicídio iminente. Embora as diretrizes clínicas sugiram que essas ideias estão predominantemente associadas a outros diagnósticos psiquiátricos primários, a realidade é que o suicídio engloba todos os grupos demográficos e diagnósticos. Essa observação levou algumas vozes a proporem que a suicidabilidade merece ser reconhecida como uma entidade diagnóstica independente dentro da Psiquiatria.

O transtorno de comportamento suicida (SBD, pelas sigla em inglês), uma condição para um estudo mais detalhado no *Diagnostic and Statistical Manual of Mental Disorders* (DSM), é a primeira tentativa da área para capturar a suicidabilidade em um diagnóstico (Obegi, 2019). O SBD é uma condição independente, episódica e frequentemente coexistente, e propõe novos critérios cognitivos, afetivos e comportamentais que capturam mais a fenomenologia da suicidabilidade. O SBD é um ponto de partida para o diálogo sobre se uma apresentação clinicamente significativa de suicidabilidade é uma doença mental e, se for, quais deveriam ser suas características definidoras.

Em resumo, a IS é uma área multifacetada que exige um entendimento profundo e uma reavaliação constante por parte dos profissionais de saúde para abordá-la com a sensibilidade e a precisão que merece.

TIPOS DE SUICÍDIOS

Compreender os diferentes tipos de suicídio pode oferecer valiosas percepções sobre fatores de risco e estratégias de prevenção. Uma maneira de classificar os suicídios é examinando o método escolhido pelos indivíduos para terminar suas vidas. Métodos comuns incluem tiro, enforcamento, envenenamento, salto e afogamento (Fu et al., 2021). Cada método possui características únicas que podem refletir fatores psicológicos subjacentes ou circunstâncias que levam ao ato.

Suicídios por tiro frequentemente estão associados à impulsividade ou intensa emoção (Beach et al., 2022). O enforcamento é considerado um dos métodos mais comuns mundialmente devido à sua acessibilidade e alta letalidade (Bidaki et al., 2018). O envenenamento pode ser escolhido quando os indivíduos buscam um meio mais encoberto de terminar suas vidas, frequentemente envolvendo substâncias farmacêuticas (Geith et al., 2022). Saltar de alturas pode significar desespero ou desesperança, uma vez que os indivíduos buscam uma fuga imediata de sua dor (Persett et al., 2018). Afogamento pode ser escolhido quando os indivíduos desejam um método que pareça acidental, ao invés de deliberado.

Outro sistema de classificação foca em distinguir entre suicídio consumado e tentativas de suicídio. O suicídio consumado refere-se a casos em que um indivíduo termina sua vida com sucesso, destacando sua natureza final e irreversível. As tentativas de suicídio envolvem comportamentos autolesivos destinados a causar dano, mas que não resultam em morte, com base no *Columbia Classification Algorithm of Suicide Assessment* (C-CASA) e suas oito categorias, que serão explicadas posteriormente (Posner et al., 2007).

As tentativas de suicídio são indicadores importantes de angústia ou problemas de saúde mental subjacentes (Brådvik, 2018). Elas podem oferecer oportunidades de intervenção por meio de ajuda profissional ou sistemas de apoio antes que esses indivíduos intensifiquem suas ações.

Os suicídios também podem ser classificados com base no nível de premeditação envolvido e nas motivações por trás do ato (Rimkeviciene et al., 2015). O suicídio impulsivo refere-se a atos que ocorrem repentinamente, sem planejamento ou consideração extensivos. Esses atos impulsivos podem estar ligados a crises agudas, resultantes de uma dor emocional avassaladora ou reveses temporários.

Em contraste, os suicídios planejados envolvem cuidadosa preparação e reflexão (Chaudhury et al., 2016). Indivíduos que planejam sua própria morte podem ter angústia psicológica prolongada ou condições crônicas de saúde mental. As motivações para o suicídio planejado podem variar muito, incluindo sentimentos de desesperança, desejo de controle sobre a própria vida e circunstâncias, ou uma percepção da falta de alternativas.

Ao reconhecer as características distintas associadas a cada tipo de suicídio, os profissionais de saúde mental podem adaptar intervenções específicas às necessidades dos indivíduos. Os esforços de prevenção devem focar não só no tratamento de problemas de saúde mental subjacentes, mas também em abordar fatores societários que contribuem para a angústia e promover comportamentos de busca de ajuda.

Em conclusão, uma compreensão abrangente das várias classificações de suicídio é crucial para abordar eficazmente esta preocupação de saúde pública global. Classificações baseadas nos métodos utilizados, intenção individual e planejamento prévio oferecem percepções valiosas sobre os fatores psicológicos subjacentes que contribuem para o comportamento suicida.

AVALIAÇÃO DE RISCO

As diferenças entre as várias classificações dos fenômenos suicidas resultaram não só em diferenças na nomenclatura, mas também no foco das ferramentas que avaliam o risco. Aqui, duas correntes emergem com força.

A primeira baseia-se no C-CASA para estabelecer uma linguagem consistente e termos preferidos para a classificação do suicídio (Posner et al., 2007). O C-CASA é um sistema de classificação que utiliza definições derivadas de achados empíricos sobre a fenomenologia da suicidabilidade, fatores preditivos e de risco identificados. Os critérios para uma tentativa de suicídio incluem comportamento autolesivo e intenção suicida. A intenção de morrer antecipa um risco futuro de suicídio e tentativas repetidas. A inclusão da intenção na definição de suicídio permite distinguir entre aqueles que se automutilam tentando morrer e aqueles que se automutilam por razões puramente não suicidas. O C-CASA possui oito categorias que distinguem eventos suicidas de eventos não suicidas e indeterminados ou potencialmente suicidas (Posner et al., 2007). A partir desse algoritmo surge a escala de suicídio mais amplamente utilizada, a *Columbia-Suicide Severity Rating Scale* (C-SSRS) (Posner et al., 2011), que é uma ferramenta de avaliação do risco de suicídio amplamente utilizada, desenvolvida por pesquisadores da Universidade de Columbia. A C-SSRS é uma ferramenta abrangente baseada em evidências que avalia a ideação, o comportamento e a intensidade suicida. É projetada para ser utilizada por profissionais treinados em um ambiente clínico para identificar indivíduos em risco de suicídio e determinar o nível de intervenção necessário. Associada a esse algoritmo, surge uma alternativa de autorrelato – *Concise Health Risk Tracking Self Report* (CHRT-SR) (Ostacher et al., 2015), desenvolvida para avaliar o risco de suicídio, examinando pensamentos e comportamentos suicidas ativos, bem como fatores associados ao suicídio, como pessimismo, impotência, falta de apoio social, desespero, impulsividade, entre outros.

Essas escalas emergem dos pressupostos de um dos teóricos mais influentes no estudo da ideação suicida, Beck, com sua Teoria do desespero, que visa compreender o maior risco de ideação suicida em populações clínicas. Essa teoria aponta o desespero como um fator moderador na associação entre depressão e ideação suicida (Beck et al., 1990). Nessa mesma linha, é proposta a *Interpersonal Theory of Suicide* (IPTS) (Joiner, 2005; Van Orden et al., 2010), inserida em uma perspectiva mais ampla de ideação-para-ação do suicídio, orientada a investigar a progressão da ideação suicida para tentativas. A IPTS sugere que a forma mais perigosa de desejo suicida é causada pela presença simultânea de dois construtos interpessoais: pertença frustrada e carga percebida (e desespero sobre esses estados). Além disso, argumentam que a capacidade de realizar comportamentos suicidas é distinta do desejo de se envolver em comportamentos suicidas. Segundo a IPTS, a capacidade para o comportamento suicida surge, por meio da habituação e dos processos opostos, em resposta à exposição repetida a experiências fisicamente dolorosas e/ou que induzem medo. É importante salientar que o comportamento suicida nem sempre é linear, portanto, nem todas as pessoas que têm ideação suicida cometem atos suicidas.

Em contrapartida, surge a corrente de pensamento que propõe o construto da narrativa suicida, um relato pessoal hipotético vinculado ao suicídio iminente (Cohen et al., 2019) e explorado em relação ao risco suicida a curto prazo e à *suicide crisis síndrome* (SCS) (Galynker et al., 2017).

A narrativa suicida é conceituada como uma estrutura cognitiva coerente na qual a representação do eu em relação ao outro torna-se tão angustiante que o suicídio se torna uma opção viável (Cohen et al., 2019), composto de construtos psicológicos previamente validados: pertença frustrada, carga percebida, derrota social, humilhação e incapacidade de desvincular-se de metas inalcançáveis. Portanto, a ativação da narrativa pode refletir uma característica crônica em alguns indivíduos vulneráveis, enquanto a ativação da narrativa suicida em sua totalidade cria um estado psicológico agudo que precipita um aumento significativo no risco iminente de suicídio (Cohen et al., 2019).

A SCS é um estado agudo de afeto negativo que aumenta o risco de comportamento suicida, proposto como um diagnóstico do DSM específico para o suicídio, associado a um sentimento de aprisionamento e acompanhado por quatro grupos de sintomas adicionais: perturbação afetiva; perda de controle cognitivo; hiperativação; e retirada social (Galynker et al., 2017). É avaliado por meio do *Suicide Crisis Inventory* (SCI) (Galynker et al., 2017), sendo de autorrelato para identificar a presença de SCS. Existe uma segunda versão validada, que é o SCI-2 (Bloch-Elkouby et al., 2021), funcionando como ferramentas para avaliar a presença e a intensidade da SCS e para prever comportamentos e tentativas suicidas prospectivas a curto prazo entre pacientes ambulatoriais ou internados em unidades psiquiátricas, independentemente da disposição dos pacientes em revelar ideação suicida.

Em resumo, a C-SSRS e o SCI são ambas ferramentas usadas para avaliar o risco de suicídio, porém diferem em sua abordagem. A C-SSRS é uma entrevista estruturada que avalia a ideação, o comportamento e a intensidade suicida, enquanto o SCI é um inventário que considera um conjunto de sintomas que inclui ideação suicida intensa, desesperança e sensação de aprisionamento.

DADOS EPIDEMIOLÓGICOS

O suicídio é um tema complexo com consequências de longo alcance para o indivíduo, seus entes queridos e a sociedade como um todo. Dados epidemiológicos recentes sobre suicídio fornecem perspectivas valiosas sobre a magnitude dessa preocupação para a saúde pública. O suicídio é um problema global, com mais de 800.000 pessoas morrendo a cada ano (WHO, 2022). É a décima principal causa de morte em todo o mundo e a segunda principal causa de morte entre jovens de 15 a 29 anos (WHO, 2022).

As taxas de suicídio variam significativamente de país para país. As taxas mais altas são encontradas na Europa Oriental, Ásia Central e América do Sul (WHO, 2022). Por exemplo, a Lituânia tem a taxa de suicídio mais alta do mundo, com 26,1 mortes por 100.000 pessoas (WHO, 2022). Outros países com altas taxas de suicídio incluem Rússia (25,1 mortes por 100.000 pessoas), Suriname (25,4 mortes por 100.000 pessoas) e Coreia do Sul (28,6 mortes por 100.000 pessoas) (WHO, 2022). As taxas de suicídio mais baixas são encontradas na Europa Ocidental, América do Norte e Austrália (WHO, 2022). Por exemplo, o Japão tem a menor taxa de suicídio entre os países da OCDE, com uma taxa de 10,4 mortes por 100.000 pessoas (OECD, 2022). A notável variação nas taxas de suicídio entre diferentes regiões sublinha a urgência de uma investigação mais aprofundada para compreender e abordar eficazmente as múltiplas facetas que influenciam este grave problema de saúde pública global.

Foi realizada uma revisão sistemática com metanálise para analisar a prevalência global de suicídio de acordo com a latitude. O estudo utilizou 20 estudos transversais publicados de 1982 a 2020. A prevalência média ponderada de suicídio desse estudo foi de 13,34 (11,41-15,26). A prevalência média ponderada de suicídio foi de 8,12 (6,77-9,47) na idade 0-14, 8,54 (2,92-14,15) na idade 15-29, 9,97 (6,29-13,65) na idade 30-44, 19,23 (16,67-21,80) na idade 45-59 e 15,28 (9,12-21,44) na idade 60-75. Identificou-se também que, para cada aumento de 1, a prevalência de suicídio aumentou em 0,255 por 100.000 pessoas, explicando 27,3% da prevalência de suicídio. Segundo análises de subgrupos realizadas em latitude média (30-59º), a prevalência média ponderada global de suicídio em homens foi de 25,91 (21,90-29,92), e a prevalência média ponderada global de suicídio em mulheres foi de 5,66 (5,00-6,33). A prevalência global de suicídio foi de 1,43 (1,04-3,90) na idade 0-14, 3,25 (0,79-5,71) na idade 15-24, 4,95 (0,54-9,37) na idade 25-34, 5,84 (1,65-10,04) na idade 35-44, 7,37 (4,31-10,44) na idade 45-54, 9,39 (7,06-11,72) na idade 55-64 e 15,97 (10,18-21,76) na idade 65-74. A prevalência mundial de suicídio foi de 13,68 (8,71-18,64) nos países de renda baixa-média, 22,68 (17,60-27,76) nos países de renda média-alta e 12,72 (9,59-15,86) nos países de alta renda (An et al., 2023).

Até o momento, não existem outras revisões sistemáticas que abordem a prevalência do suicídio de forma global. Compreender a prevalência do suicídio é crucial para desenvolver estratégias de prevenção eficazes e fornecer apoio adequado àqueles em risco. A prevalência do suicídio é influenciada por fatores como maus-tratos na infância, problemas relacionados à saúde mental, estressores em nível populacional e funcionamento familiar. É evidente que entender os determinantes e correlatos dos comportamentos suicidas é essencial para estratégias de prevenção eficazes e identificação precoce de indivíduos em risco.

FATORES DE RISCO ASSOCIADOS AO SUICÍDIO

A interação de vários fatores psicológicos desempenha um papel fundamental nas tendências suicidas. Uma das influências preponderantes inclui os distúrbios de saúde mental. Condições como depressão, transtorno bipolar, esquizofrenia e distúrbios de ansiedade são fatores de risco estabelecidos para o suicídio (Hocaoğlu, 2018).

Em concordância com a OMS (2022), os distúrbios mentais representam globalmente o principal fator de risco para o suicídio, estando implicados em mais de 90% de todos os suicídios. Na mesma linha, a Associação Americana de Psicologia (APA) (2023) destaca a gravidade do abuso de substâncias nesse contexto. Indivíduos que lutam contra a adição não só enfrentam imenso sofrimento emocional e isolamento, aumentando sua susceptibilidade à ideação suicida, mas o próprio abuso é um risco formidável, especialmente entre os jovens e homens (APA, 2023).

A tensão das dinâmicas interpessoais não pode ser ignorada. Como se sugere, conflitos interpessoais, que podem se manifestar como relações tensas ou até mesmo isolamento social mais amplo, podem amplificar sentimentos de angústia, alimentando a suicidabilidade (Kim et al., 2015). A OMS (2022) enfatiza que o isolamento social, que resulta em sentimentos de intensa solidão e desespero, eleva significativamente o risco de suicídio, particularmente entre os idosos.

Outra dimensão desse problema multifacetado é a exposição a eventos traumáticos. Indivíduos que passaram por experiências como maus-tratos na infância, atos de violência ou os horrores da guerra têm um risco aumentado de pensamentos e comportamentos suicidas. A APA (2023) destaca a vulnerabilidade particular das mulheres nesse aspecto. A elevada vulnerabilidade das mulheres ao suicídio, especialmente aquelas que experienciaram traumas, demanda uma atenção focalizada e estratégias de intervenção específicas. É crucial implementar e fortalecer redes de apoio, bem como desenvolver políticas públicas que atendam de maneira efetiva às raízes do desespero e do isolamento femininos, combatendo ativamente os fatores que as colocam em risco.

Esses distúrbios, abuso de substâncias, relações tensas e experiências traumáticas podem mergulhar os indivíduos em sentimentos de profundo desespero ou desesperança, levando-os a pensamentos de autoagressão ou até suicídio (Cossel et al., 2013). Para combater esses riscos intrincados e sobrepostos, uma abordagem abrangente é indispensável. A integração de intervenções como a terapia cognitivo-comportamental (TCC) pode ser fundamental para equipar os indivíduos com estratégias de enfrentamento, ao mesmo tempo em que reformula processos de pensamento prejudiciais que alimentam inclinações suicidas (Sander et al., 2023). Quando apropriado, essa intervenção psicoterapêutica pode ser complementada com abordagens farmacológicas personalizadas para tratar os distúrbios de saúde mental subjacentes.

Em resumo, compreender os diversos determinantes psicológicos do suicídio requer uma abordagem holística, abrangendo condições de saúde mental, abuso de substâncias, dinâmicas sociais e exposições traumáticas. Reconhecer e tratar colaborativamente esses elementos oferece a melhor chance de mitigar o risco de suicídio e fornecer aos indivíduos o apoio e as ferramentas de que precisam para enfrentar seus desafios.

IMPACTOS DO SUICÍDIO

O impacto do suicídio vai muito além do indivíduo que o comete. Ele afeta profundamente aqueles que ficam para trás. Indivíduos que perdem um ente querido para o suicídio frequentemente vivenciam um luto intenso, acompanhado por sentimento de culpa ou vergonha devido ao estigma social em torno das questões de saúde mental (Adshead & Runacres, 2022). O impacto emocional e psicológico pode ser duradouro, levando a desafios de saúde mental, como depressão ou transtorno de estresse pós-traumático.

As famílias são significativamente impactadas pela perda de um membro para o suicídio. Podem enfrentar encargos financeiros, relações tensas e uma maior vulnerabilidade a problemas de saúde mental (Creuzé et al., 2022). O luto vivenciado pelos familiares frequentemente difere de outras formas de luto devido às complexidades associadas ao suicídio.

Equipes ou comunidades também podem ser profundamente afetadas quando um membro comete suicídio. Tal evento pode levar a uma queda no moral, aumento nos níveis de estresse entre os membros da equipe e interrupções na produtividade (Canning & Gournay, 2014). É crucial que organizações e comunidades proporcionem sistemas de apoio adequados e recursos para os afetados.

O impacto do suicídio vai além de indivíduos e famílias; tem implicações mais amplas para a sociedade. O suicídio impõe um fardo significativo aos sistemas de saúde pública em termos de custos de saúde associados ao tratamento de indivíduos em risco ou afetados pelo suicídio (Canning & Gournay, 2014). Alocar recursos suficientes para esforços de prevenção torna-se fundamental para reduzir esses custos de saúde a longo prazo.

Ademais, estudos de custo-efetividade demonstram que investir em medidas preventivas traz benefícios substanciais tanto econômicos como sociais (Lee et al., 2020). Ao abordar os fatores psicológicos subjacentes que contribuem para comportamentos suicidas por meio de intervenção precoce e programas de tratamento, a sociedade não só pode salvar vidas, como também reduzir os encargos econômicos associados aos suicídios.

As consequências do suicídio vão além da perda de vida e têm implicações econômicas significativas. Assim, estudar as consequências de custo-efetividade do suicídio no mundo é crucial para entender o impacto total e desenvolver estratégias de prevenção eficazes (Cecchin et al., 2022). Essas consequências englobam tanto os custos diretos associados aos serviços relacionados ao suicídio como os custos indiretos relacionados à perda de produtividade e à diminuição da qualidade de vida para os indivíduos afetados e suas famílias. Para avaliar o impacto econômico do suicídio, são utilizadas diversas medidas e métodos. Os custos diretos incluem despesas de cuidados médicos relacionados a atendimentos de emergência, tratamento psiquiátrico, internações, apoio pós-intervenção para famílias enlutadas, custos funerários, bem como procedimentos legais como investigações ou processos judiciais após os suicídios. Os custos indiretos envolvem a estimativa da produtividade perdida devido à mortalidade prematura causada pelo suicídio, incluindo os anos de vida produtiva potencialmente perdidos (YPLL). Além disso, os impactos psicológicos de longo prazo nos sobreviventes podem levar a taxas elevadas de utilização de cuidados médicos ou a uma participação reduzida na força de trabalho.

Uma análise global de custo-efetividade, visando identificar os custos esperados e os impactos de saúde da implementação de programas universais e indicados de aprendizagem socioemocional (SEL) baseados em escolas em diferentes contextos de países, realizada em 20 países, identificou que o programa SEL universal poderia potencialmente prevenir 742 casos adicionais de depressão/ansiedade e 0,581 suicídios por cada milhão de habitantes. Em comparação, o custo total de intervenção para o programa SEL baseado em escolas indicadas seria de I$0.060 *per capita* entre os países de baixa a média-baixa renda e $0.084 *per capita* entre os países de renda média-alta a alta. Através dos 20 países, o programa SEL indicado poderia prevenir 45 casos adicionais de depressão/ansiedade e 0,017 suicídios por cada milhão de habitantes. O custo total para escalar os programas SEL universais e indicados foi comparável a outras intervenções clínicas de baixo custo para o tratamento de transtornos mentais comuns (Lee et al., 2023).

Em conclusão, distúrbios de saúde mental, problemas de abuso de substâncias e conflitos interpessoais contribuem significativamente para pensamentos e comportamentos suicidas. Os impactos do suicídio vão além dos indivíduos que morrem por ele; as famílias experimentam profundo luto, enquanto equipes ou comunidades enfrentam diversos desafios também. Além disso, a sociedade carrega um significativo ônus em termos de custos de saúde associados ao suicídio. Reconhecendo a importância dos aspectos psicológicos e adotando medidas preventivas, podemos trabalhar para reduzir o devastador impacto do suicídio em indivíduos, famílias, equipes e sociedade como um todo.

PSICOLOGIA BASEADA EM EVIDÊNCIAS PARA PREVENÇÃO DO SUICÍDIO

A prevenção e o tratamento do suicídio são áreas cruciais no campo da Psicologia que requerem uma base sólida de evidências para indicar a eficácia das intervenções. A Psicologia baseada em evidências é uma abordagem que busca integrar as descobertas da pesquisa empírica à prática clínica. Envolve a avaliação sistemática da evidência científica disponível para orientar a tomada de decisões e melhorar os resultados para indivíduos que experienciam ideação suicida ou estão em risco de suicídio (Breet et al., 2021). Os princípios subjacentes incluem o compromisso de usar métodos de pesquisa de alta qualidade, avaliar criticamente a literatura existente e implementar intervenções respaldadas por evidência empírica rigorosa.

As diretrizes metodológicas são essenciais para assegurar o rigor, a confiabilidade e a validade na pesquisa e na prática da Psicologia baseada em evidências (Hjelmeland et al., 2018), proporcionando um quadro para realizar estudos que minimizem o viés por meio de procedimentos padronizados, como técnicas de randomização, protocolos de cegamento, grupos de controle adequados e medidas de resultados válidas. Isso melhora a qualidade da evidência produzida.

A aderência a essas diretrizes na prática baseada em evidências tem muitos benefícios para a prevenção e o tratamento do suicídio. Primeiramente, a aderência a essas diretrizes garante que as intervenções sejam baseadas em evidências robustas em vez de apenas relatos anedóticos ou opiniões pessoais (Asarnow & Miranda, 2014). Isso promove uma maior confiança entre os profissionais em relação à eficácia de sua intervenção, minimizando a possibilidade de implementar tratamentos prejudiciais ou ineficazes. Além disso, os responsáveis por políticas podem usar essa base de evidência para informar iniciativas de saúde pública voltadas para a redução das taxas de suicídio.

Em contrapartida, a implementação dessas metodologias rigorosas em Psicologia baseada em evidências para a prevenção do suicídio enfrenta vários desafios, considerando que o *design* de ensaios clínicos randomizados (ECRs) com tamanhos de amostra adequados, protocolos de tratamento padronizados e medidas de resultados confiáveis é o de maior nível de evidência para estabelecer eficácia na redução do risco de suicídio (Breet et al., 2021). Infelizmente, são necessários muitos recursos para financiar ECRs em larga escala, essenciais para estabelecer a eficácia das intervenções. Adicionalmente, podem surgir considerações éticas ao conduzir pesquisas com indivíduos que apresentam alto risco de suicídio devido a possíveis danos ou preocupações de segurança (Hjelmeland et al., 2018). Esses desafios destacam a necessidade de estratégias inovadoras que equilibrem a metodologia rigorosa com a prática ética.

Embora as diretrizes metodológicas ofereçam vantagens significativas na Psicologia baseada em evidências para a prevenção e o tratamento do suicídio, elas não estão isentas de limitações ou críticas. Alguns argumentam que a aderência rígida a essas diretrizes pode limitar a inovação ao desencorajar intervenções novas que não se ajustem a *designs* de estudo tradicionais (Hjelmeland et al., 2018).

Além disso, as diretrizes metodológicas podem não capturar adequadamente a complexidade do comportamento suicida, negligenciando fatores contextuais importantes que influenciam nos fatores de risco e proteção.

Em conclusão, a Psicologia baseada em evidências desempenha um papel crucial na prevenção e tratamento do suicídio. As diretrizes metodológicas são essenciais para garantir a rigorosidade, confiabilidade e validade das descobertas de pesquisa nesse campo. Ao aderir a elas, os psicólogos podem melhorar a qualidade da evidência produzida. Embora existam desafios na implementação dessas diretrizes, seus benefícios para profissionais, pesquisadores, decisores políticos e pacientes superam as potenciais limitações. A contínua integração das diretrizes metodológicas nos esforços de prevenção do suicídio continuará avançando na prática baseada em evidências e melhorando os resultados para as pessoas em risco.

REVISÕES SISTEMÁTICAS DE COCHRANE NO CONTEXTO DO SUICÍDIO

As revisões sistemáticas da Cochrane são essenciais no cenário da pesquisa baseada em evidências, especialmente quando estamos tratando de temas tão delicados e vitais quanto a prevenção e o tratamento do suicídio. Essas revisões, caracterizadas por sua abordagem rigorosa e padronizada, oferecem aos profissionais de saúde mental e aos formuladores de políticas públicas perspectivas confiáveis sobre a eficácia de diferentes intervenções. Dada a natureza multifacetada e complexa do suicídio, acessar revisões sistemáticas bem elaboradas é fundamental para implementar estratégias apropriadas e eficazes. Ao longo da discussão neste capítulo, serão incorporadas tanto as perspectivas da Cochrane como as contribuições de outras fontes de pesquisa, buscando fornecer uma visão tão completa e diversa quanto possível sobre o tema.

Em crianças e adolescentes

Tanto as terapias psicológicas como os medicamentos antidepressivos podem ser utilizados para tratar a depressão em crianças e adolescentes. As terapias psicológicas comuns são a TCC, a psicoterapia interpessoal (IPT) e a terapia psicodinâmica. Existem muitos tipos diferentes de medicamentos antidepressivos, cada um formulado para atuar especificamente sobre os neurotransmissores cerebrais relacionados com a depressão.

- Uma revisão sistemática (RS) considera ECRs de participantes entre 6 e 18 anos, com diagnóstico clínico de transtorno depressivo maior (TDM), publicados até 2014, voltada para avaliar a efetividade das terapias psicológicas e a medicação antidepressiva, isoladas e em combinação, para o tratamento do TDM. Especificamente em relação aos resultados de ideação suicida, verificou-se que o grupo de medicação antidepressiva teve maior ideação em comparação com o grupo de terapia psicológica, mantendo esse efeito de seis a nove meses. Não fica claro qual era o efeito da terapia combinada em comparação com a medicação antidepressiva isolada, ou da terapia psicológica isolada nas taxas de ideação suicida (Cox et al., 2014).
- Outra RS teve como objetivo identificar todos os ECRs até 2015 de intervenções psicossociais, agentes farmacológicos ou produtos naturais para autolesões, relacionados a comparar os efeitos de vários tratamentos específicos para crianças e adolescentes com autolesões dentro de

seis meses que resultou em apresentação a serviços clínicos. O estudo demonstrou que a avaliação terapêutica pode melhorar a adesão ao tratamento subsequente, em comparação com uma avaliação padrão. No entanto, não foi observado um impacto claro na redução dos atos de autolesão ao seguir os pacientes aos 12 e 24 meses. Esses resultados provêm de um único estudo, por isso podem não ser definitivos. No caso de jovens com repetidos episódios de autolesão ou com sinais de problemas de personalidade, observou-se que a terapia de mentalização poderia ser benéfica, já que foi associada com uma diminuição na repetição de atos de autolesão. Em contrapartida, a terapia comportamental dialética para adolescentes (DBT-A) não mostrou uma redução clara na repetição de autolesões. Contudo, em um estudo, jovens que receberam DBT-A mostraram melhoras notáveis em termos de depressão, desesperança e ideação suicida comparado com o tratamento usual. A terapia de grupo não mostrou ser efetiva para reduzir a autolesão em jovens com históricos de múltiplos episódios de SH. Além disso, outras intervenções, como a melhoria da conformidade, a psicoterapia baseada em TCC e a intervenção familiar em domicílio, também não mostraram diferenças significativas em comparação com a atenção padrão na redução de atos de autolesão (Hawton et al., 2015).

- Em uma RS orientada a investigar a efetividade de diferentes antidepressivos de nova geração em crianças e adolescentes com um diagnóstico clínico de TDM avaliou-se a efetividade em termos de depressão, funcionamento, resultados relacionados com o suicídio e outros resultados adversos, em crianças e adolescentes de 6 a 18 anos. Considerou 26 estudos, apontando que a evidência é muito incerta sobre os efeitos de vários antidepressivos em resultados relacionados com o suicídio em comparação com o placebo (Hetrick et al., 2021).
- Outra RS investigou diferentes intervenções psicossociais para tratar pessoas com autolesão, com data de corte de 2020. Foram considerados 17 ECRs com um total de 2.280 participantes. Observou-se que a DBT-A reduzia a repetição de autolesão em comparação com tratamentos convencionais. Não houve evidências conclusivas que sustentassem a eficácia de outras terapias, como a TCC individual ou a terapia baseada em mentalização para adolescentes (MBT-A) (Witt et al., 2021a).

Em universitários

- RS avaliou o efeito no suicídio e resultados relacionados a intervenções primárias de prevenção. Foram incluídos estudos que utilizaram diversos *designs*. Oito estudos cumpriram os critérios, com data de corte em 2013. Em três ECRs (312 participantes), demonstrou-se que programas didáticos e experienciais baseados em sala de aula aumentaram o conhecimento a curto prazo sobre o suicídio e conhecimento sobre a prevenção do suicídio. O efeito sobre a autoeficácia da prevenção do suicídio em um ECR (152 participantes) foi incerto. Não foram encontrados estudos que provassem os efeitos do ensino em sala de aula sobre o comportamento suicida ou os resultados a longo prazo (Harrod et al., 2014).

Em adultos

- RS voltada para avaliar os efeitos de tratamentos psicossociais específicos *versus* tratamento habitual, cuidado habitual aprimorado ou outras formas de terapia psicológica, em adultos após autolesão. Foram considerados 55 ECRs até 2015 e analisados 17.699 participantes, encontrando que a TCC parece ser eficaz para reduzir a repetição de autolesão. A terapia comportamental dialética (TCD) pode ajudar a diminuir a frequência de autolesão em pessoas com histórico de múltiplos episódios. No entanto, a gestão de casos e as intervenções de contato remoto não mostraram benefícios evidentes. Mais estudo em outras intervenções é necessário devido à qualidade variável dos ensaios (Hawton et al., 2016).

- A gestão intensiva de casos (ICM) emerge como uma abordagem comunitária para fornecer cuidados a longo prazo para pessoas com doenças mentais graves, centrada em grupos pequenos de pacientes (menos de 20) para fornecer um cuidado mais intensivo. A RS incluiu 40 ECRs com um total de 7.524 participantes, até 2016. Em relação ao suicídio, o ICM pode não oferecer uma vantagem significativa na redução das taxas de suicídio em comparação com outras abordagens de cuidado (Dieterich et al., 2017).
- RS direcionada para avaliar os efeitos das intervenções psicossociais para autolesão em comparação com tipos de atenção para adultos. Considerou 76 ECA com um total de 21.414 participantes. A evidência não é conclusiva quanto à eficácia da TCC na redução de autolesões. A TCD mostrou uma taxa ligeiramente menor de repetição, mas ainda é necessário um número maior de pesquisas. A MBT mostrou reduzir a repetição e a frequência de autolesões. Em contrapartida, uma psicoterapia grupal que se concentra na regulação emocional mostrou benefícios (Witt et al., 2021b).

Conforme tipo de morte por suicídio

- RS buscou avaliar a eficácia das intervenções para restringir a disponibilidade ou o acesso a meios de suicídio em estradas. Com data de corte de 2020. Foram avaliados vários tipos de *designs*, e não se identificou nenhum estudo que cumprisse os critérios. Destaca a escassez de pesquisa sobre suicídios no tráfego rodoviário e a necessidade de futuros estudos sólidos que busquem investigar a eficácia de intervenções para prevenir o suicídio em estradas (Okolie et al., 2020a).
- RS voltada para avaliar a eficácia das intervenções para restringir a disponibilidade ou o acesso aos meios de suicídio por salto. Com data de corte em 2019. Considerando 14 estudos de natureza observacional. Verificou-se que intervenções de restrição de meios de salto, entregues isoladamente ou em combinação com outras intervenções, reduzem o número de suicídios por salto. Os dados sobre tentativas de suicídio foram limitados e nenhum estudo informou autolesões. Uma análise de custo-eficácia sugeriu que a construção de uma barreira física em uma ponte seria rentável a longo prazo (Okolie et al., 2020b).

ALÉM DA COCHRANE E A PERSPECTIVA SOBRE O SUICÍDIO

Embora as RSs da Cochrane sejam inestimáveis, é fundamental reconhecer e considerar outras fontes de pesquisa e revisões.

Estas, embora possam variar em termos de metodologia ou enfoque, oferecem perspectivas complementares que enriquecem nosso entendimento sobre a prevenção e o tratamento do suicídio. A seguir, descreveremos algumas RSs sobre tratamentos em suicídio.

Em adolescentes

- RS voltada a explorar tratamentos psicossociais para prevenir o suicídio. Considerou 30 ECRs, verificando que seis que avaliaram automutilação e sete que avaliaram ideação suicida encontraram reduções com os tratamentos psicossociais. Apesar disso, os resultados, de forma geral, mostraram ter um pequeno efeito e as intervenções não apresentaram resultados significativos na redução de comportamentos de automutilação ou tentativas de suicídio (Itzhaky et al., 2022).
- RS voltada a avaliar a qualidade, conteúdo, entrega e eficácia de intervenções para prevenir suicídios entre adolescentes indígenas. Com data de fechamento em 2021. Considerou dois estudos que mostraram evidência da eficácia das intervenções para reduzir alguns dos fatores de risco e aumentar alguns dos fatores protetores associados ao suicídio. Altos níveis de participação comunitária e centralização na cultura foram fatores chave em ambos os estudos, garantindo que o conteúdo da intervenção, a entrega e as medições de resultado se alinhassem com as crenças e as práticas das comunidades (Grande et al., 2022).

Em adultos

- Associado ao uso de ketamina, uma RS considerou dois ECRs que examinaram a esketamina intranasal em pacientes depressivos suicidas e não encontraram vantagem sobre o uso de soro fisiológico (Hochschild et al., 2021).
- RS voltada para identificar se os medicamentos psicotrópicos são tratamentos eficazes para os pensamentos e comportamentos autolesivos. Considerou 251 ECRs, apontando que a eficácia dessa abordagem ainda é evasiva. Os medicamentos, em média, proporcionaram uma redução de 8% na frequência de pensamentos e comportamentos autolesivos, e uma diminuição nos sintomas e na gravidade, com antipsicóticos, citalopram e ketamina, mostrando resultados marginalmente significativos (Huang et al., 2022).
- RS que considerou 57 estudos que exploravam os efeitos das terapias psicofarmacológicas e somáticas na mitigação do risco de suicídio destacou a notabilidade do lítio na diminuição de probabilidades de suicídio tanto em pessoas com transtorno bipolar como em amostras de diagnósticos mistos. Além disso, a clozapina destacou-se por sua capacidade de reduzir o risco de suicídio em transtornos psicóticos. Outras intervenções e medicamentos, como a terapia eletroconvulsiva e antipsicóticos não clozapina, não apresentaram uma relação significativa com a prevenção do suicídio no contexto dos transtornos avaliados (Wilkinson et al., 2022).
- RS para avaliar os efeitos relativos das intervenções psicológicas para prevenir retentativas de suicídio em emergências psiquiátricas considerou 26 ECRs com um total de 3.155 sujeitos. Indicando que a TCC (terapia cognitivo-comportamental) é a intervenção para reduzir as retentativas de suicídio (Jeong et al., 2023).
- Em contrapartida, uma RS voltada para determinar se a TCC baseada na internet

reduz a ideação suicida e as tentativas, considerou quatro estudos com 1.225 participantes. Encontrando que esse tipo de terapia está associada com a redução da ideação suicida, mas não com as tentativas e mortes por suicídio (Yu et al., 2022).

- RS com data de fechamento em 2020, voltada para avaliar o impacto das intervenções baseadas em *mindfulness* para reduzir pensamentos e comportamentos suicidas, demonstrou que as intervenções baseadas nessa prática (redução do estresse; prática diária de meditação; consciência do corpo e mente; e TCC) reduzem os fatores associados ao risco de suicídio (de Aguiar et al., 2022).
- RS voltada para identificar os efeitos do exercício físico na ideação e risco suicida. Considerou 17 ECRs com 1.021 participantes, em que se verificou que a ideação suicida não se reduz, mas sim as tentativas. No entanto, nesses resultados, 82% dos estudos estavam enviesados (Fabiano et al., 2023).

No entanto, todas essas descobertas, embora promissoras, devem ser interpretadas com cautela devido a potenciais vieses e limitações metodológicas na literatura existente, como a insuficiência de estudos que incluam intencionalmente indivíduos com comportamentos suicidas, a falta de clareza nos mecanismos de tratamento subjacentes aos efeitos observados dos psicofármacos, entre outros.

ENSAIOS CLÍNICOS RANDOMIZADOS EM SUICÍDIO

A Psicologia, como disciplina que aborda a complexidade do comportamento e da mente humana, frequentemente enfrenta desafios metodológicos quando busca fornecer respostas empíricas às suas perguntas. Esse desafio se intensifica ainda mais quando abordamos temas tão delicados e cruciais quanto o suicídio. O suicídio, com suas profundas implicações sociais, éticas e humanas, demanda uma pesquisa que não seja apenas metodologicamente rigorosa, mas também eticamente responsável. Nesse contexto, os ensaios clínicos randomizados (ECR) emergem como uma ferramenta insubstituível. Considerados o padrão-ouro em pesquisa clínica, seu desenho permite estabelecer relações causais, minimizar vieses e obter evidências sólidas sobre a eficácia e segurança de intervenções específicas. Por meio dos ECRs, podemos avaliar rigorosamente intervenções preventivas e terapêuticas, fornecendo assim diretrizes baseadas em evidências para clínicos e tomadores de decisões políticas de saúde.

Neste capítulo, serão apresentados resultados de ECRs publicados entre 2021 e 2023, os quais não foram considerados nas RS apresentadas anteriormente, devido à sua recente publicação.

- ECR com o objetivo de confirmar os benefícios antissuicidas de início rápido da ketamina. Considerou 156 pacientes. O medicamento conduziu a uma remissão completa das ideias suicidas ao terceiro dia em pessoas com transtorno bipolar, porém não naquelas com outros transtornos, nem tampouco às seis semanas de seguimento (Abbar et al., 2022). O efeito da ketamina também foi avaliado em outro ECR com 40 pacientes diagnosticados com depressão resistente, encontrando reduções na ideação suicida aos 30 dias de seguimento (Feeney et al., 2021).
- ECR com 528 adultos, direcionado a avaliar terapias alternativas, especificamente a biblioterapia, baseada na hipótese de que ler narrativas em primeira pessoa sobre como enfrentar pensamen-

tos suicidas reduziria o desejo de morrer, foram obtidos resultados positivos sobre sua eficácia no risco suicida aos 14 dias e às duas semanas (Franz et al., 2022).

- ECR com 906 participantes mostra que o módulo "Preventing addiction related suicide" (PARS) apresenta uma redução de risco suicida significativa em contraste com a terapia habitual aos meses 1 e 6 (Ries et al., 2022).
- ECR com 402 indivíduos para avaliar a eficácia de um programa de autoajuda *on-line* guiado para reduzir a ideação suicida em comparação com os sujeitos em lista de espera identificou que esse programa foi associado a uma redução na ideação suicida na pós-intervenção e no acompanhamento de seis meses (Mühlmann et al., 2021).
- ECR para avaliar a eficácia do programa de intervenção breve e contato (BIC) da Organização Mundial da Saúde no risco de autolesões em veteranos de guerra encontrou uma diminuição de autolesões ao mês 1, mas o efeito diminuiu ao mês 3 (Riblet et al., 2021).

CONSIDERAÇÕES FINAIS

A intrincada natureza da suicidabilidade e os diferentes métodos para conceituar e abordar esse fenômeno refletem a multiplicidade e a complexidade de suas origens, manifestações e consequências. Por meio das diversas teorias e abordagens analisadas, a IS, o relato suicida e a SCS entrelaçam-se, formando um quadro que obriga a considerar múltiplas variáveis, tais como pertencimento frustrado, carga percebida, derrota social e humilhação, entre outras. A multidimensionalidade sugere que os aspectos cognitivos, bem como os afetivos e sociais, são cruciais para uma compreensão integral do suicídio. Isso, somado aos desafios para a Psicologia e a Psiquiatria, relacionados à capacidade de medir e entender de maneira precisa e eficaz a suicidabilidade, sugere uma compreensão mais rica e dimensional do fenômeno.

A busca por consenso no diagnóstico, avaliação e intervenção no comportamento suicida é especialmente vital para forjar um caminho unificado em direção à prevenção e ao tratamento. A possibilidade de considerar a suicidabilidade, e particularmente o SCS, como uma entidade diagnóstica independente, oferece um terreno fértil para o debate sobre sua validade, relevância clínica e as implicações éticas dessa classificação.

À medida que avançamos neste capítulo, torna-se particularmente pertinente a busca incansável por validações empíricas que respaldem as teorias propostas, com práticas harmonizadas tanto da riqueza das narrativas individuais como da robustez das análises quantitativas. Acreditamos que grandes contribuições nessa linha virão a partir de um diálogo interdisciplinar.

No enigmático domínio do suicídio, as descobertas de ECRs e RSs recentes nos proporcionam uma perspectiva multidimensional e, por conseguinte, uma melhor compreensão das complexidades no tratamento e na prevenção do suicídio em diversas populações. A exploração desses estudos ilustra tanto o potencial como os desafios inerentes às abordagens terapêuticas existentes e emergentes.

Primeiro, a ketamina e o seu enantiômero, a esketamina, capturaram a atenção da comunidade científica pelo seu potencial no tratamento rápido do risco suicida. Embora alguns estudos tenham mostrado resultados promissores, também vimos que os benefícios podem ser transitórios ou inconsistentes entre diferentes subgrupos populacionais, sugerindo a necessidade de refinar as estratégias de tratamento e aprofundar a compreensão dos mecanismos subjacentes.

Adicionalmente, sublinha-se a pertinência de explorar e compreender os diferentes métodos de administração de intervenções e como estas podem ser adaptadas ou modificadas para satisfazer as necessidades e contextos específicos dos indivíduos ou grupos de indivíduos. Por exemplo, a variabilidade nas vias de administração e dosagem da ketamina permanece sendo uma área que requer mais pesquisa e esclarecimento para maximizar sua eficácia e segurança.

Em contrapartida, outras formas de intervenção, desde terapias baseadas em *mindfulness* até biblioterapia e programas de autoajuda *on-line*, oferecem alternativas na prevenção de comportamentos suicidas. A riqueza dessas abordagens reside não só na sua inovação, mas também na sua capacidade de serem culturalmente ressonantes e acessíveis, embora a eficácia variável e os desafios na implementação nos lembrem que não existem soluções simplistas ou universais para todos.

As discussões éticas acerca do desenho e do desenvolvimento de ECRs em temas tão delicados quanto o suicídio são igualmente vitais. A segurança dos participantes e a integridade dos dados são prioritárias, pelo que se requer uma ênfase constante em garantir que os ensaios sejam ética e metodologicamente sólidos, assegurando simultaneamente o respeito e a proteção daqueles que participam na pesquisa. Portanto, é fundamental continuar a avançar na pesquisa sobre o suicídio, de forma crítica, ética e compassiva. A complexidade das temáticas abordadas convida a desenvolver intervenções que sejam simultaneamente eficazes e eticamente sustentáveis.

No futuro, é fundamental que avancemos promovendo práticas de saúde baseadas em evidências, garantindo a qualidade dos resultados e a transposição para políticas públicas, práticas clínicas e, crucialmente, a vida daqueles que enfrentam diariamente a sombra do suicídio. Garantindo que envolvamos os âmbitos clínico, social e comunitário.

Finalmente, ao encerrarmos este capítulo, é essencial reconhecer que, embora se tenham feito progressos na compreensão e na intervenção no domínio do suicídio, o caminho para a prevenção eficaz, abrangente e acessível é uma jornada contínua que requer colaboração interdisciplinar, inovação constante e uma profunda empatia e compromisso com aqueles a quem procuramos servir.

No desenvolvimento do capítulo, considerando a identificação e a seleção de estudos relevantes e atualizados, utilizaram-se algumas das seguintes palavras-chave: "Suicide"[Mesh], "Preventive Health Services" [Mesh] e "Therapeutics"[Mesh] em várias bases de dados científicas. É crucial sublinhar que, apesar de um processo meticuloso e detalhado de busca e revisão, a probabilidade de omissão involuntária de algumas pesquisas relevantes persiste. Nesse sentido, reconhece-se que, apesar do rigor metodológico aplicado, a presente revisão pode não ser totalmente exaustiva, implicando a necessidade de manter uma exploração contínua e sistemática do panorama investigativo no campo do suicídio e suas respectivas intervenções preventivas e terapêuticas.

REFERÊNCIAS

Capítulo **18**

Psicoterapias baseadas em evidências aplicadas aos transtornos relacionados a trauma e a estressores

Silvia Sztamfater, Daniella Mouadeb, Felipe Corchs, Joana Singer Vermes

INTRODUÇÃO

A literatura publicada sobre transtorno de estresse pós-traumático (TEPT) cresceu rapidamente nas últimas décadas (Lewis et al., 2020; Mavranezouli et al., 2020). O TEPT é um tema que tem sido extensivamente estudado, com uma ampla gama de pesquisas realizadas ao longo dos anos. É provável que existam milhares de artigos disponíveis em bancos de dados científicos, bem como centenas de livros para consulta. O conhecimento produzido oportuniza o entendimento do impacto dos eventos traumáticos na sociedade e a necessidade de abordagens de prevenção e tratamentos baseados em evidências para pessoas, comunidades e nações traumatizadas.

O TEPT é uma condição de saúde mental crônica, muitas vezes debilitante, que pode se desenvolver após a exposição a um trauma. De acordo com a 5ª edição revisada do *Manual de Diagnóstico e Estatística de Transtornos Mentais* (DSM-5-TR; American Psychiatric Association [APA], 2022), identifica-se uma experiência traumática a partir da vivência em uma das seguintes situações: 1) ser exposto a um episódio envolvendo risco de morte, violação à integridade física e/ou sexual; 2) testemunhar um dos eventos apresentados no item 1; 3) tomar conhecimento de que um ente querido ou uma pessoa muito próxima morreu ou se expôs a uma das experiências supramencionadas; e 4) ser sistematicamente exposto a detalhes ligados a eventos traumáticos devido à rotina profissional (como no caso de médicos, paramédicos, enfermeiros, policiais, bombeiros etc.). São exemplos de eventos traumáticos: desastres naturais, violência física ou sexual, acidentes de trânsito e morte inesperada de um ente querido.

O TEPT compromete a qualidade de vida dos pacientes como um todo e está associado a problemas de saúde física, dificuldades nos campos social, interpessoal, conjugal, parental, familiar e laboral (Jellestad et al., 2021), tornando-se, em alguns casos, um quadro debilitante. Beristianos et al. (2016), por exemplo, alertam para o aumento do risco de doenças cardiovasculares nessa população, assim como Bromet et al. (2018) salientam dores crônicas como uma comorbidade frequente.

As estatísticas apontam que 50 a 89% dos indivíduos adultos passam por pelo menos um evento traumático no decorrer da vida (Shalev et al., 2017). Entre os indivíduos expostos, de 10 a 20% desenvolvem o transtorno (Zohar et al., 2011). Outros dados estatísticos acrescentam que até um em cada 14 adolescentes e adultos é afetado por essa condição ao longo da vida e até uma em cada 20 crianças antes de começarem o ensino infantil (Ford, 2015).

A prevalência atual do TEPT na população mundial é de 3,9%, com variação significativa entre os países: os de alta renda (5,0%) têm o dobro da proporção de diagnósticos de TEPT quando comparados com os países de renda média-alta (2,3%) e de renda média-baixa (2,1%) (Koenen et al., 2017), o que pode significar não uma proporção maior de ocorrências traumáticas, mas de oportunidades de realização de diagnóstico. Em áreas que envolvem grandes conflitos, como Ásia, Oriente Médio e África, a prevalência ao longo da vida obtida é de 28,4%, 17,8% e 37,4%, respectivamente. Já em amostras de alto risco (veteranos de guerra, refugiados, sobreviventes de atentados), o intervalo pode variar de 6,5 a 20,1% (Koenen et al., 2017).

Há vários fatores de risco associados à probabilidade elevada de exposição e desenvolvimento do quadro. De acordo com Alves et al. (2021), adultos jovens, gênero masculino, integrantes de grupos minoritários e a ocupação desempenhada pelo indivíduo, podem elevar o risco de exposição a esses eventos. Quanto a desenvolver o TEPT, os fatores de risco podem ser agrupados em pré-traumáticos, peritraumáticos e pós-traumáticos, conforme a Tabela 1.

É interessante notar que, no tocante ao gênero, pesquisas de países de alta renda mostram que os homens são mais propensos a vivenciar um trauma, mas, uma vez expostas, as mulheres têm maior probabilidade de desenvolver TEPT (Bromet et al., 2018). Entre algumas hipóteses, encontram-se os fatores hormonais, que podem implicar variações de humor e ansiedade mais pronunciada, especialmente na segunda metade do ciclo menstrual (Pineles et al., 2016).

Tabela 1 Fatores de risco para exposição a eventos traumáticos e desenvolvimento de TEPT

Fatores de risco para a exposição a eventos traumáticos
Jovens
Gênero masculino
Integrantes de grupos minoritários
Ocupação (policiais, bombeiros, militares, agentes de segurança, socorristas etc.)
Fatores pré-traumáticos que favorecem desenvolvimento de TEPT
Gênero feminino
Histórico de traumas anteriores (abuso, negligência e violência)
Baixo nível educacional e intelectual
Histórico de transtornos psiquiátricos
Preditores fisiológicos e neuroendócrinos: taquicardia, taquipneia e baixo nível sérico de cortisol
Baixo suporte social
Trauma ocorrido na infância
Fatores peritraumáticos que favorecem desenvolvimento de TEPT
Tipo de evento traumático e percepção do risco
Desfiguração corporal
Traumatismo cranioencefálico
Experiência dissociativa durante o evento
Duração do evento traumático
Evento cometido por pessoa próxima
Fatores pós-traumáticos que favorecem desenvolvimento de TEPT
Avaliação negativa a respeito do evento
Estratégias de enfrentamento inapropriadas
Perdas decorrentes do evento
Suporte social pobre
Uso de benzodiazepínicos e álcool

Fonte: adaptada de Alves et al., 2021; APA, 2022; Breslau et al., 1999; Foa et al., 2019; Fullerton et al., 2006; Kessler, 1995; Olff et al., 2007; Wild et al., 2016; Xue et al., 2015; Zohar et al., 2011.

Revisões sistemáticas e metanálises de estudos epidemiológicos e clínicos apontam a taxa média de cronicidade perto dos 50% (Morina et al., 2014; Steinert et al., 2015).

Apesar disso, a grande maioria dos indivíduos afetados não recebem nenhum tratamento e apenas uma pequena minoria recebe tratamentos baseados em evidências, como terapias cognitivo-comportamentais focadas no trauma, uso de antidepressivos inibidores seletivos de recaptação de serotonina (ISRS) e inibidores seletivos de recaptação de serotonina e noradrenalina (IRSN) e/ou tratamentos combinados (Bisson et al., 2013; Sakiyama et al., 2021).

DIAGNÓSTICO E CARACTERÍSTICAS CLÍNICAS

O impacto de eventos traumáticos e as sequelas comportamentais associadas a eles são reconhecidos há mais de 100 anos (Yadin & Foa, 2007). Desde as primeiras descrições de casos clínicos, expressões como "neurose de guerra" e "choque da granada" eram utilizadas para buscar conexões psicológicas entre os sintomas apresentados e o evento traumático vivido pelo paciente.

Em 1980, houve a formalização inicial dos critérios diagnósticos com introdução do TEPT na 3ª edição do *Manual Diagnóstico e Estatístico de Transtornos Mentais* (DSM-III; APA, 1980), que posteriormente foram revisados e atualizados à medida que as evidências sobre o tratamento foram evoluindo (Hamblen et al., 2019). Hoje, em sua 5ª edição revisada (DSM-5-TR; APA, 2022), o DSM apresenta um capítulo intitulado *Trauma e transtornos relacionados ao estresse*, do qual o TEPT faz parte.

De acordo com o DSM-5-TR (APA, 2022), necessariamente o indivíduo deve ter sido exposto a um evento traumático e desenvolvido sintomas característicos, que estão divididos em quatro grupos, a saber: 1) revivescências do evento traumático, que se manifestam por meio de lembranças intrusivas, pesadelos ou reações dissociativas, como os *flashbacks*; 2) evitação de estímulos associados ao trauma, tais como memórias, sentimentos, pessoas, lugares ou situações relacionadas ao evento traumático; 3) alterações negativas em cognição e humor que impactam significativamente nas experiências emocionais e na perspectiva que o indivíduo tem de si e do mundo; 4) alterações marcantes na excitação e na reatividade relacionadas a um senso continuado de ameaça, que podem se manifestar por meio de sintomas como irritabilidade, hipervigilância e respostas de sobressalto exageradas. Além disso, alguns pacientes podem apresentar sintomas dissociativos, como despersonalização ou desrealização.

Tais sintomas devem persistir por mais de 30 dias após o evento traumático e causar sofrimento significativo ao indivíduo e/ou estar associado a prejuízos em áreas importantes de sua vida (social, familiar, educacional, profissional). É importante lembrar que os sintomas não devem ser consequência de efeitos de alguma substância ou outra condição médica (APA, 2022).

Vale ressaltar que a Classificação estatística internacional de doenças e problemas relacionados à saúde (CID-11; World Health Organization [WHO], 2018) adotou critérios diagnósticos semelhantes aos do DSM-5 (APA, 2013), vigente na época, no que se refere a revivescências, evitação e alterações na excitação e reatividade. Entretanto, não exige a presença de alterações negativas em cognição e humor para o diagnóstico de TEPT.

Outra condição psiquiátrica relacionada à exposição a eventos traumáticos é o transtorno de estresse agudo (TEA), localizado no mesmo capítulo do TEPT no DSM-5-TR (APA, 2022). Ambos compartilham de manifestações clínicas muito semelhantes; entretanto, para o TEA é suficiente que o indivíduo apresente nove ou mais desses sintomas, sem a necessidade de se encaixar completamente em todas as categorias mencionadas. A principal diferença está na temporalidade: enquanto o TEPT requer que os sintomas durem no mínimo um mês, o TEA tem duração que varia entre três dias a um mês.

A CID-11 (WHO, 2018) não faz menção ao TEA, e introduz a reação aguda ao estresse (RAE), classificando-a como uma resposta natural, dada a gravidade do estressor, e que tende a diminuir depois de alguns dias após o evento ou remoção da situação estressora.

Outro diagnóstico recente e formalmente incorporado pela CID-11 (WHO, 2018) é o transtorno do estresse pós-traumático complexo (TEPTc). Para formular essa condição diagnóstica, a CID-11 (WHO, 2018) considerou a heterogeneidade dos sintomas observados entre sobreviventes de trauma (Cloitre, 2020). Indivíduos com TEPTc geralmente (mas não obrigatoriamente) foram expostos continuamente ou múltiplas vezes a traumas, como abuso na infância e violência doméstica ou comunitária. O distúrbio tem prevalência de 1 a 8% na população e até 50% de prevalência em unidades de saúde mental (Maercker et al., 2022). Engloba os sintomas definidores do TEPT, somados a uma série de distúrbios relacionados à capacidade de autorregulação das emoções, relações interpessoais e autoconceito negativamente alterado (Maercker et al., 2022).

REVISÕES SISTEMÁTICAS E SAÚDE BASEADA EM EVIDÊNCIAS

As revisões sistemáticas são consideradas os alicerces da *saúde baseada em evidências* por ajudar a mapear o progresso do conhecimento na área, trazer à tona as contradições entre vários pensamentos do campo de estudo, apontar áreas que requerem mais investigação e, assim, servir como ponto de partida para qualquer pesquisa futura, além de aumentar a significância dos resultados comparando-os com a literatura existente. Trata-se, portanto, de uma estratégia para embasar tomadas de decisões.

Na Tabela 2, apresentamos as revisões sistemáticas referentes às psicoterapias para tratamento dos transtornos relacionados a trauma e a estressores dos últimos cinco anos, apontando os principais resultados obtidos e os níveis de evidência.

De acordo com os resultados da Tabela 2, as terapias focadas no trauma (TFTs) são as mais eficazes no tratamento do TEPT. Entre elas, as terapias cognitivo-comportamentais (TCCs-FT) (Bisson et al., 2013; John-Baptiste Bastien et al., 2020; Lewis et al., 2020; Roberts et al., 2019; Weber et al., 2021) e a terapia de dessensibilização e reprocessamento através dos movimentos oculares (EMDR) (Grubaugh et al., 2021; Lewis et al., 2020) são as que apresentam evidências mais robustas para adultos. Entre as TCCs-FT, a exposição prolongada (EP) (Grubaugh et al., 2021; Lewis et al., 2020; McLean et al., 2022), a terapia de processamento cognitivo (TPC) e a terapia cognitiva (TC) são as que têm evidências mais fortes (Lewis et al., 2020).

Especificamente para crianças e adolescentes, as TCCs-FT também apresentaram forte base de evidências em sua eficácia; mas, diferentemente das intervenções para adultos, a EMDR demonstrou menor evidência para esse público. Assim, as TCCs-FT devem ser oferecidas como primeira escolha no tratamento de crianças e adolescentes, e a EMDR quando não houver respostas às TCCs-FT (John-Baptiste Bastien et al., 2020).

Ainda, os tratamentos baseados em evidências para TEPT demonstraram impactos significativos para indivíduos com comorbidades severas (Grubaugh et al., 2021). EP e EMDR tiveram uma pequena vantagem em relação à TCC, evidenciando que intervenções

Tabela 2 Principais revisões sistemáticas atuais de psicoterapias para o tratamento dos transtornos relacionados a trauma e estressores entre 2017 e 2021

Primeiro autor, ano	Amostra	Intervenções incluídas	Resultados	Nível de evidência
(Michael et al., 2019)	Adultos maiores de 18 anos com diagnóstico de TEPT	TFT, intervenções adjuvantes comportamentais (p. ex., exercício físico, arteterapia, terapia comportamental familiar, hipnoses, exercícios, *biofeedback*) e potencializadores cognitivos (cortisol, ocitocina etc.)	Os dados disponíveis indicam que a administração de cortisol, *biofeedback* respiratório e exercícios são atualmente as intervenções, entre os potencializadores, com o suporte empírico mais forte. As intervenções adjuvantes podem ter alto potencial para aumentar a eficácia das TFTs, mas pesquisas de alta qualidade são necessárias antes que essa afirmação possa ser confirmada ou refutada.	Baixa, devido a poucos estudos
(Belsher et al., 2017)	Adultos maiores de 18 anos com diagnóstico de TEPT	TA (componentes terapêuticos não específicos: estabelecimento de conexões interpessoais positivas por meio do(s) relacionamento(s) terapêutico(s), normalização dos sintomas, validação de experiências, fornecimento de apoio emocional e aumento do senso de domínio e autoconfiança ao lidar com problemas) e TFT	TA não parece ser tão eficaz quanto as TFTs para redução da gravidade do TEPT no pós-tratamento. No entanto, está associada a taxas reduzidas de abandono do tratamento em comparação com as TFTs. Os achados são geralmente consistentes com as diretrizes de práticas clínicas atuais que sugerem que a TA pode ser oferecida como um tratamento para TEPT quando as TFTs não estão disponíveis.	Moderado
(Roberts et al., 2019)	Adultos maiores de 18 anos expostos a um evento traumático	TCCs-FT (inclui terapia de exposição) individuais ou grupais, técnicas de relaxamento/gerenciamento do estresse, TCCs individuais ou grupais, aconselhamento não diretivo, terapia psicodinâmica, hipnoterapia, intervenções educacionais ou informativas, cuidados escalonados e intervenções destinadas a melhorar as habilidades de enfrentamento positivo e o bem-estar geral	Embora a revisão tenha encontrado alguns efeitos benéficos de intervenções psicológicas precoces de uma série de sessões na prevenção do TEPT, o nível de evidência foi baixo devido ao alto risco de viés nos estudos incluídos. A clara implicação prática disso é que, no momento, intervenções em sessões múltiplas destinadas a todos os expostos a eventos traumáticos não podem ser recomendadas.	Baixo
(Suomi et al., 2019)	Casais e famílias em que um membro tivesse diagnóstico com TEPT	Terapia de casal e família nas seguintes abordagens: TCC, terapias psicodinâmicas, terapias sistêmicas e terapias integrativas	Existem poucos ensaios de terapias de casal para TEPT e as evidências são insuficientes para determinar se elas oferecem benefícios. ECRs preliminares sugerem, no entanto, que as terapias de casal para TEPT podem ser potencialmente benéficas para reduzir os sintomas de TEPT.	Insuficiente

(*continua*)

Tabela 2 Principais revisões sistemáticas atuais de psicoterapias para o tratamento dos transtornos relacionados a trauma e estressores nos últimos 5 anos (*continuação*)

Primeiro autor, ano	Amostra	Intervenções incluídas	Resultados	Nível de evidência
(John-Baptiste Bastien et al., 2020)	Crianças, adolescentes e adultos jovens (faixa etária: 3 a 25 anos) com TEPT	Qualquer intervenção psicológica	A revisão encontrou forte base de evidências para a eficácia de TCCs-FT e algum suporte para a eficácia do EMDR. Esses resultados são corroborados pelas diretrizes do NICE, sugerindo que o TCCs-FT deve ser oferecido como a primeira linha de tratamento para crianças e adolescentes que apresentam sintomas de TEPT, com EMDR sendo oferecido se não houver resposta.	Forte
(Lewis et al., 2020)	Indivíduos com TEPT maiores de 18 anos	TCCs-FT individual, EMDR, TCCs, TES, TI, TA, TPC, TR, Psied e TsG	Há uma robusta evidência para terapias TCCs-FT e EMDR. Entre as TCCs-FT, as com evidências mais fortes foram: EP, TPC e TC.	Forte para TCCs-FT e EMDR
(Weber et al., 2021)	Adultos com TEPT	TFT e não TFT	TCCs-FT apresentaram efeitos duradouros.	Forte para TCCs-FT
(Grubaugh et al., 2021)	Indivíduos com TEPT e transtorno mental comórbido grave e persistente, incluindo esquizofrenia ou transtorno do espectro psicótico (esquizofrenia, transtorno esquizoafetivo, transtorno psicótico) ou transtorno de humor (depressão unipolar, transtorno bipolar)	TCC, EMDR e EP	As PBEs para TEPT demonstraram impactos significativos para indivíduos com comorbidades severas. Entre os tratamentos, EP e EMDR tiveram pequena vantagem em comparação com as TCCs. Além disso, entre as PBEs, as intervenções baseadas em exposição tenderam a ser mais efetivas para essa população. Com relação aos resultados dos transtornos comórbidos, os tratamentos de TEPT tiveram efeito significativo médio na psicopatologia geral e pequeno a médio nos sintomas psicóticos.	Consistente com as diretrizes de melhores práticas para TEPT. Resultados promissores, porém são necessários mais estudos para avaliar a eficácia, principalmente em transtornos comórbidos
(Ennis et al., 2021)	Crianças e adultos com TEPT em alto risco de reexposição a trauma durante tratamento	TCCs-FT	Mesmo para indivíduos com TEPT sob ameaça contínua a trauma TCCs-FT podem ser efetivas. Entretanto, conclusões não podem ser feitas devido a diferentes tipos de ameaças e a adaptações feitas aos protocolos estudados.	Inconclusivo

(*continua*)

Tabela 2 Principais revisões sistemáticas atuais de psicoterapias para o tratamento dos transtornos relacionados a trauma e estressores nos últimos 5 anos (*continuação*)

Primeiro autor, ano	Amostra	Intervenções incluídas	Resultados	Nível de evidência
(Simon et al., 2021a)	Adultos maiores de 16 anos com diagnóstico de TEPT	TCC *on-line*	Efeitos benéficos, mas com evidência baixa devido ao pequeno número de estudos incluídos.	Baixo
(McLean et al., 2022)	Indivíduos com TEPT maiores de 18 anos	TE (EP, TEN, EMDR, TES, outras) *vs.* controle (lista de espera, TCU, medicação psiquiátrica, não TFT e TFT (TPC, TC, PEB)	A TE é eficaz no tratamento de TEPT. Tamanhos de efeito variam em relação à condição comparada: TE apresentou-se superior à lista de espera e TCU com alto efeito; baixo efeito quando comparada com não TFT e sem diferença de tamanho de efeito em relação a TFT e medicação.	Forte

EMDR: dessensibilização e reprocessamento através de movimentos oculares; EP: exposição prolongada; não TFT: terapias não focadas no trauma; NICE: National Institute for Health and Care Excellence; PBE: psicoterapia baseada em evidência; PEB: psicoterapia eclética breve; Psied: psicoeducação; TA: terapia de apoio; TC: terapia cognitiva; TCC: terapia cognitivo-comportamental; TCC-FT: terapias cognitivo-comportamentais focadas no trauma; TCU: tratado como usualmente; TEN: terapia de exposição narrativa; TEPT: transtorno de estresse pós-traumático; TES: terapia de exposição escrita; TFT: terapias focadas no trauma; TI: terapia interpessoal; TPC: terapia de processamento cognitivo; TR: treino de relaxamento; TsG: terapias de grupo.

Fonte: elaborada pelos autores.

baseadas em exposição tendem a ser mais efetivas (Grubaugh et al., 2021; Simon et al., 2021).

Outras modalidades de terapia como as terapias de casal e família nas diferentes abordagens, assim como as TCCs *on-line*, podem ser potencialmente benéficas para reduzir os sintomas de TEPT, embora as evidências ainda sejam insuficientes (Simon et al., 2021).

Vale ressaltar que as diretrizes de práticas clínicas atuais sugerem que a terapia de apoio pode ser oferecida como um tratamento para TEPT quando as TFTs não estão disponíveis. No quesito abandono do tratamento, quando comparada à TFT, apresenta menor índice (Belsher et al., 2017).

Adicionalmente, há dados disponíveis que indicam a possibilidade do uso de tratamentos adjuvantes às TFTs para aumentar sua eficácia (Michael et al., 2019). *Biofeedback* respiratório, exercícios e administração de cortisol são atualmente as intervenções com o suporte empírico mais forte. Ainda assim, mais pesquisas de alta qualidade são necessárias antes que essa afirmação possa ser de fato confirmada ou refutada (Michael et al., 2019).

Finalmente, um achado que merece menção no tratamento de TEPT é sobre quando iniciar as intervenções psicológicas. Embora alguns estudos tenham encontrado efeitos benéficos de intervenções psicológicas precoces de uma série de sessões na prevenção do quadro clínico, o nível de evidência foi baixo devido ao alto risco de viés nos estudos incluídos (Roberts et al., 2019). A clara implicação prática disso é que, no momento, intervenções em sessões destinadas a todos os expostos a eventos traumáticos não podem ser recomendadas.

TRATAMENTOS PSICOTERÁPICOS

De acordo com a definição da prática baseada em evidências fornecida pela APA (Hamblen et al., 2019), no cenário ideal, a escolha por um tratamento é feita a partir de evidências científicas, experiência do profissional clínico e preferências e valores do paciente. Nesse sentido, as diretrizes de prática clínica (*guidelines*), desenvolvidas em países como Austrália, Reino Unido e Estados Unidos, podem ajudar a orientar nessa escolha.

Assim como a CID e o DSM foram atualizados ao longo do tempo, o mesmo ocorreu com os *guidelines* de tratamento do TEPT. Atualmente, há cinco principais *guidelines* que embasam o tratamento, conforme se observa na Tabela 3.

Todas essas diretrizes estão embasadas em revisões sistemáticas de literatura sobre tratamento; entretanto, as decisões metodológicas e a interpretação das evidências podem resultar em recomendações diferentes.

Partindo dessas constatações, elaborou-se a Tabela 4, com as principais recomendações apontadas por cada diretriz em relação ao tratamento psicoterápico.

De acordo com os dados presentes na Tabela 4, todos os *guidelines* indicam fortemente a TCC, a TPC e a EP. Já a EMDR é recomendada por quatro das cinco diretrizes de tratamento, enquanto a TEN e a TEB são recomendadas fortemente por um *guideline*, ressaltando-se o fato de as diretrizes usarem decisões metodológicas e interpretações diferentes, conforme apresentado anteriormente. Para melhor entendimento de como cada uma dessas intervenções funciona no tratamento do TEPT, a seguir serão exploradas em mais detalhes.

DESCRIÇÃO DOS TRATAMENTOS PSICOTERÁPICOS

Conforme salientado, existem vários tratamentos psicológicos para TEPT, incluindo intervenções focadas no trauma e inter-

Tabela 3 *Guidelines* para o tratamento do transtorno de estresse pós-traumático

Autor e ano	Título	URL
American Psychological Association, 2017	*Clinical Practice Guideline for the Treatment of PTSD in adults*	https://www.apa.org/ptsd-guideline/ptsd.pdf
International Society for Traumatic Stress Studies, 2018	*ISTSS Posttraumatic Stress Disorder Prevention and Treatment Guidelines: Methodology and Recommendations*	https://istss.org/getattachment/Treating-Trauma/New-ISTSS-Prevention-and-Treatment-Guidelines/ISTSS_PreventionTreatmentGuidelines_FNL-March-19-2019.pdf.aspx
National Institute for Health and Care Excellence, 2018	*Post-traumatic Stress Disorder: Management (update)*	https://www.nice.org.uk/guidance/ng116/chapter/Recommendations
Phoenix Australian Center for Posttraumatic Mental Health, 2021	*Australian Guidelines for the Treatment of Acute Stress Disorder and Posttraumatic Stress Disorder*	https://www.phoenixaustralia.org/wp-content/uploads/2022/11/PTSD-Guidelines-Chapter-4-Interventions.pdf
Department of Veterans Affairs/Department of Defense, 2017	*Clinical Practice Guideline for the Management of Posttraumatic Stress Disorder and Acute Stress Disorder*	https://www.healthquality.va.gov/guidelines/MH/ptsd/VADoDPTSDCPGFinal012418.pdf

Fonte: elaborada pelos autores.

Tabela 4 Tratamentos psicoterápicos recomendados pelos *guidelines* com forte evidência

Tratamentos psicoterápicos	APA, 2017	ISTSS, 2018	NICE, 2018	Phoenix (Austrália), 2021	VA/DOD, 2017
Terapia cognitivo-comportamental (TCC)	X	X	X	X	X
Terapia de processamento cognitivo (TPC)	X	X	X	X	X
Exposição prolongada (EP)	X	X	X	X	X
Terapia cognitiva (TC)	X		X	X	X
Dessensibilização e reprocessamento através dos movimentos oculares (EMDR)		X	X	X	X
Psicoterapia eclética breve (PEB)					X
Terapia de exposição narrativa (TEN)					X

Fonte: elaborada pelos autores.

venções não focadas no trauma. É importante destacar que as estratégias direcionadas ao evento traumático para TEPT foram testadas para esse diagnóstico e, portanto, para casos com ao menos um mês de sintomas. Por esses motivos, devem ser aplicadas apenas após um mês do contato do indivíduo com o referido episódio, como salientam diversos autores, tais como Foa et al. (2019). Vale destacar que logo após a exposição a um evento traumático, é recomendada a aplicação de práticas reconhecidas como "primeiros cuidados psicológicos", que envolvem, em linhas gerais, acolhimento, suporte a necessidades básicas e construção de rede de apoio (Everly & Lating, 2017).

Os tratamentos focados no trauma abordam diretamente as memórias do evento traumático ou pensamentos e sentimentos relacionados ao evento traumático. Por exemplo, tanto a EP como a TPC são tratamentos focados no trauma. Os tratamentos não focados no trauma visam reduzir os sintomas de TEPT, mas não são direcionados diretamente a pensamentos, memórias e sentimentos relacionados ao evento traumático. Exemplos de tratamentos não focados no trauma incluem relaxamento, treinamento de inoculação de estresse e terapia interpessoal (Watkins et al., 2018).

Terapias cognitivo-comportamentais (TCC)

Todas as diretrizes incluídas neste capítulo descrevem a TCC como o tratamento psicológico de primeira linha para o TEPT. A TCC é composta de um conjunto de terapias específicas, como a TPC, a TC e a EP.

Embora todos os protocolos de TCCs focados no trauma envolvam o paciente por meio do confronto às memórias relativas ao evento traumático, a ênfase no evento e o método variam de acordo com o modelo particular de exposição adotado (Ehlers et al., 2010; Gaston, 2017).

Partindo desses pressupostos, optamos por reunir os diferentes protocolos de TCC em um único grupo, que denominamos TCCs focadas no trauma (TCCs-FT).

Abaixo são detalhadas as principais intervenções que fazem parte desse grupo.

Exposição prolongada (EP)

Edna Foa (1986) desenvolveu a terapia de EP para tratar TEPT, a partir da teoria do processamento emocional. A teoria prevê a construção, a partir do episódio traumático, de uma estrutura excessiva do medo envolvendo uma miríade de estímulos, respostas exacerbadas e significados atribuídos a ambos, que desencadearia um quadro de reações desproporcionais às atuais ameaças. Assim, o tratamento de exposição prolongada teria como função a ativação dessa estrutura do medo, a facilitação da habituação e a inclusão de novas informações, indicativas de segurança.

O nome "exposição prolongada" reflete o fato de que o programa de tratamento surgiu da longa tradição da terapia de exposição para transtornos de ansiedade, na qual se ajuda os pacientes a enfrentar as situações que lhes provocam ansiedade, mas de maneira segura, com o objetivo de superar seus medos excessivos (Foa et al., 2007).

Os principais componentes da EP incluem exposição ao vivo e exposição imaginada à memória do trauma seguida pelo processamento emocional, que consiste em analisar, junto ao paciente, os aprendizados derivados dos exercícios de exposição. Foa et al. (2019) propõem a condução de 15 sessões, em média, preferencialmente duas vezes por semana, com duração de 90 minutos.

A exposição ao vivo ocorre por cerca de dez sessões; são propostas atividades que envolvem o enfrentamento de situações das quais o cliente vem se esquivando. As intervenções podem ser aplicadas dentro da sessão (com imagens, filmes e objetos) e, principalmente, em contexto natural. Geralmente, os exercícios são acompanhados pelo terapeuta, por um acompanhante terapêutico (AT) ou mesmo por um familiar/pessoa próxima.

A exposição imaginada, por seu turno, envolve a narrativa do paciente, repetidas vezes, em primeira pessoa e no tempo presente, sobre o evento traumático, do início ao fim, com o intuito de facilitar o contato vívido com a memória traumática. Essa estratégia acontece por cerca de 12 sessões. A Figura 1 exemplifica e detalha as principais etapas da EP.

Embora a terapia de exposição tenha sido estudada extensivamente no tratamento de transtornos de ansiedade e no TEPT,

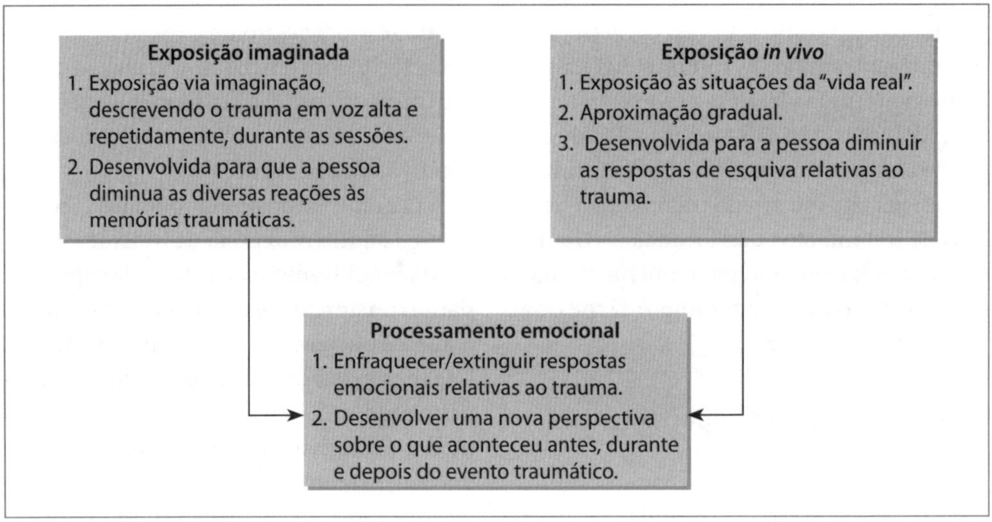

Figura 1 Principais etapas da exposição prolongada (a partir da descrição do trauma)
Fonte: elaborada pelos autores.

continuam a existir áreas importantes de investigação em andamento. Uma das questões mais debatidas é como aumentar a eficácia imediata e a de longo prazo. Apesar do sucesso nos resultados, alguns pacientes não melhoram e muitos permanecem sintomáticos (Foa, 2011). Tal fato pode estar relacionado com a alta taxa de comorbidades entre pacientes com TEPT, o que traz à tona a reflexão se a EP pode ser aplicada de maneira eficaz e segura em pacientes com TEPT e doenças comórbidas graves.

Vale ressaltar que, no manual de EP, Foa et al. (2019) especificam as seguintes contraindicações clinicamente determinadas para o tratamento: ameaça iminente de comportamento suicida, comportamento autolesivo grave recente (nos últimos três meses) e psicose atual (Foa et al., 2019).

Terapia de processamento cognitivo (TPC)

A TPC é uma terapia que foi originalmente criada para traumas associados a agressão sexual e posteriormente adaptada para outros tipos de trauma (Resick & Schnicke, 1992). Dessa forma, trata-se de um tratamento combinado, que envolve exposição por escrito e elementos cognitivos, sendo predominantemente uma terapia cognitiva (Rizvi et al., 2009).

Geralmente, o tratamento consiste em 12 sessões, com o início caracterizado pela psicoeducação em relação aos sintomas do TEPT e à identificação de pensamentos e emoções que podem reforçar o padrão de comportamentos associados ao transtorno. O paciente é encorajado a descrever o trauma, como ele o afetou no momento e quais foram os impactos nas crenças de si mesmo, do outro e do mundo.

Após essa primeira fase, o terapeuta pede ao paciente que escreva um relato sobre sua pior experiência traumática e depois solicita que o leia, com o objetivo de se expor e quebrar padrões de esquiva relacionados a eventos internos ligados ao trauma. É utilizado questionamento socrático na avaliação desses pensamentos e modificação de possíveis crenças mal-adaptativas.

Por fim, quando o terapeuta percebe que o paciente aprendeu essas estratégias treinadas anteriormente e consegue utilizá-las em situações relacionadas ao trauma, o objetivo se torna, então, a generalização dessas estratégias para fora da sessão, a fim de melhorar a qualidade de vida. Embora seja parecida com a terapia cognitiva de Beck em muitos aspectos, algumas diferenças precisam ser salientadas. Essa modalidade propõe que sintomas de TEPT geralmente são causados por conflitos entre as novas informações produzidas pelo evento traumático e os esquemas anteriores. Portanto, embora utilize o conceito de padrões de pensamentos distorcidos ou disfuncionais, como na terapia cognitiva, a maior parte do foco da TPC está na identificação e na modificação de conflitos em que a pessoa fica "enganchada" entre esquemas anteriores e as novas informações traumáticas. Outra diferença entre as terapias é que, enquanto a terapia cognitiva beckiana tende a dar menos ênfase à expressão das emoções, a TPC, por meio do seu componente de exposição, incentiva a expressão das emoções ligadas ao trauma, para que possam ser processadas e não suprimidas ou evitada (Rizvi et al., 2009).

A TPC pode ser conduzida tanto em grupo como individualmente. Por mais que a TPC tenha sido criada no formato de grupo, um estudo clínico randomizado demonstrou melhores resultados quando realizada individualmente (Resick & Schnicke, 1992).

Estudos recentes demonstram evidências de TPC também para adolescentes e crianças com TEPT (Xiang et al., 2021).

Terapia cognitiva (TC)

Pesquisadores como Ehlers e Clark (2000, 2008) conceitualizam o TEPT a partir de dois processos que estão ligados ao senso de ameaça atual: 1) diferenças individuais na avaliação do trauma e/ou suas consequências; 2) diferenças individuais na natureza da memória do evento e seu vínculo com outras memórias pessoais.

Quando a ameaça atual é ativada, vem acompanhada de pensamentos intrusivos e sintomas de reexperimentação, excitação, ansiedade e outras respostas emocionais. Ainda, aparece uma série de respostas comportamentais e cognitivas que têm como função reduzir a ameaça e a angústia percebidas no curto prazo; entretanto, a longo prazo impedem a mudança, o que mantém o transtorno.

Como esse modelo está pautado nas diferenças individuais, para cada pessoa é desenvolvida uma versão, identificando características e gatilhos de memória e comportamento, além de estratégias cognitivas que mantêm o TEPT. Para lidar com esses elementos responsáveis pela manutenção do transtorno, algumas estratégias são utilizadas:

- modificar avaliações excessivamente negativas sobre o trauma e suas consequências;
- reduzir a revivescência a partir da elaboração das memórias do trauma e discriminação de gatilhos;
- abandonar comportamentos disfuncionais e estratégias cognitivas que mantêm o TEPT no longo prazo.

Basicamente, esse modelo cognitivo tem uma ênfase mais forte do que muitos outros programas de TCC na identificação e na modificação de avaliações problemáticas e distorcidas do trauma, bem como de uma ampla gama de comportamentos e estratégias cognitivas (ruminação, hipervigilância etc.) de manutenção do TEPT. Em outras palavras, a aplicação da terapia cognitiva ao TEPT está embasada na teoria de que os significados que a pessoa dá aos eventos traumáticos contribuem para estados emocionais e, portanto, mudar a maneira como o indivíduo pensa sobre esses eventos pode reduzir os sintomas do TEPT e melhorar o bem-estar.

Por fim, vale destacar que a TC demonstrou-se eficaz em inúmeros ensaios clínicos randomizados (Ehlers et al., 2010, 2005, 2014), como também no dia a dia da prática clínica (Ehlers et al., 2013).

Outras abordagens psicoterápicas

Dessensibilização e reprocessamento através de movimentos oculares (EMDR)

EMDR é uma abordagem psicoterapêutica desenvolvida no final dos anos 1980 por Francine Shapiro que visa tratar memórias traumáticas e sintomas de estresse associados. Consiste em um protocolo padrão que inclui oito fases (histórico, preparação do cliente, avaliação da memória de destino, dessensibilização, integração de crenças positivas, escaneamento corporal, encerramento e reavaliação) e estimulação bilateral (geralmente movimentos oculares sacádicos horizontais) para dessensibilizar o desconforto causado por essas memórias. O objetivo da terapia, então, é alcançar o reprocessamento das memórias e integrá-las às memórias biográficas padrão da pessoa (Shapiro, 1989).

Algumas revisões sistemáticas e metanálises demonstraram a eficácia dessa modalidade terapêutica ao longo do tempo (Bradley et al., 2005; Scelles & Bulnes, 2021; Wilson et al., 2018), sendo reconhecida pela Organização Mundial da Saúde (OMS) como uma das psicoterapias de escolha no tratamento do TEPT em crianças, adolescentes e adultos.

Trata-se de uma terapia individual administrada de uma a duas vezes por semana, cujo total de sessões varia entre seis e doze, embora algumas pessoas se beneficiem de um número de sessões menor do que o preconizado. As sessões podem ser realizadas em dias consecutivos.

Ao contrário de outros tratamentos que se concentram em alterar diretamente as emoções, pensamentos e respostas resultantes de experiências traumáticas, a terapia EMDR se concentra diretamente na memória e visa modificar a maneira como a memória é armazenada no cérebro, reduzindo os sintomas problemáticos. Assim, enquanto o indivíduo se concentra brevemente na memória do trauma e experimenta simultaneamente a estimulação bilateral, a vivacidade e a emoção da memória são reduzidas (Shapiro, 1989).

Terapia de exposição narrativa (TEN)

TEN é uma intervenção de curto prazo que foi desenvolvida para sobreviventes de guerras e violência organizada, que passaram por múltiplos traumas. Apresenta elementos que foram adaptados da TCC como a reconstrução da memória traumática e habituação (APA, 2017; Neuner et al., 2002).

A criação de uma intervenção voltada para refugiados se mostrou necessária, pois técnicas de exposição aplicadas a pessoas que desenvolveram TEPT após passarem por um único trauma geralmente eram feitas por meio do processamento da memória do pior evento de que o indivíduo se lembrava. Dado que a maioria dos sobreviventes/refugiados não experimentou eventos traumáticos únicos, mas uma série de experiências extremamente estressantes durante sua perseguição, muitas vezes o evento mais estressante era impossível de ser identificado (Mollica, 1993).

Na prática, o tratamento começa com uma avaliação detalhada e com a explicação da lógica do tratamento. Nas sessões seguintes, o indivíduo constrói uma narrativa da sua biografia com o máximo de detalhes possível, em cooperação com o terapeuta. O foco da terapia está na conclusão e integração dos fragmentos iniciais sobre os eventos traumáticos como um todo, englobando as experiências sensoriais, emocionais e cognitivas do incidente. Três a quatro sessões, com duração de até duas horas cada, são geralmente necessárias para o tratamento. Na última sessão, o documento completo é lido e tanto cliente como o terapeuta ficam com uma cópia (APA, 2017; Neuner et al., 2002).

Terapia eclética breve (TEB)

A psicoterapia eclética breve desenvolveu-se na Holanda, entre as décadas de 1980 e 1990, originalmente com policiais. Combina elementos da terapia cognitivo-comportamental (psicoeducação, exposição imaginada, atividades escritas e reestruturação cognitiva) com uma abordagem psicodinâmica. Os elementos da psicodinâmica são utilizados mais focadamente para trabalhar as emoções de vergonha e culpa, bem como o relacionamento entre paciente e terapeuta (Lindauer et al., 2005).

O tratamento consiste em 16 sessões individuais semanais com 45 minutos a uma hora de duração. A primeira sessão é destinada à psicoeducação sobre o TEPT e à explicação do protocolo. Nas próximas quatro ou cinco sessões, são aplicados exercícios de relaxamento e exposição imaginada. Nessa fase o paciente é incentivado a utilizar escrita, fotos e notícias para ativar sentimentos difíceis que podem estar ocultos. Após essas sessões, a ênfase é alterada para questões de significado e integração. Da sétima à décima quinta sessão, o terapeuta guia o paciente na exploração do evento traumático, analisando o impacto que teve em sua vida e as aprendizagens daí decorrentes (Lindauer et al., 2005).

Na última sessão, é feito um plano de prevenção de recaídas e um ritual de despedida marca o fim do tratamento.

CONCLUSÃO

As revisões sistemáticas e diretrizes apresentadas neste capítulo evidenciam que as psicoterapias focadas no trauma são reconhecidas como as primeiras escolhas no tratamento do TEPT.

Sabe-se que o planejamento terapêutico deve levar, sempre e ao máximo possível, as preferências e valores do paciente. Além disso, é a partir de uma investigação cuidadosa da história de vida do paciente que o profissional pode entender o curso e o desenvolvimento da condição clínica, bem como a presença de comorbidades e tratamentos anteriores para delinear as estratégias terapêuticas e possíveis flexibilidades das técnicas aplicadas.

Por fim, a experiência clínica do terapeuta associada ao conhecimento detalhado das técnicas é fundamental para maximizar a efetividade do tratamento, bem como aumentar a adesão a ele.

REFERÊNCIAS

Capítulo **19**

A efetividade das intervenções psicossociais na prevenção e no tratamento dos transtornos alimentares na infância e na adolescência

Iraní Tomiatto de Oliveira, Tania Aldrighi Flake

INTRODUÇÃO

Este capítulo tem o objetivo de apresentar e analisar informações sobre a efetividade das intervenções psicossociais destinadas à prevenção e ao tratamento de transtornos alimentares em crianças e adolescentes. Para isso, foram reunidos estudos, em especial revisões sistemáticas e, quando possível, metanálises sobre o tema. Iniciamos com uma breve apresentação dos distúrbios alimentares classificados pelo DSM-5 (APA, 2014), dos fatores de proteção e fatores de risco para transtornos alimentares e de dados atualizados sobre prevalência desses transtornos nessa população. A seguir, são apresentadas três revisões sistemáticas de estudos sobre a efetividade de intervenções preventivas, uma delas incluindo crianças e adolescentes, outra apenas adolescentes, e a última com estudos que incluem os pais nas intervenções. A seguir, apresentamos duas revisões sistemáticas de pesquisas sobre resultados de intervenções visando ao tratamento de distúrbios alimentares, uma envolvendo crianças e adolescentes, a outra apenas adolescentes. E, por último, uma metarrevisão sobre a eficácia das intervenções para tratamento de adolescentes com transtornos alimentares.

Os transtornos alimentares são "patologias complexas e multifatoriais que afetam a saúde física e mental e ameaçam a vida" (Suarez-Albor et al., 2022), e estão colocadas, pela Organização Mundial da Saúde, entre as doenças mentais prioritárias para crianças e adolescentes. Envolvem crenças sobre alimentação, forma do corpo e peso, acompanhadas de comportamentos tais como restrição alimentar, compulsão alimentar, exercícios excessivos e medidas purgativas, como vômitos autoinduzidos e uso de laxantes. Segundo o Ministério da Saúde, são condições caracterizadas por alterações persistentes na alimentação ou em comportamentos relacionados aos hábitos alimentares. Podem afetar a saúde física e mental do indivíduo, levando a graves problemas, são duradouros, envolvem cuidados de elevado ônus financeiro, familiar e social, e altas taxas de mortalidade.

Existe um risco crescente de que crianças e adolescentes desenvolvam transtornos alimentares, o que gera grande preocupação e mobiliza a realização de estudos e pesquisas sobre epidemiologia, fatores de risco e de proteção, medidas preventivas e tratamento. Embora se reconheça a importância de intervenções o mais precoces possível, tanto preventivas como terapêuticas, muitas crianças com transtornos alimentares permanecem sem tratamento (Bould et al., 2017).

Os transtornos alimentares mais conhecidos são a anorexia nervosa, a bulimia nervosa, a compulsão alimentar, a alimentação evitativa/restritiva, entre outros. Além desses casos com diagnóstico clínico, há muitos sintomas subclínicos, tais como restrições dietéticas e perda de controle alimentar, que podem trazer prejuízos físicos e psíquicos e se transformar posteriormente em transtornos alimentares. O *Manual Diagnóstico e Estatístico de Transtornos Mentais*, em sua 5ª edição (DSM-5; APA, 2014), trouxe mudanças na classificação e na descrição dos transtornos alimentares. Estabelece que eles "são caracterizados por uma perturbação persistente na alimentação ou no comportamento relacionado à alimentação, que resulta no consumo ou na absorção alterada de alimentos e que compromete significativamente a saúde física ou o funcionamento psicossocial" (p. 329).

Citamos a seguir os transtornos alimentares classificados pelo DSM-5, e seus principais critérios diagnósticos:

- **Pica**: é a ingestão persistente de substâncias não nutritivas, não alimentares, durante um período mínimo de um mês. Ocorre de forma inapropriada ao estágio de desenvolvimento do indivíduo e não faz parte de uma prática culturalmente aceita.
- **Transtorno de ruminação**: é a regurgitação repetida de alimentos durante um período mínimo de um mês. O alimento regurgitado pode ser remastigado, novamente deglutido ou cuspido. A regurgitação repetida não é atribuível a uma condição gastrintestinal ou a outra condição médica.
- **Transtorno alimentar restritivo/evitativo**: trata-se de uma perturbação alimentar (p. ex., falta aparente de interesse na alimentação ou em alimentos; esquiva baseada nas características sensoriais do alimento; preocupação acerca de consequências aversivas alimentares) manifestada por fracasso persistente em satisfazer as necessidades nutricionais e/ou energéticas apropriadas, associada a um (ou mais) dos seguintes aspectos: perda de peso significativa (ou insucesso em obter o ganho de peso esperado ou atraso de crescimento em crianças); deficiência nutricional significativa; dependência de alimentação enteral ou suplementos nutricionais orais; interferência marcante no funcionamento psicossocial.
- **Anorexia nervosa**, que envolve:
  - restrição da ingesta calórica em relação às necessidades, levando a um peso corporal significativamente baixo no contexto de idade, gênero, trajetória do desenvolvimento e saúde física. "Peso significativamente baixo" é definido como um peso inferior ao peso mínimo normal ou, no caso de crianças e adolescentes, menor do que o minimamente esperado;
  - medo intenso de ganhar peso ou de engordar, ou comportamento persistente que interfere no ganho de peso, mesmo estando ele significativamente baixo;
  - perturbação no modo como o próprio peso ou a forma corporal são vivenciados, influência indevida do peso ou da forma corporal na autoavaliação ou ausência persistente de reconhecimento da gravidade do baixo peso corporal atual.
- **Bulimia nervosa**, que envolve:
  - episódios recorrentes de compulsão alimentar, caracterizados por ingestão, em um período de tempo determinado, de uma quantidade de alimento definitivamente maior do que a maioria dos indivíduos consumiria no

mesmo período, sob circunstâncias semelhantes, e sensação de falta de controle sobre a ingestão durante o episódio;
- comportamentos compensatórios inapropriados recorrentes, a fim de impedir o ganho de peso, como vômitos autoinduzidos, uso indevido de laxantes, diuréticos ou outros medicamentos, jejum; exercícios em excesso;
- a compulsão alimentar e os comportamentos compensatórios inapropriados ocorrem, em média, no mínimo uma vez por semana durante três meses.

- **Transtorno de compulsão alimentar**
  Episódios recorrentes de compulsão alimentar, caracterizados por ingestão, em um período determinado, de uma quantidade de alimento definitivamente maior do que a maioria das pessoas consumiria no mesmo período, sob circunstâncias semelhantes, acompanhados da sensação de falta de controle sobre a ingestão durante o episódio. Os episódios de compulsão alimentar estão associados a três ou mais dos seguintes aspectos:
  - comer mais rapidamente do que o normal;
  - comer até se sentir desconfortavelmente cheio;
  - comer grandes quantidades de alimento na ausência da sensação física de fome;
  - comer sozinho por vergonha do quanto está comendo;
  - sentir-se desgostoso de si mesmo, deprimido ou muito culpado em seguida;
  - sofrimento marcante em virtude da compulsão alimentar;
  - os episódios de compulsão alimentar ocorrem, em média, ao menos uma vez por semana, durante três meses.

- **Outro transtorno alimentar especificado**
  Aplica-se a apresentações em que predominam sintomas característicos de um transtorno alimentar que causam sofrimento clinicamente significativo ou prejuízo no funcionamento social, profissional ou em outras áreas importantes da vida do indivíduo, mas não satisfazem todos os critérios para qualquer transtorno na classe diagnóstica de transtornos alimentares. É especificado o motivo pelo qual o quadro não satisfaz os critérios para qualquer transtorno alimentar específico.
- **Transtorno alimentar não especificado**
  Aplica-se quando sintomas característicos de um transtorno alimentar que causam sofrimento clinicamente significativo ou prejuízo no funcionamento em áreas importantes da vida do indivíduo predominam, mas não satisfazem todos os critérios para qualquer transtorno alimentar classificado, sem que se especifique os motivos, incluindo situações com informações insuficientes para permitir um diagnóstico.

O diagnóstico dos transtornos alimentares é feito a partir da história clínica, abordando aspectos físicos, comportamentais e emocionais, e considerando critérios que os diferenciam de outras doenças, tais como diabetes, hipertireoidismo e doença celíaca, e considerando os critérios do DSM-5. Deve-se considerar a possibilidade de transtorno alimentar e proceder a uma investigação mais detalhada sempre que o paciente apresente uma alteração no peso sem uma justificativa específica, alimentação irregular (pular refeições ou comer compulsivamente), grande preocupação com forma ou peso corporal, vômitos, humor deprimido ou afastamento de amigos e familiares.

Como já afirmado, além dos transtornos alimentares com classificação estabelecida, há uma série de sintomas que não chegam a definir um transtorno, mas que podem ser o prenúncio dessa possibilidade no futuro, ou, mesmo que isso não ocorra, trazer sérios prejuízos ao indivíduo. Como já ressaltamos em texto anterior (Oliveira, 2011), em bebês e crianças pequenas os transtornos subclínicos são bastante frequentes e podem representar alto risco para as crianças, que sofrem consequências mais rápidas e graves com a perda de peso: perda de massa muscular, desidratação e sinais de desnutrição. Apesar disso, estudos sistemáticos sobre o assunto são bastante raros.

FATORES DE PROTEÇÃO E DE RISCO PARA TRANSTORNOS ALIMENTARES EM CRIANÇAS E ADOLESCENTES

A importância dos transtornos alimentares, especialmente devido aos riscos que eles representam, traz a necessidade do desenvolvimento de medidas preventivas que visem diminuir sua incidência. O planejamento de intervenções para prevenção de transtornos alimentares deve considerar quais são os fatores de proteção e os fatores de risco a eles relacionados. A partir desse conhecimento, é possível aumentar a eficácia e diminuir o ônus das intervenções.

Com esse objetivo, Suarez-Albor et al. (2022) realizaram uma revisão sistemática para identificar os fatores associados ao comportamento alimentar de adolescentes. A busca foi realizada nas bases CINAHL, CUIDEN, Pubmed, Dialnet, *Scielo* e Science Direct, em outubro e novembro de 2020, e foi feita uma síntese narrativa dos resultados dos 25 estudos selecionados. A revisão identificou estudos analisando riscos psicológicos (como insatisfação com a imagem corporal, baixa autoestima, depressão, perfeccionismo, insegurança pessoal e interpessoal), fatores socioculturais (como uso do álcool, internalização de ideais de magreza e influência da mídia), fatores familiares (como estilo familiar autoritário, má comunicação e falta de cuidado) e fatores biológicos (como ser do sexo feminino).

Os estudos encontraram relações estatisticamente significativas entre fatores como insatisfação corporal, sexo feminino, depressão, baixa autoestima e maior índice de massa corpórea (IMC) e os transtornos alimentares. Os principais fatores associados a esses transtornos são os psicológicos, com predomínio da insatisfação com a imagem corporal, que, reconhecidamente, aumenta na adolescência, é mais frequente no sexo feminino e sofre grande influência dos meios de comunicação, que disseminam padrões estéticos e ideais de magreza. Aqui temos um fator muito importante, porque é bastante conhecido o fato de que adolescentes e crianças, desde muito pequenas, têm tido um contato crescente, muito constante e prolongado com meios de comunicação, em especial com as redes sociais.

Os autores encontraram muito poucos estudos analisando fatores familiares, apesar da conhecida influência que os pais exercem sobre os filhos desde o início da vida, o que faz com que eles possam tanto ser promotores de fatores de proteção como de fatores de risco. Chama também a atenção o fato de que essa revisão encontrou apenas um artigo pesquisando fatores de proteção que poderiam fornecer dados importantes para medidas preventivas de distúrbios alimentares. Os autores da revisão atribuem esse fato ao grande interesse dos pesquisadores, nas últimas décadas, pelos fatores de risco, quando, na verdade, seria de grande interesse pesquisar fatores que diminuíssem a vulnerabilidade de crianças e adolescentes a esses transtornos, e promovessem melhor qualidade de vida, saúde mental e bem-estar social.

DADOS EPIDEMIOLÓGICOS: PREVALÊNCIA DE DISTÚRBIOS ALIMENTARES EM CRIANÇAS E ADOLESCENTES

Em 2023, foi publicada uma revisão sistemática e metanálise (López-Gil et al., 2023) com resultados específicos para a identificação de transtornos alimentares entre crianças e adolescentes. De acordo com os autores, essa é a primeira metanálise que examinou de forma abrangente a proporção geral de crianças e adolescentes com transtornos alimentares, considerando os fatores de gênero, idade e índice de massa corpórea (IMC).

A revisão sistemática apresenta, a partir do questionário Sick, Control, One, Fat, Food (SCOFF), reconhecido mundialmente como um recurso utilizado para triagem de transtornos alimentares (Morgan et al., 2000), estudos que consideraram a população entre 6 e 18 anos, publicados no período entre 1999 e 2022. Foi excluído o período que compreendeu a pandemia de Covid-19, no sentido de eliminar o viés de seleção, como também pesquisas qualitativas e de estudo de caso.

Os estudos partiram da classificação do DSM-5, bem como da Classificação Internacional de Doenças da Organização Mundial da Saúde, 11ª Revisão (CID-11). Com base no DSM-5, a prevalência de transtornos alimentares em crianças e adolescentes (de 11 a 19 anos) foi declarada entre 1,2% (meninos) e 5,7% (meninas), com incidência crescente nas últimas décadas.

A revisão foi conduzida de acordo com as diretrizes do PRISMA (*Preferred Reporting Items for Systematic Reviews and Meta-analysis*) (Liberati et al., 2009). De um total de 628 registros identificados inicialmente, 32 estudos compuseram a revisão sistemática e todos os estudos foram incluídos na metanálise, abrangendo um total de 63.181 participantes.

Do total, 22 estudos incluíram a diferenciação entre os sexos, um somente referente ao sexo feminino e oito estudos não apresentaram os resultados segmentados por sexo. Em termos de regiões, incluíram 16 países, sendo 21 estudos na Europa, cinco na Ásia, quatro na América do Norte, um na América do Sul e um na África. Destes, 26 estudos eram transversais, quatro eram longitudinais, um estudo experimental e um ensaio clínico randomizado. A população feminina correspondeu a 51,8% da população estudada, com idade entre 7 e 18 anos.

As principais conclusões foram:

1. Um total de 14.856 de 63.181 crianças e adolescentes (22,36%) de 16 países apresentaram transtorno alimentar.
2. A proporção de crianças e adolescentes com transtornos alimentares foi significativamente maior em meninas (30,5%, n = 27.548) do que em meninos (16,98, n = 26.170).
3. A proporção de transtornos alimentares entre crianças e adolescentes foi positivamente associada à idade e ao IMC.
4. Mais de uma em cada cinco crianças e adolescentes apresentam comportamentos alimentares desordenados (desordem alimentar).
5. Os resultados confirmam os achados das revisões anteriores, que indicaram que está na adolescência o início da maioria dos transtornos alimentares.
6. Os jovens com excesso de peso tendem a apresentar sintomas de transtornos alimentares com maior frequência, em comparação com os jovens com peso normal.

7. Os autores salientam que jovens com excesso de peso podem desenvolver um comportamento alimentar desorganizado ao seguir dietas sem orientação adequada para a perda de peso.

Nesse estudo, os autores apontam que um dos maiores achados está na associação encontrada, particularmente em meninas e jovens com IMC mais alto, com o desenvolvimento de transtorno alimentar na adolescência e na vida adulta. Apontam também a necessidade de revisão nos critérios diagnósticos atuais, para identificar precocemente comportamentos alimentares desordenados, mais comumente observados em meninos do que em meninas, como uma tendência já presente no período que antecede a adolescência.

Cabe mencionar outra revisão sistemática, realizada por Sanchez-Cerezo et al. (2023), que apresenta o que se conhece sobre a epidemiologia do transtorno alimentar restritivo/evitativo (Tare), incluído no DSM-5, focada exclusivamente em crianças e adolescentes.

O estudo foi conduzido de acordo com as diretrizes do PRISMA (Liberati et al., 2009). A pesquisa foi realizada no período de 2013 a 2021, nas três bases de dados (Embase, Medline e PsycINFO) usando a interface OVID. De um total inicial de 1.355 artigos, 30 foram considerados e elegíveis para os critérios estabelecidos.

Na presente revisão, identificada como a primeira focada na infância e adolescência, a diversidade de contextos, de metodologias, população-alvo e número de participantes e ampla variação das taxas de prevalência encontradas, impedem afirmações e generalizações.

Os estudos foram quase todos conduzidos nos Estados Unidos, com dados provenientes, na sua maioria, de serviços especializados em transtornos alimentares. As taxas de prevalência encontradas têm uma variação de 5% a 22%, enquanto em estudos não clínicos as estimativas de prevalência variam de 0,3% a 15,5%. Os autores afirmam que, nos estudos realizados, os pacientes com o transtorno alimentar restritivo/evitativo geralmente são mais jovens (11,1 a 14,6 anos) quando comparados com outros transtornos, como bulimia (14,9-16,7 anos), anorexia (14-15,6 anos), como também mais comum no sexo masculino, com uma variação de 21% a 50% nas taxas de prevalência.

As estimativas em outros ambientes clínicos foram mais baixas, mas ainda consideráveis, com taxas de prevalência variando de 3% a 7,2% em serviços de pediatria geral. Somente um estudo, realizado no Canadá, no período de janeiro de 2016 a dezembro de 2017, avaliou que a incidência de Tare foi de 2,02 por 100.000 jovens de 5 a 18 anos.

O estudo ressalta a importância de diagnósticos mais precisos nos serviços de pediatria, de mais estudos epidemiológicos para entender a incidência e características clínicas de transtornos alimentares em crianças e adolescentes e, especialmente da TARE, uma vez que os resultados apontam a prioridade de intervenção para transtornos alimentares como uma iniciativa de saúde global para prevenir possíveis problemas de saúde entre os jovens.

INTERVENÇÕES PSICOSSOCIAIS NA INFÂNCIA E ADOLESCÊNCIA

As intervenções psicossociais aplicadas aos distúrbios alimentares podem ser divididas em preventivas e psicoterapêuticas. Diferentes autores utilizam diferentes classificações para essas intervenções. Chua et al. (2020) utilizam duas categorias amplas de intervenções preventivas: universal e seletiva. As intervenções universais são dirigidas a todas as crianças assintomáticas, independentemente de seus *status* de risco, enquanto intervenções seletivas são dirigidas a grupos selecionados de crianças de alto risco: atletas, dançarinos, crianças obesas e aquelas pré-selecionadas para fatores de risco de transtorno alimentar, como as que apresentam insatisfação com o próprio corpo. Segundo esses autores, intervenções universais podem beneficiar populações inteiras a um baixo custo, crianças em risco podem ter seus níveis de risco reduzidos e pode-se evitar o risco para aquelas que ainda não estão nessa condição.

Watson et al. (2016) utilizam o modelo IOM (Mrazek & Haggerty, 1994) para classificação de prevenção, e consideram três níveis: prevenção universal (ou seja, aplicada a toda a população, independentemente de risco), seletiva (concentra-se em uma subpopulação cujo risco é superior à média) e indicada (dirigida a indivíduos que já apresentam sintomas, mas não atendem aos critérios diagnósticos para transtornos alimentares).

Para que se possa planejar e implementar programas de prevenção de transtornos alimentares, deve-se considerar quais são os fatores de risco envolvidos, o que não se constitui em tarefa simples. Os riscos podem advir de complexas combinações de diferentes fatores, uma vez que nos referimos a fenômenos multideterminados, que envolvem fatores biológicos, psicológicos, familiares e socioculturais (Hercovici, 1997).

Chua et al. (2020) utilizam uma estrutura conceitual que considera como fatores de risco para distúrbios alimentares:

- Insatisfação com a própria imagem corporal, isto é, um ressentimento em relação à maneira como a própria pessoa vê sua aparência física, abrangendo sentimentos, pensamentos e comportamentos relacionados a essa visão.
- Internalização de ideais de aparência, de magreza ou beleza, vistos na mídia ou na literatura, que expressa o grau em que se acredita e se aceita que os padrões sociais de aparência ideal são verdadeiros.
- Autoestima, que se refere ao julgamento que a pessoa faz de si mesma, e está positivamente correlacionada com a imagem corporal, e negativamente correlacionada com a internalização da aparência ideal.

Vamos examinar algumas revisões sistemáticas de artigos e teses que abordam intervenções preventivas e psicoterapêuticas de distúrbios alimentares em crianças e adolescentes. Iniciaremos com as intervenções preventivas. Há ainda muito poucas revisões sistemáticas sobre a efetividade de intervenções preventivas de transtornos alimentares em crianças, em especial as que incluem metanálise.

Efetividade de intervenções universais preventivas de transtornos alimentares para melhorar a imagem corporal em crianças

Chua et al. (2020) realizaram uma revisão sistemática com o objetivo de consolidar as evidências disponíveis sobre intervenções preventivas para transtornos alimentares, considerando imagem corporal (satisfação com o corpo, insatisfação com o corpo e estima corporal), além da internalização de ideais de aparência e autoestima, entre crianças de 5 a 17 anos. Buscaram investigar o quanto essas intervenções são efetivas para aumentar a satisfação com o próprio corpo, a estima corporal e a autoestima, e diminuir a insatisfação com o corpo e a internalização de ideais de aparência entre crianças, em pós-intervenção imediata e em acompanhamentos posteriores.

Para isso, os autores utilizaram as diretrizes do PRISMA (Liberati et al., 2009). A busca foi realizada em nove bases de dados eletrônicas, até março de 2019, e os estudos, selecionados por dois revisores independentes.

Foram incluídos apenas ensaios controlados randomizados (ECRs), ECRs agrupados e ensaios clínicos controlados (ECCs), com populações universais de crianças entre 5 e 17 anos, nos quais foram realizadas intervenções com as crianças (e não apenas com os pais ou a escola), visando prevenir transtornos alimentares. Os estudos deveriam ter utilizado apenas grupos de controle passivos, e ter mensurado algum dos constructos de imagem corporal – satisfação com o próprio corpo, insatisfação e estima corporal – e internalização de aparência ideal pré e pós- intervenção.

Nessa revisão foram encontrados 10.551 artigos, dos quais 230 foram examinados e, entre eles, 22 foram selecionados. As pesquisas foram realizadas, no total, com 9.093 crianças entre 5 e 16 anos, de sete países da América do Norte, Europa e Austrália. Todas as intervenções foram grupais e presenciais, e incluíram discussões e apresentações grupais, dramatizações e planilhas de atividades. A maioria das intervenções foi realizada em escolas.

Nessa revisão, as intervenções universais visando à prevenção de transtornos alimentares foram consideradas eficazes para melhorar a estima corporal, a autoestima e a internalização de ideais de aparência na pós-intervenção e nos *follow-ups*. Por outro lado, essas intervenções não foram eficazes em melhorar a satisfação e a insatisfação das crianças com o próprio corpo, em ambos os momentos. Essas descobertas sugerem que as intervenções universais para prevenção de distúrbios alimentares são bem-sucedidas, embora não em alcançar melhorias significativas em todos os resultados examinados. Considerando a qualidade de evidências nessa revisão, de muito baixa a baixa, de acordo com a abordagem GRADE, revisões futuras são necessárias para validar as descobertas atuais.

Como em apenas um dos estudos analisados os pais foram envolvidos na intervenção, não foi possível avaliar a influência da família.

Os autores apontam sérias limitações na revisão realizada, uma vez que ela só considerou trabalhos publicados em inglês, que os autorrelatos de avaliação de resultados podem ter vieses, que alguns dos estudos incluídos têm amostras muito pequenas, entre outras limitações. Eles reforçam que pesquisas como essas precisam ser realizadas em outros continentes, e observamos que todos os ensaios incluídos foram realizados em países desenvolvidos.

Prevenção de transtornos alimentares: uma revisão sistemática de estudos controlados randomizados

A revisão sistemática em questão (Watson et al., 2016) avaliou a eficácia de intervenções de prevenção de distúrbios alimentares nos três tipos classificados pelo Modelo IOM (Mrazek & Haggerty, 1994): universal (ou seja, aplicado a toda a população, independentemente de risco), seletiva (concentra-se em uma subpopulação cujo risco é superior à média) e indicada (indivíduos que já apresentam sintomas, mas não atendem aos critérios diagnósticos).

Incluiu estudos controlados randomizados que testavam programas de prevenção de transtornos alimentares, encontrados nas bases de dados Medline, PsycINFO, Embase, Scopus e Colaboração Cochrane, até janeiro de 2016. A partir de uma busca que selecionou 12.348 artigos, foram escolhidos 13 estudos de prevenção universal, com um total de 3.989 participantes, sendo 55% mulheres com idade média de 13 anos; 85 estudos de prevenção seletiva, com um total de 11.949 participantes, sendo 99% mulheres com idade média de 17,6 anos, e 8 de prevenção indicada, totalizando 510 participantes, todas mulheres, com idade média de 21 anos.

Foi realizada metanálise apenas com as pesquisas sobre prevenção seletiva, uma vez que o número de pesquisas de prevenção universal e de prevenção indicada era muito limitado.

Prevenção universal de transtornos alimentares

As intervenções mais comumente avaliadas foram as baseadas em autoestima, alfabetização midiática, treinamento para prevenção secundária (ou seja, para professores ou profissionais de saúde). Os estudos relacionados a autoestima se baseavam em uma intervenção manualizada realizada em sala de aula. As demais intervenções avaliadas foram uma intervenção de "psicologia positiva", comparada a uma intervenção "cognitiva" e intervenção "combinada", um programa para melhorar a atividade física, a autoestima e as relações com os colegas, e um programa destinado a reduzir conjuntamente fatores de risco para distúrbios alimentares e obesidade. A duração das intervenções variou de uma única sessão a nove semanas.

Os resultados mostraram que a maioria das abordagens universais teve efeitos modestos, mas significativos sobre os fatores de risco. Esses efeitos, segundo os autores, são esperados quando se lida com uma população razoavelmente saudável. A alfabetização midiática, que busca desenvolver a capacidade de analisar e avaliar criticamente as mensagens transmitidas pela mídia, apresentou os melhores resultados para a prevenção universal de transtornos alimentares. E preveniu piora na insatisfação com o corpo em *follow-up* realizado seis meses depois com meninos e 30 meses depois com meninas. Importante observar, aqui, o papel relevante da mídia e das informações que ela divulga.

Prevenção seletiva

Nas pesquisas sobre prevenção seletiva, os principais resultados avaliados se relacionavam com insatisfação corporal, dieta, internalização de ideal de magreza, afeto negativo, patologia alimentar, sintomas bulímicos, IMC, busca pela magreza e autoestima.

Um efeito estatisticamente significativo foi observado para todos os resultados, exceto para IMC, tanto na pós-intervenção como no *follow-up*. Os efeitos sobre fatores de risco específicos foram mais elevados, em comparação com os fatores de risco gerais. A busca pela magreza apresentou o maior efeito no pós-intervenção. A eficácia de muitos resultados foi demonstrada no *follow-up* realizado após um ano.

Os programas baseados em dissonância mostraram os melhores resultados para a prevenção seletiva. A terapia cognitivo-comportamental (TCC), um programa de peso saudável, alfabetização midiática e psicoeducação também foram eficazes, e seus efeitos foram mantidos no *follow-up*.

Prevenção indicada

A TCC foi a única intervenção avaliada em múltiplos estudos. Entre outras intervenções avaliadas estavam avaliação midiática, exposição no espelho, terapia não diretiva, relaxamento, discussões em pequenos grupos. Os fatores de risco mais comumente avaliados foram insatisfação com o corpo, patologia alimentar, afetos negativos, dieta, internalização de ideal de magreza, busca pela magreza, sintomas bulímicos e perfeccionismo.

Os dados são limitados, mas demonstram que a TCC, entre as intervenções utilizadas, teve os melhores resultados para prevenção indicada, reduzindo os comportamentos de alimentação desordenada, perda de controle na alimentação, episódios de pica, alimentação restritiva e episódios purgativos. Os efeitos foram mantidos no *follow-up*. Algumas das pesquisas examinadas sugerem que alfabetização midiática, exposição ao espelho e programas educativos podem ser benéficos, mas foram feitos com amostras pequenas, que limitam a generalização.

Como conclusão de seu estudo, os autores recomendam, como as intervenções que mostraram melhores resultados: para a prevenção universal de transtornos alimentares, a alfabetização midiática; para prevenção seletiva, com evidências mais robustas devido ao número de estudos encontrados, intervenções baseadas na dissonância, seguidas por TCC, e TCC para prevenção indicada. Além, evidentemente, de indicarem a ampliação das pesquisas, em especial sobre prevenção universal e indicada. Ressaltam que é preciso pesquisar o início dos transtornos alimentares, testar fatores de risco causais, detectar de maneira mais acurada os efeitos preventivos e os efeitos das intervenções e estudar programas de prevenção para diagnósticos cruzados. E levar em conta fatores sociais, familiares, culturais, escolares, entre outros.

Pais e prevenção: revisão sistemática de intervenções que envolvem pais e visam prevenir insatisfação com o corpo ou transtornos alimentares

Essa revisão (Hart et al., 2015) parte do conhecimento existente sobre a importância dos pais no desenvolvimento de uma ampla gama de fatores de risco e de proteção para insatisfação com o próprio corpo e para transtornos alimentares em seus filhos. Embora muitos outros fatores devam ser considerados – como o contexto sociocultural, a mídia e a influência dos pares –, o papel dos pais certamente é muito relevante, inclusive porque eles podem intermediar a relação da criança com esses outros fatores, em especial nas crianças pequenas. Por isso, os autores consideram uma falha importante que muitas pesquisas e revisões não incluam os pais nas intervenções preventivas de insatisfação com o corpo e de transtornos alimentares.

O objetivo desse estudo é fazer uma revisão sistemática da literatura sobre intervenções preventivas que incluam os pais. Foi realizada uma busca por artigos publicados em inglês, entre janeiro de 1992 e outubro de 2013, nas bases de dados *CSA PsycInfo*, *ISI Medline* e *Scopus*, e foram incluídos estudos que pesquisassem um programa de prevenção para reduzir a insatisfação com o corpo ou sintomas ou fatores de risco para transtornos alimentares em crianças e adolescentes, sem restrições de idade; que algum componente do programa se dirigisse especificamente aos pais; e que utilizassem alguma medida de resultados para avaliar o programa de prevenção.

Um total de 647 artigos foram encontrados, e 20 deles atenderam aos critérios e foram incluídos na revisão, envolvendo um total de 1.060 pais de 11.155 crianças, com idades de 6 a 16 anos. Os autores concluíram que, embora muitos estudos tenham fornecido dados relevantes e de boa qualidade sobre programas de prevenção para estudantes, muitos deles não forneceram dados sobre como os pais afetaram os resultados da criança. Estudos com dados de qualidade média revelaram que muitas intervenções de prevenção atingem reduções significativas dos fatores de risco em crianças. Mas, devido a problemas com o método de avaliação ou com a participação dos pais, não conseguiram esclarecer se esses resultados advêm do fato de a criança ter recebido uma intervenção preventiva eficaz ou do envolvimento dos pais no programa. Embora os dados não sejam conclusivos, alguns poucos estudos demonstram uma correspondência positiva entre a diminuição da pressão exercida para emagrecer por parte dos pais e a diminuição dos riscos para as crianças.

Assim, concluem que existem programas de prevenção para transtornos alimentares em crianças que incluem os pais e são capazes de reduzir os fatores de risco de insatisfação com o corpo e de transtornos alimentares em crianças, mas que é necessário que se desenvolvam programas preventivos com materiais e referenciais teóricos especificamente dirigidos aos pais, e métodos de avaliação compatíveis, que incluam *follow-up* de longo prazo. É necessário desenvolver intervenções e avaliações que permitam entender as implicações das mudanças nas atitudes e no comportamento dos pais sobre a imagem corporal e a alimentação de seus filhos.

INTERVENÇÕES PSICOTERAPÊUTICAS PARA TRANSTORNOS ALIMENTARES

Atualização baseada em evidências sobre intervenções psicoterápicas para transtornos alimentares em crianças e adolescentes

Datta et. al (2023) apresentam uma revisão que atualiza as diretrizes de revisão sistemática anterior (Lock, 2015), cujos estudos discutiram exclusivamente práticas psicossociais ambulatoriais para crianças e adolescentes menores de 19 anos de idade, com transtornos alimentares.

A presente revisão considerou as mesmas práticas, ou seja, intervenções psicossociais com crianças e adolescentes que incluíram terapias familiares, psicoterapia individual, psicoterapia cognitivo-comportamental, psicoterapia interpessoal, terapia comportamental dialética e, recentemente, as terapias *on-line* e os cuidados de saúde via teleconsulta e aplicativos. Foi feita uma pesquisa bibliográfica nas plataformas PsycInfo, Cochrane e PubMed, buscando pesquisas com população infantil, incluindo crianças com 6 a 12 anos, e adolescentes de 13 a 18 anos, para o período de 2015 a 2022.

Por se tratar de uma atualização de revisões anteriores, a atual identifica a ampliação da representatividade na população estudada, com a inclusão do sexo masculino, maior diversidade racial e étnica, mas permanece uma predominância de mulheres brancas.

Trinta e um novos estudos foram adicionados a essa revisão. Os resultados corroboram aqueles obtidos nas revisões anteriores da literatura (Lock, 2015), em que a indicação da terapia familiar de base comportamental para adolescentes, para os quadros de anorexia nervosa e bulimia nervosa, continua sendo o único tratamento que revela resultados eficazes. Para os casos de anorexia, quando estão associados o acompanhamento específico aos pais e treino de habilidades desenvolvidas pela terapia comportamental dialética, há uma otimização dos resultados.

Os estudos apresentam que há uma maior eficácia terapêutica para restauração rápida do peso em adolescente com o transtorno de anorexia nervosa quando é feita associação da terapia familiar de base comportamental com outras práticas, como orientação do jovem pela equipe de enfermagem, antes das sessões de acompanhamento dos pais.

De acordo com a revisão, a terapia cognitivo-comportamental facilitada pela Internet e a terapia familiar de outras abordagens foram consideradas eficazes para o transtorno da compulsão alimentar periódica. Já para o transtorno alimentar restritivo/evitativo não foi identificada nenhuma modalidade eficaz.

Outro ponto de destaque é a confirmação de que a terapia familiar comportamental permanece como a modalidade mais eficaz quando associada à psicoterapia interpessoal, para o transtorno de anorexia nervosa. Na comparação com as revisões anteriores, a inclusão de recursos tecnológicos, como os aplicativos de saúde e os recursos de autoajuda, indica contribuição importante no tratamento nos casos de anorexia e bulimia.

Permanece aqui a mesma crítica apresentada nas revisões anteriores, em relação aos tratamentos para a anorexia nervosa, de que os estudos continuam a abordar somente dois tipos de terapia familiar, a de base comportamental e a terapia familiar sistêmica, em detrimento de outras intervenções potencialmente eficazes. Por outro lado, na atual revisão, há um aumento considerável na inclusão de outras práticas, principalmente os aplicativos de saúde e modalidades de autoajuda guiada para os transtornos de anorexia nervosa e bulimia nervosa. Possivelmente, a inclusão dessas práticas decorre do contexto da pandemia de Covid-19.

Em suma, as conclusões apontam para o mesmo caminho das revisões anteriores: a terapia familiar de base comportamental, para adolescentes com anorexia nervosa e bulimia, continua a ser o tratamento que apresenta respostas mais eficazes para o ganho de peso imediato, quando comparada com outros tipos de tratamento. Os autores ressaltam que os tratamentos associados às terapias familiares, como as habilidades promovidas pela terapia comportamental dialética e intervenções adaptativas, para aqueles quadros que não respondem ao ganho de peso imediato, mostram resultados potencialmente melhores.

Também ressaltam que investigações futuras que permitam a integração da tecnologia, como as identificadas nos estudos, tanto por teleconsulta como por aplicativos, podem ser úteis para ampliar o acesso às modalidades de tratamento mais eficazes.

Uma revisão sistemática da terapia cognitivo-comportamental e da terapia comportamental dialética para transtornos alimentares na adolescência

A revisão de Vogel et al. (2021) teve como objetivo fornecer uma atualização sobre a eficácia das abordagens da terapia comportamental cognitiva (TCC) e a terapia comportamental dialética (TCD) para adolescentes com diagnóstico de transtornos alimentares. Essa revisão inclui estudos que investigam outras formas de intervenção associadas ao tratamento, como, por exemplo, a terapia familiar de base comportamental integrada com habilidades desenvolvidas nas intervenções, com base na terapia comportamental dialética. Para os autores, a revisão sistemática foi considerada a mais apropriada para a apresentação dos resultados obtidos, dada a heterogeneidade dos dados.

Foi realizada uma busca, nas plataformas PsycInfo e PubMed, de pesquisas realizadas com adolescentes, publicadas até dezembro de 2020. Apesar de não ter sido explicitado qual a faixa etária considerada, identifica-se, no conjunto dos 50 artigos que atenderam aos critérios de elegibilidade para a revisão, que a idade variou de 12 a 23 anos, bem como que o período de publicação dos artigos foi de 2003 a 2020.

De acordo com os autores, optou-se pela revisão das revisões sistemáticas, ao invés de uma metanálise, devido à diversidade encontrada nos estudos em relação ao diagnóstico, ao tipo de tratamento, ao ambiente de tratamento, à metodologia e à medição de resultados.

A pesquisa na base PsycINFO resultou em 209 estudos sobre TCC e 38 estudos sobre TCD. A pesquisa na PubMed encontrou 680 estudos de TCC e 48 estudos com TCD. No total, foram incluídos no estudo 50 artigos, sendo 40 de TCC e 10 da TCD, que atenderam aos critérios de elegibilidade. Os resultados do estudo foram agrupados por tipo de intervenção (TCC, TCD), nível de cuidado (paciente ambulatorial, internado) e depois organizados pelo diagnóstico de transtorno alimentar. Os autores apontam que as conclusões estão baseadas numa síntese qualitativa dos dados, uma vez que não foram encontrados estudos randomizados na revisão proposta.

Essa revisão conclui que intervenções baseadas em TCC e TCD têm boa viabilidade e aceitabilidade para transtornos alimentares na adolescência. Os resultados apontam para uma eficácia mais consistente da TCC para os quadros de bulimia, como também para reduções significativas na compulsão alimentar e episódios purgativos. Também a autoajuda guiada se mostrou como um aliado importante de maior aceitabilidade por parte dos adolescentes.

Apesar de a TCC demonstrar eficácia para o transtorno da anorexia, as evidências ainda são preliminares e são necessários estudos de eficácia que comparem sistematicamente a TCC com outras abordagens ou estratégias de intervenção. Os tratamentos com TCD mostraram boa viabilidade, aceitabilidade e eficácia em adolescentes com transtornos alimentares, em ambientes clínicos, mas a eficácia em ambientes mais controlados, como a internação, não foi analisada.

Outro ponto apresentado refere-se à escassez de estudos específicos sobre a utilização da terapia familiar de base comportamental para o transtorno de anorexia, uma vez que este é considerado o tratamento mais indicado para o quadro. Por outro lado, os autores apontam que a terapia familiar de base comportamental, embora seja a que predomina no tratamento dos transtornos alimentares, muitas vezes não se efetiva, por uma série de fatores, como, por exemplo, disponibilidade dos cuidadores, outras psicopatologias associadas, crenças e preconceitos relacionados à saúde mental em geral.

Os autores recomendam que futuras pesquisas utilizem estudos randomizados; estudos que avaliam formas de tratamento "puras" *versus* "integradas"; avaliação de respostas ao tratamento que incluam as razões para a não resposta e as modificações possíveis, que possam melhorar a eficácia e a eficiência; pesquisa avançada sobre alternativas de tratamento; estudos que avaliem a probabilidade de um transtorno grave e duradouro, como também as taxas de remissão para os principais tratamentos.

Eficácia de intervenções psicológicas para transtornos alimentares na adolescência: uma visão geral de revisões sistemáticas

A metarrevisão de García-Fernández et al. (2023) teve como objetivo apresentar as evidências de revisões sistemáticas que estudaram os efeitos de intervenções psicológicas para transtornos alimentares em adolescentes. Para tanto, o estudo foi realizado seguindo o modelo PRIOR – Preferred Reporting Items for Overviews of Reviews (Pollock et al., 2019) e a análise da qualidade metodológica foi realizada por meio da ferramenta AMSTAR 2.

Um total de 825 estudos foram selecionados e, após exclusões e revisão dos textos, resultaram nove revisões sistemáticas elegíveis, publicadas entre 2005 e 2021, com um total de 207 estudos, entre eles 50 ensaios clínicos randomizados.

Os resultados indicam a eficácia das intervenções psicológicas para os transtornos alimentares entre adolescentes com anorexia e bulimia, sendo as terapias familiares o tipo de tratamento mais estudado.

Entre as abordagens individuais, a TCC e a TCD foram as mais estudadas, porém os dados são insuficientes para estabelecer a eficácia quando comparados com outras abordagens (Vogel et al., 2021). A duração do tratamento variou de 2 a 12 meses, sendo utilizadas como medida de avaliação a recuperação de peso e a melhora dos sintomas relacionados ao transtorno alimentar. Além disso, o grupo feminino é o mais estudado, sendo necessário ampliar estudos para os homens e grupos específicos de jovens.

De acordo com a revisão proposta, há uma escassez de estudos para avaliação da eficácia dos processos psicoterápicos para o quadro de bulimia, como também para outros transtornos alimentares.

Os autores afirmam que a qualidade metodológica das revisões sistemáticas encontradas foi baixa, principalmente pela pesquisa bibliográfica reduzida e pela não apresentação da lista de estudos excluídos, e indicam a necessidade de futuros estudos e revisões sistemáticas de alta qualidade.

DISCUSSÃO

Parece haver um consenso, entre os clínicos e pesquisadores, em relação ao fato de que os transtornos alimentares representam um importante problema de saúde pública, em especial na adolescência.

A busca de evidências científicas que embasem as intervenções e tragam informações confiáveis sobre sua eficácia é fundamental para o desenvolvimento de políticas públicas e para que, associadas à experiência clínica, orientem as intervenções. No Brasil, essa visão tem se desenvolvido lentamente, em especial na Psicologia, provavelmente pela complexidade dos fenômenos estudados, pela singularidade de cada caso, pela dificuldade de desenvolver metodologias que permitam a investigação dos fenômenos psicológicos e pelo pouco incentivo público à pesquisa e à produção de conhecimento.

As revisões sistemáticas (RSs) resumem uma grande quantidade de informações e podem oferecer dados importantes tanto para a continuidade das pesquisas como para a clínica, para os órgãos governamentais da área da saúde e para a população em geral. Reunimos neste capítulo várias revisões desse tipo, com o objetivo de construir um panorama sobre o campo da prevenção e do tratamento de transtornos alimentares em crianças e adolescentes.

No caso das crianças, os estudos disponíveis são em número bem menor e, em geral, iniciam com crianças de 7 ou 8 anos de idade, uma etapa que consideramos tardia, se quisermos incentivar a adoção de medidas preventivas pré-sintomáticas. Outra questão relevante é a escassez de estudos envolvendo a família, muito especialmente os pais ou cuidadores. Eles têm um papel estruturante na personalidade da criança, em sua saúde mental e padrões de relacionamento. É no ambiente familiar que elas desenvolvem seus padrões alimentares e suas crenças e valores em relação à aparência e à autoimagem corporal. Além disso, os pais fazem a intermediação da relação da criança com outros adultos, com seus pares, com a escola e com a mídia, portanto sua influência é ainda maior. Suarez-Albor et al. (2022) encontraram, nos resultados das RSs que realizaram, que os principais fatores de risco associados aos transtornos alimentares são os psicológicos, mas um número muito reduzido de estudos analisava a influência de fatores familiares.

Pesquisas para medir a eficácia de intervenções preventivas de transtornos alimentares que envolvam os pais certamente trazem grandes desafios, em especial do ponto de vista metodológico, na mensuração de resultados e na possibilidade de conseguir sua participação. Mas são essenciais para se estudar os antecedentes dos distúrbios e as medidas de risco e de proteção. E deveriam ser desenvolvidas com pais e crianças desde tenra idade.

Observamos ainda que quase todas as RSs disponíveis utilizam pesquisas realizadas em países desenvolvidos, em especial nos Estados Unidos e na Europa, o que certamente traz um viés econômico e cultural aos resultados. Temos grande carência de pesquisas realizadas com nossa população, assim como com a população da Ásia, da África e de outros países da América Latina. Certamente há diferenças entre os padrões corporais valorizados em diferentes contextos socioculturais, e esses padrões podem representar importantes fatores de risco para transtornos alimentares.

Há um número maior de pesquisas realizadas com adolescentes, em especial as do sexo feminino, porque essa é considerada a população com risco mais elevado para esses transtornos. Esses estudos são de grande valia para que se possa conhecer mais sobre a eficácia das intervenções. Mas as pesquisas têm se voltado muito mais para os fatores de risco, quando, para que se possa trabalhar com a promoção de saúde e bem-estar, seria necessário dar mais atenção aos fatores de proteção.

Os padrões difundidos pela mídia, e, nos últimos tempos, pelas redes sociais, em especial, podem ajudar a aumentar tanto o risco como a proteção, dependendo das informações veiculadas. Esse é um aspecto muito importante, porque crianças e adolescentes, cada vez mais cedo, passam mais tempo nas redes. A promoção de alfabetização midiática, ou seja, da capacidade de analisar e avaliar criticamente as informações da mídia, é um recurso necessário e com grande potencial preventivo, como apontam as revisões sobre intervenções preventivas aqui apresentadas. As pesquisas revelam que a insatisfação com a imagem corporal, que aumenta na adolescência e sofre grande influência dos meios de comunicação, é um dos principais fatores de risco para transtornos alimentares, em especial no sexo feminino (Suarez-Albor et al., 2022).

É altamente recomendável que sejam desenvolvidas políticas públicas visando a prevenção de distúrbios alimentares em crianças e adolescentes.

As revisões que envolvem estudos sobre intervenções psicoterapêuticas em casos de adolescentes com transtornos alimentares indicam que o único tratamento que apresenta resultados eficazes é a terapia familiar (García-Fernández et al., 2023), o que está de acordo com a conclusão sobre a importância do grupo familiar na prevenção e no tratamento desses distúrbios, não só para as crianças, mas também para os adolescentes.

Quanto à comparação entre diferentes abordagens de psicoterapia, a TCC frequentemente aparece nas pesquisas como a mais indicada, com a ressalva de que as evidências são preliminares e são necessárias mais pesquisas. A TCD também é citada com frequência pelos autores, mas os resultados não são conclusivos.

Avaliar resultados de psicoterapias é sabidamente um grande desafio. As psicoterapias são processos muito individualizados, que envolvem questões subjetivas e uma relação particular entre paciente e psicoterapeuta, que tem expressivas influências sobre seu desenvolvimento, como indicam os estudos sobre aliança terapêutica (Meissner, 2007). As terapias comportamentais são propostas de intervenção mais objetivas, que trabalham com fatores conscientes e diretamente observáveis e permitem medidas de resultados quantitativos. Nossa hipótese é de que esse é um dos principais motivos pelos quais elas aparecem com mais frequência nas pesquisas com delineamento experimental e análise estatística. Elas são mais compatíveis com esse tipo de metodologia.

Isso não significa que não são feitos estudos de resultados e revisões sistemáticas sobre outras modalidades psicoterapêuticas, mas eles certamente são em número muito menor. Nem significa que não devemos enfrentar a árdua tarefa de buscar a comprovação científica dos resultados de diferentes abordagens, como propôs a *American Psychological Association* (APA) em 2005, quando criou a *Task Force on Evidence Based Practice*. Temos de continuamente enfrentar esse desafio, e, por enquanto, considerar que temos resultados preliminares, e que é preciso ampliar muito o número de pesquisas, a diversidade e a representatividade das amostras, além da qualidade metodológica dos estudos.

Implicações para a prática clínica e para a saúde coletiva

Segundo dados da Organização Mundial da Saúde (Tricco et al., 2017), um em cada seis indivíduos com idades entre 10 e 19 anos apresenta um transtorno mental. Os transtornos alimentares, como a anorexia nervosa e a bulimia nervosa, são exemplos de transtornos com consequências clínicas e mentais destrutivas, sendo a anorexia a que tem a maior taxa de mortalidade.

Além disso, é sabido que esses quadros surgem durante a adolescência e o início da vida adulta, mas suas raízes estão em fases anteriores do desenvolvimento, quando os sintomas subclínicos são bastante frequentes.

A partir dessas informações, vê-se que a prevenção é crucial, especialmente considerando estudos que indicam como comportamentos alimentares desorganizados podem surgir na infância e, geralmente, indicar o início de transtornos alimentares que se desenvolvem na adolescência e na vida adulta (García-Fernández et al., 2023). As questões são complexas e de difícil compreensão e manejo, tanto para os profissionais como para as famílias, pois os transtornos alimentares consomem o indivíduo, os relacionamentos familiares e com outros grupos, causando sofrimento a todos.

Pensar em ações educativas que envolvam crianças, adolescentes, pais e educadores pode melhorar a percepção dos sintomas, diminuir a sobrecarga familiar, assegurar o acesso aos cuidados de saúde, incentivar a aprendizagem socioemocional e o bem-estar psicológico. Sendo assim, é preciso que sejam tomadas ações precoces que envolvam crianças, jovens e suas famílias, assim como ações em conjunto no ambiente educacional, na atenção primária, no estabelecimento de uma equipe multiprofissional, na elaboração de campanhas de educação em saúde pública, de guias e programas de saúde desenvolvidos para aplicativos e internet.

Essas ações não devem se limitar a fornecer informações, mas identificar questões relevantes para a criança, os jovens e a família, além de incentivar a expressão de afetos, de canais de comunicação em uma fase que antecede a vida adulta, quando os problemas podem estar bem definidos e consolidados. E, ainda, podem incluir o treinamento dos profissionais envolvidos para a identificação precoce de crianças e adolescentes em risco para transtornos alimentares.

Em relação às intervenções psicossociais que visam ao tratamento, é importante que existam equipamentos de saúde, como centros de referência, que congreguem especialistas em terapia individual e familiar, além de fornecer materiais educativos, informações e programas de intervenção, bem como grupos de apoio para jovens e suas famílias.

Já é conhecida a indicação da psicoterapia familiar como prática eficaz para os transtornos alimentares para crianças e adolescentes, mas faz-se necessário um olhar cuidadoso para esses processos. Ainda há lacunas nas investigações sobre processo psicoterápico, sobretudo em relação a quais grupos ou características de pacientes poderiam se beneficiar da indicação, como também a abordagem psicoterapêutica requer uma equipe integrada, tempo e critérios bem estabelecidos para que as intervenções com o grupo familiar e/ou com o par parental não sejam apenas informativas (Cook-Darzens, 2016).

Algumas considerações são fundamentais neste tópico, uma vez que se trata de um transtorno mental que afeta as relações de forma complexa. A família é requerida em diversas esferas, como em sua capacidade de compreender o transtorno e de cuidar, o que, muitas vezes, implica responsabilização, culpabilidade e vergonha (Cook-Darzens, 2016; Hughes et al., 2018).

Assim, a equipe de cuidados deve levar em conta os critérios que definem a necessidade de acompanhamento, uma vez que a forma como a terapia é apresentada à família, como parte do tratamento, pode influenciar na adesão a ele.

É importante destacar o desafio de sensibilizar o par parental, como uma estratégia associada ao atendimento familiar, uma vez que essas ações não são apenas de orientação, mas também precisam esclarecer que há questões familiares relevantes que envolvem irmãos, como competição, conflito, provocação ou angústia em relação à influência do transtorno alimentar na família. É crucial ajudar os responsáveis a perceberem que outras crianças da família estão sendo afetadas e podem se beneficiar da inclusão na terapia familiar.

Os estudos também indicam ações específicas para o par parental que estão vinculadas ao tratamento da psicoterapia familiar. Uma medida que tem sido considerada benéfica para a família é o grupo de apoio aos pais, que proporciona o compartilhamento de experiências, oferece soluções e recursos àqueles que lidam com jovens em diferentes estágios de recuperação de transtornos alimentares, além de permitir uma rede informal de apoio (Cook-Darzens, 2016; Hughes et al., 2018).

Por fim, podemos nos valer do avanço tecnológico utilizando atendimentos *on-line*, que podem facilitar a adesão do grupo familiar quando a distância e o deslocamento são impeditivos, como também pode-se utilizar os recursos da videoconferência para aproximar a equipe de cuidados e facilitar sua comunicação.

Mas é necessário estabelecer critérios para a indicação de tais recursos e avaliar as condições de viabilização.

Implicações para a pesquisa

A terapia familiar de abordagem comportamental tem tido seus benefícios apontados pelas pesquisas para o tratamento de adolescentes com transtornos alimentares, mas é necessário que se busque uma maior precisão nos critérios de avaliação do processo, nos índices de remissão de sintomas, bem como a realização de estudos que identifiquem pontos críticos nos casos em que os resultados não foram satisfatórios ou no acompanhamento dos adolescentes que tiveram remissão dos sintomas.

Além disso, é necessário ampliar e especificar as particularidades de outras abordagens. A identificação de fatores de proteção e de risco peculiares ao grupo familiar poderia auxiliar no estabelecimento de critérios de indicação para a psicoterapia familiar. Ademais, como as taxas de recuperação variam muito conforme a definição utilizada, estudos mais precisos sobre outras práticas associadas, o trabalho com os pais, ou ainda o acompanhamento dos casos após o encerramento do processo, merecem maior atenção dos pesquisadores.

Embora esse seja um tema de grande interesse, há a necessidade de mais estudos que avaliem a eficácia de intervenções psicológicas em outros transtornos alimentares entre adolescentes, em homens e em outros grupos específicos.

Por fim, é importante salientar que os autores apontam a baixa qualidade metodológica das revisões sistemáticas, o que traz prejuízos à possibilidade de identificar as evidências científicas sobre a eficácia das intervenções. É necessário maior cuidado com a qualidade de futuras pesquisas.

REFERÊNCIAS

Capítulo **20**

Evidências no tratamento da compulsão alimentar

Marly Amorim Palavras, Angélica de Medeiros Claudino

FUNDAMENTOS METODOLÓGICOS NA PSICOLOGIA BASEADA EM EVIDÊNCIAS

Desde que a Psicologia foi se configurando como ciência, inúmeras abordagens de tratamento foram surgindo ao longo do tempo. No final do século XIX, uma visão mais psicodinâmica do ser humano prevaleceu com o surgimento da psicanálise e da psicologia analítica, seguida por uma visão mais humanista, como a *gestalt*, o psicodrama, a psicologia fenomenológica-existencial, entre outras. Já no século XX, a visão *behaviorista* surgiu em sua primeira geração ou onda, com a ênfase no comportamento observável e com foco na compreensão do efeito do estímulo sobre a resposta externa do comportamento do indivíduo. Num processo evolutivo, a segunda onda trouxe a relevância do processo cognitivo para a abordagem comportamental, propondo estratégias terapêuticas que focam nos pensamentos, crenças e atitudes distorcidos, os quais impactam as emoções e o comportamento. O pensamento torna-se mais reflexivo. É nessa fase que a terapia cognitivo-comportamental (TCC) ganhou força em diferentes formatos, como, por exemplo, breve e focal, individual ou grupal, por meio de autoajuda guiada por especialistas e/ou não guiada, com o suporte de manuais estruturados, baseada na internet, entre outras (Hayes et al., 2011). Surgiu também a terapia interpessoal (TIP), que enfatiza a disfunção social, por meio das relações interpessoais comprometidas, as quais colaboram para o surgimento da sintomatologia psiquiátrica (de Mello, 2004). Mais recentemente, já no século XXI, iniciou-se a terceira onda, tendo ainda como base a TCC, porém buscando atenuar a noção de os pensamentos serem negativos ou positivos e com foco maior no processo e no contexto nos quais a pessoa está inserida, e na definição de estratégias em como ela se relaciona com suas experiências internas conflitantes. Dessa forma, difundiu-se a terapia comportamental dialética, a terapia de aceitação e compromisso, a terapia dos esquemas, e um leque maior vai se abrindo com a terapia cognitivo-afetiva integrativa, a terapia focada na compaixão, formas modernas de ativação comportamental, as intervenções baseadas em *mindfulness* etc. (Duchesne, 2022; Hayes & Hofmann, 2021; Pisetsky et al., 2019; Souza & Nunes, 2022).

Paralelamente a essa breve descrição da evolução conceitual e histórica da psicologia, a ciência, sobretudo a medicina, no final do século XX, foi se aprimorando e definindo parâmetros baseados em evidências científicas, a partir de importantes questionamentos sobre como lidar com as dificuldades e conflitos do especialista no atendimento clínico, como propiciar uma boa educação médica baseada no conhecimento científico de qualidade, como garantir uma boa relação especialista e paciente, e como tratar o sofrimento do paciente podendo integrar o aspecto humano e efetivo da abordagem utilizada. Todo esse questionamento ainda hoje promove, por meio da medicina baseada em evidências, importantes discussões sobre a relevância das boas práticas clínicas e sociais na área da saúde e sobre a necessidade de implementar um conhecimento de alta qualidade na clínica e na pesquisa, com o intuito de oferecer aprimorados serviços de saúde e com custos operacionais otimizados tanto para a prevenção como para o tratamento (Faria et al., 2021).

Pesquisadores, dentro do campo dos transtornos alimentares, também têm buscado produzir conteúdo científico com o intuito de avaliar as melhores evidências científicas de tratamento. A abordagem psicossocial é necessária e importante para o tratamento dos transtornos alimentares por ter como princípio tratar os fatores psicossociais que abarcam tanto o começo como a manutenção da sintomatologia alimentar, favorecendo resultados positivos no tratamento e diminuição da possibilidade de recaídas (Costa & Melnik, 2016). Um artigo recente (Zyoud et al., 2022) apresentou os resultados de uma análise bibliométrica tendo o transtorno de compulsão alimentar (TCA), que é um dos três principais transtornos alimentares, como tema. Os autores relataram que a produção de artigos tem aumentado de forma progressiva, principalmente na última década, com publicações em 132 países, sendo que Estados Unidos, Itália, Reino Unido e Alemanha lideram o *ranking* de produção, cujo principal tema estudado foi "tipo de tratamento e manejo". Interessante citar que, numa lista dos dez países com maior produção científica publicada em TCA, o Brasil encontra-se em sétimo lugar, com 101 (3,72%) documentos publicados. O objetivo deste capítulo é apresentar o resultado de uma busca compreensiva na literatura de ensaios clínicos randomizados (ECRs) e revisões sistemáticas juntamente com uma análise mais detalhada e aprofundada do estado de arte dessa produção científica em relação ao TCA, considerado o transtorno alimentar mais prevalente.

INTRODUÇÃO

O TCA foi incluído oficialmente nos principais sistemas classificatórios de transtornos mentais – *Manual Diagnóstico e Estatístico de Transtornos Mentais em sua quinta revisão* (DSM-5) (APA, 2014) e *Classificação Internacional de Doenças e Problemas Relacionados à Saúde* (CID-11) (WHO, 2019) após duas décadas de exaustiva pesquisa e revisão. Sua principal característica é a presença de episódios de compulsão alimentar (ECAs) recorrentes nos quais o indivíduo vivencia um sentimento de falta de controle sobre o consumo alimentar associado à ingestão de grande quantidade de comida (episódios objetivos) ou de quantidades normais, porém percebidas como excessivas pela pessoa (episódios subjetivos), sendo motivo de sofrimento marcante (no inglês, *marked distress*). Tais episódios devem ter ocorrido pelo menos uma vez por semana nos últimos três meses e não devem estar acompanhados regularmente de comportamentos compensatórios inadequados com a finalidade de evitar um possível ganho de peso. Essa característica é essencial para diferenciar esse transtorno da bulimia nervosa (BN) (APA, 2014). A Tabela 1 apresenta os

Tabela 1 Critérios para diagnóstico completo do TCA segundo o DSM-5

A. Episódios recorrentes de compulsão alimentar
B. Pelo menos três indicadores comportamentais associados à perda de controle (comer mais rápido do que o normal; comer até sentir-se desconfortavelmente cheio; comer exageradamente sem a sensação física de fome; comer escondido; ficar desgostoso, culpado ou deprimido logo após a ingestão excessiva)
C. Sofrimento marcante em relação à compulsão alimentar
D. Frequência média dos ECAs pelo menos uma vez por semana nos últimos três meses
E. Os ECAs não estão associados ao uso recorrente de mecanismos compensatórios inapropriados

ECAs: episódios de compulsão alimentar; TCA: transtorno de compulsão alimentar.

Fonte: APA, 2014.

cinco critérios para diagnóstico completo do TCA segundo o DSM-5 (APA, 2014).

Para condições que não preenchem os cinco critérios diagnósticos propostos pelo DSM-5 (APA, 2014), utiliza-se a categoria denominada "outro transtorno alimentar especificado/TCA", desde que todos os critérios diagnósticos estejam presentes, porém o número de ECAs seja inferior a uma vez por semana (de baixa frequência) e/ou por tempo menor que três meses (de baixa duração) (APA, 2014). O diagnóstico de TCA pela CID-11 se distingue do DSM-5 pelo fato de que, na CID-11, consideram-se episódios objetivos de compulsão alimentar e também subjetivos para o diagnóstico; porém apenas os episódios objetivos são considerados para o diagnóstico de TCA no DSM-5, e aqueles que cursam apenas com episódios subjetivos são compreendidos nos quadros de "transtorno alimentar não especificado" no DSM-5.

O TCA é o transtorno alimentar com maior prevalência. Uma revisão sistemática com 11 estudos em população geral com dados de países da Europa, Ásia, Oceania e Américas (com um estudo brasileiro inserido) encontrou uma prevalência de TCA ao longo da vida de 1,53% e ao longo de 12 meses de 0,93%. A proporção de mulheres para homens com TCA foi de 2,1 ao longo da vida e de 1,8 em 12 meses (Qian et al, 2022). Em outra revisão sistemática (Galmiche et al., 2019) que envolveu dados coletados entre 2000 e 2018 em 27 países ao redor do mundo (incluindo três estudos brasileiros), foram encontrados dados de prevalência para TCA ao longo da vida de 2,8% para mulheres e 1,0% para homens; para a prevalência de 12 meses, as médias ponderadas foram de 1,4% para mulheres e 0,6% para homens, e, para a prevalência pontual, 2,3% e 0,3% para mulheres e homens, respectivamente. A prevalência de TCA em crianças e adolescentes é de 1,32% para diagnóstico completo e 3,0% para diagnóstico parcial (Kjeldbjerg & Clausen, 2023). Há escassez na literatura em relação a dados de incidência. Em um estudo com mulheres jovens entre 10 e 24 anos, a incidência foi de 35 por 100.000 pessoas/ano, com o início da doença ocorrendo em média aos 19 anos (Mustelin et al., 2015).

Outro estudo epidemiológico, realizado na cidade do Rio de Janeiro (Brasil), com uma amostra de 2.297 adultos, a taxa de prevalência pontual encontrada foi de 1,4% para TCA, sendo que a média de idade foi de 40 anos, com predomínio de 83,2% de mulheres, presença de comorbidades psiquiátricas, como depressão (82%), ansiedade (77%), entre outras, assim como comorbidades clínicas, prevalecendo os problemas musculares e de coluna (em torno de 53% a 56%), seguidos de diabetes e hipertensão (38%). Quadros de obesidade também se mostraram comórbidos, sendo que 8,1% da amostra se achavam dentro do peso normal, 27,1% com sobrepeso e 64,8% com obesidade. Nessa amostra, a idade média de início da doença foi aos 33 anos, com duração da doença em média de 10,5 anos. Apenas 42,4% dos participantes buscaram ajuda profissional, com maior tendência para o tratamento nutricional (35%), seguido por atendimentos com profissionais na área da saúde mental (26%) e por orientação com um clínico geral (16,3%) (Appolinário et al., 2022). Esses dados exemplificam a importância da associação do TCA com a obesidade e com outros quadros clínicos e psiquiátricos que impactam a qualidade de vida física e mental e trazem prejuízo funcional importante na vida cotidiana, social, escolar, profissional etc. Baixa autoestima, sintomas depressivos e insatisfação corporal podem predizer a manutenção de ECAs em adolescentes, como apontado em estudo longitudinal com duração de dez anos (Goldschmidt et al., 2014). Quanto maior a intensidade de preocupação com forma e peso corporais, maior o impacto na psicopatologia alimentar, na baixa autoestima, nos sintomas depressivos e no sofrimento psicológico (Grilo, 2013).

De modo geral, os tratamentos psicológicos para TCA salientam a importância de não só abordar as dificuldades diretamente relacionadas à sintomatologia alimentar (p. ex., compulsão alimentar, preocupação excessiva com forma e peso corporais, restrição alimentar, regras dietéticas etc.) e à psicopatologia associada (principalmente alterações de humor e ansiedade), mas também tratar as cognições distorcidas em relação ao padrão alimentar, as dificuldades nos relacionamentos interpessoais, a vulnerabilidade diante de eventos externos estressores, a inabilidade com o manejo das emoções, com a regulação do afeto, com o descontrole do impulso, do conflito e da angústia, com o propósito de oferecer melhores ferramentas para habilitar de forma mais eficiente o funcionamento psicossocial, visando uma melhor qualidade de vida física e mental (Fairburn, 2008; Grilo, 2017).

Em uma revisão sistemática sobre qualidade de vida e impacto econômico, os estudos mostraram que pacientes com TCA, quando comparados à população normal, apresentam escores mais comprometidos em relação aos níveis de qualidade de vida física e mental, com maior prejuízo para o funcionamento mental; recorrem mais aos serviços de saúde mental geral e de tratamentos para perda de peso; têm alta demanda de consultas eletivas, de emergência e hospitalização, apesar do baixo uso (entre 12% e 58%) de tratamento específico para transtorno alimentar (Ágh et al., 2015). Pessoas com TCA trazem um alto custo e um impacto econômico importante à sociedade e ao Estado. Um estudo norte-americano (Streatfeild et al., 2021) estimou um custo de 64,7 bilhões de dólares para o ano fiscal 2018-2019, correspondendo a 11.863 dólares para cada paciente com transtorno alimentar que buscou tratamento tanto no sistema de saúde público como no privado, sendo que pacientes com TCA corresponderam a 30% desse montante. Já em um estudo que entrevistou 126 pessoas que obtiveram tratamento em serviços especializados em transtornos alimentares no Reino Unido, constatou-se que a estimativa de cálculo do custo econômico indivíduo/ano foi de 376 libras esterlinas referentes ao uso de assistência médica, 1.757 libras referentes a dias perdidos no trabalho e/ou escola e 2.144 libras de custos gerais à sociedade (Jenkins, 2022).

Cabe aqui destacar que, apesar de o TCA ser um transtorno distinto da obesidade, que é definida como uma condição clínica e não mental, a associação entre ambos é frequente e impacta de forma marcante no diagnóstico, no tratamento, no estilo de vida e no funcionamento socioeconômico de pessoas com TCA. A obesidade está diretamente relacionada a quadros de hipertensão, diabetes, distúrbios cardíacos, ósseos, aumentando, assim, o risco de mortalidade (Ágh et al., 2015). Cerca de 30% de pessoas com IMC (índice de massa corporal) acima do normal que procuram tratamentos comportamentais ou cirúrgicos para perda de peso têm TCA como comorbidade (Giel et al., 2022). Quando comparadas com pessoas obesas sem TCA, as pessoas obesas com TCA têm maior prejuízo na qualidade de vida física e mental, maior sedentarismo, uma atitude corporal mais negativa, maior gravidade na sintomatologia alimentar e nas comorbidades psiquiátricas e sofrem mais com dores físicas (pés, costas, músculos) (Vancampfort et al., 2014). O custo anual para assistência médica foi 36,5% maior em mulheres obesas com TCA comparadas à média geral, e quanto mais alto o IMC maiores os custos com medicação em geral e psiquiátrica (Grenon et al., 2010; Dickerson et al., 2011).

TRATAMENTO PSICOLÓGICO

Diretrizes clínicas para o tratamento de TCA

Objetivando reportar as principais evidências de eficácia de tratamento, foram estruturadas diretrizes clínicas para os transtornos alimentares por sociedades científicas em vários países, entre elas: *American Psychiatric Association* (APA), nos Estados Unidos (Crone et al., 2023); *National Institute for Health Care Excellence* (Nice), no Reino Unido (Nice, 2017); *Royal Australian and New Zealand College of Psychiatrists* (Anzaed), na Austrália (Hay et al., 2014), entre outras. O objetivo principal dessas sociedades é oferecer ampla informação sobre a tomada de decisões clínicas, obtidas a partir da discussão entre profissionais da saúde e pacientes com respeito às melhores estratégias de tratamento e às intervenções mais eficazes. Hilbert et al. (2017), em uma revisão sistemática, compararam as diretrizes de sete países em relação aos tratamentos clínicos baseados em evidência disponíveis para os transtornos alimentares. Nesse estudo, as intervenções psicológicas específicas foram recomendadas como o tratamento de primeira linha para o TCA.

Tomando como base as diretrizes americanas, inglesas e australianas (Crone et al., 2023; Hay et al., 2014; Nice, 2017), a TCC, que é a abordagem mais testada, é o tratamento recomendado por apresentar a melhor evidência de eficácia a curto e a longo prazo, considerando-se, principalmente, a redução ou remissão dos ECAs como o principal desfecho. Essa abordagem pode ser oferecida tanto num formato individual como grupal, considerando um total de 20 sessões em média. Apesar de apresentar uma magnitude de efeito moderada, os formatos baseados na internet ou na autoajuda guiada (*guided self-help*) podem ser utilizados como abordagem inicial para TCA, na ausência de outros tratamentos mais eficazes. As diretrizes americanas (Crone et al., 2023) apontam a TIP como primeira opção com a TCC como tratamento psicológico tanto na abordagem individual como grupal. Já as diretrizes australianas (Hay et al., 2014) colocam a TIP e a terapia comportamental dialética como opções de tratamento psicológico, porém ainda com uma evidência de eficácia baixa em virtude do baixo número de estudos. O tratamento farmacológico tem geralmente caráter adjunto à psicoterapia, sobretudo no suporte às comorbidades psiquiátricas frequentes como depressão e ansiedade (p. ex., antidepressivos), embora alguns fármacos (lisdexanfetamina e topiramato) tenham nível de evidência e grau de recomendação altos para uso em TCA por diretrizes recentes da *World Federation of Societies of Biological Psychiatry* (Himmerich et al., 2023), em contraposição às últimas diretrizes americanas (Crone et al., 2023), que consideraram baixa a força de evidência que apoia o uso de algumas drogas (antidepressivos e lisdexanfetamina), deixando essa recomendação para pacientes que preferem medicação ou que não responderam à psicoterapia isolada. Por fim, o acompanhamento nutricional com especialista também se acha recomendado pelas diretrizes.

Um ponto bem relevante a ser considerado é o manejo do peso em virtude da estreita associação entre TCA e IMC acima do padrão normal, pois é comum o paciente com TCA ter expectativa em relação à perda de peso ao procurar um tratamento psicológico para a sintomatologia alimentar. As diretrizes recomendam esclarecer que o foco do tratamento psicológico é a compulsão alimentar e não a perda de peso, que tentar perder peso pode desencadear novos ECAs e que há uma baixa evidência de que a perda de peso a longo prazo pode ocorrer a partir da remissão dos ECAs (Hay et al., 2014; Nice, 2017). As diretrizes australianas (Hay et al., 2014) atestam que a abordagem comportamental para perda de peso (*behavioral weight loss therapy*) – que é uma abordagem comportamental com ênfase em perda de peso, reeducação alimentar e mudanças no estilo de vida, sem abordar a sintomatologia alimentar (Brownell, 2004) – pode ser aplicada em pacientes com TCA. Entretanto, os resultados tanto para a perda de peso como para a redução dos ECAs podem ser alcançados a curto prazo, mas não se sustentam a longo prazo, sendo que as evidências ainda são pouco consistentes (Wilson et al., 2010; Bulik et al., 2012).

Apenas a título de esclarecimento, as diretrizes australianas (Hay et al., 2014) dispuseram num único tópico as orientações tanto para o quadro de TCA como de BN, por se tratar de transtornos alimentares que têm como ponto central a presença dos ECAs associados à perda de controle. Dessa forma, é possível constatar que vários estudos acabam por incluir na amostra tanto os quadros completos como parciais de TCA e de BN numa única amostra.

Ensaios clínicos randomizados (ECRs) – principais características e resultados dos últimos cinco anos

O ensaio clínico randomizado (ECR) é considerado padrão-ouro para avaliação da eficácia de uma intervenção na saúde. Seu perfil clínico, experimental, controlado, aleatorizado, mascarado (*blinding*) e às vezes multicêntrico, faz dele um bom instrumento para tentar assegurar a eficácia da intervenção testada.

Uma busca compreensiva da literatura científica, realizada nas bases de dados Cochrane Library e PubMed, teve o propósito de identificar os ECRs sobre tratamento psicológico em TCA, nos últimos cinco anos. Para a busca, consideraram-se os termos "tratamento psicológico", "TCA" e "ECR". Não se incluíram os termos "anorexia nervosa", "bulimia nervosa" e "tratamento farmacológico combinado ou não", por se entender que o foco deste capítulo é a importância das diretrizes baseada em evidências no tratamento psicoterápico do TCA. Estudos que avaliaram amostras mistas, ou seja, com outros transtornos alimentares, mas que apresentaram resultados específicos e exclusivos para o TCA, foram incluídos. A Tabela 2 sintetiza as principais características e resultados de nove estudos selecionados. Todos os artigos foram escritos em inglês e testados nos Estados Unidos (Cachelin et al., 2019; Peterson et al., 2020), no Canadá (Carter et al., 2020; Tasca et al., 2019), na Itália (Jackson et al., 2018), na Holanda (Melisse et al., 2023), na Suíça (Wyssen et al., 2021), na Alemanha (Berking et al., 2022) e na Austrália (Glisenti et al., 2021).

Tabela 2 Principais características dos nove ensaios clínicos randomizados (ECRs) incluídos

ECR	Amostra	Intervenção experimental *versus* controle	Formato	Tempo de avaliação	Desfechos	Resultados	Abandono de tratamento
Berking et al. (2022) Alemanha	N = 101 86% ? μ Idade 43.6 anos μ IMC ϕ	Treinamento de habilidades de regulação emocional (n = 61) Lista de espera (n = 40)	Grupal 8 semanas	PI TI Pós 6 meses	Frequência de ECAs; psicopatologia alimentar; habilidades de regulação emocional; sintomas depressivos	• Todos os desfechos mostraram melhores resultados a favor do tratamento ativo tanto no fim do tratamento quanto no seguimento de 6 meses	Sem informação
Cachelin et al. (2019) EUA	N = 40 100% ? latinas com sobrepeso/obesidade μ Idade 27 anos μ IMC 29.4 kg/m²	Terapia Cognitivo-Comportamental de autoajuda guiada (n = 21) Lista de espera (n = 19)	Individual 12 semanas	PI TI	Frequência de ECAs; IMC; psicopatologia alimentar; sintomas depressivos	• Redução dos ECAs e de sintomas depressivos favorecendo a TCC • IMC e psicopatologia alimentar não apresentaram melhora do início ao fim do tratamento	27,5% no TI
Carter et al. (2020) Canadá	N = 71 93% ? μ Idade 40,7 anos μ IMC 37,3 kg/m²	Terapia Comportamental Dialética de autoajuda não guiada (n = 24) Terapia Comportamental Dialética de autoajuda guiada + 6 sessões via internet (n = 24) Autoajuda não guiada sobre autoestima (n = 23)	Individual 12 semanas	PI TI Pós 3 meses	Frequência de ECAs; IMC; psicopatologia alimentar; sintomas ansiosos e depressivos; qualidade de vida	• Remissão dos ECAs, melhora na psicopatologia alimentar e psiquiátrica e na qualidade de vida mantidos no seguimento, sem diferença entre os três grupos • No final do tratamento não houve perda de peso significante, mas no seguimento sim, porém sem diferença entre os 3 grupos	35% no TI 37% no Pós 3 meses
Glisenti et al. (2021) Austrália	N = 21 81% ? μ Idade 44,5 anos μ IMC ϕ	Terapia focada na emoção (n = 10) Lista de espera (n = 11)	Individual 12 semanas	PI TI Pós 1,2 e 3 meses	Frequência de ECAs; psicopatologia alimentar	• Redução dos ECAs e da psicopatologia alimentar favorecendo o tratamento ativo • Mesmos resultados no seguimento de 3 meses quando os participantes da lista de espera também receberam a intervenção ativa	5% no TI

(continua)

Tabela 2 Principais características dos nove ensaios clínicos randomizados (ECRs) incluídos (*continuação*)

ECR	Amostra	Intervenção experimental *versus* controle	Formato	Tempo de avaliação	Desfechos	Resultados	Abandono de tratamento
Jackson et al. (2018) Itália	N = 60 100% ? obesas µ Idade 46,0 anos µ IMC 35,5 kg/m²	Terapia breve estratégica (n = 30) Terapia Cognitivo--Comportamental (n = 30) via telefone no período de internação por um mês em programa para perda de peso e + 6 meses após alta hospitalar	Individual Presencial (fase de interna-ção) e por telemedici-na (na alta hospitalar) 7 meses	PI TI (1 mês e m internação + 6 meses por telefone) Pós 6 e 12 meses	Frequência de ECAs; IMC; sofrimento psicológico	• Redução dos ECAs, do IMC e do sofrimento psicológico favorecendo a terapia breve estratégica no fim do tratamento • No seguimento de 12 meses, apenas o grupo experimental continuou em redução dos ECAs e em ambos os grupos houve perda de peso e melhora no sofrimento psicológico	0% até pós 12 meses
Melisse et al. (2023) Holanda	N = 180 91% ? µ Idade 39,4 anos µ IMC 33,4 kg/m²	Terapia Cognitivo--Comportamental de autoajuda guiada (n = 90) Lista de espera (n = 90)	Individual 12 semanas	PI Meio da intervenção (5 semanas) TI Pós 24 e 36 semanas	Frequência de ECAs; psicopatologia alimentar; IMC; prejuízo psicossocial	• Redução dos ECAs e da psicopatologia alimentar no final do tratamento favorecendo o grupo experimental • Não houve diferença significante entre os grupos no seguimento	21,1% no TI
Peterson et al. (2020) EUA	N = 112 82% ? µ Idade 39,7 anos µ IMC 35,1 kg/m²	Terapia Cognitivo--Afetiva Integrativa (n = 56) Terapia Cognitivo--Comportamental de autoajuda guiada (n = 56)	Individual 17 semanas	PI TI Pós 6 meses	Frequência de ECAs; psicopatologia alimentar; sintomas depressivos e ansiosos; autoesti-ma; IMC; prejuízo psicossocial	• Redução dos ECAs e melhora dos demais desfechos sem diferença entre os dois grupos no fim do tratamento e no seguimento	25% no TI 18% no Pós 6 meses

(*continua*)

Tabela 2 Principais características dos nove ensaios clínicos randomizados (ECRs) incluídos (*continuação*)

ECR	Amostra	Intervenção experimental *versus* controle	Formato	Tempo de avaliação	Desfechos	Resultados	Abandono de tratamento
Tasca et al. (2019) Canadá	N = 135 89% ? μ Idade 41,8 anos μ IMC 35,6 kg/m²	Terapia Cognitivo-Comportamental de autoajuda não guiada (n =135) (fase 1 – não randomizada – tratamento de baixa intensidade) Terapia interpessoal psicodinâmica (n = 39) Lista de espera (n = 46) (fase 2 – randomizada – tratamento de alta intensidade)	Individual 10 semanas Grupal 16 semanas	PI TI Pós 3 e 6 meses	Frequência de ECAs; sintomas depressivos; problemas interpessoais; psicopatologia alimentar; insegurança de apego	• Fase 1 – redução dos ECAs estatisticamente significante • Fase 2 – sem diferença nos resultados entre grupos para redução dos ECAs, dos sintomas depressivos e da psicopatologia alimentar • Problemas interpessoais e insegurança de apego mostraram melhor resultado a favor do tratamento experimental • Sem diferenças para os desfechos nos seguimentos de 3 e 6 meses	28,2% no TI
Wyssen et al. (2021) Suíça	N = 63 87% ? μ Idade 37,2 anos μ IMC 30,9 kg/m²	Terapia Cognitivo-Comportamental guiada via internet (n = 24) Lista de espera (n = 19) Lista de espera indutora de expectativa positiva (n = 20)	Individual 8 semanas *on-line* + 3 sessões no mês 1,3,6	PI TI Pós 6 meses	Frequência de ECAs; psicopatologia alimentar; sintomas depressivos; funcionamento psicossocial	• Redução dos ECAs assim como dos demais desfechos, com melhores resultados para o tratamento ativo • Não houve diferença nos resultados ao se comparar a lista de espera positiva com a regular	27% no TI 9,5% no Pós 6 meses

♀: mulheres; ♂: não informado; μ: média; ECAs: episódios de compulsão alimentar; IMC: índice de massa corporal; PI: pré-intervenção; TCC: terapia cognitivo-comportamental; TI: término da intervenção; Pós: seguimento após fim da intervenção.

Fonte: de Mello, 2004.

Os ECRs incluíram participantes com diagnóstico de TCA segundo critérios do DSM-5 (APA, 2014), com exceção de dois que fizeram o diagnóstico baseado no DSM-IV-TR (APA, 2002) (Jackson et al., 2018) e no DSM-IV (APA, 1995) (Berking et al., 2022). A amostra foi composta de participantes com o diagnóstico completo e apenas um estudo incluiu também participantes com o diagnóstico parcial de TCA (Melisse et al., 2023).

A maioria dos ECRs envolveu uma amostra com ambos os sexos, com predominância de mulheres (de 81% a 93%), com exceção de dois que estudaram apenas mulheres (Cachelin et al., 2019; Jackson et al., 2018). Toda a amostra foi composta de adultos, com uma faixa média de idade entre 27 e 46 anos e média de IMC entre 29,4 e 44,5 kg/m². O tamanho amostral variou de 21 a 180 participantes.

Em relação às abordagens testadas, a TCC foi a intervenção de escolha para o grupo experimental em quatro estudos (Cachelin et al., 2019; Melisse et al., 2023; Tasca et al., 2019; Wyssen et al., 2021) e em dois estudos para o grupo controle (Jackson et al., 2018; Peterson et al., 2020). As outras intervenções propostas, além da TCC, consistiram em: a) terapia comportamental dialética, cuja base é o modelo de regulação de afeto em que a pessoa recorre ao ECA como forma de aliviar sentimentos indesejados (Telch et al., 2001); b) terapia breve estratégica, que busca modificar padrões disfuncionais de interação (Jackson et al., 2018); c) terapia cognitivo-afetiva integrativa, originalmente desenvolvida para tratamento de BN e adaptada para o TCA, que pressupõe que experiências que provocam afeto negativo em tempo real podem desencadear ECAs em pessoas com TCA (Lavender et al., 2015); d) terapia interpessoal psicodinâmica, que entende que as dificuldades interpessoais levam à desregulação afetiva e esta, por sua vez, pode desencadear ECAs em pessoas que sofrem com os transtornos alimentares (Tasca et al., 2006); e) treinamento de habilidades de regulação emocional, que segue a mesma linha de constructo das intervenções citadas, em que pensamentos negativos recorrentes, interligados à desregulação do humor, podem predizer a presença de ECAs, sendo que essa intervenção, por meio de estratégias de autoaceitação, reavaliação e autocompaixão, pode promover a descontinuação da sintomatologia alimentar presente nos casos de TCA (Svaldi et al., 2019); f) terapia focada na emoção, que promove a compreensão da patogênese das falhas da regulação emocional pela identificação das emoções disfuncionais, da compreensão e transformação destas em emoções mais adaptadas e saudáveis (Ivanova & Watson, 2014). Por seu caráter inovador, todas as terapias apresentadas foram testadas no grupo experimental.

Prevaleceu nesses nove estudos a intervenção oferecida no formato individual, que é a primeira escolha, de acordo com diretrizes já preestabelecidas (Hilbert et al, 2017). Apenas dois estudos usaram o formato grupal (Tasca et al., 2019; Berking et al., 2022), e a duração do tratamento ativo com atendimento individual, foi de modo geral, breve, compreendendo um tempo médio de intervenção entre 8 e 17 semanas, e para o atendimento grupal de 8 a 16 semanas. Somente Jackson et al. (2018) conduziram tratamento mais longo com duração de 7 meses. Apenas um estudo (Cachelin et al., 2019) não avaliou a intervenção no seguimento (*follow-up*) após o término da intervenção ativa. Os demais estudos conduziram as avaliações num período que variou entre um e 12 meses, prevalecendo seis meses como prazo médio de avaliação de seguimento pós-tratamento ativo.

A maioria dos estudos teve uma participação ativa do psicoterapeuta nas intervenções experimentais, sendo que duas ocorreram via internet e por telefone (Wyssen et al., 2021; Jackson et al., 2018) e as demais foram de autoajuda guiada ou não guiada (em que a participação do psicoterapeuta foi menos ativa ou inexistente) (Cachelin et al., 2019; Carter et al., 2020; Melisse et al., 2023). Para os grupos controle, prevaleceu a lista de espera como intervenção não ativa (Berking et al., 2022; Cachelin et al., 2019; Glisenti et al., 2021; Melisse et al., 2023; Tasca et al., 2019; Wyssen et al., 2021). É provável que o desenvolvimento dos recursos eletrônicos e de telecomunicação na era pós-moderna, somado à preocupação em otimizar custos de pesquisa e tratamento, e principalmente o período pandêmico e pós-pandêmico da Covid-19, favoreçam que, tanto no presente como num futuro próximo, mais intervenções psicológicas sejam feitas de forma remota.

Em relação aos desfechos avaliados nas intervenções, houve unanimidade em considerar como desfecho primário a mensuração da frequência dos ECAs para averiguação da redução e/ou remissão desses episódios ao longo do tempo. Como desfechos secundários, foram avaliados a sintomatologia alimentar e psiquiátrica, qualidade de vida, sofrimento psicológico, autoestima, funcionamento psicossocial, problemas interpessoais e habilidades de regulação emocional. Cabe aqui destacar a questão da obesidade comórbida ao TCA como desfecho a ser avaliado nos estudos. É preconizada a recomendação em não se discutir o manejo do peso em pacientes com transtornos alimentares dentro do espectro da compulsão alimentar, pois uma ênfase na relevância do manejo de peso poderia provocar nos pacientes uma tendência à restrição alimentar rígida, a qual, por sua vez, pode provocar o disparo ou aumento da frequência de novos ECAs. Apesar de ser usual não abordar esse tema diretamente durante o tratamento, é interessante observar que a redução do IMC é frequentemente incluída na mensuração e análise estatística nos estudos. Apenas três estudos não consideraram o IMC como desfecho (Berking et al., 2022; Glisenti et al., 2021; Tasca et al., 2019). Em particular, Jackson et al. (2018), cuja duração do estudo foi a mais longa (sete meses), fizeram uma intervenção direta no manejo do peso numa primeira fase do estudo, em que os participantes ficaram internados durante um mês e receberam tratamento para perda de peso com acompanhamento nutricional, dieta e orientação acompanhada de prática para novos hábitos alimentares e atividade física. Houve simultaneamente acompanhamento psicoterápico.

Os resultados apontaram que todas as intervenções ativas foram eficazes em reduzir e/ou remitir os ECAs e em promover melhora na sintomatologia alimentar e psiquiátrica. De modo geral, também houve bons resultados para os demais desfechos. Nas intervenções testadas e comparadas com lista de espera, a intervenção ativa mostrou-se significantemente mais eficaz (Cachelin et al., 2019; Melisse et al., 2023; Wyssen et al., 2021; Berking et al., 2022; Glisenti et al., 2021), com exceção do estudo de Tasca et al. (2019), que, numa segunda fase, ofereceu terapia interpessoal psicodinâmica comparada com lista de espera. Esses autores ressaltaram que houve significância para os aspectos interpessoais e não para a problemática alimentar, certamente por ser esse o foco central da intervenção interpessoal.

Quando duas intervenções ativas eram comparadas, constatou-se que em dois estudos não houve diferenças estatisticamente significantes entre grupos (Carter et al., 2020; Peterson et al., 2020) e no estudo de Jackson et al. (2018), a terapia breve estratégica foi mais eficaz que a TCC. Quanto às avaliações feitas nos seguimentos após o término do tratamento, não houve diferença significante entre os grupos. Aqui também o estudo de Jackson et al. (2018) apresentou resultados favoráveis à intervenção experimental para a redução de ECAs e ambas promoveram menor sofrimento psicológico. Apesar de o peso ter sido medido em sete estudos, não houve informação final em dois deles (Berking et al., 2022; Peterson et al., 2020) e não houve redução do IMC nem no término do tratamento, nem no seguimento em três (Cachelin et al., 2019; Melisse et al., 2023; Wyssen et al., 2021). Em Carter et al. (2020), não houve redução do IMC no final do tratamento, mas sim no seguimento, porém sem diferença entre os três grupos testados. E, por fim, Jackson et al. (2018) relataram que houve resultados estatisticamente significantes para redução do IMC a favor da intervenção experimental no final do tratamento, e em ambos os grupos no seguimento de 12 meses.

Mais um aspecto a ser considerado é a taxa de abandono do tratamento nesses estudos, que se mostrou bem discrepante, oscilando entre 0% e 35%, com uma mediana de 26%. Segundo Linardon et al. (2018), em uma metanálise que avaliou ECRs testando TCC, a estimativa de abandono foi de 24% incluindo estudos com transtorno alimentar e de 22% apenas para os estudos que avaliaram TCA.

Em síntese, esses ECRs retrataram uma produção científica publicada na língua inglesa, com um perfil de amostra de adultos, predominantemente de mulheres e com IMC dentro da faixa da obesidade. Dos nove ECRs apresentados, seis compararam intervenções ativas com lista de espera. As intervenções buscaram, em sua maioria, embasamento teórico fundamentado mais no aspecto preditivo da desregulação emocional vinculada à presença de pensamentos negativos como gatilhos para os ECAs em pessoas com diagnóstico de TCA, sendo essa uma direção mais atual de estratégias propostas por novas intervenções de terceira onda, dentro das abordagens comportamentais. O desfecho primário dessas intervenções foi a redução e/ou remissão dos ECAs, embora a redução de IMC também tenha sido foco de atenção de alguns pesquisadores. O manejo ficou mais voltado para terapias breves, usando recursos que favoreceram a autoajuda e o uso de recursos tecnológicos mais avançados para atendimentos remotos. Entretanto, os resultados ainda se mostraram imprecisos e não duradouros, talvez em virtude da qualidade metodológica exigida para uma boa evidência científica.

Revisões sistemáticas e metanálises – principais características e resultados nos últimos cinco anos

Uma revisão sistemática caracteriza-se por uma estratégia metodológica bastante criteriosa, que é feita por meio de uma busca de estudos científicos, preferencialmente de alta qualidade metodológica. No caso de estudos de tratamento, busca-se preferencialmente os ensaios clínicos randomizados (ECRs). A sistematização da revisão consiste em fazer uma cuidadosa aplicação de estratégias de busca, de seleção respaldada em critérios de inclusão e exclusão dos estudos científicos e após análise do material selecionado, fazer uma avaliação e síntese crítica na tentativa de minimizar vieses metodológicos (Zoltowski et al., 2014). Algumas revisões sistemáticas vêm acompanhadas de metanálise que é a síntese e análise dos dados encontrados por intermédio de cálculo estatístico.

Baseado no mesmo princípio da busca compreensiva dos ECRs, apenas alterando o termo para revisão sistemática e metanálise, e também estabelecendo como período os últimos cinco anos, encontraram-se apenas seis publicações que atenderam aos pré-requisitos deste item, sendo duas revisões sistemáticas com metanálise (Ghaderi et al., 2018; Moghimi et al., 2021), duas metanálises somente (Hilbert et al. 2019; Hilbert et al., 2020), uma revisão guarda-chuva, que consiste em sintetizar dados de estudos apenas de metanálises (Monteleone et al., 2022) e uma revisão sistemática narrativa (Hilbert, 2023).

Ghaderi et al. (2018) propuseram-se a avaliar a eficácia e evidência de qualidade de ECRs que testaram intervenções psicológicas, farmacológicas ou combinadas para o tratamento do TCA. Apenas os dados referentes às intervenções psicológicas por si só foram apresentados neste capítulo. De um total de 45 artigos, 23 corresponderam a ECRs que compararam intervenções psicológicas com grupo controle inativo (na maioria consistindo em lista de espera) ou grupo controle com outra intervenção psicológica. Os desfechos pesquisados foram remissão de ECAs, IMC, psicopatologia alimentar, sintomas depressivos e qualidade de vida, sem definição se tais desfechos eram primários ou secundários. Apenas ECRs avaliados com baixo ou moderado risco de viés foram incluídos. Em quatro estudos com 272 participantes (um no formato individual e os demais no formato grupal) houve a comparação da TCC com lista de espera com uma amostra formada por adultos, 70% de mulheres, com uma idade média de 43,5 anos e um IMC médio de 36,6 kg/m^2. A duração do tratamento foi de 8 a 20 semanas, sem seguimento após o fim do tratamento. Os resultados obtidos para remissão dos ECAs (4 estudos/n = 272) (DR [diferença no risco] = 0,40, IC95% 0,30 a 0,50, $p < 0,001$), frequência dos ECAs (4 estudos/n = 272) (DMP [diferença na média padronizada] = -0,83, IC95% -1,11 a -0,55, $p < 0,001$), psicopatologia alimentar (4 estudos/n = 269) foi (DM [diferença média] = -0,50, IC95% -0,88 a -0,12, $p = 0,01$) e sintomas depressivos (4 estudos/n = 267) (DMP = -0,42, IC95% -0,67 a -0,18, $p < 0,001$) favoreceram a TCC quando comparada com lista de espera. Já para o IMC, não houve diferença estatisticamente significante (3 estudos/n = 220) (DMP = -0,09, IC95% -0,55 a 0,37, $p = 0,69$). Num segundo grupo com oito estudos com 400 participantes foi feita a comparação entre TCC de autoajuda *versus* lista de espera. Novamente a amostra consistiu em adultos, 87% de mulheres, com três estudos incluindo participantes com sobrepeso ou obesidade. A duração do tratamento variou entre 3 e 24 semanas. O formato na autoajuda aconteceu de várias formas, entre elas: sem suporte, por telefone, por *e-mail* e por encontros quinzenais. Houve seguimento após o final da intervenção em dois estudos consistindo em 2 meses num estudo e em 12 meses no outro, porém sem evidência suficiente para avaliação a longo prazo. Os resultados da metanálise mostraram que em relação à remissão dos ECAs (6 estudos/n = 333) (DR = 0,25, IC95% 0,12 a 0,38, $p < 0,001$), frequência dos ECAs (7 estudos/n = 358) (DMP = -0,51, IC95% -0,84 a -0,17, $p = 0,003$), melhora da psicopatologia alimentar (6 estudos/n = 348) (DMP = -0,58, IC95% -0,98 a -0,17, $p < 0,005$), e dos sintomas depressivos (5 estudos/n = 282) (DMP = -0,35, IC95% -0,63 a -0,07, $p = 0,01$) a TCC de autoajuda foi melhor quando comparada com lista de espera. Em relação ao IMC, não houve diferença estatisticamente significante entre os grupos (7 estudos/n = 384, DMP = -0,52, IC95% -2,44 a 1,40, $p = 0,60$). Na formação do terceiro grupo com dois estudos e 303 participantes, comparou-se a TIP com a TCC com avaliação de seguimento de 12 meses. As características da amostra mostraram-se bastante parecidas aos dois blocos de intervenção reportados acima. Num estudo (TIP *versus* TCC) a duração do tratamento foi de 20 sessões grupais mais três sessões individuais adicionais e no outro (TIP *versus* TCC de autoajuda guiada) foram 19 sessões individuais. As duas abordagens mostraram-se equivalentes para redução ou remissão dos ECAs, assim como para a perda de peso tanto no final do tratamento como no seguimento de 12 meses. A metanálise não apontou diferenças estatisticamente significantes para a remissão dos ECAs (2 estudos/n = 265) (DR = -0,20, IC95% -0,13 a 0,09, p = 0,67); frequência dos ECAs (2 estudos/n = 299) (DMP = 0,08, IC95% -0,15 a 0,31, p = 0,49); e IMC (2 estudos/n = 299) (DM = -0,25, IC95% -1,39 a 0,90, p = 0,67). Não há dados de metanálise para psicopatologia alimentar e sintomas depressivos. Em relação ao seguimento de 12 meses, os dados estatísticos apresentados para a frequência dos ECAs (2 estudos/n = 279) (DMP = -0,04, IC95% -0,27 a 0,20, p = 0,76) e para o IMC (2 estudos/n = 279) (DM = -0,33, IC95% -1,55 a 0,89, p = 0,59) não mostraram diferença estatisticamente significante entre as duas abordagens. E por fim, o quarto grupo com 4 estudos e 375 participantes avaliou a abordagem comportamental para perda de peso *versus* a TCC. O formato em ambas as condições foi grupal durante 16 e 24 semanas. Aqui a metanálise apresentou resultados mistos ao comparar a abordagem comportamental para perda de peso com a TCC. Dados referentes ao término do estudo mostraram diferença estatisticamente significante para a frequência dos ECAS em favor da TCC (4 estudos/n = 375) (DMP = 0,27, IC95% 0,05 a 0,48, p = 0,02). Entretanto para a remissão dos ECAs (4 estudos/n = 375) (DR = -0,06, IC95% -0,22 a 0,11, p = 0,52), para o IMC (4 estudos/n = 376) (DMP = -1,07, IC95% -2,40 a 0,25, p = 0,11) e para os sintomas depressivos (3 estudos/n = 222) (DM = 1,03, IC95% -1,20 a 3,25, p = 0,37) não houve diferença estatisticamente significante. Não há dados apresentados para a psicopatologia alimentar. Para o período de seguimento de 12 meses, a TCC foi superior (3 estudos/n = 300) para a remissão dos ECAs (DR = -0,13, IC95% -0,25 a -0,02, p = 0,02) e para frequência dos ECAs (DMP = 0,24, IC95% 0,01 a 0,46, p = 0,04). Já para o IMC (3 estudos/n = 300) (DMP = -0,23, IC95% -1,46 a 0,99, p = 0,71), assim como para os sintomas depressivos (2 estudos/n = 133) (DM = 0,25, IC95% -2,53 a 3,03, p = 0,86) não foi observada heterogeneidade estatística. Esses autores fizeram uma avaliação do nível de evidência científica das metanálises e constataram que apenas quatro metanálises foram classificadas dentro do nível moderado e nenhuma enquadrou-se dentro do nível alto de evidência. As restantes ficaram num patamar limitado de evidência. Os principais motivos do rebaixamento foram precisão e qualidade do estudo (Ghaderi et al., 2018).

A revisão sistemática de Moghimi et al. (2021) teve como objetivo avaliar a eficácia de tratamento psicológico com o uso de metodologia via internet (*eHealth*) para adultos com diagnóstico completo ou parcial de TCA (dois estudos com todos os participantes com diagnóstico completo e um com amostra composta de diagnóstico completo e parcial). Num total de três ECRs incluídos com 298 participantes, a amostra consistiu em prioritariamente mulheres, com idade média entre 35 e 40 anos, sem dados apresentados sobre valor de IMC inicial. Os desfechos avaliados foram a frequência de ECAs, o IMC e a psicopatologia alimentar (em seu escore global e preocupação com forma e peso corporais). Os tratamentos foram conduzidos via internet, sendo que os estudos usaram a TCC e apenas um utilizou a autoajuda guiada quando comparados com lista de espera. O contato com o terapeuta variou entre semanal e nenhum contato, com uma duração de tratamento entre 15 e 26 semanas. Os estudos incluídos apresentaram um baixo risco de viés. Em relação aos resultados da metanálise, a intervenção experimental (*eHealth*) mostrou-se estatisticamente significante comparada aos grupos controle (lista de espera) para redução da frequência de ECAs (2 estudos/n = 213), (DMP = -0,77, IC95% -1,38 a -0,16, p = 0,01), para redução do escore global de psicopatologia alimentar (3 estudos/n = 298) (DMP = -0,71, IC95% -1,20 a -0,22, p = 0,005), para redução da preocupação excessiva com forma corporal (2 estudos/n = 298) (DMP = -0,61, IC95% -1,01 a -0,22, p = 0,02) e também para preocupação excessiva com peso corporal (2 estudos/n = 224) (DMP = -0,91, IC95% -1,33 a -0,48, p < 0,001). Para os resultados de redução do IMC, não houve mudança significativa na comparação entre os grupos (2 estudos/n = 213) (DMP = -0,01, IC95% -0,40 a 0,39, p = 0,96). A heterogeneidade entre os grupos apresentou uma variação entre 56% e 77% para as variáveis que se mostraram estatisticamente significantes e 50% para o IMC, apontando para um nível substancial a considerável no impacto da combinação heterogênea dos resultados ao se fazer a metanálise. Nenhum dos estudos apresentou dados de seguimento de tratamento após finalização do tratamento ativo.

Hilbert et al. (2019) realizaram uma metanálise sobre a eficácia de tratamentos psicológicos e farmacológicos para indivíduos com TCA. Apenas os resultados referentes aos tratamentos psicológicos foram apresentados aqui. Oitenta e um artigos foram incluídos com a participação de 7.515 indivíduos, em sua grande maioria composta de adultos do sexo feminino, com média de idade acima de 42 anos e média do IMC acima de 36 kg/m^2. Os desfechos primários foram a frequência e a remissão de ECAs e os secundários foram a psicopatologia alimentar (comportamento alimentar e imagem corporal), psicopatologia geral (depressão), IMC e abandono de tratamento. Entre as intervenções experimentais, 43 abordagens foram levantadas, sendo que a TCC foi a mais testada, seguida por TIP e por psicoterapias dinâmicas e humanistas. Em relação à abordagem de autoajuda, a maioria foi embasada na TCC nos formatos guiado e não guiado. E, por fim, abordagens comportamentais para perda de peso combinaram dieta, prática de exercício e estratégias comportamentais. Já nas intervenções-controle, a lista de espera foi usada com maior frequência. Apenas 13% dos estudos mostraram baixo risco de viés, 42% foram classificados com risco de viés incerto e 45% com alto risco. Na comparação da intervenção ativa/psicoterapia *versus* controle inativo, os resultados de metanálise entre pré e pós-tratamento apontaram uma redução estatisticamente significante para a frequência de ECAs com tamanho de efeito grande favorecendo a psicoterapia (12 estudos/n = 672) (DM = 0,83, IC95% 0,45 a 1,20, p < 0,001), assim como para as terapias de autoajuda também comparadas ao controle inativo, porém com tamanho de efeito médio (10 estudos/n = 554) (DM = 0,68, IC95% 0,25 a 1,12, p = 0,002). Resultados semelhantes foram encontrados para a remissão de ECAs com tamanho de efeito grande para as psicoterapias (12 estudos/n = 721) (DM = 9,9, IC95% 5,40 a 18,30, p < 0,001) e para os tratamentos de autoajuda (7 estudos/n = 502) (DM = 8,5, IC95% 3,1 a 23,1, p < 0,001). E na comparação entre abordagens comportamentais e controle inativo não houve significância estatística. Em relação aos desfechos secundários, houve redução na psicopatologia alimentar com tamanho de efeito grande a favor das psicoterapias (11 estudos/n = 719) (DM = 0,54, IC95% 0,26 a 0,82, p < 0,001) e das abordagens de autoajuda (6 estudos/n = 353) (DM = 0,57, IC95% 0,15 a 0,99, p = 0,008) quando comparadas com o tratamento controle inativo (p. ex., lista de espera), e a gravidade dos sintomas depressivos também foi reduzida, porém com tamanho de efeito pequeno apenas para as psicoterapias (11 estudos/n = 719) (DM = 0,44, IC95% (0,29 a 0,59, $p < 0{,}001$). Para a redução de IMC não houve resultados estatisticamente significantes. A proporção de abandono do tratamento foi de 19% a 29% nos grupos ativos que receberam psicoterapia, de 24% na intervenção com autoajuda e de 22% nas abordagens comportamentais para perda de peso. Os demais resultados sobre a eficácia das abordagens comportamentais para perda de peso não foram apresentados por estarem sempre associados ao tratamento farmacológico. Em relação aos resultados de metanálise para o seguimento pós-tratamento, os dados foram apresentados a partir da comparação entre os tipos de intervenção ativa, considerando-se os períodos de pré-tratamento e os seguimentos de 3-6 meses e 6-12 meses. A psicoterapia apresentou melhores resultados para a remissão de ECAs no seguimento de 3-6 meses comparada às abordagens de autoajuda com base na TCC (4 estudos/n = 308) (DM = 1,9, IC95% 1,1 a 3,5, $p = 0{,}026$), sem nenhuma outra diferença significante para os demais desfechos em ambos os períodos de seguimento. Na comparação da psicoterapia com as abordagens comportamentais para a perda de peso, a primeira foi superior em relação à remissão dos ECAs no seguimento de 6-12 meses (3 estudos/n = 225) (DM = 1,9, IC95% 1,0 a 3,4, $p = 0{,}040$). Análises comparativas relacionadas ao seguimento pós-tratamento entre a TCC e as demais psicoterapias (TIP e as abordagens psicodinâmica e humanista) não mostraram diferença significante em nenhum dos desfechos avaliados.

O mesmo time de pesquisadores da metanálise apresentada realizou um segundo estudo com os moldes bastante parecidos ao anterior, com o propósito de fazer uma metanálise considerando a relação pré-tratamento e seguimento após final da intervenção. Hilbert et al. (2020) salientaram a escassez de dados que atestam a eficácia dos tratamentos para TCA a longo prazo. Por esse motivo, esses autores ampliaram a busca e, além dos ECRs, também foram incluídos ensaios clínicos não randomizados, em que não há alocação randomizada para o grupo experimental e para o grupo controle, e estudos não controlados, ou seja, sem a condição do grupo controle. Na tentativa de evitar a repetição de informações, as características amostrais foram bastante similares e os desfechos e as intervenções ativas foram os mesmos do estudo anterior. O que cabe acrescentar é que foram incluídos nessa metanálise um total de 114 estudos, e o tempo de seguimento após o término da intervenção foi avaliado em três momentos, sendo 3-6 meses, 6-12 meses para avaliar a eficácia a médio prazo e acima de 12 meses, avaliando o longo prazo. Essa metanálise também incluiu estudos farmacológicos e combinados. Para a manutenção da coerência deste texto, apenas foram apresentados os resultados das intervenções psicológicas, de autoajuda e de abordagem comportamental para perda de peso. Segundo os resultados, participantes que foram submetidos à psicoterapia mantiveram significantemente a redução da frequência dos ECAs (7 estudos/n = 209) (DM = 1,13, IC95% 0,71 a 1,55, $p < 0{,}001$), e a melhora do quadro depressivo (10 estudos/n = 371) (DM = 0,69, IC95% 0,57 a 0,81, $p < 0{,}001$) até o seguimento de 12 meses e a melhora da psicopatologia alimentar (2 estudos/n = 86) (DM = 0,89, IC95% 0,51 a 1,26, $p < 0{,}001$) e redução do IMC, com variação de 1,9 a 6,1 kg (4 estudos/n = 229) (DM = 0,48, IC95% 0,10 a 0,86, $p = 0{,}014$) no seguimento acima de 12 meses, apesar de não ter havido nenhum efeito na perda de peso na fase 3-6 meses. Já nos tratamentos de autoajuda, houve melhora para a redução dos

ECAs (4 estudos/n = 104) (DM = 0,65, IC95% 0,44 a 0,86, $p < 0,001$), da psicopatologia alimentar (5 estudos/n = 161) (DM = 0,70, IC95% 0,44 a 0,97, $p < 0,001$) e quadro depressivo (4 estudos, n = 104) (DM = 0,31, IC95% 0,12 a 0,51, $p = 0,001$), porém sem mudança no peso corporal no seguimento até 12 meses. Houve significância estatística para o seguimento de 6-12 meses, nas abordagens comportamentais para perda de peso em relação à redução dos ECAs (2 estudos/n = 81) (DM = 1,24, IC95% 0,95 a 1,53, $p < 0,001$), na psicopatologia alimentar (3 estudos/n = 102) (DM = 0,77, IC95% 0,48 a 1,07, $p < 0,001$) e no quadro depressivo (2 estudos/n = 52) (DM = 0,94, IC95% 0,45 a 1,43, $p < 0,001$). Houve perda de peso com uma variação entre 3,2 a 7,2 kg e redução do IMC (2 estudos/n = 76) (DM = 0,34, IC95% 0,01 a 0,67, $p = 0,46$) também no seguimento acima de 12 meses. Uma análise de sensibilidade mostrou que a TCC e o tratamento de autoajuda com base na TCC sustentaram um quadro de melhora nos desfechos no seguimento acima de 12 meses para os achados mencionados, com exceção da redução do IMC, porém a qualidade metodológica mostrou-se heterogênea com apenas quatro estudos dos 114 apresentando baixo risco de viés.

Hilbert (2023) publicou muito recentemente uma revisão narrativa, mantendo os mesmos requisitos de busca exigidos para sua revisão sistemática apresentada no parágrafo anterior (Hilbert et al., 2020), porém atualizando sua busca de janeiro/2018 a novembro/2022. A título de atualização das informações, pareceu interessante apresentar os resultados, mesmo sendo uma revisão narrativa. Seu foco de análise foi sobre a eficácia de desfechos no fim do tratamento e no seguimento após término da intervenção ativa. Resumidamente, nos ECRs que avaliaram somente intervenções psicológicas e não farmacológicas, prevaleceu a tendência de intervenções baseadas na regulação da emoção dando sustentação para o movimento de terceira onda da TCC. De modo geral, as intervenções ativas favoreceram melhores desfechos tanto da sintomatologia alimentar como comórbida quando comparadas à lista de espera, assim como as intervenções que usaram a estratégia da autoajuda guiada, indo na mesma tendência das duas outras revisões sistemáticas dessa mesma autora. Por ser uma revisão narrativa, não há dados estatísticos a serem apresentados. Hilbert (2023) atestou que, num primeiro estágio de tratamento, as intervenções baseadas em autoajuda podem favorecer grupos minoritários e sem atendimento especializado acessível. Houve também um maior interesse em pesquisar as abordagens comportamentais para a perda de peso, pois ainda não se obtiveram resultados favoráveis para a manutenção a longo prazo de uma redução de peso nas intervenções que avaliaram a obesidade comórbida ao TCA.

Já a revisão guarda-chuva (Monteleone et al., 2022) avaliou a eficácia e a aceitação das intervenções para os transtornos alimentares em qualquer faixa etária. Apesar de já comentado que estudos que envolveram amostras mistas de AN, BN e TCA foram excluídos pela dificuldade de generalização de resultados exclusivamente para TCA, esse estudo fez análises separadas para as amostras que envolveram unicamente participantes com TCA e, por essa razão, foi incluído neste capítulo. Considerando apenas as metanálises que avaliaram intervenções psicológicas sem o uso de farmacoterapia associada, nove estudos foram anexados. Sem informações quantitativas disponíveis, pode-se relatar que a maioria dos estudos foi em amostra de adultos. Houve preponderância da TCC, como intervenção experimental, que foi aplicada de forma grupal, individual ou de autoajuda. Já para o grupo controle prevaleceu a lista de espera. Os principais desfechos avaliados foram a psicopatologia alimentar, comorbidade psiquiátrica e IMC. Houve apenas significância estatística para a TCC no formato individual ao ser comparada com lista de espera para a remissão/redução dos ECAs (3 estudos/n =208) (MD = 2,32, IC95% 0,09 a 4,56 – sem *p* valor mencionado). Os valores atribuídos a esses estudos segundo o *AMSTAR score* variou entre 5 e 10 pontos, com média de 7,9 indicando uma alta qualidade metodológica das metanálises incluídas. De modo geral, os resultados apontaram que a psicoterapia favorece a melhora da sintomatologia alimentar no final do tratamento e no seguimento, apesar de não promover a redução do peso corporal.

Em suma, observa-se uma tendência semelhante à já apresentada no item que descreve os ECRs, o que já era de se esperar, dado que tanto as revisões sistemáticas como as metanálises são formadas predominantemente por ECRs, reforçando, portanto, achados de estudos isolados. A semelhança refere-se às amostras, aos desfechos analisados, à preponderância da TCC como intervenção de escolha mais testada e produzindo melhores evidências e à intervenção controle ter predominantemente um caráter inativo (p. ex., lista de espera). Hilbert et al. (2019) colocaram que ainda há pouca evidência para atestar a superioridade de uma categoria de tratamento. Outro ponto importante a se destacar é a qualidade metodológica desses estudos que se apresentaram num padrão de baixo a moderado em relação à possibilidade de vieses metodológicos.

CONSIDERAÇÕES FINAIS

Apesar de o TCA ter sido reconhecido e incluído oficialmente nos sistemas classificatórios de doenças mentais há menos de uma década, muito já se falou e se estudou sobre ele desde a segunda metade da década de 1950. No entanto, muito ainda precisa ser feito para entender um transtorno tão complexo, comumente associado a outras comorbidades psiquiátricas e clínicas importantes. Neste capítulo pode-se observar que novas propostas de estudos baseadas em evidência científica vão se desenhando para atender à complexidade sintomatológica do TCA. Entretanto, por ora, essa complexidade do TCA só tem sido mais bem explorada em mulheres adultas, de centros urbanos principalmente nos EUA e Europa, e esse conhecimento é sobretudo difundido em inglês.

Um importante e qualificado trabalho científico tem sido feito na tentativa de compreender melhor o TCA, porém os dados aqui obtidos apontaram para uma discrepância ainda bem presente entre a teoria/pesquisa e a prática clínica. Pode-se notar que a teoria/pesquisa está ganhando mais notoriedade nos países desenvolvidos em que há melhores recursos financeiros e acadêmicos. Já a prática clínica ocorre em torno de todo o globo terrestre independentemente de cor, sexo, raça ou religião e algumas informações apresentadas apontaram para um transtorno que, embora tenha a maior prevalência dentro dos transtornos alimentares, ainda pouco se sabe sobre sua incidência, sobre sua manifestação em crianças, adolescentes, homens e pessoas idosas. Talvez o rigor científico tenha a tendência de exigir que somente estudos clínicos de alta *performance*, como são os ECRs, sejam considerados e possíveis de serem publicados e divulgados. No entanto, a não inclusão e/ou valorização de outros desenhos de estudo com menor rigor científico possa estar comprometendo tomadas de decisão clínica baseadas em evidências eficientes dentro de um contexto mais real.

Por um prisma mais positivo, em sua grande maioria, as abordagens oferecidas para tratamento de TCA mostraram-se eficazes em relação aos principais sintomas que norteiam esse transtorno, quais sejam, redução ou remissão dos ECAs, sintomatologia alimentar e psiquiátrica, qualidade de vida, entre outras. Notou-se que participantes com TCA costumam responder favoravelmente a qualquer tipo de intervenção ativa com melhora desses desfechos primários e secundários principalmente no final do tratamento e menos no seguimento, implicando aqui na necessidade de se pesquisar melhor tratamentos mais longos e/ou tratamentos mais curtos, mas com seguimentos mais longos, ou seja, clinicamente falando, deve-se pensar em oferecer tratamento para pacientes com TCA, mesmo que não possam ser atendidas todas as condições adequadas propostas pelas diretrizes.

Foi de relevância observar a forte tendência em se buscar melhores estratégias de tratamento quando da associação do TCA com a obesidade. Entretanto, o impasse em relação à diminuição do peso corporal também se mostrou bem evidente nos casos em que as psicoterapias ainda não conseguiram resultados promissores para uma questão tão complexa, que é a da obesidade como comorbidade clínica dos quadros de TCA. A tentativa e um maior interesse em pesquisar as abordagens comportamentais para a perda de peso e aglutiná-las às abordagens psicológicas já existentes, mas que ainda não consideram incluir a discussão do manejo do peso durante as sessões, é bastante válida, pois ainda não se obtiveram resultados favoráveis para a manutenção a longo prazo de uma redução de peso nas intervenções que avaliaram a obesidade comórbida ao TCA.

Num contexto clínico, sabe-se que a busca para tratamento ainda não ocorre de maneira fácil e eficiente, pois os pacientes recorrem a especialidades médicas que não conseguem atender à demanda de um transtorno psiquiátrico complexo, e muitos profissionais não têm informações claras e suficientes para realizar um diagnóstico preciso e eficaz e consequentemente prescrever orientações terapêuticas mais adequadas. Outro ponto que também chamou a atenção é o alto custo que o tratamento requer, com dados obtidos de dois estudos realizados nos EUA e na Inglaterra, países que têm uma estrutura social e financeira mais definida e estável. Fica a questão da implicação desse aspecto em países com baixa distribuição de renda.

O TCA é um transtorno que engloba sofrimento físico, representado aqui pelo desconforto de um excesso alimentar, pelo empanturramento, assim como pela associação com a obesidade com toda sua correlação com sintomas gástricos, cardíacos, musculares etc., mas que também engloba sofrimento psicológico causado por angústia, alterações de humor, tudo isso levando a um importante prejuízo na qualidade de vida tanto física como mental. É por essa razão que o tratamento multiprofissional se faz necessário, buscando oferecer melhores estratégias de orientação e aconselhamento nutricional, clínico e psiquiátrico, prática de atividade física e mudança de estilo de vida. Assim, a pesquisa baseada em evidência clínica precisa cada vez mais remodelar as intervenções que já existem e/ou desenvolver novas propostas que possam promover de forma mais fácil e eficaz a melhora do TCA tanto a curto como a longo prazo. É também importante agilizar a discussão de como fazer isso da melhor forma possível para poder atender a uma gama cada vez maior de pessoas que sofrem com o TCA tanto no setor privado como no público. Maior divulgação de estudos, técnicas, diretrizes e orientações gerais acerca do TCA precisa ser disponibilizada tanto para a pessoa que sofre com o transtorno, como para os familiares, os profissionais da área da saúde e da educação e a própria comunidade, garantindo acesso fácil e rápido à informação.

Implicações para a prática clínica

Os achados apresentados neste capítulo mostraram a relevância da abordagem psicológica, que foi apontada pelas diretrizes internacionais como o tratamento de primeira linha para o atendimento de pessoas que sofrem com o TCA. A multiplicidade de opções, como o atendimento individual ou grupal sob acompanhamento de um especialista, de autoajuda guiada ou não guiada, em várias modalidades de intervenção (TCC, terapia interpessoal, terapia comportamental dialética etc.) permite que os principais sintomas, principalmente a remissão/redução dos ECAs, sejam sanados. A partir das evidências apresentadas, os profissionais interessados em trabalhar com TCA podem buscar uma melhor especialização baseada na melhor conduta terapêutica a se adotar, favorecendo um atendimento de qualidade e integrado não só em relação ao seu trabalho com o paciente, como também sua inserção dentro da equipe multiprofissional e dentro do contexto social e econômico no qual o paciente está inserido.

Implicações para a pesquisa

O investimento de instituições acadêmicas em conjunto com grupos de pesquisadores interessados e preocupados em desenvolver diretrizes que forneçam informação de qualidade referente à evidência da eficácia dos tratamentos para pessoas com TCA é de extrema valia. Este capítulo mostra não haver dúvida de que avanços importantes já foram feitos em relação à importância do tratamento psicológico e também aponta que esse processo ainda está longe de acabar, priorizando daqui para a frente e cada vez mais a inclusão de pessoas de todas as faixas etárias, sexo, etnia, poder socioeconômico etc. ao redor do mundo.

REFERÊNCIAS

Capítulo **21**

Evidências de eficácia das abordagens psicossociais no tratamento da bulimia nervosa

Antônio Bonfada Collares Machado, Ana Clara de Paula Nazareth,
Daniel Fulginiti, Lisiane Bizarro

INTRODUÇÃO

A bulimia nervosa (BN) pode ser definida por episódios de compulsão alimentar e comportamentos compensatórios que ocorrem, pelo menos, uma vez por semana em um período de três meses. Esses episódios são caracterizados pela experiência de uma perda de controle sobre o ato de se alimentar, manifestando-se por meio do consumo de quantidades de comida significativamente superiores ao habitual. Além disso, os comportamentos compensatórios inapropriados têm a finalidade de impedir um possível ganho de peso. Entre os comportamentos compensatórios mais comuns estão o vômito autoinduzido, o jejum, o exercício excessivo e o uso de substâncias como laxantes, diuréticos e medicações. Por fim, um critério central na BN é a autoavaliação baseada principalmente na forma do corpo e no peso (American Psychiatric Association [APA], 2022).

Ademais, a bulimia nervosa pode estar associada a uma série de alterações, entre elas, déficits em funções executivas e tomada de decisão (Guillaume et al., 2015; Hirst et al., 2017), problemas de regulação emocional (Meule et al., 2019), problemas interpessoais em função da evitação de interações sociais (Rotenberg et al., 2013) e uma maior taxa de comportamentos autolesivos, ideação suicida e tentativa de suicídio (Amiri & Khan, 2023). Além disso, essa patologia está associada também a um maior risco de doenças cardiovasculares e morte (Tith et al., 2020). Apesar das diversas complicações físicas e psicológicas em indivíduos com transtornos alimentares, como a BN, a procura por tratamento é baixa nessa população e alguns estudos apontam diferentes barreiras percebidas para acessar serviços de saúde (Striegel-Weissman & Rosselli, 2017), entre elas a percepção de incapacidade dos outros de ajudar com a patologia e a negação da doença (Radunz & Wade, 2023). Na maior parte dos casos, a procura por tratamento acontece em decorrência das complicações físicas do transtorno, uma vez que há um maior estigma internalizado em relação à doença mental (Striegel-Weissman & Rosselli, 2017).

Em estudos epidemiológicos mais recentes, observa-se que há um decaimento na incidência de BN. As taxas de prevalência desse transtorno ao longo da vida são de 3% para mulheres e mais de 1% para os homens. No último estudo epidemiológico realizado, demonstrou-se que para anorexia nervosa a incidência da patologia para jovens com menos de 15 anos aumentou nos últimos anos, sendo essa taxa de 4% para mulheres e de 0,3% para homens (van Eeden et al., 2021).

Atualmente, o uso da abordagem psicossocial no tratamento dos transtornos alimentares tem apresentado evidências empíricas fortes, embasadas em teorias robustas da psicologia da saúde, psicologia social, psicologia cognitiva, neurobiologia e psicologia do comportamento alimentar. O aumento de casos de bulimia no final da década de 1970 e a subsequente demonstração da efetividade do tratamento combinado da terapia cognitivo-comportamental (CBT) associada a antidepressivos abriram caminho para ensaios clínicos randomizados. De maneira geral, intervenções farmacológicas passaram a ser coadjuvantes dos tratamentos psicossociais, que apresentam evidências mais robustas no tratamento dos transtornos alimentares (O'Connor et al., 2018; Lutter, 2017).

A CBT é caracterizada pelo aspecto multimodal, trabalhando crenças individuais, mas também aspectos da família e do contexto, possibilitando maiores resultados na remissão de sintomas característicos dessa categoria de transtornos, inclusive da BN (Costa & Melnik, 2016). A terapia comportamental dialética (DBT) busca estimular estratégias de identificação e regulação emocional e também tem apresentado evidências significativas. Por meio do desenvolvimento de habilidades para tolerar o mal-estar, a DBT contribui para o manejo de comportamentos compensatórios inapropriados relacionados aos transtornos alimentares (Peterson et al., 2019).

Estudos recentes têm sido realizados com a terapia de aceitação e compromisso (ACT), e sugerem que estratégias de *mindfulness* e aceitação são relevantes para a melhora de pacientes com BN, e que esses efeitos são comparáveis aos da CBT (Juarascio et al., 2021; Onnink et al., 2022). Por fim, o tratamento baseado na família (FBT) também apresenta evidências consistentes nas intervenções junto aos transtornos alimentares. A abordagem visa colocar a família como elemento central no tratamento. Por meio dessa estratégia, nessa abordagem, os familiares buscam tornar o contexto mais validante, de modo que a autonomia do indivíduo seja gradualmente estimulada (Datta et al., 2022).

Apesar dessa diversidade de abordagens psicossociais, o acesso ainda é escasso e custoso (Streatfeild et al., 2021; Van Hoeken & Hoek, 2020). Esse acesso tornou-se um desafio ainda maior desde a pandemia de Covid-19. Por isso, a otimização do cuidado e dos recursos humanos e financeiros é necessária e passa pelas evidências sobre o processo e os componentes do tratamento (p. ex., terapia de sessão única, baixa intensidade) (Davey et al., 2023; Schleider et al., 2023) em diferentes tipos de pacientes (p. ex., crianças, mulheres) e formas de acesso (p. ex., pela internet, autoajuda com apoio profissional) (O'Connor et al., 2018; Davey et al., 2023; Ter Huurne et al., 2015), que são discutidas à luz das teorias subjacentes a essas abordagens (Linardon, 2018).

ENSAIOS CLÍNICOS RANDOMIZADOS

Os ensaios clínicos randomizados (ECRs) são importantes ferramentas para avaliar a eficácia de intervenções psicológicas em diferentes populações e condições clínicas. Eles são projetados para minimizar o viés e fornecer evidências sólidas sobre a eficácia e segurança de um tratamento específico em um grupo de pacientes selecionados aleatoriamente. Por essa razão, os ECRs podem fornecer informações mais precisas para o tratamento de transtornos alimentares.

Nesse sentido, Gorrel et al. (2019) realizaram um estudo para avaliar a eficácia da FBT e da CBT-A, protocolo da terapia cognitivo-comportamental adaptado para adolescentes, em participantes diagnosticados com BN e com transtornos alimentares. Também foram examinados fatores relativos à motivação para mudanças de comportamentos obsessivos e compulsivos relacionados aos transtornos alimentares de forma geral. O estudo teve a amostra de 110 adolescentes de 13-18 anos, diagnosticados com BN ou transtornos alimentares, aleatoriamente divididos em dois grupos: FBT e CBT-A. Os participantes preencheram questionários sobre o transtorno alimentar e sobre motivação para mudança de comportamentos obsessivos-compulsivos. Os questionários utilizados foram *Eating Disorder Examination* (EDE) (Cooper & Fairburn, 1987) e o *Yale-Brown-Cornell Eating Disorder Scale* (YBC-EDS) (Mazune et al., 1994). Os resultados indicaram que tanto a FBT como a CBT-A apresentaram melhorias na cognição dos participantes. A motivação para mudança não teve efeito direto nos comportamentos da BN. Todavia, a melhoria dos comportamentos associados aos transtornos alimentares não foi observada no fim do tratamento (Gorrel et al., 2019).

Além disso, Matherne et al. (2022) conduziram uma investigação com dois grupos a fim de explorar quais eram os fatores que interferiam nos resultados da terapia cognitivo-comportamental (CBT) em sintomas de BN. O estudo consistiu em comparar os dados de dois grupos, um deles submetido a um protocolo virtual da CBT (CBT4BN) e outro ao protocolo presencial (CBTF2F) da mesma abordagem. Foram considerados aspectos gerais do tratamento, assim como fatores relativos a abstinência de comida, frequência da compulsão alimentar e frequência de purgação. Os resultados apontaram para melhora na qualidade de vida relacionada ao transtorno alimentar (MQVRTA) durante a intervenção, resultando na abstinência ao final do tratamento. A diminuição de fatores como cognições alimentares distorcidas e sintomas de ansiedade foram preditores de compulsão alimentar e purgação menos frequentes, contribuindo para MQVRTA. Além disso, maior autotranscendência e automonitoramento foram preditores de compulsão alimentar menos frequente. Entretanto, o desemprego foi preditor de compulsão alimentar e purgação mais frequentes em ambas as avaliações. Compulsão alimentar e purgação mais intensas no início e no final do tratamento foram preditoras de compulsão alimentar e purgação mais frequentes nas avaliações depois de um ano. Por fim, a MQVRTA foi fortemente associada aos resultados positivos do protocolo virtual (CBT4BN), assim como a diminuição de sintomas de depressão e o aumento da qualidade de vida foram preditores de resultados positivos da CBT4BN, diferentemente da CBTF2F (Matherne et al., 2022).

A eficácia da CBT fornecida de forma virtual em pacientes com transtornos alimentares também foi avaliada por Ter Huurne et al. (2021). A amostra foi composta de um total de 212 participantes, divididos em três subgrupos diagnósticos: bulimia nervosa (BN; n = 44), transtorno por compulsão alimentar periódica (BED; n = 83) e transtornos alimentares sem outra especificação (EDNOS; n = 85). Os resultados apresentaram melhora para todos os três subgrupos, exceto para melhorias a longo prazo na autoestima e na qualidade de vida entre participantes com BN e EDNOS. Além disso, encontrou-se alta eficácia na redução de disfunção erétil e da insatisfação corporal. Em contrapartida, foi observada a eficácia entre baixa e moderada para saúde física e mental, autoestima, funcionamento social e qualidade de vida (Ter Huurne et al., 2021).

Em outra pesquisa, Juarascio et al. (2023) avaliaram a efetividade de intervenções adaptativas *just-in-time* (Jitai) juntamente com a CBT na aquisição na aplicação de habilidades socioemocionais em pacientes com diagnóstico de BN. As Jitais são intervenções que visam fornecer um suporte mais objetivo e específico para uma demanda, considerando as mudanças internas e contextuais do paciente. O estudo teve 56 participantes com transtornos alimentares do espectro da BN, que completaram o automonitoramento eletrônico em CBT e receberam alguma Jitai ou nenhuma Jitai ao longo das 16 sessões do tratamento. Durante o estudo, foram avaliadas a viabilidade, a aceitabilidade, o engajamento e os resultados obtidos. Os resultados indicaram que as Jitais apresentaram viabilidade e aceitabilidade entre os participantes, entretanto, não houve diferença nos resultados e no engajamento entre o grupo que recebeu Jitais e o que não recebeu. Os autores argumentam que a ausência de diferenças se deve ao fato de os participantes já terem adquirido e utilizado as habilidades desenvolvidas, bem como o baixo poder estatístico (Juarascio et al., 2023).

Em um estudo longitudinal, Hay et al. (2022) exploraram a eficácia da integração da abordagem da terapia cognitivo-comportamental aprimorada (CBT-E) com a *healthy approach to weight management and food in eating disorders* (Hapifed) em episódios recorrentes de compulsão alimentar, avaliando os seus resultados na qualidade de vida. A amostra envolveu 19 adultos diagnosticados com BN e transtorno do comer compulsivo (BED), que foram submetidos, aleatoriamente, às abordagens Hapifed e CBT-E. Os resultados indicaram que os efeitos, tanto da Hapifed como da CBT-E, mostraram-se estatisticamente significativos ao longo do tempo. Para os autores, as intervenções contribuíram para a redução do stress ($p < 0.001$), aumento da qualidade de vida em saúde mental ($p = 0.032$), redução do grau do comer compulsivo ($p < 0.001$) e dos sintomas gerais dos transtornos alimentares ($p < 0.001$). Além disso, os participantes apresentaram mudanças significativas ao término do tratamento, que foram mantidas no período de 12 meses. Entretanto, não houve diferenças estatisticamente significativas entre as duas intervenções. Ademais, apesar do alto índice de IMC, a maioria dos participantes – cerca de 75% – apresentou níveis de glicose, insulina, triglicerídeos e colesterol normais. Por fim, 52% dos participantes estavam na faixa normal dos componentes físicos desde o início da intervenção, sem que houvesse mudança ao fim do estudo (Hay et al. 2022).

Em contrapartida, Juarascio et al. (2021) compararam os resultados de tratamentos baseados em *mindfulness* e aceitação (MABTs) com desfechos do protocolo padronizado da CBT para transtornos alimentares. Os participantes adultos, que buscavam tratamento com diagnósticos de transtornos alimentares, em especial bulimia, foram selecionados e randomizados para receber 20 sessões de tratamento ambulatorial, CBT individual ou MABT. Sintomas como compulsão alimentar, comportamento compensatório, disfunção erétil, sintomas depressivos, qualidade de vida, consciência/clareza emocional, tolerância ao mal-estar, tomada de decisão baseada em valores e modulação emocional foram avaliados no pré e no pós-tratamento, bem como após seis meses de intervenção. Os resultados indicaram que houve semelhanças nas taxas de retenção, quando comparadas CBT e MABT (intervalo $p = 0,51\text{-}0,73$), enquanto as diferenças entre os grupos foram muito pequenas. Por essa razão, ambas as abordagens apresentaram mudanças significativas nos sintomas, sendo também observadas no pós-tratamento (Juarascio et al., 2021).

Considerando as alterações cognitivas relacionadas à BN, Chami et al. (2022) conduziram uma intervenção cujo objetivo era verificar a aceitabilidade, a fidedignidade do treinamento do controle inibitório (ICT) juntamente com estratégias de *If-Then* no tratamento de transtornos alimentares durante quatro semanas. O ECR recrutou 78 participantes com diagnóstico de BN e BED, divididos em dois grupos. No primeiro grupo, eram apresentadas fotos de comidas específicas, cuja tarefa orientada era assinalar rapidamente entre avançar e não avançar na medida em que imagens de alimentos saudáveis e não saudáveis apareciam. Em contrapartida, no segundo grupo, a tarefa foi parecida, com exceção das imagens apresentadas. Para esse grupo (controle), os estímulos consistiam em imagens de ferramentas e artigos de papelaria. Os resultados apontaram para uma redução da compulsão alimentar e para a diminuição de sintomas do transtorno alimentar nos dois grupos, no pós-intervenção e durante a intervenção. No que se refere ao tamanho de efeito, observou-se a tendência para redução da compulsão alimentar e de sintomas relativos ao transtorno, nos participantes do primeiro grupo (Chami et al., 2022).

Sobre a prevenção de transtornos alimentares, Wolter et al. (2021) conduziram um ECR, com linha de base, pós-tratamento e acompanhamento de 12 meses com 1.654 adolescentes (M = 13.35, SD = 0.76). O objetivo da intervenção consistiu em verificar a eficácia e avaliar o custo-benefício do programa universal de prevenção de transtornos alimentares *Mainz School Training of Eating Disorder Prevention* ("MaiStep"), considerando os critérios diagnósticos do DSM-5. O procedimento de coleta de dados compreendeu três momentos, sendo o primeiro (IG-1) a implementação do MaiStep por psicólogos, e o segundo (IG-2), o treinamento de professores para a condução de intervenções em grupos. Já no terceiro momento (ACG), foi aplicado o programa universal de prevenção ao estresse *Prävention im Team* (PIT) por professores. Para análise de dados, agruparam-se os resultados do IG-1 e do IG-2, formando o IG-T. Os resultados indicaram diferenças significativas no diagnóstico de transtornos alimentares entre o IG-T e o ACG no pós-tratamento X^2 (1 = 7.352, p = .007), no risco relativo (RR) = 0,53 e acompanhamento de 12 meses (X^2 (1 = 5,203, p = 0,023), RR = 0,61). No que diz respeito ao custo-efetivo, o MaiStep custo-efetivo (tcbr = 6,75) poupou cerca de 560.000 euros (padronizado por 1.000 alunos = 601.388,19 euros) (Wolter et al., 2021).

No que tange às evidências de validade da DBT no tratamento de TAs, em especial, a BN, Hill et al. (2011) avaliaram o protocolo da DBT com foco no apetite (DBT-AF). O estudo experimental foi conduzido com 32 mulheres aleatoriamente submetidas a dois protocolos de DBT-AF. O primeiro teve duração de 6 semanas, e o segundo, de 12 semanas. O protocolo de DBT-AF argumenta que a dificuldade na regulação emocional está associada com a manutenção dos sintomas da BN. Por essa razão, é objetivo da intervenção aumentar os níveis de consciência emocional, bem como substituir os comportamentos de compulsão alimentar e purgação, por estratégias mais adaptativas. Além disso, também é objetivo da abordagem fortalecer os sinais internos acerca da saciedade a fim de orientar suas emoções. No experimento, foram avaliados psicopatologia geral (SCID-1), diagnóstico de transtornos alimentares (EDE-Q), regulação emocional (EES), aceitabilidade do tratamento, automonitoramento e aderência ao tratamento. Os resultados apontaram para uma alta aceitabilidade da abordagem, para a redução de sintomas relacionados à BN, como abstinência da compulsão alimentar. Além disso, também foram observados níveis altos de consciência sobre a própria alimentação, a despeito da baixa consciência emocional e menor restrição alimentar. Por fim, no pós-tratamento, os participantes apresentaram melhora significativa na consciência das emoções, autoeficácia para regular emoções e afeto negativo (Hill et al., 2011). Apesar disso, estudos relacionados à efetividade da DBT ainda são escassos e pouco generalizáveis por conta da sua amostra pequena.

REVISÕES SISTEMÁTICAS

As revisões sistemáticas (RSs) da literatura foram propostas por Archie Cochrane na década de 1970 para desenvolver um método transparente, estruturado e que permita a replicação de resultados (Lasserson et al., 2023). As RSs foram desenvolvidas para fornecer dados empíricos confiáveis sobre estudos clínicos randomizados e como esses estudos podem contribuir para a eficácia de tratamentos de saúde (O'Hagan et al., 2018). Utilizando métodos de busca e análise explícitos, as RSs visam diminuir os possíveis vieses nas escolhas de métodos e tratamentos, já que envolve a escolha prévia de: tipos de estudos que serão analisados, critérios de enfrentamento de vieses dos estudos analisados e, finalmente, a análise objetiva dos estudos incluídos na revisão (Lasserson et al., 2023).

Na biblioteca Cochrane há sete registros de RS para a seguinte busca: "bulimia" OR "*binge eating disorder*" OR "*eating disorders*" *AND* "*cognitive behavioral therapy*", e foram publicados entre 2001 e 2023. A revisão de Hay et al. (2001) utilizou ECR para comparar o uso de antidepressivos e tratamento psicológico para bulimia do tipo purgativo, considerando os critérios diagnósticos do DSM-3, DSM-3-R, DSM-3 e CID-10. Outro objetivo foi avaliar se a combinação do tratamento medicamentoso e psicológico pode ser mais efetivo. No geral, os resultados apontaram maior aceitação da CBT em relação aos antidepressivos, além de uma taxa menor de abandono do tratamento em relação aos medicamentos.

A revisão com metanálise de Bacaltchuk e Hay (2003) investigou se o uso de antidepressivos era clinicamente significativo para o tratamento da bulimia (considerando os critérios diagnósticos do DSM-3, DSM-3-R, DSM-4 e CID-10. De acordo com os autores, apenas o uso de antidepressivos não apresentou resultados eficazes para o tratamento da bulimia. Contudo, foram identificadas inconsistências metodológicas e possíveis vieses de publicação dos estudos incluídos, o que pode complexificar a análise dos resultados.

Já a revisão de Perkins et al. (2006) buscou avaliar as evidências de ECRs e ensaios clínicos controlados (ECC) acerca da eficácia de autoajuda pura (AAP) e autoajuda guiada (AAG) para o tratamento de transtornos alimentares. Essa RSL também buscou avaliar AAP e AAG em relação a grupos controle e placebo em tratamentos psicológicos ou farmacológicos para TAs. Os resultados indicaram que a AAP e AAG podem auxiliar no tratamento de TAs, como uma alternativa à terapia convencional. Em relação aos grupos de placebo e de espera, AAP e AAG apresentaram redução de sintomas de BN, compulsão alimentar e outros transtornos da alimentação a curto prazo (Perkins et al., 2006).

Hay et al. (2009), por sua vez, elaboraram uma revisão sistemática, incluindo estudos sobre a eficácia de diferentes tratamentos psicológicos no manejo da BN e do BED. Nessa revisão, os autores consultaram as bases Medline, Extramed, Embase, PsycInfo, Current Contents, Lilacs, Scisearch, *Cochrane Central Register of Controlled Trials* (CENTRAL) e *The Cochrane Collaboration Depression, Anxiety & Neurosis Controlled Trials Register*. Os resultados indicaram que as CBTs e terapias interpessoais (TI) foram eficazes na redução dos comportamentos de compulsão alimentar e purgação associados à bulimia nervosa. Além disso, essas abordagens também contribuíram para melhorias significativas na autoimagem e na qualidade de vida dos pacientes (Hay et al. 2009).

Linardon et al. (2017) realizaram uma revisão sistemática sobre a eficácia das terapias de terceira onda no tratamento de TAs. A busca dos estudos foi realizada nas bases de dados da PsycINFO, Medline, CINAHL e Cochrane, no final de maio de 2017. Os descritores utilizados correspondiam a duas categorias de termos, que abordavam transtornos alimentares e terapias de terceira onda, simultaneamente, incluindo o operador booleano "AND". Os resultados indicaram que a DBT demonstrou eficácia significativa no tratamento da BN do BED, em comparação com grupos de controle de lista de espera. Além disso, a terapia focada na compaixão (CFT) e as intervenções baseadas em *mindfulness* (MBI) também mostraram benefícios na redução de sintomas em pacientes com BED. No entanto, ST e a ACT não apresentaram diferenças significativas em relação a outras abordagens. Por fim, as MBI não mostraram superioridade sobre a CBT em relação à abstinência de compulsão alimentar (Linardon et al., 2017).

Além disso, Hay et al. (2019) realizaram uma revisão sistemática para comparar diferentes abordagens de tratamento para TAs, incluindo hospitalização integral, tratamento ambulatorial, hospitalização parcial e lista de espera. As buscas foram realizadas nas bases de dados Ovid, Medline, Embase, PsycINFO e CENTRAL. Os resultados indicaram que a hospitalização integral se mostrou mais eficaz na melhoria dos sintomas e na recuperação de pacientes com TAs graves. Já o tratamento ambulatorial foi mais adequado em pacientes menos graves. A hospitalização parcial também teve benefícios significativos, fornecendo um nível intermediário de cuidados. Porém, a lista de espera mostrou-se menos eficaz, pois os pacientes que aguardavam tratamento continuavam a apresentar piora dos sintomas (Hay et al., 2019).

PARADIGMA TRANSDIAGNÓSTICO

A partir do paradigma transdiagnóstico, é possível identificar as intervenções divididas em três grupos que visam diferentes objetivos. O primeiro deles é conhecido por concentrar intervenções que visam aumentar a compreensão e a motivação à mudança do mecanismo disfuncional subjacente. Nesse grupo, é possível encontrar técnicas como psicoeducação, entrevista motivacional, análise de custo-benefício e clarificação de valores. O segundo grupo, por sua vez, é responsável por reunir intervenções que auxiliam no afastamento do mecanismo disfuncional subjacente. Nesse conjunto, estão as de automonitoramento, *mindfulness*, aceitação e validação e desfusão cognitiva. Por fim, o último grupo compõe estratégias nucleares para a mudança, por exemplo, manejo de contingências, reestruturação cognitiva, habilidades de regulação emocional, exposição e intolerância ao mal-estar (Frank & Davidson, 2014).

Nesse sentido, Fursland et al. (2018) avaliaram o impacto de uma única sessão de avaliação e psicoeducação em pacientes na lista para o tratamento de TAs. O estudo, cujo delineamento era quase-experimental, contou com 448 participantes, dos quais 96% eram do gênero feminino e 31,7% tinham diagnóstico de BN. Os autores dividiram a amostra total em dois grupos com base no período em que ocorreram os encaminhamentos. O primeiro grupo, chamado de Coorte pré-intervenção de sessão única (Pré-ISS), correspondia aos encaminhamentos recebidos entre agosto de 2013 e maio de 2014. Em contrapartida, o grupo que tinha sido encaminhado nos períodos de maio de 2014 até dezembro de 2015 foi referido como Coorte intervenção de sessão única (ISS). No experimento, o grupo Pré-ISS se submeteu a uma avaliação pré-tratamento e, em seguida, foi encaminhado para tratamentos adequados. Já o grupo ISS foi submetido a uma sessão de 75-90 minutos, que incluía a explicação e a entrega de materiais de psicoeducação sobre TAs. Os resultados indicaram que as sessões de 75-90 minutos para cada paciente auxiliaram na diminuição na lista de espera. Nesse grupo, foram observadas diminuições significativas em sintomas globais dos TAs, bem como dos níveis de depressão identificados pela DASS 21. Além disso, observou-se uma grande redução nos vômitos autoinduzidos e nos comportamentos de compulsão alimentar (Fursland et al., 2018). Dessa maneira, a psicoeducação mostrou-se uma importante ferramenta para estimular a mudança, aumentando a motivação no tratamento de TAs.

No que diz respeito à exposição, Butler e Heimberg (2020) elaboraram uma revisão sistemática buscando apresentar as evidências dessa técnica para o tratamento de TAs. A pesquisa abrangeu 60 estudos, incluindo intervenções como a prevenção de exposição e resposta (ERP), exposição de alimentos (EA), exposição ao espelho (EE), tratamento baseado na família com exposição (FBT-E) e terapia de exposição em realidade virtual (TE-RV). Os resultados indicaram que a EE, por si só ou no contexto da CBT, reduziu significativamente a insatisfação corporal em pacientes com TAs. Além disso, a EA no ambiente real diminuiu a ansiedade, aumentou a ingestão calórica e o índice de massa corporal dos participantes. A TE-RV, por sua vez, também se mostrou uma opção promissora. Apesar disso, os autores argumentaram que a exposição contou como parte de um tratamento mais amplo, dificultando a avaliação da técnica isolada (Butler & Heimberg, 2020). Assim, a técnica de exposição pode contribuir para a diminuição de respostas de afeto frente ao alimento, diminuindo a sintomatologia dos TAs.

Já com relação às habilidades de regulação emocional, Berking et al. (2022) avaliaram a eficácia de seu treinamento de habilidades no tratamento do transtorno de compulsão alimentar e comorbidades com essa sintomatologia. No ECR, os participantes foram aleatoriamente designados para receber o treinamento de habilidades de regulação emocional ou uma intervenção de controle. Os resultados do estudo apontaram que o treinamento de habilidades de regulação emocional foi eficaz na redução dos comportamentos de compulsão alimentar em indivíduos com diagnóstico de BED. Além disso, observaram-se melhorias na regulação emocional e na qualidade de vida dos participantes que receberam o treinamento (Berking et al., 2022). Portanto, a partir do treino de habilidades de regulação emocional, pode ser possível aumentar os níveis de consciência das emoções diminuindo a vulnerabilidade diante dos comportamentos de compulsão alimentar.

TÉCNICAS UTILIZADAS NAS INTERVENÇÕES

No que diz respeito às técnicas, Hay et al. (2022) integraram o repertório da CBT-E com Hapifed. Na primeira sessão, foi realizada a avaliação do histórico de TA, a formulação de caso e a explicação dos tratamentos. Vinte e nove sessões posteriores foram realizadas em grupo duas vezes por semana. Entre os fatores comuns aos tratamentos estavam psicoeducação, formulação de caso, automonitoramento e habilidades de regulação emocional. No entanto, as diferenças estavam na abordagem multidisciplinar no

Hapifed (aconselhamento nutricional realizado por nutricionista em vez de terapeuta), psicoeducação incluindo o alto IMC, manejo da perda de peso, ativação comportamental e engajamento em exercícios de forma saudável sendo encorajados. Destaca-se que nesse estudo há uma maior representatividade de participantes com transtorno de compulsão alimentar periódica (TCAP) em relação à BN e uma média de IMC de 33 para ambos os grupos. Apesar de diferenças nos protocolos, ambas as intervenções apresentaram resultados similares em todas as variáveis de interesse. Os autores argumentaram que o Hapifed poderia ser considerado como um adendo ao protocolo tradicional de CBT-E. Nessa linha, o estudo de Jurascio et al. (2023) também apresentou conclusões similares quanto à utilização do mesmo protocolo de CBT-E (em 16 sessões). Nesse estudo, os autores incluíram um aplicativo de celular TCC+, no qual a diferença entre a condição controle e a intervenção era o uso de notificações e mini-intervenções personalizadas realizadas em conjunto com o terapeuta no aplicativo. Apesar de também não terem encontrado diferenças em ambas as condições, os dados qualitativos sugerem que as notificações e as mini-intervenções eram consideradas relevantes pelos participantes e uma extensão do tratamento, ajudando com os comportamentos que poderiam interferir na melhora e sugerindo, de forma geral, que o monitoramento das habilidades desenvolvidas no tratamento pelo aplicativo (presente em ambas as condições) poderia ser benéfico em conjunto com o tratamento usual.

IMPLICAÇÕES PARA A PRÁTICA E A PESQUISA

A melhora do tratamento para os transtornos alimentares é extremamente necessária para pesquisas futuras. Entre as pautas mais importantes estão o treinamento e a utilização dos profissionais de saúde na aplicação de tratamentos baseados em evidências. Em relação aos estudos revisados e discutidos, uma das formas de pacientes com bulimia nervosa terem maior acesso é por intermédio de novas tecnologias e da aplicação das terapias por meios digitais. Terapeutas que trabalham com essa população podem encontrar melhores formas de dar suporte aos pacientes que encontram muitas dificuldades com a regulação emocional e alimentação diariamente ao utilizar mini-intervenções e aplicativos que sejam personalizados para o caso (Juarascio et al., 2023). O trabalho com processos específicos, como no caso do treino de controle inibitório, também pode com o tempo fazer parte de intervenções clínicas, à medida que o estudo dessas técnicas e sua aplicabilidade se tornem mais acessíveis e com evidências mais robustas (Chami et al., 2022). Além disso, cada vez mais se demonstram evidências relacionadas à necessidade do envolvimento das famílias de pacientes com TAs, principalmente na infância e no início da adolescência. Entretanto, ainda há necessidade de entender o grau de envolvimento, os tipos de famílias e em quais circunstâncias essa inclusão se demonstra mais efetiva (Datta et al., 2022; Gorrel et al., 2019).

Pesquisas futuras também devem levar em consideração as barreiras percebidas para a busca de tratamento, uma vez que há uma baixa busca por tratamento nos casos de transtornos alimentares. Algumas recomendações envolvem o uso de materiais psicoeducativos e estratégias pensadas em conjunto com pessoas que têm um transtorno alimentar (Radunz et al., 2023). Além disso, esforços devem ser feitos para avaliar e tratar os transtornos alimentares em homens, considerando que a sintomatologia tem diferentes representações, como no caso de mudanças no comportamento alimentar em função da busca por maior muscularidade (Murray et al., 2019). Por fim, pesquisas futuras devem se atentar em explorar processos pertinentes relacionados ao desenvolvimento e à manutenção dos transtornos alimentares, como a associação de processos relacionados a recompensa e processos cognitivos e afetivos (Schaefer et al., 2023), entre outros processos pouco explorados na literatura, como a sensação de se "sentir gordo" (Mehak & Racine, 2020). O crescente desenvolvimento e a utilização de novas tecnologias podem ser uma nova forma de entender e tratar processos que por muito tempo têm sido um desafio na prática clínica. Entre essas novas práticas está a utilização de dispositivo de realidade virtual para realizar a exposição ao medo de ganhar peso (Porras-Garcia et al., 2021).

Dito isso, os últimos anos de pesquisa na área têm apresentado cada vez mais alternativas e técnicas pertinentes para o tratamento dos transtornos alimentares, bem como levantado cada vez mais questões dos processos subjacentes a essas patologias. Novas ferramentas serão elucidadas conforme o estudo de processos específicos se torne mais comum, assim como a utilização de técnicas de diferentes modelos de terapia, como a ACT e a DBT (Juarascio et al., 2021; Linardon et al., 2017).

CONSIDERAÇÕES FINAIS

As abordagens psicossociais no tratamento e na prevenção da bulimia nervosa são fundamentadas em aspectos cognitivos e emocionais afetados por essa condição. Tomados em conjunto, os estudos clínicos randomizados indicam que há uma boa aceitação e viabilidade de diferentes abordagens da CBT, inclusive quando ministradas de maneira virtual. A ampliação dessas abordagens psicossociais com a demonstração da efetividade de componentes (p. ex., modificações do controle inibitório ou uso de *mindfulness*) amplia alternativas de tratamento para a BN.

Por sua vez, as revisões sistemáticas seguem demonstrando que a farmacoterapia isoladamente não tem uma boa aceitação. As abordagens psicossociais seguem como a melhor alternativa de tratamento, inclusive em modelos de autoajuda. Para além das abordagens específicas, a identificação de mecanismos disfuncionais subjacentes e o uso de técnicas voltadas para o enfrentamento desses mecanismos podem contribuir para o tratamento e para a remissão de sintomas dos TAs, em especial a BN.

Já o paradigma transdiagnóstico visa a compreensão do mecanismo subjacente e permite que as estratégias terapêuticas sejam adaptadas às necessidades individuais dos pacientes. Dessa maneira, o tratamento se torna mais personalizável com base em seus objetivos.

O tratamento da BN ainda é escasso e custoso, mas observa-se a ampliação das opções de tratamento baseadas em evidências como CBT *on-line*, *mindfulness* e alternativas como autoajuda específica (Tannous et al., 2021). O conjunto desses resultados deve estimular ensaios clínicos randomizados sobre abordagens psicossociais para a BN.

REFERÊNCIAS

Subseção 3.4 Tratamento dos transtornos do impulso

Capítulo 22

Evidências no tratamento do jogo patológico

Rodolfo Furlan Damiano, Hermano Tavares

INTRODUÇÃO

Evidências crescentes apontam para a necessidade de incluir alguns comportamentos repetitivos e excessivos dentro do conceito psicopatológico das dependências (Potenza, 2006). O transtorno do jogo (TJ), também conhecido como jogo patológico ou jogo compulsivo, é uma condição mental complexa e debilitante caracterizada por comportamentos persistentes e incontroláveis de jogo que levam a consequências negativas significativas para o indivíduo e para aqueles ao seu redor (Potenza et al., 2019). É reconhecido como um comportamento passível de dependência comportamental, semelhante aos transtornos relacionados ao uso de substâncias, pois envolve desejo intenso, tolerância e sintomas de retirada (Yau & Potenza, 2015).

A prevalência do transtorno do jogo é uma preocupação crescente em todo o mundo, afetando indivíduos em todas as esferas da vida, independentemente de idade, gênero ou *status* socioeconômico (Potenza et al., 2019). De acordo com vários estudos, as taxas de prevalência do transtorno do jogo variam de 0,1% a 2,7% em diferentes populações (Lorains et al., 2011), com taxas mais altas observadas entre indivíduos que se envolvem em atividades de jogo frequentes ou têm fácil acesso a oportunidades de jogo, como estudantes universitários, público em que a prevalência pode chegar a 7,89% (Blinn-Pike et al., 2007).

Além de elevada prevalência, o TJ também se caracteriza pela alta taxa de comorbidade, como uso de nicotina (60,1%), transtorno por uso de substâncias (57,5%), transtornos do humor (37,9%) e transtornos de ansiedade (37,4%) (Lorains et al., 2011). Todos esses dados têm impactos para além do próprio indivíduo, gerando consequências abrangentes para relacionamentos, finanças, emprego, saúde mental e qualidade de vida geral. Indivíduos com transtorno do jogo frequentemente experimentam perdas financeiras significativas, relacionamentos interpessoais tensos e problemas legais, por exemplo.

Tais indivíduos seguem sendo pouco reconhecidos e pouco tratados nos consultórios médicos nos mais diversos países (Stefanovics & Potenza, 2022). Ademais, grande parte deles (44,8%) abandona o tratamento apropriado (Ronzitti et al., 2017). Considerando o exposto acima, além da natureza multifacetada do TJ, abordagens eficazes de tratamento são essenciais para ajudar os indivíduos a recuperar o controle de seus comportamentos de jogo, lidar com questões psicológicas subjacentes e reconstruir suas vidas. Portanto, o objetivo deste capítulo é explorar as mais diversas abordagens de tratamento empregadas no manejo do transtorno do jogo, com base nas intervenções farmacológicas e não farmacológicas, visando melhorar o reconhecimento e o tratamento dessa patologia tão complexa, prevalente e pouco reconhecida.

RECONHECENDO O JOGO PATOLÓGICO

O diagnóstico do transtorno do jogo é baseado em critérios específicos estabelecidos no *Manual Diagnóstico e Estatístico de Transtornos Mentais* (DSM-5), na nova *Classificação Internacional de Doenças* (CID-11) ou em outras diretrizes relevantes. Esses critérios ajudam os profissionais de saúde mental a identificar e avaliar se um indivíduo está sofrendo desse transtorno. A seguir, traremos os critérios diagnósticos de acordo com o DSM-5 e a CID-11.

No DSM-5 (*Manual Diagnóstico e Estatístico de Transtornos Mentais*, 5ª edição), o transtorno do jogo é classificado como um transtorno do controle do impulso. Em termos de diagnóstico, o indivíduo demonstra um padrão persistente e recorrente de comportamento de jogo que causa dificuldades e prejuízos significativos em várias áreas da vida. Durante um período de 12 meses, ele deve apresentar pelo menos quatro dos seguintes critérios:

- Necessidade de jogar com quantias crescentes de dinheiro para alcançar a excitação desejada (tolerância).
- Inquietação ou irritabilidade quando tenta reduzir ou interromper o jogo (abstinência).
- Tentativas repetidas e infrutíferas de controlar, interromper ou reduzir o jogo.
- Está sempre preocupado com o jogo (p. ex., tem pensamentos persistentes de reviver jogos de azar anteriores, dificultando ou planejando o próximo empreendimento, pensando em maneiras de ganhar dinheiro com apostas).
- Muitas vezes joga quando se sente angustiado (p. ex., impotência, culpa, ansiedade).
- Após perder dinheiro no jogo, frequentemente retorna em outro momento para tentar recuperar as perdas (perseverança).
- Engaja-se em comportamentos enganosos para esconder a extensão do envolvimento com o jogo.
- Prejudicou ou perdeu relacionamentos interpessoais significativos, emprego, oportunidades educacionais ou de carreira por causa do jogo.
- Depende dos outros para obter recursos financeiros devido às perdas decorrentes do jogo.

A CID-11 (*Classificação Internacional de Doenças*, 11ª revisão) não utiliza o termo "transtorno do jogo". No entanto, ela inclui uma categoria relacionada, chamada de "transtorno do jogo com características impulsivas". De acordo com a CID-11, para o diagnóstico do transtorno do jogo com características impulsivas, os seguintes critérios devem ser atendidos:

1. Comportamento de jogo frequente ou contínuo, que pode ser *on-line* ou *off-line*, caracterizado por:
   a. perda de controle sobre o jogo (p. ex., frequência, duração, valor do dinheiro gasto);
   b. prioridade dada ao jogo em detrimento de outros interesses e atividades diárias;
   c. continuação do jogo apesar das consequências negativas, como

comprometimento das relações pessoais, problemas ocupacionais ou acadêmicos e deterioração do bem-estar pessoal.

2. Comportamento impulsivo relacionado ao jogo, incluindo:
   a. dificuldade em resistir aos impulsos de jogar;
   b. impulsividade para aumentar a frequência ou o valor das apostas;
   c. comportamento de jogo que persiste por um período mínimo de 12 meses.

FERRAMENTAS DE TRIAGEM E AVALIAÇÃO PARA IDENTIFICAÇÃO DO TRANSTORNO DO JOGO

Existem várias ferramentas e questionários de triagem disponíveis para ajudar na identificação do transtorno do jogo. Essas avaliações são projetadas para auxiliar profissionais de saúde, seja de saúde mental, seja da clínica, na detecção de problemas de jogo e na avaliação da gravidade do transtorno. Exemplos de instrumentos de triagem incluem o *South Oaks Gambling Screen* (SOGS) (Esparza-Reig et al., 2021), o *Gambling-Related Cognition Scale* (GRCS) (Raylu & Oei, 2004) e o *NORC Diagnostic Screen for Gambling Disorders* (NODS) (Toce-Gerstein et al., 2009).

VISÃO GERAL DAS DIFERENTES MODALIDADES DE TRATAMENTO

Diversas metanálises procuraram identificar os tratamentos mais eficazes para o transtorno de jogo (Bodor et al., 2021; Ribeiro et al., 2021; Yip & Potenza, 2014), sendo que mais recentemente uma metarrevisão de revisões sistemáticas foi publicada com o mesmo fim (Di Nicola et al., 2020). Tal metarrevisão encontrou que não há uma resposta clara entre as drogas utilizadas no tratamento do TJ, com resultados inconsistentes em diferentes classes de medicamentos. Intervenções psicológicas, como a terapia cognitivo-comportamental (TCC) e a entrevista motivacional (EM), demonstraram eficácia, mas ainda há questões sobre sua efetividade a longo prazo e sobre a relação custo-efetividade. Abordagens de autoajuda mostram potencial para superar barreiras de acesso ao tratamento, mas não está claro quais subtipos de pacientes são mais adequados para essas intervenções e se devem ser utilizadas sozinhas ou em combinação com tratamentos tradicionais. A seguir, destrincharemos cada uma delas.

Terapia cognitivo-comportamental (TCC)

A terapia cognitivo-comportamental (TCC) presencial é amplamente reconhecida como um tratamento eficaz para o TJ (Potenza et al., 2019). Destina-se a modificar crenças e comportamentos não saudáveis associados ao jogo patológico. Vários estudos e metanálises mostraram a eficácia da TCC face a face na redução de aspectos como gravidade do TJ, frequência do jogo e perdas financeiras (Chebli et al., 2016; Chrétien et al., 2017; Gooding & Tarrier, 2009; Goslar et al., 2017; Granero et al., 2020). Além disso, a TCC também tem se mostrado capaz de melhorar qualidade de vida, sintomas depressivos e ansiosos de jogadores patológicos (Higueruela-Ahijado et al., 2023). No entanto, a eficácia a longo prazo da TCC permanece incerta, pois alguns estudos indicam resultados mais promissores a curto prazo em comparação com o longo prazo (Gooding & Tarrier, 2009; Goslar et al., 2017). Uma revisão recente da Cochrane destacou evidências insuficientes para a manutenção dos efeitos da TCC no longo prazo. A revisão não encontrou melhora estatisticamente significativa na gravidade do jogo, perda financeira e frequência em comparação com nenhum tratamento em 9 a 12 meses de acompanhamento (Cowlishaw et al., 2012).

Embora a TCC presencial tenha demonstrado resultados positivos na redução dos sintomas do TJ, a TCC autoguiada mostrou resultados mistos. A TCC autoguiada tem sido eficaz na redução da frequência do jogo, mas não tão impactante na melhora da gravidade global e da perda financeira (Goslar et al., 2017). A TCC autoguiada pode ser fornecida por meio de materiais escritos, por telefone, internet ou aplicativos (Raylu et al., 2008). Por fim, embora a TCC aprimorada com *mindfulness* (M-CBT) tenha se mostrado promissora em um estudo piloto, mais pesquisas são necessárias para replicar essas descobertas antes de considerá-la uma prática padrão para o tratamento da DG (Toneatto et al., 2014).

Entrevista motivacional

A entrevista motivacional (EM) é uma abordagem terapêutica que se concentra em orientar os pacientes para mudanças comportamentais positivas, ajudando-os a explorar e resolver sua ambivalência. Baseia-se no aconselhamento centrado na pessoa de Carl Rogers, enfatizando um estilo de terapia diretivo e centrado no paciente. A EM visa obter as próprias motivações do paciente para a mudança, em vez de impor motivações externas. Ao promover um ambiente colaborativo e empático, a EM ajuda os pacientes a explorar suas próprias razões para fazer mudanças positivas em suas vidas (Hettema et al., 2005). Existem evidências crescentes da eficácia da EM nas mais diversas patologias, como obesidade, câncer, depressão, ansiedade e, principalmente, transtornos por uso de substâncias (Calomarde-Gómez et al., 2021; Harkin et al., 2023; Lutaud et al., 2023; Qiqi et al., 2021).

A EM tem demonstrado eficácia no tratamento dos sintomas do TJ (Cowlishaw et al., 2012). A EM pode ser administrada sozinha ou em combinação com outras intervenções, como TCC. A EM foi considerada eficaz na redução da perda financeira e da frequência do jogo em indivíduos com TJ (Cowlishaw et al., 2012; Yakovenko et al., 2015). Ensaios clínicos comparando EM e TCC não revelaram diferenças significativas em termos de eficácia nos sintomas de jogo e adesão ao tratamento (Carlbring & Smit, 2008; Oei et al., 2010). Embora a EM tenha demonstrado resultados positivos na redução dos sintomas do TJ, são necessárias mais pesquisas para entender os métodos ideais de entrega e identificar subpopulações que podem se beneficiar mais de intervenções específicas (Cowlishaw et al., 2012).

Autoajuda

Várias intervenções de autoajuda (AJ) podem ser úteis na redução das barreiras associadas à busca de tratamento profissional, além das intervenções tradicionais (Di Nicola et al., 2020). Estudos relataram resultados positivos para a AJ em relação à redução dos sintomas de jogo, incluindo a redução da gravidade dos sintomas e a diminuição do tempo gasto com essa atividade (Carlbring & Smit, 2008). No entanto, os efeitos da AJ podem variar dependendo do tipo de intervenção utilizada, como linhas de ajuda por telefone combinadas com livros de autoajuda ou terapia entregue pela internet (Danielsson et al., 2014; Hodgins et al., 2009; Hodgins et al., 2001; Peter et al., 2019; Petry et al., 2017).

Essas intervenções mostraram eficácia na redução do jogo, e os efeitos do tratamento foram sustentados por até três anos de acompanhamento (Chebli et al., 2016; Gainsbury & Blaszczynski, 2011; Raylu et al., 2008). No entanto, é importante ressaltar que os resultados desses estudos são baseados em evidências de baixa qualidade, com um número limitado de estudos e tamanhos de amostra pequenos. Embora as intervenções de autoajuda, por telefone e/ou internet, em conjunto com livros desse segmento tenham aumentado a acessibilidade ao tratamento, ainda não está claro quando essas intervenções são apropriadas ou eficazes. A eficácia da AJ pode depender da motivação, das habilidades e das características individuais do paciente, bem como da gravidade do jogo problemático (Petry et al., 2017; Raylu et al., 2008). Portanto, são necessários estudos adicionais para identificar preditores de resultados e subpopulações de pessoas com jogo problemático que sejam mais propensas a se beneficiar de tipos específicos de intervenções de autoajuda (Di Nicola et al., 2020).

Intervenções farmacológicas

Vários estudos têm explorado a eficácia das intervenções farmacológicas na redução dos sintomas do TJ. No entanto, os resultados têm sido mistos e atualmente não há medicamento aprovado oficialmente pela Food and Drug Administration (FDA) dos Estados Unidos ou pela Agência Europeia de Medicamentos (EMA) para o tratamento do TJ (Di Nicola et al., 2020).

Estudos realizados por Pallesen et al. (2005, 2007) constataram que todos os tratamentos farmacológicos foram moderadamente eficazes na redução dos sintomas de jogo em comparação com nenhum tratamento ou placebo. Outra metanálise realizada por Bartley e Bloch (2013) relatou um pequeno tamanho de efeito para todos os tratamentos farmacológicos em comparação com o placebo, sendo o efeito estatisticamente significante, porém clinicamente menor.

Em um estudo conduzido por Goslar et al. (2019) foram realizadas análises separadas para estudos pré e pós e ensaios clínicos randomizados (ECRs). Os resultados mostraram que classes de medicamentos como antidepressivos, antagonistas opioides e estabilizadores de humor foram significativamente eficazes em estudos pré e pós, reduzindo a gravidade global, as perdas financeiras e a frequência do jogo. No entanto, nos ECRs, a eficácia geral foi mantida apenas para a gravidade global e as perdas financeiras, com tamanhos de efeito pequenos a moderados.

Fatores como a proporção de participantes do sexo masculino e variáveis relacionadas à dosagem e à sintomatologia podem influenciar a eficácia dos tratamentos farmacológicos. No entanto, a metanálise realizada por Goslar et al. (2019) não encontrou efeitos de moderação com base no tipo de tratamento, tipo de análise de dados, fase de placebo inicial, tipo de jogo ou duração do tratamento. Tamanhos de efeito maiores foram observados para dosagem flexível e estudos recentes em relação à redução da gravidade global em estudos pré e pós.

Das medicações possivelmente ligadas a melhores desfechos, antidepressivos, antagonistas opioides, antipsicóticos atípicos e estabilizadores de humor são os mais estudados (Dowling et al., 2022). Em relação aos antagonistas opioides, a naltrexona e o nalmefeno demonstraram graus mistos de eficácia. Enquanto alguns estudos encontraram resultados positivos na redução da gravidade do jogo, perdas financeiras e frequência (Goslar et al., 2019), outros não apresentaram diferenças significativas em comparação com o placebo (Mouaffak et al., 2017). Recente metanálise encontrou diminuição da severidade dos sintomas pré e pós-tratamento, mas uma não diferença de resposta entre os grupos (Dowling et al., 2022). A dosagem diária da naltrexona variou de 25 a 250 mg, mas ainda faltam estudos que comparem dosagens e prognósticos específicos (Bartley & Bloch, 2013; Goslar et al., 2019; Grant & Potenza, 2004; Mouaffak et al., 2017).

Em relação aos antidepressivos, os inibidores seletivos da recaptação de serotonina (ISRS) foram estudados, com resultados mistos. Alguns estudos constataram que os ISRS eram significativamente superiores ao placebo (Hollander et al., 2000; Kim et al., 2002), enquanto outros não demonstraram redução significativa na gravidade do jogo (Bartley & Bloch, 2013). A eficácia dos antidepressivos foi mais pronunciada em estudos antes e depois em comparação com ensaios clínicos randomizados (Bartley & Bloch, 2013; Goslar et al., 2019). Estudo mais recente não encontrou diferença entre os estudos na melhora da gravidade dos sintomas de jogo, sintomas depressivos, prejuízo funcional e taxa de resposta (Dowling et al., 2022).

A evidência para estabilizadores de humor no tratamento do TJ é limitada. O lítio mostrou efetividade moderada na redução dos sintomas de TJ em pacientes com transtornos bipolares comórbidos (Pallesen et al., 2007), enquanto o topiramato não apresentou efeitos significativos (Bartley & Bloch, 2013). São necessários ensaios clínicos maiores para chegar a conclusões definitivas sobre a eficácia dos estabilizadores de humor (Dowling et al., 2022). Além das intervenções mencionadas, o uso de antipsicóticos atípicos, especificamente a olanzapina, também tem sido explorado no tratamento do TJ. A evidência sugere um efeito benéfico moderado da olanzapina na redução da gravidade dos sintomas de jogo em comparação com o placebo (Dowling et al., 2022). No entanto, a certeza dessa evidência ainda é baixa. Mais pesquisas são necessárias para esclarecer a eficácia e o papel potencial dos antipsicóticos atípicos no tratamento do TJ.

É importante destacar que os resultados dos diferentes estudos são inconsistentes e a evidência geral é caracterizada por baixa certeza, tamanhos de amostra pequenos e alto risco de viés. No geral, estudos apontam para uma maior evidência da eficácia dos antagonistas opioides e mais recentemente da olanzapina. Entretanto, ainda faltam estudos prospectivos mais longos, com comorbidades psiquiátricas, e com *add-on* com psicoterapia baseada em evidência.

CONSIDERAÇÕES FINAIS

O tratamento do transtorno do jogo é uma parte essencial no auxílio aos indivíduos que enfrentam essa condição desafiadora. Ao longo deste capítulo, exploramos diversas abordagens de tratamento utilizadas no manejo do transtorno do jogo, desde terapias psicológicas até grupos de apoio e intervenções farmacológicas. Cada uma dessas abordagens tem o objetivo comum de ajudar os indivíduos a retomarem o controle sobre seus comportamentos de jogo, promover mudanças positivas em suas vidas e fornecer apoio durante o processo de recuperação.

A terapia cognitivo-comportamental demonstrou ser uma intervenção eficaz no tratamento do transtorno do jogo, auxiliando os indivíduos a identificar e modificar padrões de pensamento disfuncionais, gerenciar impulsos e desenvolver habilidades de enfrentamento saudáveis. A entrevista motivacional, por sua vez, tem sido valiosa para aumentar a motivação para a mudança e o engajamento no tratamento.

A terapia familiar desempenha um papel importante ao envolver os membros da família no processo de tratamento, fornecendo suporte emocional e abordando as dinâmicas familiares que possam contribuir para o problema do jogo. Além disso, os grupos de apoio, como Jogadores Anônimos, oferecem um espaço seguro no qual os indivíduos podem compartilhar suas experiências, receber apoio mútuo e aprender com outras pessoas em situações semelhantes.

Embora o uso de medicamentos no tratamento do transtorno do jogo ainda seja objeto de estudos e pesquisas, em alguns casos, pode ser considerado uma opção complementar para auxiliar no controle dos sintomas associados, como a impulsividade ou a ansiedade. No entanto, a decisão de utilizar medicamentos deve ser feita em conjunto com profissionais de saúde qualificados e considerando os potenciais benefícios e riscos envolvidos.

É importante ressaltar que a prevenção de recaídas e o suporte contínuo após o término do tratamento são elementos cruciais para a manutenção da recuperação a longo prazo. Estratégias de prevenção de recaídas devem ser desenvolvidas, incluindo o aprendizado de habilidades de enfrentamento alternativas, a identificação e o gerenciamento de gatilhos e o estabelecimento de redes de suporte social.

Em última análise, o tratamento do transtorno do jogo é uma jornada individualizada. Cada pessoa terá suas próprias necessidades, desafios e metas durante o processo de recuperação. É fundamental que os profissionais de saúde mental adotem uma abordagem holística, colaborativa e centrada no paciente, ajustando o tratamento de acordo com as circunstâncias e características individuais.

Por fim, a conscientização pública sobre o transtorno do jogo e a disponibilidade de recursos de tratamento são essenciais. A educação, a redução do estigma e a promoção de ambientes de jogo responsáveis são passos importantes na prevenção e no tratamento do transtorno do jogo. À medida que avançamos na compreensão e no tratamento dessa condição complexa, esperamos melhorar a qualidade de vida das pessoas afetadas e proporcionar-lhes um caminho para a recuperação e o bem-estar duradouros.

REFERÊNCIAS

Capítulo **23**

Evidências no tratamento do sexo compulsivo

Marco de Tubino Scanavino

INTRODUÇÃO

A prática da Psicologia baseada em evidências (PPBE) integra a melhor evidência de pesquisa disponível, a *expertise* clínica, as preferências e as características do paciente na tomada de decisão em nível clínico e também na orientação de políticas públicas na saúde mental (Melnik et al., 2014). Isso é particularmente importante numa área permeada pela subjetividade e diversas abordagens psicoterápicas. A PPBE pode favorecer a tomada de decisão sobre a melhor abordagem considerando informações importantes acerca do paciente.

O comportamento sexual compulsivo (CSC) é um fenômeno clínico no qual o indivíduo experimenta intensas fantasias e/ou comportamentos sexuais excitantes, que são intrusivos, dirigidos e recorrentes, podendo aumentar em frequência e intensidade, causando sofrimento e prejuízos no dia a dia (Miner et al., 2007; Parsons et al., 2012). A despeito do debate científico acerca do funcionamento neurobiológico e psicopatológico subjacente ao fenômeno, desde 2013, quando o diagnóstico de transtorno hipersexual não foi incluído no *Manual Estatístico e Diagnóstico dos Transtornos Mentais* (DSM-5) (APA, 2013) por falta de evidências científicas, os estudos se intensificaram particularmente nos Estados Unidos e na Europa. Os novos dados nos segmentos de prevalência, fisiopatologia e manifestações clínicas, bem como a elevada relevância para a saúde pública, impulsionaram a atual classificação diagnóstica do transtorno do comportamento sexual compulsivo (TCSC) na 11ª edição da *Classificação Internacional das Doenças* (CID) (World Health Organization, 2022) no segmento dos transtornos do controle dos impulsos.

Neste capítulo abordaremos o conhecimento atual sobre o TCSC. Tomaremos a liberdade de usar esse termo mesmo nos referindo a estudos anteriores que utilizaram outros, como transtorno hipersexual, por exemplo. Essa decisão baseia-se no fato de que todos os estudos têm em comum tratar-se de comportamento sexual desregulado, exacerbado e não parafílico.

Apesar de este livro tratar de Psicologia, serão apresentados também os estudos sobre medicação, já que em boa parte dos países os psicólogos estão envolvidos na prática clínica multiprofissional e conduzem pesquisas que envolvem medicamentos.

Inicialmente apresentaremos aspectos relacionados ao TCSC, passando depois a comentar os estudos controlados randomizados e finalmente trazendo um olhar mais crítico das revisões sistemáticas.

O TRANSTORNO DO COMPORTAMENTO SEXUAL COMPULSIVO (TCSC)

A Pesquisa Internacional da Sexualidade (ISS), que envolveu 44 países, incluindo o Brasil, mostrou que um total de 4,84% dos participantes alcançou o escore igual ou maior que 50 pontos, que é o ponto de corte da escala *Compulsive Sexual Behavior Disorder-19* (CSBD-19), que investiga os critérios diagnósticos do TCSC (Bőthe et al., 2020; Bőthe et al., 2023). O Brasil se localizou no meio do intervalo entre o país com maior frequência (Argélia, com 16,7%) e o com menor frequência (Portugal, com 1,59%). Desta forma, 7,81% dos participantes brasileiros apresentaram alto risco para o TCSC.

Nesse estudo internacional, foi investigada a frequência do TCSC por gênero e orientação sexual também. Quanto ao gênero, 8,2% dos homens pontuaram acima do ponto de corte para risco de TCSC, contra 2,4% das mulheres e 5,7% de pessoas com gênero diverso. Quanto à orientação sexual, observou-se que 4,3% das pessoas heterossexuais, 7,8% das pessoas gays, lésbicas ou homossexuais, 6,2% das pessoas bissexuais, 5,3% das pessoas queer e pansexuais, 6,1% das pessoas com identidade homo e heteroflexível, 1,9% das pessoas assexuadas, 5,3% das pessoas que questionam a própria orientação sexual e 5,5% das pessoas com outras orientações alcançaram o limiar de risco para o TCSC, mundialmente.

O ISS inovou com informações que ultrapassaram os chamados países WEIRD (*western, educated, industrialized, rich and democratic*), trazendo dados de países asiáticos e não desenvolvidos. Além disso, apresentou dados acerca de mulheres, pessoas com gênero diverso e de diferentes orientações sexuais.

Infelizmente, o estudo não é probabilístico e representativo da população. Porém, a frequência de TCSC levantada no ISS foi semelhante a outros estudos com amostras representativas de países como Estados Unidos, Alemanha, Hungria e Polonia (Briken et al., 2022; Bőthe et al., 2020; Dickenson et al., 2018; Grubbs et al., 2023; Lewczuk et al., 2022).

Do ponto de vista da saúde pública, apenas 13,7% do grupo de alto risco para apresentar TCSC informou já ter procurado tratamento, enquanto mais de 30% não o fizeram por várias razões (p. ex., inacessibilidade do tratamento, estigma). Assim, há uma necessidade de aumentar a conscientização sobre TCSC, incluindo opções de tratamento acessíveis e baseadas em evidências de uma maneira culturalmente sensível (World Health Organization, 2022).

ETIOLOGIA E FISIOPATOLOGIA

A gênese e a manutenção dos sintomas, em parte dos indivíduos com TCSC, estão conectadas de modo consciente ou inconsciente a pensamentos ou sentimentos conflitivos, relacionados com experiências difíceis vivenciadas na infância e na adolescência, como vitimização por violência sexual, negligência emocional ou estigmatização. Um estudo recente adicionou mais evidências acerca da conexão com o abuso sexual (Reis et al., 2023). Quando os indivíduos estão expostos a estresse continuado na infância, os sistemas de resposta ao estresse (liberação de altos níveis de cortisol e noradrenalina, entre outros) são ativados, mudando a mielinização, a morfologia neuronal, a neurogênese e a sinaptogênese, resultando em modificações anatômicas (p. ex., maior irritabilidade dentro dos circuitos elétricos do sistema límbico) e funcionais (p. ex., alterações na sensibilidade a neurotransmissores e hormônios) duradouras, o que, por sua vez, aumenta a vulnerabilidade para problemas neuropsiquiátricos (Teicher et al., 2022; Ohashi et al., 2017), tais como o TCSC (Chatzittofis et al., 2022).

Alguns achados apoiam a ativação dos circuitos das vias relacionadas aos processos de dependência. O estado emocional negativo que impulsiona o uso compulsivo de drogas advém da desregulação de neurotransmissores (dopamina, serotonina, peptídeos opioides e o fator liberador de corticotrofina) envolvidos no sistema de recompensa e motivação, que se situa em estruturas como o núcleo estriatal ventral (incluindo o núcleo *accumbens*) (Chatzittofis et al., 2022). O córtex pré-frontal orbital e o córtex cingulado anterior ventral são funcionalmente associados ao sistema de motivação e recompensa. A desregulação nesses circuitos cerebrais na sua relação com estruturas límbicas já foi detectada por exames de neuroimagem em indivíduos com transtornos do controle dos impulsos e dependências comportamentais e hipersexuais (Kuiper & Coolen, 2018).

MANIFESTAÇÕES CLÍNICAS

Sobre o início dos sintomas e o curso do CSC, estudos clínicos relatam que a maioria dos participantes descreve o início antes da idade adulta (M = 28 anos; D. P. = 9) com escalonamento crescente dos sintomas (episódicos ou contínuos) ao longo do tempo (meses ou anos), sendo que em média busca tratamento na quarta década de vida (Scanavino et al., 2013; Morgenstern et al., 2011; Reid et al., 2012), em geral após 7 anos de evolução (D. P. = 8). Quase 80% informam que depois que o problema se iniciou não conseguiram ficar mais de seis meses assintomáticos e que permaneceram iguais ou pioraram os sintomas ao longo do tempo. Cerca de 50% referem uma evolução contínua, enquanto os outros 50% informam ocorrer como episódios pronunciados de busca por atividade sexual. O agravamento do quadro clínico ocorre por meio da quantidade de tempo gasto com o CSC (83%), do aumento da frequência ou intensidade dos sintomas (81%), dos locais frequentados e dos tipos de manifestações que vão se desenvolvendo (62,4%), bem como do risco associado (60%) (Morgenstern et al., 2011; Reid et al., 2012). Uma pesquisa desenvolvida no Instituto de Psiquiatria (IPq) do Hospital das Clínicas da Faculdade de Medicina da Universidade de São Paulo (HC-FMUSP) com 86 compulsivos sexuais que buscaram tratamento observou que os CSC mais frequentemente referidos como problemáticos são: masturbação compulsiva (82%), busca compulsiva por pornografia (72%), sexo casual excessivo (60%), sexo com múltiplos parceiros (40%) (Scanavino et al., 2013). Menos frequentes, mas também referidos são: sexo excessivo com profissionais, sexo virtual excessivo ou utilização da internet para encontrar parceiros (Scanavino et al., 2013).

Homens que fazem sexo com outros homens geralmente referem mais sexo casual compulsivo e menos consumo compulsivo de pornografia do que os heterossexuais, respectivamente, 92% *vs.* 45% e 35% *vs.* 82% (Morgenstern et al., 2011; Reid et al., 2012). A maioria dos indivíduos com CSC apresenta maior severidade da psicopatologia do que a população em geral, particularmente elevados escores de depressão, ansiedade, impulsividade, rigidez cognitiva e desatenção (Scanavino et al., 2013; Messina et al., 2017).

DIAGNÓSTICO

A falta de consenso existente na literatura acerca da psicopatologia do TCSC se reflete no uso de diferentes denominações (impulso sexual excessivo, dependência de sexo, transtorno hipersexual, compulsividade sexual) e na precária descrição nosográfica da condição, apresentada pelas duas principais classificações diagnósticas.

Para a 5ª edição do DSM foi considerado o diagnóstico do transtorno hipersexual. Com critérios embasados em pesquisas realizadas nas últimas décadas, envolvia basicamente a presença de recorrentes e intensas fantasias, impulsos e comportamentos sexuais não parafílicos nos últimos seis meses, que levam a sofrimento clínico e consequências adversas (Kafka, 2010). Os cinco subcritérios A eram: 1) tempo excessivo e que interfere em outras áreas da vida, gasto com atividades sexuais; 2) frequentemente busca o sexo em resposta a estados negativos de humor; 3) frequentemente busca o sexo em resposta a eventos estressantes; 4) fracasso ao tentar controlar o comportamento; 5) continua apesar do risco de danos físicos e emocionais para si e para terceiros. Os dois subcritérios B eram: 1) presença de sofrimento clínico; 2) prejuízo em outras áreas importantes. Com quatro subcritérios A e um subcritério B se preencheria o critério para diagnóstico do transtorno hipersexual. Porém, apesar de bastante operacional e ao mesmo tempo crítico (Scanavino et al., 2016), não foi incluído no DSM-5 por não apresentar evidências científicas suficientes. Por ora, o CSC deve ser classificado como "312.9 Transtornos disruptivos do controle dos impulsos e da conduta", seguindo o DSM-5.

Apesar de não ter sido incluído, desde 2013 houve um aumento exponencial de estudos acerca do CSC e a maioria deles utilizou os critérios do transtorno hipersexual para selecionar os participantes desses estudos.

Recentemente o critério diagnóstico para a décima primeira versão da Classificação Internacional de Doenças (CID-11) (Kraus et al., 2018) foi proposto. Os indivíduos que se queixam de um padrão persistente na falha do controle de impulsos ou desejos sexuais intensos, resultantes em comportamento sexual repetitivo, manifesto por um período de tempo prolongado (p. ex., 6 meses ou mais), e que relatam sofrimento acentuado ou prejuízo significativo nas áreas pessoal, familiar, social, profissional, ocupacional – ou outras áreas importantes do funcionamento – serão considerados para terem o diagnóstico de TCSC se eles também apresentarem os seguintes sintomas:

- atividades sexuais repetitivas começam a se tornar o foco central da vida da pessoa ao ponto de negligenciar saúde, cuidados pessoais ou outros interesses, atividades e responsabilidades;
- numerosas tentativas, sem sucesso, de reduzir o comportamento sexual repetitivo;
- comportamento sexual repetitivo contínuo apesar das consequências adversas ou quando este lhe traz pouca ou nenhuma satisfação.

Enquanto os critérios diagnósticos se encontram em debate na literatura, existem instrumentos de medida da gravidade bem estabelecidos. Três deles foram validados para uso no Brasil (Scanavino et al., 2016):

1. A Escala da compulsividade sexual (*The Sexual Compulsivity Scale*, SCS): os itens foram inicialmente derivados de autodescrições de sujeitos que se autoidentificam como sendo dependentes de sexo. A escala é composta de dez itens

que visam mensurar a intensidade do desejo, cognição e o CSC, como "Meu desejo sexual atrapalha os meus relacionamentos". Dispõe de uma escala de quatro pontos, variando de um (não se aplica a mim) a quatro (se aplica muito a mim), para o participante assinalar. Os escores totais podem variar de 10 a 40 pontos, com escores mais altos indicando níveis mais elevados de sintomatologia sexual compulsiva. A escala tem sido utilizada para prever frequências de comportamentos sexuais, número de parceiros sexuais, práticas de comportamentos sexuais diversos e história de IST. Estudos americanos propuseram o ponto de corte de 24, significando que indivíduos que alcançam esse escore apresentam risco para desenvolver um quadro clínico relacionado ao CSC (Scanavino et al., 2016).

O Inventário do comportamento sexual compulsivo (CSBI) foi elaborado com base na experiência clínica de indivíduos com CSC (Coleman et al., 2001), com colocações como "Você já se sentiu incapaz de controlar o seu comportamento sexual?". A versão adaptada para uso no Brasil tem 22 itens (CSBI-22). Os participantes respondem a cada item do inventário usando uma escala de pontuação de 1 a 5, em que 1 significa muito frequentemente e 5, nunca. No CSBI-22, a pontuação pode variar de 22 a 110, com menores pontuações representando níveis mais severos de CSC (Miner et al., 2007). O CSBI-22 acessa dois fatores: controle (13 itens), que mensura a habilidade de controlar o comportamento sexual, e violência (9 itens), que mensura a experiência de violência sexual. Investigações das propriedades psicométricas do CSBI mostram grande confiabilidade e validade (Scanavino et al., 2016).

2. O Inventário de triagem do transtorno hipersexual (HDSI) é uma medida diagnóstica e dimensional – tem dupla possibilidade de aplicação – composta de três partes (A, B e C). Ele consiste em sete itens seguidos de acordo com os critérios (cinco itens do critério A e dois itens do critério B) do transtorno hipersexual. Por exemplo: "Durante os últimos 6 meses, eu fiz uso de fantasias sexuais e comportamentos sexuais para evitar, adiar ou lidar com estresses e outros problemas difíceis ou responsabilidades em minha vida". Eles são numerados de 0 a 4, de "nunca verdadeiro" até "quase sempre verdadeiro" e investigados no intervalo de tempo dos últimos 6 meses, com total de pontuação variando de 0 a 28. Para um possível diagnóstico de transtorno hipersexual, uma pontuação mínima de 3 é requerida em quatro de cinco critérios A, e 3 ou 4 pontos em pelo menos um critério B é requerido, resultando numa pontuação total mínima de 15. Pode ser reaplicado ao longo do tempo para mensurar a gravidade sintomática. A parte C contém uma lista de seis domínios de comportamentos sexuais problemáticos (p. ex., consumo excessivo de pornografia, prática masturbatória excessiva), e os participantes são solicitados para falar sobre quais tipos de comportamento têm causado problemas nos últimos 6 meses. O HDSI mostrou excelentes propriedades psicométricas (Scanavino et al., 2016).

DIAGNÓSTICO DIFERENCIAL

Os seguintes quadros clínicos devem estar presentes no exercício do diagnóstico diferencial (APA, 2013):

- Transtorno parafílico: frequentemente indivíduos com CSC relatam comportamentos parafílicos. Entretanto, não preenchem os critérios diagnósticos para transtorno parafílico, caracterizado pela formação sintomática de um ou mais comportamentos sexuais não convencionais predominantes e repetitivos por um período de tempo geralmente de 6 meses e que causam sofrimento ou incorrem em prejuízo em áreas importantes da vida.
- Transtorno do humor bipolar: fase maníaca do transtorno do humor bipolar que, frequentemente, cursa com desinibição psicossexual, resultando em comportamentos sexuais exacerbados, mas apenas enquanto persiste a exacerbação do humor. Quando esses comportamentos persistem mesmo após o término da fase maníaca, ambos os diagnósticos devem ser descritos.
- Transtorno de personalidade *borderline*: indivíduos com transtorno de personalidade *borderline* podem apresentar comportamentos sexuais impulsivos, porém, em geral, as manifestações clínicas não se sustentam consistentemente no tempo, nem causam sofrimento e angústia específicos do comportamento sexual.
- Síndrome demencial: alguns indivíduos com 60 anos ou mais podem apresentar comportamentos resultantes da desinibição sexual com início súbito como primeiras manifestações de síndrome demencial. A confirmação de declínio cognitivo associado afasta o diagnóstico de transtorno do CSC.
- Uso de substâncias psicoestimulantes: indivíduos sob o efeito de substâncias psicoestimulantes, como a cocaína, podem apresentar exacerbação do comportamento sexual, porém as manifestações não perduram após o período de intoxicação.
- Uso de medicamentos dopaminérgicos que restabelecem a concentração do neurotransmissor dopamina ou mimetizam a sua ação costumam aumentar a frequência de comportamentos impulsivos, havendo diversos relatos de pacientes que apresentam quadro clínico semelhante ao CSC sob a ação desses medicamentos utilizados para o tratamento da doença de Parkinson.

COMORBIDADES

Um estudo desenvolvido no IPq-HCFMUSP com 86 homens que buscaram tratamento identificou pelo menos outro diagnóstico psiquiátrico por meio de entrevista semiestruturada para o diagnóstico psiquiátrico de acordo com o DSM III-R e o CID-10 em 72% da amostra (Scanavino et al., 2013).

Indivíduos compulsivos sexuais frequentemente apresentam comorbidades com distimia e depressão (39% a 66%), transtorno do humor bipolar (8%), transtornos de ansiedade (38%), abuso de substâncias (63%), transtornos do controle dos impulsos (7% a 17%), transtorno obsessivo-compulsivo (8% a 14%), transtorno do déficit de atenção e hiperatividade (17% a 19%) (Kafka, 2010).

Amostras de pacientes brasileiros em tratamento ambulatorial reportam sintomas característicos de transtorno de déficit de atenção e hiperatividade em 21% (Messina et al., 2017) e risco de suicídio em 22% (Scanavino et al., 2013) dos pacientes.

Um estudo com 132 homens em tratamento para transtorno hipersexual identificou critérios para transtornos de personalidade na maioria deles, sendo os traços mais prevalentes os do transtorno *borderline*, narcisista, entre outros (Carpenter et al., 2013).

TRATAMENTO E OS DESENHOS DE ESTUDO

Começaremos falando dos estudos clínicos sobre medicamentos. São muitos relatos de caso e poucos ensaios controlados e randomizados em geral.

Os medicamentos mais utilizados são os inibidores da receptação da serotonina, o naltrexone (inibidor opioide) e estabilizadores de humor.

Até o momento, apenas alguns relatos de caso e um pequeno ensaio clínico randomizado e controlado (ECRC) (28 homens) forneceram alguma evidência para a eficácia dos inibidores seletivos da recaptação da serotonina (ISRSs) na redução da compulsividade sexual (Wainberg et al., 2006). Da mesma forma, vários relatos de caso e um pequeno estudo aberto (20 homens), de um grupo só, sem grupo controle, demonstrou a utilidade clínica do antagonista opioide naltrexona no TCSC (Savard et al., 2020). Recentemente, um estudo controlado randomizado foi conduzido com o objetivo de avaliar a segurança e a eficácia de um ISRS (paroxetina) e da naltrexona em pacientes do sexo masculino que procuraram tratamento em um ambulatório de sexologia e que apresentaram TCSC de acordo com a CID-11 (Lew-Starowicz et al., 2022). Setenta e três homens cisgênero heterossexuais recrutados (idade média: 35,7±8,1 anos) participaram, sendo que 24 foram aleatoriamente designados para o uso de paroxetina (20 mg/dia), 24 para o uso da naltrexona (50 mg/dia) e 25 para o uso de um placebo. Não foram observadas diferenças significativas entre os grupos com relação aos sintomas de TCSC ou características demográficas.

Com base em entrevistas clínicas, ambos os medicamentos (naltrexona e paroxetina) foram considerados mais eficazes do que placebo na redução dos sintomas de TCSC. Tal superioridade foi visível na 20ª semana. A avaliação momentânea ecológica diária administrada por *smartphone* (EMA) forneceu suporte para a maior eficácia na redução do desejo por encontros sexuais e visualização de pornografia nos participantes que receberam a paroxetina. No entanto, com base nos dados de questionários de autopreenchimento e no consumo de pornografia autorrelatado, a superioridade da paroxetina e da naltrexona sobre o placebo não alcançou significância estatística. Portanto, a eficácia clínica dessas drogas no TCSC deve ser confirmada por estudos futuros. Os pacientes geralmente relataram efeitos colaterais leves e transitórios com qualquer uma das medicações, exceto por uma alta incidência de sedação relatada por usuários da naltrexona (Lew-Starowicz et al., 2022).

O próximo ensaio clínico mencionado envolve medicação e psicoterapia psicodinâmica em grupo de tempo limitado seguida por terapia de prevenção de recaída em grupo. Trata-se de um estudo brasileiro controlado e randomizado com 135 homens altamente sintomáticos para o TCSC que foi publicado (Scanavino et al., 2023). Nesse estudo os indivíduos compulsivos sexuais foram randomizados em três modalidades terapêuticas: acompanhamento psiquiátrico com uso de medicamentos; psicoterapia psicodinâmica em grupo e de tempo limitado; e ambas as intervenções combinadas.

Os participantes completaram as avaliações na linha de base, 25ª e 34ª semanas. Deles, 57 (42,2%) participantes desistiram entre o início e a 25ª semana e 68 (50,4%) entre o início e a 34ª semana; 94 (69,6%) não aderiram (80% comprimidos tomados ou 75% sessões de terapia) ao tratamento.

Os efeitos colaterais estiveram presentes em 44 (62%) de todos os participantes designados para modalidades de tratamento envolvendo prescrição de medicamentos, em

33 (75%) daqueles que receberam ISRS e em 11 (25%) dos que receberam ISRS e estabilizadores de humor. Aqueles que receberam apenas estabilizadores de humor não relataram efeitos colaterais. Os efeitos colaterais mais comuns apresentados pelos participantes foram diminuição do desejo sexual (32,4%), sonolência diurna (22,5%), retardo na ejaculação (17,9%), dificuldade para obter ereção (8,5%) e ansiedade (8,5%). A distribuição dos efeitos colaterais não se associou a nenhum tipo de medicação e à não adesão.

Embora os pacientes tenham recebido medicação com efeitos sobre o humor, impulso e regulação sexual, a medicação isoladamente foi associada à menor melhora e ao pequeno tamanho do efeito, enquanto a terapia psicodinâmica resultou em grande tamanho do efeito. Esses resultados se alinham com metanálises anteriores, que sugerem que a terapia psicodinâmica pode alcançar um tamanho de efeito maior do que os medicamentos (Leichsenring & Leibing, 2003; Shedler, 2010).

Um efeito de interação significativo foi encontrado entre tempo e grupo, mostrando que quem recebeu apenas medicamentos sob acompanhamento psiquiátrico melhorou menos da compulsividade sexual do que quem recebeu psicoterapia psicodinâmica de grupo e de prevenção de recaída em grupo e de quem recebeu ambas as modalidades de tratamento conjuntamente.

Os participantes que aderiram ao tratamento melhoraram mais da compulsividade sexual do que os não aderentes na 25ª semana e na 34ª semana. O comportamento problemático mais relatado foi a masturbação compulsiva, e também foi o que apresentou maior risco de não adesão (72,6%).

Devido à elevada taxa de desistência e à não adesão, ficam limitadas as conclusões sobre a eficácia. Novos estudos poderão explorar esses dados. O ensaio clínico a seguir envolve apenas psicoterapia. Trata-se de um estudo recente que examinou a eficácia da terapia cognitivo-comportamental (TCC) na depressão e comportamentos sexuais compulsivos em pacientes que sofrem de TCSC. Vinte participantes com TCSC foram designados para tratamento de TCC (n = 10) ou um grupo controle (n = 10). O estudo compreendeu três fases, incluindo *baseline*, final da intervenção e um mês de seguimento. O inventário de comportamento hipersexual (HBI) e o inventário de depressão de Beck (BDI) foram aplicados em ambos os grupos. Os participantes que receberam TCC mostraram um declínio significativo nos comportamentos hipersexuais e sintomas depressivos após a intervenção e o efeito foi mantido na fase de acompanhamento em comparação com o grupo controle. No entanto, os dados foram limitados pelo pequeno tamanho da amostra (FiroozìKhojastehfar et al., 2021).

Outro estudo investigou anteriormente a eficácia da TCC administrada em grupo para TCSC. Esse já envolveu 137 participantes do sexo masculino com TCSC, randomizados entre sete semanas de TCC administrada em grupo (n = 70) e um grupo controle formado por uma lista de espera recebendo a intervenção após 8 semanas (n = 67). Os instrumentos foram administrados na *baseline*, meio do tratamento e após o tratamento, com seguimento após 3 e 6 meses. O desfecho primário foi o transtorno hipersexual mensurado pela Escala de avaliação atual (HD:CAS), e os desfechos secundários foram a Escala de compulsividade sexual (SCS) e instrumentos medindo depressão (*Montgomery e Åsberg Depression Rating Scale* – MADRS-S), sofrimento psicológico (*Clinical Outcomes in Routine Evaluation Outcome Measure* – CORE-OM) e satisfação com o tratamento (CSQ-8). Uma diminuição significativamente maior nos sintomas de hipersexualidade e compulsividade sexual, bem como melhorias significativamente maiores no bem-estar psicológico, foram encontradas para a condição de tratamento em comparação com a lista de espera. Esses efeitos permaneceram estáveis 3 e 6 meses após o tratamento. Infelizmente, os efeitos do tratamento a longo prazo são vagos devido à baixa taxa de resposta nas medidas de seguimento: 31% em 3 meses e 18% (Hallberg et al., 2019).

REVISÕES SISTEMÁTICAS E SAÚDE BASEADA EM EVIDÊNCIAS

Desde o que sabemos não existem revisões Cochrane para o tema.

A Federação Mundial de Sociedades de Psiquiatria Biológica escreveu diretrizes sobre a avaliação e o tratamento farmacológico do TCSC em 2022 (Turner et al., 2022) com o objetivo de avaliar o papel dos agentes farmacológicos no tratamento de pacientes com esse transtorno. Uma extensa revisão bibliográfica foi realizada utilizando a literatura de língua inglesa indexada no PubMed e no Google Acadêmico sem limite de tempo, complementada por outras fontes, incluindo revisões publicadas. Cada recomendação de tratamento foi avaliada quanto à força da evidência e quanto a eficácia, segurança, tolerabilidade e viabilidade. A psicoeducação e a psicoterapia são consideradas tratamentos de primeira escolha e devem ser sempre conduzidas. O tipo de medicação recomendado dependeu principalmente da intensidade do TCSC e de transtornos sexuais e psiquiátricos comórbidos. Existem poucos ensaios clínicos randomizados. Embora nenhum medicamento tenha indicações formais para TCSC, inibidores seletivos da recaptação da serotonina e naltrexona atualmente constituem os tratamentos farmacológicos mais relevantes para o tratamento do TCSC.

Os autores propuseram um algoritmo para o tratamento farmacológico do TCSC, com base em Briken e Turner (2021) e Thibaut et al., (2020).

Nível 1 – Leve e leve a moderado

Objetivo: apoiar o controle de fantasias, compulsões e comportamentos sexuais sem risco de automutilação ou dano a outras pessoas.

Psicoeducação (prevenção de gravidez indesejada, ISTs; educação sobre os riscos associados à CSB).

Entrevista motivacional.

Psicoterapia, preferencialmente TCC ou terapia de aceitação e compromisso (ACT) (nível C de evidência).

Tratamento de transtornos depressivos ou de ansiedade comórbidos ou transtornos psiquiátricos aditivos ou outros, se houver.

Reduzir os níveis de estresse e impulsividade e melhorar a autoestima.

Nível 2a – Moderado

Objetivo: apoiar o controle de fantasias, compulsões e comportamentos sexuais.

Especificadores: presença de depressão ou transtorno de ansiedade comórbidos.

Não há resultados satisfatórios no nível 1.
Psicoterapia, preferencialmente TCC ou ACT.

ISRS: a dosagem aumentou gradualmente no mesmo nível prescrito no TOC (p. ex., sertralina 50-200 mg/dia, fluoxetina 20-80 mg/dia ou paroxetina 20-60 mg/dia) (nível B de evidência)

Nível 2b – Moderado

Objetivo: apoiar o controle de fantasias, compulsões e comportamentos sexuais.

Especificadores: presença de abuso de álcool ou substâncias concomitantes, outros comportamentos aditivos.

Não há resultados satisfatórios no nível 1. Psicoterapia, preferencialmente TCC ou ACT.

Naltrexona 50-200 mg/dia (nível B de evidência).

Nível 3 – Grave

Objetivo: apoiar o controle dos sintomas graves de TCSC.

Especificadores: não há resultados satisfatórios nos níveis 2a e 2b. Psicoterapia, preferencialmente TCC ou ACT.

Adicionar naltrexona (50-200 mg/dia) aos ISRSs ou ISRSa ao naltrexobe (p. ex., sertralina 50-200 mg/dia ou fluoxetina 20-80 mg/dia ou paroxetina 20-60 mg/dia) (nível C de evidência).

Esse algoritmo é para casos sem transtorno parafílico concomitante ou *chemsex* (em português, sexo químico).

Em casos de TCSC com transtornos parafílicos comórbidos, agentes hormonais podem ser indicados, devendo-se consultar diretrizes publicadas anteriormente sobre o tratamento de adultos com distúrbios parafílicos (Thibaut et al., 2020). Recomendações específicas também são propostas em caso de comportamento *chemsex* associado ao TCSC, como psicoeducação, por exemplo, para reduzir o risco de ISTs. Em caso de transtornos por uso de álcool ou substâncias concomitantes, as respectivas diretrizes podem ser utilizadas.

Uma revisão foi conduzida sobre os achados de intervenções comportamentais para TCSC publicadas recentemente (Borgogna et al., 2022).

Eles realizaram buscas usando o Google Acadêmico, inicialmente com estudos posteriores a 2017. Os termos de pesquisa incluíram "intervenção comportamental de transtorno de comportamento sexual compulsivo", "intervenção de uso problemático de pornografia" e "intervenção de transtorno hipersexual". Eles também realizaram uma busca auxiliar usando termos semelhantes para identificar quaisquer estudos excepcionalmente rigorosos anteriores a 2017.

Nove ensaios clínicos preencheram critérios para inclusão na revisão. Cada intervenção foi associada à diminuição dos sintomas de TCSC. Os formatos de intervenção diferiram consideravelmente. A terapia de aceitação e compromisso e a terapia cognitivo-comportamental foram as abordagens conceituais abrangentes mais comuns. A maioria dos estudos utilizou amostras pequenas. Ensaios com amostras maiores apresentaram problemas significativos de atrito. Dos estudos revisados, não houve medidas de seguimento depois de 6 meses pós-tratamento. A quase totalidade das amostras foi composta de homens de países ocidentais. Quatro dos nove ensaios tinham condições de controle (uma lista de espera em cada caso). Intervenções comportamentais para TCSC provavelmente diminuirão os sintomas, e pesquisas futuras são necessárias para determinar as abordagens preferidas.

Problemas de *design* representam uma séria ameaça à validade interna em intervenções comportamentais de TCSC. Primeiro, dos estudos revisados, menos da metade incluiu um grupo controle (quatro de nove). Como tal, os mecanismos causais sugeridos por muitas das intervenções são suspeitos. Além disso, dos quatro estudos que incluíram uma condição de controle, cada um foi composto de um controle em lista de espera. Ou seja, nenhuma condição de controle de tratamento verdadeiro (p. ex., ACT para TCSC *versus* um programa de 12 etapas que aborda questões de dependência de forma mais ampla) foi empregada em nenhum dos ensaios. Essa questão reflete um problema em curso dentro da ciência comportamental. Ou seja, a hipótese nula de "fazer algo é melhor do que não fazer nada" é bastante fraca. Vários pesquisadores de TCSC ao longo dos ensaios revisados sequer se preocuparam em postular hipóteses. Preferencialmente, os pesquisadores devem especificar *a priori* a quantidade de diminuição nos sintomas de TCSC que é esperada da intervenção a ser testada com base na teoria que orienta a respectiva intervenção. Além disso, os projetos podem ser fortalecidos com a inclusão de condições de controle adequadas, como uma condição de tratamento usual (TAU) ou uma condição de terapia não diretiva em vez de uma lista de espera.

Os problemas de atrito/adesão ao tratamento representaram sérios problemas nos estudos revisados. Na intervenção de autoajuda de Levin e colegas (baseada no ACT), apenas 11 participantes completaram a pós-avaliação, com 45% relatando ter lido "pelo menos metade do livro" (Levin et al., 2017). Os participantes revelaram "não ter tempo suficiente" e "falta de interesse" como os principais motivos para a não adesão ao tratamento.

Bőthe e colegas iniciaram seu estudo de intervenção *on-line* de seis semanas para uso problemático de pornografia (PPU), automatizada (*hands-off*) com base em princípios de entrevista motivacional, TCC, *mindfulness*, intervenções sociopsicológicas "*wise*" (Walton & Wilson, 2018) e prévias intervenções *on-line* desenvolvidas pelo Swiss Research Institute for Public Health and Addiction que efetivamente reduziram uso de substâncias, álcool e comportamento de jogar problemático, com 123 participantes em seu grupo de intervenção experimental e 141 para seu controle de lista de espera. No entanto, eles experimentaram uma taxa de atrito de 65,5% no seguimento de seis semanas. Apenas 12,20% dos participantes completaram todos os seis módulos de tratamento (Bőthe et al., 2021).

A intervenção automatizada de Bőthe et al. (2021) foi menos bem-sucedida do que as abordagens terapêuticas tradicionais na retenção dos participantes.

Os autores da revisão (Borgogna et al., 2022) encorajam os pesquisadores a conduzir pesquisas mais aprofundadas (p. ex., entrevistas qualitativas, pesquisas) para identificar fatores que contribuem para altas taxas de desistência entre os pacientes que procuram ajuda, antes de iniciar os estudos.

Nenhum dos estudos revisados forneceu seguimento de longo prazo, mas sim intervenções baseadas em evidências de curto prazo, em geral acompanhamentos de 3 meses ou, no caso de Hallberg e colegas, acompanhamentos de 6 meses, mas o desgaste foi altamente problemático (tão alto quanto 76%).

Consistente com essa questão foi a falta de um modelo teórico abrangente para tratar TCSC. A maioria das abordagens caiu sob o guarda-chuva da terapia cognitivo-comportamental (TCC) ou da terapia de aceitação e compromisso (TCA). Pesquisas contínuas sobre os mecanismos que causam TCSC provavelmente serão necessárias antes que tratamentos mais refinados possam ser empregados. Em relação ao uso problemático de pornografia, a evitação experiencial tem sido proposta como potencial mecanismo causal, que pode generalizar bem para outras dimensões do TCSC. Ou seja, esforços desadaptativos para reduzir os comportamentos compulsivos (p. ex., supressão do pensamento) podem exacerbá-los (p. ex., tentar não pensar sobre pornografia é pensar sobre pornografia). Como tal, abordagens experienciais, como o ACT, podem fornecer um caminho esperançoso à frente, uma vez que são projetadas para visar mecanismos patológicos transdiagnósticos, incluindo evitação experiencial. Abordando as lacunas atuais de tratamento na literatura, recomendamos ensaios clínicos adicionais utilizando amostras maiores/diversas com base conceitual mais forte.

Um grupo de pesquisadores liderado pelo psicólogo Joshua Grubbs (Grubbs et al., 2020a) realizou uma revisão sistemática da literatura empírica publicada desde 1995 sobre o TCSC, amplamente definido. Os objetivos dessa revisão foram: 1) examinar o desenvolvimento da literatura; 2) descrever a amostra e as características metodológicas gerais dos estudos de TCSC; 3) resumir o conhecimento clínico e as recomendações para a avaliação e tratamento de TCSC; e 4) identificar áreas de pesquisa de TCSC que precisam de maior desenvolvimento.

Como este capítulo se refere à ótica da PBE sobre o TCSC, parece-me relevante comentar partes dessa revisão que explicitam o impacto da PBE na área. Acessar o estudo no *link* https://doi.org/10.1016/j.cpr.2020.101925.

A revisão sistemática envolveu o período de 1º de janeiro de 1995 a 1º de agosto de 2020. Seguiram as diretrizes do *Preferred Reporting Items for Systematic Reviews and Meta-Analyses* (PRISMA). Não foi realizada uma metanálise devido à variedade de métodos usados, o que tornaria tal análise quase impossível. As buscas primárias foram realizadas via *PsycInfo, PubMed, Academic Search Complete, Academic Search Premier, Health Source: Nursing/Academic Edition, Medline, Psychology and Behavioral Sciences Collection e SocINDEX*. Também realizaram pesquisas complementares via Google Acadêmico e consulta a especialistas no assunto para identificar estudos faltantes. Os estudos só foram incluídos quando apresentavam análise empírica de estudos de caso de TCSC não parafílicos, sendo que relatos de caso e estudos qualitativos foram excluídos.

A revisão levantou os tipos de comportamentos problemáticos relacionados ao TCSC.

A maioria dos estudos revisados (65,1%; k = 270) examinou a TCSC em geral. Esses estudos podem envolver o uso compulsivo de pornografia ou comportamentos sexuais *on-line*, mas também a busca de profissionais do sexo, sexo casual compulsivo ou busca compulsiva de locais de entretenimento adulto.

Dos estudos revisados, 29,9% (k = 124) enfocaram principalmente ou exclusivamente o uso problemático de pornografia. As evidências de pesquisas relativamente recentes sugerem que praticamente todo o uso de pornografia é consumido via internet. Na maioria dos estudos a masturbação está associada, embora isso nem sempre esteja explícito.

Entre os estudos revisados, os autores observaram uma diversidade de metodologias.

A maioria dos estudos incluídos na revisão utilizou amostras transversais não clínicas (60,4%; 252). Essas amostras variaram de estudantes universitários, a indivíduos recrutados para preencher pesquisas de papel e lápis em eventos sociais, a amostras *on-line*, a amostras de bola de neve *on-line* e amostras populacionais recrutadas para corresponder às normas demográficas de várias regiões. Mesmo assim, esses estudos se concentraram em populações com níveis relativamente baixos de TCSC e usaram predominantemente métodos baseados em inquéritos e medidas autorrelatadas de TCSC para fazer inferências sobre a natureza, a prevalência e a estrutura do TCSC.

No entanto, entre os estudos incluídos na revisão, 25,2% (105) fizeram uso de amostras clínicas ou de busca de tratamento amplamente definidas. A maioria (65) desses estudos é de natureza transversal, embora 19 tenham relatado resultados de estudos de neurociência, quatro tenham relatado resultados de testes neurocognitivos, dois tenham sido de natureza longitudinal e 15 tenham relatado resultados de tratamento.

Quanto aos estudos longitudinais incluindo estudos de desfecho de tratamento (15), a revisão identificou um número (44) de estudos longitudinais de TCSC.

Entre os estudos longitudinais, poucos envolveram mais de um único acompanhamento, com apenas dois artigos envolvendo quatro ondas de coleta de dados ao longo de um ano (Grubbs & Gola, 2019; Grubbs et al., 2020b), um examinando cinco acompanhamentos ao longo de 2,5 anos (Kohut & Stulhofer, 2018), e outro examinando quatro ondas de coleta de dados ao longo de quatro anos (Thompson et al., 2015). Esses estudos são particularmente significativos, pois são os únicos estudos, até o momento, a usar modelagem de curva de crescimento ou modelagem de mistura de crescimento latente para examinar o crescimento ou a mudança nos TCSCs ao longo do tempo.

Entre os estudos incluídos, a revisão identificou 21 estudos (5%) usando métodos de neurociência, amplamente definidos.

Os estudos de neuroimagem, em geral, parecem estar em um início, sem controles adequados para fatores de confusão (p. ex., condições comórbidas como TDAH) e amostras compostas de homens predominantemente heterossexuais.

A revisão observou uma grande discrepância na mensuração de TCSC. Encontraram um grande número de técnicas de avaliação (n = 39) como medidas de TCSC.

Além disso, descobriram que 5,3% (22) dos estudos se basearam em medidas idiossincráticas de TCSC como medidas de item único como "Eu sou viciado em pornografia". Finalmente, 5,3% dos estudos (20) não forneceram nenhum detalhe sobre a avaliação, observando que a presença de TCSC foi confirmada por meio de entrevista clínica.

A revisão também encontrou evidências claras de que as autopercepções dos comportamentos sexuais são influenciadas pela moralidade pessoal e pela religiosidade. Isso é particularmente verdadeiro para as autopercepções em relação aos TCSC (Grubbs & Perry, 2019; Walton, 2019). Até o momento, o TCSC é um único padrão de comportamento aditivo ou compulsivo para o qual há um corpo claro de pesquisas empíricas sugerindo que as autopercepções de dependência/compulsão são impulsionadas, em muitos casos, pela religiosidade pessoal ou pela moralidade.

Vale dar o crédito ao grupo de trabalho em TCSC da Organização Mundial da Saúde ao incluírem a nota sobre a presença do sofrimento moral. Observaram que os critérios deixam claro que o sofrimento autorrelatado por comportamentos sexuais que decorrem exclusivamente de escrúpulos morais ou religiosos não é suficiente para o diagnóstico de TCSC.

A revisão também observou falta de integração teórica. Observaram pouca consistência na definição, na classificação e na concepção teórica de TCSC. Vários estudos conceituaram o TCSC como um transtorno do controle dos impulsos, enquanto outros o consideram como um transtorno aditivo, e ainda outros se referem a ele simplesmente como uma questão de compulsividade. Na maioria dos casos, parece que os termos são totalmente intercambiáveis em seu uso, com grupos de pesquisa usando vários deles para abranger TCSCs não parafílicos sem muita consideração pelas implicações teóricas e etiológicas específicas de tais termos.

A revisão entende que, para a pesquisa relacionada ao TCSC avançar, deve haver esforços sustentados para estudar sistematicamente os mecanismos psicológicos, sociais, ambientais e neurocognitivos subjacentes ao transtorno. Esse tipo de pesquisa provavelmente envolverá estudos epidemiológicos de alta qualidade, pesquisa longitudinal de longo prazo, métodos longitudinais intensivos (ou seja, avaliação momentânea ecológica; avaliação ambulatorial) e pesquisa neurocientífica em maior escala.

É importante, no entanto, que tais abordagens sejam conduzidas de maneira cumulativa, com diversos grupos de pesquisa buscando se basear em descobertas passadas em vez de simplesmente tentar conduzir tais pesquisas isoladamente.

REFERÊNCIAS

Estratégias *mindfulness* para o tratamento do transtorno obsessivo-compulsivo: uma revisão sistemática

Eduardo A. Perin, Rosana Z. Moreira, Nelson Carvas Júnior, Vinicius Tassoni Civile, Tamara Melnik

INTRODUÇÃO

O transtorno obsessivo-compulsivo (TOC) é caracterizado pela presença de obsessões e/ou compulsões, que consomem mais de 1 hora por dia, causam sofrimento clinicamente significativo ou prejuízo em áreas importantes do funcionamento do indivíduo, como nas esferas social, profissional, acadêmica e conjugal (APA, 2022).

Uma recente revisão sistemática que incluiu 34 artigos transversais de prevalência de TOC em populações adultas, com uma amostra total de 145.429 sujeitos, apontou uma prevalência ao longo da vida de 1,3% da população, sendo 1,5% em mulheres e de 1,0% em homens, apesar do fato de que os estudos incluídos eram muito heterogêneos, portanto os achados são inconsistentes (Fawcett et al., 2020). Cinquenta e um por cento dos pacientes com TOC são graves (Kessler et al., 2005), e estudos transversais demonstram uma associação entre TOC e tentativas de suicídio, sendo que a taxa de pacientes com TOC que já fizeram pelo menos uma tentativa de suicídio foi de 11% no Brasil (Torres et al., 2011), 25% no Reino Unido (Torres et al., 2007) e 14% numa amostra global (Dell´Osso et al., 2018).

Além disso, estima-se que nos EUA, entre custos diretos e indiretos, são gastos 10 bilhões por ano no tratamento de pessoas com TOC (Hollander et al., 2016).

Um estudo chinês entrevistou 639 pacientes com TOC de hospitais terciários e apontou um custo anual *per capita* do TOC no valor de US$3465.88 (95% CI: US$3199.65 a US$3732.11); e que pacientes mais graves e com baixo nível socioeconômico tinham piora na qualidade de vida (Yang et al., 2021). A gravidade do TOC também tem associação positiva com a maior sobrecarga dos cuidadores, principalmente do ponto de vista financeiro e da saúde física e mental (El-Slamon et al., 2022).

Segundo o *International College of Obsessive-Compulsive Spectrum Disorders* (Fineberg et al., 2020), os tratamentos considerados de primeira linha para TOC são os inibidores seletivos de recaptação de serotonina (ISRS)/clomipramina e/ou a terapia cognitivo-comportamental (TCC) contendo a técnica de exposição com prevenção de resposta (ERP). O tratamento combinado de TCC/ERP + ISRS/clomipramina foi superior a ISRS em monoterapia (Meng et al., 2019) e à TCC/EPR em monoterapia (Fineberg et al., 2018).

A ERP é apontada como técnica psicoterápica padrão-ouro no tratamento do TOC, de acordo com as *guidelines* da American Psychiatric Association e do National Institute for Health and Care Excelence (Koran et al., 2007; Nice, 2013), que estão aguardando atualização. Porém um pequeno estudo recente (N = 49) (Fineberg et al., 2018) comparou sertralina em monoterapia, TCC com EPR em monoterapia e tratamento combinado, e encontrou resultados desanimadores da TCC com EPR. O tratamento combinado foi o mais eficaz em 16 semanas, mas a vantagem não se sustenta, e a monoterapia com sertralina se torna o mais eficaz e com maior custo-efetivo em 52 semanas.

A técnica de ERP é considerada bastante aversiva pelos pacientes com TOC porque requer que o indivíduo enfrente seus medos e que resista a se envolver em comportamentos que o ajudam a se sentir seguro e menos incomodado (compulsões), apresentando efetividade de aproximadamente 50% em longo prazo (Abramowitz et al., 2018) e taxas de abandono precoce de 20% a 30% (Aderka et al., 2011; Foa et al., 2002); muitos pacientes mantêm sintomas residuais depois de um período de tratamento com TCC (Foa et al., 2002), e até 50% dos pacientes recaem em menos de seis meses após a terapia (Abramowitz, 2006).

Uma recente revisão sistemática sobre a efetividade da ERP para TOC envolveu 36 estudos, totalizando 2.020 pacientes, sendo 1.005 submetidos à TCC com ERP *versus* 1.015 intervenções controle. A TCC com ERP foi mais efetiva que placebo (g = 1,13: 95% CI 0,71 a 1,55, k = 10), e também que todas as outras técnicas ativas de comparador (g = 0,74: 95% CI = 0,51 a 0,97, k = 36), mas o efeito se torna marginal quando comparada a dosagens adequadas de farmacoterapia para TOC (g = 0,32: 95% CI -0,00 a 0,64, k = 6) (Reid et al., 2021).

Mindfulness consiste numa meditação budista que foi introduzida no Ocidente em 1979, na Universidade de Massachusetts, por Jon Kabat-Zinn, que criou inicialmente um programa estruturado de 8 semanas para redução de estresse (*minfulness-based stress reduction* – MBSR) (Kabat-Zinn & Hanh, 1990) e, posteriormente, adaptado por Segal et al. (2001) para prevenir recaída em pacientes com depressão (*mindfulness-based cognitive therapy* – MBCT). Esses dois programas de *mindfulness* originais foram então adaptados para diferentes transtornos, inclusive o TOC. As terapias baseadas em *mindfulness* ensinam os indivíduos a trazer atenção e consciência intencionalmente para o momento presente, sem julgamento e com aceitação da experiência atual (Kabat-Zinn & Hanh, 1990; Bishop et al., 2004). Ensina as pessoas a reconhecer a natureza transitória de pensamentos, sentimentos e sensações corporais, e a questionar a exatidão factual dos seus pensamentos (Baer, 2003), permitindo que as pessoas façam escolhas mais apropriadas sobre como agem (Teasdale et al., 2000).

Terapias à base de *mindfulness* podem ser interessantes para pacientes com TOC por endereçar alguns pontos importantes: 1) trazer atenção voluntária para pensamentos obsessivos pode facilitar o processo de habituação (Grayson et al., 1982, Grayson et al., 1986); 2) observar e descrever pensamentos de forma consciente pode ajudar os indivíduos a interromper as compulsões mentais automáticas de neutralizar ou suprimir pensamentos (Najmi et al., 2010); 3) experiências metafóricas de "*letting go*", como imaginar pensamentos obsessivos passando pela mente como nuvens no céu, poderiam facilitar a tentativa natural de escapar dos pensamentos e iniciar uma atitude de aceitação de que eles são apenas eventos mentais transitórios, não fatos (Baer, 2003).

Os primeiros relatos de caso de *mindfulness* no tratamento do TOC se mostraram promissores para novos estudos (Hannan & Tolin, 2005; Fairfax, 2008; Didonna, 2009). Ensaios clínicos que compararam *mindfulness* a comparadores inativos, como lista de espera (Hanstede et al., 2008; Hawley et al., 2021; Key et al., 2017) ou nenhum tratamento (Madani et al., 2013), demonstraram efetividade das terapias baseadas em *mindfulness* para TOC.

Há até o momento três revisões sistemáticas publicadas sobre esse tema na literatura, mas todas com importantes limitações metodológicas. Riquelme-Marin et al. (2022) publicaram uma RS para avaliar a efetividade de *mindfulness* para pacientes com TOC, com o objetivo de avaliar como desfechos sintomas obsessivo-compulsivos, depressivos e de *mindfulness*. Os autores não pré-publicaram um protocolo para essa revisão (alto risco de viés de desvio das intervenções pretendidas e de relato). Incluíram não RCTs e delimitaram a busca para inglês e espanhol. Chien et al. (2022) também realizaram uma RS sobre o assunto, mas incluíram RCTs e quasi-RCTs que avaliassem *mindfulness versus* controles ativos ou inativos, apenas na língua inglesa e incluíram na mesma metanálise estudos com diferentes desenhos. Baskaya et al. (2021) também conduziram uma RS sobre o assunto, incluindo RCT e não RCT, apenas nas línguas inglesa e turca, e incluiu na mesma metanálise estudos com desenhos diferentes. Há também um protocolo de RS sobre *mindfulness* e técnicas de aceitação para TOC publicado no *International Prospective Register of Systematic Reviews* (Prospero) (Burkle et al., 2021), mas que irá incluir RCT e não RCT, inclusive estudos não controlados de "antes e depois", cujo artigo ainda não foi publicado.

O objetivo de nossa revisão sistemática é comparar a efetividade de terapias baseadas em *mindfulness* com as terapias cognitivo-comportamentais, ou outros controles ativos. O protocolo dessa revisão sistemática foi publicado no Prospero, sob número de registro CRD42020200874 no dia 24/08/2020, com o título "*Mindfulness for the treatment of obsessive-compulsive disorder: a systematic review protocol*".

ESTRATÉGIA PICO

P = pacientes adultos (> 18 anos) com TOC;
I = *mindfulness* OU *mindfulness-based stress reduction* (MBSR) OU *mindfulness-based cognitive therapy* (MBCT);
C = terapia cognitivo-comportamental OU psicoeducação;
O = (1) redução de sintomas obsessivo-compulsivos;
(2) eventos adversos da intervenção e taxa de abandono
(3) redução de sintomas ansiosos
(4) redução de sintomas depressivos
(5) qualidade de vida
(6) aprendizado das habilidades (facetas) de *mindfulness*

MÉTODOS

Tipos de estudos

- Inclusão: RCT (com grupos paralelos, *within-person*, *cluster design* ou a primeira fase de um estudo *crossover*) comparando estratégias *mindfulness* a TCC (inclusive psicoeducação).
- Não houve limitação de língua ou data da publicação.
- Exclusão: não RCT – estudos nos quais o controle não recebia intervenção ativa (p. ex., lista de espera).

Tipos de participantes (P)

- Pacientes adultos (18 anos ou mais) diagnosticados com TOC de acordo com:
  - *Diagnostic and Statistical Manual of Mental Disorders* (DSM-3, DSM-3-R,

DSM-4, DSM-4-R, DSM-5) (APA, 1980; 1987; 1994; 2000; 2013); ou
- Classificação Internacional de Doenças (CID-9, CID-10, CID-11) (WHO, 1975; 1992; 2019); ou
- *Yale-Brown Obsessive-Compulsive Scale* (Y-BOCS) (Goodman et al., 1989a; 1989b) com escore total > 12 ou com subescore de obsessões ou compulsões > 8.

Tipos de intervenções (I)

Incluímos estudos que avaliassem os efeitos de estratégias *mindfulness*; MBSR; ou MBCT, comparado a TCC, incluindo psicoeducação.

Excluímos estudos em que o *mindfulness* estava inserido em alguma terapia cognitiva de terceira onda, como terapia de aceitação e compromisso (ACT) (Hayes et al., 2011) ou terapia comportamental dialética (DBT) (Linehan, 1993), porque não é possível separar o efeito do *mindfulness* nesses resultados. Também excluímos estudos com crianças e adolescentes e com outro comparador que não TCC ou psicoeducação.

Tipo de comparadores (C)

Incluímos estudos com comparadores ativos, como TCC, ou técnicas específicas de TCC, como ERP ou reestruturação cognitiva, bem como psicoeducação.

Excluímos estudos com comparadores inativos, como placebo ou lista de espera.

Tipos de medidas de desfecho

Desfechos primários

1. Redução de sintomas obsessivo-compulsivos (SOC), avaliada pela Y-BOCS (Goodman et al., 1989a; 1989b), *Obsessive-Compulsive Inventory-Revised* (OCI-R) (Foa et al., 2002), ou outra escala de gravidade padronizada.
2. Eventos adversos, como piora de sintomas após o tratamento, e também taxa de abandono.

Desfechos secundários

1. Redução de sintomas ansiosos, analisados por mudança de escores na *Hamilton Anxiety Rating Scale* (HAM-A) (Hamilton, 1959), no *Beck Anxiety Inventory* (BAI) (Beck et al., 1988) ou escala equivalente.
2. Redução de sintomas depressivos, medida por mudança nos escores da *Montgomery-Asberg Depression Rating Scale* (MADRS) (Montgomery & Asberg, 1979), do *Beck Depression Inventory* (BDI) (Beck et al., 1961), da *Hamilton Depression Rating Scale* (HAM-D) (Hamilton, 1960), ou equivalente.
3. Qualidade de vida (QoL), medida pela *The MOS 36-Item Short-Form Health Survey* (SF-36) (Ware & Sherbourne, 1992), *The World Health Organization's WHOQOL and WHOQOL-BREF* (Brief form) (Skevington et al., 2004; WHOQOL Group, 1995), ou equivalente.
4. Melhora de habilidades de *mindfulness*, medida pela *Five Facet Mindfulness Questionnaire* (FFMQ) (Baer et al., 2006; 2008), ou *Southampton Mindfulness Questionnaire* (SMQ) (Chadwick et al., 2008) ou outra escala padronizada.

Métodos de busca para identificação de artigos

Bases de dados eletrônicas

- Lilacs (*Latin American and Caribbean Health Science Information Database*) via Portal Regional BVS;

- Medline via Pubmed;
- Embase via Elsevier (1974 até o presente);
- PsycNet;
- Central (*Cochrane Central Register of Controlled Trials*), Cochrane Library (2020).

Plataformas on-line *de registro de RCTs*

- https://www.clinicaltrials.gov/ (*United States National Library of Medicine*);
- https://www.who.int/ictrp/en/ (*International Clinical Trials Registry Platform* - WHO);
- https://www.isrctn.com/editAdvancedSearch (registro ISRCTN).

As referências bibliográficas dos artigos selecionados foram revistas.

Estratégias de busca

Como ponto de partida, estabelecemos a estratégia de busca para o Medline via PubMed, conforme dados abaixo. As estratégias para as outras bases de dados foram derivadas dessas, portanto optamos por fornecer apenas a do Medline neste capítulo.

Data da última busca: 27 de julho de 2023. Busca realizada por VC e EAP.

Medline via PubMed – Mesh Terms and Entry Terms

- #1.
- "Obsessive-Compulsive Disorder" [Mesh] OR (Disorder, Obsessive-Compulsive) OR (Disorders, Obsessive- Compulsive) OR (Obsessive Compulsive Disorder) OR (Obsessive-Compulsive Disorders) OR (Neurosis, Obsessive-Compulsive) OR (Neuroses, Obsessive--Compulsive) OR (Neurosis, Obsessive Compulsive) OR (Obsessive- Compulsive Neuroses) OR (Obsessive-Compulsive Neurosis) OR (Anankastic Personality) OR (Anankastic Personalities) OR (Personalities, Anankastic) OR (Personality, Anankastic) OR "Obsessive Behavior"[Mesh] OR (Behavior, Obsessive) OR (Behaviors, Obsessive) OR (Obsessive Behaviors) OR Obsessions OR Obsession OR "Hoarding Disorder"[-Mesh] OR (Disorders, Hoarding) OR (Hoarding Disorders) OR (Obsessive Hoarding) OR (Hoarding, Obsessive) OR "Hoarding"[Mesh] OR "Rumination, Cognitive"[Mesh] OR (Cognitive Rumination)

- #2.
- "Mindfulness"[Mesh]

- #3.
- ((clinical[Title/Abstract] AND trial[-Title/Abstract]) OR clinical trials as topic[MeSH Terms] OR clinical trial[Publication
- Type] OR random*[Title/Abstract] OR random allocation[MeSH Terms] OR therapeutic use[MeSH Subheading])

- #4.
- #1 AND #2 AND #3

Conforme o fluxograma PRISMA 2020 (Page et al., 2021) (ver Figura 1), nossa busca resultou em 856 artigos (830 provenientes das bases de dados e 26 das bases de registro). Realizamos todo o processo de triagem no *software* Rayyan (Ouzzani et al., 2016). Após a remoção de 123 duplicatas, dois revisores (EAP e RZM) selecionaram títulos e resumos dos 723 artigos e identificaram 25 estudos potencialmente elegíveis a partir de registros recuperados dos bancos de dados. Um terceiro revisor (NCJ) poderia ser acionado para resolver conflitos.

Após essa fase, adquirimos o texto completo e avaliamos mais uma vez a elegibilidade desses ensaios para inclusão, excluindo estudos:

- quatro por não serem RCTs (Mathur et al., 2016; Selchen et al., 2018; Didonna et al., 2019; Kumar et al., 2016);
- seis por intervenção errada: biblioterapia (Cludius et al., 2015); terapia de aceitação e compromisso (Twohig et al., 2010; Twohig et al., 2018; Vakili et al., 2015); apenas três *slides* (Wahl et al., 2013; Hu et al., 2016);
- dois por serem protocolos de RCT (Hasani et al., 2020; Külz et al., 2014);
- um por avaliar amostra não clínica de estudantes de graduação sem diagnóstico de TOC (Ludvik & Boschen, 2015);
- quatro por comparador inativo, como lista de espera (Hanstede et al., 2008; Hawley et al., 2021; Key et al., 2017) ou nenhum tratamento (Madani et al., 2013);
- dois por não medir os desfechos de interesse (Rupp et al., 2019a; Landmann et al., 2020);
- um em que havia apenas o resumo; tentamos contato com os autores e não recebemos resposta (Serra-Blasco et al., 2019).

Extração e manejo dos dados

Dois autores (EAP e NCJ) extraíram os dados dos estudos incluídos de forma independente, utilizando o *software* Excel. Extraímos dados dos métodos (desenho do estudo, unidades de randomização e análise), dados sobre as características dos participantes (país, número total de participantes, idade, sexo, critérios de inclusão e exclusão), intervenções (participantes randomizados para cada grupo, tipo de terapia, via de frequência e duração da terapia do tratamento), medidas de resultados (conforme definido). Resolvemos as divergências por consenso entre os dois autores.

Resultados preliminares

Incluímos cinco estudos em nossa revisão, conforme dados a seguir.

Estudo 1: Külz et al. (2019) conduziram na Alemanha um ensaio clínico randomizado, bicêntrico, com controle ativo, que incluiu 125 adultos com TOC, randomizados para receber oito sessões de duas horas de duração cada uma de: 1) terapia cognitiva baseada em *mindfulness* (MBCT) (n = 61) ou de 2) psicoeducação (OCD-PE) (n = 64). Os participantes eram avaliados no *baseline*, pós-intervenção (oito semanas) e em seis meses pós o fim da intervenção. Os critérios de inclusão dos participantes eram: diagnóstico primário de TOC de acordo com o DSM-5 (APA, 2013), com escore total da *Yale-Brown Obsessive-Compulsive Scale* (Y-BOCS – Goodman et al., 1989a,b) > 12 ou de um dos seus subescores > 8; com idade entre 18 e 70 anos; e que já haviam completado pelo menos 20 sessões de terapia cognitivo-comportamental (CBT) nos três últimos anos antes da inclusão. Os critérios de exclusão eram história de psicose ou episódio maníaco nos últimos cinco anos, estar em episódio depressivo grave ou transtorno por uso de substância no momento, transtorno de personalidade *borderline*, síndrome de Asperger, tendências suicidas agudas ou um QI < 70, e que não haviam modificado seu tratamento medicamentoso ou psicoterápico nas últimas 12 semanas. Os autores relataram que o estudo foi aprovado nos comitês de ética e pré-registrado (DRKS00004525), porém não foi possível localizar esse protocolo. As taxas de abandono foram de seis participantes no grupo MBCT e sete no grupo OCD-PE, mas

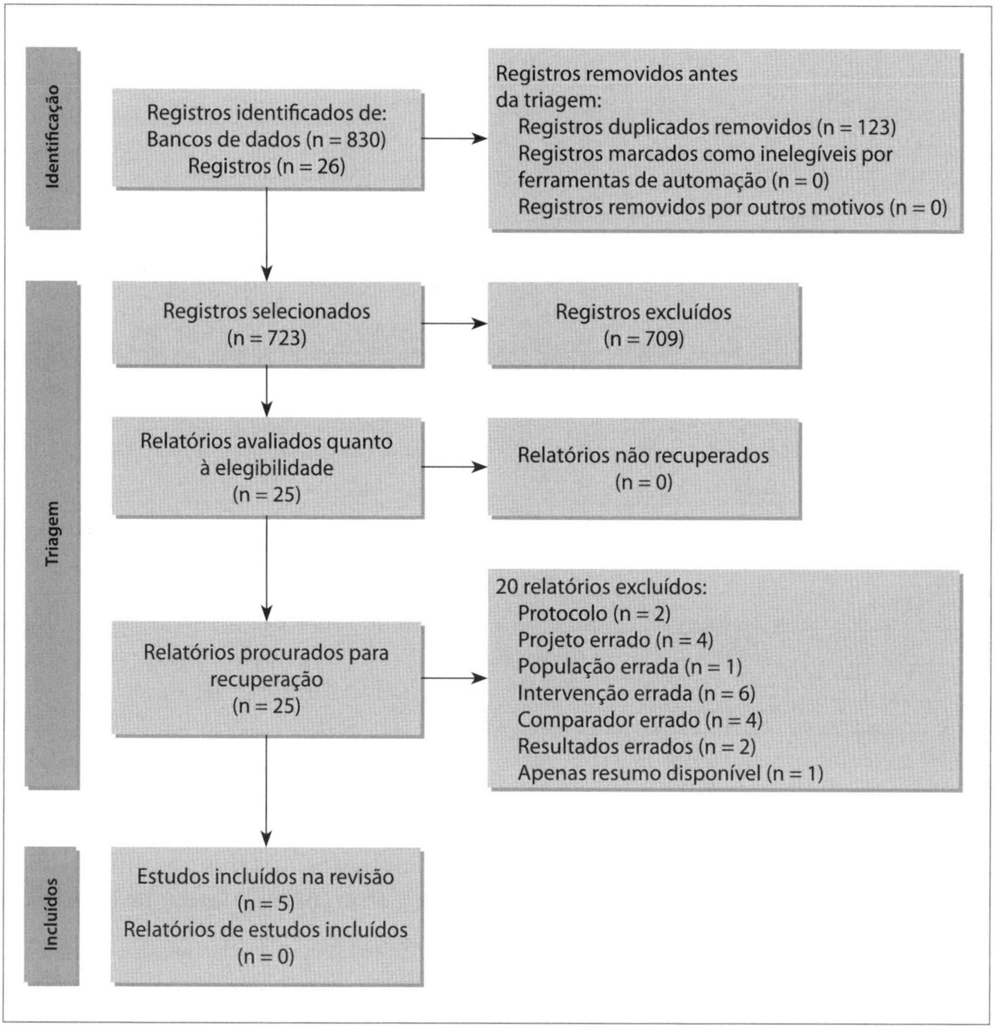

Figura 1 Identificação de estudos via bases de dados e registros.
Fonte: elaborada pelos autores.

os autores não citam os motivos dos abandonos. Não houve diferença significativa entre os grupos em relação à redução de sintomas obsessivo-compulsivos (SOC) avaliados pela Y-BOCS, com $F(1, 108) = 0,871$, $p = ,353$ (*per protocol analysis* – PP); $\eta 2$ partial $= 0,008$, $p = ,572$ (*intention to treat analysis* – ITT); e isso se manteve na avaliação de *follow-up* após seis meses; mas houve maior redução de SOC no grupo MBCT em comparação ao grupo OCD-PE, quando avaliada pela *Obsessive-Compulsive Inventory Revised* (OCI-R) (Goenner et al., 2010), uma escala de autoavaliação, com $F(1, 101) = 5,679$, $p = ,019$ (PP), $\eta 2$ partial $= 0,053$, $p = ,036$ (ITT). Aqui cabe ressaltar o viés de uma escala de autoavaliação para medir a efetividade da intervenção num cenário em que os participantes eram cientes da intervenção que estavam recebendo. Sintomas depressivos foram medidos pela *Beck Depression Inventory-II* (BDI-II) (Hutzinger et al., 2006), outra escala de autoavaliação, e houve maior redução de sintomas depressivos no grupo MBCT do que no OCD-PE, com $F(1, 102) = 4{,}795$, $p = {,}031$ (PP) e η2 partial = 0,045, $p = {,}098$ pós-intervenção; o grupo MBCT também apresentou melhora da qualidade de vida, medida pela *World Health Organization Quality of Life - Brief Version* (WHOQOL-BREF) (Skevington et al., 2004), comparado ao grupo OCD-PE na avaliação pós-intervenção $F(1, 104) = 6{,}931$, $p = {,}010$, η2 partial = 0,062, $p = {,}011$; o grupo MBCT, comparado ao grupo OCD-PE, também apresentou maior melhora de habilidades *mindfulness*, medidas pela escala *Kentucky Inventory of Mindfulness Skills* (KIMS-D) (Höfling et al., 2011), com $F(1, 104) = 5{,}006$, $p = {,}027$, η2 partial = 0,046, $p = {,}019$. Nenhuma dessas diferenças entre os grupos nesses desfechos se manteve na avaliação de *follow-up* de seis meses. Além disso, os autores também avaliaram sintomatologia geral, tolerância ao estresse, habilidades de autocompaixão, crenças obsessivas e metacognições, mas esses desfechos não são de interesse para nossa revisão.

Estudo 2: Mathur et al. (2021) conduziram na Índia um ensaio clínico randomizado (protocolo registrado no *Clinical Trials Registry*, India (CTRI) – número de registro: CTRI/2016/01/006523), comparando o efeito da MBCT *versus* treinamento de manejo de estresse (SMT) em 60 pacientes com TOC. Cada grupo de 30 participantes recebeu uma sessão por semana ao longo de 12 semanas, e a duração da sessão no grupo MBCT era de 35 a 40 minutos, enquanto a do grupo SMT era de 25 a 30 minutos. Os critérios de inclusão para o estudo eram: pacientes com diagnóstico de TOC de acordo com o DSM-4-TR, tendo um escore de pelo menos 20 na Y-BOCS, que tinham estudado por pelo menos 10 anos, e com idade entre 18 e 50 anos. Critérios de exclusão eram comorbidade com psicose, transtorno bipolar, dependência atual de álcool ou substâncias, história de doença neurológica, histórico de ter realizado psicoterapia estruturada para TOC no último ano, e não estar estável de dose de medicação por pelo menos dois meses até o início do estudo. No grupo MBCT, houve dois abandonos durante a intervenção e um até o *follow-up*. No grupo OCD-PE, oito abandonaram a SMT e dois não retornaram na avaliação pós-*follow-up*, levando a uma taxa de abandono bastante significativa, especialmente no grupo SMT, mas os autores realizaram as análises por ITT. O grupo MBCT apresentou maior redução de sintomas obsessivo-compulsivos que o grupo controle, com diferença média = 3,56 (95% IC = 0,37-6,75), F = 4,791, p = 0,033, Cohen's f2 = 0,403; maior redução de sintomas ansiosos, medido com a *Hamilton Anxiety Rating Scale* (HARS) (Hamilton, 1959), com diferença média = 4,25 (95% IC = 0,71-7,8), F = 5,519, p = 0,023, Cohen's f2 = 0,433; maior redução de sintomas depressivos, medidos pela *Montgomery-Asberg Depression Rating Scale* (MADRS) (Montgomery & Asberg, 1979), com diferença média = 1,64 (95% IC = -2,94-6,21), F = 0,491, p = 0,486, Cohen's f2 = 0,129; e não houve diferença estatisticamente significante entre os grupos em relação às habilidades *mindfulness*, medidas pela *Freiberg Mindfulness Inventory* (FMI) (Walach et al., 2006), nem em relação à melhora de qualidade de vida, medida pela *World Health Organization Quality of Life Assessment* (WHOQOL-BREF) (Power et al., 1999). Os autores também avaliaram a melhora clínica global e crenças obsessivas, mas esses desfechos não foram contemplados em nossa revisão.

Estudo 3: Rupp et al. (2019b) conduziram na Alemanha um ensaio clínico randomizado, cujo protocolo fora publicado no Clinical-

Trials.gov sob o número NCT03002753. Os 43 participantes passaram pela avaliação *baseline* e foram randomizados para grupo não lista de espera (NWL) (n = 22) ou lista de espera (WL) (n = 21). O grupo NWL iniciava a intervenção e, duas semanas depois, o grupo WL iniciava a intervenção. O grupo NWL foi randomizado para receber "*detached mindfulness*" (DM) (n = 10) ou reestruturação cognitiva (CR) (n = 12), assim como o grupo WL foi randomizado em DM (n = 11) ou CR (n = 10). Os critérios de inclusão dos participantes eram um diagnóstico primário atual de TOC de acordo com o DSM-5 (APA, 2013), com um escore mínimo de 16 na Y-BOCS, maior de 18 anos de idade, com QI mínimo de 80. Critérios de exclusão incluem suicidabilidade ou comportamento suicida atual ou nos últimos seis meses, um diagnóstico atual ou ao longo da vida de transtorno psicótico ou bipolar, transtorno de dependência atual, ou transtorno de personalidade *borderline*, não estar em curso ou não ter feito nos últimos 12 meses terapia cognitivo-comportamental para TOC, e os pacientes precisavam estar com doses estáveis de medicação oito semanas antes do início do estudo. Ambas as intervenções foram entregues em quatro sessões de 100 minutos cada uma ao longo de duas semanas. Os pacientes eram reavaliados ao fim das duas semanas de intervenção, e novamente em quatro semanas de *follow-up*. Não houve diferença estatisticamente significante entre os grupos DM e CR em relação à redução de sintomas obsessivo-compulsivos, medidos pela Y-BOCS, ou à redução de sintomas depressivos, medidos pela BDI-II, nem pós-intervenção, nem no *follow-up* de quatro semanas.

Estudo 4: Strauss et al. (2018) conduziram no Reino Unido um ensaio clínico randomizado comparando exposição com prevenção de resposta baseada em *mindfulness* (MB-ERP) *versus* ERP sozinha. O protocolo foi registrado antes do início do recrutamento (ISRCTN52684820). Os critérios de inclusão de participantes foram: que preenchessem critérios do DSM-5 (APA, 2013) para TOC, estáveis de medicação psiquiátrica por pelo menos três meses antes do consentimento; sem terapia nos últimos três meses, com idade de pelo menos 18 anos. Os critérios de exclusão foram causa orgânica identificada para seus sintomas de TOC, uma deficiência de aprendizagem diagnosticada ou transtorno psicótico, transtorno de estresse pós-traumático (TEPT), anorexia nervosa, abuso de álcool/substâncias ou transtorno de acumulação. Trinta e sete adultos com TOC foram randomicamente alocados para MB-ERP (n = 19) ou ERP sozinha (n = 18). Quatro *versus* um paciente abandonaram a intervenção nos grupos MB-ERP *versus* ERP, respectivamente, e mais três *versus* cinco participantes dos grupos MB-ERP *versus* ERP abandonaram o estudo pós-intervenção para o *follow-up* de seis meses. Ambos os grupos receberam dez sessões de duas horas cada uma de terapia, e foram avaliados no *baseline*, pós-intervenção e no *follow-up* de seis meses. Em relação à redução nos SOC, medida pela Y-BOCS-II (Goodman et al., 2006), não houve diferença estatisticamente significativa entre os grupos na avaliação pós-intervenção e no *follow-up*. Como era de se esperar, participantes do grupo MB-ERP demonstraram maiores níveis de habilidades *mindfulness* na FFMQ total, quando comparado ao ERP, com uma diferença média de 6,0 pontos pós-intervenção (95% CI -1,4, 13,4), um efeito médio (Cohen's d = 0,53); e 7,9 pontos no *follow-up* de 6 meses (95% CI -1,6, 17,4), um efeito grande (Cohen's d = 0,70). Não houve diferença estatisticamente significativa entre os grupos em relação à redução de sintomas depressivos, medidos pela BDI-II, nem em outros desfechos que não são de nosso interesse, como bem-estar e crenças obsessivas.

Estudo 5: Zhang et al. (2021) conduziram na China um ensaio clínico randomizado com 123 pacientes com TOC leve a moderado não medicados. Os pacientes foram randomizados para 11 sessões de 150 minutos cada uma de MBCT ou de um programa de psicoeducação (PE) por dez semanas, ou um inibidor seletivo de recaptação de serotonina (ISRS), como fluvoxamina ou sertralina, iniciando em 50 mg/dia e podendo aumentar semanalmente a dose até o alvo-máximo determinado pelo estudo. O estudo foi aprovado no Comitê de Ética do Shanghai Mental Health Center (SMHC), e teve seu protocolo registrado no ClinicalTrials.gov no dia 14 de maio de 2017 (NCT03179839). Os pacientes foram avaliados no *baseline*, pós-intervenção e no *follow-up* de 6 meses pós-intervenção. Os autores alocaram 41 participantes no grupo ISRS, 42 no grupo MBCT, e 40 no grupo PE. No grupo ISRS, 11 participantes abandonaram o estudo por melhora dos sintomas e mais seis participantes abandonaram entre o fim da intervenção e o *follow-up*; no grupo MBCT, 11 participantes abandonaram o estudo antes do início da intervenção, três tiveram mais de quatro faltas nas sessões, e mais quatro abandonaram até o *follow-up*. No grupo PE, seis participantes abandonaram antes do início da intervenção, cinco tiveram mais de quatro faltas nas sessões, quatro não foi possível contactar, e dois buscaram outro tratamento por conta de piora dos sintomas. Apesar de taxas de abandono muito grandes, os autores analisaram os dados levando em conta apenas os indivíduos que completaram o estudo (*per protocol*). As taxas de resposta foram maiores nos grupos ISRS e MBCT *versus* PE (qui-quadrado = 6.448, p = 0,04), sem diferenças entre o grupo ISRS e MBCT (qui-quadrado = 1,220, p = 0,543). Porém, essas diferenças não se mantiveram significativas no *follow-up*. O grupo MBCT também foi superior ao PE (embora os autores não apresentem no *paper* a diferença média, intervalos de confiança e *p* para essas variáveis) em relação à melhora de sintomas depressivos, medidos pela *Hamilton Depression Scale-24* (HAMD-24) (Zimmerman et al., 2013), sintomas ansiosos, medidos pela *Hamilton Anxiety Scale scores* (HAMA) (Zimmerman et al., 2017), habilidades *mindfulness* pela *Five Facet Mindfulness Questionnaire* (FFMQ) (Baer et al., 2006).

AVALIAÇÃO DO RISCO DE VIÉS DOS ESTUDOS INCLUÍDOS

Dois autores (EAP e NCJ) realizaram de forma independente a avaliação do risco de viés para cada um dos desfechos dos estudos incluídos, utilizando a versão 2 da ferramenta *Cochrane Risk of Bias* (RoB2) de acordo com as recomendações do *Cochrane Handbook for Systematic Reviews of Interventions* (Higgins & Green, 2008). Eventuais divergências foram resolvidas por consenso. Avaliamos vieses: decorrentes do processo de randomização; relacionados a desvios das intervenções pretendidas; devido à falta de dados de resultados; na mensuração do desfecho; na seleção dos estudos relatados. Os resultados foram sumarizados na Tabela 1.

MEDIDAS DE EFEITO DE TRATAMENTO

Dois autores (EAP e NCJ) estão realizando as análises estatísticas e avaliando quais desfechos poderão ser incluídos em possíveis metanálises.

Para desfechos primários contínuos (p. ex., escore na Y-BOCS), utilizaremos a diferença média (MD) com intervalo de confiança (IC) de 95% se todos os dados forem me-

Tabela 1 Avaliação do risco de viés

ID	Número	Experimental	Comparador	Desfecho	Peso	D1	D2	D3	D4	D5	*Overall*
Külz et al. 2019	1	MBCT	OCD-PE	Sintomas obsessivo--compulsivos	1	!	!	+	–	–	–
Külz et al. 2019	1	MBCT	OCD-PE	Obsessões	1	!	!	+	+	–	–
Külz et al. 2019	1	MBCT	OCD-PE	Compulsões	1	!	!	+	+	–	–
Külz et al. 2019	1	MBCT	OCD-PE	Taxa de abandono	1	!	+	+	+	!	!
Külz et al. 2019	1	MBCT	OCD-PE	Depressão	1	!	+	+	!	–	–
Külz et al. 2019	1	MBCT	OCD-PE	Qualidade de vida	1	!	+	+	!	–	–
Külz 2019	1	MBCT	OCD-PE	*Mindfulness*	1	!	+	+	+	–	–
Mathur et al. 2021	2	MBCT	Terapia de gerenciamento de estresse	Sintomas obsessivo--compulsivos	1	+	+	–	!	+	–
Mathur et al. 2021	2	MBCT	Terapia de gerenciamento de estresse	Obsessões	1	+	+	+	+	+	+
Mathur et al. 2021	2	MBCT	Terapia de gerenciamento de estresse	Compulsões	1	+	+	+	+	+	+
Mathur et al. 2021	2	MBCT	Terapia de gerenciamento de estresse	Depressão	1	+	+	–	!	+	–
Mathur et al. 2021	2	MBCT	Terapia de gerenciamento de estresse	Ansiedade	1	+	+	–	!	+	–
Mathur et al. 2021	2	MBCT	Terapia de gerenciamento de estresse	Qualidade de vida	1	+	+	–	!	+	–
Mathur et al. 2021	2	MBCT	Terapia de gerenciamento de estresse	*Mindfulness*	1	+	+	–	!	+	–
Rupp et al. 2019b	3	*Detached Mindfulness*	Reestruturação cognitiva	Sintomas obsessivo--compulsivos	1	!	!	+	+	+	!
Rupp et al. 2019b	3	*Detached Mindfulness*	Reestruturação cognitiva	Depressão	1	!	!	+	+	+	!

(continua)

Tabela 1 Avaliação do risco de viés (*continuação*)

ID	Número	Experimental	Comparador	Desfecho	Peso	D1	D2	D3	D4	D5	*Overall*
Strauss et al. 2018	4	MB-ERP	ERP	Sintomas obsessivo--compulsivos	1	+	+	+	!	+	!
Strauss et al. 2018	4	MB-ERP	ERP	Abandono	1	+	+	+	+	+	+
Strauss et al. 2018	4	MB-ERP	ERP	Depressão	1	+	+	+	!	+	!
Strauss et al. 2018	4	MB-ERP	ERP	*Mindfulness*	1	+	+	+	!	+	!
Rupp et al. 2019b	3	*Detached Mindfulness*	Reestruturação cognitiva	Abandono	1	!	+	+	+	+	!
Zhang et al. 2021	5	MBCT	PE	Sintomas obsessivo--compulsivos	1	+	–	–	–	+	–
Zhang et al. 2021	5	MBCT	PE	Abandono	1	!	–	–	+	+	–
Zhang et al. 2021	5	MBCT	PE	Obsessões	1	!	–	–	+	+	–
Zhang et al. 2021	5	MBCT	PE	Compulsões	1	!	–	–	+	+	–
Zhang et al. 2021	5	MBCT	PE	Ansiedade	1	!	–	–	–	+	–
Zhang et al. 2021	5	MBCT	PE	Depressão	1	!	–	–	–	+	–
Zhang et al. 2021	5	MBCT	PE	*Mindfulness*	1	!	–	–	–	!	–

ERP: exposição com prevenção de resposta; MBCT: *mindfulness-based cognitive therapy*; MB-ERP: exposição com prevenção de resposta com *mindfulness*; OCD-PE: psicoeducação para TOC.

+ baixo risco; ! algumas preocupações; – alto risco; D1: processo de randomização; D2: desvios das intervenções pretendidas; D3: dados de desfecho faltantes; D4: medida de desfecho; D5: deleção de relato de resultado.

Fonte: elaborada pelos autores.

didos com a mesma escala, e diferença média padronizada (SMD) se diferentes escalas foram usadas entre os estudos.

Para resultados primários dicotômicos (p. ex., eventos adversos), planejamos calcular razões de risco (RR) com um IC de 95%.

Para todos os desfechos secundários, utilizaremos a diferença média (DM) com intervalo de confiança (IC) de 95% se todos os registros recuperados fornecerem dados na mesma escala, e como diferença média padronizada (SMD) se diferentes escalas foram usadas durante o relatório.

AVALIAÇÃO DA HETEROGENEIDADE

Após o fim das análises estatísticas, dois autores (EAP e VC) irão analisar heterogeneidade estatística empregando o teste Q de Cochran para determinar a força da evidência de que a heterogeneidade é genuína. Consideraremos um limite de valor P < 0,1 como um indicador da presença de heterogeneidade (variação genuína nos tamanhos dos efeitos).

Além disso, realizaremos o teste do I^2 interpretando da seguinte forma: < 25% (sem heterogeneidade); 25% a 49% (baixa heterogeneidade); 50% a 74% (heterogeneidade moderada); ≥ 75% (alta heterogeneidade).

AVALIAÇÃO DE VIÉS DE RELATO

Houve apenas cinco estudos incluídos em nosso trabalho, e portanto não faz sentido inspecionar o viés de relato por gráfico de funil. O teste de Egger será aplicado.

SÍNTESE DOS DADOS

Sumarizaremos as análises estatísticas conforme as recomendações descritas no *Cochrane Handbook for Systematic Reviews of Interventions*. Compilaremos riscos relativos (para resultados dicotômicos) e diferenças médias (para resultados contínuos) com ICs de 95% de estudos individuais usando uma metanálise de efeitos aleatórios (quando os resultados de dois ou mais estudos semelhantes podem ser agrupados). Realizaremos análise por intenção de tratar (ITT) na medida do possível. Os dados estão sendo analisados utilizando o programa R. Construiremos tabelas de resumo dos achados usando o *software* GRADEpro GDT (https://gdt.gradepro.org/app/) para todos os resultados da revisão.

ANÁLISE DE SUBGRUPOS E INVESTIGAÇÃO DE HETEROGENEIDADE

Como nossa amostra total é muito pequena, não será viável realizar análise de subgrupos, mas investigaremos heterogeneidade e faremos análise de sensibilidade para as seguintes possibilidades:

- efeitos de risco de viés, excluindo estudos com alto risco de viés;
- influência de estudos não publicados, excluindo estudos que só descrevem o resumo.

REFERÊNCIAS

Capítulo **25**

Disfunção erétil

Gustavo Santana de Lima, Sidney Glina

CRITÉRIOS DIAGNÓSTICOS

A disfunção erétil (DE) é descrita como a incapacidade persistente de alcançar e manter uma ereção adequada para um desempenho sexual satisfatório, de acordo com a Associação Europeia de Urologia (2023). O bem-estar psicossocial dos indivíduos e a qualidade de vida (QV) tanto para pacientes como para seus parceiros podem ser significativamente influenciados pela disfunção erétil, conforme observado por Salonia et al. (2012) e Fisher et al. (2004).

Reconhecer e abordar a DE é crucial, uma vez que a interação sexual serve não apenas para reprodução, mas também para promover intimidade e conexão entre os parceiros, permitindo o prazer por meio do encontro físico. Portanto, o impacto da DE vai além do aspecto físico, afetando a autoestima, os relacionamentos e a qualidade de vida em geral. Além disso, a DE pode servir como um indicador sutil de outras condições de saúde concomitantes, como diabetes, doença arterial coronariana e síndrome metabólica, conforme destacado por Lue et al. (2004).

VARIÁVEIS DEMOGRÁFICAS

Dados epidemiológicos revelam uma ocorrência generalizada de DE globalmente, conforme destacado por Eardley em 2013. Pesquisas recentes, incluindo estudos de Pellegrino et al. (2023) e Yafi et al. (2016), indicam que a prevalência da DE varia entre diferentes grupos etários e regiões geográficas. Embora comumente associada ao avanço da idade, a DE pode afetar homens de todas as faixas etárias, muitas vezes resultante de uma combinação de fatores como escolhas de estilo de vida, condições crônicas de saúde e estresse psicológico. A probabilidade de experimentar algum nível de dificuldade erétil tende a aumentar com a idade, afetando particularmente uma proporção significativa de homens a partir dos 40 anos (Pellegrino et al., 2023; Yafi et al., 2016).

Para homens sem comorbidades, a prevalência relatada de DE aumenta de 10% para 79% entre as idades de 40 e 80 anos. O risco de DE aumenta significativamente na presença de comorbidades, com indivíduos de 50 e 75 anos tendo uma probabilidade de 20% e 68%, respectivamente, se saudáveis, e de 41% e 85% se lidando com hipertensão, obesidade e diabetes (Pellegrino et al., 2023).

A DE não apenas impacta profundamente a satisfação sexual, intimamente ligada à satisfação geral com a vida, mas também está associada a uma qualidade de vida reduzida, diminuição da autoestima, depressão, ansiedade e efeitos prejudiciais sobre os relacionamentos interpessoais. Além disso, a DE pode afetar negativamente o bem-estar dos parceiros daqueles afetados, conforme indicado por Schouten et al. (2005).

A prevalência e a gravidade da DE são significativamente influenciadas por fatores psicológicos e interpessoais. Enquanto fatores fisiológicos como fluxo sanguíneo e desequilíbrios hormonais contribuem para a DE, a interação de aspectos psicológicos e interpessoais pode exacerbar ou desencadear a condição. Diversos estudos, incluindo os de MacDonald e Burnett (2021), Topak et al. (2023), Pyke (2020) e Jiang et al. (2020), associam fatores como ansiedade, estresse, depressão, baixa autoestima, trauma e pressão de desempenho com taxas aumentadas de DE.

A etiologia em casos individuais tem sido tipicamente atribuída a fatores orgânicos, psicogênicos e mistos (Rosen, 2001). A etiologia da DE orgânica pode ser classificada em quatro grandes ramos: vascular, neurogênico, hormonal e induzido por drogas (Araujo et al., 1998; Bacon et al., 2003; Feldman et al., 1994; Laumann et al., 1999). A Tabela 1 lista drogas que podem causar DE e a Tabela 2 lista possíveis causas psicológicas da DE.

Um resumo das causas psicológicas envolvidas na DE psicogênica e os tópicos a serem abordados em uma entrevista psicossexual foram delineados e revisados por Tiefer e Shuetz-Mueller (1995).

IMPACTO NA VIDA DOS HOMENS

Homens que enfrentam a DE frequentemente se veem em um ciclo vicioso de es-

Tabela 1 Medicamentos que podem causar disfunção erétil

Tipo de medicamento	Nomes genéricos
Diuréticos e anti-hipertensivos	Hidroclorotiazida; clortalidona; triamtereno; furosemida; bumetanida; guanfacina; metildopa; clonidina; verapamil; nifedipina; hidralazina; captopril; enalapril; metoprolol; propranolol; labetalol; atenolol; fenoxibenzamina; espironolactona
Antidepressivos, ansiolíticos e antiepiléticos	Fluoxetina; tranilcipromina; sertralina; isocarboxazida; amitriptilina; amoxapina; clomipramina; desipramina; nortriptilina; fenelzina; buspirona; clordiazepóxido; clorazepato; diazepam; doxepina; imipramina; lorazepam; oxazepam; fenitoína
Anti-histamínicos	Dimedrinato; difenidramina; hidroxizina; meclizina; prometazina
Anti-inflamatórios não esteroides	Naproxeno; indometacina
Medicamentos para doença de Parkinson	Biperideno; benztropina; triexifenidil; prociclidina; bromocriptina; levodopa
Antiarrítmicos	Disopiramida
Antagonistas de receptores H_2 de histamina	Cimetidina; nizatidina; ranitidina
Relaxantes musculares	Ciclobenzaprina; orfenadrina
Medicamentos para câncer de próstata	Flutamida; leuprolide
Medicamentos quimioterápicos	Busulfan; ciclofosfamida

Fonte: elaborada pelos autores.

Tabela 2 Causas psicológicas da disfunção erétil

Fatores predisponentes
Educação sexual restritiva
Relacionamentos familiares perturbados
Informações sexuais inadequadas
Experiências sexuais traumáticas precoces
Insegurança no início da vida sexual, no desenvolvimento psicossexual
Fatores desencadeantes
Parto
Expectativas irracionais
Disfunção sexual no(a) parceiro(a)
Discórdia no relacionamento geral
Reação inadequada a fatores orgânicos
Depressão e ansiedade
Experiência sexual traumática
Envelhecimento, infidelidade
Fatores de manutenção
Ansiedade de desempenho
Culpa
Informações sexuais inadequadas
Transtornos psiquiátricos
Discórdia no relacionamento geral
Perda de atração entre os parceiros
Medo de intimidade
Autoimagem prejudicada
Ausência ou restrição nas preliminares
Mitos sexuais
Comunicação deficiente

Fonte: elaborada pelos autores.

tresse psicológico. A incapacidade de manter atividades sexuais pode provocar sentimentos de inadequação e ansiedade, alimentando um ciclo negativo. Essas dificuldades emocionais podem intensificar a DE, visto que o estresse e a ansiedade comprometem a capacidade do organismo de alcançar e sustentar uma ereção. Esse ciclo cria uma carga mental substancial que afeta diferentes esferas da vida do indivíduo.

A autoestima e a confiança são essenciais para o bem-estar masculino. Contudo, a DE pode minar esses aspectos fundamentais. A falha em atender a uma expectativa central da masculinidade pode levar a uma imagem negativa de si mesmo. A insegurança sobre a própria atratividade pode surgir, prejudicando a confiança não apenas em momentos de intimidade, mas também em contextos profissionais e sociais. O receio de enfrentar situações sexuais pode induzir comportamentos evasivos, restringindo experiências de vida.

Os relacionamentos íntimos são frequentemente os mais afetados pelo impacto da DE. Os parceiros podem perceber a condição como uma falta de interesse, agravando a tensão emocional já existente. A dificuldade em comunicar sentimentos, medos e frustrações se torna comum, enquanto a diminuição da intimidade física pode levar ao afastamento emocional, impactando a conexão entre o casal. Com o tempo, um relacionamento outrora sólido pode ser consumido por tensões e desapontamentos não verbalizados.

Os efeitos abrangentes da DE se infiltram em múltiplas dimensões da vida do homem. Para além das limitações físicas óbvias, o impacto emocional pode causar retração social e isolamento. Homens podem evitar situações em que sua condição possa ser exposta, diminuindo sua participação social e oportunidades de desenvolvimento pessoal. Esse isolamento alimenta o ciclo de ansiedade e estresse, ampliando o impacto negativo da DE.

De acordo com Althof (2002), apesar de existir um tratamento simples, eficaz e seguro para a DE com a introdução do sildenafil em 1998, barreiras psicossociais podem dificultar o uso efetivo dessas intervenções pelos pacientes. Uma relação terapêutica eficaz deve levar em conta: a) variações na apresentação de distúrbios sexuais, causas, sintomas associados e comportamentos; b) idade, histórico de desenvolvimento, desenvolvimento sexual, fatores de risco e fase da vida; c) aspectos socioculturais e familiares (como identidade de gênero, etnia, classe social, religião, condição de deficiência, estrutura familiar e orientação sexual); d) contexto ambiental (como disparidades nos cuidados de saúde) e fatores de estresse (como desemprego e eventos significativos da vida); e e) preferências sexuais pessoais, valores e preferências relacionadas ao tratamento (como metas, crenças, visões de mundo e expectativas de tratamento). Em alguns casos, o tratamento somente com medicamentos pode não resolver as complexidades das questões psicológicas envolvidas. Entendimento e tratamento abrangentes devem incluir uma avaliação contínua e completa dos fatores médicos, psicológicos, relacionais e culturais que afetam a pessoa com problemas sexuais (Althof, 2000).

Embora exista um consenso de que variáveis psicossociais e relacionais influenciam a adesão ao tratamento, os resultados e a satisfação a longo prazo, ainda faltam evidências que respaldem abordagens de psicoterapia para tratar a DE. O propósito deste capítulo é revisar sistematicamente as evidências científicas sobre a eficácia de intervenções psicológicas no tratamento da disfunção erétil. Cinco questões clínicas fundamentais são abordadas: 1) a escolha primária de intervenções psicológicas para tratar a DE; 2) características demográficas dos pacientes preditoras de resposta à psicoterapia; 3) eficácia das intervenções psicológicas comparadas a medicamentos orais; 4) eficácia das intervenções psicológicas comparadas a injeções locais; e 5) eficácia das intervenções psicológicas comparadas a dispositivos a vácuo.

MÉTODOS

Conduzimos uma revisão sistemática e metanálise seguindo as Diretrizes de Métodos da Colaboração Cochrane, focando em ensaios controlados randomizados (ECRs) e ensaios controlados quase-randomizados (ECQRs) que avaliaram a eficácia de intervenções psicológicas para DE. Os critérios de inclusão abrangeram estudos com homens que atendiam às seguintes características: homens diagnosticados com DE de acordo com critérios do DSM-III, DSM-III-R, DSM-IV ou CID-10, ou quaisquer outros critérios especificados; com idade de 18 anos ou mais; de qualquer grupo étnico e nacionalidade; e independentemente de comorbidades ou do uso de medicação concomitante, com exceção do uso prévio de inibidores da fosfodiesterase-5. O termo "intervenções psicológicas" abrangeu métodos psicoeducacionais e/ou psicoterapia de qualquer tipo empregada para tratar a DE, com duração mínima de quatro semanas. O desfecho primário medido foi uma mudança no *status* da DE, avaliada por meio de questionários validados, como o Índice internacional de função erétil, e o número de pacientes em cada grupo de tratamento que não alcançaram relação sexual bem-sucedida (ou seja, persistência da DE). A adesão ao tratamento foi avaliada pelo número de desistências durante o ensaio.

Nossa extensa busca por ensaios clínicos não teve restrições de idioma ou data do estudo e incluiu diversas fontes: a) bases de dados eletrônicas, incluindo Medline (1966 a 2023), Embase (1980 a 2023), PsycINFO (1974 a 2023), Lilacs (1980 a 2022), Registro Cochrane de Ensaios Controlados (2008-2023) e resumos de dissertações (2008-2023). As estratégias de busca sensíveis otimizadas do Medline, Embase e Lilacs para identificar ECRs e revisões sistemáticas foram combinadas com as frases apresentadas na Tabela 3;

b) referências cruzadas das citações de todos os ensaios identificados; c) contato com os autores principais de todos os ensaios incluídos para informações adicionais ou detalhes sobre ensaios não publicados; d) busca manual no *International Journal of Impotence Research* e no *Journal of Sex and Marital Therapy* desde seus primeiros números; e e) contato com sociedades científicas focadas em DE.

No processo de seleção de estudos identificados por nossa estratégia de busca, dois autores revisaram de forma independente as referências, extraíram dados, avaliaram a qualidade dos ensaios e analisaram os resultados. Quaisquer discordâncias foram resolvidas por consenso com um terceiro autor. A avaliação da qualidade metodológica seguiu os critérios estabelecidos no *Manual Cochrane* (Higgins & Green, 2005), que avalia o viés de seleção (considerando principalmente o procedimento de randomização), o viés de atrito (relacionado a retiradas e desistências) e o viés de detecção (envolvendo o cegamento dos avaliadores).

O *software* Review Manager 4.2.10 foi utilizado para a metanálise. Para dados dicotômicos como remissão, melhoria clínica e desistências, riscos relativos (RR) com intervalos de confiança de 95% (IC) foram calculados usando tanto um modelo de efeitos fixos como um modelo de efeitos aleatórios quando a heterogeneidade foi observada. Isso foi feito de acordo com uma análise de intenção de tratar. Resultados estatisticamente significativos ($p < 0,10$) também foram apresentados com o número necessário para tratar (NNT). Desfechos contínuos foram incluídos na análise se os artigos originais forneceram a média e o desvio padrão das medidas de ponto final. Diferenças médias ponderadas (DMP) entre grupos foram estimadas para a metanálise de desfechos contínuos. Apenas dados não enviesados foram apresentados nesta revisão. A heterogeneidade foi avaliada por meio de um teste qui-quadrado, e sua presença foi assumida quando o nível de significância foi inferior a 0,10 ($p < 0,10$). Em casos de heterogeneidade significativa, esforços foram feitos para explicar as diferenças com base nas características clínicas dos estudos incluídos.

Tabela 3 Estratégia de busca

1# (ED) OR (impotency*) OR (erection failure) OR (male sexual dysfunction)*
2# psychotherapy* OR (psychological intervention) OR (psychoeducation) OR (coping skills) OR (brief motivational counseling) OR (sexual therapy) OR (anxiety management training) OR (marital therapy) OR (group therapy) OR (cognitive therapy) OR (behavior* therapy) OR (focal therapy*) OR (general counseling) OR (psychodynamic therapy) OR (supportive therapy) OR (psychoanalyses) OR (interpersonal therapy) OR (cognitive therapy) OR (individual therapy) OR (couples therapy) OR (waiting list)
3# #1 and #2
** Keyword (Truncation Searching allows retrieving documents containing variations on a search term.)*

Fonte: elaborada pelos autores.

RESULTADOS

A estratégia de busca gerou 3.915 referências. Treze artigos foram identificados por cruzamento de referências. Dezessete artigos completos foram avaliados para inclusão nesse estudo (ver Tabela 4). Doze ensaios controlados randomizados e três ensaios quase randomizados (Ansari, 1976; van der Windt et al., 2002; Khan et al., 2017) preencheram os critérios de inclusão. Embora nenhuma restrição tenha sido feita em termos de idiomas dos relatórios originais, todos os estudos incluídos foram publicados em inglês, incluíram pacientes ambulatoriais e foram realizados nos Estados Unidos da América (Banner & Anderson, 2007; Baum et al, 2000;

Goldman & Carroll, 1990; Kilmann et al., 1987; Munjack et al., 1984; Price et al., 1981), Inglaterra (Ansari, 1976; Wylie et al., 2003), Holanda (van der Windt et al., 2002), Alemanha (Kockott et al., 1975), Canadá (Bossio et al., 2018), Paquistão (Khan et al., 2017), Dinamarca (Palm et al., 2019) e Brasil (Melnik & Abdo, 2005; Abdo et al., 2008; Naccarato et al., 2016).

A Tabela 4 resume os artigos. Os 17 ensaios avaliaram 792 homens. Cada ensaio incluiu entre 16 e 154 participantes. A idade média era de 47,6 anos. A gravidade da DE foi estimada em todos os ensaios. Os diagnósticos foram declarados como DE primária (N = 5) e DE secundária (N = 12). A duração mais comum da DE foi de pelo menos 3 a 6 meses. Os critérios de exclusão aplicados na maioria dos ensaios incluíram deformidade anatômica genital, transtorno sexual não erétil primário (p. ex., transtorno sexual hipoativo), hiperprolactinemia, hipogonadismo, transtornos psiquiátricos graves não bem controlados com terapia (incluindo esquizofrenia e depressão maior), abuso de álcool ou de substâncias.

Dada a ampla gama de intervenções psicológicas, os modelos de psicoterapia foram classificados em cinco grupos com base em suas fundamentações teóricas. O primeiro é a terapia racional-emotiva (TRE), que integra elementos centrais dos modelos comportamentais e cognitivos. A TRE aborda pensamentos automáticos negativos e crenças disfuncionais subjacentes que contribuem para a DE por meio de testes de

Tabela 4 Ensaios clínicos randomizados (ECRs) e ensaios quase randomizados avaliando intervenções psicológicas para DE

Estudo	Método	Participantes	Intervenções	Resultados
Bossio et al. (2018)	1. Alocação: randomizada 2. Um grupo: os três tratamentos foram significativamente eficientes, e o melhor tratamento foi o sildenafil associado a aconselhamento	N = 10 Idade média: 40,3 anos Diagnóstico: DE situacional	Grupo de tratamento baseado em *mindfulness* de 4 semanas	Viabilidade de adaptar um tratamento de grupo baseado em *mindfulness* para DE situacional
Khan et al. (2017)	1. Alocação: quase randomizada 2. Dois grupos: grupo de terapia cognitivo--comportamental e grupo controle	N = 60 Idade média: 28,0 anos Diagnóstico: DE psicogênica	Quatro fases realizadas ao longo de dez semanas, com uma sessão por semana	A terapia cognitivo--comportamental pode ser um adjuvante útil para o tratamento da DE
Palm et al. (2019)	1. Alocação: randomizada 2. Dois grupos: consultas psicoeducativas *versus* controle	N = 154 Idade média: 61,6 anos Diagnóstico: DE secundária	1. Exercício físico, exercício do assoalho pélvico e consultas psicoeducativas 2. Controle	A reabilitação sexual comparada ao cuidado usual teve um efeito benéfico na função sexual
Abdo et al. (2008)	1. Alocação: randomizada 2. Três grupos: orientação, sildenafil e sildenafil mais orientação	N = 117 Idade: grupo I – 6,7, grupo II – 48,9, grupo III – 47,2 Diagnóstico: DE psicogênica ou mista	1. Sildenafil 50-100 mg (N = 40) 2. Orientação (N = 37) 3. Sildenafil mais orientação (N = 40)	A correlação entre o escore MSQ do paciente e os escores no SHIM

(continua)

Tabela 4 Ensaios clínicos randomizados (ECRs) e ensaios quase randomizados avaliando intervenções psicológicas para DE (*continuação*)

Estudo	Método	Participantes	Intervenções	Resultados
Naccarato et al. (2016)	1. Alocação: randomizada 2. Quatro grupos: controle, psicoterapia, lodenafil 80, grupo psicoterapia + lodenafil	N = 53 Idade: 39-76 (média = 61,84) Diagnóstico: DE secundária	1. Controle (N = 11) 2. Psicoterapia em grupo (N = 16) 3. Lodenafil 80 mg/1 cp por semana (N = 12) 4. Psicoterapia em grupo + lodenafil 80 mg/1 cp por semana (N = 14)	A terapia em grupo mais lodenafil melhoram a satisfação com a vida sexual
Ansari (1976)	1. Alocação: quase randomizada 2. Três grupos: oxazepam, técnica modificada de Masters e nenhum	N = 61 (55) Idade = grupo 1 – média 29, grupo II – média 46,4, grupo III – 45,0 Diagnóstico: DE psicogênica e mista	1. Oxazepam 30-90 mg/dia (N = 16). 2. Técnica modificada de Masters (N = 21). 3. Nenhum tratamento (N = 18)	Desistência. Persistência da disfunção erétil
Banner e Anderson (2007)	1. Alocação: randomizada. 2. Dois grupos: sildenafil versus sildenafil mais terapia sexual	N = 57 casais (50) Idade = grupo I – 55,3 anos, grupo II – 57,2 anos Diagnóstico: DE psicogênica	1. Sildenafil 50 mg (N= 27) 2. Sildenafil 50 mg mais terapia sexual cognitivo-comportamental (N = 30)	Desistência. Persistência da disfunção erétil

MSQ: quociente sexual masculino; SHIM: inventário de saúde sexual para homens.
Fonte: elaborada pelos autores.

hipóteses colaborativos, tarefas comportamentais e treinamento de habilidades. Diversas terapias cognitivo-comportamentais, como a terapia de resolução de problemas e a terapia de autocontrole, foram desenvolvidas com manuais estruturados, normalmente abrangendo 12 a 16 sessões. Componentes chave desse modelo envolvem intervenções psicoeducacionais e cognitivas, redução de ansiedade sexual e de desempenho, avaliação e modificação de *scripts*, resolução de conflitos, aprimoramento de relacionamentos e treinamento para prevenção de recaídas (Ellis, 1992).

Em segundo lugar, a terapia de grupo sexual (TG), projetada como uma terapia com tempo limitado para DE (8-16 sessões), explora a ligação entre a DE e experiências interpessoais atuais. Ela incorpora treinamento de habilidades sociais, tarefas de casa abordando ansiedade em situações sexuais, educação sobre sexualidade masculina, treinamento de comunicação, desmistificação de mitos sobre a sexualidade masculina, prazer não exigente e permissão para o autoprazer (Rosen, 2001).

A terceira terapia é a terapia modificada de Masters e Johnson, baseada na crença de que a disfunção sexual tem várias causas que podem ser efetivamente abordadas por programas de tratamento que combinam educação, tarefas de casa e aconselhamento (Masters & Johnson, 1970). A terapia modificada de Masters e Johnson se destaca por seu notável sucesso em pesquisas de resultados de terapia sexual, com um estudo em larga escala (N = 792) relatando um sucesso pós-tratamento e um acompanhamento de cinco anos altamente bem-sucedidos, com uma taxa de falha geral de apenas 15%.

Intervenções educacionais representam a quarta terapia, empregando *workshops* focados em disseminar informações sobre mudanças psicológicas e fisiológicas que ocorrem na resposta sexual (Goldman & Carroll, 1990).

QUAL DEVE SER A INTERVENÇÃO PSICOLÓGICA DE PRIMEIRA LINHA?

Revisão sistemática: intervenções psicossociais *versus* medicamentos orais *versus* injeção local *versus* dispositivos a vácuo

Melnik et al. (2007) conduziram uma revisão sistemática para avaliar a eficácia das intervenções psicossociais para tratar a DE em comparação com medicamentos orais, injeção local, dispositivos a vácuo e outras intervenções psicossociais. O estudo analisou nove ensaios randomizados e dois quase-randomizados. Nos dados agrupados de cinco ensaios randomizados, a psicoterapia em grupo demonstrou maior probabilidade do que o grupo de controle em reduzir o número de homens com "persistência de disfunção erétil" pós-tratamento (RR 0,40, IC 95% 0,17 a 0,98, N = 100; NNT 1,61, IC 95% 0,97 a 4,76). Essa redução na persistência da DE foi mantida no acompanhamento de seis meses, favorecendo a psicoterapia em grupo (RR 0,43, IC 95% 0,26 a 0,72, N = 37; NNT 1,58, IC 95% 1,17 a 2,43).

Nos dados agrupados de dois ensaios randomizados, a psicoterapia de grupo sexual também diminuiu o número de homens com "persistência de disfunção erétil" pós-tratamento (RR 0,13, IC 95% 0,04 a 0,43, N = 37), com uma taxa de resposta de 95% para a terapia sexual comparada a 0% para o grupo de controle (lista de espera, sem tratamento) (NNT 1,07, IC 95% 0,86 a 1,44). Um pequeno estudo (Melnik e Abdo, 2005) comparando diretamente a terapia em grupo e o citrato de sildenafil encontrou uma diferença significativa a favor da terapia em grupo sobre o sildenafil na diferença média do Índice internacional de função erétil (IIEF) (DMP -12,40, IC 95% -20,81 a -3,99, N = 20). Não foram observadas diferenças significativas na eficácia entre as intervenções psicossociais e a injeção local e dispositivos a vácuo.

Ensaios controlados randomizados: terapia racional-emotiva

David et al. (2018) realizaram uma revisão sistemática e metanálise para avaliar a eficácia e a efetividade de intervenções usando a terapia racional-emotiva (TRE). Eles analisaram um total de 84 estudos, 68 contribuindo com dados para análises entre grupos e 39 para análises dentro dos grupos. Os achados consistentemente revelaram tamanhos de efeito médios e estatisticamente significativos associados à TRE, observados tanto nas comparações entre grupos como dentro dos grupos, para vários resultados e mecanismos de mudança nas fases pós-intervenção e de acompanhamento.

Munjack et al. (1984) realizaram um estudo envolvendo 16 homens autorreferidos com idade entre 19-63 anos (média de 47,5 anos) apresentando DE secundária. Os indivíduos estudados foram aleatoriamente designados para um grupo de tratamento ou um grupo de controle (lista de espera, sem tratamento). O tratamento consistiu em seis semanas de TRE quinzenal.

Dados da razão de sucesso/tentativas de relação sexual indicaram que, durante o curso de seis semanas do estudo, todos os sujeitos da intervenção alcançaram relações sexuais bem-sucedidas, e apenas um no grupo de controle teve tentativas de relação sexual bem-sucedidas durante o período do estudo.

Um aumento no número de tentativas bem-sucedidas do início do tratamento até a conclusão do tratamento foi significativo (RR 0,07; IC 95%; 0,00, 1,00; N = 16; p = 0,05). Dados de acompanhamento para as razões de sucesso/tentativas foram coletados para os sujeitos no estudo.

Ensaios controlados randomizados: terapia de grupo baseada em *mindfulness*

Bossio et al. (2018) realizaram um estudo para avaliar a eficácia da terapia de grupo baseada em *mindfulness* em homens com disfunção erétil situacional. Dez homens diagnosticados com DE situacional participaram de um grupo de tratamento baseado em *mindfulness* de quatro semanas. As sessões, com duração de 2,25 horas cada, incluíam atividades diárias de prática em casa e incorporavam elementos de psicoeducação, terapia sexual e habilidades de *mindfulness*.

Comparação entre autorrelatos no Tempo 1 e no Tempo 3 sugeriu que essa abordagem de tratamento mostra promessa como um método novo para influenciar positivamente o funcionamento erétil (Cohen's d = 0,63), satisfação sexual geral (Cohen's d = 1,02) e observação não julgadora da própria experiência (Cohen's d = 0,52).

Ensaios controlados randomizados que avaliaram a intervenção psicoeducacional

Palm et al. (2019) conduziram uma avaliação da reabilitação sexual para pacientes cardíacos com disfunção erétil, randomizando os participantes para 12 semanas de reabilitação sexual compreendendo treinamento físico, exercício do assoalho pélvico e psicoeducação, ou cuidados habituais. O estudo incluiu 154 participantes com idade média de 61,6 anos (DP 6,1). Os resultados indicaram que a reabilitação sexual, em comparação com os cuidados habituais, levou a uma melhoria da função sexual. Aos quatro meses na comparação entre os grupos, houve uma diferença média no escore do IIEF de 6,7 (IC 95% 3,1 a 10,4, p < 0,0003) (escores médios não ajustados do IIEF 36,4 *vs.* 31,3). Aos seis meses entre os grupos, a diferença média foi de 6,7 (IC 95% 3,2 a 10,1, p < 0,0002) (escores médios não ajustados do IIEF 37,1 *vs.* 32,2). Consequentemente, o estudo concluiu que a reabilitação sexual, quando comparada com os cuidados habituais, melhora a função sexual.

No estudo de Goldman e Carroll (1990), os efeitos de uma intervenção psicoeducacional como complemento ao tratamento da DE em casais mais velhos foram explorados. Vinte casais em busca de ajuda para DE em um centro multidisciplinar foram recrutados, com critérios de inclusão que incluíam: a) idades entre 55 e 75 anos; b) orientação heterossexual; c) em um relacionamento contínuo com duração de pelo menos seis meses; d) experienciando DE secundária; e e) sem transtorno psiquiátrico grave ou estresse conjugal severo na avaliação inicial. As avaliações foram realizadas na admissão e imediatamente após o tratamento. Embora o grupo de *workshop* tenha mostrado melhoria nos níveis da escala de conhecimento ASKA, a análise dos dados revelou nenhum aumento significativo (DMP -5,65; IC 95% -14,74-3,44; N = 20). Os escores na escala de atitude ASKAS (DMP 0,70; IC 95% –23,28, 24,68; N = 20) e prazer médio no inventário de interação sexual (DMP 0,20; IC 95% -0.32-0,72; N = 20) não mostraram mudanças estatisticamente significativas nos escores de pré para pós-tratamento em comparação com a condição de controle.

Frühauf et al. (2013) realizaram uma revisão sistemática e metanálise no período de 1980 a 2009 para avaliar a eficácia de intervenções psicológicas para indivíduos com disfunção sexual. A metanálise incluiu 20 estudos controlados randomizados que compararam intervenções psicológicas com uma lista de espera. O tamanho do efeito global pós-tratamento para a severidade dos sintomas foi encontrado como d = 0,58 (IC 95%: 0,40 a 0,77), e para a satisfação sexual foi d = 0,47 (IC 95%: 0,27 a 0,70). Notavelmente, as intervenções psicológicas demonstraram melhorias significativas na severidade dos sintomas, particularmente para mulheres com transtorno do desejo sexual hipoativo e transtorno orgásmico. Em conclusão, o estudo sugere que as intervenções psicológicas representam opções de tratamento eficazes para abordar a disfunção sexual.

INTERVENÇÕES PSICOLÓGICAS *VERSUS* MEDICAMENTOS ORAIS

Ensaio controlado randomizado: psicoterapia associada aos inibidores da fosfodiesterase-5

Naccarato et al. (2016) avaliaram o impacto da psicoterapia em grupo e o uso de um inibidor da fosfodiesterase-5 (PDE-5i) durante a fase inicial de reabilitação para pacientes submetidos a prostatectomia radical (RP) devido ao câncer de próstata. Cinquenta e seis pacientes submetidos a RP foram aleatoriamente designados para quatro grupos, e 53 completaram o protocolo: Grupo 1 – controle (n = 11), Grupo 2 – psicoterapia em grupo (n = 16), Grupo 3 – lodenafil 80 mg/1 cp por semana (n = 12) e Grupo 4 – psicoterapia em grupo + lodenafil 80 mg/1 cp por semana (n = 14). Apenas o Grupo 4 exibiu melhora na intimidade com o parceiro e satisfação com a vida sexual (P = 0,045 e P = 0,013, respectivamente), sem deterioração significativa relatada no Índice internacional de função erétil-5 (IIEF-5) (P = 0,250). Todos os grupos mostraram uma queda no resultado final das limitações de papel causadas por problemas físicos (P = 0.009) e limitações de papel causadas por problemas emocionais (P = 0,002) do SF-36, mas o Grupo 4 teve uma pontuação significativamente maior para limitações de papel causadas por problemas físicos (P = 0,009) do que os outros grupos.

Abdo et al. (2008) investigaram homens com diagnóstico de disfunção erétil psicogênica ou mista (DE), designando-os aleatoriamente para três grupos de tratamento: aconselhamento, sildenafil e sildenafil mais aconselhamento. Um total de 117 pacientes foram inscritos, e os três grupos eram semelhantes em termos de idade, estado civil, tempo médio de DE e severidade e etiologia da DE. Na linha de base, os escores no quociente sexual masculino (MSQ) e no inventário de saúde sexual para homens (SHIM) não eram diferentes entre os três grupos. Os escores do MSQ aumentaram significativamente da linha de base após o aconselhamento, sildenafil e sildenafil mais aconselhamento (P < 0,05). Os escores do SHIM também aumentaram significativamente nos três grupos (P < 0,05). Em conclusão, todos os três tratamentos foram significativamente eficazes, com a combinação de sildenafil e aconselhamento mostrando os melhores resultados.

Frühauf et al. (2013) realizaram uma revisão sistemática e metanálise no período de 1980 a 2009 para avaliar a eficácia de intervenções psicológicas para indivíduos com disfunção sexual. A metanálise incluiu 20 estudos controlados randomizados que compararam intervenções psicológicas com uma lista de espera. O tamanho do efeito global pós-tratamento para a severidade dos sintomas foi encontrado como d = 0,58 (IC 95%: 0,40 a 0,77), e para a satisfação sexual foi d = 0,47

(IC 95%: 0,27 a 0,70). Notavelmente, as intervenções psicológicas demonstraram melhorias significativas na severidade dos sintomas, particularmente para mulheres com transtorno do desejo sexual hipoativo e transtorno orgásmico. Em conclusão, o estudo sugere que as intervenções psicológicas representam opções de tratamento eficazes para abordar a disfunção sexual.

Metanálise: terapia de grupo associada ao citrato de sildenafil versus citrato de sildenafil isoladamente

Banner e Anderson (2007) investigaram a eficácia de um protocolo de tratamento integrativo (PTI) envolvendo sildenafil e terapia sexual cognitivo-comportamental (TSCC) em comparação com o sildenafil sozinho para homens com disfunção erétil psicogênica (DE). Nesse estudo, homens com DE psicogênica e suas parceiras foram aleatoriamente designados para receber apenas sildenafil ou um PTI compreendendo sildenafil e TSCC nas primeiras quatro semanas. Nas quatro semanas seguintes, casais no grupo apenas com sildenafil incorporaram sessões de TSCC ao seu tratamento, enquanto pacientes no grupo PTI continuaram com a terapia combinada.

Após as primeiras quatro semanas de tratamento com sildenafil e PTI, 48% dos homens alcançaram sucesso na função erétil e 65,5% relataram satisfação, contrastando com o grupo apenas com sildenafil, no qual as taxas de sucesso foram de 29% e 37,5%, respectivamente. Após as quatro semanas adicionais, a integração da TSCC com o sildenafil levou a uma taxa de sucesso de 58% para a função erétil, comparável à taxa de sucesso de 66% para o grupo inicial de medicamento/PTI; as taxas de satisfação para homens foram de 45% e 75%, respectivamente.

Metanálise: psicoterapia de grupo *versus* lista de espera ou controle sem tratamento

Uma metanálise de cinco ensaios comparando a terapia de grupo com o grupo de controle (lista de espera, sem tratamento) para avaliar a persistência de resultados de DE revelou diferenças significativas entre a terapia de grupo e o grupo de controle (RR 0,40, IC 95% 0,17 a 0,98, N = 100; NNT 1,61, IC 95% 0,97 a 4,76) (Ansari, 1976; Kilmann et al., 1987; Kockott et al., 1975; Munjack et al., 1984; Price et al., 1981). O acompanhamento aos seis meses demonstrou uma redução sustentada em homens com DE persistente a favor da psicoterapia (RR 0,43, IC 95% 0,26 a 0,72, N = 37; NNT 1,58, IC 95% 1,17 a 2,43) (Munjack et al., 1984; Price et al., 1981).

Revisão sistemática: intervenções psicológicas *versus* intervenções psicológicas associadas a inibidores da fosfodiesterase-5

Em um estudo conduzido por Atallah et al. (2021), a eficácia de várias intervenções psicológicas (IP) usadas em conjunto ou em substituição aos inibidores da fosfodiesterase-5 (PDE-5i) foi comparada com o tratamento convencional da DE em homens usando apenas PDE-5i. Essa revisão sistemática incorporou 13 artigos com um tamanho de amostra total de 597 homens. Os resultados indicam que a combinação de IP e PDE-5i foi mais eficaz do que IP ou PDE-5i sozinhos em melhorar a função erétil e a satisfação sexual a longo prazo em homens com DE psicogênica. Intervenções combinadas demonstraram superioridade significativa sobre o tratamento médico em sete estudos e sobre IP sozinho em um estudo. Ao comparar IP com PDE-5i, dois estudos encontraram

IP significativamente mais eficaz. Em três outros estudos, IP foi considerada significativamente superior a nenhum tratamento, mesmo que alguns participantes do grupo de controle tivessem tomado PDE-5i. A Tabela 5 reúne os principais resultados dos estudos analisados.

Khan et al. (2017) avaliaram os potenciais efeitos a longo prazo da terapia cognitivo-comportamental (TCC) em homens com DE que haviam sido tratados com um inibidor da fosfodiesterase-5 (PDE5i). Em um acompanhamento de 15 a 18 meses, uma subamostra de 20 homens que haviam sido tratados com PDE5is (grupo de monoterapia) ou TCC + PDE5i (grupo combinado) foi reavaliada em duas dimensões: funcionamento sexual e funcionamento da saúde mental. Homens no grupo combinado continuaram a mostrar melhoria na função erétil e vários outros parâmetros sexuais, enquanto homens no grupo de monoterapia ou não mostraram mais melhorias ou experimentaram um declínio nos parâmetros de resposta sexual.

INTERVENÇÕES PSICOLÓGICAS *VERSUS* INJEÇÕES LOCAIS

Ensaios controlados randomizados: injeção intracavernosa mais terapia sexual *versus* injeção intracavernosa

Van der Windt et al. (2002) compararam a terapia de injeção intracavernosa (ICI) com e sem aconselhamento sexológico (SC) em

Tabela 5 Revisão sistemática das intervenções psicológicas *versus* intervenções psicológicas associadas a inibidores da fosfodiesterase-5

Estudos incluídos	n/N	n/N	Peso %	RR (random) 95% CI
1 pós-tratamento				
Kockott et al., 1975	5/8	7/8	34.30	0.71 [0.39, 1.30]
Ansari, 1976	13/21	15/18	39.06	0.73 [0.50, 1.10]
Price et al., 1981	0/14	7/7	6.48	0.04 [0.00, 0.55]
Munjack et al., 1984	0/8	7/8	6.57	0.07 [0.00, 1.00]
Killmann et al., 1987	1/4	4/4	13.59	0.33 [0.05, 1.36]
Subtotal (95% CI)	55	45	100.00	0.71 [0.15, 0.96]
Total eventos: 19 (terapia de grupo), 40 (lista de espera)				
Teste de heterogeneidade: $Chi^2 = 16.03$, df = 4 (P = 0.003), $I^2 = 75.0\%$ 0.40 [0.17, 0.98]				
Teste de efeito global: Z = 2.04 (P = 0.04)				
2 aos 6 meses de seguimento				
Price et al., 1981	4/14	7/7		0.32 [0.14, 0.71]
Munjack et al., 1984	4/8	8/8		0.53 [0.27, 1.04]
Subtotal (95% CI)	22	15		0.43 [0.26, 0.72]
Total de eventos: 8 (terapia de grupo), 15 (lista de espera) Teste de heterogeneidade: $Chi^2 = 1.05$, df = 1 (P = 0.31), $I^2 = 4.4\%$ Teste de efeito global: Z = 3.33 (P = 0.0009)				
			0.01 0.1 1 10 100	
			TG	Lista de espera

Fonte: elaborada pelos autores.

homens com DE. Nesse estudo randomizado, os homens foram alternadamente designados para ICI com ou sem aconselhamento sexológico (-SC). No total, 70 pacientes foram incluídos, isto é, 35 em cada grupo; 57 (28 -SC, 29 +SC) foram entrevistados por telefone após um acompanhamento médio de 11,3 meses para determinar seu uso de ICI e razões para descontinuar.

Não houve diferenças entre os grupos que descontinuaram ICI (no geral 30%), (p = 0,35) e nas razões para descontinuar ICI (24% fizeram isso por causa do retorno de ereções espontâneas) ou no funcionamento sexual. Para o resultado da persistência de DE, não foram encontrados resultados significativos (p = 0,24). Van der Windt et al. (2002) apresentaram dados relacionados ao parceiro relatando tratamento como perturbador, e não houve diferenças a favor da terapia ICI com aconselhamento sexológico em homens com DE (RR = 1,29 IC = 95%, 0,39, 4,33).

Quais características demográficas dos pacientes favorecem a resposta à psicoterapia?

De acordo com a literatura, existem algumas características demográficas dos pacientes que estão implicadas em uma melhor resposta à psicoterapia: severidade, idade e estado civil. Portanto, realizamos uma análise de subgrupo.

Severidade da disfunção erétil

Homens com diagnóstico de DE primária parecem menos propensos do que aqueles com DE secundária a experienciar relações sexuais bem-sucedidas; no entanto, para homens em ambas as categorias de severidade da DE, primária (RR 0,57; IC 95%, 0,40-0,82, N = 71; 3 estudos) (Ansari, 1976; Kockott et al., 1975; Munjack et al., 1984) e secundária (RR 0,10, IC 95% 0,02, 0,40, N = 2,9; 2 estudos) (Kilmann et al., 1987; Price et al., 1981), a terapia de grupo produziu resultados significativamente melhores do que o tratamento de lista de espera para o desfecho de persistência da DE.

Idade do paciente

Em uma análise de subgrupo comparando um estudo com homens entre 30 e 39 anos (Kockott et al., 1975) a quatro estudos com homens de 45 anos ou mais (Ansari, 1976; Kilmann et al., 1987; Munjack et al., 1984; Price et al., 1981), nenhuma diferença estatística foi identificada.

Homens categorizados na linha de base como tendo DE primária pareciam menos propensos que aqueles com DE secundária a experimentar ereções melhoradas e relações sexuais bem-sucedidas; no entanto, para homens em ambas as categorias de severidade da DE, primária (RR 0,57; IC 95%, 0,40-0,82, N = 71; 3 estudos) (Ansari, 1976; Kockott et al., 1975; Munjack et al., 1984) e secundária (RR 0,10, IC 95% 0,02, 0,40, N = 2,9; 2 estudos) (Kilmann et al., 1987; Price et al., 1981), a terapia em grupo produziu resultados significativamente melhores do que o tratamento da lista de espera para o desfecho da persistência da DE.

Status *de parceria*

Em uma análise de subgrupo, que categorizou estudos envolvendo homens com parcerias estabelecidas (Ansari, 1976; Kilmann et al., 1987; Kockott et al., 1975; Munjack et al., 1984) separadamente daqueles com homens sem parcerias fixas (Price et al., 1981), uma diferença estatisticamente significativa foi observada apenas entre homens sem parcerias estabelecidas (p = 0,02).

A psicoterapia tem implicações substanciais tanto para a prática clínica como para a pesquisa no contexto da disfunção erétil. Em ambientes clínicos, a psicoterapia desempenha um papel crucial em auxiliar homens a lidar com a DE, particularmente quando a condição está enraizada em fatores psicológicos como ansiedade de desempenho, estresse, depressão ou conflitos de relacionamento. Terapeutas podem ajudar pacientes a identificar e abordar esses fatores psicológicos, personalizando estratégias terapêuticas para as necessidades individuais, incluindo terapia cognitivo-comportamental, terapia de casal ou outras abordagens psicoterapêuticas visando à redução da ansiedade sexual, à melhora da autoestima e ao fomento de uma comunicação saudável.

Além disso, o impacto da psicoterapia se estende ao campo da pesquisa. Estudos clínicos demonstram consistentemente a eficácia de abordagens psicoterapêuticas no tratamento da DE psicogênica. Pesquisas em andamento exploram técnicas inovadoras e estratégias terapêuticas para aprimorar a eficácia da psicoterapia no tratamento da DE e sua aplicabilidade a populações específicas, como homens com DE relacionada a traumas ou indivíduos mais jovens que enfrentam dificuldades eréteis.

Adicionalmente, os esforços de pesquisa se concentram em obter uma compreensão mais profunda dos mecanismos psicológicos subjacentes à DE, fornecendo *insights* valiosos para intervenções terapêuticas mais precisas incluindo terapia cognitivo-comportamental, terapia de casal ou outras abordagens psicoterapêuticas voltadas para reduzir a ansiedade sexual, melhorar a autoestima e promover uma comunicação saudável. Isso envolve investigar a influência de fatores psicossociais, traumas passados e a interação entre aspectos emocionais e físicos da função erétil. Em resumo, a psicoterapia desempenha um papel fundamental tanto na prática clínica como na pesquisa relacionada à DE, oferecendo estratégias eficazes para abordar os aspectos psicológicos desse transtorno sexual e contribuindo para avanços no conhecimento científico na área.

REFERÊNCIAS

Capítulo **26**

Ejaculação precoce

Tamara Melnik, Gabriela Andrade da Silva

INTRODUÇÃO

A ejaculação precoce (EP) é uma disfunção sexual masculina muito frequente, que exerce um impacto emocional negativo tanto no indivíduo quanto em seus relacionamentos afetivos (Carson & Gunn, 2006). Os três principais critérios para diagnosticar a EP são: latência curta de ejaculação (LE), percepção de falta de controle ejaculatório e consequências negativas percebidas pelo paciente como incômodo/angústia.

Intervenções psicoterápicas, englobando psicoterapia e terapia sexual, emergem como recursos terapêuticos significativos no tratamento da EP. Essas abordagens focam no ensino de técnicas que possibilitam o controle sobre a ejaculação, na redução da ansiedade associada ao desempenho sexual, no manejo de questões relacionais e na modificação de padrões de pensamento e comportamento que contribuem para a persistência da EP.

O objetivo do presente capítulo é apresentar as evidências sobre efetividade das intervenções psicoterápicas para o tratamento da EP, com base na revisão sistemática intitulada *Psychosocial interventions for premature ejaculation* (Melnik et al., 2011), publicada em 2007 na *Cochrane Library*, complementando as informações com ensaios clínicos randomizados publicados posteriormente. São objetivos específicos: 1) determinar se as intervenções psicológicas são efetivas no tratamento da EP; 2) investigar se diferentes tipos de intervenção psicológica têm diferença quanto à eficácia; e 3) investigar o papel das intervenções psicológicas em conjunto com farmacológicas para o tratamento da EP.

DEFINIÇÃO DE EP E CRITÉRIOS DIAGNÓSTICOS

A definição de EP não é consensual na comunidade científica, havendo variações entre os diferentes manuais de diagnóstico utilizados em medicina e outras profissões de saúde. Assim, neste capítulo, serão apresentadas as principais definições atualmente aceitas pela comunidade científica.

Na 11ª edição da Classificação Internacional de Doenças (CID-11) (World Health Organization, 2023), a EP foi definida como:

> (...) ejaculação que ocorre anteriormente ou dentro de um curto período de tempo após a penetração vaginal ou outra estimulação sexual relevante, com um controle da

> ejaculação percebido como nulo ou baixo. O padrão de ejaculação precoce ocorreu episodicamente ou persistentemente por um período de, ao menos, alguns meses, e está associado com sofrimento clinicamente relevante.

Ainda de acordo com a CID-11 (World Health Organization, 2023), subtipos da EP são definidos de acordo com suas características, que incluem: ao longo de toda a vida, também chamada de primária (ou seja, desde que teve início atividade sexual relevante) *versus* adquirida, também chamada de secundária (ou seja, iniciou-se após um período da vida em que a pessoa não tinha EP); generalizada (que ocorre em todas as situações) *versus* situacional (que acontece somente em algumas situações, ou com determinadas parcerias).

Outros critérios consensuados pela comunidade científica adotaram o conceito de "tempo de latência ejaculatória intravaginal" (Ielt), isto é, o tempo decorrido entre o início da penetração vaginal e a ejaculação. É importante ressaltar que, embora o Ielt seja um parâmetro importante no entendimento da EP, isoladamente não caracteriza a presença da disfunção, porque o que constitui um Ielt disfuncional difere entre os indivíduos e, adicionalmente, este não leva em consideração outros aspectos envolvidos na EP (McMahon, 2008a; McMahon, 2008b; Masters & Johnson, 1966; Althof, 2007; Kaplan, 1974; Kaplan, 1989; Metz et al., 1997; Althof, 2006; Semans, 1956; Masters & Johnson, 1970; Hartmann, 1996; Yuan et al., 2004; Higgins & Green, 2008; Kaplan et al., 1974), como a sensação de falta de controle e o incômodo na atividade sexual. Para muitos casais, principalmente quando a parceira atinge o orgasmo rapidamente, um Ielt rápido não causa sofrimento (Masters & Johnson, 1970; Hartmann, 1996; Yuan et al., 2004; Higgins & Green, 2008; Kaplan et al., 1974).

O *Manual Diagnóstico e Estatístico de Transtornos Mentais*, em sua 5ª edição (DSM-5) (APA, 2013), considera que a EP seria um "padrão persistente ou recorrente de ejaculação que ocorre durante a atividade sexual com parceira dentro de aproximadamente um minuto após a penetração vaginal e antes do momento desejado pelo indivíduo" (p. 443), observando que também é possível aplicar o diagnóstico a homens envolvidos em atividades sexuais não vaginais; porém, não foram estabelecidos critérios específicos para o tempo de duração para esses casos. Para caracterizar o diagnóstico segundo o DSM-V, também é preciso que essa condição esteja presente por no mínimo seis meses e seja experimentada em pelo menos 75% das atividades sexuais, causando sofrimento clinicamente significativo. Ainda, é preciso que essa disfunção sexual não seja melhor explicada por outro transtorno mental ou como consequência de perturbações do relacionamento ou de outros estressores importantes, ou como efeito de substâncias, medicamentos ou outra condição médica.

A Sociedade Internacional de Medicina Sexual, por sua vez, examinou as evidências científicas sobre EP e estabeleceu a seguinte definição (Serefoglu et al., 2014):

> (...) disfunção sexual masculina, caracterizada por (i) ejaculação que ocorre sempre, ou quase sempre; antes ou aproximadamente um minuto após a penetração vaginal, desde a primeira experiência (EP ao longo da vida) ou uma redução no tempo de latência com incômodo clinicamente significativo, frequentemente para três minutos ou menos (EP adquirida); (ii) essa incapacidade de retardar a ejaculação ocorre em todas ou quase todas as penetrações vaginais; e (iii) promove prejuízo na vida pessoal, podendo ocasionar angústia, in-

> cômodo, frustração e/ou evitação da atividade sexual. (p. 1)

As Diretrizes para Transtornos de Ejaculação da *American Urological Association Education and Research* (AUA) (Shindel et al., 2022) consideram, com base na opinião de especialistas, que a EP adquirida deve ser definida como um controle ejaculatório enfraquecido, associado com uma latência ejaculatória inferior às experiências sexuais anteriores associadas ao sexo com penetração.

Em síntese, o diagnóstico de EP baseia-se no autorrelato (Carson & Gunn, 2006), pois, até o presente momento, nenhum outro instrumento foi considerado superior. Há consenso ao considerar precoce a ejaculação que ocorre em tempo inferior a um minuto após a penetração vaginal, porém, há publicações que consideram outros critérios temporais, com Ielt de um, dois, três, quatro, cinco ou até sete minutos de penetração (Althof et al., 2022), ou que não estabeleceram um tempo padrão. Essa variação nos critérios diagnósticos dificulta comparações entre estudos epidemiológicos.

A definição de EP tem recebido críticas da comunidade científica. Rowland et al. (2022) argumentaram que não há evidências de validade dos critérios para diagnóstico de EP (p. ex., o tempo transcorrido entre a penetração vaginal e a ejaculação, ou a ausência ou enfraquecimento do controle sobre a ejaculação) que possam estabelecer a diferença entre os grupos (homens com e sem EP). Althof et al. (2022) apresentaram críticas à falta de definição de um critério temporal na CID-11, apesar de existirem evidências científicas que sustentam o Ielt de um a dois minutos após o início da penetração vaginal; argumentaram, ainda, que o critério diagnóstico de Ielt inferior a um minuto é adequado apenas para a EP ao longo da vida, mas não para a EP adquirida. Para a condição adquirida, a International Society for Sexual Medicine (ISSM) considera que o critério diagnóstico deve ser um Ielt inferior a três minutos, mas não há evidências suficientes para sustentar esse ponto de corte, portanto, são necessários mais estudos de base populacional (Althof et al., 2022).

Finalmente, é notável que os principais guias para diagnóstico de EP consensuados pela comunidade científica tenham considerado um critério temporal em função do início da penetração vaginal. Considera-se essencial a revisão dos critérios para tornar o diagnóstico de EP mais inclusivo e menos heterossexista, incluindo homens que fazem sexo com outros homens e comportamentos sexuais que não sejam, exclusivamente, relacionados com a penetração do pênis na vagina (Althof et al., 2022).

EPIDEMIOLOGIA E PROGNÓSTICO

De acordo com Carson e Gunn (2006), esse é o transtorno sexual mais frequente na população masculina, com prevalências entre 25% e 40% na população geral, em todos os grupos etários; foram encontradas evidências de diferenças raciais em estudo realizado nos Estados Unidos da América, com maior prevalência encontrada em homens hispânicos, seguidos por negros, sendo as menores taxas encontradas entre homens brancos. Uma revisão sistemática e metanálise (Barbonetti et al., 2019) concluiu que homens homossexuais têm chance 28% reduzida, em relação a homens heterossexuais, de apresentar EP. Entretanto, as estimativas epidemiológicas são bastante limitadas, sobretudo pela ausência de consenso em relação à definição de EP, tendendo a ser tanto maiores quanto menores forem os Ielts considerados como critério.

A EP pode levar ao prejuízo no bem-estar dos indivíduos e nas suas relações afetivas, tanto para os homens afetados como para suas parcerias (Carson & Gunn, 2006). Homens com EP relatam diminuição da autoconfiança sexual, dificuldade em iniciar/manter relações afetivas e angústia por não satisfazer suas parcerias (Masters & Johnson, 1966; Althof, 2007; Kaplan, 1974; Waldinger & Schweitzer, 2006a; Waldinger & Schweitzer, 2006b; Waldinger, 2008; Symonds et al., 2003; Patrick et al., 2005; Rowland et al., 2007).

EVIDÊNCIAS DE EFICÁCIA DE TRATAMENTOS PSICOLÓGICOS PARA EP: BUSCA DE ESTUDOS

Na revisão conduzida por Melnik et al. (2011), a busca de estudos foi realizada nas seguintes bases eletrônicas: Medline/PubMed, PsycINFO, Embase, Lilacs e *Cochrane Central Register of Controlled Trials*. A data da última busca foi abril de 2009. Foram identificados 412 estudos, dos quais nove atenderam aos critérios de inclusão. Três desses estudos foram realizados nos Estados Unidos, dois no Canadá, três na China e um no Egito.

As seguintes comparações foram realizadas com base em ensaios clínicos randomizados disponíveis:

- Tratamento com psicoterapia em comparação com grupo controle (permanecer na lista de espera) ou outra modalidade de tratamento psicológico (cinco estudos, total de 102 participantes).
- Tratamento combinando psicoterapia e farmacoterapia em comparação com tratamento apenas psicoterápico ou apenas farmacológico (três estudos, total de 240 participantes).
- Tratamento farmacológico comparado com intervenção comportamental (um estudo, 31 participantes).

Resultados

Nove ensaios clínicos randomizados foram incluídos nessa revisão sistemática. Serão apresentados, a seguir, os resultados relativos a cada um dos três objetivos específicos da revisão.

Objetivo 1 – Determinar se as intervenções psicológicas são efetivas no tratamento da EP

Para atender a esse objetivo, foram examinados trabalhos que compararam um grupo de pacientes que recebeu intervenção psicológica com um grupo controle, em que não houve intervenção. Foram identificados três estudos nesse formato. Em alguns deles, mais de um grupo era alvo de intervenção psicoterápica, para que fossem testados diferentes modelos de tratamento.

De maneira geral, o tratamento psicoterápico mostrou-se efetivo, pois o desempenho dos participantes após tratamento mostrou-se superior ao observado na linha de base ou no grupo controle. No entanto, as evidências mostrando que intervenções psicológicas são eficientes no tratamento da EP são ainda insuficientes, pois existem poucos ensaios clínicos controlados e randomizados sobre esse tema e, dentre os estudos disponíveis, a maioria usou amostras pequenas. Serão apresentados, a seguir, resultados descritivos baseados nos estudos incluídos na revisão sistemática.

Lowe e Mikulas (1975) compararam um grupo submetido a um programa de tratamento autoadministrado (N = 5) com um grupo controle (N = 5), formado por pacientes que estavam na fila de espera para serem atendidos. O tratamento autoadministrado consistiu em um material escrito de 80 páginas, que incluía informações a respeito de EP e seu tratamento, foco sensorial, técnica de comprimir a glande, controle ejaculatório intravaginal e modificação das posições sexuais, dando preferência para a posição em que a mulher fica por cima ou a posição lateral (ver Tabela 1). O programa durou, em média, três semanas, após as quais os participantes da fila de espera entraram em tratamento. Foram feitos dois contatos com cada paciente durante a aplicação do programa, para monitorar e encorajar a participação. A latência ejaculatória foi medida a partir de autorrelato, concluindo-se que aumentou 37,2 minutos no grupo que recebeu a intervenção, comparada com zero minuto no grupo controle. Depois de receber tratamento, o grupo controle também relatou melhora, apresentando, em média, um aumento de 18,6 minutos na latência ejaculatória.

Trudel e Proulx (1987) também usaram um programa autoadministrado de tratamento, em formato escrito. A amostra de 25 participantes foi recrutada em centros de saúde e por meio de anúncios em jornais. Foram comparados quatro grupos: tratamento autoadministrado, tratamento com intervenção mínima do terapeuta, tratamento administrado pelo terapeuta e grupo controle sem tratamento. Todas as formas de tratamento usaram o mesmo manual, que incluía uma introdução sobre EP, descrições da técnica de compressão da glande, técnica de parar e recomeçar e foco sensorial (Tabela 1), além de lições com três horas de duração por semana sobre planejamento de atividades sexuais e de diálogo (com o

Tabela 1 Algumas técnicas utilizadas no tratamento da ejaculação precoce

Foco sensorial (tradução livre de *sensate focus* ou *sensate focusing*) Técnica em que o homem e sua parceira são encorajados a iniciar a relação sexual focalizando a variedade de experiências sensoriais (sensação de contato físico em regiões diferentes dos genitais, mamilos e intercurso sexual), encorajando a consciência corporal e reduzindo a ansiedade de performance, ou a crença de que o orgasmo seria objetivo único do ato sexual.
Técnica de distração (focalização das dimensões temporais, espaciais e energéticas dos movimentos) Durante a atividade sexual, o paciente é orientado a fixar o pensamento em alguma situação ou sensação que possivelmente o distraia da excitação sexual. Essa técnica pode ser usada para prolongar o tempo da ejaculação.
Técnica de compressão da glande (tradução livre de *squeeze-pause* ou *squeeze*) O paciente é orientado a comprimir a base da glande (cabeça do pênis) por quatro a cinco segundos imediatamente após a primeira sensação de maior excitação. Com esse procedimento, dificulta a entrada de sangue no pênis e é possível retardar o reflexo ejaculatório.
Técnica de parar e recomeçar (tradução livre de *stop-start*) Essa técnica deve ser primeiramente adotada na masturbação. O paciente é orientado a iniciar a masturbação e interrompê-la quando se aproximar do momento de maior excitação. Essa orientação deve ser seguida nas duas primeiras tentativas, na terceira tentativa o orgasmo não deve ser interrompido. A seguir, orienta-se o homem a ficar na posição superior à parceira para poder ter controle do movimento sexual. Ele deve iniciar a penetração e parar completamente o movimento próximo ao momento de maior excitação. Pode usar a técnica de distração concomitantemente.
Tratamento funcional-sexológico Esse tratamento baseia-se na modulação da excitação sexual por meio de técnicas simples de focalização das dimensões temporais, espaciais e energéticas de seus movimentos, uso dos músculos de diferentes formas (p. ex., relaxar os músculos das nádegas), variação da velocidade da atividade sexual antes e durante o intercurso, respiração usando o diafragma e escolha de posições que requerem menor tensão muscular.

Fonte: elaborada pela autora com base em: Master e Johnson (1970), APA (2013), Althof (2005), Althof (2011), Cooper et al. (2015).

objetivo de promover comunicação sexual e intimidade) e abordagem de solução de problemas para dificuldades tipicamente encontradas em cada lição. Após três semanas, os participantes do grupo controle foram incluídos em uma das três condições experimentais. Os resultados do estudo indicaram que houve aumento do tempo de latência ejaculatória para os grupos em que ocorreu intervenção, mas não para o grupo controle. Não houve perda de efeito do tratamento em longo prazo.

Carufel e Trudel (2006) avaliaram os efeitos de um novo tratamento funcional-sexológico para EP (Tabela 1). Além das técnicas relacionadas a controle dos movimentos, respiração, contrações musculares, velocidade da relação sexual e escolha das posições sexuais, o tratamento envolveu educação sobre sexualidade e informações sobre a responsividade sexual masculina e feminina, buscando que os homens aprendessem a controlar a excitação sem ter de interromper a atividade sexual. Os critérios de inclusão de participantes eram os seguintes: homens que ejaculavam menos de dois minutos após a penetração; que estivessem engajados em um relacionamento com duração de pelo menos um ano; que concordassem em participar de encontros semanais nos quais o casal deveria comparecer, ou aguardar 12 semanas pela intervenção; e que não apresentassem nenhum problema mental ou fisiológico grave. A amostra foi formada por 36 casais, que foram alocados em três grupos: tratamento funcional-sexológico; tratamento comportamental envolvendo a técnica de compressão da glande e a técnica parar-recomeçar; e grupo controle (12 semanas na lista de espera). Os participantes forneceram uma medida objetiva do intervalo de tempo entre a penetração e a ejaculação, em três momentos: antes do tratamento, imediatamente depois e três meses depois. Os resultados indicaram que o novo tratamento foi efetivo e levou a melhoras significativas na satisfação e na função sexual, quando comparado com a linha de base e com o grupo controle. O tratamento comportamental obteve resultados similares, e participantes de ambos os grupos relataram estar satisfeitos com seus respectivos tratamentos.

Observa-se que os três estudos indicaram que as intervenções psicoterápicas para EP tiveram resultados positivos, havendo melhora da latência ejaculatória ao final do tratamento, quando comparado com a linha de base ou com o grupo controle. Foram investigados diferentes tipos de intervenção para EP: tratamento autoadministrado, tratamento autoadministrado com intervenção mínima do terapeuta (contatos telefônicos esporádicos) e tratamento administrado por psicoterapeuta. Além disso, foram testados tanto o tratamento individual como o tratamento do casal. Diferentes técnicas foram empregadas, conforme mostra a Tabela 1. Todas as intervenções tiveram resultados positivos, contribuindo para a melhora do paciente. No entanto, deve-se ter cuidado ao generalizar os resultados, porque, além de haver poucos estudos, as amostras foram pequenas.

Objetivo 2 – Investigar se diferentes tipos de intervenção psicológica têm diferença quanto à sua eficácia

Para atender a esse objetivo, foram examinados estudos que compararam grupos de participantes submetidos a diferentes tipos de intervenção psicoterápica. Além dos estudos de Trudel e Proux (1987) e Carufel e Trudel (2006), já relatados anteriormente, foram encontrados dois trabalhos com essa característica, que serão descritos a seguir.

Golden et al. (1978) compararam terapia sexual oferecida para o casal (N = 6) ou em grupo (N = 17), atendendo tanto os pacientes de sexo masculino com EP como suas parceiras com disfunção orgástica secundária. Foram administradas 12 sessões semanais para o casal ou o grupo de casais, além de uma sessão individual para cada paciente, com terapeuta de mesmo sexo. As sessões focalizaram as ferramentas básicas de comunicação e sexualidade e consistiram em duas fases: foco sensorial e técnicas específicas, incluindo a de compressão da glande (Tabela 1). Resultados indicaram que houve melhora significativa tanto para homens que participaram de atendimento de casal como para aqueles atendidos em grupo. Medindo a latência ejaculatória como variável dicotômica (ejaculação menos de cinco minutos ou mais de cinco minutos após a penetração), observou-se melhor desempenho imediatamente após tratamento entre os participantes submetidos a terapia em grupo, quando comparados aos que participaram da terapia de casal, mas essas diferenças desapareceram no seguimento a longo prazo.

Zeiss et al. (1978) aplicaram tratamento em 20 casais, usando o mesmo manual do estudo de Trudel e Proux (1987). Os participantes foram alocados aleatoriamente em três grupos: a) tratamento autoadministrado, em que os pacientes recebiam um manual e eram orientados a entrar em contato com a clínica quando completassem o programa (N = 7); b) tratamento com contato mínimo do terapeuta, em que os pacientes recebiam o manual e eram contatados semanalmente por um terapeuta (N = 7); e c) tratamento administrado pelo terapeuta, em que os casais participavam de 12 a 20 sessões de até uma hora, sem receber o manual (N = 6). Medidas de latência ejaculatória foram feitas pelos participantes em dois momentos: antes do tratamento e entre 15 e 20 semanas depois de iniciado o tratamento (ou quando completassem o tratamento, caso o término ocorresse antes de 15 semanas). Também foi usado um questionário de *background* sexual, respondido antes do tratamento e três meses após o seu término. Os resultados indicaram que houve sucesso no tratamento administrado por terapeutas ou com contato mínimo com os terapeutas. Dois casais não completaram a avaliação pós-tratamento, sendo que um deles estava alocado no grupo de tratamento autoadministrado (sem contato com o terapeuta) e outro no grupo de tratamento com contato mínimo do terapeuta. No seguimento dos pacientes após tratamento, constatou-se que os resultados benéficos do tratamento diminuíram, mas, ainda assim, mantiveram-se acima da linha de base. O desfecho principal investigado nesse trabalho foi tempo médio de latência ejaculatória maior que cinco minutos, ou aumento de pelo menos três minutos. Também foi avaliado o aumento da satisfação sexual por ambos os parceiros. Nenhum dos seis casais que estavam no grupo de tratamento autoadministrado sem contato com o terapeuta atingiu esses critérios de melhora. No grupo com contato mínimo do terapeuta, cinco dos seis casais atingiram os critérios. Todos os casais do grupo de tratamento administrado por terapeuta atingiram os critérios.

Diversos tipos de psicoterapia têm sido aplicados com o objetivo de tratar a EP e os resultados dos estudos indicaram que essas intervenções podem apresentar diferença quanto à sua efetividade:

- O efeito imediato de aumento da latência ejaculatória foi maior nos casais que participaram de psicoterapia em grupo do que naqueles que participaram de psicoterapia de casal, conforme o estudo de Golden et al. (1978). No entanto, a diferença desapareceu no seguimento dos pacientes após finalização do tratamento.

- Quanto à abordagem, a terapia funcional-sexológica aplicada por Carufel e Trudel (2006) teve efetividade similar à terapia comportamental no aumento da latência ejaculatória.
- Quanto à presença do terapeuta, os resultados foram conflitantes. Trudel e Proux (1987) encontraram resultados semelhantes para a efetividade do tratamento autoadministrado sem contato com o terapeuta, tratamento com intervenção mínima do terapeuta ou tratamento completamente administrado pelo terapeuta. No entanto, Zeiss et al. (1978) não obtiveram sucesso (aumento da latência ejaculatória) no tratamento autoadministrado sem contato com o terapeuta. Além disso, os resultados desse estudo indicaram que pode haver menor adesão quando o tratamento é autoadministrado, visto que dois casais nessa condição (um do grupo de tratamento sem contato com o terapeuta e outro do grupo com contato mínimo com o terapeuta) não conseguiram completar o tratamento.

Novamente, deve-se ter cuidado ao interpretar e generalizar esses resultados, visto que são poucos estudos e que todos contaram com amostras pequenas.

Objetivo 3 - Investigar o papel das intervenções psicológicas em conjunto com intervenções farmacológicas para o tratamento da EP

Os trabalhos que compararam a combinação da terapia farmacológica com a intervenção psicológica no tratamento de EP usaram diferentes tipos de comparação entre grupos:

- Comparação de dois grupos: 1) tratamento combinando medicação e psicoterapia e 2) apenas tratamento psicoterápico (2004).
- Comparação de dois grupos: 1) tratamento combinando medicação e psicoterapia e 2) apenas tratamento medicamentoso (2006).
- Comparação de três grupos: 1) tratamento combinando medicação e psicoterapia, 2) tratamento apenas psicoterápico e 3) tratamento apenas medicamentoso (2008).

Nesses três trabalhos, os resultados indicaram que o sucesso do tratamento combinando medicação e intervenção psicológica foi maior que o sucesso dos tratamentos monoterápicos, tanto o farmacológico como o psicoterápico.

Foi encontrado, ainda, um quarto trabalho (Abdel-Hamid et al., 2001), que comparou individualmente os tratamentos farmacológico e psicoterápico, mas não testou a intervenção combinando as duas técnicas. Foram testadas quatro medicações diferentes, em comparação com a técnica de comprimir a glande. Os resultados indicaram que a técnica de comprimir a glande teve eficácia inferior à técnica dos tratamentos medicamentosos.

A seguir, os trabalhos que investigaram a eficácia dos tratamentos farmacológicos e das intervenções psicoterápicas serão examinados com maiores detalhes.

Tang et al. (2004) compararam a eficácia do tratamento combinando o uso de citrato de sildenafil com terapia comportamental no tratamento da EP. O grupo controle foi formado por pacientes tratados apenas com terapia comportamental, sem uso de medicação. A amostra foi formada por 60 pacientes, medindo-se, antes e depois do tratamento, o tempo de latência ejaculatória intravaginal e a satisfação do paciente e de sua parceira com o coito. Concluiu-se que o grupo experimental (combinação de terapia comportamental com a medicação) teve maior aumento no tempo de latência ejaculatória (a média aumentou de 0,73 min para 3,63 min), quando comparado com o grupo que fez apenas terapia comportamental (a média aumentou de 0,80 min para 1,82 min). Além disso, a satisfação com o coito também teve um maior aumento no grupo que usou o tratamento combinado que no grupo que participou apenas da terapia comportamental.

Li et al. (2006) compararam um grupo de 45 pacientes tratados com combinação de clomipramina e psicoterapia comportamental compreensiva (grupo experimental) com outro grupo, também com 45 pacientes, tratado apenas com clomipramina (grupo controle). Os participantes tomaram comprimidos de 25 mg de clomipramina, duas vezes ao dia, durante seis semanas. As sessões de psicoterapia, oferecidas apenas para o grupo experimental, ocorriam duas vezes por semana e tinham duração mínima de 30 minutos. Os desfechos avaliados foram o tempo de latência ejaculatória intravaginal e as pontuações no *Chinese Index of Sexual Function for Premature Ejaculation* (Cipe). A Cipe é composta de 10 questões, enfocando libido, função erétil, latência ejaculatória, satisfação sexual e dificuldade em retardar a ejaculação, autoestima e depressão. As pontuações de Cipe para reflexo ejaculatório, satisfação sexual dos pacientes e suas parceiras e ansiedade ou depressão em relação à atividade sexual foram significantemente melhores no grupo que recebeu a intervenção combinando medicação com psicoterapia (grupo experimental) do que no grupo tratado apenas com medicação (grupo controle). Um mês após o tratamento, tomando como base a medida do tempo de latência ejaculatória intravaginal, a intervenção do grupo experimental também foi mais eficaz (82,9%) que a do grupo controle (30%), um resultado significativo estatisticamente ($p < 0,01$). Os autores concluíram que a terapia comportamental aumentou a eficácia do tratamento medicamentoso para EP.

Yuan et al. (2008) trabalharam com uma amostra de 90 pacientes com EP, dividindo-os de forma aleatória em três grupos: 1) tratamento com terapia comportamental; 2) tratamento com citalopram (inibidor seletivo de recaptação de serotonina); e 3) combinação de tratamento com citalopram e terapia comportamental. As medidas de desfecho foram o intervalo de tempo antes da ejaculação (baseado no autorrelato) e a satisfação do paciente e de sua parceira com a vida sexual. Todos os grupos mostraram um aumento significativo no tempo para ejaculação após a intervenção. O grupo tratado com combinação de psicoterapia e medicação relatou maior satisfação sexual, seguido pelo grupo tratado apenas com citalopram. Concluiu-se que o tratamento combinando psicoterapia e medicação foi o mais efetivo dentre os três.

Abdel-Hamid et al. (2001) compararam cinco grupos de pacientes, que receberam os seguintes tratamentos: 1) técnica de compressão da glande; 2) uso do medicamento clomipramina; 3) uso do medicamento sertralina; 4) uso do medicamento paroxetina; e 5) uso do medicamento sildenafil. A amostra foi formada por 31 pacientes com EP primária. Os grupos 2 a 5 foram orientados a usar a medicação entre três e cinco horas antes do coito, quando julgassem necessário. Os pacientes foram acompanhados durante cinco períodos de quatro semanas, entre os quais havia um período de duas semanas sem tratamento. Os desfechos avaliados foram o escore de ansiedade e a latência para ejaculação, que foram medidos antes do tratamento, após o tratamento e nos períodos de duas semanas sem tratamento. Também foi medida a satisfação sexual. Os resultados indicaram que os três antidepressivos (clomipramina, sertralina e paroxetina) foram equivalentes em termos de eficácia e segurança. O tratamento com a técnica de compressão da glande foi o que teve menor taxa de sucesso (54,8%), comparado com as demais modalidades. Os grupos que usaram técnica de compressão da glande, clomipramina e sertralina foram semelhantes em relação à satisfação sexual e tempo de latência ejaculatória. Os resultados desses três grupos foram inferiores aos dos grupos que usaram sildenafil e paroxetina. O grupo tratado com sildenafil foi o que apresentou os melhores resultados em termos de latência ejaculatória e satisfação sexual. Em relação ao escore de ansiedade este foi significantemente superior na fase anterior ao início dos tratamentos em todos os grupos estudados.

QUALIDADE METODOLÓGICA DOS ESTUDOS INCLUÍDOS NA REVISÃO SISTEMÁTICA

Segundo os critérios descritos no *Manual Cochrane de Revisões Sistemáticas* (Higgins & Green, 2008), apenas cinco dos nove estudos foram considerados com baixo risco de viés em termos de método de randomização, ocultação da alocação, cegamento dos avaliadores e perdas no *follow-up*.

ATUALIZAÇÃO DA ESTRATÉGIA DE BUSCA: OUTROS ENSAIOS CLÍNICOS RANDOMIZADOS SOBRE EP

Alguns ensaios clínicos randomizados publicados após a revisão sistemática de Melnik et al. (2011) foram identificados na literatura e serão descritos nesta seção.

Pavone et al. (2017) randomizaram 287 pacientes com diagnóstico de EP em três grupos distintos: A) uso da medicação dapoxetina; B) psicoterapia em grupo isolada; e C) uso da dapoxetina com psicoterapia em grupo. Contudo, apenas 157 pacientes puderam ser efetivamente avaliados. No grupo A (dapoxetina), a pontuação média do *premature ejaculation diagnostic tool* (PEDT) reduziu-se de 12,95 para 8,26, e o tempo de latência da ejaculação intravaginal (Ielt) médio aumentou de 50,77 segundos para 203 segundos ($p < 0,05$). No grupo B (psicoterapia em grupo), observou-se uma redução na pontuação média do PEDT de 13,44 para 5,11, com um aumento no Ielt de 48,33 segundos para 431,11 segundos ($p < 0,001$). Similarmente, o grupo C (dapoxetina com psicoterapia em grupo) registrou uma diminuição na pontuação média pós-tratamento do PEDT de 12,29 para 5,57 e um prolongamento do Ielt médio de 46,86 segundos para 412,14 segundos ($p < 0,001$). Notavelmente, todos os grupos apresentaram uma melhoria nos níveis de ansiedade.

Os resultados indicaram que a psicoterapia em grupo pode ser considerada um tratamento eficaz para a EP, exercendo um papel significativo na mitigação dos sintomas. A psicoterapia em grupo promoveu uma melhoria mais acentuada dos sintomas em comparação com o uso isolado de dapoxetina, mesmo que as diferenças estatísticas não sejam significativas. Esses dados estatísticos ressaltam a importância de terapias integrativas no tratamento da EP, dando ênfase não apenas aos aspectos biológicos, mas também aos componentes psicológicos e interpessoais que influenciam a EP.

Fu et al. (2019) estudaram os efeitos terapêuticos da terapia de dessensibilização para ejaculação precoce em concomitância com a administração de 30 mg de cloridrato de dapoxetina em indivíduos com diagnóstico de ejaculação precoce primária (EPP). Noventa e nove sujeitos com EPP foram aleatoriamente alocados em dois grupos, seguindo uma proporção de 2:1. O primeiro grupo, com 66 indivíduos, foi submetido a uma intervenção terapêutica de dessensibilização para ejaculação precoce, facilitada pelo dispositivo *Weili Automatic Semen Collection-Penis Erection Detection and Analysis* (WLJY-2008), em associação à terapia com 30 mg de cloridrato de dapoxetina (grupo DTCD). O segundo grupo, composto de 33 indivíduos, foi tratado exclusivamente com 30 mg de cloridrato de dapoxetina (grupo DO).

Parâmetros como o tempo de latência da ejaculação intravaginal (Ielt) e o perfil da ejaculação precoce (PEP) foram meticulosamente documentados antes e durante o período de intervenção. Adicionalmente, a Impressão Clínica Global de Mudança (CGIC) na EPP foi monitorada na quarta semana e ao término do protocolo terapêutico. Observou-se uma melhoria estatisticamente significativa ($p < 0,0001$) em medidas de Ielt, PEP e CGIC relacionadas à ejaculação precoce em comparação aos valores basais em ambas as coortes. Notavelmente, a abordagem terapêutica DTCD demonstrou uma potencialização mais acentuada nas métricas de avaliação nos sujeitos com EPP em relação à terapia isolada com dapoxetina ($p < 0,05$). Esses achados sugerem que a terapia de dessensibilização para ejaculação precoce, quando aplicada em combinação com a dapoxetina, pode representar uma estratégia superior para o tratamento da EPP.

Cui et al. (2017) avaliaram a segurança e a eficácia clínica de um *spray* da medicina tradicional chinesa (TCMS) com a terapia de dessensibilização para ejaculação precoce (PEDT) no tratamento da ejaculação precoce primária (PPE). A metodologia empregada foi a randomização de 90 pacientes diagnosticados com PPE, os quais foram submetidos a três diferentes protocolos de tratamento: uso exclusivo de TCMS, aplicação isolada de PEDT e uma abordagem combinada de TCMS e PEDT durante um período de seis semanas. Para aferir a resposta aos tratamentos, foram utilizados como parâmetros o tempo de latência da ejaculação intravaginal (Ielt) e o índice chinês de função sexual para ejaculação precoce (CIPE-5).

Os resultados do estudo indicam uma melhoria significativa, evidenciada pelo aumento tanto do Ielt quanto do CIPE-5 em todos os três grupos após o tratamento, em comparação com os valores basais ($p < 0,01$). No entanto, foi no grupo submetido à terapia combinada TCMS e PEDT que se observaram os aumentos mais significativos nos valores de Ielt e CIPE-5 em relação aos outros grupos (ambos $p < 0,05$). Além disso, a eficácia clínica percebida no grupo tratado com a combinação de TCMS e PEDT (89,7%) superou significativamente os índices observados nos grupos submetidos a monoterapias, seja com TCMS (65,5%) ou com PEDT (67,9%) ($p < 0,01$). Tais descobertas sustentam a conclusão de que, embora o TCMS por si só seja um método seguro e eficaz no tratamento da PPE, sua combinação com a PEDT demonstrou ser consideravelmente mais efetiva do que o uso de qualquer uma das modalidades terapêuticas isoladamente.

IMPLICAÇÕES PARA A PRÁTICA PROFISSIONAL

A estratégia terapêutica que integra farmacoterapia e intervenções psicológicas é frequentemente identificada como o método mais eficiente, em particular para os casos de EP primária e generalizada. Nesse contexto, a medicação tem a função de retardar o reflexo ejaculatório, enquanto a psicoterapia se concentra na exploração e na resolução de fatores psicológicos e interpessoais subjacentes.

Contudo, pesquisas avaliando a eficácia da psicoterapia como modalidade isolada no tratamento da EP revelam limitações metodológicas, incluindo universo amostral pequeno, ausência de grupo de controle e períodos breves de seguimento. Apesar dessas limitações, os estudos sugerem que a psicoterapia pode conferir benefícios, como prolongamento do tempo de latência ejaculatória e aprimoramento da satisfação sexual, quando comparada à ausência de intervenção. Ressalta-se, portanto, a necessidade de investigações futuras com maior rigor metodológico para validar essas conclusões preliminares.

É imperativo que o tratamento seja meticulosamente adaptado ao subtipo específico de EP e as características e preferências do paciente. Estratégias de psicoeducação podem ser mais indicadas para casos de EP secundária ou situacional. Por outro lado, a EP primária comumente demanda uma abordagem farmacológica associada a psicoterapia, enquanto a EP secundária pode responder de maneira mais efetiva a intervenções psicoterápicas iniciais.

Em suma, a psicoterapia apresenta-se como alternativa terapêutica para a EP, mas sua combinação com medicação mostra-se superior. São necessárias mais pesquisas, utilizando métodos rigorosos, para comprovar a eficácia das intervenções psicológicas isoladas.

IMPLICAÇÕES PARA FUTURAS PESQUISAS

Dada a heterogeneidade dos pacientes com EP, futuras pesquisas são necessárias para melhorar a nossa compreensão do papel da psicoterapia, particularmente seus efeitos em longo prazo na vida dos pacientes, e também a compreensão dos pacientes que não respondem à terapia farmacológica (Perelman, 2006; Melnik & Abdo, 2005; Phelps et al., 2004). Atualmente, a qualidade da pesquisa nesse campo é restrita, com poucos ensaios clínicos randomizados de boa qualidade metodológica.

Um aspecto muito importante seria a elaboração de intervenções psicológicas que atendam às necessidades clínicas específicas de pacientes com diferentes subtipos de EP. Ao invés de apenas investigar os principais efeitos dos tratamentos psicossexuais, a investigação também deve abordar as interações entre características do paciente e as modalidades de tratamento (Phelps et al., 2004; Sharlip, 2006; Levine, 1976; Hawton et al., 1992). Ensaios clínicos nesse campo devem ser elaborados para medir outras variáveis importantes: resultados, incluindo as fases de motivação e prontidão para a mudança, a confiança sexual, satisfação sexual, níveis de intimidade, satisfação do casal, funcionamento e qualidade de vida. Considera-se importante que futuras pesquisas investiguem os componentes mais eficazes das intervenções psicossexuais, identificando as técnicas psicológicas mais eficazes no tratamento da EP e também no aumento da satisfação geral com o relacionamento.

Acerca dos ensaios clínicos para testar eficácia de intervenções para tratamento da EP, é importante ressaltar que as técnicas de randomização, mascaramento e de ocultação da alocação devem ser descritas nos protocolos de estudo e nos artigos científicos. Todos os métodos e resultados devem ser apresentados de forma inequívoca, possibilitando aos leitores analisar os dados e tirar conclusões próprias.

Uma necessidade ainda não atendida pelos pesquisadores da área são os métodos padronizados de diagnóstico, pois há críticas aos critérios atuais, que não estariam baseados em evidências científicas (Althof et al., 2022; Rowland et al., 2022). Ademais, não foram encontradas boas evidências científicas acerca da prevalência da EP, havendo a necessidade de estudos de coorte transversal com base populacional e amostra randomizada, bem como metanálises de estudos epidemiológicos sobre a EP.

Questões relacionadas a fatores de risco e proteção também permanecem inexploradas. Por exemplo: quais aspectos psicológicos constitucionais, em particular, tornam os homens mais vulneráveis a apresentar um Ielt curto? O uso de questionários validados pode contribuir para um melhor entendimento de certas questões psicológicas, tais como autoestima, ansiedade e depressão (Symonds et al., 2003; Hartmann et al., 2005; Althof & Wieder, 2004; Althof & Symonds, 2007; Waldinger, 2006). Além disso, o esclarecimento da duração e frequência do tratamento psicossocial requer investigação mais aprofundada.

Considera-se, ainda, fundamental que as futuras pesquisas busquem evidências para critérios diagnósticos, informações epidemiológicas e intervenções voltadas a outros públicos, além dos homens heterossexuais em relacionamentos estáveis. Homens que se relacionam com outros homens, ou que têm relacionamentos casuais, também precisam ser contemplados nas intervenções para tratamento de EP, assegurando-lhes o mesmo direito à saúde sexual. Também é necessário investigar se as intervenções terapêuticas com eficácia em países estrangeiros têm efetividade semelhante no contexto brasileiro, uma vez que intervenções psicossociais são fortemente influenciáveis por aspectos culturais.

CONSIDERAÇÕES FINAIS

Atualmente existem poucos ensaios clínicos randomizados de alta qualidade acerca da eficácia da psicoterapia em homens com EP, inviabilizando conclusões com maior grau de confiabilidade. Três estudos indicaram que houve aumento do Ielt na abordagem combinada (terapia psicossexual com farmacoterapia), em comparação com a monoterapia. Um estudo mostrou ter havido aumento significativo na duração da relação sexual, satisfação sexual e função sexual com uma nova técnica de tratamento funcional-sexológico. As técnicas de compressão da glande e parar-recomeçar são as técnicas comportamentais mais estudadas na literatura especializada.

A heterogeneidade entre os universos amostrais (p. ex., o número de episódios e a severidade da EP), as diferenças na formação do terapeuta e a variação entre os desfechos analisados poderiam explicar as diferenças entre os resultados descritos nos estudos analisados. Limitações dos estudos incluem amostras pequenas, ausência de randomização, discutível significado clínico dos resultados, ausência de seguimento em longo prazo e falta de reprodutibilidade. Assim, as conclusões sobre a eficácia da psicoterapia para EP aguardam pesquisas sistemáticas que avaliem o impacto nos diferentes subtipos de EP, modalidades psicoterápicas, frequência e duração dos tratamentos.

REFERÊNCIAS

Capítulo **27**

Vaginismo

Oswaldo Martins Rodrigues Junior

INTRODUÇÃO

Vaginismo é uma condição que implica a impossibilidade de relacionamento de penetração vaginal devido a contrações involuntárias dos músculos da entrada da vagina.

James Marion Sims, em 1861, usou o termo "vaginismo" pela primeira vez para descrever contrações involuntárias recorrentes e persistentes dos músculos perineais durante a penetração, resultando em ansiedade, medo e dor (Sims, 1861, 1884). O problema de definição tem sido a questão de valorização da dor sobre a impossibilidade de penetração vaginal. A diferenciação de outras dificuldades sexuais que apresentam dor é exatamente considerar o vaginismo como impeditivo de penetração, salvo estupro sob muita violência e estresse.

A prevalência dessa queixa sexual não tem estudos gerais, variando em circunstâncias clínicas de 5-17% (Spector & Carey, 1990). Alguns autores afirmam que somente um exame ginecológico poderia confirmar a condição do vaginismo, dificultando metodologicamente uma pesquisa de prevalência. As publicações contabilizam as autodescrições, como queixa em consulta a profissionais de saúde.

A prevalência do vaginismo é descrita mais nos estudos de grupos e em populações clínicas de sexologia, ou de ginecologia, sem estudos populacionais críveis. Uma definição usual que se usa nas publicações é "uma contração incontrolável do músculo de um terço da vagina externa que impede relação sexual". Atualmente, o vaginismo se enquadra na categoria de dor genitopélvica/distúrbio de penetração de acordo com o *Manual Diagnóstico e Estatístico de Transtornos Mentais* – DSM-5 (American Psychiatric Association, 2014).

Na classificação da Organização Mundial da Saúde (CID-11), a queixa saiu das questões da sexualidade e foi para a questão da dor: distúrbio de dor de penetração sexual na mulher (WHO, 2022). Essa mudança produziu mais confusões entre a impossibilidade de penetração pela dor com ou sem penetração e dores advindas de outras etiologias que não a contração muscular. Assim, pesquisas novas têm sido conduzidas incluindo também outras dores genitais no diagnóstico de pacientes e na divulgação pública de que existem mulheres com "um pouco de vaginismo" (p. ex., Pacheco, 2015; Fórum Adrenaline, 2015).

Desde 1978, uma escala proposta por Lamont traz uma classificação dos graus de vaginismo, de 1 a 4, acrescentada de um 5º grau por Pacik et al. (2019):

1. Espasmo perineal e elevador – aliviado com tranquilidade.

2. Espasmo perineal – mantido em toda a pelve.
3. Espasmo do terceiro elevador e elevação das nádegas.
4. Elevador e espasmo perineal, elevação.
5. Recusa do exame pélvico.

Essa escala serve ao ginecologista para que possa examinar a paciente, diferente do sexólogo clínico que não faz o exame e deve considerar o relato da impossibilidade da penetração vaginal.

As causas são descritas de acordo com as bases teóricas que cada profissional ou autor utiliza, assim como as buscas etiológicas para essa condição sexual feminina.

O vaginismo foi associado à baixa autoestima em 47%, e 70% relataram o incentivo do parceiro ao tratamento (Lima et al., 2020).

A causa do vaginismo é ampla e multifatorial, considerada como resultado da combinação de problemas físicos, emocionais e psicológicos, aplicada a experiências sexuais castradoras, punitivas, religiosas e traumáticas de mulheres. Também é necessário compreender e atentar para o fato de que depressão, dificuldade para engravidar, fobia a dor e resistência a atividades sexuais são comuns em pacientes com vaginismo e evidenciam a importância de um tratamento adequado (Costa Almeida et al., 2021). Outro aspecto reconhecido é o desencadeamento de síndrome de ansiedade como um dos fatores com potencial para interferência negativa na atividade sexual saudável e uma forte relação com a episiotomia (Frare et al., 2020).

As causas são listadas sem aparente associação com contexto teórico (Lahaie et al., 2010; Pacik, 2014; McEvoy et al., 2021):

- trauma ou abuso psicológico/físico/sexual;
- educação sexual/religiosa estrita;
- comunicações familiares negativas e visões pessoais sobre sexualidade;
- dificuldades em relacionamentos;
- medo do primeiro sexo (dor, sangramento, rasgamento, pênis muito grande, vagina muito pequena, infecções sexualmente transmissíveis, medo de gravidez);
- medo de exames ginecológicos;
- influência materna envolvendo avós, mães, gêmeos e irmãs. A influência se deve apenas a ouvir sobre as dificuldades enfrentadas por eles e a paciente pode manifestá-la como um medo subsequente da penetração.

As etiologias psicológicas não são uma causa em si, como essas listas sugerem, mas pontos nos quais o terapeuta se apoiará para administrar a psicoterapia, a exemplo dos aspectos cognitivos e de comportamentos privativos.

Etiologias físicas têm sido relatadas:

- hímen/anomalias congênitas;
- infecções locais;
- trauma associado ao parto;
- lesão genital/cirurgia ou radioterapia;
- lesões vaginais e tumores;
- vestibulodinia;
- atrofia vaginal;
- congestão pélvica;
- endometriose;
- irritação da vagina.

Os aspectos emocionais e relacionais recebem muita referência nos estudos ao descrever pacientes (Rastogi et al., 2023). O vaginismo tem sido associado a um alto risco de ruptura de relacionamentos conjugais, ansiedade, depressão e baixa autoestima (Melnik et al., 2012).

Faltam estudos que possam ser replicados de modo mais útil, uma vez que o reforço a determinadas características é feito a partir de visões de mundos dos autores, nem sempre descrevendo o fundamento filosófico ou a teoria usada.

TRATAMENTOS MEDICAMENTOSOS

Ainda são considerados "tratamentos" o uso de três tipos de medicamentos: anestésicos locais, relaxantes musculares e ansiolíticos (Rastogi et al., 2023), nenhum deles com o objetivo de conduzir ao prazer sexual, apenas diminuindo ou eliminando a dor para que ocorra penetração.

Esporadicamente aparecem estudos buscando uso de substâncias químicas no tratamento do vaginismo. Desde o ano de 2010, o toxina botulínica tem sido o escolhido. Uma publicação com tratamento de injeções intravaginais de onabotulinumtoxinA (toxina botulínica) e bupivacaína, dilatação progressiva sob sedação consciente, dilatador de demora, acompanhamento e suporte com consultas clínicas, telefonemas, *e-mails*, registros de dilatação e relatórios de índice de função sexual feminina (FSFI) mostrou 71% de resultados positivos (Pacik & Geletta, 2017). Experimentos com dosagens diferentes de toxina botulínica têm sido tentados, apontando que dosagens mais baixas podem ser eficazes (Helmi, 2022).

Esses usos medicamentosos têm sido associados a tratamentos variados sem que estudos comparativos estejam ocorrendo (Parenti et al., 2023).

FISIOTERAPIA NO TRATAMENTO DO VAGINISMO

Muitos estudos esparsos com propostas metodológicas diferentes têm aparecido desde o início do século XXI.

Estimulação elétrica funcional (FES) de forma analgésica, exercícios de relaxamento da musculatura do assoalho pélvico, dessensibilização local realizada com dilatador vaginal e massagem são as metodologias de tratamento mais costumeiramente usadas (Levandoski & Furlanetto, 2020).

Um estudo apontou que o protocolo proposto melhorou a função do assoalho pélvico da paciente, mas não a função sexual. A troca de parceiros durante o andamento do tratamento pode indiciar que o parceiro apresenta um impacto importante sobre a função sexual da mulher com vaginismo, e o fato deve ser considerado em futuros estudos com essa população (Schafascheck et al., 2020).

Em um estudo *on-line*, das mulheres com queixas de dor na relação sexual, compreendendo vaginismo, 68% estavam sendo acompanhadas por ginecologistas, 57% por fisioterapeutas pélvicos, 35% estavam em fase de diagnóstico e 37% em tratamento. O intervalo entre as primeiras queixas e o diagnóstico foi de até um ano (45%). A maioria (53%) encontrava-se também insatisfeita com o intervalo entre tratamento e cura (Lima et al., 2020).

Há diferentes percepções do vaginismo de acordo com o momento do tratamento, destacando-se a longa duração dos sintomas e o árduo processo de viver com essa disfunção (Silva et al., 2023).

Aveiro et al. (2009) apresentaram uma revisão da literatura até 2009, concluindo que não foram encontradas evidências consistentes de intervenção clínica satisfatória para o vaginismo.

TRATAMENTO MULTIPROFISSIONAL

Um protocolo proposto em 2013 inclui (Reissing et al., 2013):

- Aconselhar o paciente – alguma forma de psicoeducação.
- Estimulação genital pelo fisioterapeuta em consultório, respeitando limitação de dor sentida pela paciente, com o objetivo de progredir estímulos com diminuição de percepção de dor (dessensibilização sistemática *in vivo*), usando técnicas manuais para melhorar a propriocepção e o controle voluntário dos músculos do assoalho pélvico, incluindo alongamentos, liberações miofasciais e de pontos-gatilho e massagem.
- Exercícios de Kegel.
- Inserções graduais com dedos, absorventes internos, dilatadores progressivos.
- Ensino de técnicas de relaxamento.
- Retroalimentação eletromiográfica.
- Estimulação elétrica nervosa transcutânea (Nnoam & Kumbang, 2014).
- Tarefas de casa: alongamentos, inserção de dilatadores, a sós ou com parceria.

A atenção em consultório tem referido ginecologistas e fisioterapeutas nessas atividades.

EFICÁCIA DOS TRATAMENTOS

Estudos comparativos têm sido inviabilizados pela heterogeneidade dos estudos publicados. A maior complicação são as diferentes definições de vaginismo. Este tem sido confundido com outras queixas de dores durante a penetração, queixas que permitem a penetração.

Publicações da década de 1960, com William Masters e Virginia Johnson (1970), afirmam 100% de sucesso no tratamento, e a maioria dos leitores não percebe a forma de seleção das pacientes, evitando características psicopatológicas e não aceitando queixosas sem parceiros sexuais. Assim, um dos pressupostos de sucesso seria a preexistência de um casal e sem alterações psiquiátricas, conduzindo a mulheres normóticas que poderiam ser conduzidas a uma metodologia de tratamento comportamental com restrição ao fenômeno genital. Um experimento de grupo publicado no Brasil, e que exigia a presença de casais sem que fossem retirados aqueles com características que os remetesse à psicoterapia conjugal prévia, mostrou a dificuldade que casais têm e que interferem num tratamento para essa dificuldade sexual (Protti & Rodrigues Jr., 2008).

A abordagem psicoterápica cognitivo-comportamental com foco na sexualidade (McEvoy et al., 2021) tem demonstrado utilidade associada ao uso de dilatadores progressivos, como descrito por Masters e Johnson (1970).

Experimentos com medicamentos injetados têm sido tentados, sempre concluindo que devem ser possíveis em curto prazo, mas sem acompanhamento futuro do sucesso e sem maiores questionamentos sobre satisfação sexual da paciente e parceria sexual.

Alguns autores têm proposto a observação clínica e os escores do FSFI como formas de avaliação dos tratamentos (Kiremitli & Kiremitli, 2021). Novamente, diferentes modos de avaliação dificultam comparações com outros estudos, em especial focando na subjetividade do pesquisador.

Costa Almeida et al. (2021) apontam para melhores resultados em tratamentos de abordagem terapêutica multimodal e multidisciplinar.

Uma Revisão Cochrane (Melnik, 2012) teve como objetivo avaliar os efeitos de diferentes intervenções para o tratamento do vaginismo. Para tanto, foram pesquisadas bases de dados até agosto de 2012, incluindo The Cochrane Library, Embase, Medline, e PsycINFO, além de listas de referências, resumos de conferências e contatos com especialistas em busca de material não publicado. Foram selecionados ensaios controlados que compararam tratamentos para vaginismo com outros tratamentos, placebo, tratamento usual ou controle de lista de espera. Cinco estudos foram incluídos na análise, mas apenas quatro deles, totalizando 282 participantes, forneceram dados adequados para inclusão.

Os resultados da revisão indicaram que não existe diferença clínica ou estatística significativa entre a dessensibilização sistemática e as intervenções de controle para o tratamento do vaginismo. Foi observado um risco moderado a alto de viés nos estudos incluídos, e as taxas de desistência foram mais altas nos grupos de lista de espera. Embora um efeito clinicamente relevante da dessensibilização sistemática em comparação com as intervenções de controle não possa ser completamente descartado, a revisão conclui que as evidências disponíveis são limitadas. Portanto, qualquer conclusão sobre a eficácia das intervenções para o tratamento do vaginismo deve ser considerada com cautela, destacando a necessidade de mais pesquisas na área.

CONSIDERAÇÕES FINAIS

Um dos desafios enfrentados na pesquisa e no tratamento clínico do vaginismo reside na variabilidade com que a disfunção é definida. Diferentes estudos adotam distintas definições e interpretações das descrições oferecidas pelos manuais diagnósticos ou pelas classificações internacionais. Na prática clínica, idealmente, a definição de vaginismo deveria ser orientada pela experiência relatada pela própria paciente, a fim de identificar os contextos técnicos específicos pertinentes ao seu caso. Frequentemente, a adoção de definições preestabelecidas pode levar a uma abordagem técnica que negligencia o contexto individual da paciente. Considerar o contexto é crucial, especialmente quando se leva em conta a dinâmica com o parceiro ou parceira e a possibilidade de atividade sexual, além das metas teleológicas de um tratamento voltado para a resolução da queixa sexual.

Outra questão que tem aparecido em referências de sexólogos é o mesmo mecanismo de contração involuntária anal, em homens e mulheres, que ainda precisa ser conhecido em termos epidemiológicos e descritivos. Referências a problemas relacionados à dor nessa condição já receberam alguma atenção (Hollows, 2007; Štulhofer & Ajduković, 2011).

O fator fóbico é apontado como um dos fatores etiológicos que exigem foco de tratamento (Van Lankveld et al., 2006), mas todo sexólogo concorda que não parece ser um fator sempre presente, ou poderia ser uma condição secundária reativa.

Estudos mais organizados e multicêntricos seguindo metodologias semelhantes e baseados em mesmas definições e contextos teóricos devem auxiliar a solucionar os caminhos de atuação profissional junto às pessoas que apresentam essas queixas.

A compreensão do custo-benefício comparado dos diversos tratamentos propostos tem sido anexada às conclusões dos artigos publicados, uma vez que não tenham ocorrido esses estudos comparativos.

REFERÊNCIAS

Capítulo **28**

Terapia do esquema

Ricardo Wainer, Leonardo Wainer

POR QUE AVALIAR AS EVIDÊNCIAS DE EFICÁCIA DA TERAPIA DO ESQUEMA?

A terapia do esquema (TE) é um modelo psicoterapêutico de base epistemológica integrativa que foi desenvolvida por Jeffrey Young como um avanço às terapias cognitivo-comportamentais (Edwards & Arntz, 2012; Young et al., 2008). A TE foi desenvolvida, originalmente, com o objetivo de trabalhar com indivíduos com transtornos crônicos, refratários e de personalidade (Young et al., 2008). Atualmente, podemos ver estudos que expandem esse foco inicial, como estudos com transtornos alimentares (McIntosh et al., 2016). O modelo terapêutico vem ganhando maior popularidade, nos últimos anos, entre clínicos e em treinamentos. A Sociedade Internacional de Terapia do Esquema (*International Society of Schema* Therapy – ISST) tem mais de 3.000 membros em cinco continentes. À medida que a abordagem ganha notoriedade, faz-se necessário avaliar a eficácia do modelo e identificar para quais demandas existem evidências de que a TE pode ser utilizada.

TERAPIA DO ESQUEMA E CONCEITOS CENTRAIS

A TE é um modelo terapêutico originado das terapias cognitivo-comportamentais. Dessa forma, muitos dos conceitos do modelo cognitivo são utilizados dentro da TE. Ainda, a base epistemológica integrativa da TE agrega conceitos das concepções advindas da abordagem do processamento da informação, da teoria do apego, da psicanálise, da *gestalt* terapia e de estudos neurobiológicos sobre o sistema amigdaliano (Edwards & Arntz, 2012; Young et al., 2008). Com um grande enfoque sobre o impacto do período da infância e adolescência sobre os transtornos mentais, a TE busca auxiliar pacientes na melhoria de suas sintomatologias, que muitas vezes apresentam alta cronicidade e refratariedade.

Existem alguns conceitos propostos na TE que são fundamentais para compreensão do modelo teórico e terapêutico da abordagem. Conceitos centrais da TE são: necessidades emocionais básicas, esquemas iniciais desadaptativos (EIDs), modos esquemáticos (MEs) e a reparentalização limitada (Wainer

& Rijo, 2016; Young et al., 2008). As necessidades emocionais básicas foram postuladas por Young (1999), e seriam necessidades universais que todos os indivíduos precisam ter atendidas para um desenvolvimento psíquico saudável. A falta do suprimento dessas necessidades estaria, então, associada ao desenvolvimento e manutenção de transtornos psiquiátricos. As necessidades são divididas em cinco categorias: 1) necessidade de apego seguro a outros; 2) autonomia e competência; 3) limites realistas e autocontrole; 4) liberdade de expressões emocionais e de necessidades; e 5) espontaneidade (Lockwood & Perris, 2012; Young et al., 2008). Por mais fundamental que o conceito de necessidades emocionais básicas dos indivíduos seja para a TE, ainda não existem instrumentos psicometricamente validados para a avaliação destas (Pilkington et al., 2023).

Por sua vez, os EIDs podem ser descritos como estruturas teóricas estáveis que armazenam pensamentos, memórias, emoções, desejos e sensações fisiológicas dos indivíduos. Os EIDs seriam desenvolvidos pela falta do suprimento das necessidades emocionais básicas associadas ao temperamento do indivíduo, assim envolvendo relação quase que causal entre não suprimento de necessidades e desenvolvimento esquemático (Farrell & Shaw, 2017; Pilkington et al., 2023; Young et al., 2008). Os EIDs se demonstram, em um momento inicial, como uma resposta adaptativa ao ambiente apresentado ao indivíduo no início de sua vida; contudo, frente a alterações de contextos, as respostas dos EIDS se mantêm, o que pode causar resultados desadaptativos (Young et al., 2008). A concepção de esquemas da TE se diferencia da definição de esquemas da terapia cognitiva, que classifica essas estruturas como estruturas cognitivas que armazenam as crenças e processam informações, direcionando atitudes, pensamentos e comportamentos dos indivíduos (Beck et al., 1987; Dobson & Dozois, 2006). São teorizados 18 EIDs pela TE, os quais foram divididos em cinco domínios esquemáticos (Young et al., 2008). A Tabela 1 apresenta esses EIDs agrupados nos cinco domínios esquemáticos.

Os EIDs são estruturas teóricas que apresentam certa estabilidade e dificuldade na alteração de seu conteúdo (Riso et al., 2006). Os EIDs, portanto, apresentam disfuncionalidade no contextual relevante e, consequentemente, acabam trazendo desfechos negativos para os indivíduos. Há evidências que apontam que os EIDs têm um papel relevante no desenvolvimento de sintomatologias severas e de psicopatologias, em especial dos transtornos de personalidade (Basso et al., 2019; Shorey et al., 2014). Ainda, existem pesquisas que mostram que indivíduos que apresentam transtornos mentais têm mais EIDs do que uma população controle (Elmquist et al., 2015; Unoka

Tabela 1 Conceituação de domínios esquemáticos e esquemas iniciais desadaptativos

Domínio esquemático	Esquema inicial desadaptativo
Desconexão e rejeição	Privação emocional, isolamento social/alienação, defectividade/vergonha, desconfiança/abuso e abandono
Autonomia e desempenho prejudicados	Dependência/incompetência, fracasso, emaranhamento, vulnerabilidade a dano
Limites prejudicados	Grandiosidade/arrogo, autocontrole e autodisciplina insuficientes
Orientação para o outro	Autossacrifício, subjugação e busca de aprovação e reconhecimento
Supervigilância e inibição	Padrões inflexíveis, inibição emocional, caráter punitivo, negativismo

Fonte: adaptada de Young et al., 2008.

et al., 2010). Isso corrobora com a compreensão da associação entre EIDs e psicopatologias.

A TE nunca se propôs a ser uma panaceia e dar conta de todos os transtornos psiquiátricos e demandas clínicas. Na verdade, a abordagem tem como ênfase transtornos crônicos, de alta refratariedade e de personalidade. Como os EIDs são estruturas estáveis e indivíduos com transtornos mentais apresentam grande quantidade dessas estruturas (Bär et al., 2023), outra medida de análise e de tratamento foi desenvolvida: os modos esquemáticos (Young et al., 2008). Modos esquemáticos são conjuntos específicos de EIDs e estilos de enfrentamento (evitação, resignação e hipercompensação) que são ativados em determinado momento e podem ser adaptativos ou desadaptativos (Bamelis et al., 2014). Ou seja, é o modo/forma característico com que um indivíduo se apresenta em determinado contexto, incluindo seus afetos, cognições e estratégias comportamentais (Young et al., 2008). Os modos esquemáticos podem ser divididos em quatro categorias: modos crianças disfuncionais, que se referem às necessidades emocionais básicas não supridas; modos de pais/vozes internalizadas, resultantes das internalizações dos comportamentos dos cuidadores para com a criança; modos de *coping* disfuncionais, que correspondem aos processos esquemáticos de resignação, evitação e hipercompensação; e modos saudáveis, que são referidos ao funcionamento saudável do indivíduo em relação aos seus comportamentos, sentimentos e pensamentos (Arntz & Jacob, 2013; Lobbestael et al., 2008).

A ativação de EIDs e de modos esquemáticos disfuncionais ocorre ante a percepção de uma necessidade emocional não atendida (a necessidade pode não ter sido suprida, ou o indivíduo pode ter percebido como não suprida). Essas ativações ocorrem em diversos contextos, incluindo o *setting* terapêutico (Farrell & Shaw, 2017; Young et al., 2008). Dessa forma, a TE propõe um modelo de relação terapêutica para endereçar tal demanda: a reparentalização limitada. A reparentalização limitada é a postura terapêutica em que o profissional de TE busca suprir as necessidades emocionais básicas do paciente dentro dos limites da relação terapêutica (Young et al., 2008). Consequentemente, o profissional de TE tem um papel ativo no processo clínico e, a partir de uma minuciosa conceitualização clínica, organiza sua postura para adequadamente auxiliar o paciente no suprimento de suas necessidades. Estudos qualitativos em TE indicam que a postura de reparentalização limitada se mostrou como um fator positivo tanto para pacientes (de Klerk et al., 2017; Tan et al., 2018) como para profissionais (de Klerk et al., 2017). Isso corrobora a importância dada pela teoria da TE para com a postura da relação terapêutica.

TRATAMENTO EM TERAPIA DO ESQUEMA

No tratamento em TE, os profissionais buscam a "cura esquemática" juntamente aos seus pacientes. A "cura esquemática" é o processo que envolve a diminuição/regulação de emoções, pensamentos, sensações corporais e estratégias de enfrentamento associados aos EIDs. Também engloba o desenvolvimento de estratégias de enfrentamento (*coping*) adaptativas, bem como a busca do suprimento das necessidades emocionais básicas não devidamente providas na infância e/ou adolescência (Young et al., 2008; Martin & Young, 2010).

Na busca das melhoras clínicas, a TE emprega técnicas cognitivas, experienciais e comportamentais. A TE tem um tratamento com características transdiagnósticas, sendo que o foco terapêutico é direcionado para as estruturas e os processos esquemáticos (Arntz & Jacob, 2013; Wainer & Rijo, 2016; Young et al., 2008). O tratamento apresenta grande ênfase em aspectos emocionais dos pacientes, o que costuma ocasionar um maior nível de afeto nas sessões. Nos estudos qualitativos sobre a implementação do modelo, pacientes apontam que algumas técnicas podem ser percebidas com ceticismo e como confrontadoras e exaustivas, contudo importantes para o processo terapêutico (de Klerk et al., 2017; Josek et al., 2023; Schaich et al., 2020).

O tratamento em TE costuma apresentar um tempo maior quando comparado com outras abordagens cognitivas, como a terapia cognitiva. Tal fato pode ser justificado pelo trabalho com os EIDs, que, dadas suas estabilidades, suas autoperpetuações e as dificuldades nas alterações de seus conteúdos (Riso et al., 2006), acabam retardando o processo terapêutico. A duração do tratamento tende a ser um dado significativo, uma vez que pode influenciar na disponibilidade de fomento para pesquisas e nos índices de abandono do tratamento por parte dos pacientes.

EVIDÊNCIAS DE EFICÁCIA DA TERAPIA DO ESQUEMA

Seguindo o histórico da terapia cognitiva, que sempre teve a busca por evidências empíricas do seu modelo, a TE busca avaliar sua abordagem sistematicamente. Isso fica claro nas evoluções do modelo da TE, em que incialmente Young postulou 16 EIDs e atualmente são contabilizados 18 EIDs, no desenvolvimento dos modos esquemáticos (Rijkboer, 2012) e na constante avaliação e questionamento do modelo (Arntz et al., 2021).

O modelo terapêutico da TE vem sendo expandido em sua aplicabilidade para algumas demandas nos últimos tempos. Contudo, é fundamental avaliar o nível de eficácia da abordagem psicoterápica antes de sua aplicação. A seguir, alguns transtornos psiquiátricos foram elencados para a avaliação quanto à eficácia da TE para tais demandas clínicas.

TRANSTORNO DE PERSONALIDADE *BORDERLINE*

O transtorno de personalidade *borderline* (TPB) é uma condição marcada por altos níveis de desregulação emocional, comportamentos disfuncionais e risco de comportamentos autolesivos e suicidas (Oldham, 2005; Widiger, 2012). Algumas abordagens terapêuticas como a terapia comportamental dialética (Linehan et al., 2006; Neacsiu et al., 2014) e a psicoterapia focada na transferência (Doering et al., 2010) apresentam evidências para a demanda de TPB. Ainda, a divisão 12 da *American Psychological Association* aponta a terapia comportamental dialética como modelo psicoterápico com maior robustez empírica para demanda. Além desses dois modelos psicoterapêuticos, a TE também se mostra como uma possibilidade no tratamento desse transtorno mental.

No modelo teórico da TE, é previsto que as rápidas mudanças de estados emocionais que pacientes com TPB podem apresentar são resultados de ativações de EIDs e mudanças entre os modos esquemáticos (Young et al., 2008). Pesquisas apontam ainda para uma possível relação entre EIDs e a manutenção da sintomatologia do TPB (Barazandeh et al., 2016; Esmaeilian et al., 2019). Compreendido o *link* teórico da TE com o TPB, faz-se necessário avaliar como o modelo se comporta no tratamento dessa população. Atualmente, o TPB é o transtorno psiquiátrico com mais ensaios clínicos randomizados dentro da TE, existindo quatro ensaios clínicos randomizados além de outras pesquisas de estudos de caso que avaliam o modelo terapêutico para esse quadro clínico.

O primeiro ensaio clínico randomizado da TE foi conduzido em 2006 (Giesen-Bloo et al., 2006), e o objetivo desse estudo foi avaliar a TE em comparação com a psicoterapia focada na transferência para TPB. Nesse estudo, os participantes receberam três anos de TE ou de psicoterapia focada na transferência. Os resultados do estudo mostram que os pacientes que receberam TE apresentaram melhoras significativas nos desfechos analisados, tendo reduções nos escores relacionados ao TPB e aumento em escores relacionados à qualidade de vida. Contudo, alguns pontos precisam ser levantados frente aos resultados. O estudo apresenta que diferentes pacientes estavam utilizando diferentes medicações psiquiátricas, fator que pode interferir na generalização dos resultados. Ainda, a TE não apresentou resultados significativamente superiores ao outro modelo terapêutico na qualidade de vida dos pacientes, e também não reduziu significativamente atrito em psicoterapia quando comparado à terapia focada na transferência, como a revisão sistemática de Storebø et al. (2020) também aponta.

Outro ensaio clínico randomizado de grande relevância para a TE é o estudo de Farrell et al. (2009). Nessa pesquisa, as investigadoras avaliaram a TE em grupo (30 sessões de TE em grupo) em comparação ao tratamento usual para TPB (psicoterapia individual). Os resultados do estudo apontaram melhora do funcionamento geral, melhora em sintomas dissociativos, redução de problemas interpessoais e redução de impulsividade quando comparados com o tratamento usual. O tamanho amostral pequeno (32 indivíduos) deve ser levado em consideração para a avaliação da robustez dos dados obtidos. Independentemente de limitações metodológicas, o resultado do estudo de Farrell et al. (2009) é de grande significância na expansão do tratamento individual para grupal em uma população de TPB, principalmente quando levamos em consideração o possível custo do tratamento. Assim, outros estudos investigaram a TE no formato grupal para TPB. O estudo-piloto da combinação de TE individual e grupal para TPB apresentou resultados significativos de melhoras dessa população (Dickhaut & Arntz, 2014). Já o estudo piloto de Fassbinder et al. (2016) buscou avaliar a possibilidade da implementação da TE em grupo para uma população de TPB com alta severidade. Os resultados desse estudo também corroboram os estudos anteriores, indicando redução dos escores de TPB, sintomatologia global e melhora na qualidade de vida. Tais resultados sugerem uma intervenção com boa resposta e com um custo-benefício possivelmente interessante.

Outro ensaio clínico avaliou a TE para TPB, contudo não há comparação com outro modelo terapêutico (Nadort et al., 2009). Esse estudo buscou avaliar o efeito que o suporte ou a falta do suporte terapêutico por telefone tinha nos desfechos dos pacientes. Os dados obtidos demonstraram redução em desfechos associados à suicidalidade e à depressão, e que a disponibilidade terapêutica não teve influência significativa nos desfechos avaliados pelos pesquisadores, sugerindo assim que a TE poderia ser implementada em um modelo regular de saúde mental.

O último ensaio clínico de TE para TPB comparou a abordagem esquemática com a terapia comportamental dialética em desfechos de suicidalidade e alterações de humor (Mohamadizadeh et al., 2017). Os resultados do estudo apontam que não houve diferenças significativas entre as abordagens no que tange à suicidalidade, e que ambas as psicoterapias apresentaram reduções significativas nesses índices. Já em relação às alterações no humor, a TE apresentou resultados superiores à terapia comportamental dialética. Porém, as poucas sessões, a pequena amostra e o formato das sessões devem ser considerados na análise dos resultados.

Somados aos ensaios clínicos, existem séries de estudos de casos que também apresentam resultados positivos da TE para sintomatologia de TPB (Nordahl & Nysæter, 2005; Reiss et al., 2014). Há ainda estudos qualitativos que apontam a percepção positiva dos pacientes ao modelo psicoterapêutico focado em esquemas (Tan et al., 2018). Assim sendo, corroboram-se tais fatores com a indicação da TE como uma possibilidade de tratamento para TPB. Salienta-se que mais estudos são necessários, em especial estudos que comparem a TE com a terapia comportamental dialética.

OUTROS TRANSTORNOS DE PERSONALIDADE

A TE se apresenta como um modelo psicoterapêutico transdiagnóstico com um método terapêutico para os mais diversos transtornos de personalidade (Young et al., 2008). Em especial, o modelo modal nomeia e explica padrões cognitivos, emocionais e comportamentais que acompanham esses transtornos de personalidade (Arntz & Jacob, 2013). Esse dado se mostra de grande valor, na medida em que a abordagem da TE consegue se adaptar e criar modelos terapêuticos específicos para determinadas psicopatologias. Um exemplo disso é o transtorno de personalidade narcisista (Weinberg & Ronningstam, 2020).

Recentemente, uma revisão sistemática sobre a eficácia da TE para transtornos de personalidade foi publicada (Zhang et al., 2023). Nessa revisão, os autores apontam que obtiveram oito ensaios clínicos randomizados e sete ensaios clínicos de um grupo, e concluem que a TE se apresenta como uma psicoterapia efetiva no tratamento de transtornos de personalidade, uma vez que reduz a sintomatologia de transtornos de personalidade e aumenta a qualidade de vida dos indivíduos. Contudo, nas subanálises, os autores indicam que, dentre os estudos considerados, a modalidade grupal de TE teve melhor desempenho que a individual. Esse dado pode ser explicado pelo que Farrell e Shaw (2012) denominam como efeito de reparentalização limitada do grupo.

Outra característica metodologicamente importante nesses estudos é que o tratamento de TE para transtornos de personalidade costuma englobar mais de uma psicopatologia. Ou seja, os estudos acabam fazendo o tratamento de TE para transtornos de personalidade narcisista, *borderline* e obsessivo-compulsiva em uma mesma pesquisa. Podemos exemplificar isso nos estudos de Bamelis et al. (2014) e Bernstein et al. (2023). Esse dado pode ser interpretado de múltiplas formas: confirmação de um modelo de caraterística transdiagnóstica; uma falha metodológica que dificulta interpretação de dados, entre outras. O que é claro é que esse aglomerado de transtornos de personalidade nos estudos caracteriza uma limitação metodológica.

Ademais, os estudos são contundentes na apresentação de resultados positivos da TE em relação aos transtornos de personalidade. O estudo de Bernstein et al. (2023), por sua vez, aborda até o transtorno de personalidade antissocial em um contexto forense, e descreve resultados positivos de melhora clínica desses indivíduos. Assim, transtornos que uma vez eram vistos como "intratáveis" recebem uma abordagem específica de tratamento com desfechos positivos.

TRANSTORNO DEPRESSIVO MAIOR E TRANSTORNO DEPRESSIVO PERSISTENTE

Ao desenvolver a TE, Young et al. (2008) focalizaram o modelo terapêutico para demandas clínicas crônicas, deixando claro que outros modelos psicoterapêuticos apresentavam limitações nos seus resultados. Tendo isso em mente, pode ser "confuso" pensarmos no transtorno depressivo maior e no transtorno depressivo persistente como alvos da TE, uma vez que temos evidências robustas dentro da literatura de que a terapia cognitiva é um modelo seguro, eficaz e dos mais estudados nos seus tratamentos (Cuijpers et al., 2013; Zakhour et al., 2020). Contudo, quando comparado com outras abordagens, a terapia cognitiva apresenta resultados mistos sobre sua eficácia (Hofmann et al., 2012). Por mais que muitos pacientes se beneficiem do modelo cognitivo clássico, uma parcela deles não obtém a melhora esperada (Cuijpers et al., 2013).

Como consequência, levanta-se a questão de quais seriam os motivos que justificariam ou não a melhora dessa população. Existem indícios de que a população que tem transtornos depressivos apresenta maiores índices de trauma infantil (Negele et al., 2015; Xie et al., 2018), o que poderia estar relacionado ao desenvolvimento de EIDs. Há também evidências de que EIDs estão relacionados com a severidade da sintomatologia de depressão (Akbari & Rahbar, 2013), podendo mediar o processo de mudança da sintomatologia depressiva.

De acordo com a Organização Mundial de Saúde (2023), cerca de 5% da população mundial tem depressão. Portanto, poder pensar em modelos terapêuticos que possam suprir lacunas das abordagens vigentes é de suma importância. Em relação à TE, dois estudos se destacam na avaliação da psicoterapia para transtornos depressivos: a série de estudos de caso de Malogiannis et al. (2014) e o ensaio clínico randomizado de Carter et al. (2013).

O estudo de Malogionnis et al. (2014) aplicou TE para 12 pacientes em um protocolo de 60 sessões, avaliando os sintomas dos pacientes na linha de base e com um *follow-up* seis meses após o tratamento. Cerca de 60% dos indivíduos (7) se mantiveram até o final do tratamento. Os resultados do tratamento foram positivos e se mantiveram após o período de seis meses posterior ao tratamento. Para análise dos resultados, a escala *Hamilton Rating Scale for Depression* foi aplicada três vezes na linha de base, e depois foi reaplicada após a psicoeducação do modelo terapêutico e da vinculação ao profissional; posteriormente, foi aplicada novamente a cada 12 semanas e, por fim, no encerramento do *follow-up*. Por mais que seja um resultado promissor, a falta de grupo controle e o tamanho da amostra dificultam a generalização desses resultados.

O ensaio clínico randomizado de Carter et al. (2013) avaliou a TE em comparação a TCC para indivíduos com depressão. Cem indivíduos foram divididos em dois grupos (um de TCC e outro de TE) e receberam tratamento semanal na abordagem por seis meses, e, após o semestre inicial, receberam sessões mensais por mais um semestre. Os resultados do estudo apontam que não houve diferença significativa entre os modelos terapêuticos nos desfechos analisados. Os resultados obtidos pelas abordagens na melhora de sintomas depressivos e remissão de sintomas se mostraram consistentes com estudos anteriores com essa população. Por mais que uma maior quantidade de indivíduos tenha completado o tratamento em TE, quando comparado com o modelo cognitivo não houve diferenças significativas no abandono do tratamento.

Os dados desses estudos apresentam uma indicação otimista para aplicação da TE nessa população quando modelos mais bem consolidados empiricamente não apresentam as melhoras clínicas esperadas. Contudo, há necessidade de produção de mais estudos para consolidar os achados, para que haja uma indicação clara da TE para pacientes deprimidos.

TRANSTORNOS RELACIONADOS A TRAUMA E ANSIEDADE

Os transtornos relacionados à trauma e à ansiedade já apresentam tratamentos específicos e com evidências robustas de eficácia (Kaczkurkin & Foa, 2022). Podemos citar o tratamento de exposição prolongada para o transtorno de estresse pós-traumático (Rauch et al., 2012) e a terapia cognitiva para ansiedade (Clark & Beck, 2023). Contudo, esses tratamentos não conseguem tratar efetivamente todos os indivíduos e outras abordagens podem ser necessárias, caso a primeira linha de tratamento não funcione.

Em uma revisão sistemática recentemente publicada, foi verificado que a TE apresenta potencial como uma possível abordagem psicoterapêutica para transtorno obsessivo-compulsivo, ansiedade e transtorno de estresse pós-traumático (Peeters et al., 2022). Contudo, a própria revisão apontou que, devido à grande limitação metodológica e da qualidade dos estudos, mais pesquisas são necessárias para o apontamento da TE como um modelo psicoterapêutico para essas demandas. Esse achado está em consonância com outras revisões sistemáticas que avaliaram a TE (Masley et al., 2012; Taylor et al., 2017).

Uma característica comum encontrada nos estudos de TE para transtornos relacionados a trauma e ansiedade é a combinação da abordagem de esquemas com outros tratamentos. Os estudos de Gude et al. (2001) e Hoffart et al. (2002) para indivíduos com transtorno de pânico e/ou agorafobia associados a transtornos do *cluster* C combinaram terapia cognitiva e TE. O estudo de Thiel et al. (2016) para transtorno obsessivo-compulsivo combinou TE e exposição e prevenção de resposta, modelo terapêutico que é a primeira linha de tratamento do transtorno. Já o estudo de Tapia et al. (2018) para transtorno de estresse pós-traumático e transtorno por uso de substâncias utilizou TE, dessensibilização e reprocessamento por meio do movimento dos olhos (EMDR) e tratamento usual como abordagem terapêutica. A combinação de tratamentos pode ser uma estratégia interessante, contudo dificulta a análise dos mecanismos de ação que estão ocorrendo no processo psicoterapêutico.

Outro fator importante ao avaliar a eficácia da TE para transtornos relacionados à trauma e à ansiedade envolve a avaliação dos estudos e das suas medidas. Muitas das investigações incluídas na revisão de Peeters et al. (2022) tinham apenas medições de EIDs e não avaliaram sintomatologias clínicas. Por mais que se deduza que a redução de EIDs esteja relacionada à melhora de sintomas, é necessário haver medidas que avaliem essas mudanças especificamente. Ainda há que se considerar que os tamanhos de efeito foram de médios a grandes, e que os intervalos de confiança também foram amplos (Cockram et al., 2010; Mohammadi & Moradi, 2016).

TRANSTORNOS ALIMENTARES

Os transtornos alimentares (TAs) estão entre as psicopatologias mais difíceis de serem tratadas na prática clínica (Wilson et al., 2007; Kass et al., 2013). Essa classe de psicopatologias também apresenta uma das maiores taxas de mortalidade entre todos os transtornos psiquiátricos (Chesney et al.,

2014) e altos índices de comorbidades com outros transtornos mentais, principalmente com os transtornos de personalidade, podendo chegar a 52% dos casos (Ulfvebrand et al., 2015). Aproximadamente 71% da população afetada pelos TAs apresenta alguma comorbidade (Martinussen et al., 2017). Atualmente, a TE está se apresentando como uma possível abordagem terapêutica para o tratamento dos TAs (Simpson & Smith, 2019). Isso se deve a estudos que já demarcaram a relação entre experiências traumáticas precoces e o desenvolvimento e a manutenção de problemas alimentares (Guillaume et al., 2016). Além disso, associações entre as experiências infantis e transtornos psiquiátricos, incluindo os TAs, como fatores mediadores no desenvolvimento de esquemas iniciais desadaptativos já foram evidenciadas (Wright et al., 2009).

Atualmente, existem quatro estudos avaliando a eficácia da TE para TAs e uma revisão sistemática do tema. Os estudos variam consideravelmente em termos de método, havendo assim: um ensaio clínico não randomizado (Ansari et al., 2020); um ensaio clínico randomizado (McIntosh et al., 2016); um estudo de caso (Simpson & Slowey, 2011); e um estudo-piloto em grupo de TE para TAs (Simpson et al., 2010). Além de uma diferença amostral considerável entre os estudos (que é justificada pelos seus diferentes tipos), os transtornos avaliados também apresentam variabilidade entre as investigações. Entre as quatros pesquisas, apenas o estudo de Ansari et al. (2020) utiliza o DSM-5 (APA, 2013); as outras três produções utilizaram os critérios diagnóstico do DSM-IV-TR (APA, 2000) para a avaliação dos TAs em suas amostras. Os transtornos abordados foram: anorexia, bulimia, transtorno alimentar não especificado e transtorno de compulsão alimentar, além da obesidade (uma condição que não é categorizada como TA).

Os quatro estudos reportaram resultados positivos em termos de melhorias nas variáveis analisadas. Um dado significativo referente ao estudo de McIntosh et al. (2016) é que os resultados obtidos não reportaram diferenças significativas nos desfechos entre as abordagens investigadas (terapia cognitivo-comportamental, TE e terapia cognitivo-comportamental focada no apetite). Esse dado precisa de uma avaliação cautelosa, uma vez que o tratamento teve duração de um ano, sendo que apenas durante os seis primeiros meses as sessões foram semanais, e que nos seis meses finais as sessões ocorreram uma vez por mês, tempo considerado "curto" para um tratamento em TE. Ainda, a melhora nos desfechos avaliados e a não diferença significativa entre outras abordagens podem sugerir que a TE pode ser pensada como opção quando outras abordagens com maior validade empírica não apresentarem resultados.

O estudo de Ansari et al. (2020) avaliou a TE, terapia cognitiva e nenhum tratamento para crenças sobre TAs em pacientes com anorexia. A TE apresentou uma redução significativa nas crenças de TAs e sofrimento psicológico, mas não avaliou a redução direta do comportamento. Tal dado deve ser levado em consideração, uma vez que a American Psychiatric Association (2013) elenca a classe de TAs como categoria de transtornos mentais demarcados por alterações severas e persistentes no comportamento alimentar e no peso dos indivíduos. Tal classificação implica que o aspecto comportamental é fundamental nessa classe de indivíduos e necessita ser avaliado em um tratamento.

A revisão sistemática de Joshua et al. (2023) apontou a necessidade de mais estudos, visto a limitação de pesquisas. Contudo, mesmo levando em conta as diferentes metodologias, a revisão apoia a utilização da TE para pacientes com TAs, principalmente para indivíduos com TAs duradouros e severos.

TRANSTORNO POR USO DE SUBSTÂNCIAS

Diferente dos transtornos supramencionados, o tratamento do transtorno por uso de substâncias (TUS) por meio da TE recebe um olhar e abordagem terapêutica diferenciados. Para essa condição é proposta a terapia do esquema de duplo foco (TEDF) (Ball, 1998). A TEDF é um modelo de tratamento de 24 semanas que integra o trabalho de prevenção de recaída da terapia cognitiva para TUS, focando também em EIDs, estilos de enfrentamento e modos esquemáticos (Ball & Young, 2000). O racional para o desenvolvimento desse modelo específico dentro da abordagem esquemática é baseado na grande comorbidade entre TUS e transtornos de personalidade (Parmar & Kaloiya, 2018) e na alta prevalência de EIDs nessa população (Aaron, 2013; Shorey et al., 2014).

No estado da arte da TEDF podem-se encontrar cinco estudos que avaliam a abordagem para o tratamento de TUS em pacientes que apresentavam comorbidade com transtornos de personalidade. Dois deles são séries de estudos de caso (Ball & Young, 2000; Naseri et al., 2015). Contudo, um está em persa (Naseri et al., 2015), o que impossibilita a avaliação da pesquisa. As outras três produções são ensaios clínicos randomizados de TEDF (Ball et al., 2005; Ball, 2007; Ball et al., 2011).

No estudo de caso de Ball e Young (2000), a amostra foi de dez indivíduos, e apenas a TEDF foi utilizada como abordagem psicoterapêutica. Todos os participantes do estudo apresentavam transtornos de personalidade. No primeiro mês de sessões, os pacientes tiveram dois encontros por semana; nas 20 semanas seguintes, os pacientes tiveram uma sessão semanal. Os resultados reportados pelos autores apresentam reduções no abuso de substâncias, nos sintomas psiquiátricos e em afetos negativos.

No que tange os ensaios clínicos randomizados, podemos perceber uma gama de resultados mais variada. Em duas (Ball et al., 2005; Ball, 2007) das três pesquisas, os resultados obtidos apresentam resultados que indicam melhoras significativas pela TEDF quando comparada com aconselhamento em grupo. Contudo, alguns pontos precisam ser levantados na análise desses dados: os autores não apresentam cálculos de poder das análises, e também houve dificuldade na retenção dos pacientes dos estudos. Já o ensaio clínico remanescente (Ball et al., 2011) apresentou resultados inferiores da TEDF quando comparados aos do aconselhamento individual para transtorno por uso de substâncias. Nesse estudo, ambas as intervenções apresentaram reduções significativas nas sintomatologias.

Frente ao resultado do estudo de Ball et al. (2011), uma carta editorial foi publicada (Lee & Arntz, 2013), comentando os achados e a metodologia da pesquisa. Os autores focam em como dificuldades metodológicas do estudo impossibilitam a conclusão de que a TEDF seria inferior ao aconselhamento individual para transtorno por uso de substâncias. Lee e Arntz (2013) indicaram como a desistência de uma parcela significativa da amostra dificultaria na avaliação entre terapêuticas. A desistência da maior parte dos indivíduos ocorreu até a semana 13, na qual boa parte do tratamento é voltada para aspectos psicoeducacionais, de regulação emocional e de aquisição de habilidades. Esses são aspectos fundamentais no tratamento dessa população. Contudo, grande parte do componente emocional/vivencial da TE não chegou a ser introduzido para os participantes, o que também pode explicar parte dos resultados.

Após a publicação do estudo de Ball et al. (2011), houve uma redução nas publicações sobre TEDF. Para a indicação desse modelo terapêutico para indivíduos com transtornos por uso de substâncias mais estudos se fazem necessários. Uma possibilidade de adaptação do modelo, que incorpore mais os modos esquemáticos, pode ser um fator significativo em pesquisas futuras. É fundamental dizer que a TEDF não deve ser utilizada em situações em que ainda há o uso da substância, de sintomas agudos de retirada da substância ou que os indivíduos estejam passando por situações de crise em suas vidas (Ball & Young, 2000).

FUTURO DA TERAPIA DO ESQUEMA E NECESSIDADES DE ESTUDOS

Ao analisar os estudos e evidências da TE fica nítido que existem necessidades de aprimoramento de nível empírico, especialmente dada a popularidade do modelo psicoterapêutico. Modelos derivados da TE de Young et al. (2008) já foram publicados, como a terapia do esquema contextual e a terapia do esquema para crianças e adolescentes. Contudo, ambos os modelos não foram ainda pesquisados empiricamente. Assim, Pilkington et al. (2023) publicaram um estudo de Delphi apontando prioridades de estudos em TE para melhorar o *status* da abordagem em termos de evidências. O estudo apontou diversos campos em que a TE precisaria focar nos próximos anos no que tange a pesquisas. Os campos de investigações sugeridos vão desde a ciência básica do modelo até a avaliação da TE em comparação com outros modelos teóricos. Também são aconselhados estudos sobre a organização dos EIDs e da quantidade de domínios esquemáticos (Bach et al., 2018) em relação à organização originária de Young et al. (2008).

Na TE se compreende que os EIDs são desenvolvidos por falhas no suprimento das necessidades emocionais básicas dos indivíduos. Contudo, a definição de necessidade emocional básica varia dentro da literatura. É possível traçar o conceito de necessidades em diferentes publicações: na pirâmide de necessidades de Maslow (1943), nas propostas da atualização do modelo de Maslow (Kenrick et al., 2010) e até no modelo proposto por Carol Dweck (2017). Dentro da própria comunidade de TE existem questionamentos sobre o modelo de cinco necessidades. Um grupo de estudo (Arntz et al., 2021) propõe a adição de duas necessidades às cinco de Young. Dessa maneira, faz-se urgente a avaliação do conceito de necessidades emocionais, visto que isso impactaria a postura terapêutica dos profissionais, a compreensão teórica do modelo e os instrumentos avaliativos em TE.

Outro ponto de desenvolvimento necessário na TE é referente aos instrumentos de avaliação do modelo. Atualmente, podemos citar o Questionário de Esquemas de Young (Young & Brown, 2005) (tanto versão longa como versão reduzida), o Questionário de Modos Esquemáticos de Young (Young et al., 2007) (tanto versão longa como versão reduzida) e o *Schema Mode Questionnaire – Eating Disorders* (Questionário de Modos Esquemáticos – Transtornos Alimentares) (Simpson et al., 2018) como instrumentos validados e utilizados na prática clínica e de pesquisa em TE. Alguns desses instrumentos, em especial o questionário de esquemas de Young, já foram traduzidos e adaptados para diferentes idiomas e regiões do globo (Bach et al., 2015; Kriston et al., 2013; Malogionnis et al., 2018). Contudo, ao analisar os itens é possível fazer a constatação de que muitos desses materiais não seguem as diretrizes da International Test Comission (ITC, 2017). Tal dado pode suscitar questionamentos sobre a qualidade dos instrumentos.

Ao focar na eficácia da TE, Pilkington et al. (2023) apontam outros pontos de interesse para o avanço empírico na TE. Atualmente, a TE apresenta, como discorrido anteriormente, ensaios clínicos randomizados que falam da eficácia do modelo terapêutico. Levando em consideração o estado atual de evidências em TE, fica nítido como grande parte da produção científica e acadêmica sobre o tema são estudos de caso e séries de estudo de caso. Há a necessidade de uma maior quantidade de ensaios clínicos da TE, em especial estudos que comparem a abordagem focada em esquemas com outros modelos terapêuticos já bem estabelecidos.

Outro ponto de atenção necessário em relação à TE são os mecanismos de mudança da abordagem. É necessário compreender como e por que as mudanças esquemáticas ocorrem. Se propõe dentro da TE que o “maior condutor de mudança” do modelo seria a reparentalização limitada (Young et al., 2008). De fato, existem evidências qualitativas que apontam que a relação terapêutica e a aliança são fatores fundamentais em um processo terapêutico (Ardito & Rabellino, 2011; Flückiger et al., 2018). Contudo, não fica claro o papel exato da reparentalização e não existem instrumentos validados empiricamente para analisar esse processo. Mais um ponto de atenção são as técnicas experienciais/vivenciais em TE: as imagens mentais e *chairwork* (trabalho de cadeiras). Ambas as modalidades técnicas ganham destaque na TE (Heath & Startup, 2020; Hayes & van der Winjgaart, 2020); porém, o impacto que elas causam na evolução dos pacientes e seus processos de ação ainda aguardam maiores investigações (Pilkington et al., 2023).

CONSIDERAÇÕES FINAIS

A TE tem se demonstrado como um modelo com crescente evidência e resultados efetivos no tratamento de diversas condições psicológicas. Por meio de estudos empíricos e clínicos, há indícios apontando para sua eficácia no tratamento de diversas psicopatologias. Ainda assim, existem limitações metodológicas importantes que precisam ser abordadas em um futuro próximo, para a expansão do modelo psicoterapêutico.

Alguns pontos que podem fazer parte da agenda de pesquisa da TE envolvem: pesquisas específicas para o transtorno da personalidade narcisista; enfoque em pesquisas de intervenções assíncronas baseadas em TE, buscando ampliar o campo e de forma mais viável economicamente; pesquisas de integrações com outras abordagens psicoterapêuticas, o que é concordante com a base epistemológica integrativa do modelo; e foco em um maior controle metodológico (ensaios clínicos randomizados seguidos e ênfase nos instrumentos de medição). Ainda assim, diante das evidências promissoras, a TE se apresenta como uma abordagem terapêutica valiosa e versátil, capaz de abranger uma variedade de psicopatologias e oferecer resultados efetivos. À medida que novas pesquisas são realizadas e os desafios metodológicos são superados, espera-se que a TE continue a se consolidar como uma abordagem valiosa para a promoção do bem-estar psicológico e da saúde mental.

REFERÊNCIAS

Capítulo **29**

Evidências na terapia processual

Curt Hemanny, Irismar Reis de Oliveira

FUNDAMENTOS METODOLÓGICOS PARA A PSICOLOGIA BASEADA EM EVIDÊNCIAS

A Psicologia baseada em evidências (PBE) tem como fundamento a integração da melhor evidência científica disponível com a experiência clínica do psicólogo. A criação da força-tarefa em práticas baseadas em evidências pela American Psychological Association (APA) em 2006 marcou um passo significativo nessa direção, ao enfatizar a importância da incorporação de evidências de pesquisa robustas e levar em consideração as características individuais e culturais, bem como as preferências dos clientes/pacientes (Melnik et al., 2011).

IMPORTÂNCIA DAS PRÁTICAS PSICOLÓGICAS BASEADAS EM EVIDÊNCIAS

A PBE é aplicada em uma ampla gama de campos de atuação, envolvendo aspectos clínicos, diagnósticos, hospitalares, institucionais e acadêmicos. No entanto, a presença de evidências científicas não elimina completamente as incertezas. As intervenções psicoterápicas podem ser afetadas por uma série de variáveis, incluindo características do terapeuta e do paciente, nem sempre consideradas *a priori* nos estudos (Melnik et al., 2014). Embora as decisões sobre programas de intervenção e políticas de saúde mental possam ser baseadas em evidências, tais decisões devem estar sujeitas a um processo contínuo de monitoramento e avaliação sistemática. Isso permite a correção e o aprimoramento de intervenções de acordo com os resultados obtidos, garantindo que a PBE continue evoluindo e se adaptando às necessidades dos pacientes e dos profissionais de saúde mental. Portanto, a PBE exige dos psicólogos uma atualização constante e um conhecimento aprofundado dos princípios metodológicos envolvidos na pesquisa (Melnik et al., 2019).

Dentro do escopo da prática psicológica baseada em evidências, um novo modelo de psicoterapia emergiu e se desenvolveu na última década: a terapia cognitiva processual (TCP) (Oliveira, 2008). Esse modelo é fundamentado na terapia cognitivo-comportamental (TCC) de Aaron Beck e foi inspirado pelo romance *O processo*, de Franz Kafka, propondo a interpretação de que o sofrimento psicológico é um produto de "autoacusações" referentes ao *self* (Oliveira, 2011). Assim como a TCC, a TCP constitui um modelo colaborativo de psicoterapia, que opera em três níveis de cognição: pensamentos automáticos, pressupostos subjacentes e crenças nucleares (CN), sendo estas o principal foco de intervenção.

No entanto, a TCP apresenta características próprias (Oliveira, 2016), incluindo uma formulação de caso de fácil compreensão; um modelo explanatório de psicopatologias; e novas técnicas aplicadas passo a passo. Notavelmente, o registro de pensamentos baseado no processo, ou "Processo I" (Oliveira, 2008; de Oliveira et al., 2012a), envolve o paciente na identificação e na modificação das crenças nucleares, por meio de um processo que simula um julgamento em tribunal.

Esses elementos distintivos, juntamente com a contínua avaliação das intervenções e resultados do tratamento, posicionam a TCP dentro da prática psicológica baseada em evidências. Ela se destaca por sua integração da melhor evidência de pesquisa, a *expertise* clínica do terapeuta e o respeito às características individuais e preferências do paciente, alinhando-se, assim, aos princípios fundamentais da prática baseada em evidências na psicologia (Hemanny et al., 2023b).

DEPRESSÃO E ANSIEDADE: DADOS EPIDEMIOLÓGICOS ATUAIS

Ansiedade refere-se a um conjunto de reações, como preocupações, expectativas apreensivas, alterações nos ritmos cardíaco e respiratório, vasodilatação, tremores musculares, tensão, entre outras respostas controladas pelo sistema nervoso autônomo, desencadeadas por situações de perigo ou ameaça à integridade física ou psicológica (Craske et al., 2011; Ströhle et al., 2018). Sintomas depressivos incluem humor deprimido ou irritável, anedonia, alterações no apetite, libido, sono, agitação ou retardo psicomotor, falta de energia, culpa excessiva, má concentração e comportamento suicida (Kanter et al., 2008). Essas mudanças são desencadeadas por contextos de desesperança, impotência e estresse crônico (Hammen, 2005; Yang et al., 2015).

Em décadas recentes, constatou-se o crescimento na ocorrência de transtornos de ansiedade (TA) e depressivos (TD), com até 34% dos indivíduos lidando com TA e 20% passando por algum episódio depressivo ao longo da vida (Szuhany et al., 2022; Hasin et al., 2018; Shorey et al., 2022). Esses problemas de saúde mental foram ainda mais intensificados pela pandemia de Covid-19, realçando a demanda urgente por intervenções efetivas (Santomauro et al., 2021). Importa mencionar que mais de metade dos portadores de TD também manifestam TA comórbidos (Thibaut, 2022; Ge et al., 2021). Esses transtornos, que estão entre as principais causas de incapacitação globalmente (Wu et al., 2021), estão ligados a significativo comprometimento na rotina diária, ausência no trabalho e declínio na qualidade de vida (Romera et al., 2013; Hiranyatheb et al., 2016; Otte et al., 2016). Destaca-se que o transtorno depressivo maior (TDM) é frequentemente correlacionado ao suicídio (Hemanny et al., 2022).

A suicidabilidade, que se caracteriza por um estado de indiferença quanto à vida ou à morte, desejo de morrer e planejamento e execução de tentativas de suicídio, representa um dos desafios mais complexos quando se trata de transtornos mentais. O suicídio, como expressão mais drástica da suicidabilidade, responde por 1,4% das mortes mundiais. Elementos como histórico de suicídio na família, isolamento social, episódios de estresse ao longo da vida, desregulação emocional e transtornos de humor são comumente associados à suicidabilidade (Hemanny et al., 2022).

A incidência de suicídio é especialmente alta entre as pessoas diagnosticadas com transtorno bipolar (TB) e transtorno depressivo maior (TDM), com taxas estimadas em 19% e 15%, respectivamente. Apesar da taxa mais elevada de suicídio no TB, até metade dos pacientes com TDM podem apresentar outras manifestações de suicidabilidade. Vale ressaltar que, em pacientes com TB, as tentativas de suicídio são mais comuns durante os episódios depressivos (Malhi et al., 2020). Nos últimos anos, observou-se um incremento na prevalência mundial de TDM e suicídio, uma tendência que pode ser ainda mais acentuada em virtude da pandemia de Covid-19 (Disner et al., 2011; Hemanny et al., 2022).

IMPACTOS DOS TRANSTORNOS DE ANSIEDADE E DEPRESSIVOS

Os TA e os TD estão associados à incapacitação de leve a grave (Romera et al., 2013), incluindo absenteísmo, piora da saúde geral (Vilhelmsson, 2014) e da qualidade de vida (Hiranyatheb et al., 2016; Otte et al., 2016). A presença de mais de um transtorno de ansiedade no mesmo paciente é muito comum, assim como a comorbidade entre transtornos depressivos ou sintomas depressivos e transtornos de ansiedade (Ge et al., 2021; Tibi et al., 2018), e transtornos relacionados ao estresse e trauma (Duran et al., 2020; Soares & Lima, 2003).

A presença de ansiedade e depressão favorece transtornos externalizantes, como o uso de substâncias psicoativas e comportamento agressivo (Bystritsky et al., 2013). A etiologia dessas condições clínicas envolve uma interação (Thibaut, 2017) entre genética, estressores, maus-tratos na infância e adolescência (Czéh et al., 2016; de Oliveira et al., 2018; Otte et al., 2016; Schubert et al., 2012) e diversos processos psicológicos, como o desenvolvimento de crenças e estratégias de enfrentamento que favorecem reações patológicas a eventos futuros (Beck, 1979; Bystritsky et al., 2013; Martell et al., 2001; Ottenbreit et al., 2014).

TRATAMENTOS EMPIRICAMENTE SUSTENTADOS PARA TA E TD

O tratamento recomendado para sintomas ansiosos e depressivos é a associação de farmacoterapia, especialmente inibidores seletivos de recaptação de serotonina (ISRS), e psicoterapia (Malhi et al., 2020; Thibaut, 2015). Em particular, são recomendados alguns modelos de TCC, que apresentam e enfatizam diferentes técnicas e processos de mudança, como modificar crenças e pensamentos, desenvolver aceitação e novas formas de reagir ao conteúdo de pensamentos sem modificá-los (Louise et al., 2018), desenvolver novas habilidades em comportamentos de resolução de problemas, eficácia interpessoal e compromisso com atitudes reforçadoras baseadas em valores pessoais. Entre esses modelos, encontramos a TCC convencional de Aaron Beck; a terapia interpessoal; a ativação comportamental (BA); a terapia de aceitação e compromisso (ACT); a terapia cognitiva baseada em *mindfulness* (MBCT); e a terapia comportamental dialética (DBT) (Hayes & Hofmann, 2021).

Essas abordagens contam com ensaios clínicos que demonstram sua eficácia nos transtornos depressivos e de ansiedade, contribuindo para a prática de psicoterapias baseadas em evidências (Leonardi & Meyer, 2015). Vale ressaltar que cada modelo de psicoterapia pode ter efeitos distintos na melhora dos sintomas, pois tem ou enfatiza processos e mecanismos de mudança próprios (Disner et al., 2011; Linardon et al., 2017;

Steubl et al., 2019), incentivando a investigação de fatores específicos que produzem mudança terapêutica. Além disso, as diferenças entre os modelos psicoterapêuticos podem influenciar as taxas de abandono, o que reforça a necessidade de identificar e gerenciar fatores que dificultam a adesão ao tratamento (Ong et al., 2018).

Ensaios clínicos randomizados (RCTs) e metanálises têm fortalecido o campo das psicoterapias apoiadas empiricamente, ao permitirem a identificação dos efeitos das terapias que podem ser manualizadas (Lewis et al., 2020). Pesquisas contínuas nessas áreas proporcionarão maior entendimento sobre estratégias de tratamento eficazes, permitindo aos clínicos e pacientes coproduzir planos terapêuticos de forma mais eficaz (Ong et al., 2018; Kendrick et al., 2022; Nice, 2009), e identificar mecanismos específicos associados à mudança terapêutica, o que é vital para o tratamento dos transtornos de depressão e ansiedade. Pode-se afirmar que a TCP está no limiar promissor de sua evolução científica, tendo estabelecido fundações robustas com uma dezena de ensaios clínicos e uma revisão sistemática com metanálise (Hemanny et al., 2023a). Embora ainda na infância, em termos de seu desenvolvimento, já demonstra potencial significativo no campo da psicoterapia.

A TERAPIA COGNITIVA PROCESSUAL E SUA ESTRUTURA

A TCP é um modelo de psicoterapia colaborativa que enfatiza o trabalho com as crenças nucleares (CN), sendo amplamente empregada no manejo de transtornos depressivos e de ansiedade (Oliveira, 2014). A TCP tem como alicerce a TCC de Aaron Beck, porém mescla a reestruturação cognitiva com técnicas emocionais, como a visualização (*imagery*) e o método da cadeira vazia. O registro de pensamentos guiado por processos judiciais, uma técnica específica da TCP que faz uso de uma simulação de tribunal para identificar e modificar as CNs, tem demonstrado efetividade na redução de sintomas de ansiedade e depressão em diversos transtornos mentais (Rodrigues et al., 2023).

A estrutura da TCP, seguindo seu manual clínico, é descrita em 12 sessões, embora na prática clínica essa estrutura possa ser mais flexível e prolongada. A TCP envolve três fases distintas, nas quais o terapeuta e o paciente trabalham juntos para identificar cognições disfuncionais, como pensamentos automáticos, pressupostos subjacentes e CN, bem como seus comportamentos consequentes.

No protocolo padrão da TCP, testado em pesquisas, durante as sessões iniciais, os problemas e as metas do paciente são identificados e o modelo cognitivo lhe é introduzido. Esse modelo informa o paciente sobre pensamentos automáticos, tipos de distorções cognitivas, respostas emocionais e comportamentais, pressupostos subjacentes e CN. Uma agenda é estabelecida no início de cada sessão e o paciente começa a preencher o Questionário de distorções cognitivas (CD-QUEST). Ainda na fase inicial, o paciente começa a usar o Registro de pensamento intrapessoal para mudar pensamentos automáticos distorcidos. Nas sessões intermediárias, passa a atuar sobre os pressupostos subjacentes, com o uso de técnicas como a hierarquia dos sintomas codificados por cores e o *role-play* consensual.

Em uma fase mais avançada da terapia, o paciente tipicamente inicia a reestruturação das CNs negativas, no terceiro nível de cognição, pela técnica Processo I, com reestruturação de uma ou mais CNs disfuncionais.

Por último, na fase final da TCP, que no protocolo típico chega à décima segunda sessão, o paciente é conduzido a uma visão crítica de suas próprias cognições distorcidas, representadas metaforicamente pela atuação do advogado de defesa interno. Essa consolidação de consciência metacognitiva é feita por meio de duas técnicas principais: Processo II e Metáfora do barco a vela.

EFICÁCIA DA TCP NA REDUÇÃO DE SINTOMAS DE ANSIEDADE E DEPRESSÃO

A eficácia da TCP foi avaliada em variados transtornos, como: transtorno de ansiedade social (TAS) (Caetano et al., 2018; Powell et al., 2013); transtorno depressivo maior (TDM) (Hemanny et al., 2020), bem como ideação suicida (Hemanny et al., 2022); transtorno de estresse pós-traumático (TEPT) (Duran et al., 2021); e transtorno obsessivo-compulsivo (TOC) (Rodrigues et al., 2023). A TCP demonstrou ser eficaz na atenuação de sintomas de ansiedade e depressão entre universitários e jovens adolescentes, além de contribuir para a redução da intensidade de crenças nucleares (CNs) negativas e emoções correlatas em diferentes transtornos mentais (de Oliveira et al., 2012; Delavechia et al., 2016; Oliveira, 2008).

A seguir, apresentaremos os resultados de uma revisão sistemática com metanálise, publicada recentemente (Hemanny et al., 2023a), que avaliou a eficácia da TCP na redução de sintomas de depressão e ansiedade.

PROTOCOLO E FORMATOS DE APLICAÇÃO DA TCP

O protocolo TCP, adaptado aos diferentes transtornos e condições, foi aplicado individualmente (em 7 ECRs) e em formato de grupo (em 3 ECRs), com sessões realizadas semanalmente durante um período de 10 a 18 semanas. A duração de cada sessão de psicoterapia variou de acordo com a população e a condição clínica tratada. Por exemplo, no estudo de Reis et al. (2024), o protocolo durou 18 semanas, com sessões de 45 minutos cada. Duas publicações do mesmo ECR, de autoria de Caetano et al. (2018) e Neufeld et al. (2020), compararam TCP individual (16 sessões) para equiparar a duração dos grupos de controle (lista de espera e CBT em grupo). No entanto, no artigo de Caetano et al. (2018), a TCP foi comparada ao grupo de controle da lista de espera, enquanto no artigo de Neufeld et al. (2020) os mesmos pacientes de TCP foram comparados a um braço de grupo de TCC.

Os dez ECRs incluídos na revisão sistemática totalizaram 1.245 participantes, com 606 deles randomizados para receber TCP. Seis dos ECRs avaliaram a eficácia da TCP em transtornos psiquiátricos, enquanto os quatro restantes avaliaram a TCP em outras condições clínicas ou em configurações comunitárias. Por exemplo, Betancur et al. (2017) estudaram os efeitos da TCP na aderência ao tratamento usual de HIV/Aids, Hemanny et al. (2023a) avaliou o impacto da TCP na fluência verbal, Reis et al. (2024) exploraram a eficácia da TCP na redução de sintomas depressivos e de ansiedade em adolescentes, e Hemanny et al. (2023a) investigaram o impacto da TCP na ansiedade, preocupação e sintomas depressivos em estudantes de medicina.

Os ECRs usaram resultados relacionados à condição clínica como medidas primárias. Especificamente, eles mediram a redução, baseada em escala padronizada, dos sintomas de ansiedade social, sintomas depressivos (Hemanny et al., 2023a), sintomas obsessivo-compulsivos e sintomas do transtorno de estresse pós-traumático.

COMPARAÇÃO ENTRE TCP E OUTRAS PSICOTERAPIAS NA REDUÇÃO DOS SINTOMAS DEPRESSIVOS

De acordo com a mesma metanálise (Hemanny et al., 2023a), não se observaram diferenças significativas na diminuição de sintomas depressivos quando a TCP foi comparada com outras formas de psicoterapia (4 ECRs, n = 204, SMD = -0,07, 95% IC = -0,35 a 0,20, p = 0,61). Os estudos apresentaram baixa ou nenhuma heterogeneidade (I^2 = 0%). As psicoterapias TCC tradicional, BA, PE e ERP foram utilizadas como grupos de controle nos ECRs analisados. É importante ressaltar que o estudo de Oliveira (2012) foi excluído dessa análise por não incluir métodos padronizados de mensuração de depressão.

COMPARAÇÃO ENTRE TCP E OUTRAS PSICOTERAPIAS NA REDUÇÃO DOS SINTOMAS DE ANSIEDADE

Ainda na metanálise de Hemanny et al. (2023a), a TCP não mostrou diferença significativa na diminuição dos sintomas de ansiedade, quando comparada com outras psicoterapias (5 ECRs, n = 237, SMD = -0,14, 95% IC = -0,40 a 0,12, p = 0,28). Os estudos analisados apresentaram baixa ou nenhuma heterogeneidade (I^2 = 0%). A TCC convencional, a BA, a PE e a ERP foram utilizadas como grupos de controle nos ECRs (Hemanny et al., 2023a).

COMPARAÇÃO ENTRE TCP *VERSUS* OUTRAS PSICOTERAPIAS NAS AVALIAÇÕES DE SEGUIMENTO

Dois dos estudos (Rodrigues et al., 2023; Duran et al., 2021) incluídos na metanálise (Hemanny et al., 2023) demonstraram que a redução da ansiedade persistiu por até um ano. Esses estudos concluíram que a TCP não era significativamente diferente de outras psicoterapias, como ERP (de Oliveira et al., 2012b) e TCC convencional, em termos de manutenção da redução dos sintomas de ansiedade (2 ECRs, n = 62, SMD = -1,44, 95% IC = -3,06 a 0,19, p = 0,08). No entanto, a heterogeneidade entre os estudos foi alta (I^2 = 86%). Infelizmente, devido à falta de dados, análises adicionais sobre os sintomas depressivos ou acompanhamentos de curto a médio prazo com base nos três ECRs restantes não foram possíveis (Hemanny et al., 2023a).

COMPARAÇÃO DA TCP *VERSUS* OUTRAS PSICOTERAPIAS NAS TAXAS DE ABANDONO

A taxa de abandono da TCP foi de 30,8%, o que não foi significativamente diferente da taxa de abandono das outras psicoterapias (32,6%). A comparação incluiu TCC tradicional, EPR, AC e EP, tendo sido baseada na análise de cinco ECRs do total de 271 participantes. O risco relativo (RR) foi de 0,96, com 95% IC = 0,65 a 1,53 (p = 0,87). O grau de heterogeneidade entre os estudos foi considerado baixo a moderado (I^2 = 36%, p = 0,29) (Hemanny et al., 2023a).

COMO A TCP SE INSERE ENTRE AS PSICOTERAPIAS EMPIRICAMENTE SUSTENTADAS PARA DEPRESSÃO E ANSIEDADE: UMA DISCUSSÃO À LUZ DA LITERATURA ATUAL

Esse meticuloso estudo, com base em uma revisão sistemática e metanálise, almejou avaliar a capacidade da TCP em reduzir os sintomas de ansiedade e depressão em adolescentes e adultos, abordando contextos clínicos e não clínicos. Conforme apontam nossos principais achados, a TCP se revelou tão eficaz quanto outros tratamentos psicológicos de primeira linha dos sintomas, sem diferenças substanciais em comparação com os controles ativos. Em nossa investigação (Hemanny et al., 2023), as taxas de desistência da TCP não apresentaram diferenças expressivas em relação àquelas de outras psicoterapias de primeira linha (Swift et al., 2012; Cuijpers et al., 2023). Contudo, é imprescindível interpretar esses achados com precaução, devido à presença de várias limitações.

A metanálise abrangeu dados de cinco ECRs, enquanto a revisão sistemática incorporou dados de 10 ECRs, totalizando 1.245 participantes. A abordagem individual foi a mais frequentemente utilizada nos ensaios. A duração da TCP foi relativamente consistente, com 12 sessões semanais sendo a duração de intervenção mais comum.

Diversos ECRs e metanálises investigaram a eficácia da TCC e outras psicoterapias na redução dos sintomas de depressão e ansiedade (Cuijpers et al., 2008; Cuijpers et al., 2021; Hacker et al., 2016). Entretanto, existem algumas diferenças metodológicas entre esses estudos e o nosso (Hemanny et al., 2023). Este se concentrou na redução dos sintomas depressivos com a TCP sendo utilizada em uma variedade de transtornos mentais, incluindo depressão maior, transtorno de ansiedade social, transtorno obsessivo-compulsivo e transtorno de estresse pós-traumático. Os resultados indicam que a TCP é igualmente eficaz em comparação com psicoterapias de primeira linha na redução dos sintomas de ansiedade, o que é consistente com os achados da metanálise conduzida por Carpenter et al. (2018). A eficácia da TCP parece advir da combinação de variadas técnicas terapêuticas dentro de uma única estrutura. As principais técnicas da TCP, a exemplo do *role-play* consensual e do registro de pensamentos baseado no processo, incorporam e modificam elementos de outras abordagens teóricas (Solem et al., 2021; de Oliveira, 2012).

Estudos anteriores indicam que a taxa de desistência em psicoterapia pode ser influenciada por diversos fatores, embora uma taxa universalmente aceita ainda não tenha sido estabelecida (Swift et al., 2012; Wierzbicki & Pekarik, 1993). Em nossa metanálise, observou-se que a taxa de desistência acumulada entre os pacientes que receberam TCP foi de 30,8% (Hemanny et al., 2023). Ao comparar o percentual de desistência da TCP com outras psicoterapias, não foram identificadas diferenças significativas e a heterogeneidade do estudo apresentou-se baixa ($I^2 = 36\%$).

Nosso estudo tem limitações que devem ser consideradas ao interpretar os achados. Uma delas é que os tamanhos do efeito obtidos nos ensaios clínicos incluídos se basearam em amostras relativamente pequenas, o que pode limitar a generalização dos dados (Karekla et al., 2019; Roos & Werbart, 2013). Outra limitação é que só foram incluídos cinco ECRs na síntese quantitativa, pois os outros cinco estudos avaliaram o TCP em configurações não clínicas, limitando a generalização dos achados para as populações clínicas. Além disso, o risco de viés foi considerado alto nos últimos estudos. Para melhor compreender a efetividade e os benefícios potenciais da TCP, é crucial aumentar o número de estudos de alta qualidade que avaliam a TCP em amostras clínicas maiores e períodos de acompanhamento mais longos (Solem et al., 2021).

IMPLICAÇÕES CLÍNICAS E DE PESQUISA

A TCP é uma modalidade de psicoterapia fundamentada no modelo tradicional da TCC, incorporando, entretanto, aspectos de diversos outros modelos. Durante seu processo de desenvolvimento, a TCP empregou estratégias provenientes de diferentes modelos de psicoterapia, como a técnica da cadeira vazia, *mindfulness*, estratégias de compaixão e técnicas comportamentais (Wenzel, 2017). Além disso, propôs técnicas novas e um diagrama de conceituação próprio que facilita o uso de tais técnicas.

Os dados coletados nessa metanálise apontam para a necessidade de estudos adicionais sobre a TCP, visando tanto os transtornos já estudados como outros, uma vez estabelecido seu caráter transdiagnóstico. Primeiro, é imprescindível uma investigação mais extensa de sua eficácia, bem como de estudos que avaliem sua aceitabilidade e sua efetividade. Futuros ensaios clínicos devem assegurar rigor metodológico no que concerne à cegueira do avaliador e à preferência por instrumentos heteroaplicáveis. Ainda, são necessárias análises de componentes para avaliar os mecanismos de mudança e investigar se as diferentes técnicas, a exemplo do Registro de pensamento baseado no processo, constituem ingredientes ativos da TCP.

Nossa revisão sistemática e metanálise sugerem que a TCP é tão eficaz quanto psicoterapias de primeira linha na redução dos sintomas de depressão e ansiedade em adultos e adolescentes. Esses achados realçam o potencial valor da TCP como uma abordagem transdiagnóstica para o tratamento de um amplo espectro de condições de saúde mental. Adicionalmente, a TCP apresentou taxas de abandono comparáveis aos tratamentos de primeira linha, indicando sua viabilidade e aceitabilidade na prática clínica.

REFERÊNCIAS

Capítulo **30**

Evidências na terapia cognitivo-comportamental

Mariângela Gentil Savoia, Karen Vogel

INTRODUÇÃO

A terapia cognitivo-comportamental (TCC) vem sendo cada vez mais indicada para o tratamento de fenômenos clínicos por apresentar evidências de sua eficácia desde que foram publicados os seus primeiros estudos científicos (Rush et al., 1977). Esses estudos demonstram menor recaída comparada à farmacoterapia e apontam objetividade na aplicação técnica e brevidade no processo. É o tratamento de escolha nas principais normas internacionais.

Na Divisão 12 da American Psychological Association (APA), está entre as intervenções no nível 1 de eficácia de tratamento combinado (TCC mais medicação), para esquizofrenia, transtornos de ansiedade, depressão, abuso de substâncias, entre outros (APA, 2023). Da mesma forma, nas normas do National Institute for Health and Care Excellence (Nice), é a primeira escolha para transtornos de ansiedade (Nice, 2023). É descrita como o tratamento a ser indicado para transtorno do pânico desde 1990 pela Organização Mundial de Saúde (OMS) (Gelder, 1990).

Trata-se de uma abordagem de ajuda psicoterápica que se baseia em uma Ciência e uma Filosofia de concepção naturalista e determinista do comportamento humano. Grande parte da comunidade de profissionais da saúde já reconhece o uso dessa abordagem, principalmente por seu caráter científico. As pesquisas nessa área visam compreender os mecanismos e processos por meio dos quais o tratamento acontece e seu impacto no comportamento. Podemos citar algumas revisões sistemáticas que comprovam essa eficácia não só nos transtornos mentais como no estresse pós-traumático (Bisson & Andrew, 2007), no transtorno obsessivo-compulsivo em adultos (Gava et al., 2007), no transtorno de pânico (Pompoli et al., 2016), mas também em intervenções para melhorar higiene oral (Renz et al., 2007) e perda de peso (Norris et al., 2005) (Tabela 1).

Uma grande contribuição da TCC à área da saúde é o exame dos mecanismos ligando comportamento e saúde. As características do comportamento saudável, a manutenção da saúde e as mudanças de estilo de vida são questões que podem ser abrangidas pelos princípios gerais do comportamento (Mejias, 1984).

A TCC pode ser considerada um grande guarda-chuva que abarca diversas propostas psicoterápicas que descreveremos ao longo deste capítulo. Estão interligadas porque existem determinados princípios,

Tabela 1 Diretrizes clínicas dos guidelines da American Psychological Association (APA) divisão 12 e do National Institute for Health and Care Excellence (Nice)

Diretrizes clínicas	Evidências
(Divisão 12 APA)	Nível 1 de eficácia de tratamento combinado (terapia cognitivo-comportamental – TCC – mais medicação), para esquizofrenia, transtornos de ansiedade, depressão, abuso de substâncias.
Nice	Primeira linha de escolha para transtorno de ansiedade generalizada, transtorno de pânico, transtorno de ansiedade social. No transtorno de ansiedade social, o Nice sugere TCC em grupo como primeira opção. Para casos graves ou quando a TCC não está disponível, antidepressivos podem ser utilizados. No transtorno de estresse pós-traumático, o Nice recomenda trauma-focused TCC ou EMDR (dessensibilização e reprocessamento por movimentos oculares). Para crianças e adolescentes, o Nice sugere primeiramente TCC individual ou em grupo, treinamento de habilidades sociais ou terapia familiar.

Fonte: elaborada pelas autoras.

presentes na terapia cognitivo-comportamental, que se aplicam de forma geral. São eles: a TCC está baseada em uma formulação em desenvolvimento contínuo dos problemas dos pacientes e em uma conceituação individual de cada paciente em termos cognitivos, comportamentais e emocionais. Requer uma aliança terapêutica sólida, enfatiza a colaboração e a participação ativa do paciente. A TCC tem um papel educativo, pois tem como um dos seus objetivos ensinar ao paciente repertórios comportamentais e a identificar, avaliar e responder aos seus pensamentos e crenças disfuncionais. A prevenção a recaídas é um dos focos do processo (Savoia & Sztamfater, 2011).

Entre as ações que o terapeuta cognitivo-comportamental realiza estão: auxiliar o paciente a um enriquecimento de repertório, desenvolvendo habilidades para uma posterior reinserção social e verificando, dentro do grupo social a que ele pertence, que atividades desenvolve, quais poderá vir a desenvolver e como auxiliá-lo nessa aquisição de comportamentos novos; possibilitar ao paciente o conhecimento da análise que o terapeuta faz sobre suas queixas, proporcionando o desenvolvimento do funcionamento global. A autonomia para lidar com os problemas é a meta do processo terapêutico (Savoia & Sztamfater, 2011).

EVIDÊNCIAS EMPÍRICAS NA TCC

Pressões econômicas, políticas e legais derivadas da crescente atenção aos direitos dos consumidores nas últimas décadas parecem ter influenciado a comunidade clínica internacional na busca por demonstrações empíricas da qualidade dos serviços que são oferecidos (Starling, 2010). Nesse cenário se desenvolvem as práticas cognitivo-comportamentais e propostas de medir a eficácia na clínica. A pesquisa em Psicoterapia visa compreender os mecanismos e processos por meio dos quais o tratamento acontece e seu impacto na modificação do desempenho não adaptado (Savoia & Sztamfater, 2011).

Mesmo a TCC tendo sido desenvolvida nos anos 1960, suas bases empíricas nos remetem ao início do século XX. A Figura 1, cujo esquema foi gentilmente cedido por Thiago Sampaio, ajuda-nos a compreender esse panorama.

No início do século XX, a ciência pautada pelo positivismo, com foco na metodologia científica, levou o psicólogo norte-

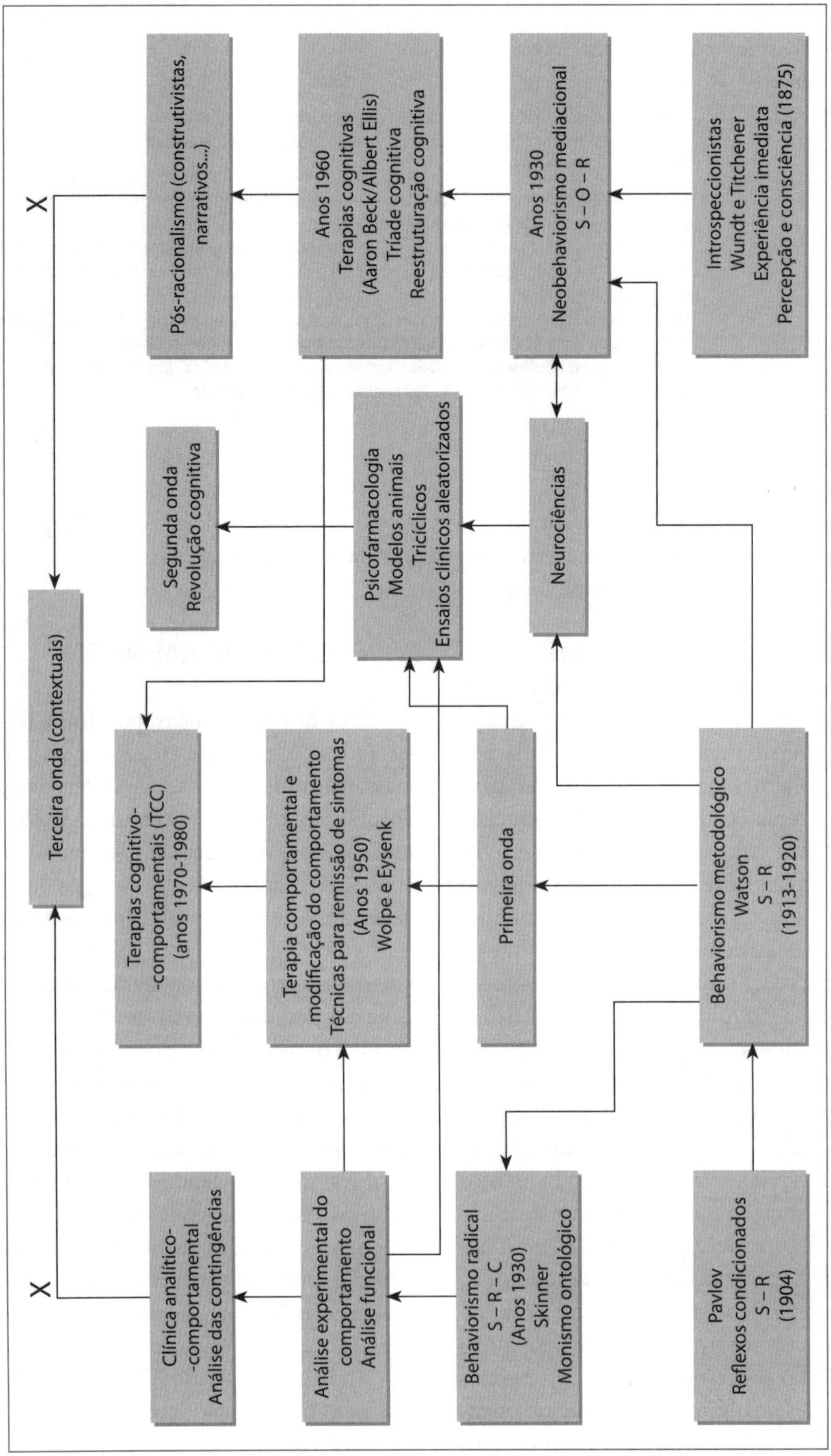

Figura 1 Histórico da terapia cognitivo-comportamental.
Fonte: Almeida Sampaio, 2020.

-americano John Watson a modificar o objeto de estudo da Psicologia para o que podia ser observado e medido cientificamente – o comportamento humano. Anteriormente, os estudos dos introspeccionistas (Wundt e Titchener) tinham a mente como objeto de análise. Os primeiros trabalhos desenvolvidos na área retratam princípios de estudos principalmente sobre o aprendizado animal. Um dos trabalhos pioneiros é de Pavlov, tornando conhecido o que se chamou de condicionamento respondente.

O neo-behaviorismo mediacional acontece mais adiante, proposto por Edward Tolman em 1932 e apresentando o conceito de "intencionalidade" do comportamento, ou seja, o conceito de que o organismo se comporta para alcançar um objetivo. A ideia de intencionalidade apresentada por Tolman permite também que ele seja considerado o precursor das teorias cognitivas por conta do processo S – O – R (estímulo – organismo – resposta), uma posição mediacional e internalista quanto à concepção do comportamento, o que se caracteriza por serem as características marcantes da terapia cognitiva.

Na tentativa de elucidar o ambiente como determinante do comportamento e se opondo à visão cognitiva de concepção do comportamento, o modelo behaviorista de Skinner foi sendo construído a partir da década de 1930. Mas é apenas em 1963 que Skinner define o behaviorismo como a filosofia da ciência do comportamento. A denominação *behaviorista radical* tem princípios antimentalismo. Assim, podemos dizer que Skinner é radical (radical do termo "raiz", em latim) ao inserir o pensamento como um comportamento sujeito às mesmas leis que todos os outros comportamentos.

O behaviorismo é, portanto, entendido como a filosofia de abordagem científica para a compreensão do comportamento. Todo comportamento é função das variáveis ontogenéticas e filogenéticas, em vez de ser controlado por entidades hipotéticas como "mente", "alma", "*self*". Processos comportamentais são funcionalmente definidos, incluindo operações observáveis e seus efeitos.

A Psicoterapia comportamental tem seu início na década de 1950, com Joseph Wolpe, e foi se desenvolvendo ao longo do século XX. Esse processo foi apresentando mudanças em conceitos e no modo de atuação dos psicoterapeutas. De acordo com esse movimento, Hayes (2016) definiu esse *continuum* em três "ondas": a primeira e pioneira, a **análise do comportamento**; a segunda a partir do desenvolvimento das **terapias cognitivas** e a terceira e mais recente compreendida pelo desenvolvimento das terapias **contextualistas**. Dessa forma haveria um senso de continuidade e aperfeiçoamento das ondas, em que alguns elementos seriam assimilados e incorporados pelas seguintes (Hayes & Hofmann, 2018).

PRIMEIRA ONDA: ANÁLISE DO COMPORTAMENTO

A primeira onda de terapia comportamental se inicia na década de 1950, quando é denominada e quando veio trazer uma nova época à psicologia clínica até então dominada pela psicanálise. Trouxe a instauração de uma terapia psicológica baseada e sustentada em princípios científicos da psicologia da aprendizagem com uma vocação especialmente ambientalista (Perez-Alvarez, 2006).

Em meados dos anos 1950 existiam pelo menos dois tipos de modelos clínicos advindos do behaviorismo: a terapia comportamental, cuja intervenção adotava o paradigma do condicionamento reflexo, e a modificação do comportamento, que tinha como respaldo o paradigma do condicionamento operante (Costa, 2002).

Na década de 1950, Wolpe desenvolveu um experimento com animais que contribuiu para o primeiro procedimento terapêutico, conhecido como "dessensibilização sistemática", que exerceu grande influência para o desenvolvimento da terapia comportamental.

As aplicações do conceito operante foram descritas por Skinner até a década de 1960. Na década de 1970, a terapia comportamental, que passa a ser nomeada terapia analítico-comportamental, já era amplamente aceita e se tornou o tratamento de escolha para muitos distúrbios, como é o caso das fobias, das obsessões e das disfunções sexuais.

Com ênfase na determinação ambiental, os behavioristas radicais entendem o comportamento como relação: o organismo transforma o mundo e é transformado pelo produto de sua ação. Assim, o comportamento é a interação (relação) entre organismo e ambiente. As causas do comportamento não estavam mais no interior das pessoas, mas sim em seu ambiente. O clínico, entre outras funções, auxilia com suas análises na construção de um novo repertório ou no fortalecimento do repertório existente. Dessa forma, apresenta um modelo educacional: ensina aos pacientes e atribui a eles a responsabilidade de executar comportamentos de autocuidado de suas doenças, trabalhando habilidades necessárias, com interação entre procedimentos puramente educacionais, como tarefas, exercícios formais e psicológicos – por exemplo, modelagem e dessensibilização sistemática (Ullman & Krasner, 1969).

O início dos anos 1970 caracterizou-se por um amplo questionamento sobre as práticas comportamentais, pois muitos as consideravam demasiadamente rígidas. Essa insatisfação culminou na tentativa de acrescentar componentes cognitivos às técnicas existentes, o que facilitou o desenvolvimento das abordagens cognitivas.

Especial atenção se deu ao trabalho de Bandura sobre aprendizagem vicária e autoeficácia, por chamar atenção quanto aos fatores cognitivos presentes na terapia comportamental (Bandura, 1977). A teoria destaca o aprendizado por meio da observação e pela interação entre o organismo e o ambiente ao seu redor. Com isso, o avanço das pesquisas que acrescentaram processos cognitivos aos modelos comportamentais conquistaram um número crescente de adeptos. Isso contribuiu para que a abordagem cognitivo-comportamental fosse utilizada em ampla escala para o tratamento de implicações clínicas. Hoje, é o procedimento padrão utilizado internacionalmente.

SEGUNDA ONDA: TERAPIAS COGNITIVAS

A segunda onda da terapia comportamental se situa por volta de 1970, com a terapia cognitivo-comportamental. Nessa época, começa a se ouvir falar de terapia comportamental cognitiva, de terapia cognitivo-comportamental, de terapia cognitiva. No início eram terapias dissidentes da psicanálise, como eram a terapia racional-emotiva, de Albert Ellis, e a terapia cognitiva de depressão, de Aron Beck. Essas terapias começaram a ganhar prestígio ao avaliar seus resultados como a terapia comportamental (Perez-Alvarez, 2006).

A primeira forma de psicoterapia cognitiva foi a terapia racional-emotiva (RET) de Ellis, na década de 1960, posteriormente denominada de terapia racional-emotiva comportamental (REBT), sendo considerada a primeira atuação clínica de base comportamental-cognitiva (Campos, 1995; Ellis, 1973). A REBT pressupõe que a causa das dificuldades humanas está nas ideias irracionais (crenças) que levam o indivíduo a um estado de desadaptação ao seu meio ambiente. Portanto, o homem percebe e interpreta as situações e o mundo ao seu redor com base em sua história de aprendizagem, suas crenças e juízos de valor. Ellis acrescentava ainda que o ser humano tem uma tendência natural a perceber as situações de forma irracional, o que o leva a comportamentos desadaptados. Embora essa tenha sido a base da terapia cognitiva, foi Beck que lhe deu os os contornos atuais (Rangé, 1995).

A terapia cognitiva de Aaron Beck, na década de 1970, foi primeiramente desenvolvida para o tratamento da depressão. Atualmente é utilizada no tratamento de diversos transtornos. Na abordagem cognitiva, o papel do terapeuta e do cliente é de contribuírem para a percepção dos chamados "pensamentos automáticos" e das crenças disfuncionais. Tradicionalmente, ela é reconhecida por utilizar várias técnicas cognitivas com o objetivo de modificar o pensamento do cliente, seu humor e seu comportamento (Abreu, 2004).

O alvo principal da abordagem cognitiva se dá na tentativa de alterar pensamentos e cognições disfuncionais que acompanham o indivíduo. Como cognição entendem-se pensamentos ou imagens visuais, enquanto os pensamentos automáticos podem ser entendidos como tipos de cognição.

Além dos pensamentos automáticos, na terapia cognitiva buscam-se também as crenças disfuncionais (centrais) ou irracionais que formam a base das distorções cognitivas. Ao focar na reestruturação das crenças, o terapeuta trabalha com a causa das interpretações errôneas de seus clientes. As cognições distorcidas ou crenças irracionais podem ser alteradas por meio da reestruturação dos pensamentos ou mesmo por mudanças no repertório comportamental que leva, consequentemente, às alterações nas cognições.

Essas terapias influenciaram a terapia comportamental, legitimando sua própria mudança cognitiva. A ciência psicológica básica já não seria só a psicologia da aprendizagem, mas também do processamento de informação (Perez-Alvarez, 2006).

A questão é que a terapia comportamental tornou-se cognitivo-comportamental, levando a mudar seu sentido contextual, o que colocava as causas do comportamento no ambiente. A terapia cognitivo-comportamental entende que as cognições (crenças, pensamentos, expectativas, atribuições) são as causas dos problemas emocionais e comportamentais. Tem sido reconhecida no desenvolvimento de tratamentos psicológicos eficazes. Sem dúvida, a terapia cognitivo-comportamental é a terapia psicológica mais representativa do movimento dos tratamentos psicológicos que tem provado sua eficácia, incluindo a comparação com a medicação. Esse êxito aconteceu em grande medida ao custo de adotar um modelo médico de psicoterapia ou modelo do déficit, em todo caso, um modelo mentalista (Perez-Alvarez, 2006).

TERCEIRA ONDA: TERAPIAS CONTEXTUAIS

A terceira onda da terapia comportamental iniciou a partir da década de 1990. Essa nova onda se deve ao desenvolvimento da análise de comportamento e do behaviorismo radical. Essas terapias já foram reconhecidas desde seu início como psicoterapias behavioristas radicais e passaram a estabelecer um ponto de vista contextual da terapia comportamental frente ao ponto de vista cognitivo (Perez-Alvarez, 2006).

Por esse ponto de vista, a ênfase é no contexto ambiental da vida dos clientes, auxiliando-os a comprometerem-se em atividades que os façam entrar em contato com reforçadores naturais, avaliar as fontes de reforçamento que o cliente não está contatando e fortalecer comportamentos que possam ser reforçados. Focando na mudança do ambiente em vez de alterar o pensamento, buscamos entender o comportamento humano de forma contextual e específica para cada caso, sem partir do pressuposto de que existam deficiências no comportamento ou no raciocínio. A ênfase deve estar nas contingências naturais mais que no comportamento governado por regras (Perez-Alvarez, 2006).

A análise do comportamento verbal também é objeto de análise para o behaviorista radical. Nesse contexto, ocupa-se da análise sobre o efeito das regras e do controle verbal como interferentes no comportamento. Esses estudos são precursores de uma nova geração da teoria nas décadas de 1980 e 1990, com o desenvolvimento da psicoterapia analítico-funcional (FAP) (Kolemburg & Tsai, 2001), da Teoria de aceitação e compromisso (ACT) (Hayes & Smith, 2005) e a terapia comportamental dialética (DBT) (Linehan, 2017).

A FAP fundamenta-se na análise e na modelagem do comportamento verbal do cliente em tempo real durante as sessões; concentra especial atenção à relação terapêutica, por ser considerada um modelo de relação pessoal para o cliente e que poderá ser generalizada para o ambiente natural do indivíduo. Assim, os autores Kohlenberg e Tsai (2001) enfatizam que é na própria relação terapêutica que está o processo de mudança. O objetivo do terapeuta é estar atento às aparições ao vivo das questões do cliente (chamados de comportamentos clinicamente relevantes ou CRBs) (Kohlenberg & Tsai, 2001).

Já a ACT e a teoria da qual ela faz parte, a teoria das molduras relacionais, fazem especial menção ao papel do controle verbal na determinação do comportamento. Assim, terapeuta e cliente buscam juntos como "o mundo das palavras interfere no mundo real". Ela aborda que os problemas de comportamento e as emoções acontecem por evitação, ou seja, por uma esquiva do cliente de experimentar eventos privados aversivos (Hayes & Smith, 2005). A ACT oferece uma série de ferramentas clínicas para que se tenha consciência da evitação e também promove a aceitação e a tolerância a eventos emocionais aversivos, o que geralmente tira o foco da ação do cliente na busca do que é importante (valores). Assim, o intuito seria "aceitar o que não se pode mudar e comprometer-se com o que é possível mudar".

Juntamente com a ACT, desenvolve-se o conceito de *mindfullnes*, que é o exercício de estar ativo e consciente do que acontece na própria mente, no corpo e nas experiências de vida (Forsyth & Eifert, 2007). O objetivo é prestar atenção nos pensamentos, permitindo que eles apareçam. A proposta é apenas observar, tomar consciência e experimentar o que acontece no momento presente.

A terapia comportamental dialética (Linehan, 2017) foi desenvolvida para pacientes com problemas múltiplos e complexos, baseada em princípios e não em protocolos. Preconiza equilíbrio entre aceitação e mudança e traz o conceito de ambientes invalidantes para a prática clínica.

Outras terapias que têm se desenvolvido nessa "onda" são as terapias cognitivas com base em *mindfulness* e variantes da terapia cognitivo-comportamental que têm se orientado na direção da aceitação e dos valores, como terapia processual, terapia de esquemas, ativação comportamental, terapia da compaixão (Lucena-Santos et al., 2015).

A terceira geração da terapia comportamental não busca controlar comportamentos ou modificá-los. O novo comportamentalismo contextual se contrapõe à visão mecânica da primeira onda, considera sentimentos, pensamentos e sensações como dicas das contingências que os geram.

NOVAS PROPOSTAS DA TCC

Algumas propostas têm surgido no cenário da TCC propondo uma integração e um olhar transdiagnóstico para os pacientes. Os desafios da pesquisa clínica nesses novos modelos é o que descortinaremos no futuro.

A terapia integrativa propõe uma intervenção de acordo com o foco para o caso de cada cliente. Se a ênfase for no comportamento, utilizar ACT, ativação comportamental, exposição, DBT. Se a ênfase for na cognição, usar TC, TREB, ACT, metacognitiva, terapia de esquemas, e se a ênfase for na aceitação, ACT, DBT, TC baseada em *mindfulness* (Wenzel, 2018). A partir da conceitualização do caso, os alvos para mudança são definidos em termos de comportamento, emoção, cognição e aceitação. É uma abordagem com ênfase no autocontrole, focada no problema e estruturada. Incorpora abordagens psicoeducativas, tarefa de casa e promove prevenção. Tecnicamente é parcimoniosa e eclética, o que não implica um ecletismo conceitual.

A terapia baseada em processos centrais da TCC contempla as vertentes comportamentais, cognitivas e de aceitação, é baseada em padrões de competências clínicas. Isso possibilita evitar as limitações de protocolos, tendo em vista a diferença entre o mundo da pesquisa e o mundo real. O foco é em processos baseados em evidências e uma abordagem mais abrangente focada no indivíduo, tendo em vista modelos transdiagnósticos (Hayes & Hofmann, 2018) (Tabela 2).

Tabela 2 Evidências na prática clínica

Componentes-chave	Baseia-se em evidências da literatura, p. ex. exposição interoceptiva para transtorno de pânico, exposição e prevenção de resposta para transtorno obsessivo compulsivo, exposição para fobias. Mudanças nas contingências que mantêm o transtorno e a individualização no plano de tratamento.
Formatos	Individual, grupo, presencial, online: eficácia semelhante. Os efeitos do programa de terapia cognitivo-comportamental (TCC) por meio de internet (iCBT) são considerados comparáveis aos da TCC presencial (Polak et al. ,2021).
Indicações	É indicada para não respondedores à farmacoterapia, para a descontinuação da farmacoterapia e em gestantes.
Efeitos duradouros	Benefícios permanecem após o tratamento em 78% dos pacientes com transtorno de pânico (APA, 1999.)

Fonte: elaborada pelas autoras.

PRÁTICA CLÍNICA

Embora os dois enfoques – cognitivo e comportamental – caminhem juntos, é importante destacar que suas diferenças são evidentes, principalmente do ponto de vista epistemológico. Na clínica, os cognitivistas vão em busca da mudança dos pensamentos e crenças do cliente. Os behavioristas têm como objetivo auxiliar o cliente a discriminar quais contingências de reforço mantêm determinada resposta.

Mesmo com tais diferenças conceituais e filosóficas, as duas abordagens têm sido utilizadas com sucesso no contexto clínico, principalmente por aqueles que assumem uma posição intermediária entre as duas teorias, ou seja, eles reconhecem o valor das explicações behavioristas e cognitivistas e sugerem que ambas não apenas se complementam, mas que suas diferenças são apenas de terminologia.

De forma geral, a TCC está preocupada em ajudar o cliente a avaliar e modificar tanto seus pensamentos como seus comportamentos disfuncionais. Alguns aspectos dão maior ênfase ao comportamento, em outros há mais ênfase aos aspectos cognitivos. Grande parte do tratamento caracteriza-se no "aqui e agora", com o objetivo de facilitar e promover as mudanças desejadas. Assim, o tratamento concentra-se na oportunidade para uma nova aprendizagem adaptativa e na produção de mudanças fora do ambiente clínico (Hawton et al., 1997).

A TCC considera que as questões clínicas podem ser compreendidas a partir das concepções cognitiva, afetiva/fisiológica e comportamental. Portanto, o modo como uma pessoa percebe o ambiente é seletivo e depende de como ela o interpreta a partir de regras e crenças adquiridas ao longo de seu desenvolvimento. Desse modo, em transtornos como ansiedade e depressão, o indivíduo percebe e avalia a situação de forma distorcida (distorção cognitiva), propiciando a ocorrência de afetos desagradáveis (angústia, desânimo), de reações fisiológicas correspondentes (p. ex., sudorese, taquicardia, fraqueza etc.) e de comportamentos desadaptados (bloqueio, fuga, evitação) (Falcone, 1993).

Assim, a solução de problemas é uma das características principais do tratamento cognitivo-comportamental. Terapeuta e cliente trabalham a partir de uma relação de cooperação, na qual planejam juntos os caminhos para alcançar os objetivos terapêuticos identificados. Fundamentalmente, esse modelo se caracteriza por uma menor limitação temporal e objetivos claramente estabelecidos, o que o difere de outras abordagens clínicas.

O objetivo deste texto não é esgotar o assunto, e sim promover um enriquecimento conceitual daqueles que simpatizam com a abordagem e que a utilizam como opção clínica psicoterapêutica. A TCC representa uma área de conhecimento para intervenção em todo *continuum* da saúde/doença prestando uma contribuição significativa para a efetividade terapêutica (Santos, 2003). Essa eficácia tem sido estudada a partir de vários procedimentos metodológicos e inclusive ensaios clínicos, dos quais citamos alguns exemplos. No tratamento de estresse crônico de 55 pacientes com lúpus eritematoso, os pacientes submetidos a dez sessões de TCC apresentaram redução significativa no nível de estresse comparado ao grupo controle (Navarrete-Navarrete et al., 2010). Em um relato de pesquisa com pacientes idosos deprimidos verificou-se também a eficácia do tratamento do grupo experimental com relação ao grupo controle (Serfaty et al., 2009). Da mesma forma, verificou-se que a TCC provê maior suporte a pacientes com ansiedade generalizada do que técnicas de relaxamento (Dugas et al., 2020). O tratamento da esquizofrenia refratária com o uso da TCC combinada com medicação, comparada ao grupo de tratamento usual, apresentou uma melhora significativa nos escores de sintomas negativos e positivos (Barretto et al., 2009). Um ensaio clínico randomizado, conduzido para avaliar a efetividade dos métodos de reposição de nicotina com adesivos para interrupção do hábito de fumar, sugere que a abordagem cognitivo-comportamental pode ser uma opção no tratamento do fumante (Otero et al., 2006). A TCC aplicada em grupo para crianças com transtorno de hiperatividade e déficit de atenção (TDAH) também apresentou melhora significativa comparada ao grupo controle, composto de pacientes em fila de espera (Bellé & Caminha, 2005).

A preocupação com a efetividade terapêutica indica que esse conhecimento deve ser compartilhado e que os profissionais de saúde não "psi" precisam saber mais informações sobre análise de comportamento humano além de algumas competências que dizem respeito ao conhecimento científico disponível, da produção desse conhecimento e dos usos que se pode fazer deles. A literatura demonstra a necessidade da formação após a graduação nessa abordagem de técnicos de nível superior para essa população. Em um estudo com idosos, verificou-se a relevância da formação na abordagem cognitivo-comportamental para outros profissionais da área da saúde (Savoia & Ruiz, 2004).

Com relação à pesquisa na área, são várias as proposições de atividades de pesquisa em TCC, como análise do processo terapêutico, programas específicos (populações específicas), estudos de caso, caracterização da clientela, problemas envolvidos na avaliação e diagnóstico, entre outros. A pesquisa em clínica tem características de pesquisa-ação, em que há uma interação; o cientista não faz só descobertas, mas deve cuidar para que suas descobertas sejam aplicadas de modo apropriado (Mejias, 1987).

Em todos os momentos da pesquisa, desde a definição do problema, na elaboração de estratégias para solucioná-los e na avaliação da eficácia dessas estratégias, deve-se proceder a uma avaliação. Com relação às medidas de melhora, o cuidado metodológico deve ser intensificado principalmente nos ensaios clínicos, pois o tratamento engloba múltiplas variáveis. O tratamento pode incluir medicação, intervenção familiar, TCC, terapia ocupacional, suporte para emprego, entre outros suportes (Savoia & Sztamfater, 2011). Os problemas metodológicos mais encontrados na pesquisa aplicada clínica envolvem medidas de comportamento como autorrelato, falta de evidências da mudança comportamental do cliente, se ele apresenta comportamentos adequados em outras situações diferentemente das situações que foram objeto de estudo da terapia, falta de dados sobre manutenção do comportamento após a intervenção (Savoia & Sztamfater, 2011). Na grande maioria das vezes é difícil ter acesso aos sujeitos após o tratamento, e as medidas de *follow-up* e de generalização dos dados ficam comprometidas.

Embora haja muitas questões práticas e metodológicas, a abordagem cognitivo-comportamental tem se mostrado eficaz no manejo de pacientes psiquiátricos e clínicos e tem sido reconhecida como intervenção de escolha em instituições com abordagem multiprofissional. A inclusão de estudos que abordam tanto intervenções face a face quanto baseadas na internet ou autoadministradas indica a versatilidade e adaptabilidade da TCC para diferentes contextos e necessidades dos pacientes.

A inclusão de estudos que abordam tanto intervenções face a face quanto baseadas na internet ou autoadministradas indica a versatilidade e adaptabilidade da TCC para diferentes contextos e necessidades dos pacientes.

REFERÊNCIAS

Capítulo **31**

Evidências no tratamento do transtorno do pânico

Marcele Regine de Carvalho

INTRODUÇÃO

O transtorno de pânico (TP) é caracterizado por ataques de pânico (APs) que ocorrem de forma inesperada e recorrente. Um AP é uma experiência de medo ou desconforto intenso, que alcança um pico em minutos, na qual ocorrem sintomas físicos e cognitivos muito desconfortáveis (taquicardia, tremores, sudorese, sensação de falta de ar, desconforto torácico, náusea, tontura, parestesias, medo de morrer, medo de perder o controle). Para o diagnóstico de TP, os APs precisam ser recorrentes e é preciso observar que eles devem ser seguidos de apreensão ou preocupação persistente com a ocorrência de APs adicionais ou com as consequências dos APs, ou observar uma mudança desadaptativa significativa no comportamento que seja relacionada aos APs (APA, 2014). A agorafobia é frequentemente associada ao TP, e, nessa condição, o indivíduo teme ou evita situações por pensar que escapar pode ser difícil ou que, no caso de ter um AP, o auxílio pode não estar disponível (APA, 2014).

A prevalência mundial de TP estimada é de 1,7%, com a idade média de início aos 32 anos (de Jonge et al., 2016). Na pandemia de Covid-19, a nova incidência de TP verificada em 11 países foi de 3% (Georgieva et al., 2021). O TP está associado a níveis altos de incapacidade social, profissional e física, custos econômicos e número mais alto de consultas médicas quando comparado aos atendimentos de pessoas com outros transtornos de ansiedade. Na presença de agorafobia, os efeitos mostram-se mais graves (APA, 2014). Pacientes com TP e agorafobia (TP/A) tendem a mostrar pior prognóstico do que pacientes com TP. Provavelmente experimentarão mais limitações em seu trabalho ou vida social em comparação com aqueles com TP (Shin et al., 2020). Pacientes com TP/A podem apresentar maior autocrítica e fatalismo do que aqueles com TP (Choi et al., 2001). Em relação à sensibilidade à ansiedade, Chambless e Gracely (1989) descobriram que a gravidade do medo das sensações corporais aumenta quando o TP é acompanhado por agorafobia. Schmidt et al. (1997) verificaram, em um estudo prospectivo, que a sensibilidade à ansiedade pode predizer APs espontâneos e ser um fator de risco para AP e outros sintomas ansiosos. Observa-se a associação do TP com condições médicas como: doenças respiratórias e cardiovasculares, síndrome do intestino irritável e diabetes, com potencial associação bidirecional (Meuret et al., 2017).

Pacientes com TP podem apresentar aproximadamente chance 4 vezes maior de manifestar ideação suicida e 3 vezes maior de uma tentativa de suicídio quando comparados a pessoas que não apresentam o transtorno (Kanwar et al., 2013). Em uma metanálise, Tietbohl-Santos et al. (2019) verificaram os fatores de risco para suicídio em pacientes com TP. Verificaram que depressão comórbida, sintomas depressivos, idade mais avançada, início precoce do TP e histórico de dependência do uso de álcool foram associados com tentativas de suicídio. Ideação suicida foi associada com sintomas depressivos, sintomas ansiosos, duração mais longa do TP, depressão comórbida, agorafobia e início precoce do TP. Os autores também verificaram que a prevalência de ideação suicida (23%) e de tentativas de suicídio (17%) ao longo da vida foram duas e três vezes, respectivamente, maiores que na população em geral. Quando em comorbidade com outros transtornos, a taxa de tentativas de suicídio de pacientes com TP foi de 50% quando comparados àqueles que apresentam apenas TP. A taxa de tentativas de mulheres com TP foi maior do que a de homens (Tietbohl-Santos et al., 2019).

Diante da gravidade do contexto exposto em relação à saúde mental e física dos pacientes com TP, com ou sem agorafobia, este capítulo tem como objetivo descrever um panorama geral sobre o tratamento psicológico do TP e, posteriormente, reunir e analisar as revisões Cochrane e recentes metanálises sobre a temática, tendo em vista organizar as orientações baseadas em evidências para a prática clínica com essa população.

TRATAMENTO PSICOLÓGICO DO TP

Panorama atual

O tratamento do TP tem sido amplamente estudado e há organizações internacionais que publicam diretrizes de práticas baseadas em evidências, tendo em vista responder sobre a eficácia das intervenções. Podem-se destacar a Divisão 12 da American Psychological Association, o National Institute for Health and Clinical Excellence, o Royal Australian and New Zealand College of Psychiatrists. Todas apontam a terapia cognitivo-comportamental (TCC) como primeira escolha no tratamento do TP (APA, 2009; Nice, 2011; Royal Australian and New Zealand College of Psychiatrists Clinical Practice Guidelines Team for Panic Disorder and Agoraphobia, 2018). David et al. (2018), utilizando o sistema de categorização de evidências de David e Montgomery (2011), classificaram a TCC como tratamento com forte apoio empírico. A mais recente publicação da Cochrane sobre tratamentos psicológicos para adultos com TP apresenta conclusões menos robustas em relação à recomendação da TCC (Pompoli et al., 2016), porém metanálises posteriores (Papola et al., 2022; Papola et al., 2023) a apontam como a indicação de tratamento (ver a seguir).

Os protocolos de tratamento para o TP mais pesquisados são os desenvolvidos por Barlow et al. (Barlow et al., 1989; Craske & Barlow, 2006) e por Clark et al. (Clark, 1997; Clark & Salkovskis, 1986, 1989) (Sánchez-Meca et al., 2010). Esses protocolos consistem em diferentes componentes terapêuticos em TCC: psicoeducação, retreinamento respiratório, relaxamento muscular, reestruturação cognitiva, exposição ao vivo e interoceptiva. Em uma metanálise, Sánchez-Meca et al. (2010) verificaram que o tratamento do TP tem eficácia clínica para medidas específicas de TP e também para agorafobia, ansiedade geral, depressão, sensações corporais, ajustamento global e outras medidas relacionadas. Os autores verificaram também que o tratamento é mais eficaz quando os pacientes não têm transtornos comórbidos e quando têm menor tempo de TP.

Ressalta-se que não é suficiente apenas estabelecer eficácia para os tratamentos, mas também é necessário estudar e identificar os mecanismos de ação das psicoterapias (Gloster et al., 2009). Na TCC para o TP os estudos apontaram evidências de mediação parcial ou total em medidas de "medo do medo", sensibilidade à ansiedade ou interpretações das sensações corporais; e evidências de mediação modalidade-específico como a mudança cognitiva mediando apenas a TCC, e não outras formas de tratamento (Teachman et al., 2014). Marchand et al. (2009) verificaram que a TCC breve e a TCC em grupo demonstraram custos de tratamento mais baixos, levando à conclusão de que o custo-benefício dessas modalidades de tratamento foi superior ao da TCC padrão.

Em relação à manutenção de ganhos advindos do tratamento, um estudo prospectivo naturalístico de 12 a 31 anos de *follow-up* de tratamento em TCC em grupo para TP verificou que o tamanho de efeito da mudança em longo prazo relacionado à mensuração de esquiva fóbica (*phobic avoidance rating scale* – Hoffart et al., 1989) se manteve estável ao longo do tempo, e uma redução de 50% nesse escore foi verificada em 98% dos pacientes no período de *follow-up*. O estudo apontou um bom prognóstico para aproximadamente 93% dos participantes (Bilet et al., 2020). A partir de dados de ensaio clínico randomizado com *follow-up* de 2 anos, Gloster et al. (2013) verificaram que os participantes com TP/A mantiveram as mudanças terapêuticas após o tratamento, em diferentes medidas de desfecho. Porém, aproximadamente um terço da amostra ainda experimentava sintomas residuais depois desse período. Marchand et al. (2009), em outro ensaio clínico randomizado, examinaram a eficácia de três modalidades de tratamento (breve, grupo, padrão) em TCC e verificaram que, independentemente da condição, o tratamento para pacientes com TP foi benéfico em longo prazo. Em todas as condições de tratamento a intensidade de sintomas reduziu significativamente, houve aumento da qualidade de vida, manutenção superior de ganhos ao longo do tempo e menor taxa de recaída em comparação ao grupo controle da lista de espera. Estudos de *follow-up* que comparam a durabilidade dos efeitos de TCC associada à terapia medicamentosa no TP não demonstraram melhores resultados do que a TCC sozinha (Bandelow et al., 2018).

Evidências disponíveis

Revisões Cochrane

Uma metanálise em rede da Cochrane (Pompoli et al., 2016) que objetivou avaliar a eficácia comparativa e a aceitabilidade de diferentes psicoterapias e grupo controle para o TP em adultos, com ou sem agorafobia, incluiu 60 estudos para análise qualitativa e 54 para análise quantitativa. Nas análises para o desfecho primário de remissão de sintomas de curto prazo, os tratamentos psicológicos mais estudados foram: TCC (32 estudos), terapia comportamental (12 estudos), terapias fisiológicas (10 estudos), terapia cognitiva (3 estudos), psicoterapia de apoio (*supportive therapy*) (3 estudos) e terapia psicodinâmica (2 estudos). A qualidade da evidência para toda a rede foi baixa para todos os desfechos. Muitos riscos de viés foram encontrados. Os resultados mostraram que as psicoterapias foram superiores em relação à condição controle. A metanálise em rede para remissão de sintomas, resposta ao tratamento e melhora contínua em curto prazo mostrou evidências a favor da TCC, bem como algumas evidências esparsas a favor de terapia psicodinâmica e psicoterapia de apoio em relação a outras terapias. Sobre o abandono do tratamento, a terapia psicodinâmica, a psicoterapia de apoio e as terapias de terceira geração em TCC apresentaram melhor tolerabilidade quando comparadas a outras terapias psicológicas no curto prazo. A TCC e a terapia psicodinâmica mostraram nível mais alto de remissão e de resposta em longo prazo. Porém, os autores sugerem cautela na interpretação de todos os resultados, alertando que na maioria dos casos os tamanhos de efeito foram pequenos e/ou os resultados foram imprecisos. No estudo, apesar de os resultados terem apontado que a TCC foi muitas vezes superior a outras terapias, concluiu-se que não há evidência inequívoca e de alta qualidade para apoiar uma terapia psicológica sobre as demais para o tratamento de TP com ou sem agorafobia em adultos (Pompoli et al., 2016).

A revisão Cochrane realizada por Furukawa et al. (2007) verificou o uso de psicoterapia combinada com antidepressivos para o tratamento do TP com ou sem agorafobia. Foram incluídos 21 estudos, nos quais foram identificadas 23 comparações randomizadas; destas, 21 utilizaram terapia comportamental ou TCC. Na fase aguda do tratamento e em sua fase continuada a terapia combinada se mostrou superior à farmacoterapia antidepressiva ou à psicoterapia sozinhas. Após o término da fase aguda e de continuação, a terapia combinada demonstrou maior eficácia do que a farmacoterapia sozinha e foi tão eficaz quanto a psicoterapia. A terapia combinada apresentou maior abandono motivado pelos efeitos colaterais do que a psicoterapia (Furukawa et al., 2007).

Por último, outra revisão Cochrane (Watanabe et al., 2009) objetivou comparar a combinação de psicoterapia e benzodiazepínico com qualquer terapia isolada para o tratamento do TP. Apenas três estudos foram incluídos. Os estudos que compararam a combinação de tratamentos apenas com psicoterapia (terapia comportamental) não indicaram diferenças na resposta entre as duas abordagens. O estudo que comparou a combinação de tratamentos (sendo a psicoterapia a TCC) com uso de benzodiazepínico sozinho não demonstrou diferença de resposta durante a intervenção. Os autores concluíram não haver evidências adequadas para avaliar os efeitos clínicos da psicoterapia combinada com benzodiazepínicos para pacientes com TP (Watanabe et al., 2009).

Recentes metanálises

Papola et al. (2022) realizaram uma metanálise em rede para verificar a psicoterapia com maior eficácia e aceitabilidade (descontinuação do tratamento por qualquer causa) para a fase aguda do TP. Foram incluídos 136 ensaios clínicos randomizados. As intervenções mais eficazes em comparação com tratamento usual foram terapia comportamental, TCC, terapia psicodinâmica breve e terapia cognitiva, com tamanhos de efeito de moderado a alto. Após a exclusão dos estudos com alto risco de viés, apenas a TCC e a TC se mostraram como alternativa de tratamento. Após a exclusão de estudos que diagnosticaram participantes por meio do DSM-3 ou do DSM-3-TR, a terapia psicodinâmica breve perdeu sua superioridade sobre o tratamento usual em termos de eficácia. A terapia comportamental e a TCC se mostraram mais eficazes que as terapias fisiológicas e a TCC de terceira geração. Em termos de aceitabilidade, a terapia cognitiva, a terapia comportamental e a terapia fisiológica foram menos aceitáveis do que o tratamento usual. Porém, os autores alertam que uma alta taxa de abandono não significa necessariamente que a intervenção é pouco aceitável. Tendo em vista a eficácia dessas abordagens, os participantes podem abandonar a psicoterapia porque eles melhoram e não sentem mais necessidade de manter o tratamento (Papola et al., 2022).

Papola et al. (2023) avaliaram, em uma metanálise, a eficácia comparativa e aceitabilidade das modalidades de tratamento da TCC para o TP. Foram selecionados 74 ensaios clínicos randomizados. Os resultados sugeriram que a terapia presencial em grupo e individual e a autojuda guiada foram mais eficazes que o tratamento usual. A autoajuda não guiada não foi superior ao tratamento usual. Sobre a aceitabilidade, não houve diferença em relação às modalidades de tratamento (Papola et al., 2023).

Pompoli et al. (2018) examinaram se componentes específicos da TCC ou suas combinações seriam superiores a outros no tratamento do TP por meio de uma *component network meta-analysis* de ensaios clínicos randomizados, que considerou remissão de sintomas, resposta e abandono do tratamento. Foram incluídos 72 estudos. A exposição interoceptiva e a psicoterapia presencial foram associadas a uma melhor eficácia e aceitabilidade do tratamento. O relaxamento muscular e a exposição à realidade virtual foram associados a menor eficácia. Componentes como o retreinamento respiratório e a exposição ao vivo pareceram melhorar a aceitabilidade do tratamento, porém apresentaram baixa eficácia. A exposição interoceptiva teve melhor resultado do que a exposição ao vivo. Em comparação com a exposição interoceptiva, a inclusão da reestruturação cognitiva demonstrou influenciar os resultados positivos em menor grau. A administração de retreinamento respiratório e a psicoeducação também mostraram ter uma pequena influência no resultado do tratamento em termos de resposta e remissão. Os resultados também sugeriram que a aplicação conjunta de componentes terapêuticos cognitivos e comportamentais foi superior à administração de componentes comportamentais isoladamente (Pompoli et al., 2018).

Efron e Wootton (2021) conduziram uma metanálise para verificar a eficácia de tratamentos remotos de TCC para pacientes com TP, incluindo abordagens de alta (envolve clínico e paciente se comunicando de forma síncrona) e baixa (envolvimento do paciente com material pré-preparado sem comunicação síncrona) intensidades. Identificaram 21 estudos, 14 deles sendo ensaios clínicos randomizados. O tamanho de efeito em todos os tratamentos remotos foi alto nas medidas de sintomas de TP no pós-tratamento, sem diferenças entre si. Os tratamentos remotos de TCC (TCC baseada na internet, ministrada por videoconferência e ministrada por biblioterapia) foram mais eficazes do que os controles, com tamanho de efeito semelhante no pós-tratamento. Foram semelhantes à TCC presencial. A intensidade do tratamento não moderou os resultados. Foram encontrados resultados semelhantes também em relação a eficácia e efetividade dos tratamentos remotos.

Outra metanálise examinou a eficácia e a efetividade da TCC baseada na internet (TCCi) para pacientes com TPA (Stech et al., 2020). Vinte e sete estudos foram incluídos, entre eles: ensaios clínicos controlados randomizados, não randomizados e estudos não controlados. Em nove ensaios clínicos randomizados a TCCi foi superior à lista de espera e ao grupo de informação em relação aos sintomas de TPA, porém a qualidade dos estudos foi variada e com alta heterogeneidade. Outros três ensaios clínicos randomizados demonstraram resultados similares em relação à TCC presencial na redução de sintomas de TPA. Em uma análise os autores excluíram os estudos randomizados de baixa qualidade, e essa análise ainda favoreceu a

TCCi. A qualidade dos estudos influenciou o tamanho de efeito encontrado. Houve resultados favoráveis na redução de sintomas de TP e agorafobia tanto nos estudos de eficácia como nos de efetividade. O tamanho de efeito dos estudos de eficácia foi maior, e não houve diferença em relação à agorafobia. Não foi encontrado impacto em relação à duração do programa, à inclusão de estratégias de redução da excitação no protocolo usual de tratamento ou ao grau de suporte clínico oferecido. Verificou-se que a redução da gravidade dos sintomas de TP e de agorafobia foi mantida em 3 a 6 meses de *follow-up* (Stech et al., 2020).

Domhardt et al. (2020) foram mais específicos, e conduziram uma metanálise que visou verificar a eficácia de intervenções baseadas na internet e por meio de dispositivos móveis para adultos com diagnóstico de TP e/ou agorafobia. Foram incluídos 16 ensaios clínicos, verificando-se uma boa adesão a essas intervenções. Quando comparadas à lista de espera, as intervenções foram favoráveis em relação aos sintomas de TP e à gravidade dos sintomas de agorafobia, além da redução da gravidade dos sintomas de depressão e da melhora da qualidade de vida. Quando comparadas a controles ativos (TCC presencial e relaxamento aplicado), foi encontrada eficácia similar em relação aos sintomas de TP e gravidade dos sintomas de agorafobia. Nessa revisão também se verificou que a quantidade de suporte clínico não influenciou os efeitos benéficos do tratamento. Os autores concluíram que intervenções baseadas na internet e por meio de dispositivos móveis para adultos com diagnóstico de TP e/ou agorafobia podem ser concebidas como uma opção de tratamento eficaz, em conjunto com as psicoterapias já estabelecidas para o TP e com o tratamento psicofarmacológico (Domhardt et al., 2020).

SIGNIFICADO DAS EVIDÊNCIAS PARA A PRÁTICA CLÍNICA NO TP

Apesar de a mais recente revisão Cochrane (Pompoli et al., 2016) sobre tratamentos psicológicos para o TP com ou sem agorafobia em adultos ter encontrado que a TCC foi superior a outras terapias, as evidências não foram robustas o suficiente para recomendar essa psicoterapia, ou qualquer outro tratamento psicológico, como primeira escolha naquele momento. Porém, recentemente uma metanálise (Papola et al., 2022) que atualiza parte desse estudo, após a exclusão dos estudos com alto risco de viés, apontou apenas a TCC e a terapia comportamental como alternativas de tratamento para o TP. Somado a isso, verificou-se que a terapia psicodinâmica breve perdeu sua superioridade sobre o tratamento usual em termos de eficácia após a exclusão de estudos que diagnosticaram participantes por meio de DSM-3 ou DSM-3-TR. Reunindo esses achados, considerando a outra recente metanálise de Papola et al. (2023) e também as indicações de reconhecidas *guidelines* internacionais já citadas, nesse momento a TCC pode ser considerada a psicoterapia de primeira escolha para o tratamento de pacientes com TPA. Em relação ao formato do tratamento, não há diferença na escolha entre tratamento em TCC presencial individual ou em grupo, nem na escolha de TCC ministrada como autoajuda guiada no tratamento do TP. A última possibilidade pode ser uma importante indicação para pacientes que apresentem dificuldades para sair de casa, utilizar meios de transporte ou outras dificuldades que poderiam impossibilitar a busca de tratamento presencial (Papola et al., 2023).

Sobre os componentes das intervenções em TCC mais eficazes para o tratamento do TP que deveriam constar na administração da terapia, são indicadas a exposição interoceptiva e componentes de exposição, e excluídos o relaxamento muscular e o uso de realidade virtual para exposição. É importante ressaltar que outros componentes no tratamento – como psicoeducação, reestruturação cognitiva, retreinamento respiratório e exposição ao vivo –, apesar de terem um impacto menor no resultado do tratamento, são mais benéficos do que a lista de espera e não podem ser considerados prejudiciais; portanto, podem ser incluídos no tratamento de forma apropriada, tendo em vista considerações teóricas e práticas específicas para cada paciente. Quando um tratamento tiver necessidade de tempo limitado, por exemplo, é recomendado o uso preferencial das estratégias apontadas como mais eficazes (Pompoli et al., 2018).

Sobre tratamentos remotos para o TP, podem ser indicados e de acordo com a preferência do cliente em relação ao tipo de tratamento, sendo de baixa ou alta intensidade, já que nenhum demonstrou superioridade em relação aos outros em recente metanálise (Efron & Wootton, 2021). Especificamente sobre a TCCi, entende-se que a inclusão de estratégias de redução da excitação no protocolo usual de tratamento ou do grau de suporte clínico oferecido não parecem ser pontos diferenciais nos protocolos de tratamento (Stech et al., 2020). No caso de intervenções por meio de dispositivos móveis para adultos com diagnóstico de TP e/ou agorafobia, o grau de suporte clínico também não parece ser um diferencial (Domhardt et al., 2020).

Em relação à medicação no tratamento do TP, verificou-se que a terapia combinada deve ser considerada na fase aguda do tratamento e em sua fase continuada. Após o término da fase aguda e de continuação, pode-se manter a terapia combinada ou seguir apenas com psicoterapia. No caso de efeitos colaterais que possam levar ao abandono do tratamento, manter apenas a psicoterapia pode ser uma escolha mais acertada (Furukawa et al., 2007).

CONSIDERAÇÕES FINAIS

A partir das mais recentes metanálises, verificou-se que atualmente a TCC e a terapia comportamental são os tratamentos de escolha para o TP, assim como foram descritas as orientações baseadas nos estudos científicos a respeito do formato do tratamento, dos componentes da intervenção, da administração de psicoterapia remota e da terapia combinada no tratamento do TP. Ressalta-se a importância da utilização de resultados de pesquisas para respaldar as decisões clínicas, tendo em vista ser esse um dos pilares da prática da Psicologia baseada em evidências. Assim, o papel do(a) psicólogo(a) é saber como acessar, avaliar e interpretar as evidências, bem como integrá-las com as características e as preferências do paciente para a elaboração do plano de tratamento. Uma prática profissional responsável não é baseada em preferências ou conveniências, mas criteriosamente embasada e justificada (de Carvalho, 2021). Para isso, ressalta-se também a importância do investimento na qualidade do ensino e formação em psicologia clínica, também baseados em evidências.

REFERÊNCIAS

Evidências científicas da eficácia de intervenções para prevenir e tratar transtornos depressivos na gestação e período pós-parto

Gabriela Andrade da Silva, Maria Imaculada Cardoso Sampaio, Emma Otta

Estudos têm constatado que a gestação e o puerpério são períodos de vulnerabilidade para as mães, com maior frequência, quando comparados a outros períodos da vida das mulheres (Howard & Khalifeh, 2020; Silva et al., 2020), nos quais transtornos mentais como episódios de psicose, transtorno bipolar, transtorno obsessivo-compulsivo, transtornos de ansiedade e depressão podem se apresentar. Entre eles, os transtornos depressivos têm sido os mais estudados, constatando-se que têm consequências desfavoráveis, não apenas para a mãe, mas também para a família, e podem causar prejuízos para o desenvolvimento do bebê (Hasselmann et al., 2008; O'Hara, 2009; Branquinho et al., 2021). As intervenções psicológicas e psicossociais têm sido estudadas como uma alternativa de cuidado, com um melhor potencial de aceitação em relação ao tratamento com medicamentos na gestação ou no puerpério, muitas vezes associado ao receio de que estes sejam transmitidos ao bebê via placenta, ou pela amamentação, e venham a prejudicá-lo (Bonari et al., 2004; Branquinho et al., 2021; Hasselmann et al., 2008; Magalhães et al., 2006; O'Hara, 2009; Meltzer-Brody et al., 2009).

Neste capítulo, a expressão "depressão perinatal" será usada para indicar transtorno depressivo com início na gestação ou até um ano após o nascimento do bebê, abrangendo, portanto, a depressão pré-natal (DPN) e a depressão pós-parto (DPP). A alta prevalência de depressão nesse período pode ser considerada um problema de saúde pública, exigindo estratégias não apenas de tratamento, mas também de prevenção, sugerindo-se o acompanhamento por meio de ações integradas que levem em consideração os fatores de risco e de proteção (Moraes et al., 2006). Trata-se de uma condição que demanda a ação do Sistema Único de Saúde (SUS) brasileiro, com base no princípio de integralidade, que consiste na articulação de ações e serviços de promoção, prevenção, tratamento e reabilitação, com atenção focada simultaneamente no indivíduo, na família e na comunidade (Teixeira et al., 2014).

O objetivo do presente capítulo foi sintetizar e analisar, com base em evidências científicas, intervenções não medicamentosas na prevenção e no tratamento de depressão perinatal, disponíveis na biblioteca da Colaboração Cochrane, construindo-se recomendações para a pesquisa e a prática profissional. Trabalhos publicados em outras bases de dados também foram consultados, sobretudo para levantamento de informações acerca da prevalência, fatores de risco e prognóstico da depressão perinatal. Foi considerada, ainda, uma *overview* (revisão sistemática de revisões sistemáticas) sobre efetividade de intervenções psicológicas no tratamento da depressão perinatal (Branquinho et al., 2021), publicada em 2021 e localizada na base de dados da *Science Direct*.

A busca na biblioteca da Cochrane, usando a estratégia: "*postpartum depression" AND therapy*, em 30 de junho de 2023, encontrou três revisões sistemáticas que compararam a eficácia de diferentes formas de intervenção psicológica ou psicossocial para prevenir ou tratar depressão perinatal, todas coordenadas pelo grupo da pesquisadora canadense Cindy-Lee Dennis. Essas revisões sintetizaram estudos que investigaram a eficácia de intervenções psicoterápicas e psicossociais na prevenção de depressão perinatal (Dennis & Dowswell, 2013), no tratamento de transtornos depressivos na gestação (Dennis et al., 2007) e no puerpério (Dennis & Hodnett, 2007).

Branquinho et al. (2021) encontraram sete revisões sistemáticas, publicadas entre 2016 e 2020, sobre intervenções para tratamento de depressão perinatal. Entre elas, uma se restringiu às intervenções voltadas para DPN, três investigaram intervenções para tratamento de DPP e outras três englobaram intervenções desde a gestação até o pós-parto. Entretanto, todas essas revisões foram consideradas de baixa qualidade, por não incluírem uma lista de estudos excluídos e os respectivos motivos, por não discutirem o impacto do risco de vieses na interpretação dos resultados e por não terem registrado protocolos prévios à condução da revisão sistemática. Entretanto, consideramos uma contribuição o levantamento atualizado das intervenções que vêm sendo estudadas na última década, e que poderiam ser incluídas em futuras atualizações das revisões sistemáticas publicadas na biblioteca da Colaboração Cochrane.

A relevância que os estudos de revisão sistemática vêm obtendo na comunidade científica, graças à força da evidência quando se somam resultados de diversos estudos com o mesmo objetivo e uso adequado do método, pode ser avaliada no Google Acadêmico, mesmo sabendo que o buscador apresenta diversas limitações para buscas mais elaboradas. No dia 25 de julho de 2023, a estratégia de busca (("depressão pós-parto" *and* psicoterapia) *and* "revisão sistemática")) resultou na recuperação de 172 estudos. No mesmo dia, pesquisando sobre o tema em inglês, logo aplicando a estratégia (("*postpartum depression" and psychotherapy) and "systematic review*"), foram localizados, aproximadamente, 10.500 estudos. Os resultados das duas buscas foram limitados aos anos de 2022 e 2023. Evidentemente, o presente capítulo não tem como objetivo fazer uma *overview* de revisões sistemáticas, mas sim analisar as revisões Cochrane publicadas sobre o tema. Entretanto, chama a atenção o número de publicações, que convida para um debruçar-se sobre o tema, buscando conhecer mais profundamente a qualidade metodológica e os resultados dessas pesquisas. Quando restringimos os resultados com o termo *overview*, por exemplo, o número de estudos com a estratégia em inglês caiu para 857. Um breve olhar para os resumos permitiu observar que muitos não são *overviews*, de fato, mas apenas mencionam o termo de forma geral, sem a preocupação em realizar uma exaustiva revisão das revisões.

DEFINIÇÃO

A definição de depressão perinatal tem sido controversa na literatura, especialmente porque é desafiador para profissionais de saúde e pesquisadores determinarem quando foi o início do episódio depressivo, levando a diferenças de definição nos manuais de diagnóstico e em documentos científicos (Wisner et al., 2010). A 5ª edição do Manual de Diagnóstico e Estatístico de Transtornos Mentais (DSM-5) da American Psychiatry Association (APA, 2014) não contém um código específico para a DPP ou DPN, mas recomenda o uso da especificação "com início no periparto" quando um transtorno depressivo tem início durante a gravidez ou nas quatro semanas seguintes ao parto. Transtornos depressivos se caracterizam por um conjunto de sintomas, que devem estar presentes durante pelo menos duas semanas: humor deprimido, perda de interesse e/ou prazer em quase todas as atividades, alterações do sono (insônia ou hipersonia), aumento ou redução do peso corporal sem estar fazendo dieta, sensação de diminuição da energia, agitação ou retardo psicomotor, sentimento de culpa excessiva ou inapropriada, dificuldade para pensar, concentrar-se ou tomar decisões e ideação suicida (pensamentos de morte, planos e/ou tentativas de suicídio). Para fechar o diagnóstico, é preciso que pelo menos cinco dos sintomas estejam presentes, sendo pelo menos um deles humor deprimido e/ou diminuição de interesse e prazer em quase todas as atividades. Deve-se constatar, ainda, sofrimento ou prejuízo significativo no funcionamento social ou ocupacional do indivíduo devido aos sintomas apresentados, e o diagnóstico não pode ser relacionado ao uso de uma substância ou a outra condição médica.

A 11ª edição da Classificação Internacional de Doenças (CID-11) (WHO, 2022) contém um código específico (6E20) para transtornos mentais ou comportamentais associados à gestação, parto ou puerpério sem sintomas psicóticos. Refere-se, com essa classificação, a uma síndrome com início até cerca de seis semanas após o parto, que comumente envolve sintomas depressivos. Considerando que na gestação ou puerpério é comum o surgimento de sintomas depressivos, de ansiedade ou obsessivo-compulsivos, convencionou-se que, se a síndrome corresponder a algum outro diagnóstico, este também deve ser especificado. Porém, o código não se aplica aos sintomas de melancolia pós-parto (*baby blues*), caracterizada por sintomas depressivos ocorridos no período imediatamente após o parto, mas insuficientes para caracterizar um episódio depressivo.

Embora o DSM-V (APA, 2014) e a CID-11 (WHO, 2022) considerem que a depressão perinatal pode ter início durante a gestação, ou até seis semanas após o parto, clínicos e pesquisadores têm questionado o período de início do episódio de DPP, geralmente, considerando que ela pode ocorrer até um ano após o parto (O'Hara, 2009; Branquinho et al., 2021; Meltzer-Brody et al., 2009; Meltzer-Brody & Stuebe, 2014). Além disso, os sintomas da DPP podem ser diferentes dos apresentados em episódios depressivos que ocorrem em outros períodos da vida da mulher, como culpa, ansiedade e agitação mais severas, medo de machucar-se ou de machucar o bebê e completo desinteresse pelo bebê (Meltzer-Brody et al., 2009).

Embora existam critérios para o diagnóstico clínico convencionados no DSM e na CID, as pesquisas sobre depressão perinatal têm usado critérios variáveis para definir o transtorno. A principal variação ocorre no uso de escalas de autoavaliação, especialmente devido ao elevado custo de realização de diagnóstico a partir de entrevista clínica, que exige a participação de um profissional de saúde mental devidamente treinado e um tempo maior para a aplicação dos instrumentos. Porém, essas formas de identificação da DPP não são equivalentes, pois três revisões sistemáticas e metanálises constataram que as prevalências em estudos que usaram escalas de sintomas para identificar depressão perinatal foram significativamente maiores que naqueles que usaram entrevistas clínicas (Woody et al., 2017; O'Hara & Swain, 1996; Silva, 2013).

A escala usada com maior frequência no puerpério é a escala de depressão pós-parto de Edimburgo (EDPE) (Cox et al., 1987), um instrumento de rastreamento, que consiste em um inventário autoadministrado de dez itens, nos quais a mãe deve escolher, dentre quatro possibilidades que indicam a intensidade dos sintomas (pontuadas de zero a três), a que mais se aproxima da forma como ela se sentiu ao longo da última semana. Ao final da aplicação, somam-se as pontuações dos itens da escala e um ponto de corte definido em estudos prévios de validação é usado para classificar as entrevistadas quanto ao risco para depressão, orientando-se o encaminhamento das que pontuaram acima do ponto de corte para diagnóstico e, se necessário, tratamento.

O estudo de validação da escala original (Cox et al., 1987), realizado na Inglaterra, indicou o ponto de corte 12/13 como mais adequado, enquanto, no contexto brasileiro, o estudo de validação sugeriu o uso do ponto de corte 11/12 (Santos et al., 1999). Um estudo de validade realizado em Belo Horizonte (MG), entre 2005 e 2006 (Figueira et al., 2009), concluiu que as propriedades psicométricas da escala a caracterizam como um bom instrumento de triagem e seu uso no SUS poderia repercutir positivamente com o aumento significativo na taxa de reconhecimento, diagnóstico e tratamento da DPP. Apesar de originalmente desenvolvida para uso no puerpério, a EDPE também foi validada para uso na gestação (Austin & Lumley, 2003; Murray & Cox, 1990), inclusive em amostra brasileira (Brancaglion et al., 2013). Do ponto de vista clínico, a EDPE não substitui a avaliação realizada por profissional de saúde mental, mas pode ser usada por psicólogos, médicos, enfermeiros, agentes comunitários de saúde e outros profissionais para rastrear as mães que têm maior chance de apresentar sintomas depressivos e encaminhá-las para avaliação e, se necessário, tratamento.

EPIDEMIOLOGIA

O DSM-V (APA, 2014) afirma que entre 3% e 6% das mulheres têm episódios depressivos com início na gestação, ou nos primeiros meses após o parto, e que 50% dos episódios depressivos maiores identificados no pós-parto têm início antes dele. Assim, recomenda o uso do termo "periparto", referindo-se a todo o período gestacional e de puerpério. Considerando que a prevalência é medida em um momento único, e transtornos depressivos têm duração longa, é discutível se as medidas transversais de depressão pós-parto se referem ao transtorno depressivo com início após o parto, ou se são a continuação de um transtorno que teve início na gestação, ou mesmo antes dela. Entretanto, há poucos estudos longitudinais disponíveis, o que traz informações limitadas sobre a incidência de depressão perinatal (Woody et al., 2017).

Quanto à prevalência de depressão perinatal, uma revisão sistemática e metanálise (Woody et al., 2017) estimou-a em 11,9% (IC 95% 11,4%-12,5%), tendo sintetizado 96 estudos publicados entre 1980 e 2015 em diversos países, usando como critério diagnóstico a CID, o DSM, o *Research Diagnostic Criteria* (RDC) ou escalas de autoavaliação. Concluiu, ainda, que a prevalência foi estatisticamente superior em pesquisas que usaram escalas de autoavaliação, quando comparadas às que usaram entrevista clínica, e em países classificados economicamente como de renda baixa ou média, quando comparados aos de renda alta.

Embora as convenções mais recentes considerem mais adequado considerar os períodos de gestação, e após o parto como um *continuum*, são mais frequentes pesquisas sobre prevalência de transtornos depressivos somente na gestação ou no pós-parto. Assim, as próximas seções considerarão os dois períodos isoladamente.

Prevalência de depressão pré-natal (DPN)

Uma revisão sistemática e metanálise (Bennett et al., 2004) reuniu 21 estudos, publicados entre 1986 e 2002, sobre a prevalência de DPN, chegando a estimativas de 7,4% (IC 95% 2,2%-12,6%) no primeiro trimestre, 12,8% (IC 95% 10,7%-14,8%) no segundo trimestre e 12,0% (IC 95% 7,4-16,7%) no terceiro trimestre de gestação. Estatisticamente, não foram encontradas diferenças entre os três trimestres. Todas as pesquisas foram realizadas em países desenvolvidos, com exceção de uma, realizada no Brasil. Posteriormente, uma revisão sistemática da literatura (Pereira & Lovisi, 2008) listou 37 estudos publicados entre 1997 e 2007 sobre prevalência de DPN, sintetizando-os em duas tabelas, com informações sobre países desenvolvidos e em desenvolvimento, mas a análise foi descritiva, não aplicando técnicas estatísticas, ou seja, não foi realizada revisão sistemática e metanálise.

Mais recentemente, uma revisão sistemática e metanálise (Yin et al., 2021) sintetizou resultados de 173 estudos sobre prevalência de DPN, publicados entre 1984 e 2019 e conduzidos em 50 países, estimando-a em 20,7% (IC 95% 19,4-21,9%) para transtornos depressivos de qualquer tipo e 15,0% (IC 95% 13,6-16,3%) para transtorno depressivo maior. Estudos que usaram instrumentos de autoavaliação encontraram prevalências maiores (22,4%, IC 95% 21,0-23,8%) que aqueles que usaram entrevistas clínicas (12,6%, IC 95% 10,3-14,9%). Quanto ao cenário brasileiro, na ausência de uma revisão sistemática e metanálise, a evidência mais robusta é um estudo transversal, de base populacional (Faisal-Cury et al., 2021), que usou como instrumento o *Patient Health Questionnaire-9* (PHQ- 9), encontrando prevalência de 11,4% (IC 95% 8,5%-14,9%) de DPN.

Prevalência de depressão pós-parto

Uma revisão sistemática e metanálise (O'Hara & Swain, 1996) sobre a prevalência da DPP até um ano após o parto[1], incluindo 59 estudos e totalizando 12.810 participantes, encontrou prevalência média de 12,8% para esse transtorno (IC 95% = 12,3%-13,4%). Segundo O'Hara (2009), 7,1% das mulheres apresentaram episódios de depressão maior nos três primeiros meses após o parto. Considerando também a depressão menor, nos mesmos três meses, a prevalência é de 19,2%.

Silva (2013) sintetizou, em uma revisão sistemática e metanálise, 337 estudos sobre prevalência de DPP, publicados entre 1980 e 2012, que aplicaram instrumentos de medida entre uma semana e um ano após o parto. O estudo concluiu que a prevalência média de DPP no mundo foi de 16,63% (IC 95% = 16,50%-16,76%), mas, semelhantemente ao que foi encontrado em outras revisões sistemáticas e metanálises (Woody, 2017; O'Hara & Swain, 1996), esse resultado variou substancialmente conforme o método empregado para a identificação da DPP e grau de desenvolvimento do país em que o levantamento foi realizado. A prevalência média foi de 10,89% (IC 95% 17,17%-17,44%) em estudos que usaram entrevista clínica e 17,30% (IC 95% = 10,55%-11,23%) naqueles que usaram escalas de autoavaliação. Utili-

[1] Embora a CID e o DSM usem como critério diagnóstico o início dos sintomas de DPP até seis semanas após o parto, pesquisas epidemiológicas são frequentemente realizadas com medidas transversais de transtorno depressivo no período de até um ano após o parto (Branquinho et al., 2021).

zando o índice de desenvolvimento humano (IDH) como critério de classificação de países, observou-se prevalência média de DPP de 16,02% (IC 95% 15,89%-16,16%) nos desenvolvidos e 21,31% (IC 95% 20,87%-21,85%) naqueles em desenvolvimento, e as diferenças entre essas categorias se mantiveram quando a análise considerou a metodologia adotada pelo estudo (entrevista clínica ou escala de autoavaliação), sugerindo, portanto, a determinação social da DPP. Porém, a qualidade metodológica dos trabalhos incluídos foi avaliada como fraca, de forma que são necessárias pesquisas observacionais mais robustas para construir evidências científicas acerca da epidemiologia da DPP.

Estudos sobre DPP no Brasil têm relatado prevalências variadas, entre 7,2% em Recife (Cantilino et al., 2010), usando entrevista clínica estruturada, e 39,4% em Vitória (Ruschi et al., 2007), usando a EDPE. O estudo "Birth Brazil Reasearch" (Theme-Filha et al., 2016) foi o único que usou amostra representativa da população brasileira, até onde se tem conhecimento: 23.984 mulheres de 191 municípios foram entrevistadas por telefone, entre 2011 e 2012, aplicando-se a EDPE, e 26,3% tiveram escores indicativos de possível DPP. Vale ressaltar que, tal como esse estudo, a maior parte das pesquisas brasileiras sobre prevalência de DPP usou escalas de autoavaliação, o que pode superestimar os resultados, conforme constatado em revisões sistemáticas e metanálises (Woody et al., 2017; O'Hara & Swain, 1996; Silva, 2013).

FATORES DE RISCO E PROTEÇÃO

Muitos estudos, incluindo revisões sistemáticas, têm investigado fatores de risco para depressão perinatal. São mais comuns os estudos acerca de fatores de risco para DPP, alguns dos quais apontaram a DPN como um fator de risco (O'Hara & Swain, 1996; Beck, 2001; Robertson et al., 2004). No entanto, pode ser inadequado considerar a DPN como um fator de risco para a DPP, pois é mais provável que nesses casos a depressão tenha tido início na gestação e continuado até o período após o parto, tratando-se do mesmo episódio depressivo.

Uma revisão sistemática (Míguez & Vázquez, 2021) sobre fatores de risco para DPN incluiu 29 trabalhos, dos quais 27 usaram instrumentos de autoavaliação, publicados entre 2010 e 2020. Foram identificados como fatores de risco sociodemográficos: baixa escolaridade, baixa renda, desemprego da gestante ou de seu parceiro, não ter um parceiro, relação insatisfatória com o parceiro, violência de gênero, ser imigrante ou pertencer a uma etnia desfavorecida no país em que mora. Foram encontrados resultados inconsistentes em relação à idade da gestante, apresentando conclusões diferentes nos estudos científicos. Em relação a fatores obstétricos, observou-se maior risco para gestação não planejada, multiparidade, abortos ou complicações prévias na gestação ou parto, intercorrências na gestação atual, histórico de cesárea (em culturas em que esse tipo de parto não foi naturalizado), sintomas físicos desconfortáveis, tais como náusea, vômito e fadiga. Por fim, foram identificados fatores de risco psicológicos: histórico pessoal ou familiar de depressão, presença de ansiedade e estresse antes ou durante a gestação (o que pode indicar uma comorbidade e não um fator de risco) e insuficiência do apoio social percebido.

Em 2020, foi publicada uma *overview* acerca de fatores de risco para DPP, incluindo 48 artigos, que encontraram 19 fatores de risco. A mãe ter sofrido violência ou abuso, ser imigrante, diabetes gestacional, parto cesáreo, histórico de depressão, deficiência de vitamina D, sobrepeso e obesidade, problemas em relação ao sono no pós-parto, apoio social insuficiente, nascimentos múltiplos, bebês pré-termo ou de baixo peso, anemia pós-parto e experiência negativa no parto foram fatores de risco. Nível sérico de cortisol, *status* de autoanticorpos de peroxidase da tireoide, aculturação e práticas tradicionais e culturais de confinamento após o parto foram fatores controversos, apresentando conclusões diferentes nos estudos científicos. O uso de tecnologias de reprodução assistida e de contraceptivo hormonal, por sua vez, não apresentaram relação com DPP. Foram fatores protetivos contra a DPP: o cuidado pele a pele, consciência a respeito da saúde, altas concentrações de DHA no leite, alimentação saudável, alguns padrões de dieta, alto consumo de frutos do mar, peixe, suplementação com multivitamínicos e outros elementos.

Outras variáveis que estiveram significativamente associadas com a DPP em revisões sistemáticas e metanálises (Ruschi et al., 2007; Míguez & Vázquez, 2021; Zhao & Zhang, 2020) foram eventos de vida estressantes, dificuldades no relacionamento conjugal e condição socioeconômica. É importante observar, ainda, que a depressão perinatal foi mais prevalente em países de baixa renda ou desenvolvimento socioeconômico (Woody et al., 2017; Silva, 2013), e que há evidências de que questões étnico-raciais tenham relação com depressão perinatal (Mukherjee et al., 2016). Conclui-se, portanto, que a determinação da depressão perinatal é multifatorial, com um importante componente socioeconômico.

PROGNÓSTICO

Durante a gestação, a depressão pode levar a comportamentos que comprometem a saúde da mãe e do bebê (Bonari et al., 2004; Meltzer-Brody & Stuebe, 2014). Mães deprimidas podem comparecer menos às consultas do pré-natal e ter um cuidado precário com alimentação, acarretando em desnutrição e, consequentemente, baixo peso do bebê ao nascer. Foi constatado que gestantes deprimidas são menos conscientes a respeito da importância do ácido fólico e tomam menos as vitaminas receitadas pelos médicos. Além disso, a depressão aumenta a propensão a fumar e abusar de álcool e outras substâncias, o que pode comprometer a saúde do feto.

Há, ainda, o risco de suicídio (Meltzer-Brody & Stuebe, 2014), aumentado em mulheres com histórico de doença psiquiátrica e nos casos em que o bebê faleceu (Schiff & Grossman, 2006; Comtois et al., 2008), mas, felizmente, tentativas de suicídio são mais raras no período perinatal que em outras fases da vida da mulher (Weiss, 1999). Outro desfecho grave que tem sido apontado como possível consequência da DPP é o infanticídio (Meltzer-Brody & Stuebe, 2014; Robertson et al., 2004; Thoppil et al., 2005), embora não haja, na literatura, dados específicos sobre a sua incidência no contexto da DPP, ou de outros transtornos mentais.

No puerpério, transtornos depressivos têm sido associados com redução na sensibilidade materna, reduzindo sua capacidade de responder, adequadamente, às necessidades do bebê, e prejuízos ao vínculo e à formação do apego, o que, em longo prazo, pode trazer prejuízos para o desenvolvimento cognitivo, emocional e social da criança (Bonari et al., 2004; Meltzer-Brody et al., 2009; APA, 2014; Meltzer-Brody & Stuebe, 2014).

Também se observou o aumento de conflitos e menor satisfação com a relação conjugal (Meltzer-Brody & Stuebe, 2014). A literatura tem apontado que a DPP está associada, ainda, à depressão paterna (Branquinho et al., 2021; Meltzer-Brody & Stuebe, 2014), mas, antes que se conclua que o transtorno depressivo da mãe levou ao transtorno depressivo do pai, é importante observar que não existem, até onde se tem conhecimento, estudos longitudinais que permitam estabelecer uma relação de causa-efeito, de modo que só se pode inferir a existência de uma associação entre os transtornos depressivos. Além disso, mulheres que apresentaram problemas de saúde mental na gestação, ou após o parto, têm maior risco de apresentar outros episódios, seja em futuras gestação e puerpério, ou em outros períodos da vida (Meltzer-Brody & Stuebe, 2014).

EFICÁCIA DAS INTERVENÇÕES PARA PREVENIR E TRATAR DEPRESSÃO PERINATAL

De forma geral, as revisões de literatura concluíram que, ao menos, parte das intervenções foram eficazes para prevenção e tratamento da depressão perinatal (Branquinho, 2021; Dennis & Dowswell, 2013; Dennis et al., 2007; Dennis & Hodnett, 2007). Uma *overview* (Branquinho et al., 2021), ao sintetizar as informações de outras sete revisões sistemáticas, encontrou estudos sobre a efetividade de terapia cognitivo-comportamental, ativação comportamental, psicoterapia interpessoal, *mindfulness*, apoio psicológico ou social, psicoeducação ou intervenções baseadas em educação. Quanto ao formato da intervenção, foram avaliadas as realizadas individualmente ou em grupo, com encontros presenciais ou mediação por telefone ou pela internet, incluindo aplicativos. Porém, o estudo concluiu que essas revisões sistemáticas tiveram baixa qualidade e apresentaram risco de vieses, por isso, optamos por apresentar, como evidências, os resultados das revisões encontradas na base de dados da Colaboração Cochrane. Como contribuição desse trabalho, destacamos as diversas novas intervenções que têm sido investigadas nos trabalhos mais recentes, com especial destaque para a mediação por tecnologias de informação e comunicação, que teve notável crescimento a partir de 2010.

Prevenção de depressão perinatal

O trabalho acerca de eficácia de intervenções psicoterápicas e psicossociais na prevenção de depressão perinatal (Dennis & Dowswell, 2013) é uma atualização, publicada em 2013, de trabalho originalmente publicado em 2004 (Dennis & Creedy, 2004). A revisão buscou avaliar a efetividade de intervenções não farmacológicas diversas, como estratégias de psicoeducação, psicoterapia cognitivo-comportamental, psicoterapia interpessoal, aconselhamento não diretivo, *debriefing*[2], interações de apoio, assistência por grupo durante a gestação ou no primeiro mês após o parto, realizadas por um profissional de saúde ou pessoa leiga. Além do objetivo principal (avaliar os efeitos de intervenções psicoterápicas e psicossociais para a prevenção da DPP comparadas ao tratamento usual), esse estudo teve como objetivos secundários examinar: 1) eficácia de tipos específicos de intervenção psicossocial; 2) eficácia de tipos específicos de intervenção psicológica; 3) efeitos da formação do facilitador da intervenção (intervenções realizadas por profissionais ou por pessoas leigas); 4) efeitos do modo de intervenção (individual *vs.* grupal); 5) efeitos da duração da

[2] *Debriefing* é uma intervenção estruturada, normalmente realizada entre 24 e 72 horas após o parto, que busca diminuir as reações de estresse agudo, relacionadas ou não com o nascimento do bebê. Essa intervenção pode envolver esclarecimento de dúvidas, discussão sobre as emoções e pensamentos eliciados pelo parto, proporcionar informações sobre o estresse e técnicas para reduzi-lo e fazer um planejamento futuro, bem como apontar fontes de apoio, se necessário (Lavender & Walkinshaw, 1998; Gamble et al., 2002).

intervenção (contato único ou contatos múltiplos); 6) efeitos do período de início das intervenções (intervenção pré-natal e pós-natal *vs.* apenas pós-natal); 7) efeitos do critério de seleção da amostra (seleção com base em fatores de risco *vs.* população geral).

Foram incluídos 28 ensaios clínicos aleatorizados, publicados entre 1995 e 2011, totalizando 16.912 participantes, em período entre a gestação e as seis primeiras semanas após o parto. Os trabalhos incluídos foram realizados na Austrália, no Reino Unido, nos Estados Unidos, na China, no Canadá, na Alemanha e na Índia. Entre eles, 21 avaliaram depressão por meio de instrumentos de autoavaliação.

Quando todos os tipos de intervenções preventivas foram considerados conjuntamente, encontrou-se um efeito positivo, com razão de risco média de 0,78 (IC 95% 0,66-0,93). Os efeitos foram encontrados em prazo imediato – até oito semanas após o parto (razão de risco média = 0,73, IC 95% 0,56-0,95) e em curto prazo – nove a 16 semanas pós-parto (razão de risco média = 0,73, IC 95% 0,56- 0,97), declinando em médio prazo – 17 a 24 semanas pós-parto (razão de risco média = 0,93, IC 95% 0,82-1,05) e, novamente, mostrando-se significativa em longo prazo – mais de 24 semanas pós-parto (razão de risco média = 0,66, IC 95% 0,54- 0,82).

Dos estudos incluídos, 11 avaliaram a eficácia de intervenções psicológicas, comparando-as ao tratamento usual adotado para aquele grupo de gestantes e puérperas. Quando todos os trabalhos foram considerados conjuntamente, a razão de risco média foi de 0,61 (IC 95% 0,39-0,96), ou seja, as intervenções foram eficazes. Entretanto, esse efeito foi constatado somente no período entre nove e 16 semanas após o parto (razão de risco média = 0,40, IC 95% 0,18-0,89).

Entre as intervenções psicossociais, encontrou-se efeito preventivo estatisticamente significativo para visitas domiciliares de profissionais de saúde após o parto (razão de risco média = 0,56, IC 0,43-0,73) e apoio de pessoas leigas por telefone (razão de risco = 0,54, IC 95% 0,38-0,77). Contrariamente, não foi constatado efeito preventivo para intervenções envolvendo aulas no pré-natal ou após o parto (razão de risco média = 1,01, IC 95% 0,77-1,32), visitas domiciliares realizadas por pessoas leigas (razão de risco = 0,88, IC 95% 0,62-1,25), acompanhamento no pós-parto imediato (razão de risco = 0,90, IC 95% 0,55-1,49) ou modelo de continuidade do cuidado[3] (razão de risco média = 0,99, IC 95% 0,71-1,36).

Quanto às intervenções psicológicas, não foram encontrados estudos em número suficiente para realizar as análises de subgrupos. Apenas *debriefing* (razão de risco média = 0,57, IC 95% 0,31-1,03) e psicoterapia cognitivo-comportamental (razão de risco = 0,74, IC 95% 0,29-1,88) entraram na análise, ambas sem efeito estatisticamente significativo. A psicoterapia interpessoal mostrou uma queda na média dos escores de depressão verificados na última medida realizada pelos estudos, em relação à medida realizada na linha de base (-0,27, IC 95% -0,52 a - 0,01), efeito que não foi constatado na psicoterapia cognitivo-comportamental (0,13, IC 95% -0,20 a 0,45).

Não foram encontradas diferenças significativas entre a eficácia de intervenções realizadas por profissionais de saúde ou por pessoas leigas, bem como não foi possível constatar um aumento na probabilidade de um efeito preventivo, de acordo com a formação do profissional (foram comparados: enfermeiros, enfermeiros obstetras, médicos e profissionais de saúde mental). Quanto à mo-

[3] O modelo de continuidade do cuidado envolveu parteiras que acompanharam as mães antes, durante e após o parto, em colaboração com a equipe médica (Waldenström et al., 2000).

dalidade de intervenção, constatou-se eficácia de intervenções individuais, que resultaram em redução dos sintomas depressivos na última medida realizada pelo estudo (razão de risco média = 0,75, IC 95% 0,61-0,92), mas esse efeito não foi constatado nas intervenções realizadas em grupos (razão de risco média = 0,92, IC 95% 0,71-1,19). Intervenções envolvendo um único encontro não tiveram efeitos estatisticamente significativos (razão de risco média = 0,70, IC 95% 0,38-1,28), mas esse efeito foi constatado para intervenções envolvendo encontros múltiplos (razão de risco média = 0,78, IC 95% 0,66-0,93) – resultado que deve ser considerado com cautela, devido ao baixo número de estudos acerca de intervenções de um só contato.

Analisando o período das intervenções (durante a gestação, durante a gestação e o puerpério ou somente no puerpério), apenas as iniciadas após o parto tiveram efeito significativo de redução dos sintomas depressivos (razão de risco média = 0,73, IC 95% 0,59-0,90). Por fim, constatou-se que o efeito das intervenções foi estatisticamente significativo apenas quando estas foram aplicadas a mulheres consideradas em risco de apresentar depressão (razão de risco média = 0,66, IC 95% 0,50-0,88), mas não quando aplicadas à população geral (razão de risco média = 0,83, IC 95% 0,68-1,02).

Os autores consideraram que a qualidade dos procedimentos de alocação para os grupos experimental e controle foi adequada, bem como a qualidade dos procedimentos para garantir que os pesquisadores responsáveis por avaliar o desfecho (presença ou ausência de depressão) fossem cegos à alocação das participantes. A principal limitação dos estudos incluídos foi a taxa de perda de participantes, que foi superior a 20% em seis dos 28 trabalhos. Foram realizadas análises de sensibilidade, removendo os estudos com maior risco de viés, mas poucas conclusões foram alteradas. Foram relatadas limitações, ainda, nos relatos das pesquisas, sobretudo referentes à descrição das intervenções realizadas, bem como do contexto usual em que era realizado o acompanhamento das participantes alocadas em grupo controle.

Tratamento da depressão pré-natal

Na revisão de Dennis et al. (2007), buscaram-se ensaios clínicos aleatorizados em que o objetivo primário ou secundário era tratar a DPN, comparando intervenções psicológicas ou psicossociais com qualquer forma de tratamento usual. Apenas um trabalho atingiu os critérios de inclusão. Essa notícia não é boa para profissionais de saúde, já que um único estudo, incluindo um número pequeno de participantes, contribui pouco para as decisões que precisam ser tomadas na prática. Felizmente, foram identificados 12 estudos em uma atualização da busca realizada em março de 2010, o que abre a possibilidade de que se tenha melhores contribuições numa atualização da revisão sistemática. Para pesquisadores, a notícia pode ser encarada de um ponto de vista otimista, pois a falta de estudos adequados, mesmo após uma extensa revisão da literatura já existente, significa que há um amplo campo aberto para investigações e contribuições.

O estudo incluído (Spinelli & Endicott, 2003) foi realizado nos Estados Unidos, no ano de 2003, objetivando testar a eficácia de psicoterapia interpessoal, oferecida em 16 sessões de 45 minutos, por um terapeuta capacitado. Participaram 38 gestantes, identificadas como deprimidas usando a EDPE como critério, e o efeito do tratamento foi medido imediatamente após o seu término. Os resultados indicaram que a terapia interpessoal esteve associada com redução na sintomatologia depressiva, sendo significativamente mais eficaz que o programa usual de educação parental. Dennis et al. (2007) consideraram que a qualidade desse estudo não foi forte, pois, embora haja informação de que a alocação foi feita a partir de uma tabela de números aleatórios, o texto não fornece mais detalhes do procedimento. Houve, ainda, uma alta taxa de perda de participantes (12 de 50).

Tratamento da DPP

A revisão sistemática de Dennis e Hodnett (Dennis & Hodnett, 2007) incluiu mulheres que tiveram sintomas depressivos nos primeiros 12 meses após o nascimento do bebê e teve como objetivo principal avaliar os efeitos de intervenções psicoterápicas e psicossociais comparadas ao tratamento usual na redução de sintomatologia depressiva após o parto. Foram considerados como tratamento usual quaisquer procedimentos adotados como padrão no local em que a pesquisa foi realizada. Como objetivos secundários, focalizou-se: a) a eficácia de tipos específicos de intervenção psicossocial; b) a eficácia de tipos específicos de intervenção psicológica; c) os efeitos do modo de intervenção (individual *vs.* grupal); d) a eficácia de tipos específicos de intervenção psicossocial comparados às intervenções psicológicas; e) os efeitos do critério de seleção da amostra (depressão definida por entrevista clínica *vs.* por autorrelato); e f) os efeitos de duração das intervenções (um único contato *vs.* contatos múltiplos).

Foram incluídos nove estudos, realizados entre 1989 e 2006, nos seguintes países: Reino Unido, Canadá, Estados Unidos, Austrália e Suécia, contando com 956 participantes no total. Foram identificados, ainda, seis estudos em andamento. Entre os estudos incluídos, cinco usaram a EDPE como forma de identificar as mulheres deprimidas e cinco usaram entrevista clínica. Em alguns casos, mais de um método foi usado para o diagnóstico. O período em que o diagnóstico foi realizado variou entre imediatamente e cinco anos após o parto. Dos trabalhos incluídos, alguns fizeram mais de uma medida ao longo do tempo.

A revisão sistemática e metanálise indicou que as intervenções psicológicas ou psicossociais reduziram significativamente a DPP, tanto a curto como a longo prazo. A medida de curto prazo foi imediatamente após o tratamento, e a de longo prazo foi a última avaliação feita pelo estudo, antes de completado um ano após o nascimento do bebê.

Em relação aos tratamentos psicológicos, os cinco estudos que avaliaram a terapia cognitivo-comportamental mostraram que houve redução estatisticamente significativa nos sintomas depressivos. O mesmo foi verificado pelo único estudo cuja abordagem foi a terapia interpessoal. Outro estudo avaliou a terapia psicodinâmica, concluindo que não reduziu significativamente os sintomas depressivos. Em relação às intervenções psicossociais, o suporte de pares (uma mãe proporcionando apoio a outra) reduziu significativamente os sintomas depressivos, mas essa intervenção foi usada em apenas um estudo. Os resultados da revisão sistemática e metanálise de quatro estudos que usaram aconselhamento não diretivo mostraram que não houve redução estatisticamente significativa da DPP, mas quando foram removidos os dois estudos que usaram um método mais fraco (sigilo inadequado de alocação das participantes nos grupos controle e experimental), a eficácia do aconselhamento não diretivo foi satisfatória, concluindo-se que reduziu significativamente a DPP.

Não foi possível fazer revisão sistemática e metanálise para avaliar efeitos secundários, porque foi encontrado apenas um estudo por desfecho, com amostras pequenas. Comparando as mães que receberam intervenção com as que não receberam, os resultados individuais dos estudos mostraram os seguintes efeitos benéficos para a mãe: redução de solidão, redução de ansiedade, melhora de ajustamento social e melhora de relação com o parceiro.

O critério usado para avaliar o desfecho parece ter influenciado os resultados. No caso dos estudos que usaram a EDPE, foi encontrado efeito significativo de redução da DPP nas mães que foram alvo de intervenção, quando foi usado o ponto de corte 12/13 da escala (dois estudos, 81 participantes), ou seja, quando se considerou a presença de DPP como variável dicotômica. No entanto, esse efeito não foi encontrado nos estudos que usaram como medida a média das pontuações na EDPE (três estudos, 238 participantes), ou seja, que usaram o nível de sintomatologia depressiva como variável contínua.

Segundo Dennis e Hodnett (2007), a qualidade dos estudos incluídos não foi forte. Os procedimentos de alocação de participantes aos grupos experimental e de controle nem sempre foram adequados ou não foram suficientemente relatados nos artigos, e nem sempre estava claro se os responsáveis pela intervenção e/ou os pesquisadores responsáveis por avaliar a depressão após a intervenção estavam cegos quanto à alocação das participantes. Além disso, três dos nove estudos incluídos na revisão sistemática e metanálise apresentaram taxa de perda de participantes superior a 20%.

IMPLICAÇÕES PARA A PRÁTICA PROFISSIONAL

Considerando a alta prevalência e os problemas para a mãe, a criança e sua família, decorrentes da depressão perinatal, organizações voltadas à saúde têm recomendado ações de prevenção e promoção da saúde mental nesse período (Marks, 2017). As contribuições da revisão sistemática e metanálise realizada por Dennis e Dowswell (2013) podem, potencialmente, subsidiar a construção de programas de intervenções psicológicas e psicossociais baseados em evidências. Constatou-se que visitas domiciliares realizadas por profissionais de saúde, apoio telefônico oferecido por pessoas leigas (incluindo pares) no puerpério e psicoterapia interpessoal foram eficazes em prevenir a DPP.

Quanto ao formato da intervenção, foram mais eficazes as iniciadas após o parto, individuais e com encontros múltiplos, direcionadas a mulheres que apresentavam fatores de risco para DPP, o que reforça a utilidade das escalas de rastreamento (Dennis & Dowswell, 2013). Recomenda-se que obstetras, enfermeiros e demais profissionais façam uso de instrumentos, como a EDPE, para a identificação de casos de maior risco, com posterior encaminhamento ao especialista, que determinará o tratamento adequado, de acordo com a intensidade dos sintomas (Santos et al., 1999; Brancaglion et al., 2013; Cruz et al., 2005). Para além do diagnóstico, é importante o delineamento de programas de saúde pública, não apenas voltados para a função reprodutiva, mas também para a saúde integral da mulher, de forma que equipes multidisciplinares atuem no sentido de proporcionar à nova mãe o atendimento necessário para o enfrentamento da depressão perinatal (Coutinho & Saraiva, 2008).

Além de observar o que funcionou, são importantes as informações sobre intervenções que não funcionaram, embora com uma ressalva: numa revisão sistemática e metanálise, concluir que não há evidências de que o tratamento seja eficaz é diferente de concluir que um determinado tratamento não é eficaz. A eficácia dos modelos de intervenção pode não ter sido detectada pela revisão sistemática e metanálise porque não havia estudos suficientes avaliando esse tipo de tratamento, ou porque os estudos existentes tinham limitações metodológicas que impediram essa avaliação. Por exemplo, no caso da psicoterapia cognitivo-comportamental para prevenir depressão perinatal, foi localizado apenas um estudo na revisão de Dennis e Dowswell (2013), tendo gerado resultados inconclusivos, mas as sete revisões encontradas por Branquinho et al. (2021) encontraram evidências de sua efetividade. Também não foi possível, com base nos trabalhos disponíveis, encontrar evidências de que intervenções iniciadas durante a gestação e continuadas no pós-parto, ou realizadas em grupos, tenham sido eficazes para prevenir depressão perinatal (Dennis & Dowswell, 2013). Da mesma maneira, alguns tipos de intervenção não tiveram sua eficácia constatada: aulas durante o pré-natal ou puerpério, visitas pós-parto realizadas por pessoas leigas, acompanhamento no pós-parto imediato, modelo de continuidade do cuidado e psicoterapia cognitivo-comportamental.

É importante observar que as intervenções estudadas, para prevenção de depressão perinatal, apresentaram foco na mulher como principal agente de mudança, mas não englobaram a promoção da saúde mental, que seria realizada a partir de ações sobre os determinantes sociais de saúde, tais como: desigualdades econômicas, de gênero, de raça, insegurança alimentar, condições de habitação, de trabalho, de educação, e fomento à formação e fortalecimento de redes de apoio social, entre outros (Howard & Khalifeh, 2020). No Brasil, a promoção da saúde integra as ações previstas pelo SUS e deve ser realizada, especialmente, pelo nível de atenção básica, que por sua capilaridade nos territórios de abrangência, teria maior possibilidade de mapear as redes de determinação de saúde e doença e buscar medidas interdisciplinares e intersetoriais para uma mudança significativa nos padrões que levam ao adoecimento da população (Pelegrini-Filho et al., 2014).

Sobre intervenções para o tratamento de DPN, a revisão de literatura feita por Dennis et al. (2007) não apresentou evidências conclusivas para a prática clínica, visto que apenas um estudo, com 38 participantes, atingiu os critérios de inclusão. Esse estudo encontrou que a psicoterapia interpessoal foi efetiva para o tratamento da DPN, quando comparada a um programa de educação parental, mas há limitações na possibilidade de generalização desse resultado, visto que a amostra foi pequena e composta por mulheres provenientes de uma população específica: hispânicas vivendo nos Estados Unidos. No caso do tratamento da DPP, por sua vez, Dennis e Hodnett (2007) encontraram evidências de eficácia de duas abordagens psicológicas: terapia cognitivo-comportamental e terapia interpessoal. Não foi encontrada evidência de eficácia da terapia psicodinâmica, mas ela foi avaliada em somente um estudo. Dentre as abordagens psicossociais, tanto o suporte fornecido por uma mãe à outra como o aconselhamento não diretivo foram eficazes na redução dos sintomas depressivos.

Consideramos que dificilmente uma única técnica seria efetiva para todas as mulheres, visto que as circunstâncias que levam cada mãe a desenvolver DPP são variadas. Chama a atenção a complexidade das intervenções que vêm sendo pesquisadas, demandando muito tempo, treinamento de profissionais e, consequentemente, despesas, o que pode dificultar sua adoção na construção de políticas públicas, sobretudo considerando-se que o SUS apresenta, como um de seus princípios doutrinários, a universalidade do acesso (Teixeira et al., 2014), o que implica em elevado número de potenciais usuários dos serviços.

Por fim, consideramos que, ao buscar as implicações das revisões sistemáticas para a prática clínica no Brasil, deve-se levar em consideração que o contexto das pesquisas incluídas nas revisões é muito diferente do brasileiro, o que reduz o potencial de generalização de resultados. Países em desenvolvimento estão sub-representados ou mesmo não aparecem nas revisões sistemáticas e metanálises, e sabe-se que o contexto em que se encontram as usuárias é crucial para a compreensão da DPN e DPP (Dennis & Hodnett, 2007). As orientações fornecidas pelos resultados das revisões sistemáticas são valiosas, mas devem ser observadas com cautela, e a situação social e individual de cada usuária deve ser considerada em primeiro lugar. Ademais, é preciso considerar que as revisões da Colaboração Cochrane (Dennis & Dowswell, 2013; Dennis et al., 2007; Dennis & Hodnett, 2007) estão desatualizadas: a mais recente foi publicada há dez anos, enquanto as que foram localizadas por uma recente *overview* (Branquinho et al., 2021) foram consideradas de baixa qualidade e com riscos de vieses.

IMPLICAÇÕES PARA A PESQUISA

A leitura crítica das revisões sistemáticas apresentadas no presente capítulo possibilita gerar recomendações, primeiramente, do ponto de vista metodológico. Observou-se que a definição de transtornos de ordem psicológica ou psiquiátrica, como a depressão, é imprecisa, dificuldade que deve ser contornada a partir de padronizações pela comunidade científica (Dennis & Hodnett, 2007). Operacionalmente, isso significa que é necessário estabelecer critérios para definição de DPN ou DPP que permitam a comparação entre estudos, tanto em relação ao instrumento como ao período em que se considera o transtorno depressivo perinatal. Também é necessário maior rigor metodológico em relação à amostragem, evitando amostras de conveniência e calculando seu tamanho com base no poder desejado da análise, para que os resultados obtidos em diferentes estudos possam ser comparados (Dennis & Hodnett, 2007). A literatura sobre depressão perinatal fornece informações suficientes sobre a prevalência do transtorno em várias regiões e segmentos da população, possibilitando calcular o tamanho adequado da amostra para a identificação de diferentes tamanhos de efeito. Por fim, todo o cuidado com a metodologia terá sido em vão se não houver detalhamento suficiente dos procedimentos, possibilitando a replicação do estudo. Recomenda-se o uso de *checklists* e escalas de avaliação da qualidade de artigos validadas pela comunidade científica, por exemplo o Prisma (Page et al., 2021), para revisões sistemáticas de literatura, o Consort (Butcher et al., 2022), para ensaios clínicos aleatorizados, e o Strobe (Vandenbroucke et al., 2007), para estudos observacionais, tais como os epidemiológicos. Outra recomendação é que revisores façam as devidas atualizações das revisões já publicadas, em vez de empreenderem novos estudos que chegarão a conclusões semelhantes e que não trazem nenhum acréscimo ao conhecimento. Por fim, enfatizamos que, se ainda persistem as deficiências em relação à qualidade metodológica e à apresentação dos resultados das pesquisas, é necessário insistir na capacitação de pesquisadores e no fomento a pesquisas, para que se produzam estudos com métodos robustos, que levarão a resultados de qualidade.

As revisões de literatura existentes mostraram que ainda é necessário conduzir novos ensaios clínicos aleatorizados, com metodologia adequada, para investigar os efeitos de intervenções para prevenir e tratar depressão perinatal. Isso aconteceu tanto pelo número pequeno de estudos desse tipo como pela falta de rigor metodológico dos estudos já existentes, que impediu a inclusão de alguns trabalhos. Vale lembrar que em uma das revisões (Dennis et al., 2007) apenas um estudo atingiu os critérios de inclusão. Assim, recomenda-se o investimento na realização de pesquisas mais robustas e com rigor metodológico.

Quanto aos campos de investigação, há muitas possibilidades abertas. Inicialmente, sugere-se conduzir estudos para avaliar a eficácia, efetividade e eficiência de outras intervenções psicológicas e psicossociais, testando não apenas outras abordagens teóricas, mas todas as novas intervenções que vêm sendo criadas nos diversos contextos de atuação da psicologia. A inserção da Psicologia nas políticas públicas intensificou o desafio de criar novas formas de trabalho, adaptadas ao contexto contemporâneo e que possam dar conta da quantidade e da diversidade de pessoas que têm direito a cuidados, sobretudo no contexto do SUS. Todas essas novas intervenções deveriam ser avaliadas quanto à eficácia, efetividade, eficiência, segurança e satisfação das usuárias, para que as estratégias em saúde mental da população sejam planejadas com base em evidências científicas.

Ainda pensando nas políticas públicas, muitas das técnicas que vêm sendo aplicadas na prevenção e no tratamento da DPN e DPP são custosas, demandando bastante tempo dos profissionais de saúde e, consequentemente, alto investimento financeiro. Dennis e Creedy (2004) sugeriram que, assim como as técnicas de rastreamento, as intervenções para prevenir DPP devem ser simples e pouco custosas, passíveis de serem aplicadas em uma população mais extensa. Esse tipo de pesquisa é ainda mais importante nos países em desenvolvimento, nos quais a prevalência da depressão na gestação e no puerpério é mais alta, demandando maior investimento. É importante salientar que, para o SUS, a psicoterapia individual pode não ser uma estratégia economicamente viável, uma vez que demanda tempo dos profissionais de saúde e deslocamento semanal das usuárias, que frequentemente têm baixa renda e acesso limitado a meios de transporte públicos ou privados. Assim, recomenda-se a pesquisadores a investigação de intervenções em grupo, ou outras, que possam ser aplicadas com maior eficiência.

Observou-se que as três revisões sistemáticas, foco do presente estudo, incluíram trabalhos realizados em poucos países, em geral, desenvolvidos. O contexto em que as intervenções psicológicas ou psicossociais são realizadas não é mero detalhe, pois, além de aspectos relacionados à viabilidade das intervenções, aspectos sociais e culturais influenciam fortemente no processo de prevenção ou tratamento. Embora a prevalência da depressão perinatal aparentemente seja mais alta em países em desenvolvimento do que em países desenvolvidos, estudos sobre a eficácia de intervenções para prevenção e tratamento desses transtornos em regiões como a América Latina e a África não estiveram representados nas revisões sistemáticas analisadas. Além da localidade, outros contextos devem ser diversificados nas pesquisas, como o grupo étnico e a situação socioeconômica (Wisner et al., 2010), que podem influenciar na eficácia de diferentes tipos de intervenção.

Porém, não basta ampliar o número e a qualidade dos ensaios clínicos aleatorizados em diferentes países, pois é preciso, também, promover o acesso a essas publicações. Os três estudos realizados pelo grupo de pesquisa de Cindy-Lee Dennis (2007; 2007; 2013) adotaram a mesma estratégia de busca, usando registros de ensaios clínicos da Cochrane (Central e "*The Cochrane Collaboration Depression, Anxiety and Neurosis trials register*" – CCDANC-TR), além de bases especializadas da medicina (Embase, Medline, Cinahl). Bases de dados reconhecidas por seu importante papel de dar a necessária visibilidade ao conhecimento científico gerado nos países da América Latina não foram consultadas, de forma que não é possível saber se trabalhos latino-americanos não foram incluídos porque não havia estudos que cumpriram os critérios de inclusão, ou porque tais trabalhos se encontravam em fontes de informação desconhecidas pelos autores. Destacam-se três bases de dados que, pela representatividade do material indexado, não podem deixar de ser consultadas em revisões que objetivam rastrear o conhecimento científico: *Scientific Electronic Library Online* (SciELO), *Literatura Latino-americana e do Caribe em Ciências da Saúde* (Lilacs) e *Base de Datos Bibliográfica de Psicologia* (Psicodoc). Assim, um campo de investigação interessante é fazer revisões sistemáticas de literatura sobre a eficácia de intervenções para prevenção e tratamento de depressão perinatal, diversificando as bases de dados consultadas.

Outra recomendação para futuras pesquisas diz respeito à avaliação da aplicação das intervenções, e não somente de seus resultados. Intervenções psicoterápicas e psicossociais não são padronizadas tal qual um medicamento, em que se pode saber, exatamente, o conteúdo e a dosagem; por dependerem, essencialmente, da interação entre seres humanos, é razoável pensar que um mesmo protocolo de intervenção pode ser aplicado de forma diferente dependendo do profissional e do vínculo construído com os usuários. Assim, por exemplo, pode-se avaliar o conteúdo e a intensidade de visitas domiciliares e das intervenções realizadas nos próprios serviços de saúde, envolvendo equipes multidisciplinares (Dennis & Creedy, 2004). A intensidade do vínculo terapêutico, o nível de empatia de quem aplica a intervenção, o nível de comprometimento das participantes com seu processo terapêutico também são passíveis de serem avaliados. Medidas desse tipo poderiam indicar as características das intervenções mais efetivas, conforme sugeriram Dennis et al. (2007).

Por fim, algumas recomendações acerca de futuros campos de investigação envolvem o papel do parceiro da gestante ou puérpera na prevenção e no tratamento da depressão perinatal, visto que o pai do bebê pode ser uma importante fonte de suporte instrumental e emocional (Dennis & Hodnett, 2007); as estratégias para prevenir e tratar transtornos depressivos em pais no período perinatal, uma vez que também apresentam vulnerabilidade a episódios depressivos relacionados ao nascimento dos filhos (Branquinho et al., 2021; Meltzer-Brody & Stuebe, 2014); o seguimento a longo prazo após o final da intervenção, necessário para determinar a necessidade de sua continuidade após a remissão dos sintomas e para comparar a eficácia dos tratamentos psicológico ou psicossocial com a do farmacológico (Dennis & Hodnett, 2007), bem como para avaliar se a intervenção pré-natal tem efeito no puerpério (Dennis et al., 2007); a identificação de desfechos relacionados à criança após as intervenções para prevenir e tratar a depressão perinatal (Dennis & Hodnett, 2007); efeitos das intervenções psicológicas e psicossociais na prevenção e no tratamento de depressão menor (p. ex., mulheres com pontuação entre 9 e 13 na EDPE) (Dennis & Creedy, 2004); e possíveis efeitos adversos dessas intervenções, como estigmatização das participantes e aumento da ansiedade delas (Dennis & Creedy, 2004).

REFERÊNCIAS

Capítulo 33

Evidências da psicoeducação no tratamento dos transtornos depressivos

Adriana Munhoz Carneiro, Ricardo Alberto Moreno

DEFINIÇÃO DA SITUAÇÃO/ PROBLEMA/DOENÇA

Entendida como um quadro repleto de sintomas, a depressão é estudada desde a Antiguidade, e é compreendida como uma síndrome, ou seja, como um agrupamento de sinais e sintomas psicológicos, físicos e comportamentais. Por conta da multidimensionalidade que engloba a depressão, muitas vezes há a dificuldade dos profissionais em identificar corretamente seus sintomas.

No que se refere às questões diagnósticas, entende-se que a depressão é definida pela tristeza e/ou falta de interesse ou prazer pelas atividades que deve persistir por pelo menos duas semanas juntamente a outros sintomas, como alterações em apetite, sono, concentração, entre outros (APA, 2022). Vale lembrar que nenhum sintoma isolado é patognomônico da doença, e que os sintomas podem se apresentar de diferentes formas, com sintomatologia e gravidade diversas. Embora os sentimentos de tristeza ou vazio sejam os principais sintomas dos estados depressivos, nem todos os pacientes relatam esses sofrimentos subjetivos, devendo o profissional atentar-se à descrição inicial diagnóstica que aponta "e/ou".

No geral, a depressão vem acompanhada por importante alteração em ritmos biológicos e sintomas vegetativos, de forma que pode haver uma maior queixa de piora dos sintomas logo ao acordar, mas que ao longo do dia tende a melhorar. As alterações no sono, somadas aos sintomas indecisão e dificuldade para se concentrar, podem contribuir diretamente na funcionalidade do paciente, o que pode gerar prejuízos importantes na área laboral e social. Queixas somáticas, como dores no corpo, também são observadas e tendem a cronificar juntamente com a intensidade dos sintomas (APA, 2022). É importante que o profissional observe a presença desses sintomas desde suas manifestações mais leves, já que, quanto mais cedo forem observados, melhor é a perspectiva do prognóstico do paciente.

O tratamento principal da depressão são os antidepressivos, que mostram taxas de remissão de aproximadamente 60% a 70% após 3 meses de tratamento (Rush et al., 2006). Contudo, observa-se que em média 30% dos pacientes não respondem adequadamente a essa intervenção e metade deles segue sintomático (Casacalenda et al., 2002).

DADOS EPIDEMIOLÓGICOS RECENTES

Considerando que atualmente a depressão acomete aproximadamente 300 milhões de pessoas no mundo (WHO, 2017), sendo que nem todas foram diagnosticadas, e, daquelas que foram, aproximadamente 40% não responderão ao tratamento, a necessidade de buscar outras estratégias que, baseadas em evidência, possam oferecer um resultado similar ou maior do que o tratamento farmacológico quando oferecidas, de forma individual ou adjunta, torna-se urgente. Esses esforços se mostram ainda mais válidos, já que, além de a depressão ser a principal causa de incapacidade mundial atualmente, há uma previsão de se tornar a maior contribuinte para a carga de doenças até 2030 (IHME, 2019; WHO, 2023).

IMPACTO DA SITUAÇÃO/PROBLEMA/ DOENÇA SOBRE O PACIENTE, A FAMÍLIA, A EQUIPE, A SOCIEDADE, O SISTEMA DE SAÚDE (CUSTOS) ETC. ESTUDOS DE CUSTO-EFETIVIDADE

Além dos números alarmantes em questão das taxas de resposta insuficientes apenas mediante o tratamento farmacológico (Rush et al., 2006), há também impactos importantes tanto nas questões financeiras como sociais. Em questão de custos, estimativas indicam que por volta de 60 bilhões de dólares são gastos, sendo a maior parte desse valor referente a mortalidade, redução de produtividade e absenteísmo (Wang et al., 2003). Em questão de gastos em tratamentos, quanto ao tratamento psicológico, há uma estimativa de gasto de pelo menos 40 mil dólares por paciente (Conejo-Cerón et al., 2023). Considerando que os tratamentos psicossociais apresentam custos que tendem a gerar retornos não apenas em curto prazo, mas também em longo prazo, a investigação de sua efetividade é importante.

IMPACTO DOS ASPECTOS PSICOLÓGICOS

Os prejuízos psicossociais, vistos especialmente em ambientes acadêmicos, sociais e laborais, mostram-se como de grande importância para as recorrências, já que podem ser tanto protetivos como agravadores da doença. Um estudo de revisão realizado por Keitner e Miller (1990) observou que o ambiente familiar impacta diretamente a recuperação funcional do paciente. Já Birmaher et al. (2000), em um estudo longitudinal, observaram que adolescentes em ambiente menos conflituosos apresentavam melhor recuperação funcional, cronicidade e recorrência dos episódios, independentemente do modelo psicoterápico oferecido.

Em relação ao acadêmico e laboral, considerando que um dos sintomas cardinais da depressão está ligada à redução das capacidades cognitivas (redução de concentração, dificuldade importante em iniciativa), os prejuízos também se mostram presentes. Os níveis de absenteísmo, desemprego e queda de rendimento já são bem documentados na literatura (Bergdolt et al., 2022), de forma que programas para amenizar esses impactos também estão sendo desenvolvidos, já que os prejuízos psicossociais são fatores importantes para recorrências mais frequentes, tornando o ciclo ainda mais complexo.

ABORDAGENS PSICOSSOCIAIS E SUA EFICÁCIA

No que se refere a estratégias psicossociais, entendidas como estratégias que têm como propósito reduzir o risco de desenvolvimento de episódios, ou minimizar a necessidade de tratamento para aqueles já diagnosticados, há constante evidência em literatura de que elas se mostram diretamente ligadas à adesão ao tratamento (Andrade et al., 2022; Tursi et al., 2013). Algumas estratégias são psicoeducação, redes de suporte, programas e psicoterapias. Pensando que a psicoterapia para depressão será tópico de outro capítulo, nesta seção temos o objetivo de descrever outras abordagens psicossociais para depressão que se mostram eficazes quando utilizadas de forma adjunta ao tratamento farmacológico da depressão.

É inegável a necessidade de olharmos para o sujeito além de seu transtorno, mas a partir de todos os fatores que o circundam para melhor compreensão sobre sua doença, já que nem sempre a recuperação sintomática é sinônimo de recuperação funcional. Muitos pacientes ainda irão se deparar nessa fase, em um momento em que após anos se veem mais estáveis, porém ainda com dificuldades para organizar seu retorno às atividades. Juntamente com isso, a maior parte dos pacientes irá apresentar mais de um episódio em sua vida (WHO, 2023). Dessa forma, reconhecer os sintomas e os fatores agravantes é essencial para sua recuperação.

Psicoeducação

Pensando que a aderência ao tratamento pode ser influenciada tanto pela falta de informação como por outras questões ligadas ao diagnóstico – por exemplo, estigmas, dificuldade no reconhecimento dos sintomas e medos referentes ao uso de medicações psiquiátricas –, quanto mais os pacientes forem capazes de identificar adequadamente seus sintomas, maior será a efetividade ao tratamento. Nesse sentido, a psicoeducação mostra-se como uma importante ferramenta, na medida em que se baseia no pressuposto de educar o paciente e/ou familiares acerca da doença e seu tratamento e oferecer um ambiente oportuno para a discussão desses temas, de forma a facilitar ao paciente a generalização das informações (Donker et al., 2009; Tursi et al., 2013).

A psicoeducação é uma estratégia de grande utilidade, uma vez que pode ser realizada por profissionais não apenas da Psicologia, como assistentes sociais, psiquiatras, enfermeiros, entre outras profissões ligadas à assistência do paciente. O maior requisito é que o profissional seja capaz de realizar orientações precisas sobre a doença e seu impacto na vida da pessoa, bem como auxiliar na reflexão e na busca de estratégias para reduzir seu impacto no dia a dia. Por isso, é considerada um tratamento adjuvante.

No que concerne à estrutura, esta pode ser realizada em diversos formatos: psicoeducação individual, em grupo, realizada apenas com pacientes, com grupos mistos (pacientes e familiares) e aquela que preza apenas o atendimento de familiares. Em revisão de literatura realizada por Tursi et al. (2013), a psicoeducação mostrou-se diretamente ligada à melhora dos sintomas depressivos. Outro estudo que realizou uma revisão sistemática com metanálise, conduzido por Andrade et al. (2022), também reforça seu impacto na resposta ao tratamento, com um efeito positivo na redução dos sintomas. Nesses estudos, foram consideradas as diferentes abordagens de psicoeducação, demonstrando que, independentemente da forma, a psicoeducação é, sem dúvida, um tratamento eficaz para a depressão.

Vale ressaltar que a psicoeducação pode contribuir não apenas para o tratamento do paciente, mas também para o próprio familiar, já que muitos se reconhecem como potencialmente apresentando sintomas da doença a partir desse momento de orientação. Ao considerar a alta taxa genética dos transtornos do humor em parentes de primeiro grau – cerca de 60% em depressão, segundo Birmaher et al. (1998) –, é de se entender que é mais regra do que exceção esperar por esse resultado, ressaltando ainda mais a importância em orientarmos o familiar e as pessoas que compõem sua rede de relacionamento.

Estudos que visam entender como formular melhor a psicoeducação para famílias já são discutidos também. Os dados obtidos pela revisão sistemática Brady et al. (2016) indicaram que esse tipo de estratégia também traz uma importante melhora para o bem-estar e a qualidade de vida não apenas do paciente, mas também dos familiares, independentemente de o formato ser presencial ou *on-line*. Como comentado anteriormente, em um ambiente familiar cuja família é protetiva, a psicoeducação funciona como um guia para essas pessoas, fornecendo orientações mais precisas e fazendo o familiar entender melhor a diferença entre sintomas, efeitos colaterais e personalidade, facilitando, assim, que o paciente aumente a autoconsciência a respeito de seus sintomas e seja capaz de prevenir recaídas com maior facilidade.

Contudo, vale lembrar que, apesar de as revisões indicarem sua eficácia como tratamento adjuvante da depressão, estudos ainda precisam ser realizados de forma a observar de fato qual é o melhor modelo esperado para esse tratamento. Desse modo, estudos que sejam capazes de responder a essa questão vêm sendo desenvolvidos em nosso ambulatório (Carneiro et al., 2023).

Em geral, o Programa de transtornos afetivos (ProGruda) teve seu primeiro estudo focado em psicoeducação em 1997, voltado para a validação de um programa psicoeducacional para transtorno bipolar (Roso et al., 2005). Esse programa psicoeducacional era baseado em dez encontros, e foi um importante marco para a implantação de outros programas que visassem a esse fim no departamento. Após discussão dos resultados encontrados com base nesse modelo, ele foi repensado e expandido para programas psicoeducacionais capazes de abranger não apenas o transtorno bipolar, mas também a depressão. Atualmente, nosso departamento está desenvolvendo um programa específico de psicoeducação para depressão, uma área que infelizmente ainda carece de estudos mais robustos que confirmem sua eficácia, como já é possível observar no transtorno bipolar (Colom & Lam, 2008).

Peer support (ajuda entre iguais)

A orientação *peer support* é definida pelo oferecimento de serviços de apoio emocional que são realizados por pares, ou seja, pessoas que compartilham da mesma condição ou situação. Esse tipo de suporte é extremamente valioso, em especial para que o paciente tenha um local para poder ouvir experiências de pessoas que passaram pela mesma condição, assim como dividir suas angústias e receber apoio. Geralmente, o apoio ocorre mediante grupos, que podem ou não ser fechados, e em formas *on-line* ou presencial.

No Brasil, a maior rede de *peer support* de depressão é a Associação Brasileira de Familiares, Amigos e Portadores de Transtornos Afetivos (Abrata), que é uma rede filiada à *Depression and Bipolar Support Aliance* (DBSA), organização com sede nos Estados Unidos, que atua com metodologia de grupos de apoio mútuo facilitado por iguais (*peer support*).

Em uma metanálise que investigou a efetividade do *peer support* com o tratamento usual (no caso, farmacoterapia), observou-se que o grupo de pares foi importante para melhorar os sintomas de depressão, com resultados muito similares ao encontrado no grupo que recebeu tratamento usual + terapia cognitivo comportamental (Pfeiffer et al., 2011). Ainda, os autores ressaltam que o tamanho de efeito encontrado (0,59) foi muito similar ao efeito encontrado em outras metanálises sobre psicoterapia em depressão (0,67-0,42), sugerindo o *peer support* como uma intervenção potencialmente importante, em especial considerando as questões de custo-benefício. Contudo, em outra metanálise mais recente, os autores encontraram um tamanho de efeito baixo (0,19), mas ainda indicando uma efetividade maior, ao ser comparada ao tratamento usual (Smit et al., 2022). Um ponto importante dessa segunda metanálise foi observar que, apesar de o *peer support* estar relacionado a uma maior melhora clínica, mesmo que discreta, não foi encontrada relação no que concerne à recuperação funcional, indicando, assim, a necessidade de outros tratamentos, como a própria psicoterapia e a remediação funcional para esse fim.

Remediação cognitiva

Já é visto que os treinos cognitivos apresentam efeitos positivos na estrutura e função cerebral (Porter et al., 2013). Desse modo, pensando nos impactos cognitivos que a depressão gera nos pacientes, estratégias focando na remediação cognitiva vêm sendo desenvolvidas. Seu marco de início foram os estudos voltados a estratégias de assistência computadorizada para pacientes com depressão mediante treinos aos pacientes (Elgamal et al., 2007).

Entendendo que a depressão leva a uma importante incapacitação, essas estratégias que possam melhorar ou, ainda, fornecer uma redução do impacto visto, mostram-se bem-vindas, em especial nos pacientes com alta severidade. No geral, discute-se muito que os pacientes podem alcançar a remissão sintomática, mas a remissão funcional muitas vezes pode não ser tão rápida assim, levando-os a ter problemas no retorno às atividades (Bergdolt et al., 2022). A remediação cognitiva visa facilitar não apenas a melhora de funções como memória, atenção e funções executivas, mas também a habilidade do paciente em gerir sua vida, mediante a maior facilidade em executar suas atividades da vida diária (Legemaat et al., 2021).

Apesar de bem estudada para outros transtornos, na área da depressão as pesquisas ainda são escassas. Um dos estudos mais recentes que revisam as evidências da remediação cognitiva para depressão foi realizado por Legemaat et al. (2021). Os autores realizaram uma metanálise com base em 21 estudos randomizados controlados, totalizando 5.221 dados. Observou-se que as práticas de remediação se mostraram importantes para a melhora das funções cognitivas, entretanto, atentaram para questões importantes a sua aplicabilidade, como a severidade da depressão e que esses efeitos se mostraram observáveis apenas a curto prazo. Por conta da alta heterogeneidade dos dados, não se mostrou possível a identificação de quais elementos mais contribuíram para que os treinos fossem eficazes. Ainda, o estudo indicou que não apenas ocorreu uma melhora nas funções cognitivas, mas também nas atividades diárias e redução na sintomatologia depressiva.

No entanto, apesar de indicarem um caminho positivo para sua aplicabilidade, ainda são necessários estudos que considerem de forma mais controlada a seleção do grupo e especificadores, pensando que não apenas a idade, mas também o número de episódios prévios e anos com o diagnóstico, podem interferir diretamente na neuroprogressão da doença, o tipo de tarefa a ser oferecida, o grau de dificuldade e como será o grupo controle, já que estes são diferentes entre os estudos disponíveis (Legemaat et al., 2021; Porter et al., 2013).

Reabilitação/reintegração profissional

A reabilitação profissional tem por objetivo auxiliar pacientes com doenças mentais graves e crônicas a desenvolverem estratégias emocionais e intelectuais necessárias para participar na comunidade com o menor suporte possível. Parte do pressuposto de que o retorno ao trabalho deve ser uma experiência funcional e positiva, podendo ser oferecida em forma de treinos de habilidades, oficinas ou programas (Modini et al., 2016).

No geral, o que se pode verificar é que a reabilitação tem como meta principal auxiliar no retorno ao trabalho, criando um local que possa ser mais adequado para o paciente, levando a estruturas mais adaptadas, como modificação de tarefas, horas de trabalho e possibilidade de fornecimento de outros profissionais de suporte que estejam disponíveis para auxiliar na recolocação profissional (Nieuwenhuijsen et al., 2020). Pensando que a integração no trabalho pode gerar efeitos positivos no curso da doença, qualidade de vida e bem-estar funcional dos pacientes, a reabilitação profissional representa um elemento importante dentro dos serviços de saúde mental.

Geralmente, equipes multidisciplinares compreendendo psicólogos, assistentes sociais, terapeutas ocupacionais e psiquiatras colaboram para identificar as estratégias mais adequadas, considerando os fatores sociais, físicos, psicológicos e o prognóstico da condição. Seus primeiros estudos focavam condições mais crônicas, como a esquizofrenia, e mediante suas evidências de eficácia começou a ser desenvolvida para outras doenças (Modini et al., 2016).

Como apresentado no início deste capítulo, a depressão apresenta altos níveis de absenteísmo, desemprego e queda de rendimento (Bergdolt et al., 2022). No Brasil, os afastamentos por episódio depressivo corresponderam a 34,44% das causas de auxílio-doença não relacionados a acidentes de trabalho entre os anos de 2006 e 2021 (Sá et al., 2023). Assim, estratégias para a reintegração profissional se mostram urgentes nesse campo.

Pensar em oferecer suporte pode ser importante também na redução do estigma ligado ao retorno dos pacientes. A partir de um levantamento dos motivos que levavam as pessoas a buscar programas de recolocação profissional, Munro e Edward (2008) observaram estigmas ligados ao retorno do trabalho advindos não apenas dos empregadores, mas também das pessoas que haviam sido afastadas. Entre os participantes que pleiteavam um emprego, havia crenças de não ser capaz de retornar ao trabalho, além de medos ligados diretamente às estruturas laborais atualmente oferecidas: o medo de não conseguirem pedir ajuda, de não renderem tanto quanto antes, de o ambiente ser hostil e de não conseguirem seguir uma carga horária mínima. Já os empregadores tinham receio de não conseguir identificar se a pessoa está apta para o retorno, e falta de estratégias de realocação para esses empregados.

A partir de uma atualização de revisão de literatura sobre essas estratégias em pacientes com depressão, Nieuwenhuijsen et al. (2020) encontraram 45 estudos, sendo 40 revisões sistemáticas e 5 cluster-RCT's, somando um total de 12.109 participantes. Os dados encontrados mostraram que, quando combinadas estratégias clínicas a intervenções voltadas para o trabalho, estas se mostraram importantes para a redução do número de absenteísmo, de sintomas depressivos e uma maior qualidade funcional. Houve um tamanho de efeito baixo da prática em questão de funcionamento no trabalho quando combinada com intervenções clínicas; quando a estratégia era fornecida de maneira isolada, o tamanho do efeito foi nulo. Tais resultados nos levam a entender que a prática isolada de intervenções para retorno ao trabalho se mostram ainda ineficientes quando desconsiderados os fatores clínicos da doença.

Assim, a implantação de programas de recolocação perpassa por questões de inclusão, juntamente ao conhecimento sobre a doença e sua cronicidade. No Brasil, ainda são raros os trabalhos, apesar das altas taxas de absenteísmo e dos afastamentos devidos a episódio depressivo.

DISCUSSÃO

Revisões sistemáticas e saúde baseada em evidências

As abordagens psicossociais visam reduzir o impacto do transtorno na vida das pessoas, bem como levar a estratégias de melhora mais duradoura. Como observado, diferentes são as estratégias disponíveis para facilitar o tratamento da depressão, de forma que os estudos de revisão nem sempre trazem as mesmas conclusões. Como é de ciência, revisões e metanálises são importantes fontes de evidências, e servem para nossa reflexão, justamente para fornecer dados para a tomada de decisão. Em questão dos estudos apresentados, revisões e metanálises, mesmo sobre o mesmo tema, podem trazer divergências justamente pela questão dos critérios de inclusão dos estudos. Na depressão, por exemplo, sabemos que há diferenças importantes ao longo das faixas etárias, o que pode impactar diretamente nos planos de intervenção psicoeducacionais. A presença de comorbidades e questões ligadas ao tempo do diagnóstico e cronicidade também são fatores que, apesar de não serem muito discutidos, interferem diretamente na aplicabilidade dessas medidas.

Importância da utilização das revisões sistemáticas e da saúde baseada em evidências para tomada de decisão em saúde na clínica e gestão de saúde pública

Vale observar que, a partir do que se observa das revisões, essas abordagens psicossociais se mostram importantes para o tratamento da depressão, já que, quando comparadas a outras abordagens terapêuticas, ou a grupos controle, há uma melhora notável dos participantes que as realizam.

Segundo Hollon et al. (2002), algumas características precisam ser consideradas na escolha da intervenção psicossocial a ser empregada pelo profissional naquele momento, sendo as principais: 1) as que trazem os efeitos mais benéficos para redução dos sintomas; 2) as que apresentam estudos que comprovam sua efetividade a longo prazo; 3) abordagens que são práticas de serem ensinadas; 4) tratamentos que requerem baixa especialização para sua aplicação; 5) menor custo-benefício; e 6) as que têm conteúdos que podem ser generalizados por um maior número de pessoas possível. Como vimos, pensando nos gastos públicos que a depressão gera, a implantação de atividades custo-benefício e altamente generalizáveis, que já demonstram sua efetividade, pode ser o melhor ponto de partida para que o sistema público insira programas que possam efetivamente auxiliar a pessoa com depressão, entregando resultados mais práticos e fidedignos.

CONSIDERAÇÕES FINAIS

Implicações na prática clínica e para pesquisadores (resumo das RSs decritas)

As intervenções psicossociais são de fundamental importância para a adesão do paciente e seus familiares ao tratamento, já que os convidam a observar fatores que podem contribuir ativamente para sua recuperação funcional. Além disso, considerando que o conhecimento sobre a doença pode implicar a evitação de um próximo episódio, os custos ligados a tratamento, incapacitação e prejuízos é reduzido. Não existe um momento isolado para aplicar a intervenção psicossocial; na verdade, ela não só pode como deve ser aplicada ao longo de todo o tratamento. Estudos que sejam capazes de investigar a eficácia dessas abordagens na depressão ainda são escassos, indicando a necessidade em olharmos para o desenvolvimento de mais trabalhos que possam abarcar esse fim.

No geral, nossa prática clínica demonstra que os pacientes que realizam alguma das estratégias descritas acima apresentam uma melhor aderência ao tratamento, confiam mais nos profissionais e também têm menores buscas por serviços. Isso porque, a partir do momento em que eles conhecem o que está acontecendo em seu corpo, sentem-se mais capazes de conseguir gerir e saber o que esperar depois daquele sinal.

Os resultados encontrados nas revisões descritas ao longo deste capítulo só reforçam a multifatorialidade da depressão, e a importância de olharmos não apenas para uma abordagem única, mas para o desenvolvimento de um leque maior de possibilidades. Observa-se, assim, a necessidade de uma maior sistematização sobre essas estratégias psicossociais, de forma a entender não apenas quando aplicar, mas como elas devem ser aplicadas.

O desenvolvimento dessas respostas apenas será possível a partir do momento em que mais pesquisas sejam desenvolvidas. Algumas prioridades se mostram em: 1) desenvolver novas e mais efetivas intervenções para tratar um número maior de pessoas ao mesmo tempo; 2) criação de protocolos que visem à promoção de saúde, focados na prole desses pacientes, pensando na hereditariedade; e 3) usar intervenções mais fáceis, mesmo que não tão tradicionalistas, como uso de aplicativos e métodos que possam ser realizados *on-line*. Esses passos servirão não apenas para atender mais pessoas ao mesmo tempo, mas também para conseguir lidar com as diferentes prioridades advindas das fases de vida de cada um dos pacientes. Inovar para oferecer intervenções efetivas é necessário.

REFERÊNCIAS

Capítulo **34**

Intervenções psicossociais no tratamento dos transtornos depressivos

Marcelo Feijó de Mello, Leticia Roberta Rodrigues

INTRODUÇÃO

O transtorno depressivo é um quadro prevalente, que costuma atingir pessoas em todas as fases da vida, podendo se tornar crônico se não for tratado corretamente. O estudo *Global Burden of Disease* (GBD), realizado a cada dez anos pela Organização Mundial de Saúde (OMS), demonstrou o impacto que as doenças mentais, e principalmente a depressão, têm na população mundial. Infelizmente, apesar dessas constatações, não se tem conseguido atuar de maneira efetiva no tratamento das doenças mentais. A última edição do GBD (2019) mostrou um aumento de 48,1% na prevalência das doenças mentais nos últimos dez anos (654,8 milhões para 970,1 milhões de casos estimados). Como um marcador do impacto das doenças, a OMS usou três conceitos: os Dalys (*disability-adjusted life-years*), os YLDs (*years lived with disability* e os YLLs (*years of life lost*). Os Dalys são calculados pela soma dos YLDs e dos YLLs. Para transtornos mentais, que não são reconhecidos como causas de morte, os YLLs não foram estimados e foram usados YLD aproximados para o cálculo dos Dalys (GBD, 2022).

Nesta última versão do GBD (2022), os transtornos depressivos permaneceram como o transtorno mais comum, seguidos pelos transtornos ansiosos. Os transtornos depressivos foram mais prevalentes nas regiões da África subsaariana, norte da África, Oriente Médio, assim como na América Latina Tropical e nos Estados Unidos.

Com relação aos Dalys, os transtornos depressivos foram responsáveis pelo maior impacto em anos de vida perdidos e vividos com disfunção (37,3%), seguidos pelos transtornos ansiosos (22,9%) e pela esquizofrenia (12,2%) (GBD, 2022).

Globalmente os transtornos mentais ocuparam o 13º lugar entre os transtornos que causaram maior Dalys em 1990, passando para a sétima posição em 2019. Especificamente o transtorno depressivo ocupa a 13ª posição entre as 25 principais causas de Dalys em 2019. O transtorno depressivo ocupa a segunda posição entre todas as doenças em relação a YLDs. A depressão é a principal causa de Dalys entre as doenças mentais, com exceção da faixa etária de 0 a 14 anos, em que o transtorno de conduta é a principal causa de Dalys (GBD, 2022).

Com a pandemia de Covid-19, a prevalência dos transtornos mentais aumentou consideravelmente, em especial os transtornos depressivos e de ansiedade, principalmente em países onde a pandemia foi mais grave, como o caso do Brasil. Uma metanálise publicada recentemente estimou um aumento de 53,2 milhões de casos de transtorno depressivo maior (TDM), globalmente, ou seja, um aumento de 26,6%. Dessa forma se mantém uma expectativa de crescimento do Dalys para depressão na próxima edição que deverá ser lançada em 2030 (GBD, 2021).

A depressão é um problema crescente de saúde pública global, causando grande sofrimento e perdas individuais e sociais. A procura por tratamentos mais efetivos é fundamental, e os números indicam que eles são insuficientes, assim como medidas preventivas para o surgimento de novos casos.

Apesar dos vários tratamentos disponíveis (medicamentosos, psicoterápicos, psicoeducacionais, atividades físicas), os estudos de efetividade mostram que eles levam somente à remissão em cerca 30% a 35% dos casos, quando usados isoladamente (Insel, 2006). Na prática, fazemos a combinação de intervenções, ou mesmo de medicações, no intuito de buscar essa remissão sintomática.

Entre os tratamentos usados amplamente, além dos psicofármacos, as intervenções psicossociais fazem parte da indicação de várias diretrizes de conduta de associações de psiquiatria e psicologia (Work Group on Panic Disorder, 1998; Nice, 2022).

Grandes metanálises com centenas de estudos já demonstraram a eficácia das intervenções psicoterápicas no tratamento da depressão (Barth et al., 2013; Cuijpers et al., 2008). Uma metanálise em rede recente comparou várias psicoterapias no tratamento do TDM (Cuijpers et al., 2021). Foram incluídos 331 ensaios clínicos com 34.285 pacientes. Todas as formas de psicoterapia estudadas (terapia cognitivo-comportamental, interpessoal, psicodinâmica, de resolução de problemas, de ativação comportamental, narrativa e de terceira onda) foram mais eficazes que o tratamento padrão (*treatment-as-usual*) e lista de espera, e todas as formas de terapia, com exceção do aconselhamento suportivo e da psicoterapia psicodinâmica, foram mais eficazes que uma pílula de placebo (Cuijpers et al., 2021).

As psicoterapias individuais não diferiram entre si, com exceção do aconselhamento não diretivo, que foi menos eficaz que as demais terapias. A maior parte das psicoterapias mantém seu efeito após 12 meses. Não houve diferenças em relação à aceitação das psicoterapias. As preferências do paciente e a disponibilidade devem ter o papel principal na escolha entre os tipos de psicoterapia (Cuijpers et al., 2021).

Outra metanálise em rede realizada pelo mesmo grupo avaliou as interações entre psicoterapia e farmacoterapia no tratamento do TDM. Nesta foram incluídos 300 ensaios clínicos e avaliados 32.852 pacientes. O cálculo de g encontrou um valor de moderado a grande (g = 0,71; o valor de "G de Hedge" é um valor padronizado de tamanho de efeito, sendo os valores > 0,8 considerados grandes), reforçando a eficácia dos tratamentos psicoterápicos avaliados no tratamento da depressão. Não foram encontrados uma associação significativa entre a proporção de usuários de medicação e o tamanho de efeito (0,71), o que permitiu afirmar que os efeitos terapêuticos da medicação e das psicoterapias são independentes, e que a associação não causaria efeitos negativos, como algumas vezes é levantado.

Neste capítulo, duas revisões sistemáticas foram feitas para avaliar a eficácia das terapias de casal e familiar no tratamento do transtorno depressivo, como será visto a seguir.

PRIMEIRA REVISÃO SISTEMÁTICA: TERAPIA FAMILIAR PARA DEPRESSÃO

Henken et al. (2010) realizaram revisão sistemática e metanálise com o objetivo de avaliar a eficácia da terapia familiar na depressão. Foram pesquisados todos os ensaios clínicos randomizados e controlados comparando a terapia familiar com nenhuma intervenção, ou tratamento alternativo nos quais a sintomatologia depressiva era o principal desfecho. Esses ensaios foram pesquisados em vários bancos de dados eletrônicos (CCDANCTR-Studies e CCDANCTR-References, pesquisados no dia 21 de outubro de 2005; The Cochrane Central Register of Controlled Trials/Medline, de 1966 a janeiro de 2005; Embase, de 1980 a janeiro de 2005; PsycInfo, de 1974 a janeiro 2005). A lista de referências dos artigos também foi pesquisada. Além disso, os autores realizaram buscas manuais em jornais e bibliografias relevantes. Os primeiros autores dos estudos incluídos e especialistas na área foram contatados para maiores informações. A coleta de dados obedeceu aos critérios de qualidade restritos e foram extraídos por três autores revisores independentemente.

Encontraram três estudos de alta qualidade e três de baixa qualidade, envolvendo 519 pessoas com depressão (14 estudos foram excluídos por terem uma ação preventiva da depressão ou por não terem uma avaliação confiável dos sintomas depressivos ou porque as intervenções foram muito breves ou não puderam ser classificadas como familiar, mas de casal). Os estudos eram bastante heterogêneos com relação às intervenções realizadas, assim como os instrumentos de mensuração.

Cinco estudos eram americanos e um era australiano. Dois estudos eram com pacientes internados e quatro com pacientes ambulatoriais. Dois estudos eram com adolescentes, um com crianças e três com adultos. O número de participantes em cada estudo variou de 32 a 169. A duração dos estudos foi de oito a 15 semanas, com oito a 15 sessões de terapia familiar.

Entre os estudos incluídos estavam um ensaio clínico randomizado (ECR) de Brent et al. (1997) com 107 adolescentes com transtorno depressivo maior, segundo os critérios do DSM-III-R, e seus pais, que foram randomizados para receber ou terapia cognitivo-comportamental (TCC) ou terapia familiar sistêmica comportamental (TFSC). O tratamento durou de 12 a 16 semanas com duas a quatro sessões de manutenção. Em média os pacientes receberam 11 sessões. As avaliações foram feitas na entrada, na sexta sessão, no final do tratamento, um e dois anos após o término do tratamento.

ECR de Diamond et al. (2002) que randomizaram 32 adolescentes com TDM, segundo os critérios do DSM-III-R e seus cuidadores para receberem terapia familiar baseada no víuculo (*attachment* – TFBA) ou lista de espera como condição controle. A duração do tratamento foi de 12 semanas. Foram feitas avaliações na entrada, seis semanas, 12 semanas e seis meses após o término do tratamento.

Glick et al. (1985) randomizaram 169 pacientes internados com diagnóstico de transtornos esquizofrênicos, esquizofreniformes e afetivos maiores. Entre eles, 50 pacientes eram do subgrupo de transtornos afetivos, dos quais 29 com depressão unipolar. Os pacientes receberam uma intervenção familiar psicoeducacional ou outra intervenção, como tratamento usual, entre eles psicoterapia individual. A duração do tratamento foi de oito semanas. As avaliações foram realizadas na entrada, na alta, seis meses depois e 18 meses após o término do tratamento.

Miller et al. (2004) randomizaram 92 pacientes com depressão bipolar tipo I e seus membros familiares para receberem terapia familiar e farmacoterapia, grupo psicoeducacional e farmacoterapia, ou farmacoterapia sozinha. A duração do estudo foi de dez semanas. Os pacientes foram avaliados na entrada e um mês após, sendo seguidos por 28 meses.

Sanders e McFarland (2000) incluíram 47 famílias com mães apresentando TDM, segundo os critérios do DSM-5, que tinham crianças com idades entre 3 e 9 anos, com diagnósticos de transtorno de conduta e/ou transtorno de oposição e desafio. Essas famílias receberam uma intervenção familiar comportamental ou intervenção familiar cognitivo-comportamental. A intervenção tinha duração de 12 semanas, e foram realizadas avaliações na entrada, ao final e seis meses após os tratamentos.

Em outro ensaio clínico controlado, Sandler et al. (1992) randomizaram 72 esposas que perderam seus companheiros nos últimos dois anos com idade entre 25 e 50 anos, com ao menos um filho com idade entre 7 e 17 anos, para receberem um programa de intervenção familiar de luto ou ficarem em lista de espera. Os sintomas depressivos foram avaliados nas crianças. A duração do ensaio foi de 15 semanas. Os participantes receberam três sessões de *workshop* de luto e 12 sessões de programa de aconselhamento. Foram feitas avaliações na entrada e no término dos tratamentos.

Apesar da qualidade metodológica e dos achados positivos de alguns estudos, as evidências para a efetividade da terapia familiar para o tratamento da depressão não excedeu o nível 3 (evidências limitadas ou conflitantes), com exceção de evidência moderada (nível 2), com base em achados de três estudos, indicando que a terapia familiar é mais efetiva do que nenhum tratamento ou lista de espera para a redução dos sintomas depressivos, ou na melhora do funcionamento familiar.

Os autores concluíram que as poucas e esparsas evidências atuais para avaliar a efetividade da terapia familiar para o tratamento da depressão sugerem que se prefiram as intervenções psicológicas com reconhecidas evidências de efetividade.

Existem evidências empíricas demonstrando as relações entre as características do sistema em que o indivíduo vive com o início e a manutenção do quadro depressivo (Goodman & Gotlib, 1999). Indivíduos com depressão relatam muitos problemas com o funcionamento familiar, sugerindo a necessidade de abordagens com enfoque orientado para a família, como a TF ou combinações entre TF e terapia individual e farmacoterapia no tratamento da depressão (Keitner et al., 2003).

TF pode ser definida como qualquer intervenção psicoterápica que explicitamente tenha um foco em modificar interações entre membros ou no funcionamento de uma família, procurando uma melhora desse funcionamento como unidade ou como subsistema, ou no funcionamento de indivíduos dessa família (Cottrell & Boston, 2002). Um dos objetivos da TF na depressão é o de trabalhar com os pacientes e suas famílias, formas destrutivas de comunicação entre eles, e por meio desse processo reduzir os sintomas de depressão.

Existem várias tradições de tratamentos de famílias. Os modelos psicoeducacionais têm foco nas atribuições negativas da doença depressiva, ensinando habilidades em lidar com situações conflitivas e geradoras de tensão e dando suporte ao paciente e suas famílias (Diamond & Siqueland, 2001). Os modelos comportamentais são baseados nas teorias de aprendizado e condicionamento operante. As TF de orientação comportamental procuram melhorar as habilidades de enfrentamento por meio de reforços e treinamento de contingências comportamentais (Diamond & Siqueland, 2001). As TF de orientação psicanalítica ou de relações objetais consideram os relacionamentos conjugais e familiares em termos de projeção de padrões parentais infantis em relacionamentos adultos atuais. O terapeuta toma a posição de protetor e tradutor das replicações desses padrões e trabalha em direção a perspectivas mais integradas e realistas.

Modelos sistêmicos veem as relações familiares disfuncionais como causa ou mantenedores dos sintomas. Consequentemente, os terapeutas sistêmicos tentam reestruturar padrões de interações familiares desadaptadas, como um reestabelecimento de uma hierarquia parental, retirando uma criança de uma triangularização de um conflito entre os pais e ajustando limites muito frágeis ou rígidos (Diamond & Siqueland, 2001). TF estruturais analisam os problemas como resultado de uma estrutura familiar inapropriada e desorganizada. O terapeuta se preocupa com os limites desses subsistemas, toma a responsabilidade pelo direcionamento agindo de forma ativa para levar os membros da família a se reestruturarem e delimitarem seus limites e responsabilidades (Cottrell & Boston, 2002). Nas terapias pós-Milan, a ênfase está na comunicação e no aprendizado. Os problemas surgem das limitações das alternativas. A terapia foca em um processo de levantamento de questões que devem facilitar conexões diversas (Cottrell & Boston, 2002). A TF focada na solução de problemas sugere que eles são mantidos pelas maneiras pelas quais as dificuldades são vistas pela sequência repetitiva de comportamentos que surgem das tentativas de solucioná-los. A tarefa do terapeuta é desenvolver um conhecimento dos potenciais dos clientes e de soluções para outros problemas para então ajudar a dar sequência aos processos que devem ser aplicados para a resolução desses processos (Cottrell & Boston, 2002). A terapia de Narrativa de White se caracteriza pela procura de desfechos positivos para uma história problemática, amplificando as possibilidades de mudança por meio do uso da escrita de cartas, audiências específicas e entusiasmo pessoal. O problema retrocede para uma insignificância relativa assim que características pessoais mais positivas emergem. O indivíduo depressivo e sua família são envolvidos na TF e todos participam em pelo menos parte das sessões.

Assim, conclui-se que a própria TF é complexa e diferente em seus referenciais e abordagens. Uma metanálise misturando todas as TF como uma só é totalmente questionável. A metanálise descrita associa quadros depressivos heterogêneos como bipolares ou associados a mães de crianças com transtornos de conduta. Também é questionável associar quadros tão díspares. Heterogêneos são os quadros e as abordagens que estão sendo colocadas como uma só.

SEGUNDA REVISÃO SISTEMÁTICA: TERAPIA DE CASAL PARA DEPRESSÃO

Barbato e D'Avanzo (2009) fizeram uma revisão sistemática da literatura para avaliar a efetividade da terapia de casal como um tratamento da depressão. Para isso, realizaram uma busca de ensaios clínicos randomizados e controlados que avaliaram a terapia de casal para o tratamento da depressão, em comparação com psicoterapia individual, terapia farmacológica ou lista de espera na base de dados CCDANCTR-Studies, em jornais relevantes e nas listas de referências. Estudos clínicos controlados quasi-randomizados foram incluídos.

Com base nos estudos incluídos foi feita a extração de dados, que por sua vez foram inseridos no *Review Manager Software*. Foram incluídos oito estudos na revisão. Não foram encontradas diferenças entre terapia de casal e psicoterapia individual, tanto nas avaliações de variáveis contínuas para avaliação da gravidade dos sintomas depressivos como nas avaliações de variáveis dicotômicas, nas quais os sujeitos ainda se mantinham depressivos. Na avaliação do tratamento medicamentoso, o abandono foi muito menor no grupo da terapia de casal, embora esse resultado tenha sido influenciado por um único estudo. Os achados são muito enfraquecidos pelos problemas metodológicos encontrados na maioria dos estudos, como o pequeno número de casos disponíveis para as análises na maioria das comparações e a grande heterogeneidade entre os estudos.

Os autores concluíram que a terapia de casal é mais efetiva que a psicoterapia individual e menos efetiva que a medicação no tratamento da depressão. A melhora das relações disfuncionais de casais é esperada após uma terapia de casal. Estudos posteriores devem avaliar se a terapia de casal é superior a outras intervenções com casais disfuncionais, quando um dos parceiros está depressivo.

Os estudos incluídos foram: Foley et al. (1989), Jacobson et al. (1991), Beach & O'Leary (1992), Teichman et al. (1995), Emanuels-Zuurveen & Emmelkamp (1996), Emanuels-Zuurveen & Emmelkamp (1997), Leff et al. (2000), Dessaulles et al. (2003); estes contabilizaram um total de 567 indivíduos.

Sete estudos eram ensaios clínicos randomizados e controlados com outros grupos; com duração entre dez e 20 semanas e seguimentos posteriores de um a dois anos. Todos eram ambulatoriais, um foi conduzido em Israel, um no Reino Unido, dois na Holanda, um no Canadá e três nos EUA.

Os tratamentos eram de orientação cognitivo-comportamental (Jacobson et al., 1991; Beach & O'Leary, 1992; Teichman et al., 1995; Emanuels-Zuurveen & Emmelkamp, 1996; Emanuels-Zuurveen & Emmelkamp, 1997), com foco na emoção baseada em abordagens sistêmicas e integrativas (Dessaulles et al., 2003), interpessoal (Foley et al., 1989) ou sistêmica (Leff et al., 2000). Os tratamentos controles eram descritos como terapia cognitivo-comportamental individual (Jacobson et al., 1991; Beach & O'Leary, 1992; Teichman et al. 1995; Emanuels-Zuurveen & Emmelkamp, 1996; Emanuels-Zuurveen & Emmelkamp, 1997), terapia interpessoal individual (Foley et al. 1989) e medicação (Leff et al., 2000; Dessaulles et al., 2003). Nesses últimos foram usados a desipramina e a trimipramina em doses adequadas.

Em todos os estudos foram usados questionários de autoaplicação como o inventário de depressão de Beck ou escalas aplicadas por clínicos, como a escala de avaliação de depressão de Hamilton. Três estudos usaram recuperação como um critério de desfecho. A avaliação da programação diádica foi usada em três estudos, o teste de Wallace para ajuste marital foi usado por um dos estudos e o questionário de casal de Maudsley, em dois estudos.

Para chegarem a essas conclusões apresentadas, foram feitas várias análises, conforme apresentadas a seguir.

Terapia de casal *versus* psicoterapia individual

Esses resultados derivaram de seis estudos e indicaram uma pequena diferença não significativa entre os dois tratamentos [SMD = –0,12 (95% IC –0,56 –0,32)], indicando que 55% dos escores de sintomas depressivos dos pacientes do grupo controle estavam abaixo do escore médio do grupo experimental.

A persistência da depressão não foi significativamente menor na terapia de casal (baseada em três estudos), com um RR de 0,84 (95% IC 0,32 a 2,22); a diferença entre abandonos também foi mínima, com um risco relativo de abandonar a terapia de casal de 1,16 (95% IC 0,67 a 2,01).

Terapia de casal *versus* terapia medicamentosa

Nesta comparação, somente os dados referentes a abandono (em dois estudos) estavam disponíveis. O abandono foi menor entre o grupo em terapia de casal RR = 0,31 (95% IC 0,15 a 0,61).

Terapia de casal *versus* tratamento mínimo ou sem tratamento ou placebo

A comparação entre TC e placebo encontrou uma diferença média padronizada (*standardised mean difference* – SMD) de –1,28 (95% IC –1,85 a –0,2), que significa um efeito notável da TC na diminuição dos sintomas depressivos. A persistência dos sintomas depressivos também foi significativamente menos frequentes no grupo que recebeu a TC comparado aos controles (placebo ou tratamento mínimo) [risco relativo – RR = 0,50 (95% IC 0,31 a 0,81)].

O sofrimento conjugal foi significativamente menor, assim como a persistência desse foi menos frequente quando a TC em grupo foi usada comparativamente aos tratamentos individuais. Em cinco estudos o sofrimento conjugal foi avaliado com uma SMD de –0.60 (95% IC –1.18 a –0.01) e um RR de 0,71 (95% IC 0,51 a 0,98).

Neste estudo realizaram uma análise explorando a relação entre sofrimento conjugal e sintomas depressivos em casais em conflito. A melhora dos sintomas depressivos foi pequena e não significativa quando usada a TC [SMD = –0,20 (95% IC –0,62 a 0,21)].

Neste capítulo abordaremos algumas revisões sistemáticas da literatura, não Cochrane, publicadas em periódicos indexados sobre a eficácia do tratamento psicoterápico dos transtornos depressivos.

Encontramos uma publicação sobre a psicoterapia para depressão em diferentes grupos etários: *Psychotherapy for depression across different age groups: a systematic review and meta-analysis* (Cuijpers et al., 2021). Essa metanálise incluiu 366 ECRs, com 36.072 pacientes comparando o tratamento psicoterápico com variadas condições controle. As psicoterapias dos estudos em crianças e adolescentes tinham tamanhos de efeito menores comparados com os dos adultos. Não foram encontradas diferenças com relação aos adultos de meia-idade e idosos. Contudo, os autores não puderam tirar conclusões definitivas pela baixa qualidade de muitos estudos, pelos vieses de publicação e pela grande heterogeneidade entre os estudos.

Outra metanálise em rede avaliou a terapia cognitivo-comportamental baseada na internet (iTCC) para depressão: *Internet-based cognitive behavioral therapy, iCBT, for depression. A systematic review and individual patient data network meta-analysis* (Karyotaki et al., 2021). Nessa revisão sistemática foram incluídos 39 estudos com 9.751 pacientes com quadros depressivos leves ou subclínicos. Foram incluídos os ECRs comparando iTCC a várias condições controle em indivíduos com depressão. Tanto as iTCC guiadas como as não guiadas foram associadas a maior efetividade, por meio da comparação dos escores usando a escala de avaliação de sintomas depressivos, a *patient health questionnaire 9-item* (PHQ-9), quando comparadas às condições controle, tanto em avaliações de curto como de longo prazo. A diferença entre a iTCC guiada com a não guiada é que na guiada o paciente tem acesso a um suporte síncrono ou assíncrono, enquanto na versão não guiada esse suporte não está presente. A iTCC guiada foi associada com maior efetividade que a forma não guiada ("*diferença média*" [DM] nos escores do PHQ-9 no pós-tratamento = −0,8; 95% IC, −1,4 a −0,2), diferença que deixava de existir nas avaliações de seis a 12 meses após a randomização. A gravidade do quadro depressivo na inclusão do estudo foi o modificador mais importante associado à eficácia das intervenções guiadas e não guiadas. As diferenças entre ambos os formatos foram menores em pacientes com quadros mais leves na inclusão (subclínicos), enquanto a iTCC guiada foi associada a melhores desfechos em pacientes com escores de PHQ-9 mais elevados.

Outra revisão sistemática com metanálise incluída avaliava a eficácia da terapia de *eye movement desensitization and reprocessing* (EMDR) para depressão (Carletto et al., 2021). O EMDR é uma forma de intervenção psicoterápica utilizada para o tratamento do transtorno de estresse pós-traumático (TEPT), mas vem sendo utilizado para o tratamento da depressão. A revisão encontrou 11 estudos, e nove deles foram incluídos para a metanálise. O tamanho de efeito para o EMDR foi grande (n = 9, g de Hedges = −1,07; 95% IC [−1,66; −0,48]), com uma heterogeneidade elevada (I2 = 84%), correspondendo a um número necessário para tratar (*number needed to treat* – NNT) de 1,8. No seguimento (*follow-up*) (entre três e seis meses), o efeito se manteve significativamente mais moderado (n = 3, g = −0.62; 95% IC [−0.97; −0.28]; I2 = 0%). O efeito do EMDR comparado a controles ativos foi também moderado (n = 7, g = −0.68; 95% IC [−0.92; −0.43]; I2 = 0%). Não foi encontrado viés de publicação, porém os resultados são limitados pelo pequeno número de estudos de baixa qualidade. Os autores concluem que o EMDR pode ser considerado efetivo no tratamento da depressão, com efeitos comparáveis de outros tratamentos ativos. Contudo, os achados devem ser interpretados à luz de um número limitado de estudos de baixa qualidade (Carletto et al., 2021).

Neste capítulo são apresentadas três novas revisões sistemáticas da Cochrane. A primeira é sobre a efetividade da terapia de casal no tratamento da depressão (Barbato et al., 2018). Nesta revisão foram incluídos ECR e quase-randomizados que avaliaram o efeito da terapia de casal *versus* terapia individual, tratamento medicamentoso e não tratamento ou tratamento-mínimo. Foram considerados como desfechos o nível dos sintomas depressivos, a persistência da depressão e o número de abandonos. Nesta revisão foram incluídos 14 estudos provenientes da Europa, América do Norte e Israel, com 651 participantes, sendo 80% da amostra composta por caucasianos. Dessa forma, os autores não consideraram que os achados devessem ser expandidos para países não ocidentais ou para outros grupos étnicos de países ocidentais. Os indivíduos incluídos apresentavam, em geral, depressões moderadas e tinham entre 36 e 47 anos de idade. Não foram encontradas diferenças no efeito dos tratamentos de terapia de casal comparados à psicoterapia individual, tanto quando foram avaliados desfechos com variáveis contínuas (nove estudos, 304 participantes; SMD −0,17, 95% IC −0,44 a 0,10; evidências de baixa qualidade) como quando os desfechos eram categóricos, como a proporção de indivíduos que permaneciam depressivos após a intervenção (seis estudos com 237 participantes; RR = 0,94, 95% IC 0,72 a 1,22; evidências de baixa qualidade). Os resultados dos estudos com duração de seis meses ou mais confirmaram a conclusão de falta de diferenças entre os tratamentos. Não houve relatos de efeitos danosos, mas a descontinuação dos tratamentos foi considerada um indicador de desfechos desfavoráveis. Não houve diferenças entre os abandonos nos diferentes tratamentos, em oito estudos com 316 participantes (RR = 0,85, 95% IC 0,51 a 1,41; evidências de baixa qualidade).

Foram encontrados poucos dados com a comparação da TC com o tratamento farmacológico. Dados de um pequeno estudo com 12 participantes não encontraram diferença para os desfechos contínuos de sintomas depressivos ao final do tratamento (SMD = –0,51, 95% CI –1,69 a 0,66, evidências de baixa qualidade) e no seguimento (*follow-up*) de seis meses (SMD = –1,07, 95% CI –2,45 a 0,31, evidências de muito baixa qualidade). Os dados sobre os abandonos dos tratamentos foram obtidos de dois estudos com 95 participantes, que mostraram uma clara vantagem para a terapia de casal (RR = 0,31, 95% CI 0,15 a 0,61, evidências de muito baixa qualidade). Contudo, são achados baseados em somente um único estudo com alto viés de seleção.

A comparação entre terapia de casal associada à terapia medicamentosa e terapia medicamentosa isolada não mostrou diferença com relação aos sintomas depressivos, com base em dois estudos com 34 participantes (SMD = –1,04, IC 95% -3,97 a 1,89; evidência de qualidade muito baixa), assim como em relação aos abandonos, com base em dois estudos com 45 participantes (RR 1,03, IC 95% 0,07 a 15,52; evidência de qualidade muito baixa). A comparação com nenhum tratamento/tratamento mínimo mostrou um efeito bastante significativo favorecendo a terapia de casal para o nível de sintomas depressivos. Esses achados têm como base três estudos com 90 participantes (SMD -0,95, 95% IC –1,59 a -0,32; evidência de muito baixa qualidade) e persistência da depressão, com base em dois estudos com 65 participantes (RR 0,48, 95% IC 0,32 a 0,70; evidência de muito baixa qualidade). Não havia dados disponíveis para desistências para essa comparação. Em relação ao sofrimento relacional, a comparação com a psicoterapia individual mostrou que a terapia de casal pareceu mais eficaz na redução do nível de sofrimento ao final do tratamento, com base em seis estudos com 187 participantes (SMD –0,50, IC –0,97 a –0,02; evidência de qualidade muito baixa) e na persistência do desconforto, com base em dois estudos com 81 participantes (RR 0,71, IC 95% 0,51 a 0,98; evidência de baixíssima qualidade). A qualidade da evidência foi fortemente afetada pela grande heterogeneidade (I2 = 59%). Na análise restrita a estudos que incluíram apenas casais em dificuldades, não foi encontrada heterogeneidade e o nível de estresse ao final do tratamento foi maior (DMP –1,10, IC 95% –1,59 a –0,61). Poucos dados sobre esse desfecho estavam disponíveis para outras comparações. Avaliamos a certeza das evidências usando o sistema Grade. Os resultados foram enfraquecidos pela baixa qualidade da evidência relacionada aos efeitos sobre sintomas depressivos, em comparação com a psicoterapia individual, e por evidências de qualidade muito baixa para todas as outras comparações e para os efeitos de sofrimento relacional. A maioria dos estudos foi afetada por problemas como o pequeno número de casos, viés de desempenho, viés de avaliação em decorrência da avaliação não cega dos resultados, relato de desfecho incompleto e viés de fidelidade dos investigadores. A heterogeneidade foi, em particular, um problema para os dados sobre angústia relacional.

Embora haja sugestão de que a terapia de casal é tão eficaz quanto a psicoterapia individual na melhora dos sintomas depressivos e mais eficaz na melhora das relações em casais angustiados, a baixa ou muito baixa qualidade das evidências limita seriamente a possibilidade de tirar conclusões firmes. Poucos dados estavam disponíveis para comparações com nenhum tratamento mínimo e terapia medicamentosa. Futuros ensaios clínicos, com maior qualidade, devem ser testados em grandes amostras com um longo seguimento dos efeitos da terapia de casal em comparação com outras intervenções em casais discordantes com um parceiro deprimido, considerando o papel da qualidade do relacionamento como um potencial mediador na melhora da depressão.

A segunda revisão Cochrane incluída neste capítulo é sobre a ativação comportamental no tratamento da depressão (Uphoff et al., 2020). Terapia comportamental abrange uma série de terapias que têm como princípio o condicionamento operativo, nos quais os comportamentos são modificados por meio do aprendizado. O termo ativação comportamental aparece pela primeira vez como um componente da terapia cognitiva (Hollon & Garber, 1990), contudo Jacobson desenvolveu um modelo de ativação comportamental, mais fácil de ser implantada, para o tratamento da depressão (Jacobson et al., 1996).

A ativação comportamental pode ser definida como uma abordagem psicoterápica breve, que visa à mudança da forma como a pessoa interage com o ambiente, almejando um aumento ao acesso de reforço positivo de comportamentos saudáveis, redução de comportamentos evitativos que limitam o acesso a reforços positivos e compreender e acessar barreiras à ativação. O tratamento é colaborativo e focado no presente.

Os autores dessa revisão fizeram um levantamento de artigos publicados até janeiro de 2020, que eram ensaios clínicos controlados e randomizados sobre a ativação comportamental em adultos com depressão. Foram incluídos 53 estudos e 5.495 pacientes. Os estudos compararam a ativação comportamental a não tratamento, cuidado padrão ou usual, tratamento placebo, medicações, lista de espera e outras formas de psicoterapia, como TCC, TCC terceira onda, terapia humanística, psicodinâmica e terapia integrativa.

Os estudos foram feitos em 14 países diferentes, sendo que 27 deles foram feitos nos EUA. A maior parte teve uma duração de 16 semanas. Os desfechos focavam em eficácia e tolerabilidade.

Os autores encontraram que a ativação comportamental tem maior eficácia com relação ao tratamento usual (evidência de média qualidade) (risco relativo (RR) 1,40, 95% intervalo de confiança (IC) 1,10 a 1,78; 7 RCTs, 1.533 participantes). Comparada à lista de espera, a ativação comportamental pode ser mais efetiva, porém existem poucos dados para essa comparação e a evidência é de baixa qualidade (RR 2,14, 95% IC 0,90 a 5.09; 1 RCT, 26 participantes). Não havia evidência para comparações entre a ativação comportamental com placebo ou sem tratamento.

Encontraram evidências de moderada qualidade que sugeriam não haver diferenças com relação à eficácia da ativação comportamental com a TCC (RR 0,99; 95% IC 0,92 a 1,07; foram incluídos 5 ECRs e 601 participantes). Muito poucos dados foram encontrados com outros comparadores. Não foram encontradas diferenças na eficácia da ativação comportamental com as TCC da terceira onda (RR 1,10, 95% IC 0,91 a 1,33; ECRs, 98 participantes; baixa qualidade), e psicoterapia psicodinâmica (RR 1,21; 95% IC 0,74 a 1,99; 1 ECR, 60 participantes; muito baixa qualidade).

A ativação comportamental foi mais efetiva que a terapia humanística (RR 1,84, 95% IC 1,15 a 2,95; 2 ECRs, 46 participantes; baixa qualidade) e que a medicação (RR 1,77, 95% IC 1,14 a 2,76; 1 RCT; 141 participantes; qualidade moderada), porém esses resultados foram baseados num pequeno número de ensaios clínicos e poucos participantes.

Não foram encontradas evidências de eficácia do tratamento em comparações da ativação comportamental com a terapia interpessoal, analítica-cognitiva e terapias integrativas.

Existe uma evidência moderada de que a ativação comportamental possa ter uma menor adesão (baseada nos índices de abandono), a curto prazo, que o tratamento usual, embora os dados não confirmem a diferença e os resultados carecem de precisão (RR 1,64, 95% IC 0,81 a 3,31; 14 RCTs, 2.518 participantes). Uma evidência moderada não sugere diferenças na adesão de curto prazo entre a ativação comportamental e a lista de espera (RR 1,17, 95% IC 0,70 a 1,93; 8 ECRs, 359 participantes), não tratamento (RR 0,97, 95% IC 0,45 a 2,09; 3 ECRs, 187 participantes), medicação (RR 0,52, 95% IC 0,23 a 1,16; 2 ECRs, 243 participantes) ou placebo (RR 0,72; 95% IC 0,31 a 1,67; 1 ECR; 96 participantes; evidência de baixa qualidade).

Não há evidência com relação à aceitação ao tratamento comparando a ativação comportamental com a terapia psicodinâmica. Evidências de baixa qualidade não mostraram diferenças na aceitação no curto prazo; índice de abandono entre a ativação comportamental e a TCC (RR 1,03, 95% IC 0,85 a 1,25; 12 ECRs, 1.195 participantes), TCC terceira onda (RR 0,84, 95% IC 0,33 a 2,10; 3 ECRs, 147 participantes), terapia humanística (RR 1,06; 95% IC 0,20 a 5,55; 2 ECRs, 96 participantes; qualidade muito baixa das evidências) e terapias interpessoal, cognitiva-analítica e integrativa (RR 0,84, 95% IC 0,32 a 2,20; 4 ECRs, 123 participantes).

A terceira revisão sistemática publicada pela Cochrane avaliou as chamadas terapias cognitivas e comportamentais da terceira onda no tratamento da depressão (Churchill et al., 2013). Essas terapias da terceira onda representam uma nova geração de terapias, que têm sido rapidamente implementadas no tratamento de uma série de transtornos mentais, contudo, ainda não existem muitas evidências sobre a sua eficácia. Nessa revisão sistemática, os autores somente incluíram quatro ensaios clínicos (224 participantes), que preenchiam os critérios de inclusão e exclusão propostos pelos autores. Esses estudos forneciam poucas informações sobre a alocação dos participantes nos grupos, assim como nenhum desses ensaios usaram avaliadores dos desfechos independentes, e as evidências sugeriam haver uma tendenciosidade dos pesquisadores em relação aos tratamentos ativos. Os quatro estudos avaliaram diferentes abordagens associadas à terceira onda (ativação comportamental estendida, terapia de aceitação e compromisso e treinamento de memória competitiva). Nenhum dos estudos avaliou os pacientes num seguimento de maior prazo.

Os resultados mostraram uma diferença na resposta clínica favorecendo a TCC de terceira geração quando comparada ao tratamento usual (três estudos, 170 participantes, RR 0,51, 95% IC 0,27 a 0,95; muito baixa qualidade). Não foram encontradas diferenças entre as abordagens de terceira onda com o tratamento usual (quatro estudos, 224 participantes, RR 1,01, 95% IC 0,08 a 12,30; muito baixa qualidade). Ambas as análises mostraram uma grande heterogeneidade estatística. Os autores concluíram que as abordagens de TCC terceira onda parecem ser mais efetivas no tratamento do episódio agudo de depressão, comparadas ao tratamento usual. Contudo, o pequeno número de ensaios e participantes, assim como a diversidade de tipos de intervenção e controles, associados às grandes limitações metodológicas, limitam a capacidade de conclusão sobre a eficácia. A crescente popularidade das abordagens de TCC terceira onda na prática clínica reforça a necessidade de termos novos estudos para que existam evidências de qualidade que guiem as aplicações na saúde pública.

CONSIDERAÇÕES FINAIS

Ao levantarmos as evidências científicas publicadas em jornais e periódicos indexados, podemos afirmar que as psicoterapias manualizadas e estruturadas (aquelas passíveis de serem avaliadas cientificamente com relação a sua efetividade e tolerabilidade) são eficazes no tratamento da depressão.

Podemos falar que algumas psicoterapias são aparentemente mais efetivas, por terem mais estudos de qualidade que outras formas de psicoterapia. As psicoterapias com evidência científica para o tratamento do transtorno depressivo foram: terapia cognitivo-comportamental, terapia interpessoal, terapia psicodinâmica breve e terapia de resolução de problemas. Em metanálises em rede algumas formas de terapia cognitivo-comportamental como a ativação comportamental e as psicoterapias da terceira onda, além da terapia narrativa, foram consideradas efetivas.

Podemos afirmar que o efeito da psicoterapia é independente e provavelmente age por mecanismos diversos das medicações antidepressivas, abrindo campo para o estudo da associação das psicoterapias com as medicações.

As metanálises em rede têm levantado dados comparativos entre tipos diferentes de psicoterapias, mas esse é um campo em que os estudos, além de raros, carecem de rigor metodológico, levando a resultados de baixa qualidade. Nos estudos sobre o efeito da psicoterapia no tratamento da depressão nas diferentes fases, que também são pouco abordados e com rigor metodológico reduzido, aparentemente a psicoterapia não foi tão eficaz, em pacientes mais jovens, o que contraria uma noção clínica disseminada de que essa seria a melhor forma de tratamento em pacientes mais jovens.

Nas últimas décadas, novas abordagens psicoterápicas têm sido propostas para o tratamento da depressão, e conseguimos encontrar algumas revisões sistemáticas que avaliaram a EMDR, assim como a ativação comportamental (esta última uma revisão da Cochrane), com resultados positivos, sendo, portanto, abordagens promissoras que valem a pena investir.

Houve uma nova revisão sistemática que avaliou a terapia de casal, que se mostrou tão eficaz quanto a terapia individual para o tratamento depressivo, abrindo possibilidades de tratamento quando a terapia individual for difícil de ser aceita por um dos membros do casal.

Interessante que uma revisão sistemática realizada pela Cochrane sobre as psicoterapias da terceira onda mostrou poucos estudos e de baixa qualidade, de maneira que ainda não podemos afirmar a eficácia dessa forma psicoterápica no tratamento da depressão. Isso difere de uma revisão sistemática em rede, que tem sido bastante citada na literatura. Assim, essas formas psicoterápicas, apesar de interessantes, ainda precisam ser mais bem estudadas para podermos afirmar sobre sua eficácia e tolerabilidade.

Entre os dez anos que separam as edições deste livro sobre evidências científicas dos tratamentos psicológicos para a depressão houve mudanças significativas, mas ainda permanecem as mesmas questões: os estudos são ainda muito poucos e grande parte deles com problemas metodológicos. O que mostra que há pouco financiamento para estudos sobre psicoterapia, e talvez pouco interesse na mensuração da sua eficácia. Podemos supor que em parte esse desinteresse exista pelo fato de as psicoterapias já serem consolidadas há décadas, existindo um mercado relacionado a elas, com provável resistência a que resultados não favoráveis possam ser encontrados. É importante considerar que a consolidação das práticas psicoterápicas na sociedade é um sinal de que elas têm cumprido um papel, e que a psicoterapia vai além do tratamento de transtornos mentais, o qual é avaliado nos ensaios clínicos. Assim, a avaliação das psicoterapias deveria ser feita de maneira diversa, para analisar seu impacto no funcionamento mental e social dos indivíduos. Contudo, essa falta de estudos enfraquece a indicação da psicoterapia no sistema de saúde, em que os recursos, na grande maioria públicos, devem ser justificados e baseados em evidências científicas.

As psicoterapias baseadas em evidências científicas são uma ferramenta importante e efetiva no tratamento da depressão, e precisam ser mais bem estudadas, para sabermos mais sobre especificidades de tipos de psicoterapias, para as várias fases da vida e tipos diferentes de depressão. Assim como tempo de administração, efeitos a médio e longo prazo precisam ser mais estudados. A necessidade de financiamento para essas pesquisas é fundamental, mas também deve ser quebrada a resistência de profissionais de saúde na avaliação científica das intervenções.

REFERÊNCIAS

Capítulo 35

Evidências no tratamento do transtorno bipolar

Stella Yano

INTRODUÇÃO

O transtorno afetivo bipolar (TAB) é uma condição psiquiátrica caracterizada por perturbações do humor, podendo ser mania, hipomania ou depressão.

De acordo com a classificação do DSM-5 (APA, 2014), há dois tipos principais de transtorno bipolar: o tipo I, no qual a alteração do humor é bem grave e persistente e há pelo menos um episódio de mania, podendo ser precedido ou seguido de um episódio hipomaníaco ou depressivo maior; e o tipo II, em que a alteração do humor é mais branda e há pelo menos um episódio de depressão maior e hipomania. Há casos de características mistas, o ciclotímico, em que ocorrem sintomas depressivos e hipomania. Há alternância desses períodos, porém mais leves e curtos, por pelo menos dois anos, mas sem que atenda a critérios de episódio de mania, hipomania ou depressão maior. No DSM-5, há também a classificação para os quadros induzidos por substâncias ou então aqueles relacionados a uma condição médica específica.

No DSM-5 também há a descrição de quadros atípicos, cujos sintomas não preenchem os critérios de duração e frequência mínimos para caracterizar, por exemplo, um episódio hipomaníaco. Com o objetivo de organizar as diferentes formas do TAB, criou-se o conceito de espectro bipolar, que pode ser representado por um *continuum* de condições que interligariam a depressão à esquizofrenia (Akiskal, 2002; Ghaemi & Dalley, 2014), compreendendo pessoas com depressão grave recorrente, com histórico familiar de TAB ou mesmo que apresentam um episódio maníaco após uso de antidepressivo e outras características (início precoce, tolerância a antidepressivos ou vários episódios).

O TAB é resultante da vulnerabilidade genética somada a ambientes estressores, ocasionando consequências significativas em diferentes aspectos, reduzindo a qualidade de vida, principalmente, quando tem início precoce. Como a doença costuma aparecer no final da adolescência e início da vida adulta, nota-se uma sensibilidade maior nessa etapa, levando em conta o desenvolvimento social, educacional e profissional. O TAB é uma doença crônica, grave e recorrente, e está associado à presença de comorbidades psiquiátricas e clínicas, com risco para dependência e abuso de substâncias e outros transtornos metabólicos, endócrinos e vasculares (Kim et al., 2017). Além disso, leva ao comprometimento cognitivo e funcional (Douglas et al., 2018; Osuji & Cullum, 2005), bem como ao aumento da mortalidade por suicídio. Também parece estar associado a outras doenças (Vieta et al., 2018) e à menor expectativa de vida do que a população em geral (Ghaemi & Dalley, 2014).

Um diagnóstico precoce e preciso não é uma tarefa fácil para o clínico, porém, extremamente relevante para que seja iniciado um tratamento eficiente o quanto antes, para minimizar os prejuízos.

Por ter forte componente biológico, o principal tratamento é o medicamentoso, principalmente por meio de estabilizadores do humor, antidepressivos e, em alguns casos, antipsicóticos. No entanto, a psicofarmacoterapia sozinha não contribui para a remissão dos sintomas, além de muitos pacientes apresentarem recaídas, no período de um ano ou por falhar na manutenção da eutimia. Alguns fatores podem explicar esses resultados, como a não adesão aos medicamentos (Colom et al., 2009) e a intolerância aos efeitos colaterais deles (Vieta et al., 2018).

Estudos científicos têm demonstrado o modo como os psicofármacos atuam nesses casos, mas a forma como as psicoterapias interferem no mecanismo biológico ainda é pouco conhecida. Por isso, nas últimas décadas, observa-se um interesse maior no desenvolvimento de tratamentos psicológicos mais específicos para o TAB, principalmente devido às taxas de remissão serem baixas, às altas taxas de recorrência, aos sintomas residuais e comprometimento social (Swartz & Swanson, 2014).

A efetividade das intervenções psicossociais aliadas ao psicofarmacológico tem sido demonstrada em estudos (Kessing et al., 2013). Alguns deles correlacionam a redução de determinados sintomas após as intervenções psicoterápicas (O'Donoghue et al., 2018), enquanto outros mostram a redução dos sintomas por meio de alterações neurais (Roffman et al., 2005), após tratamento psicoterápico, bem como a redução de recaídas (Miklowitz et al., 2008).

INTERVENÇÕES PSICOSSOCIAS PARA O TAB

A combinação psicofármacos e intervenções psicossociais parece bem-vinda, em se tratando de um transtorno de natureza tão complexa como o TAB. Consideramos que, com o emprego da medicação, haveria maior controle dos sintomas, possibilitando imersão e aderência aos tratamentos adjuvantes psicossociais; esse efeito poderia favorecer a utilização de técnicas psicoterápicas específicas, para controle do estresse e instabilidade do humor.

De modo geral, há muitas vantagens em fazer uma intervenção psicossocial nos casos de TAB, como: ajuda na manutenção do uso da medicação e tolerância aos efeitos colaterais; controle dos fatores de risco ou estressores; melhora no equilíbrio emocional e cognitivo e desenvolvimento de habilidades para favorecer o funcionamento psicossocial, profissional e lidar com a instabilidade do humor, que, por vezes, fica prejudicado, e que as medicações, por si só, não dão conta (Salcedo et al., 2016).

Há vários tipos de intervenções psicossociais. As principais são: psicoeducação (PE), terapia cognitivo-comportamental (TCC), terapia focada na família (TFF) e terapia interpessoal e de ritmos sociais (TIRS), terapia cognitiva baseada em *mindfulness* (TCBM). Essas focam nas fases agudas ou mesmo entre elas, colaborando no controle dos sintomas e amenizando os impactos sobre o funcionamento global.

Uma pesquisa foi realizada para examinar os ensaios clínicos randomizados (ECRs) de algumas intervenções psicossociais para o TAB, como PE, TCC, TFF, TIRS, DBT (terapia comportamental dialética) e TCBM (Salcedo et al., 2016). Os resultados apontaram a redução dos sintomas depressivos com essas intervenções psicoterapêuticas. Tanto a TCC como a PE contribuíram para o aumento do intervalo de recaída ou recorrência do episódio de humor. Já a TCBM favoreceu a melhora dos sintomas depressivos e ansiosos.

A TCC tem como foco identificar e alterar padrões de pensamentos e comportamentos disfuncionais. Ela tem sido bastante promissora nos casos de TAB, principalmente por sua característica psicoeducativa, como ensinar o controle das flutuações de humor, a identificação de fatores estressores, a adesão ao tratamento psicofarmacológico, entre outros (Beck et al., 1979). Várias pesquisas têm mostrado que a TCC gera benefícios para os portadores de TAB (Salcedo et al., 2016; Scott, 2006), tais como: melhora dos sintomas; aumento dos intervalos de crises, com menor necessidade de hospitalização, e melhora no funcionamento cognitivo e social.

Uma recente revisão sistemática e metanálise (Chiang et al., 2017) em pacientes com TAB mostrou que a TCC foi efetiva em: melhorar os sintomas depressivos e a severidade dos episódios maníacos; reduzir recaídas; e aprimorar o funcionamento social. Esse estudo também apontou que a melhora da depressão ou da mania é mais evidente quando as sessões de tratamento duram pelo menos 90 minutos e que a taxa de recaída é menor em pacientes bipolares do tipo I.

No entanto, há estudos demonstrando que na TCC, em períodos mais agudos, as respostas não são tão pronunciadas em estados maníacos, em contraposição ao estado depressivo (Rizvi & Zaretsky, 2007; Scott et al., 2006). Entende-se que, em episódios maníacos agudos, os pacientes não respondem bem à psicoterapia, possivelmente pela percepção inadequada ou insuficiente de que necessitam de ajuda ou mesmo a rejeitam (Miklowitz et al., 2008).

A psicoeducação (PE) é uma intervenção fundamental para o tratamento do TAB, já que proporciona efeitos a longo prazo. Pacientes que se submetem a PE apresentam menos recorrência, mudança de fases e internações e melhora no nível de funcionamento global (Colom et al., 2009; Figueiredo et al., 2009; Miklowitz et al., 2021; O'Donoghue et al., 2018).

Essa abordagem tem como princípio fornecer informações a respeito da doença. O conhecimento teórico e prático favorece a possibilidade de adquirir maior controle sobre seus comportamentos e emoções. Aos poucos, o paciente vai entendendo melhor seu modo de funcionar, como discriminar cada fase, manejar as consequências da doença e, a partir disso, modificar seus comportamentos e crenças associadas. Desse modo, a PE incentiva os pacientes a serem participativos no tratamento, favorecendo o comprometimento deles (Figueiredo et al., 2009).

A terapia interpessoal e ritmos sociais (TIRS) pode ser considerada uma das primeiras formas de intervenção psicossocial para TAB. O foco está na relação do humor com os ritmos circadianos. O aumento da regularidade das rotinas diárias, como horários para dormir, alimentar-se e estudar, por exemplo, favorece o equilíbrio, evitando a recorrência dos episódios de humor (Frank, 2007). Essa forma de terapia contribui não só para a promoção de estabilidade nas rotinas diárias, como também na dificuldade de adesão aos medicamentos e estresse interpessoal. Outro estudo em grupo submetido a TIRS aponta a redução do comprometimento funcional, favorecendo a melhora dos sintomas depressivos (Bouwkamp et al., 2013).

A terapia cognitiva baseada em *mindfulness* (TCBM) busca desenvolver a consciência de pensamentos e sentimentos, sem julgamento. O relaxamento e o *mindfulness* são técnicas valiosas a serem empregadas quando o paciente apresenta ansiedade elevada. Com essas técnicas, ele aprenderá a controlar os sintomas da ansiedade, presentes tanto nas fases depressivas como maníacas. À medida que consegue controlar a ansiedade, o paciente poderá realizar as tarefas de maneira mais apropriada ou com menor prejuízo, além de tomar decisões mais funcionais. Isso favorecerá o questionamento das crenças disfuncionais geralmente presentes.

Também é bastante comum o portador de TAB apresentar comprometimento cognitivo, incluindo dificuldades nas funções executivas, principalmente atenção e memória. E, nesses casos, as técnicas de *mindfulness* têm contribuído para a melhora nessas áreas (Lovas & Schuman-Olivier, 2018; Stange et al., 2011).

A terapia focada na família (TFF) consiste em sessões de psicoeducação familiar, treinamento de habilidades de comunicação e de resolução de problemas. Estudos randomizados e controlados têm sido favoráveis à FTT para melhorar o curso do TAB em adultos e adolescentes. Em oito ECRs, com uma população de adultos e adolescentes com TAB, a TFF, juntamente com medicamentos estabilizadores de humor, contribuiu para o controle da oscilação do humor e a redução das recorrências das crises, bem como para a gravidade dos sintomas, quando comparada a PE mais medicamentos, durante um a dois anos (Miklowitz & Chung, 2016).

A DBT foi desenvolvida por Linehan, no início da década de 1980. Essa terapia aborda as diferentes intervenções terapêuticas de modo integrativo, priorizando a relação terapeuta-paciente. Originalmente foi orientada aos transtornos de personalidade, uma vez que os pacientes nessa condição costumam apresentar desregulação emocional, risco de suicídio e automutilação. Estudos mostram que a DBT é eficaz na redução das hospitalizações, adesão ao tratamento e melhoria no funcionamento social (Mehlum et al., 2014). Em se tratando do TAB, pode-se pensar em similaridade quanto às alterações de humor, que favorecem a desregulação emocional desses pacientes; por isso, ensaios clínicos têm tentado mostrar sua efetividade no tratamento psicossocial para a bipolaridade (Goldstein et al., 2015).

REVISÃO SISTEMÁTICA: INTERVENÇÕES PSICOSSOCIAIS NO TRATAMENTO DO TAB

Uma revisão sistemática foi realizada a fim de comparar a associação de psicoterapias e componentes terapêuticos, em relação à redução de recorrências e à estabilização dos sintomas em pacientes com TAB (Miklowitz et al., 2021).

Para tanto, realizaram buscas bibliográficas em alguns bancos de dados (*Medline, PsychInfo, Cochrane Library*) e outros ECRs (até junho de 2019) de psicoterapia para TAB. Foram identificados 39 ECRs que compararam a farmacoterapia combinada com algumas formas de intervenção psicoterápica (TCC, TFF, TIRS e PE) com a farmacoterapia combinada com uma intervenção controle (suporte ou tratamento tradicional) para pacientes com TAB.

Os resultados mostraram que os tratamentos psicológicos manuais tiveram menos recorrência do que o grupo controle. A PE, com foco no desenvolvimento de habilidades para gerenciamento da doença, em família ou grupo, teve menos recorrência, quando comparada à mesma estratégia, porém de forma individual. Já a TCC de modo mais claro e a TFF e a TIRS foram associadas à estabilização dos sintomas depressivos, quando comparadas ao grupo controle.

Quanto aos componentes da terapia, aqueles associados à menor taxa de recorrência foram: o trabalho em família e o encorajamento dos pacientes a monitorar os sintomas prodrômicos. Habilidades guiadas e automonitoramento em família, que fazem parte da PE, também contribuíram na redução de recorrências, quando comparados ao formato individual. Além disso, a reestruturação cognitiva, a regulação dos ritmos diários e em menor grau e o treinamento de comunicação foram eficazes em reduzir a gravidade da depressão e estabilizar os sintomas maníacos. Em contrapartida, a ativação comportamental e a terapia individual foram menos eficazes para controle dos sintomas depressivos e maníacos.

Pode-se concluir com essa revisão sistemática que a TCC, a TIRS e a TFF parecem contribuir na estabilização da depressão, sendo a TCC mais favorável, possivelmente pelo maior número de estudos. Da mesma maneira, a PE e a TCC parecem contribuir para a estabilização dos sintomas maníacos residuais, com apoio do controle dos ritmos diários.

Há outra revisão sistemática realizada para identificar ECRs e ECRs controlados, para compreender as modalidades de terapias que poderiam contribuir para os casos de TAB II em adultos (Novick & Swartz, 2019). Para tanto, os autores da pesquisa realizaram uma busca de material para investigar a efetividade de intervenções individuais e em grupo em pacientes com TAB. Utilizaram a base do *PsychInfo*, no período de 2014 a 2019, totalizando 61 artigos analisados para o objetivo.

Nessa revisão, pode-se concluir que a TCC foi promissora no tratamento agudo do TAB e na manutenção dos ganhos, reduzindo a taxa de recaída, melhorando os sintomas depressivos e o funcionamento psicossocial, além de maior controle dos sintomas maníacos.

A PE demonstrou ser bastante eficaz para o TAB I, principalmente quando administrada em grupo, por mais tempo e no início da doença.

A TFF e a TIRS parecem ser promissoras no tratamento agudo para a depressão e para a manutenção dos ganhos. Um dos pontos a considerar na TFF é que esse tipo de psicoterapia reduz o estigma da doença para o paciente e para sua família.

Já em relação ao apoio de pares, há evidências de melhora na manutenção, porém não dados suficientes para avaliar sua relevância na fase aguda. Esse tipo de intervenção pode ser útil para ajudar o paciente que apresenta isolamento ou estigma sobre a doença.

Outra intervenção citada nessa revisão foi a remediação funcional (Torrent et al., 2013), cujo objetivo foi trabalhar as deficiências cognitivas encontradas em pacientes com TAB, como a melhoria das funções executivas, atenção e memória. Dois ECRs foram avaliados, demonstrando os seus efeitos positivos.

As intervenções TCBM e gerenciamento e recuperação de doenças também foram promissoras como tratamento para o TAB, em comparação com o tratamento convencional.

De modo geral, a TCC, a TFF, a TIRS e apoio de pares têm forte evidência para tratar os pacientes com TAB e, por isso, podem ser mais eficazes quando combinadas à psicofarmacoterapia. A PE favorece o tempo de remissão, aumenta o tempo de recorrência e promove melhoras na funcionalidade do paciente. Outro ponto importante é que a PE ajuda no desenvolvimento de habilidades necessárias para gerenciar as consequências negativas que o TAB causa nas diferentes áreas ao longo da vida: psicossocial, neurocognição, profissional e interpessoal.

Como demonstrado anteriormente, as intervenções psicoterápicas têm seu papel importante no tratamento do TAB. Porém, as metanálises realizadas não levam em consideração as diferenças nos resultados da depressão, por exemplo, se foi avaliada como aguda ou mesmo o quão grave ela era. Certamente isso pode afetar as conclusões realizadas. Partindo disso, uma metanálise (Yilmaz et al., 2022) teve como objetivo avaliar a eficácia das intervenções psicossociais para portadores de TAB I e II na redução dos sintomas depressivos.

Para tanto, foi realizada uma busca sistemática em bases bibliográficas de dados (*Medline*, *EMBASE*, *PsychInfo*, *Scopus*, *Cochrane Library*, *Web of Science*). Foram incluídos 28 estudos na revisão e 22 metanálises.

Os resultados mostraram um efeito significativo nos sintomas da depressão para a TCC e a DBT, porém com baixa qualidade das evidências e também por não se manterem a longo prazo. As demais intervenções psicossociais, como PE, TCBM, TFF e TIRS, não mostraram evidências entre o nível basal de depressão e o pós-tratamento, quando comparados o grupo controle e experimental. No entanto, os dados obtidos devem ser analisados com parcimônia, uma vez que a quantidade de trabalhos de qualidade foi pequena. Por isso, mais estudos comparativos dessas variáveis devem ser realizados.

IMPLICAÇÕES PARA A PRÁTICA

Essas revisões sugerem a existência de evidências para que sejam oferecidas as terapias combinadas, psicofarmacoterapia e psicoterapia baseadas em evidências para pacientes com TAB, uma vez que a medicação sozinha raramente é suficiente para gerar uma recuperação completa e duradoura. Daí a importância das intervenções psicossociais, que têm sido reconhecidas pelo seu potencial de ajudar os pacientes a desenvolver habilidades necessárias para auxiliá-los no controle da doença e no funcionamento social. Até o momento, não temos na literatura informações suficientes sobre qual tratamento seria melhor para cada caso, mas recomendações podem ser realizadas com dados suficientes para as fases de manutenção (PE, TCC, TFF, TIRS) e na fase depressiva (TCC, DBT, TFF e TIRS), já que, quando combinadas, permitem a remissão, aumentam o tempo de recorrência e favorecem os resultados funcionais. É claro que a escolha da melhor intervenção possivelmente estará associada à que estiver disponível e da preferência do paciente.

Outro ponto relevante a ser destacado é a qualificação dos profissionais da saúde envolvidos no tratamento. Eles precisam estar atualizados, bem formados e orientados, para que possam realizar o tratamento de forma eficaz e levando em conta as peculiaridades de cada um. Caso contrário, não haverá benefício dessa combinação na prática clínica.

IMPLICAÇÕES PARA A PESQUISA

Os tratamentos psicofarmacológicos e as psicoterapias têm sido recomendados como tratamentos padrão-ouro para os transtornos mentais. Porém, é importante considerar que alguns deles podem estar sendo supervalorizados ou dificultando a detecção dos efeitos dos tratamentos, uma vez que podem ocorrer problemas nos ensaios clínicos randomizados, como a falta de padronização de tratamentos e de critérios de elegibilidade e os possíveis vieses (p. ex., utilizar amostras heterogêneas, exclusão de pacientes que não aderem à medicação), equívocos do pesquisador ou mesmo pela falta de um bom grupo controle ou que considerasse os diferentes tipos de TAB. Por isso, as revisões sistemáticas de ECR e metánalise se fazem necessárias, para que possamos ter credibilidade nos estudos e maior generalização, norteando-nos para uma prática clínica efetiva.

Para tanto, é importante que as intervenções psicossociais baseadas em evidências sejam monitoradas, com uso de métodos claros e objetivos, com treinamentos desses profissionais para garantir a fidelidade e a credibilidade do tratamento. Isso implica estudos sistemáticos para maior controle dessa prática.

Outros estudos com psicoterapia *on-line* poderiam ser mais investigados, pois isso garantiria maior acesso a esses tratamentos e seus objetivos. Também seria importante ter mais estudos que avaliassem as combinações de componentes terapêuticos, dadas as diferentes formas de apresentação da doença, bem como em diferentes contextos, públicos ou privados.

CONSIDERAÇÕES FINAIS

O transtorno afetivo bipolar, como vimos, é um transtorno complexo e de difícil diagnóstico e tratamento. Porém, como as consequências são graves caso não tratado, é fundamental que se persista na busca de um diagnóstico preciso e uma terapêutica eficiente o quanto antes.

O que sabemos até então é que os tratamentos, quando combinados (psicofarmacoterapia + intervenções psicossociais), parecem ser os mais efetivos, uma vez que se trata de uma doença multifatorial. Eles favorecem a estabilidade do humor, a intervenção no estilo de vida, maior integração social e profissional do paciente, melhorando assim sua capacidade funcional e a qualidade de vida.

REFERÊNCIAS

Capítulo **36**

Eficácia das intervenções psicossociais no tratamento do abuso de substâncias

Laisa Marcorela Andreoli Sartes, Camilla Gonçalves Brito Santos,
Nathálya Soares Ribeiro

DEFINIÇÃO DE TRANSTORNO POR USO DE SUBSTÂNCIAS

Segundo a última versão da quinta edição do *Manual Diagnóstico e Estatístico de Transtornos Mentais* (DSM-5-TR) (APA, 2023), o transtorno por uso de substâncias (TUS) refere-se a um agrupamento de sintomas cognitivos, comportamentais e fisiológicos, que se manifestam a partir do uso contínuo de alguma substância, apesar dos problemas clinicamente significativos causados pelo seu consumo. Os critérios diagnósticos são agrupados em:

1. Baixo controle: em que se investiga o consumo em maior quantidade e tempo do que o pretendido; desejo e tentativas malsucedidas de reduzir ou controlar o consumo; quantidade de tempo gasto em atividades relacionadas à substância; fissura.
2. Deterioração social: avalia um fracasso no desempenho de tarefas no trabalho, na escola ou em casa em decorrência do consumo da substância; a continuidade do consumo, mesmo quando este causa ou piora problemas sociais e interpessoais; abandono ou redução de atividades sociais, profissionais ou recreativas importantes, em decorrência do consumo da substância.
3. Uso arriscado da substância: analisa situações em que o consumo representa risco à integridade física; consumo da substância apesar da presença de um problema físico ou psicológico causado ou aumentado por ela.
4. Critérios farmacológicos: verifica a presença da tolerância, que é entendida como a necessidade de quantidades cada vez maiores para alcançar o mesmo efeito ou efeito cada vez menor com o uso continuado da substância; presença de síndrome de abstinência diante da cessação ou redução do consumo.

Desde a versão anterior – DSM-5 (APA, 2014) –, o transtorno por uso de substâncias é compreendido em um *continuum* de gravidade, no qual indivíduos que preencham dois ou três critérios apresentam gravidade leve, quatro ou cinco critérios, gravidade moderada, e mais de seis critérios, transtorno por uso de substâncias grave. Alterações semelhantes foram feitas na Classificação Estatística Internacional de Doenças e Problemas Relacionados com a Saúde (CID-11). Entretanto, a versão anterior, o DSM-4 (APA, 1994), bem como o CID-10, apresentavam o binômio abuso (DSM)/uso nocivo (CID) e dependência (OMS, 1993). Nesse contexto, a dependência era entendida por um consumo sem controle com sérios problemas ao usuário como consequência. O abuso/uso nocivo era entendido como um padrão de consumo que já estava associado a algum tipo de prejuízo, mas que não preenchia os critérios diagnósticos para dependência. O binômio já apresentava uma ideia de continuidade, no sentido de que indivíduos dependentes, em algum momento, faziam uso abusivo, mas eram entendidos como diagnósticos diferentes. A partir do DSM-5 abusadores e dependentes tiveram o seu diagnóstico unificado para transtorno por uso de substâncias (TUS).

O DSM-5-TR apresenta a possibilidade de diagnóstico de TUS para as seguintes substâncias: álcool, *cannabis*, fenciclidina, alucinógenos, inalantes, opioides, sedativos, hipnóticos ou ansiolíticos, estimulantes e tabaco. No que se refere à atuação das substâncias no sistema nervoso central (SNC), elas podem ser classificadas como perturbadoras, depressoras e estimulantes (APA, 2023).

As substâncias perturbadoras alteram qualitativamente o funcionamento do sistema nervoso central. A partir da elevação da concentração de dopamina, serotonina e noradrenalina, elas causam efeitos como labilidade emocional e afetiva, aumento da sociabilidade, sinestesia, desrealização e despersonalização, confusão mental, sensação de consciência ampliada, *insight* pessoal, maior empatia, distorção de percepção de tempo, sensibilidade a estímulos, euforia, ilusões visuais (Zanelatto & Laranjeira, 2018).

As depressoras aumentam a concentração de um neurotransmissor inibitório, o ácido gama-aminobutírico (Gaba), ocasionando uma diminuição do funcionamento do sistema nervoso central. Entre as drogas depressoras estão os sedativos/hipnóticos, os solventes e o álcool. O álcool, em doses mais baixas, pode apresentar efeitos próximos aos das drogas estimulantes, porém, em doses mais altas, causa o efeito depressor e, por isso, é considerado uma substância bifásica. Entre os efeitos das drogas depressoras estão desinibição, prejuízo motor, cognitivo, executivo e de memória, diminuição da ansiedade, relaxamento (Zanelatto & Laranjeira, 2018).

As substâncias classificadas como estimulantes são: anfetaminas, cocaína, *ecstasy*, nicotina e catinonas. Elas aumentam a concentração principalmente da noradrenalina e da dopamina, acelerando o funcionamento do sistema nervoso central. Entre os seus possíveis efeitos estão comportamentos estereotipados e repetitivos, estado de vigília, pânico, aumento da frequência cardíaca e da respiração, labilidade emocional, hipotensão, diminuição do apetite, inquietação, irritabilidade, tremor, aumento da concentração e paranoia (Zanelatto & Laranjeira, 2018).

DADOS EPIDEMIOLÓGICOS DO CONSUMO DE SUBSTÂNCIAS

O último Relatório Mundial sobre Drogas (UNODC, 2021) apontou que cerca de 275 milhões de pessoas utilizaram drogas em 2020, tendo prevalência maior entre homens. Duas em cada três pessoas que consomem drogas no mundo são homens. Considerando projeções de aumento populacional e manutenção da prevalência do consumo de drogas na população mundial, estima-se que em 2030 o número de usuários chegue a 299 milhões.

No contexto brasileiro, os dados também são alarmantes. O III Levantamento Nacional sobre o Uso de Drogas pela População Brasileira (III LNUD) (Bastos et al., 2017) aponta que 9,9% de brasileiros relataram ter consumido alguma droga ilícita na vida, sendo a idade média do primeiro consumo de 15 anos. Desses, 3,2% realizaram consumo no último ano e 1,7% no último mês. No que se refere ao álcool, cerca de 101,6 mil brasileiros relataram o consumo na vida, 65,9 mil no último ano e 46 mil no último mês. No entanto, 1,5% dos brasileiros são dependentes de álcool, o que corresponde a 2,3 milhões de pessoas.

O consumo abusivo das substâncias tem diversas consequências para a saúde do usuário, como agravamento de comorbidades psiquiátricas, risco aumentado de infecções por HIV, hepatite, cirrose, câncer, overdose e até morte prematura. Na última década, as mortes com causa atribuídas ao consumo de substância aumentaram 17,5%. Em 2019 foram 494 mil mortes por questões relacionadas ao consumo de substâncias no mundo e 30,9 milhões de anos de vida saudável perdidos. Mais da metade dessas mortes foram ocasionadas por câncer de fígado, cirrose e outras doenças crônicas no fígado.

Apesar de se apresentar como um problema de saúde pública no Brasil e no mundo, o acesso e a disponibilidade ao tratamento são limitados. O Relatório Mundial sobre Drogas aponta que uma em cada oito pessoas com TUS recebe tratamento especializado anualmente. No Brasil, apenas 1,4% dos indivíduos que faziam o uso de qualquer substância receberam algum tratamento para essa questão no último ano (Bastos et al., 2017). Esse cenário aponta para a necessidade de melhor compreensão de quais são os fatores que afetam negativamente o acesso dos pacientes com TUS ao tratamento especializado. Além disso, indica a demanda de desenvolvimento e avaliação da eficácia de modalidades alternativas de tratamento para superação desse déficit.

A pandemia de Covid-19 também afetou o consumo de substâncias. Segundo o Relatório Mundial sobre Drogas, o consumo de substâncias aumentou durante esse período. Apesar disso, a pandemia de Covid-19 impactou no tratamento de pessoas com TUS. Com a necessidade do distanciamento social para controle da disseminação da doença, houve um aumento dos tratamentos remotos. Os tratamentos a distância tornaram-se um recurso importante para aumentar a acessibilidade e a disponibilização de tratamento especializado. Sendo assim, também é alvo deste capítulo inserir estudos sobre intervenções *on-line* para usuários de substâncias.

INTERVENÇÕES BASEADAS EM EVIDÊNCIA PARA TRANSTORNOS POR USO DE SUBSTÂNCIAS

A Sociedade de Psicologia Clínica, Divisão 12 da American Psychological Association (APA), apresenta os tratamentos que foram avaliados quanto à sua efetividade, para os mais diversos transtornos ou questões que levam os indivíduos a buscar a psicoterapia. A avaliação dos tratamentos é baseada em dois conjuntos de critérios. Um dos conjuntos de critérios foi apresentado por Chambless e Hollon (1998) e avalia as evidências de efetividade de um tratamento como forte, modesta ou controversa com base em uma revisão sistemática realizada a partir de ECRs ou equivalentes. O conjunto de critérios adotados atualmente foi proposto por Tolin et al. (2015) e avalia as evidências de um tratamento como muito forte, forte, fraca ou com evidências insuficientes com base em uma revisão sistemática de metanálises publicadas de ECR. Mas o que esses "rótulos" nos dizem sobre a qualidade das evidências de um tratamento?

De acordo com os critérios propostos por Chambless e Hollon (1998), um tratamento com fortes evidências é um tratamento "bem estabelecido". Ou seja, envolve estudos bem desenhados conduzidos por investigadores independentes que convergem para apoiar a eficácia do tratamento. Um tratamento com evidências modestas é considerado um tratamento provavelmente eficaz. São tratamentos que envolvem um estudo bem desenhado ou dois ou mais estudos adequadamente desenhados que suportam a eficácia de um tratamento. Os tratamentos considerados controversos são aqueles que apresentam resultados conflitantes ou casos em que um tratamento é eficaz, mas as alegações sobre os motivos pelos quais o tratamento funciona estão em desacordo com as evidências da pesquisa.

Os critérios adotados atualmente, baseados em Tolin et al. (2015), consideram que um tratamento apresenta evidências muito fortes quando demonstra alta qualidade na melhora dos sintomas e nos resultados funcionais no pós-tratamento e no acompanhamento, há pequeno risco de danos, requer quantidade razoável de recursos, é eficaz em contextos fora da pesquisa. Um tratamento apresenta evidências fortes quando demonstram qualidade moderada a alta de que o tratamento melhora os sintomas ou resultados funcionais, não há um alto risco de danos, é há um uso razoável de recursos. Um tratamento apresenta baixas evidências ao demonstrar qualidade baixa ou muita baixa de que o tratamento produz efeitos clinicamente significativos nos sintomas ou resultados funcionais e os ganhos do tratamento podem não justificar os recursos envolvidos. Por fim, um tratamento produz evidências insuficientes quando não são encontradas metanálises a respeito ou a metanálise não apresenta evidências suficientes.

Como clínicos, é de fundamental importância conhecer os significados dos indicativos de qualidade de uma evidência, a fim de nortear a nossa prática na busca da melhor evidência disponível. Por exemplo, se navegarmos pelo *site* da Divisão 12 da APA, encontraremos sete resultados ao procurar os tratamentos para transtorno por uso de álcool e outras substâncias, entre eles: terapia cognitivo-comportamental (TCC) para o TUS; manejo de contingências para o TUS; seleção de tratamento sistemático para populações ambulatoriais gerais; terapia comportamental de casais para transtorno por uso de álcool (TUA); beber moderado para TUA; manejo de contingências baseado em prêmios para o TUA; e buscando por segurança no transtorno de estresse pós-traumático associado ao TUS. O fato de esses tratamentos constarem no *site* da Divisão 12 não é uma garantia de alto nível de efetividade. Apenas significa que foram tratamentos avaliados com base nos referidos critérios e que é preciso certificar o nível de qualidade das evidências dessas intervenções.

A TCC e o manejo de contingências foram avaliados a partir dos critérios de Tolin et al. (2015) e apresentam fortes evidências de efetividade para o tratamento do TUS. A seleção de tratamento sistemático para populações ambulatoriais gerais, a terapia comportamental de casais para TUA e o buscando por segurança no transtorno de estresse pós-traumático associado ao TUS apresentaram fortes evidências a partir dos critérios estipulados por Chambless e Hollon (1998). Contudo, ainda não foram reavaliados de acordo com os critérios de Tolin et al. (2015). O beber moderado para TUA e o manejo de contingências baseado em prêmios para o TUA demonstraram evidências modestas, baseadas nos critérios de Chambless e Hollon (1998). Portanto, apenas a TCC e o manejo de contingências foram reavaliados com base no novo conjunto de critérios.

Sendo assim, nas seções seguintes iremos apresentar alguns estudos com metodologia adequada para avaliar evidência dos tratamentos para tabaco, álcool e outras drogas. Os estudos concentram-se em ensaios clínicos randomizados, revisões sistemáticas e metanálises publicados recentemente. Os tratamentos psicossociais inseridos são os apresentados nos diversos estudos e incluem terapias cognitivas e comportamentais, prevenção de recaída, entrevista motivacional e intervenções breves, além das intervenções baseadas nos 12 passos (a Terapia de Facilitação dos 12 Passos é baseada na ideia de que o alcoolismo é uma doença espiritual e médica. Os objetivos do tratamento envolvem: aceitação do alcoolismo como uma doença, o estabelecimento de um compromisso com a participação nos grupos de Alcoólicos Anônimos (AA) e exercer os 12 passos). Cabe ressaltar que os tratamentos podem se diferenciar quanto aos resultados para substâncias específicas, como é o caso do álcool e do tabaco. Por essa razão os estudos serão apresentados especificando as substâncias.

ENSAIOS CLÍNICOS RANDOMIZADOS NOS TRANSTORNOS POR USO DE SUBSTÂNCIAS

Manejo de contingências para tabagismo

Tendo em vista o contraste da efetividade da terapia cognitivo-comportamental (TCC) em grupo na cessação do tabagismo (Stead et al., 2017) com as baixas taxas de abstinência no fim dos tratamentos (Apollonio et al., 2016), Alonso-Diego et al. (2021) realizaram um ensaio clínico randomizado (ECR) com o objetivo de verificar se o manejo de contingências melhora os resultados da TCC para tabagistas. Além disso, os autores também investigaram se o manejo de contingências melhorava os comportamentos durante o tratamento – retenção, comparecimento às sessões e redução da nicotina –, e se esses comportamentos prediziam o número de dias contínuos de abstinência ao final do tratamento.

Foram avaliados 87 pacientes, dos quais 54 participaram do estudo conforme os critérios de inclusão (ter mais de 18 anos, fumar pelo menos 10 cigarros por dia no último ano e receber tratamento ambulatorial para o transtorno por uso de tabaco) e de exclusão (transtorno mental grave, uso atual de *Cannabis* e receber qualquer outro tratamento para parar de fumar). A partir da randomização, 30 pacientes foram designados ao grupo que recebeu como tratamento a TCC em grupo (grupo controle) e 24 ao grupo que recebeu como tratamento a TCC em grupo com adição do manejo de contingências (grupo experimental). Os desfechos principais foram o número de dias contínuos de abstinência e o consumo nas 24 horas e 7 dias anteriores à avaliação final.

O tratamento ocorreu em oito sessões semanais, com grupos de até quatro pacientes e 120 minutos de duração. Além das sessões, os pacientes também compareceram na clínica semanalmente para o recolhimento das amostras para as análises bioquímicas. O tratamento em TCC em grupo envolveu psicoeducação sobre o uso do tabaco e sua relação com outras drogas, controle de estímulos, resolução de problemas, técnicas de relaxamento e prevenção de recaída. Além disso, os participantes tinham como meta a diminuição da ingestão de nicotina em 20% por semana. O grupo experimental recebeu a mesma intervenção descrita acima, mas recebia pontos referentes às análises bioquímicas a partir da sexta sessão. Os pontos eram distribuídos para valorizar o número de dias contínuos de abstinência. Ao final, os pontos eram convertidos em euros – cada ponto valia 1,13 euros. O valor máximo possível ao final do tratamento era 170 euros.

Ao final do tratamento, 50% do grupo experimental apresentaram abstinência nas últimas 24 horas em contraste com 20% do grupo controle (ÿ2 (1) = 5,4; p = 0,021; ÿ = 0,316). Embora não significativa (t(52) = ÿ 0,132; p = 0,895; d = 0,037), os autores observaram uma diferença nas médias em relação ao número de dias de abstinência contínua entre o grupo experimental (M = 5,92) e o grupo controle (M = 5,53). Em relação à retenção, mais participantes do grupo experimental completaram o tratamento (83,33%) do que do grupo controle (70%; ÿ2 (1) = 0,255; p = 0,208; d = 0,155), assim como um maior comparecimento às sessões (M = 12,29 ± 3,22 *versus* 10,93 ± 3,26; t(52) = −1,527; p = 0,133; d = 0,419). Da mesma forma, no que se refere à redução de nicotina, 41,07% dos participantes do grupo experimental atingiram a redução semanal de 20% do uso de nicotina, em contraste com 35% do grupo experimental (t(52) = −0,766; p = 0,447; d = 0,344).

Os achados desse ECR apontam que a TCC em grupo isolada ou combinada ao manejo de contingências produzem abstinência tabágica e redução do consumo de nicotina. Entretanto, a adição do manejo de contingências ao tratamento melhora a abstinência ao final dele. Isso indica que o uso de incentivos pode ser eficaz no tratamento de pessoas com transtorno por uso de tabaco. Em contrapartida, os autores destacam que, apesar de a abstinência nas últimas 24 horas ter sido significativamente diferente entre os grupos, o número de dias abstinentes não foi. Além disso, não foram examinados os efeitos a longo prazo, apenas ao fim do tratamento, o que impossibilita conclusões a longo prazo sobre a eficácia. Nesse sentido, faz-se necessário avaliar outro instrumento de reforço, como a modelagem, para verificar a possibilidade de produção de resultados de abstinência contínuos.

Intervenção *on-line* para transtorno por uso de álcool (TUA)

Tendo em vista a discrepância entre a prevalência do TUA e o número de pessoas que realizam tratamento especializado para essa questão, as intervenções *on-line* se apresentam como uma boa alternativa para essa população. A psicoterapia *on-line* pode transpor alguns dos principais entraves à obtenção do tratamento, como vergonha, estigma e falta de acesso (Probst et al., 2015). Nesse sentido, Magnus et al. (2021) realizaram, na Suécia, um estudo randomizado controlado de não inferioridade com o objetivo de comparar os efeitos da TCC pela internet com a TCC presencial em adultos com TUA em uma clínica especializada.

Os participantes do estudo foram recrutados pelo *site* de uma clínica especializada no tratamento de TUA, o *Stockholm Centre for Dependence Disorders*. Foram excluídos os pacientes: menores de 18 anos, que não preenchiam os critérios diagnósticos para o TUA, que apresentavam risco de sintomas de abstinência grave, risco de suicídio, necessidade de tratamento farmacológico para TUA, com presença de transtorno mental que demandasse cuidados complementares, não residentes em Estocolmo, em outro tratamento para TUA e que não compreendiam o idioma sueco.

Após a avaliação, 150 participantes foram aleatoriamente destinados à intervenção pela internet (grupo experimental) e 151 à intervenção presencial (grupo controle). A intervenção pela internet foi assíncrona e baseada na entrevista motivacional (EM), na prevenção de recaída (PR) e autocontrole comportamental. Os conteúdos foram apresentados por meio de instruções, vídeos e pequenas entrevistas com especialistas. O tratamento contou com cinco módulos: motivação, meta de consumo e autocontrole, análise das situações de risco, resolução de problemas e prevenção de recaída. Além disso, havia três módulos opcionais: manejo de emoções, recusa de bebida e manejo de fissura. O programa também contou com fichas informativas sobre nível de álcool no sangue, ansiedade, depressão, raiva, estresse, controle de pensamentos, relaxamento, sono, atividades prazerosas e comunicação. Quanto à duração, a recomendação era de uma a duas semanas por módulo e de 10 a 12 semanas de duração total do tratamento.

O conteúdo do tratamento presencial foi o mesmo do *on-line*. Nesse caso, os participantes realizaram cinco sessões de 30 a 45 minutos cada uma. Foram realizadas avaliações três e seis meses após a randomização. O desfecho primário foi o autorrelato do número de doses consumidas na semana anterior à avaliação realizada seis meses após a randomização (avaliação de seguimento de seis meses). Como desfechos secundários, foram utilizados: autorrelato do número de doses consumidas na semana anterior à avaliação realizada três meses após a randomização (avaliação de seguimento de três meses); número de dias sem beber; número de dias de consumo excessivo de álcool; número médio de drinques em dias de consumo; e dias de consumo de baixo risco (avaliado pelo instrumento AUDIT).

Os achados do estudo indicaram não inferioridade em relação ao limite preestabelecido de 5 doses padrão de álcool entre os grupos na semana anterior à avaliação de seguimento de seis meses. Em relação aos desfechos secundários citados anteriormente, só foi observada a não inferioridade no número de dias de consumo excessivo do álcool e número de doses consumidas na semana anterior à avaliação de seguimento de três meses. Portanto, as conclusões indicam pequenas diferenças nos resultados entre os grupos, apontando que intervenções *on-line* podem se apresentar como uma alternativa eficaz de tratamento.

Entrevista motivacional (EM) para o uso de álcool e maconha em adolescentes

Apesar de a EM ser uma intervenção que já tem evidências de efetividade para o tratamento no TUS, estudos indicam tamanho de efeito menor para adolescentes em comparação aos adultos (Cushing et al., 2014). Dessa forma, Ewing et al. (2022) desenvolveram o ECR com o objetivo de comparar o resultado da EM para uso de álcool e maconha por adolescentes (grupo experimental) com educação sobre álcool e maconha (grupo controle). Além disso, os autores avaliaram a influência da motivação, a autoeficácia e a percepção do uso por pares nos resultados de tratamento, entendendo-os como possíveis mecanismos de ação da EM para adolescentes.

Participaram do estudo 448 jovens, dos quais 347 eram hispânicos e 101 eram brancos não hispânicos. Eles tinham entre 13 e 18 anos, faziam uso regular de álcool e maconha – pelo menos uma vez nos últimos seis meses – e estavam envolvidos em um programa de justiça juvenil. Foram excluídos adolescentes com psicose, comprometimento cognitivo significativo e/ou doença médica grave. Todos receberam duas intervenções semanais com uma hora de duração e foram avaliados no início, ao final e 3, 6 e 12 meses após a intervenção. Como o estudo aqui relatado faz parte de um estudo maior, o artigo apresenta apenas as análises da avaliação 6 meses após a intervenção e final.

Foram avaliados o uso, a dependência e os problemas relacionados ao consumo para álcool e maconha. No que se refere ao álcool, seu uso foi medido por três questões que avaliam a frequência e quantidade (White et al., 1988), os problemas com o álcool pelo questionário *Rutgers Alcohol Problems Index* (Rapi) (White & Labouvie, 1989) e a dependência pelo *Alcohol Use Disorders Identification Test* (Audit) (Babor et al., 2001). O uso da maconha foi avaliado conforme o consumo nos últimos 30 dias, pelo *Timeline FollowBack* (Sobell & Sobell, 1992). Para os problemas relacionados ao consumo da maconha, foi utilizado um questionário paralelo ao RAPI, o *Marijuana Problem Index* (MPI) (Johnson & White, 1995), e a dependência foi avaliada por uma escala de dez itens para transtornos relacionados ao uso da maconha (Stephens et al., 2000).

As intervenções em EM contaram com psicoeducação sobre as consequências do consumo de álcool e maconha, diálogo sobre as histórias dos jovens em relação ao uso de substâncias, *feedback* personalizado e apoio à mudança de comportamento. Já as intervenções em educação sobre álcool e maconha seguiram um protocolo, no qual os interventores fornecem aos adolescentes materiais e informações e são orientados a encorajá-los a fazer perguntas apenas sobre as informações apresentadas.

Os achados do estudo indicaram que os participantes do grupo experimental apresentaram uma diminuição significativa do uso de álcool quando comparado ao grupo controle da avaliação inicial à avaliação após 6 meses da intervenção ($F(1,29) = 5,22$; $p < 0,05$). O grupo que recebeu EM também reduziu significativamente os problemas relacionados ao uso de álcool ($F(1,28) = 0,25$) e maconha ($F(1,26) = 0,02$) e no uso ($F(1,37) = 0,88$) e dependência de maconha ($F(1,26) = 0,3$), entretanto, não foi verificada diferença significativa entre os grupos para esses desfechos. Em relação aos mediadores, foram consideradas as avaliações iniciais e as finais. Quando comparados ao grupo controle, os participantes que receberam EM tiveram maior aumento na motivação para mudança do consumo e da autoeficácia para álcool (motivação: $F(1,36) = 10,27$; $p < 0,01$; autoeficácia: $F(1,41) = 7,53$; $p < 0,01$) e maconha (motivação: $F(1,33) = 6,63$; $p < 0,05$; autoeficácia: $F(1,41) = 4,04$; $p < 0,05$). Os grupos não apresentaram diferenças sobre a percepção do uso por pares (álcool: $F(1,32) = 0,11$; maconha: $F(1,32) = 0,92$). Os achados indicam que a EM não afetou o uso da maconha e os problemas dele decorrentes, mas superou as intervenções em educação sobre álcool tanto na redução do consumo como nos mediadores de motivação para a mudança e autoeficácia.

Entrevista motivacional em grupo (EMG) para transtorno por uso de álcool

A entrevista motivacional (EM) é considerada uma intervenção baseada em evidências para TUS com base em diversos ECRs individuais (Lundahl et al., 2013). Entretanto, a avaliação de suas evidências na modalidade em grupo é muito incipiente, apesar de sua ampla utilização nos programas de tratamento para dependência (Wendt & Gone, 2017). Diante desse cenário, Santa Ana et al. (2021) desenvolveram um ECR de medidas repetidas com o objetivo de comparar o tratamento para TUA pela TCC (grupo controle) com a EM em grupo (EMG) (grupo experimental) em veteranos de guerra americanos em tratamento ambulatorial para TUS.

Participaram do estudo 118 veteranos com TUA – 59 em cada condição de tratamento – e autorrelato de consumo de álcool nos últimos 30 dias. Os participantes do grupo experimental receberam quatro sessões de EM baseadas em um protocolo de EMG (Santa Ana & Martino, 2009). A intervenção consistia em conversa empática e colaborativa, foco nos alvos de mudança de comportamento, evocar conversas sobre mudanças, resolver ambivalências, planejamento da mudança e instalação da esperança, universalidade e identificação do grupo. O grupo controle recebeu quatro sessões baseadas na TCC contendo psicoeducação, habilidades comportamentais e cognitivas, prevenção de recaída e componentes da facilitação em 12 passos.

Os resultados do estudo apontaram que 86,4% dos participantes do grupo experimental e 76,7% do grupo controle completaram o tratamento, não indicando diferença significativa entre os grupos ($p = 0,33$). Os participantes do grupo experimental também apresentaram menos dias de consumo excessivo de álcool – redução de 26% – em comparação aos que receberam TCC, tanto na avaliação após um mês (EMG: $M = 8,45 \pm 8,32$; TCC: $M = 13,12 \pm 12,06$; $p = 0,01$) como após três meses do tratamento (EMG: $M = 11,35 \pm 13,91$; TCC: $M = 18,27 \pm 23,33$; $p < 0,01$). O mesmo ocorreu em relação aos dias de uso de álcool na avaliação após três meses de tratamento – redução de 21% (EMG: $M = 13,18 \pm 14,38$; TCC: $M = 18,7 \pm 22,63$; $p < 0,01$). Na avaliação do primeiro mês, os dois grupos reduziram o número de dias de uso de álcool, sem diferença significativa entre eles (EMG: $M = 9,78 \pm 8,11$; TCC: $M = 12,1 \pm 11,33$; $p = 0,07$). Os achados do presente estudo apontam que, assim como a EM individual, a EMG apresentou evidências de efetividade no tratamento para TUA, assim como melhorou a adesão e retenção ao tratamento.

REVISÕES SISTEMÁTICAS PARA OS TRANSTORNOS POR USO DE SUBSTÂNCIAS

As revisões sistemáticas e metanálises são os tipos de estudo por meio dos quais a qualidade das evidências a respeito de um tratamento é mais bem determinada. Além de contribuírem para a compreensão da qualidade das evidências de um tratamento, as revisões sistemáticas e metanálises são indicativas do desenvolvimento científico de determinada área à medida que apontam o estado da arte de um campo ou tópico de estudo, como os tratamentos para TUS. As revisões sistemáticas que integram a metanálise constituem o topo da pirâmide de estudos com fortes evidências científicas (Andrade, 2021) e é por meio delas que prioritariamente os clínicos devem buscar o conhecimento científico que direcionará as intervenções. Dito isso, esta seção apresentará um panorama das revisões sistemáticas e metanálises relativas aos tratamentos para TUA e outras substâncias.

Revisões sistemáticas e metanálises da base *Cochrane*

Uma busca sobre tratamentos para transtorno por uso de álcool e outras drogas na base de dados *Cochrane* resultou em quatro revisões sistemáticas: uma delas voltada para o tratamento de problemas relacionados à *Cannabis*, duas para o tratamento de problemas relacionados ao álcool e uma para tratamento do tabagismo. A seguir, serão apresentados as características e os principais achados desses estudos.

Intervenções para tabagismo

Em uma revisão realizada em 2019, Lindson et al. (2019) tiveram como objetivo avaliar a eficácia da entrevista motivacional (EM) para tratamento do tabagismo, comparado a nenhuma intervenção, em adição a outra intervenção para tratamento do tabagismo e comparado a outros tipos de tratamento para o tabagismo. Também foi avaliado se uma EM mais intensa é mais efetiva que uma EM de menor intensidade.

Os 37 estudos incluídos mostraram um baixo benefício da EM quando adicional a outro tratamento para tabagismo e resultados melhores para EM ao compará-la com outras intervenções para tabagismo. A EM de alta intensidade teve melhor desempenho que a EM de menor intensidade. Ressalta-se que os resultados se basearam em estudos com evidências de baixa qualidade, limitadas pelo risco de viés e imprecisão. Resultados relativos à saúde mental e qualidade de vida foram abordados em apenas um estudo, impedindo análises mais aprofundadas e maiores conclusões.

Intervenções para álcool

Foram encontradas duas revisões voltadas para a avaliação de intervenções para problemas relacionados ao uso de álcool. Um dos estudos foi conduzido por Muckle et al. (2012) e teve como objetivo avaliar a efetividade de programas para manejo do álcool, que serve uma quantidade de álcool limitada diariamente para pessoas dependentes dessa substância, em comparação com o consumo moderado (no qual o próprio indivíduo controla o consumo), triagem e intervenção breve usando uma abordagem de redução de danos, intervenções tradicionais baseadas na abstinência (Programa de 12 passos) e nenhuma intervenção. Surpreendentemente, nenhum estudo foi incluído nessa revisão, uma vez que nenhuma evidência esteve disponível para essa comparação. Os critérios de inclusão estabelecidos inicialmente foram ECRs, ensaios clínicos controlados, estudos de séries temporais interrompidas e estudos de controle antes e depois envolvendo pessoas vulneráveis com 18 anos ou mais com alto risco de abuso de álcool. De modo geral, os estudos que potencialmente poderiam ser incluídos foram excluídos por não serem capazes de avaliar ou comparar o consumo de álcool em intervenções experimentais ou de controle. Nenhum dos estudos ofereceu uma intervenção que foi comparada com o consumo moderado ou considerou essa uma condição de interesse, entre outras questões.

A revisão proposta por Kelly et al. (2020) teve como objetivo avaliar se os tratamentos de Alcoólicos Anônimos (AA) conduzidos por pares e administrados por profissionais que facilitam o envolvimento no AA (baseadas nas intervenções de Facilitação dos 12 passos – TFP) alcançam resultados importantes no que tange a abstinência, redução da intensidade do consumo de álcool, redução das consequências relacionadas ao álcool, gravidade da dependência de álcool e custos em cuidados à saúde em adultos com TUA. Foram incluídos 27 estudos que envolviam ECR, quasi-ECR e estudos não randomizados que comparavam AA/TFP com outras intervenções, como terapia de aprimoramento motivacional ou TCC, variações da TFP ou nenhum tratamento. Também foram incluídos estudos de custo-benefício em saúde.

Os ECRs comparando AA/TFP manualizada com outras intervenções, como TCC, demonstraram alto nível de evidência de que AA/TFP melhorou as medidas de abstinência contínua em 12 meses, tendo esse resultado permanecido de forma consistente por 24 e 36 meses. Com relação à porcentagem de dias em abstinência, AA/TFP apresentaram resultados equivalentes a outras intervenções clínicas em 12 meses, melhores resultados em 24 meses e em 36 meses. Porém, os estudos incluídos nessa análise demonstraram qualidade da evidência muito baixa. Quanto ao período mais longo de abstinência, foi possível verificar que AA/TFP apresentou resultados equivalentes às outras intervenções, mas a qualidade da evidência dos estudos incluídos nessa análise também foi muito baixa. Com relação à intensidade do consumo, verificou-se que AA/TFP também foi equivalente às outras intervenções clínicas em 12 meses, com base nas doses consumidas por dia a partir de estudos com qualidade moderada de evidência e a porcentagem de dias de consumo pesado, de acordo com estudos de baixa qualidade de evidência. Quanto às consequências relacionadas ao álcool, foi encontrada equivalência em relação a outras intervenções clínicas, a partir de estudos de qualidade de evidência moderada. Com relação à gravidade da dependência, um estudo encontrou que AA/TFP obteve um melhor desempenho, contudo, com baixa qualidade da evidência.

Com relação ao AA/TFP não manualizada, todos os resultados apresentaram baixa qualidade da evidência. No que tange à proporção de pacientes completamente abstinentes, observou-se que AA/TFP foi equivalente a outras intervenções clínicas em três a nove meses de seguimento. AA/TFP teve resultados um pouco melhores que outras intervenções clínicas quanto à porcentagem de dias abstinentes. No que se refere à intensidade do consumo, AA/TFP apresentou resultados equivalentes a outras intervenções clínicas tanto para doses consumidas por dia como para a porcentagem de dias de consumo pesado. Nenhum dos ECRs avaliou AA/TFP não manualizada em relação ao período mais longo de abstinência, consequências relacionadas ao consumo de álcool, ou gravidade da dependência.

Quanto ao custo-benefício, foi encontrado que AA/TFP tem um melhor custo-benefício do que a TCC e outros tratamentos não baseados no AA/TFP. Os custos médicos totais diminuíram para indivíduos que realizavam TCC, terapia de aprimoramento motivacional e AA/TFP, mas o custo aumentou para pacientes com pior prognóstico que realizavam AA/TFP do que a terapia de aprimoramento motivacional. Esses dados foram baseados em estudos de evidência moderada.

Intervenções para *Cannabis*

O estudo conduzido por Gates et al. (2016) teve como objetivo avaliar a eficácia de intervenções psicossociais para transtorno por uso de *Cannabis*, comparadas ao tratamento mínimo ou controle inativo ou tratamento alternativo para adultos em contexto ambulatorial ou comunitário. Foram consideradas intervenções psicossociais: TCC, a entrevista motivacional/terapia de aprimoramento motivacional, componentes das abordagens cognitiva e motivacionais com foco na obtenção de suporte social, aconselhamento ou educação em drogas, manejo de contingências, meditação baseada em *mindfulness* e prevenção de recaída. Também foram consideradas as combinações entre essas abordagens.

Foram considerados 23 ECRs, incluindo um estudo realizado no Brasil (Jungerman et al., 2007). De modo geral, os estudos apresentaram risco moderado de viés, incluíram um grande número de participantes e garantiram a fidelidade dos tratamentos. Porém, os participantes não estavam cegos quanto ao estudo e não ficou claro se eles incluíram pesquisadores cegos. Metade dos estudos incluiu verificação colateral ou análise de urina a fim de confirmar o relato dos participantes a respeito do consumo. Em geral, não houve avaliação do uso de outras substâncias ou exposição a tratamentos adicionais antes ou durante o tratamento.

Os resultados apontaram evidências de qualidade moderada referente ao fato de que, em média, sete em cada dez participantes concluíram a intervenção conforme esperado. Os participantes que receberam intervenção psicossocial usaram *Cannabis* em menos dias em comparação com aqueles que receberam controle inativo, que incluía não tratamento/tratamento mínimo ou controle de tratamento tardio ou uma segunda intervenção psicossocial ativa. Evidências de baixa qualidade demonstraram que aqueles que receberam a intervenção eram mais propensos a reportar a abstinência e relataram menos sintomas da dependência e problemas relacionados à *Can-*

nabis em comparação com aqueles do controle inativo. Análises de subgrupos apontaram que intervenções de mais de quatro sessões realizadas por mais de um mês (alta intensidade) produziram resultados consistentemente melhores no que diz respeito à frequência de uso e gravidade da dependência.

A evidência mais significativa apoia o uso da TCC, a Terapia de Aprimoramento Motivacional e a combinação entre elas a fim de trabalhar a redução da frequência do uso da *Cannabis* no acompanhamento inicial e gravidade da dependência. Vale mencionar que nenhuma intervenção foi consistentemente eficaz em nove meses de seguimento ou mais. Dados de cinco de seis estudos analisados apoiaram a adição de incentivos baseados em *vouchers* para exames de urina negativos para *Cannabis* para aumentar o efeito do tratamento na frequência de uso de *Cannabis*. As evidências relativas ao aconselhamento sobre drogas, apoio social, prevenção de recaídas e meditação baseada em *mindfulness* eram fracas devido ao baixo número de estudos encontrados a respeito, além de as informações sobre o tratamento serem insuficientes e as taxas de adesão ao tratamento, baixas. Três estudos descobriram que a intervenção era comparável ao tratamento usual entre os participantes em clínicas psiquiátricas e não relataram diferenças entre os grupos em nenhum dos resultados incluídos. De modo geral, as taxas de abstinência foram relativamente baixas, com somente um quarto dos participantes abstinentes no seguimento final.

EVIDÊNCIAS ENCONTRADAS EM OUTRAS BASES

Considerando o baixo número de revisões encontradas na base de dados *Cochrane*, serão abordadas nesta seção algumas revisões e metanálises resultantes de uma ampla busca sobre tratamentos para o TUS.

Tratamento residencial para transtorno por uso de substâncias

Uma revisão sistemática conduzida por Andrade et al. (2019) teve como objetivo apresentar uma atualização das evidências para o tratamento residencial para o TUS. Esse tipo de tratamento promove um cuidado e suporte intensivos em um ambiente totalmente protegido do consumo de álcool e outras drogas. Em geral, as intervenções residenciais incluem abstinência de álcool e outras drogas ou gerenciamento da manutenção da abstinência em contexto hospitalar ou instalação residencial supervisionada, apoio psicológico individual e em grupo, reuniões de autoajuda, comunidades terapêuticas e reintegração apoiada na comunidade. Os programas de tratamento residencial podem durar de quatro semanas a 12 meses.

Foram incluídos 23 estudos, sendo três deles realizados em países em desenvolvimento, incluindo o Brasil (do Carmo et al., 2018). Tais estudos apresentaram baixa qualidade de evidência, o que reflete as dificuldades encontradas nesses países para realização de estudos mais robustos. Embora os resultados dessa revisão deem suporte para o tratamento residencial, os estudos incluídos apresentaram problemas metodológicos e alto atrito no seguimento. Dois estudos de alta qualidade da evidência, incluindo um ECR e um estudo de análise de coorte, não encontraram diferenças significativas entre pelo menos um resultado ou um resultado para o controle (tratamento residencial).

Algumas limitações referem-se ao fato de a maior parte dos estudos ter sido realizada em países desenvolvidos, impedindo a generalização dos resultados, incluir pequenas amostras e avaliar os desfechos com base apenas em autorrelato. Além disso, há lacunas referentes ao nível de detalhes do conteúdo do tratamento, número e duração das sessões ou como os vários componentes foram abordados. Dessa forma, os resultados devem ser considerados com cautela, e mais estudos são necessários para esclarecer os pontos mencionados.

Tratamento para o transtorno por uso de cocaína

Uma revisão sistemática e metanálise realizada por Bentzley et al. (2021) teve como objetivo comparar tratamentos para o uso de cocaína entre adultos. Foram analisados 157 estudos, incluindo as seguintes modalidades de tratamento: anticonvulsivantes, antidepressivos, antipsicóticos, manejo de contingências, agonistas dopaminérgicos, diversos medicamentos, opioides, outras terapias, placebo, psicoestimulantes e psicoterapia. Apenas os programas de manejo por contingências foram associados de forma consistente com uma redução significativa nos resultados do exame de urina para detecção do uso de cocaína, em comparação ao placebo. Nenhum outro tratamento atingiu esse resultado. Devido à amplitude do estudo, não foi possível analisar tratamentos específicos (p. ex., especificadores das intervenções na categoria "psicoterapia"), o que constitui uma limitação do estudo.

Terapia cognitivo-comportamental para os transtornos por uso de substâncias

Conforme mencionado anteriormente, a TCC apresenta fortes evidências de efetividade para o tratamento do TUS. Magill et al. (2019) realizaram uma metanálise e analisaram 30 estudos a fim de testar a eficácia da TCC para o transtorno por uso de álcool e outras drogas comparado a mínimo tratamento, terapia não específica e terapia específica, considerando frequência e quantidade de consumo em tratamento e em seguimento a partir de oito meses.

Os resultados indicaram um efeito moderado e significativo para TCC comparado à intervenção mínima (p. ex.: lista de espera, avaliação etc.), de forma consistente em todos os desfechos avaliados e no seguimento. Ao ser comparada com um tratamento não específico ou usual, a TCC apresentou um efeito estatisticamente significativo para a frequência e a quantidade de consumo no tratamento, mas não no seguimento. Comparada a outra terapia específica, a TCC não se diferenciou de maneira significativa com relação aos resultados e seguimento.

Uma revisão sistemática realizada por Boness et al. (2023) avaliou a TCC para TUS, analisando a qualidade das evidências com base nos critérios propostos por Tolin et al. (2015). Foram incluídas cinco metanálises. Comparada ao tratamento mínimo, a TCC apresentou, no resultado do tratamento, tamanho de efeito moderado quanto à frequência e à quantidade do consumo. Foram encontrados pequenos e médios tamanhos de efeito no seguimento. Com relação à TCC comparada a um tratamento não específico, foi observado pequeno tamanho de efeito pequeno a moderado, porém, pequeno tamanho de efeito ao ser comparada a tratamento mínimo quando um tratamento não específico foi usado como grupo de comparação. Comparada ao tratamento específico, a TCC apresentou pequeno tamanho de efeito.

A TCC recebeu uma forte recomendação quanto às suas evidências para o tratamento para o TUS, de acordo com os critérios de Tolin et al. (2015). Contudo, os autores ressaltam fatores que limitaram a qualidade da evidência e que impediram uma recomendação "muito forte", como garantir que os estudos incluídos sejam descritos com maiores detalhes (p. ex., componentes específicos da TCC para TUS, descrição da população representada pelos tamanhos de efeito, características do terapeuta, entre outros), inclusão de estudos conduzidos em ambientes mais naturalistas, além dos ECRs. Salienta-se que tanto Magill et al. (2019) como Boness et al. (2023) consideram como TCC a prevenção de recaída e treinamento de habilidades.

O que os dados sugerem sobre as TCCs de terceira onda? Foi encontrada uma revisão sistemática sobre *mindfulness* e terapia de aceitação e compromisso (ACT) para o TUA (Byrne et al., 2019). Foram incluídos 11 estudos voltados para a investigação do *mindfulness* e seis estudos voltados para a ACT. Foram encontradas evidências de que a ACT e o *mindfulness* são eficazes para muitos pacientes com sofrimento emocional e algumas evidências de que podem tratar TUS de forma mais geral, indicando a possibilidade de um suporte indireto para TUA. Há alguma evidência de que tanto a ACT como o *mindfulness*, incluindo intervenções breves, são úteis para o tratamento do TUA. A base de evidências da ACT é menor, e alguns estudos apresentam menor qualidade metodológica do que o encontrado para o *mindfulness*.

Uma metanálise conduzida por Giannelli et al. (2019) teve como objetivo avaliar se a terapia comportamental dialética (DBT) foi mais efetiva que o tratamento usual e que os programas de 12 passos para TUS. Apenas três ECRs cumpriram os critérios de inclusão. Não foram encontradas diferenças significativas entre DBT e os programas de 12 passos. Ao comparar a DBT com o tratamento usual, foi encontrada redução na gravidade do TUS em curto e em longo prazos. A pequena amostra limita as conclusões desse estudo.

INTERVENÇÕES *ON-LINE* PARA OS TRANSTORNOS POR USO DE SUBSTÂNCIAS

Com a pandemia de Covid-19, a discussão sobre a psicoterapia *on-line* se ampliou, tendo em vista que essa modalidade de tratamento foi a única viável durante esse período diante das medidas de restrição social para prevenção do contágio. Dessa forma, cabe discutir as evidências presentes na literatura sobre essa modalidade de atendimento para TUS. Foram encontradas cinco revisões da literatura, sendo três delas metanálises, que abordam o uso de intervenções *on-line* no tratamento do TUS. Foram avaliadas intervenções realizadas por meio de dispositivos móveis e sem fio (Carreiro et al., 2020), telefone móvel (Getty et al., 2019), videoconferência (Lin et al., 2019), programas baseados na *web* e aplicativos móveis (Kiluk et al., 2019) e intervenções psicológicas digitais em países de baixa e média renda (Fu et al., 2020).

A revisão realizada por Carreiro et al. (2020) teve como objetivo descrever o cenário atual, a efetividade e a usabilidade das intervenções *on-line* para TUS. Foram incluídos 32 estudos, sendo o TUA o transtorno mais estudado. Também foram encontrados artigos que investigaram tratamentos para usuários de *cannabis*, opioides e com TUS em geral (incluindo poliusuários). Os estudos demonstraram pelo menos um resultado estatisticamente significativo com relação à redução da fissura e/ou uso de substâncias. As intervenções incluíram gerenciamento da fissura, assistência de enfrentamento e *feedback* personalizado e foram realizadas a partir de mensagens de texto, notificações de suporte e videoclipes disponíveis em aplicativo. Usabilidade e aceitabilidade foram avaliadas como altas.

Uma revisão sistemática e metanálise conduzida por Getty et al. (2019) teve como objetivo avaliar a evidência de efetividade de intervenções de manejo de contingências realizadas por telefone focadas na abstinência de drogas, álcool e tabaco. Além disso, foi avaliada adesão à medicação e engajamento no tratamento. Foram incluídos sete estudos, dois voltados para abstinência em bebedores frequentes, quatro para abstinência em tabaco e um que avaliou a adesão ao medicamento em indivíduos com HIV e usuários de substâncias. Nenhum dos estudos abordou o engajamento no tratamento. Em geral, as intervenções de reforço envolviam incentivo financeiro associado a elogios ou *feedback* sobre o progresso. Os resultados apontaram que o manejo de contingências realizado por telefone teve um desempenho melhor que as condições-controle, como não reforçamento do comportamento foco da mudança. O baixo número de artigos limita as conclusões desse estudo.

Uma revisão realizada por Lin et al. (2019) incluiu 13 artigos que abordavam intervenções psicoterapêuticas ou medicamentosas, realizadas de forma síncrona por videoconferência, para nicotina, álcool e opioides. Os resultados das intervenções para tabaco não foram significativamente melhores do que as intervenções presenciais ou por telefone com relação às medidas de abstinência. Com relação ao álcool, foi encontrado menor abandono do tratamento na intervenção por videoconferência e uma redução significativa no consumo de álcool comparada ao início do tratamento (sem grupo controle). Foi verificado que o tratamento por videoconferência, baseado na terapia de aprimoramento motivacional, não se diferenciou significativamente ao tratamento padrão para TUA. No caso das intervenções psicoterapêuticas para opioides, não foram encontradas diferenças significativas com relação ao número de sessões realizadas e na porcentagem de exames de urina positivos para drogas. Em suma, na maior parte dos estudos, as intervenções por videoconferência foram associadas com alta satisfação do paciente e se mostraram uma alternativa efetiva, especialmente em casos em que o acesso ao tratamento é limitado.

Uma metanálise realizada por Kiluk et al. (2019) teve como objetivo avaliar intervenções realizadas de forma *on-line* para TUA. Foram incluídos 15 estudos voltados para intervenções baseadas na TCC e realizadas por meio da tecnologia (*Cognitive Behavioral Therapy – Technology* [*CBT-Tech*]), pelo computador (p. ex.: programa disponibilizado na *web*) ou dispositivo móvel (p. ex.: aplicativo). Os estudos da *CBT-Tech* comparados com apenas avaliação, lista de espera e tratamento mínimo demonstraram efeitos positivos e significativos com relação à redução do consumo na avaliação final. Nas avaliações de seguimento posteriores, o tamanho de efeito foi similar, mas não significativo. Os resultados sugeriram que a *CBT-Tech* é eficaz para reduzir o consumo de álcool quando oferecida em associação com o cuidado usual ou sozinha.

A metanálise desenvolvida por Fu et al. (2020) objetivou investigar as evidências disponíveis a respeito das intervenções psicológicas por meios digitais na redução de problemas em saúde mental nos países de rendas baixa e média. Dos 24 estudos incluídos na revisão, 22 foram submetidos à metanálise. Dois estudos foram realizados no Brasil (Baldin et al., 2018; Christoff & Boerngen-Lacerda, 2015; Sanchez & Sanudo, 2018). Em geral, os estudos incluíram intervenções realizadas por *websites*, aplicativos de *smartphones*, computador, dispositivos de áudio e mensagens por SMS.

Sete estudos avaliaram intervenções para TUS, incluindo os estudos desenvolvidos no Brasil. Apenas um estudo de TUS comparou diretamente um programa de intervenção via computador com a intervenção presencial (Christoff & Boerngen-Lacerda, 2015). Embora utilizassem o mesmo protocolo, os resultados apontaram para uma efetividade superior da intervenção realizada via computador. O tamanho de efeito das intervenções psicológicas por meio digitais para TUS foi moderado. Foi observado tamanho de efeito similar no que tange às intervenções por meios digitais para problemas em saúde mental, incluindo o TUS, aos achados dos países desenvolvidos.

CONSIDERAÇÕES FINAIS

Diante das evidências apontadas nos ECR, revisões sistemáticas e metanálises, pode-se afirmar que a TCC é a abordagem com fortes evidências e mais amplamente estudada para o tratamento do TUS. Contudo, essa afirmação deve ser considerada com cautela, tendo em vista a carência de estudos que investigam as evidências de efetividade de acordo com as especificidades de cada substância e que consideram casos comórbidos, os quais são regra ao se tratar do campo do TUS. Além disso, é preciso considerar que boa parte das intervenções aqui descritas apresentou resultados significativos apenas em relação ao tratamento mínimo ou nenhum tratamento. Nos estudos em que diferentes tipos de intervenções foram comparados, as diferenças entre tratamentos, de modo geral, não foram significativas. Ou seja, a pergunta "como" e "para quem" um tratamento para o TUS funciona continua em aberto.

As limitações metodológicas dos estudos incluídos nas revisões também precisam ser consideradas. Por exemplo, muitos estudos tinham como medida do consumo apenas o autorrelato, que coloca em questão a precisão com que o paciente reporta seu uso de substâncias. O pouco detalhamento de como as intervenções foram implementadas também foi uma limitação comumente relatada pelos autores. Ademais, a capacidade de generalização dos resultados se configurou como mais uma limitação. Algumas revisões incluíram apenas ECRs, que, devido ao nível de controle, podem não representar totalmente a realidade clínica. Boa parte dos estudos foi realizada em países desenvolvidos e não se tem clareza de em que medida são dados válidos para a realidade de países de baixa e média renda. Por fim, nenhum dos estudos discutiu diferenças relativas ao gênero.

Chama a atenção a revisão de Muckle et al. (2012), uma vez que esta não incluiu nenhum estudo. Esse dado enfatiza a importância de que os resultados inesperados, e até mesmo frustrantes, sejam reportados. A ausência de dados também é um resultado que pode nos direcionar a campos de estudo que ainda estão em aberto. Outra discussão interessante, a partir desse estudo, diz respeito à redução de danos como uma alternativa importante na melhoria de qualidade de vida para casos severos e de recaídas frequentes, que não respondem ao tratamento convencional baseado na abstinência. A estratégia abordada no estudo, chamada Programa de manejo do álcool, propõe um maior controle sobre as doses ofertadas ao indivíduo em tratamento, ao invés de deixar que ele se autocontrole.

Os autores Henssler et al. (2021) realizaram uma metanálise a fim de comparar tratamentos baseados na abstinência e tratamentos baseados no beber controlado (não abstinência) no TUA. Os resultados apontaram que não houve diferença significativa entre o tratamento baseado na abstinência e o de beber controlado e beber de baixo risco. Também não foi encontrada nenhuma diferença significativa entre tratamentos nos quais os pacientes receberam intervenções com objetivos específicos predefinidos e intervenções nas quais os pacientes tinham livre escolha. As duas abordagens apresentaram eficácia equivalente. Os pacientes eram mais propensos a atingir o consumo de baixo risco quando não tinham nenhum objetivo especificado ou em intervenções baseadas na abstinência. Foi encontrada igual eficácia quanto aos parâmetros sociais, melhorias na gravidade do consumo, recaída no consumo pesado e consumo diário de bebida em ambas as modalidades. Outros achados apontam que é mais provável atingir o consumo controlado e de baixo risco quando são recomendados limites de consumo aos pacientes do que quando seguem uma redução autodefinida.

Essas informações têm o papel de nos fazer refletir sobre as decisões clínicas frente a um caso complexo, como o TUS. Por exemplo, no Programa álcool e saúde, um projeto de pesquisa e extensão desenvolvido pela Universidade Federal de Juiz de Fora (UFJF), que disponibiliza tratamento por videoconferência baseado em um protocolo breve de TCC para TUA (Gumier, 2015, 2019; Cançado, 2017), oferece ao indivíduo a possibilidade de determinar o objetivo de tratamento: redução do consumo ou abstinência. Por meio da avaliação clínica, é possível observar que os indivíduos que optam pela redução obtêm ganhos relativos à qualidade de vida, como melhor disposição e produtividade no trabalho, maior reconexão com a família, resgate da prática de atividades que promovem bem-estar e melhora na saúde mental e física. Por vezes, eles também passam a considerar a abstinência como uma possibilidade futura. Certamente, esses são dados que precisam ser avaliados e estudados com maior cautela, mas refletem uma realidade clínica importante.

Algumas das revisões mencionadas na presente análise incluíram estudos realizados no Brasil. Tal fato demonstra o interesse a respeito da temática aqui apresentada, considerando que o transtorno por uso de álcool e outras substâncias se configura um grave problema de saúde pública no país. Além disso, insere a produção acadêmica brasileira em um contexto de discussão internacional, de suma importância para o desenvolvimento científico do país.

Em suma, este trabalho teve como objetivo apresentar o cenário atual das intervenções voltadas para o TUS. Muitos são os desafios enfrentados nesse campo e, em consequência dessa complexidade, muitas são as questões que demandam esclarecimentos. Em um campo permeado de concepções que nem sempre representam o que é cientificamente válido, como é o campo do TUS, é fundamental que o clínico baseie a sua prática na melhor qualidade da evidência disponível na literatura e a considere juntamente com as características e preferências dos pacientes e a sua própria *expertise*, como pauta uma prática baseada em evidências.

REFERÊNCIAS

Capítulo **37**

Evidências no tratamento da enurese

Rodrigo Fernando Pereira, Felipe Alckmin-Carvalho

APRESENTAÇÃO

A enurese noturna é um problema fundamentalmente de base fisiológica que apresenta uma intersecção com a Psicologia nas suas comorbidades, consequências e em algumas formas de tratamento. Essas características fazem com que alguns autores da área nomeiem a enurese como um problema biocomportamental, na medida em que alterações biológicas são primariamente responsáveis pelos episódios de incontinência urinária durante o sono, que, por sua vez, podem produzir diversos problemas socioemocionais se acontecerem com recorrência.

Há evidências de que a enurese, se não tratada, está associada a consequências negativas em termos de autoestima, bem como isolamento e retraimento social. Pode estar associada ainda a transtornos mentais como depressão e ansiedade, que podem perdurar para muito além da infância. Ademais, a condição envolve interrupção do sono da criança, gastos adicionais e sobrecarga nos cuidadores.

A prevalência de enurese é relativamente alta e seus prejuízos socioemocionais estão bem documentados. Assim, é fundamental que a avaliação e a intervenção desse quadro sejam baseadas em evidências científicas sólidas, para promover eficácia e segurança das modalidades de tratamento disponíveis. O tratamento efetivo da enurese promove melhora das dificuldades socioemocionais, bem como o alívio do estresse, culpa, vergonha e sofrimento, tanto nos cuidadores como na própria criança.

Felizmente, já existe, no presente, um corpo considerável de dados científicos que nos permite traçar claramente as melhores rotas de abordagem para cada subtipo de enurese. Neste capítulo serão apresentadas as principais classificações da enurese, sua fisiopatologia, assim como as modalidades de tratamentos medicamentosos e comportamentais comprovadamente eficazes para a abordagem dessa condição. Esperamos que a leitura seja útil a psicólogos clínicos e pesquisadores da área.

INTRODUÇÃO

Embora a enurese seja um quadro comum e conhecido, sua definição já foi um tema controverso. Uma mudança importante ocorrida nas últimas décadas se refere à compreensão sobre a patogênese da enurese (Nevéus, 2017). Se, antigamente, a enurese era vista como um problema psiquiátrico e possível consequência de questões emocionais, hoje se sabe que ela é um problema primário e que as dificuldades sociais e emocionais ocorrem em decorrência dela. Portanto, deixou-se de usar os manuais psiquiátricos para seu diagnóstico, entrando em seu lugar referências da urologia e da nefrologia.

Atualmente, seguem-se os critérios estabelecidos pela *International Children's Continence Society* (ICCS), que elabora e atualiza documentos de padronização das doenças do trato urinário inferior, no qual a enurese está inserida. Ou seja, a disciplina de interface quando se trata de enurese é a Medicina; mais especificamente, a urologia, e, nessa visão, não se considera a enurese um problema de saúde mental.

De acordo com o documento mais recente da ICCS (Nevéus et al., 2020), a enurese consiste numa "incontinência urinária em porções discretas que ocorrem durante o sono em crianças com mais de cinco anos de idade". Fala-se em "porções discretas", ou incontinência intermitente para diferenciar a enurese dos raros quadros em que crianças perdem urina continuamente, por questões anatômicas ou neurológicas. Enurese é um termo que se aplica apenas aos escapes noturnos, não sendo necessário usar o termo "enurese noturna". No caso de escapes durante o dia, usa-se simplesmente o termo "incontinência".

Classifica-se a enurese, em primeiro lugar, como primária, quando a criança ou adolescente nunca teve um período de pelo menos seis meses consecutivos sem episódios de molhar a cama, e secundária, quando tal período ocorreu. A classificação mais relevante para fins clínicos, entretanto, refere-se à sintomatologia. A enurese é considerada monossintomática quando não existem outros sintomas do trato urinário inferior, como: incontinência diurna, urgência miccional, dificuldades para urinar ou frequência aumentada de micções. Quando esses sintomas estão presentes, diz-se que a enurese é não monossintomática.

O principal motivo pelo qual a enurese deixou de ser considerada um problema psiquiátrico foi a compreensão sobre os três sistemas fisiológicos envolvidos na sua etiologia. Embora ainda existam dúvidas sobre a sua interação e sobre casos que fogem a essas explicações, essa abordagem permite compreender e direcionar o tratamento na maior parte dos casos.

O primeiro sistema envolvido é a produção de urina que, em crianças e adolescentes com enurese monossintomática, tende a ser maior durante o sono do que em crianças sem enurese (AbdelFatah et al., 2009). Isso ocorre por uma deficiência na produção de vasopressina durante a noite. O segundo sistema está relacionado à hiperatividade do músculo detrusor da bexiga, responsável pela eliminação da urina a partir da contração da bexiga (Sousa et al., 2016), que é evidenciada por sintomas do trato urinário inferior e por uma baixa capacidade funcional da bexiga. A hiperatividade do músculo detrusor costuma estar ligada à enurese noturna não monossintomática. Já o terceiro sistema consiste numa dificuldade em despertar a partir dos sinais emitidos por receptores localizados na bexiga, e que enviam um impulso elétrico ao sistema nervoso central para que o indivíduo acorde para urinar (Nevéus, 2003). Embora possa ser normal nos exames de polissonografia, o cérebro de pessoas com enurese tende a proteger o sono aumentando o limitar para despertar.

O terceiro sistema sempre está presente. Ele deve estar associado a um dos outros dois. A criança ou adolescente com enurese acaba tendo um descompasso entre a urina e a capacidade da bexiga, seja pelo excesso de produção, seja pela baixa capacidade funcional do órgão, e ainda é incapaz de despertar frente à sensação de enchimento, ocasionando um escape involuntário. Na Figura 1 são apresentados os três sistemas envolvidos na patogênese da enurese.

A prevalência da enurese tem algumas características que já foram observadas sistematicamente: ela decresce com a idade; é maior em meninos do que em meninas na infância, mas se equipara na adolescência; varia pouco em função de aspectos socioeconômicos; é semelhante nas populações de diversos países, embora aspectos metodológicos possam gerar resultados diferentes.

Podemos citar três estudos recentes como exemplo. Primeiro, uma metanálise realizada no Irã, com uma amostra total de 16.614 indivíduos com idades entre 3 e 18 anos, mostrou que a prevalência de enurese era de 10,2% (Mohammadi et al., 2019). Já um estudo realizado na China (Huang et al., 2020), com 6.568 crianças com idades entre 5 e 12 anos, mostrou uma prevalência que se inicia com 9,09% dos meninos e 6,03% das meninas de 5 anos. Aos 12 anos a prevalência é de 3,43% dos meninos e 1,30% das meninas. Um trabalho australiano (De et al., 2018) mostrou que a enurese foi citada em 4,3% das consultas pediátricas em 2008 e em 4,6% delas em 2013, identificando a constância do problema ao longo dos anos.

A uniformidade de dados epidemiológicos e os padrões observados em relação à remissão do quadro de acordo com a idade servem para corroborar a ideia de que a enurese é um problema de base fisiológica e causa primordialmente genética. Por conta disso, sua prevenção é difícil, se não impossível, cabendo aos profissionais de saúde envolvidos nos cuidados de crianças e adolescentes já diagnosticados com enurese a educação de cuidadores e familiares sobre a natureza da doença, sobre sua fisiopatologia, curso e consequências, bem como a busca por tratamentos baseados em evidências para o manejo da condição.

O maior problema da enurese não é a condição em si, mas o impacto que ela traz para crianças e adolescentes que sofrem com o problema e o fardo que coloca sobre as famílias. No Brasil, um estudo mostrou que, numa amostra de crianças e adolescentes

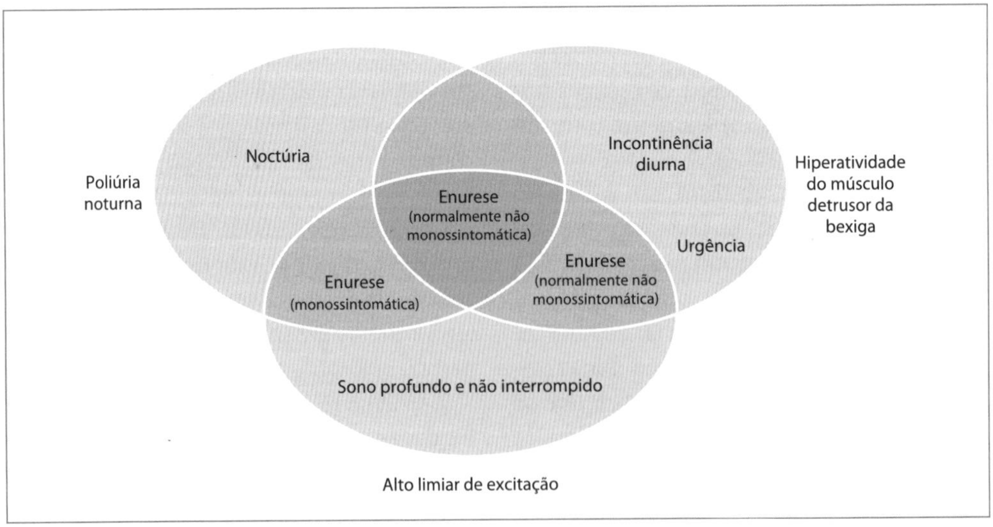

Figura 1 Os três sistemas na patogênese da enurese.

Fonte: adaptada de Nevéus, 2007.

com enurese, 90% delas sofriam algum tipo de punição verbal e metade delas, punição física, sendo que os pais batiam nas crianças após um episódio de enurese significativamente mais do que em adolescentes (Sapi et al., 2009). Um resultado semelhante foi obtido em um estudo italiano (Ferrara et al., 2016), em que 70,4% dos pais relataram punição verbal, 40,7% impediam as crianças de dormir e 11,1% batiam nos filhos.

Outro estudo brasileiro (Sá et al., 2016) identificou outros aspectos da punição que crianças com enurese sofrem: as meninas apresentaram três vezes mais chance de sofrerem punição, e pais com histórico de enurese na infância eram mais propensos a punir seus filhos pelo mesmo quadro, ao contrário do que se poderia supor. Nessa amostra, o histórico de enurese não tornou os pais mais tolerantes ao problema. Esse mesmo grupo de pesquisa mostrou em um ensaio clínico randomizado que intervenção psicológica com os pais melhorou os resultados do tratamento e reduziu os índices de punição (Sá et al., 2021).

Butler (2001) descreveu os principais impactos psicológicos observados em crianças e adolescentes com enurese:

- Comportamento social: evitam contato social por medo de que outras pessoas descubram sobre a enurese. A enurese é um impedimento especialmente para que as crianças e os adolescentes realizem atividades que envolvam dormir fora de casa.
- Estado emocional: a enurese está associada a incômodo com o problema, ansiedade antes de dormir, vergonha, culpa e, em casos extremos, um desespero que faz com que a criança ou adolescente possa pensar em suicídio.
- Autoconceito: os estudos sobre autoconceito, autoimagem e autoestima são controversos. Enquanto alguns não encontram diferenças entre grupos de crianças com enurese e seus pares sem o problema, outros apontam que crianças que molham a cama possuem autoestima mais baixa.

A enurese não causa impacto apenas na criança. As famílias como um todo tendem a ser também bastante impactadas. A falta do controle urinário noturno é uma das principais preocupações que os pais têm em relação aos seus filhos (Schulpen, 1997). Ademais, há um impacto financeiro que geralmente é subestimado: o custo com as lavagens extras de roupa e limpeza, além do tempo dispendido pelos cuidadores nessas atividades. Não é raro que em lares com uma criança que molha a cama todas as noites seja necessário que os cuidadores lavem frequentemente lençóis e cobertores, o que pode ser ainda mais crítico em épocas frias do ano e para famílias de baixa renda. De forma geral, o custo em não tratar uma criança com enurese é maior do que qualquer das alternativas de tratamento (Pugner & Holmes, 1997).

ENSAIOS CLÍNICOS RANDOMIZADOS

Para que seja possível avaliar o que vem sendo estudado mais recentemente sobre o tratamento da enurese, é necessário compreender o que já existe de consolidado na literatura sobre o tratamento (Kuwertz-Bröking & von Gontard, 2018; Nevéus et al., 2020).

Para a enurese noturna monossintomática, o primeiro passo no tratamento é a uroterapia. A uroterapia consiste num conjunto de recomendações e informações que, se não levam à cura, ao menos interrompem práticas inadequadas e favorecem tratamentos posteriores. Costumam fazer parte da uroterapia:

- Desmistificar a enurese, isentando a criança de culpa.
- Explicar a patogênese da enurese.
- Orientar sobre micções regulares durante o dia, incluindo ao despertar e antes de dormir.
- Orientar sobre dieta e líquidos, em especial não impedir que a criança beba água livremente.
- Registrar noites secas e molhadas (pode resolver a enurese em 15% dos casos).
- Incentivar e encorajar a criança e sua família na resolução do problema.

Recomenda-se utilizar a uroterapia por até quatro semanas. Não havendo melhora no quadro, deve-se partir para outras opções de tratamento. O tratamento com alarme é o mais indicado para crianças e adolescentes com enurese. O alarme consiste em um dispositivo sonoro e/ou vibratório usado no corpo da criança. Ele dispara com a umidade, fazendo com que a criança acorde para urinar. Espera-se que, com o tempo, a criança passe a acordar antes de a micção ocorrer ou a controlar os escapes. O uso regular do alarme, por período de aproximadamente 18 semanas, leva à cura em 50% a 70% dos casos (Nevéus et al., 2020).

Entre os tratamentos medicamentosos, a primeira linha para enurese monossintomática é a desmopressina. Sendo uma versão sintética da vasopressina, a desmopressina reduz a produção de urina durante a noite. Cerca de 30% das crianças e adolescentes com enurese apresentam uma resposta completa com o medicamento, enquanto 40% apresentam uma resposta parcial.

Os medicamentos anticolinérgicos, como a oxibutinina, podem ser utilizados nos casos de enurese não monossintomática, mas são ineficazes nos casos de enurese monossintomática. Já a imipramina, um antidepressivo tricíclico, provavelmente apresenta um efeito sobre o sistema nervoso central que afeta a micção. Entretanto, sua taxa de recaída é alta e apenas 25% dos casos apresentam remissão completa com o seu uso.

Uma vez que já existem tratamentos consolidados, bem documentados e seguros para a enurese, os ensaios clínicos mais recentes têm focado prioritariamente em tratamentos alternativos e experimentais, a fim de identificar outras formas de abordar a enurese que possam ser mais eficientes ou como alternativa para casos refratários.

Um primeiro grupo de ensaios clínicos realizados nos últimos cinco anos trata de novos medicamentos e combinação de novos medicamentos com aqueles já consagrados no tratamento da enurese. Um ensaio clínico com 62 crianças e adolescentes propôs a complementação com anticolinérgicos ao tratamento com desmopressina (Ghanavati et al., 2021). Observou-se que dois grupos que receberam a desmopressina associada a um anticolinérgico (solifenacina ou tolterodina) apresentaram uma porcentagem maior de remissão do que aqueles que receberam apenas desmopressina. Outro trabalho (Shim et al., 2021) propôs combinação semelhante, utilizando a propiverina como anticolinérgico. Os resultados seguiram a mesma linha, com o grupo que recebeu tratamento combinado com melhores resultados do que o que recebeu apenas desmopressina. Verificou-se que o tratamento combinado também reduz a chance de recaída, que é significativa na monoterapia com desmopressina.

A eficácia de medicamentos fitoterápicos para a enurese também vem sendo estudada. Schloss et al. (2021) testaram uma combinação proprietária denominada Urox em comparação com placebo em 41 crianças. Os resultados mostraram que 41,7% apresentaram uma melhora na frequência de episódios de enurese. Embora tenha sido um resultado superior ao verificado no grupo que recebeu placebo, fica aquém dos tratamentos já consolidados. Ilkhani et al. (2021) compararam os efeitos do uso de dois óleos vegetais (*Saussurea costus* e sésamo) aplicados na região do abdômen de 86 crianças com enurese. Os autores afirmam que ambos os grupos apresentaram redução na frequência e volume dos episódios de enurese, sem diferença significativa entre eles. Entretanto, não foram apresentados dados de remissão completa.

Um segundo conjunto de ensaios clínicos trata de alternativas de tratamento em casos de enurese refratária. Nakhaei et al. (2021) compararam uma combinação de desmopressina e oxibutinina com fluvoxamina num grupo de 30 crianças, sendo que ambos os grupos obtiveram boa resposta e sem diferença entre eles. Um trabalho com 110 crianças com enurese refratária fez uma tentativa com fluoxetina, comparando-a com um grupo controle sem tratamento (Hussiny et al., 2022). Em 12 semanas de tratamento, o grupo que tomou fluoxetina apresentou resposta completa em 10,7% dos casos e resposta parcial em 21,4%. Esse resultado é significativamente melhor do que o verificado no grupo controle, mas bastante inferior ao reportado em outras formas de tratamento.

Outros ensaios clínicos tratam de formas de tratamento não medicamentosas. Abdelhalim e Ibrahim (2020) compararam duas formas de eletroestimulação transcutânea (IFS e TENS) num grupo de 52 crianças e adolescentes. Ambos os tipos levaram a melhoras clínicas, mas o método IFS revelou uma diferença significativa em seu favor na redução da frequência de episódios. Oliveira et al. (2023) compararam a neuroestimulação parassacral com uroterapia em um grupo de 72 crianças (embora apenas 28 tenham completado o estudo). Foi observado que o grupo que recebe neuroestimulação apresentou uma melhora nas porcentagens de noites secas melhor do que o grupo que só recebeu uroterapia, mas nenhuma criança do estudo apresentou remissão completa. Snow et al. (2021), considerando a comorbidade entre enurese e apneia do sono, compararam a redução nos casos de enurese em crianças que se submeteram a cirurgia de remoção das adenoides quando comparadas a um grupo de espera. De 59 pacientes no grupo que passaram por cirurgia, 21 deixaram de ter enurese, quando apenas 1 em 67 teve remissão no grupo controle.

Outros estudos focam em aprimoramento da uroterapia e medidas comportamentais. Por exemplo, Rezakhaniha et al. (2023) verificaram que a redução de cafeína levou a uma melhora mais significativa do que no grupo controle numa amostra de 534 crianças, sendo que 20,2% das que reduziram o seu consumo ficaram secas à noite.

Considera-se importante discutir os critérios utilizados para avaliação dos resultados nos trabalhos com enurese noturna (Austin et al., 2016). Define-se resposta completa como 100% de noites secas e resposta parcial como um intervalo entre 50% e 99% de noites secas. Muitos estudos agrupam esses resultados e muitos falam em "melhora" da enurese, o que significa uma redução nas noites com episódios. Isso faz com que um tratamento que não gere resposta completa pareça eficaz, mas o que sabemos, do ponto de vista clínico, é que qualquer resposta que não seja completa será frustrante para a família e para a criança ou adolescente. Um paciente com enurese que reduziu sua frequência, mas ainda apresenta episódios, continua limitado nas questões sociais, continua com o risco do estigma e das punições. Portanto, clinicamente, é muito importante que se foque e priorize a resposta completa e se escolham formas de tratamento que oferecem maior probabilidade de atingi-la.

REVISÕES SISTEMÁTICAS E SAÚDE BASEADA EM EVIDÊNCIAS

Em agosto de 2023, existiam sete revisões Cochrane com enurese em seus títulos. Essas revisões refletem o que temos de consolidado, no momento, em relação ao tratamento da enurese. Cada uma delas será abordada em ordem cronológica de publicação.

Glazener e Evans (2002) revisaram os estudos sobre o uso da desmopressina para a enurese. Foram incluídos 47 ensaios clínicos, embora os autores tenham considerado que a qualidade de muitos deles era ruim. A amostra total foi de 3.448 crianças e adolescentes. Verificou-se que a desmopressina de fato reduziu a quantidade de episódios de enurese. Mas os dados sobre ganhos a longo prazo, relação entre dose e efeito e comparação de modos de administração (oral e nasal) não foi conclusiva.

Outra revisão Cochrane (Glazener et al., 2004) abordou intervenções comportamentais complexas no tratamento da enurese. Essas intervenções, conhecidas como *dry bed training* (Azrin et al., 1974) e *full spectrum home trainig* (Houts et al., 1983), associam uma série de medidas comportamentais que envolvem rotinas para hora de dormir, ingestão de líquidos, registro, e são complementadas com o uso de alarme. Constaram da revisão 18 estudos, totalizando 1.174 participantes. Os tratamentos foram eficazes, mas não ficou claro se isso se deveu apenas ao uso do próprio alarme. Aparentemente, as instruções comportamentais complexas podem reduzir as taxas de recaída e houve evidência limitada indicando que o contato com terapeutas pode favorecer o tratamento.

Foi também realizada uma revisão com tratamentos complementares e alternativos (Huang et al., 2011). Embora tenham sido identificados 24 ensaios clínicos com 1.283 crianças e adolescentes recebendo tratamentos alternativos, os autores consideraram que a qualidade dos estudos era ruim. Embora alguns tratamentos tenham tido resultados comparáveis aos tratamentos consolidados, essas conclusões se baseavam em um ou em poucos estudos com amostra reduzida. Sendo assim, não há evidências sólidas para o uso de hipnose, psicoterapia, acupuntura, quiropraxia ou medicamentos fitoterápicos no tratamento da enurese.

Deshpande et al. (2012) revisaram os ensaios clínicos realizados com outras drogas que não a desmopressina ou antidepressivos tricíclicos. Foram 40 ensaios clínicos com 1.780 crianças e adolescentes. Trinta e uma drogas foram testadas. Nenhuma delas apresentou resultados superiores ao da desmopressina, sendo que elas ainda poderiam causar mais efeitos adversos. Verificou-se que combinar anticolinérgicos com tratamentos já estabelecidos – como alarme, desmopressina ou imipramina – pode apresentar resultados melhores do que a monoterapia.

Ensaios clínicos com intervenções comportamentais simples foram revisados por Caldwell et al. (2013). Essas intervenções incluíam recompensas por acordar cedo, treino de retenção, acordar a criança à noite para urinar e restrição de líquidos. Dezesseis estudos foram incluídos, nos quais 865 indivíduos receberam esse tipo de tratamento. Verificou-se que essas intervenções comportamentais não são mais efetivas do que tratamentos como alarme e medicamentos consolidados, mas são melhores do que nenhum tratamento. Pela simplicidade e por favorecer futuras intervenções, são recomendadas como uma primeira tentativa ao se abordar a enurese.

Antidepressivos tricíclicos como a imipramina e a amitriptilina foram tema de uma revisão realizada por Caldwell et al. (2016). Foi levantado um total de 67 estudos envolvendo 4.071 crianças e adolescentes com enurese. Essa classe de medicamentos foi melhor do que o placebo, especialmente nos resultados a curto prazo, e também se mostrou mais eficaz do que intervenções comportamentais simples. A combinação de imipramina com oxibutinina ou desmopressina levou a melhores resultados do que esses medicamentos isoladamente. Não houve ganhos ao adicionar a imipramina ao tratamento com alarme. Os antidepressivos tricíclicos não obtiveram resultados melhores aos do tratamento com alarme.

A revisão atualizada mais recentemente trata do tratamento com alarme (Caldwell et al., 2020). Foram levantados 74 ensaios clínicos, totalizando 5.983 participantes. Apesar da quantidade de estudos, os autores sugerem que ainda há falta de trabalhos com melhor qualidade metodológica. Os principais resultados dessa abrangente revisão indicam que o alarme é melhor do que nenhum tratamento. No entanto, segundo os autores, não há evidências suficientes para afirmar que o tratamento com alarme produz efeitos superiores aos verificados com a utilização de desmopressina, ainda que argumentem que o alarme teria menos efeitos adversos. Por fim, os autores referem que a combinação de alarme com desmopressina ou com intervenções comportamentais complexas, como *dry bed training* (Azrin et al., 1974), pode aumentar a eficácia do alarme e garantir melhores resultados em longo prazo.

Um painel de especialistas brasileiros (Netto et al., 2019) traz recomendações clínicas, com embasamento em ensaios clínicos, revisões sistemáticas e metanálises realizadas até o momento sobre enurese. As conclusões a que esses autores chegam estão de acordo com aquilo que se pode observar nas revisões sistemáticas levantadas na elaboração deste capítulo. O painel recomenda o uso de uroterapia em todos os casos; alarme nos casos em que as crianças têm uma frequência alta de episódios e as famílias estão motivadas; desmopressina nos casos de poliúria noturna em que o alarme não é indicado; anticolinérgicos nos casos de insucesso com alarme ou desmopressina ou nos casos de bexiga hiperativa; imipramina apenas para casos refratários. Os autores não recomendam o uso de tratamentos alternativos como acupuntura, hipnose, homeopatia, fitoterápicos e outros, por não terem evidência científica suficiente. Apenas a neuromodulação (eletroestimulação transcutânea) pode ser tentada em casos refratários, ainda que tenha evidências controversas.

CONSIDERAÇÕES FINAIS

A enurese é uma condição frequente entre crianças e adolescentes, caracterizada por alterações fisiológicas do organismo que resultam em episódios de incontinência urinária durante o sono. As consequências dessa condição não tratada, em termos de saúde mental e sobrecarga parental, estão bem documentadas na literatura.

Desde as primeiras medidas para a abordagem da enurese, que datam da década de 1930, muito se avançou em termos de delimitação clara dos critérios para o seu diagnóstico, subtipos, bem como sobre a avaliação da eficácia, tolerabilidade e segurança das intervenções comportamentais e/ou farmacológicas. As análises conjuntas das evidências científicas disponíveis sobre eficácia do tratamento de enurese, realizadas em estudos de revisões sistemáticas e metanálises, sobretudo nas últimas duas décadas, reiteram seus efeitos positivos, tanto em termos de remissão dos episódios de molhar a cama como com relação ao alívio dos problemas socioemocionais e estresse das crianças e de seus cuidadores.

Embora boa parte dos tratamentos seja medicamentosa, a Psicologia e seus profissionais têm um papel importante no seu tratamento. Primeiro porque os tratamentos comportamentais – como a uroterapia e o alarme – são recomendados na maior parte dos casos e podem ser administrados por psicólogos. Além disso, o impacto da enurese se dá nos aspectos emocional e social, podendo requerer cuidados focados nesses aspectos ao longo do ou após o seu tratamento. No entanto, é importante que os profissionais da Psicologia se lembrem de que a enurese, no geral, não é causada por aspectos emocionais (o que ocorre comumente é o contrário) e que a psicoterapia não é um tratamento eficaz para a enurese.

Conclui-se, portanto, que as modalidades de tratamento disponíveis para a abordagem da enurese na infância e adolescência são consideradas altamente eficazes, e associadas a baixo custo econômico, podendo, inclusive, ser realizadas com aconselhamento a distância, o que facilita os cuidados de crianças com enurese provenientes de pequenas cidades, onde o tratamento não está disponível.

REFERÊNCIAS

Capítulo **38**

Evidências da eficácia das abordagens psicossociais no tratamento das doenças crônicas

Leopoldo Barbosa, Nazaré Hayasida, Tânia Rudnicki

INTRODUÇÃO

O movimento da psicossomática contribuiu fortemente para a entrada de profissionais de saúde mental no hospital geral. Nesse cenário, psiquiatras e psicólogos abriram espaço para o trabalho relacionado a problemas no funcionamento saudável dos organismos humanos junto às equipes de saúde (Gorayeb & Guerrelhas, 2003).

Entre os diferentes desafios vivenciados por profissionais de saúde, a formação e atualização continuada emerge como base necessária à seleção adequada de informações baseadas em evidências científicas. O Conselho Federal de Psicologia (CFP) (2019) considera o papel clínico dos psicólogos como provedores de saúde para atuar em diversas áreas, que podem envolver cuidados primários, secundários e terciários e uma variedade de subespecialidades. Avaliar, diagnosticar e tratar problemas e disfunções comportamentais decorrentes de condições físicas e mentais contribui para promover comportamentos saudáveis, prevenir doenças e, desse modo, implementar ações voltadas para melhoria da qualidade de vida das pessoas.

Nesse sentido, as competências e as habilidades psicológicas em contextos clínicos, ancoradas na Psicologia baseada em evidências (PBE), instrumentalizam o profissional para tomar melhores decisões considerando a epidemiologia clínica, a análise e os métodos (Brasil, 2014) que devem ser considerados alvo da atenção do profissional para tomar melhores decisões.

As controvérsias iniciais a respeito da relevância e do valor da Psicologia baseada em evidências (PBE) foram suscitadas pela formação da primeira força-tarefa pela Associação Americana de Psicologia (APA) em 2006. Subsequentemente, uma série de estudos apoiaram a importância dessa abordagem, destacando-a como um modelo de prática cientista-praticante (Goodheart et al., 2006; Hayes et al., 1999). A discussão sobre doenças crônicas (DC) também foi incorporada nesse contexto de análise e debate.

As doenças crônicas (DC) estão entre as principais causas de comprometimento da qualidade de vida e de morte no mundo (Dumith et al., 2012; Silva et al., 2013; Silva et al., 2014). Essas condições, que impactam negativamente a saúde da população, abrem espaços de atuação que permitem a identificação de fatores de risco e consequentemente o desenvolvimento de fatores de proteção (Malta et al., 2017; Malta et al., 2018). DC caracterizam-se por longos períodos de latência e curso prolongado (Theme et al.,

2015), com demanda de tratamento contínuo e ônus progressivo, na razão direta do envelhecimento da população.

O declínio na prevalência de doenças infecciosas retrata o resultado de ações no campo da saúde pública por meio de ações que melhoraram condições sanitárias, ambientais e de nutrição (Capra, 1997). Freitas e Mendes (2007) indicam que as ideias de imperfeições, incapacidade prolongada, inabilidades, entre outras características, circundam esse conceito. Assim, essas doenças são definidas como algo desagradável, que desencadeia modificações na vida, como limitações e problemas orgânicos.

A Organização Mundial de Saúde (OMS) (2003) explicita que as situações crônicas demandam gerenciamento constante e por tempo indeterminado de cuidados regulares e contínuos. Esse parece ser um dos grandes desafios para a saúde no século XXI, pois, considerando o aumento da ocorrência de condições crônicas de adoecimento, novas formas de padrões de adoecimento e morte (Buchalla et al., 2003) ainda merecem ser estudadas.

Observar, conhecer e descrever os fenômenos que ocorrem no meio ambiente permite a proposição de teorias racionais que explicam por que e como esses fenômenos ocorrem. A ciência, indutora de múltiplos processos cotidianos, traduz-se na produção de conhecimentos para o desenvolvimento da humanidade com evidente importância nos diversos meios da atividade humana, sendo sua necessidade reconhecida. Mundialmente, na área da saúde, existe um crescente interesse em garantir a elaboração de políticas públicas notificadas por evidências, o que pode possibilitar melhora no desempenho do sistema de saúde, além de evitar iniquidades provenientes de políticas mal formuladas. O uso do conhecimento científico para a tomada de decisão tem se tornado uma prática comum (Júnior & Lima, 2021).

As doenças crônicas, especificamente as não transmissíveis, caracterizam-se pela multiplicidade de fatores de risco complexos, interação de fatores etiológicos desconhecidos, danos físicos, manifestações clínicas com períodos de exacerbação, remissão e evolução para incapacidades, além do impacto social e psicológico. São agravos à saúde que acometem indivíduos em todas as faixas etárias e/ou classe econômica (Silva et al., 2017), considerados como condições decorrentes de um estilo de vida ocidental (Achutti & Azambuja, 2004) e que apresentam, em comum, fatores de risco modificáveis, como uso e/ou abuso de álcool, tabagismo, alimentação não saudável, obesidade e inatividade física.

No Brasil, os fatores de risco à saúde da população estão fortemente relacionados ao crescimento de doenças crônicas não transmissíveis (DCNT), as quais correspondem a 72% das causas de morte (IBGE, 2013; Brasil, 2014), sendo esse um problema de saúde de grande magnitude no país.

Conforme a proposta do Plano de ações estratégicas para o enfrentar as DC no Brasil entre os anos de 2011-2022 (Ministério da Saúde, 2011), foram estabelecidos grupos de atenção: doenças circulatórias que atingem indivíduos de todas as camadas socioeconômicas e, de forma mais intensa, aqueles com baixa escolaridade e renda, bem como os idosos; hipertensão e diabetes, como condições-chave na determinação da morbimortalidade por DCNT no Brasil (Duncan et al., 2012; Brasil, 2014). De acordo com o Ministério da Saúde (2011), essas condições pedem prioridade na atenção dos profissionais da saúde. No Brasil, elas chegam a afetar 45% da população, principalmente considerando o sofrimento decorrente da doença renal, da hipertensão, da asma e da diabetes.

Reconhecidas como um alerta, essas condições requerem, além de suporte biomédico, cuidados voltados à saúde mental e suporte psicológico, pois já existem relações possíveis entre os fatores causais e associados à prevenção e à promoção de saúde no tratamento das diversas DC.

O presente capítulo aborda o papel da Psicologia da saúde na prestação de cuidados às DC e à Covid-19. Por se tratar de uma doença e de uma situação nova, a Covid-19 ainda apresenta lacunas de informação e conhecimento. Portanto, conhecer fatores psicológicos e suporte para eficácia de intervenções no gerenciamento em DC é a base de conhecimentos necessária, ainda mais considerando evidências que apontam para a importância dos fatores psicológicos da doença e suporte para a eficácia de intervenções psicológicas. Questões profissionais, educacionais, pesquisa e políticas públicas também foram aqui acomodadas.

PSICOLOGIA BASEADA EM EVIDÊNCIAS

A Psicologia baseada em evidências (PBE) atraiu grande interesse pela área da psicologia desde o século XIX, e a PPBE é utilizada como suporte para a tomada de decisões em contextos educacionais, sociais, econômicos, científicos, políticos. Considerando o custo-benefício dos tratamentos para a depressão, por exemplo, a terapia pode ser uma boa fonte de contribuição para mitigar os custos de planos de saúde (Andreoli & Werner, 2022; Leonardi & Meyer, 2016).

A definição mais amplamente citada de uma prática baseada em evidências é adaptada de Sackett et al. (1996) e passa a considerar a experiência clínica e os valores das pessoas integradas às melhores evidências disponíveis. A melhor evidência refere-se à pesquisa clinicamente relevante, muitas vezes relacionada à saúde básica e às ciências médicas, mas especialmente à pesquisa clínica centrada no paciente. Os valores referem-se às preferências, preocupações e expectativas únicas que cada um traz para o encontro clínico e que devem ser integradas às decisões que servem ao paciente (Sackett et al., 1996; Saunders & Vehvilainen-Julkunen, 2017).

Estudos enfatizam o quanto fundamentar a prática profissional e a sua implementação é essencial para alcançar a eficácia, a confiabilidade e a segurança nas práticas em saúde baseadas em evidência (Sackett et al., 1996), melhorando a qualidade dos cuidados e os resultados clínicos, mesmo considerando barreiras para o seu uso (Barría-Pailaquilén, 2013).

A eficácia das terapias baseadas em evidências para os mais diversos transtornos já é reconhecida e validada para obter recursos de pesquisa e melhor qualificação no mercado de operadoras de planos de saúde. Tal como aponta a Divisão 12 da Associação Americana de Psicologia, em defesa da Psicologia clínica, suportar a integração e inserção dessa área na educação, pesquisa e políticas públicas, considera a manutenção da diversidade sem perder a identidade teórica e empírica da Psicologia.

A exigência da mais alta qualidade nos cuidados de saúde, aliada à necessidade de uma utilização racional dos recursos públicos e privados, aumentou a pressão sobre os profissionais de saúde para garantir a implementação de práticas baseadas em evidências científicas. Diante da fragilidade metodológica na execução de diversas pesquisas que inviabilizaram a indicação da eficácia das psicoterapias no tratamento de transtornos mentais, avaliar evidências relativas à prática pode ser considerado o nascimento do que conhecemos hoje como PBE (Leonardi & Meyer, 2015). Apesar dos achados e conclusões polêmicos identificados em pesquisas como as de Eysenck, em 1952, vale salientar que os dados não necessariamente refutavam a possibilidade de eficácia terapêutica, haja vista as dificuldades de comparação existentes, devido ao pouco acordo conceitual de psiquiatras e psicoterapeutas da época (Barlow et al., 2013), fomentando assim que o avanço das pesquisas em Psicologia deveria se debruçar sobre questões como a eficácia de diferentes métodos de terapia, as mudanças decorrentes de intervenções terapêuticas específicas e a influência das características de pacientes e terapeutas (Strupp, 1964).

O principal legado do estudo de Eysenck (1952) foi o estímulo ao desenvolvimento de pesquisas empíricas que demonstrassem os resultados das psicoterapias. Dessa forma, estudos de revisão foram desenvolvidos nos anos subsequentes (Luborsky et al., 1975; Smith & Glass, 1977) para amparar essa nova realidade.

Habitualmente, intervenções psicoterápicas, independentemente do quadro clínico, dependem da experiência profissional e do uso de estratégias utilizadas pelos terapeutas (Brown et al., 2011). Todavia, esse contexto vem sendo revisado e alterado por causa dos avanços promovidos pelas práticas baseadas em evidência decorrentes de ensaios randomizados e casos clínicos nos quais foram utilizadas técnicas então comprovadas cientificamente, que dão resultado para aquela específica situação/problema psicológico.

A PBE vem recebendo crescente interesse na Psicologia (Goodheart et al., 2006; Filippin & Wagner, 2008). A sua prática consiste em integrar as áreas com as melhores evidências clínicas disponíveis. Trata-se de um novo paradigma de conhecimento que leva em consideração a autonomia e a experiência clínica (Monteleone & Witter, 2017).

O rigor necessário ao desenvolvimento de pesquisas fornece fundamentos para tomadas de decisão clínicas e envolve a superação de alguns desafios, entre eles o de manter-se atualizado com a gradativa disponibilidade de informações na área da saúde, pesquisando a literatura de forma eficiente em bases de dados otimizadas e selecionando estudos relevantes e adequados do ponto de vista metodológico (Stetler et al., 1998; Leonardi & Meyer, 2015).

Dessa forma, evidência científica é um conjunto de elementos usados para confirmar ou refutar certa teoria ou hipótese, com o compromisso de estar sujeita à replicação por outros cientistas em ambientes diferentes daqueles em que ela foi originalmente realizada (Stetler et al., 1998).

A partir da segunda metade do século XX, surgiram novas informações decorrentes de pesquisas que metodologicamente avaliaram e compararam diferentes práticas psicoterápicas, bem como os seus efeitos sobre diversas categorias clínicas. Sumarizando os resultados, os achados demonstraram que diferentes abordagens psicoterápicas tinham eficácia semelhante e significativa sobre os pacientes. Smith et al. (1980) dedicaram um capítulo a uma descrição dos métodos da metanálise psicoterápica. Incluíram a descrição e os critérios de definições de população, procedimentos de amostragem e busca, classificação de estudos e análise de dados. As implicações teóricas e práticas delineadas no capítulo permitem ao leitor obter uma visão mais aprofundada sobre a qualidade do trabalho dos autores.

A partir dessa integração dos conhecimentos adquiridos por meio das pesquisas empíricas realizadas, tendo como base critérios rigorosos de execução, controle de variáveis e análise de resultados, as decisões tomadas pelos profissionais em sua prática psicoterápica clínica são guiadas por esse conhecimento, a fim de garantir os melhores resultados para seus pacientes (APA, 2006; CPA, 2012).

A Associação Canadense de Psicologia (CPA, 2012) apontou indicadores importantes que deveriam ser levados em consideração no que diz respeito ao acesso a esse tipo de conhecimento. Nessa proposta recomendavam-se a busca em revistas indexadas em bases de dados, a revisão por pares, os desenhos de estudo no formato de ensaios clínicos, revisões sistemáticas/metanálises e diretrizes de práticas clínicas. O rigor metodológico era prioridade, apesar de os outros elementos também terem algum nível de confiabilidade.

O uso de métodos psicoterápicos baseados em evidência é imprescindível para garantir o *status quo* da Psicologia como ciência e profissão. A utilização de técnicas e instrumentos comprovadamente eficazes tem impacto em várias dimensões da sociedade.

A PANDEMIA (COVID-19): REPERCUSSÕES BIOPSICOSSOCIAIS DAS DCNT

Foi evidenciado que a Psicologia e a Psicologia da saúde, especificamente, exercem um importante papel na compreensão de como as pessoas lidaram e lidam com a ameaça da Covid-19 e como elas aderiram e se adaptaram aos hábitos relacionados à transmissão, incluindo encorajar comportamentos de proteção à saúde, como a lavagem das mãos e o isolamento, além dos esforços no sentido do controle, nos cuidados com a transmissão da doença, mudança e manutenção do comportamento (Arden & Chilcot, 2020).

A pandemia de SARS-CoV-2 acarretou impactos significativos para a população, e muitos deles ainda aguardam dimensionamento. Mesmo considerando epidemias preexistentes, as dimensões globais da Covid-19 ainda merecem atenção (Arden & Chilcot, 2020). A mortalidade, o elevado potencial de transmissão, o tratamento, a existência de efeitos ou sequelas no organismo de infectados, entre outros elementos, ainda compõem informações preliminares. Nesse sentido, mesmo que ainda sejam incipientes e escassos os estudos com metodologias mais robustas que envolvam as revisões sistemáticas e os ensaios clínicos, estudos epidemiológicos e transversais analíticos já apontam dados relevantes no que tange à necessidade de observar o quanto medidas preventivas relacionadas às DCNT precisam ser implementadas na nossa população (Carneiro et al., 2021).

A produção científica é essencial para compreender condições de adoecimento, efeitos, desfechos e soluções. Globalmente, os pesquisadores se esforçaram para estimar tanto os efeitos deletérios da doença sobre a população como os impactos socioeconômicos (De Negri et al., 2020).

Há ainda muito que não sabemos, especialmente considerando os novos recursos da Covid-19 e as respostas variadas dos governos relacionadas à crise mundial. Portanto, ainda há necessidade de pesquisas na área (Arden & Chilcot, 2020). Enfrentar uma pandemia dessa magnitude requer opinião especializada, principalmente considerando o ineditismo e o desconhecimento da Covid-19, que busca respostas ainda ineficientes para controle e tratamento que possa mitigar os seus efeitos nas pessoas e na economia (De Negri et al., 2020).

Sobre a situação do SARS-CoV-2 no Brasil, ainda temos pouca informação. Importante salientar o quanto as pessoas com DC estiveram e são mais vulneráveis e impactadas pelos seus efeitos, afetando ainda mais os serviços de saúde. Além disso, as dificuldades no acesso aos cuidados de saúde mental adequados foram agravadas pela pandemia de Covid-19, gerando preocupações para as intervenções pautadas em evidências (Estrela et al., 2020). Os serviços digitais de saúde mental – por exemplo, os fornecidos por telefone celular ou plataformas da *web* – estão sendo oferecidos como possibilidade de expandir o alcance e a acessibilidade dos cuidados de saúde, como será possível observar em pesquisas neste capítulo, adiante (Schmidt et al., 2020).

Pessoas portadoras de DC, como hipertensão, diabetes, doença pulmonar obstrutiva crônica (DPOC) e DCNT, têm maior probabilidade de desenvolver as formas mais graves da Covid-19, o que resulta em maiores taxas de morbimortalidade nessa população (Estrela et al., 2020; Li et al., 2020). Diversas metanálises foram conduzidas objetivando identificar possíveis relações entre DC e uma evolução desfavorável da doença, entre elas: DPOC como forte preditor de formas severas de Covid-19, seguida de doença cardiovascular e hipertensão (Gold et al., 2020); associação positiva entre diabetes e severidade ou letalidade da Covid-19 (Jain & Yuan, 2020); DRC, câncer, asma, doenças de fígado e HIV/Aids (Ssentongo et al., 2020); e obesidade (Carneiro et al., 2021).

Um estudo transversal realizado entre abril e maio de 2020 aferiu, por meio do relato de diagnóstico médico, condições de adoecimento, estilo de vida e prática de atividade física (AF). Foi destacado que houve redução da AF e do consumo de alimentos saudáveis, enquanto o consumo de ultraprocessados aumentou. Apesar das limitações inerentes a um estudo com coleta de dados *on-line*, o resultado sugere que o grupo de adultos com DCNT praticou menos AF e comeu menos alimentos saudáveis, como hortaliças (Malta et al., 2021).

Uma revisão com metanálise buscou identificar a proporção de indivíduos que experimentam fadiga e comprometimento cognitivo 12 ou mais semanas após o diagnóstico da Covid-19 e caracterizar os correlatos inflamatórios e as consequências funcionais da síndrome pós-Covid. Foram incluídos 81 estudos; a metanálise de fadiga compreendeu 68 estudos, a metanálise de comprometimento cognitivo compreendeu 43 estudos e 48 estudos foram incluídos na síntese narrativa. Essa metanálise revelou que a proporção de indivíduos com fadiga 12 ou mais semanas após o diagnóstico de Covid-19 foi de 0,32 (IC 95%, 0,27, 0,37; $p < 0,001$; $n = 25.268$; $I^2 = 99,1\%$). A proporção de indivíduos que apresentam comprometimento cognitivo foi de 0,22 (IC 95%, 0,17, 0,28; $p < 0,001$; $n = 13.232$; $I^2 = 98,0$). Os achados apontam que proporção significativa de sujeitos experimentou fadiga persistente e/ou comprometimento cognitivo após a Covid-19. Além disso, uma revisão narrativa indicou um incremento nos marcadores pró-inflamatórios e um significativo comprometimento funcional em um grupo de indivíduos, evidenciando a natureza incapacitante dos sintomas (Ceban et al., 2022).

Ainda existem termos que não estão bem definidos e merecem atenção na análise de variáveis de estudos. Por exemplo, um estudo de Akbarialiabad et al. (2021) buscou identificar o que se sabe, na literatura, sobre Covid de longo prazo. Com base na Lista de verificação Prisma-ScR, foram encontrados 120 artigos, apenas um ensaio clínico randomizado. Dos 67 estudos originais, 22 eram de coorte e 28 eram transversais. Do total das publicações, 49,1% se concentraram em sinais e sintomas, 23,3% em gerenciamento e 10,8% em fisiopatologia. Dez publicações consideraram estudos de imagem. O desfecho final da análise apontou controvérsias relacionadas à definição do termo que prejudicaram o reconhecimento e a gestão adequados. Apesar dessa limitação, os sintomas predominantes foram: fadiga, falta de ar, artralgia, dificuldades de sono e dor no peito. Os artigos também destacaram o risco de sequela a longo prazo com envolvimento cutâneo, respiratório, cardiovascular, musculoesquelético, de saúde mental, neurológico e renal naqueles que sobrevivem à fase aguda da doença.

Premraj et al. (2022) são enfáticos ao afirmar que sintomas neurológicos e neuropsiquiátricos que persistem ou se desenvolvem três meses após o início da Covid-19 representam uma ameaça significativa ao sistema de saúde global. Os autores realizaram revisão sistemática para determinar a prevalência de sintomas neurológicos e neuropsiquiátricos relatados 12 semanas (3 meses) ou mais após o início agudo da Covid-19 em adultos. Foram incluídos estudos que consideraram a definição do Instituto Nacional de Excelência em Saúde (Nice) da síndrome pós-Covid (sintomas que se desenvolvem ou persistem ≥ 3 meses depois do início da doença). Adicionalmente, incluíram a notificação de sintomas neurológicos ou neuropsiquiátricos em indivíduos com Covid-19.

Entre 1.458 artigos identificados, 18 estudos, abrangendo um total de 10.530 pacientes, foram analisados. Em síntese, a prevalência geral de sintomas neurológicos pós-Covid-19 foi de fadiga, névoa cerebral, problemas de memória, transtorno de atenção, mialgia, anosmia e disgeusia. Entre as condições neuropsiquiátricas, foram verificados distúrbios do sono, ansiedade e depressão. Os sintomas neuropsiquiátricos aumentaram substancialmente na prevalência entre o acompanhamento a médio e longo prazo. Em comparação com pacientes não hospitalizados, os que precisaram de hospitalização por Covid-19 aguda tiveram frequência reduzida de anosmia, ansiedade, depressão, disgeusia, fadiga, dor de cabeça, mialgia e distúrbios do sono em três (ou mais) meses após a infecção. Coortes com > 20% dos pacientes admitidos na UTI durante a Covid-19 aguda experimentaram maior prevalência de fadiga, ansiedade, depressão e distúrbios do sono do que coortes com < 20% de admissão na UTI (Premraj et al., 2022).

CONSIDERAÇÕES FINAIS

As informações sintetizadas neste capítulo buscam contribuir para uma proposta de ações baseadas em evidências para lidar com os efeitos da pandemia que afetaram e ainda impactam negativamente a qualidade de vida das pessoas. Nesse contexto, é imprescindível que o aprimoramento de intervenções considerando a Psicologia baseada em evidências seja direcionado por meio de políticas públicas.

Estratégias para fomentar a identificação precoce de agravos à saúde e a execução de ações para prevenir e promover cuidados diante das DCNT são urgentes, principalmente considerando os desafios na atenção primária. A política e a prática precisam ser informadas por evidências de alta qualidade.

Considerando a estreita relação entre saúde mental e DCNT, torna-se vital que estudos incluam variáveis relacionadas a esse fim nas relações estatísticas. Por exemplo, parece haver um consenso na literatura de que medidas de prevenção e promoção de saúde podem ser fomentadas por meio do estabelecimento de hábitos saudáveis e voltados para o bem-estar e a promoção de qualidade de vida. Nesse cenário, todos os ciclos vitais podem ser impactados positivamente. Crianças, famílias e outros grupos em condições de vulnerabilidade devem ser incluídos em políticas de prevenção e promoção à saúde, bem como grupos em que as DCNT estejam instaladas merecem atenção especial para mitigar as condições de sofrimento e melhorar os desfechos das intervenções associadas à qualidade de vida.

Há que se fortalecer nacionalmente o esforço de pesquisadores para desenvolver estudos mais robustos, como os ensaios clínicos randomizados, tão necessários para desenvolver estratégias de intervenção de como funcionam, para quem, quando e por quê, a fim de reduzir o impacto negativo, a carga da doença e promover saúde.

REFERÊNCIAS

Capítulo **39**

Evidências de efetividade de intervenções psicossociais em adultos mais velhos institucionalizados

Andréia Schmidt, Maria Paula Foss

INTRODUÇÃO

O envelhecimento populacional é um fenômeno mundial que teve início nos países ricos no século XX após a Segunda Guerra Mundial, e que tem se acelerado nas últimas décadas nos países de baixa e média renda (United Nations, 2015). Esse fenômeno representa uma grande conquista para a humanidade, mas carrega consigo uma série de desafios em termos políticos, econômicos e sociais.

No campo da saúde mental, o envelhecimento biológico, associado a fatores sociais e ambientais, está relacionado ao surgimento de vários transtornos, como a ansiedade, a depressão e os transtornos neurocognitivos (Andreas et al., 2017; Pais et al., 2020). Tais condições podem afetar a independência e a autonomia de pessoas mais velhas, que podem passar a demandar assistência continuada e gradualmente mais intensiva (Luppa et al., 2010).

O cuidado de adultos mais velhos que têm prejuízos em sua autonomia ou independência tem sido historicamente atribuído a familiares, especialmente às mulheres (esposas, filhas ou netas). A maior participação das mulheres no mercado de trabalho, no entanto, tem aumentado a demanda por cuidado formal, tanto no ambiente familiar como em ambientes institucionais (Aires et al., 2020). A força-tarefa sobre serviços de saúde mental em cuidados de longo prazo da Associação Internacional de Psicogeriatria (Gibson et al., 2010) produziu um guia com diretrizes para a prestação de serviços de qualidade em saúde mental em instituições que prestam serviços de longo prazo para pessoas idosas. Um dos princípios desse documento enfatiza que a oferta de cuidados a adultos mais velhos no campo da saúde mental deve ser feita em um *continuum* de serviços, sendo a institucionalização reservada para aqueles indivíduos com maior nível de dependência e maior exigência de cuidados intensivos.

Essa, porém, não é a realidade da maioria dos países, seja por falta de serviços que atendam às necessidades físicas, mentais, familiares, sociais e financeiras de pessoas idosas na própria comunidade, seja pelas dificuldades das famílias de prestarem cuidados às pessoas idosas no ambiente familiar (Aires et al., 2020). Nesse sentido, a demanda pela institucionalização do cuidado de pessoas idosas vem aumentando em vários países do mundo. Dados de 2021, fornecidos pela Organização Mundial da Saúde (https://platform.who.int/data/maternal-newborn-

-child-adolescent-ageing/ageing-data/ageing---long-term-care-for-older-people), revelam que a porcentagem de adultos mais velhos que residem em instituições de longa permanência para idosos (Ilpis) varia muito entre os países, indo de menos de 1% na Polônia, por exemplo, a mais de 10% em países como a Lituânia. Em países de renda mais alta, esse percentual tem variado entre 3% e 6%. Essa mesma fonte, porém, mostra que a grande maioria dos países da América Latina, Ásia e África não dispõe de dados oficiais sobre o número de pessoas idosas vivendo em instituições residenciais, o que mostra uma lacuna importante no conhecimento sobre o tema.

A institucionalização tem sido reconhecida como um importante fator de risco para transtornos mentais na população idosa. A metanálise conduzida por Gardiner et al. (2020) verificou uma prevalência de cerca de 40% de solidão moderada entre os residentes de Ilpis, nível significativamente mais alto do que o encontrado entre adultos mais velhos vivendo na comunidade (cerca de 24%, de acordo com Cudjoe et al., 2020). A solidão está associada a uma série de condições negativas de saúde em pessoas idosas, como depressão, ansiedade, baixa qualidade de vida e demência (Donovan & Blazer, 2020).

A depressão é um transtorno do humor que se caracteriza por sintomas como humor deprimido, perda de prazer em realizar atividades consideradas anteriormente satisfatórias (anedonia), diminuição da concentração, fadiga/desânimo, ideias de culpa e/ou de inutilidade e problemas de sono e/ou apetite (APA, 2013). Gleeson et al. (2019), em um estudo de revisão sistemática, verificaram que a prevalência de depressão entre pessoas idosas vivendo em Ilpis de oito países do hemisfério Norte foi de 32% a 63%, maior que na população idosa vivendo na comunidade – cerca de 6% em estudo conduzido em cinco países europeus com a população com mais de 65 anos (Andreas et al., 2017). O mesmo estudo de Gleeson et al. reportou uma prevalência de cerca de 43% de ideação suicida entre os residentes das instituições pesquisadas. Schmidt e Penna (2021), em revisão sistemática de estudos brasileiros sobre condições de pessoas idosas residentes em instituições residenciais, verificaram prevalência de 50% de depressão entre os participantes analisados, resultado compatível com o de Gleeson et al. (2019). Esses dados mostram que a depressão é um problema importante entre pessoas mais velhas, e que parece se agravar com a institucionalização.

A depressão também é uma condição de risco importante para o suicídio (Minayo et al., 2019). Dados recentes têm apontado que a taxa de suicídios por ano entre pessoas com mais de 70 anos é superior do entre pessoas que têm entre 50 e 69 anos (Beghi et al., 2021). A taxa de suicídios em Ilpis, no entanto, é menos conhecida, especialmente em países de baixa e média renda (Minayo et al., 2019). Mezuk et al. (2014) revisaram 37 artigos sobre comportamento suicida em instituições residenciais para adultos mais velhos (todos conduzidos na Europa, nos Estados Unidos, em Israel, na China, em Hong Kong, na Tailândia e na Austrália) e verificaram uma estimativa de que cerca de 1% dos residentes dessas instituições atentam contra a própria vida, seja por enforcamento, *overdose* de drogas, saltar de grandes alturas ou recusa de alimentação, medicação ou cuidados. Segundo esses mesmos autores, a prevalência de ideação suicida entre pessoas idosas institucionalizadas é geralmente maior que a prevalência desse comportamento na população em geral. Os estudos revelaram que, na população idosa, há uma prevalência de ideação suicida entre 35% e 61% durante a vida, e entre 11% e 33% no período de um ano anterior à entrevista. Além disso, estima-se que o maior aumento de ideação suicida ocorre nos primeiros sete meses após a transferência para a instituição.

Os fatores de risco mais importantes para comportamentos suicidas entre adultos mais velhos em geral, além da depressão, são sexo masculino, utilização de drogas psicotrópicas, presença de algum transtorno mental (p. ex., ansiedade e transtorno bipolar), ter problemas médicos graves, luto e solidão (Beghi et al., 2021). Entre pessoas idosas institucionalizadas, os principais fatores de risco são sexo masculino, abuso de substância, perda recente de cônjuge, história prévia de tentativas de suicídio, deterioração geral da saúde ou perda de mobilidade, sentimentos de desamparo e níveis baixos de bem-estar e de satisfação com a vida (Mezuk et al., 2014). A despeito da importância dessa condição, há um número reduzido de estudos sobre intervenções diretas com residentes de instituições de longa permanência para prevenção de suicídio e redução de ideação suicida (Zhang et al., 2022), o que torna o tema de especial importância.

O transtorno neurocognitivo maior (TNM) (APA, 2013), antes referido como demência, caracteriza-se pelo prejuízo adquirido e progressivo em múltiplos domínios cognitivos (memória, atenção, linguagem, aprendizagem, funções executivas e cognição social), o que afeta habilidades funcionais do dia a dia do indivíduo, sendo a doença de Alzheimer o tipo mais prevalente (Arvanitakis et al., 2019). De acordo com Nichols et al. (2022), cerca de 57 milhões de pessoas vivem com TNM em todo o mundo, e em 2050 esse número deve se elevar para mais de 150 milhões. Estudos específicos sobre a América Latina e o Caribe estimam que a prevalência de TNM nessas regiões é de 7% a 11% entre a população com mais de 60 anos (Opas, 2023). O progresso da doença com o consequente aumento da necessidade de apoio, bem como a presença de comportamentos desafiadores (como agressividade ou delírios, por exemplo), aumenta a chance de institucionalização de pessoas com TNM (Luppa et al., 2010). Não por acaso, a prevalência de declínio cognitivo e TNM entre pessoas idosas residentes em instituições de cuidado de longo prazo costuma ser alta: revisões sistemáticas de estudos brasileiros e de outros países do mundo têm reportado declínio cognitivo em cerca de 45% a 86% dos participantes institucionalizados (Fagundes et al., 2021; Schmidt & Penna, 2021), enquanto a revisão sistemática de 80 estudos, conduzida por Pais et al. (2020), verificou uma prevalência variando entre 5,1% e 41% (mediana de 19%) de declínio cognitivo entre adultos mais velhos vivendo na comunidade. Além disso, Harmand et al. (2014), em um estudo longitudinal, verificaram que pessoas idosas institucionalizadas apresentam maior declínio cognitivo ao longo do tempo, em comparação àquelas que permanecem na comunidade.

A alta prevalência de transtornos mentais e neurocognitivos entre residentes de Ilpis deve ser considerada uma situação de alta gravidade. Transtornos mentais e declínio cognitivo têm efeitos devastadores na qualidade de vida de pessoas mais velhas, diminuindo sua capacidade funcional e, consequentemente, sua autonomia e independência (Andreas et al., 2017). Esses efeitos deletérios somam-se aos efeitos psicológicos negativos causados pela própria institucionalização, originando um contexto específico em que profissionais do campo da saúde mental, especialmente os da Psicologia, devem estar preparados para o desenvolvimento de intervenções que possam mitigar esses efeitos. A OMS, em seu documento sobre a Década do Envelhecimento Saudável 2020-2030 (OMS, 2019), preconiza que os adultos mais velhos devem ter o direito a um atendimento de longo prazo de boa qualidade, que permita a essas pessoas manter ao máximo sua capacidade funcional e desfrutar dos direitos humanos básicos – uma vida com dignidade. Para isso, porém, é necessário que os profissionais de Psicologia tenham preparo adequado para fornecer serviços de qualidade e adequados às necessidades de pessoas idosas e institucionalizadas.

Nesse contexto, o uso de práticas psicológicas baseadas em evidência é de fundamental importância para os profissionais que trabalham com adultos mais velhos em Ilpis. A prática da Psicologia baseada em evidências é um movimento que visa a promoção de práticas psicológicas eficazes, fundamentadas em evidências científicas e que contribuam para os contextos de saúde (APA, 2006). De acordo com Melnik et al. (2014), a prática de Psicologia baseada em evidências requer a conjunção de três componentes: análise da melhor evidência disponível, *expertise* clínica e considerar as características do cliente. Certamente, isso requer do profissional uma série de habilidades e atualização constante, uma vez que a tomada de decisões clínicas por parte dele deverá envolver: a) o levantamento das questões clínicas de interesse; b) busca pelas melhores evidências disponíveis em fontes confiáveis, especialmente em revisões sistemáticas da literatura empírica, metanálises ou, quando isso não for possível, em estudos clínicos bem conduzidos (p. ex., ensaios clínicos randomizados); c) avaliar de forma crítica as evidências encontradas; d) utilizar essas evidências na sua prática clínica, de acordo com seu repertório como terapeuta (*expertise*) e com as características do cliente; e e) avaliar os resultados da intervenção (Leonardi & Meyer, 2015; Melnik et al., 2014).

Tais atitudes são fundamentais para o(a) profissional da Psicologia que atua em Ilpis. Os residentes dessas instituições têm características muito específicas. Além das questões próprias do envelhecimento, que deixam as pessoas mais suscetíveis a diferentes tipos de problemas de saúde mental, a institucionalização pode representar um fator traumático para o indivíduo, na medida em que pode gerar ansiedade, confusão, desamparo e solidão, o que tem sido chamado na literatura de síndrome do estresse de realocação (Walker et al., 2007).

É preciso somar aos problemas próprios da institucionalização a precariedade de serviços prestados por instituições residenciais para adultos mais velhos em países de baixa e média renda. Enquanto países desenvolvidos têm construído várias estratégias inovadoras para promover a autonomia física, a saúde mental e a estimulação cognitiva de adultos mais velhos que dependem de ambientes residenciais (Harmand et al., 2014), países de baixa e média renda ainda enfrentam dificuldades econômicas para manutenção dessas instituições, especialmente aquelas que atendem pessoas em situação de maior vulnerabilidade econômica e social, com oferta limitada de ambientes e de serviços que promovam a autonomia e a independência dos residentes (p. ex., Schmidt & Penna, 2021).

Nesse sentido, profissionais comprometidos com intervenções psicológicas com evidência de eficácia em ambientes residenciais para pessoas idosas têm mais condições de identificar prioridades de intervenção e implementar práticas que contribuam para aquele contexto específico, levando em conta as características gerais da população idosa institucionalizada, mas, principalmente, compatíveis com as características culturais e específicas dos indivíduos com quem irão trabalhar. O objetivo deste capítulo é apresentar e analisar os resultados de estudos de revisão sistemática que avaliam intervenções direcionadas a pessoas idosas que residem em Ilpis e que apresentam quadros de depressão, solidão, ideação suicida e transtornos neurocognitivos. Com isso, pretende-se auxiliar os profissionais de Psicologia na avaliação das melhores evidências disponíveis nessa área de atuação.

INTERVENÇÕES EM DEPRESSÃO, SOLIDÃO E IDEAÇÃO SUICIDA

Considerando a alta prevalência de solidão, transtorno depressivo e ideação suicida entre residentes de Ilpis, a prioridade de profissionais de Psicologia atuando nesses ambientes institucionais deveria ser o desenvolvimento de intervenções eficazes nessas áreas. Simning e Simons (2017) conduziram uma revisão sistemática de ensaios clínicos randomizados (ECRs) sobre intervenções para depressão realizadas com residentes em instituições de longa permanência para pessoas idosas. Foram incluídos ECRs que avaliavam intervenções para depressão ou sintomas depressivos, conduzidos em instituições residenciais, com pessoas com 65 anos ou mais e cuja amostra tenha sido composta majoritariamente por indivíduos sem queixa clínica de TNM (pelo menos 50% dos participantes deveria ter, no máximo, declínio cognitivo leve). A revisão incluiu 32 estudos, divididos em três grupos: intervenções psicoterapêuticas (13), intervenções psicossociais e de recreação (9) e intervenções farmacológicas (11). Esta análise irá focalizar o primeiro grupo de intervenções (psicoterapêuticas).

As intervenções psicoterapêuticas testadas pelos ECRs analisados foram: a) terapia cognitivo-comportamental (TCC) – grupo de manejo de dor; intervenção multicomponentes, grupo de enfrentamento ao estresse para residentes em risco de depressão, e intervenção cognitiva em grupo para residentes com depressão severa a moderada; b) terapia de reminiscência (TR) – nas modalidades individual e em grupo; c) outros tipos de psicoterapia – terapia de aceitação e compromisso para pacientes com dor crônica, terapia de resolução de problemas, terapia de autocompaixão (individual) e terapia com voluntários.

Os protocolos de TCC foram variados, o que dificultou uma comparação entre os ECRs analisados, e, como consequência, as evidências de efetividade foram mistas. As intervenções em TCC que demonstraram efeitos significativos de redução da depressão, em comparação com tratamentos usuais, foram a intervenção multicomponente, a intervenção de enfrentamento ao estresse e a intervenção cognitiva. A intervenção multicomponente incluía duas sessões individualizadas de definição de metas e redução de barreiras e 13 sessões em grupo, com duração de 75 a 90 minutos, cujo componente principal era de ativação comportamental. A intervenção de enfrentamento ao estresse consistia de duas sessões semanais em grupo, com duração de 60 minutos, ao longo de sete semanas. Nas sessões, eram discutidos tópicos relativos ao enfrentamento de situações estressantes e anotações dos participantes em um diário sobre seu humor. Além disso, eram discutidas formas de programar eventos prazerosos. A intervenção baseada em terapia cognitiva também foi realizada em grupo, em sessões semanais conduzidas ao longo de 10 semanas. Funcionários da instituição foram treinados para conduzir as sessões, que envolviam o uso de técnicas de registro e de discussão de pensamentos disfuncionais.

Simning e Simons (2017) também encontraram evidências de eficácia no uso da Terapia de Reminiscência, tanto na modalidade individual como na modalidade em grupo. Três dos quatro estudos revisados verificaram redução significativa de sintomas depressivos nos participantes, em comparação ao tratamento usual. As técnicas utilizadas nos protocolos de terapia de reminiscência envolviam sessões focadas em tópicos específicos (como a identificação de relações positivas, recordações de histórias da própria vida e da história familiar), ou focadas em eventos marcantes da vida dos indivíduos em cada década de vida, ou, ainda, uma revisão estruturada da vida dos pacientes, em sessões individuais.

A maioria dos demais tipos de intervenção psicoterapêutica para depressão revisados não alcançou efeitos estatisticamente significativos sobre os sintomas depressivos, exceto por melhora de sintomas verificada no *follow-up* (treino de voluntários mais velhos para atuarem como paraprofissionais em saúde mental e terapia da compaixão).

A revisão de Simning e Simons (2017), portanto, indica que a terapia cognitivo-comportamental e a terapia de reminiscência são intervenções promissoras para melhorar os sintomas de depressão em adultos mais velhos residentes em instituições, como sugerido por outros estudos (p. ex., Chan et al., 2021; Elias et al., 2015; Yoon et al., 2018). A terapia de reminiscência utiliza a recordação de eventos passados, de sentimentos e pensamentos para que o indivíduo possa se ajustar melhor às circunstâncias presentes. Em intervenções de grupo, os participantes são livres para discutir as suas histórias de vida e podem focar tanto em memórias prazerosas como em memórias tristes, ao mesmo tempo em que podem aprender algo a partir de suas experiências passadas e modificar o seu presente (Elias et al., 2015). A terapia cognitivo-comportamental, em contrapartida, é um rótulo que abriga uma grande variedade de técnicas e protocolos (David et al., 2018), e os ensaios clínicos randomizados analisados em revisões podem abranger procedimentos muito diferentes entre si. O clínico deve estar atento a essa questão e tomar informações mais específicas sobre o tipo de procedimento chamado de terapia cognitivo-comportamental que apresenta evidências de eficácia para tratamento de depressão em pessoas idosas institucionalizadas.

Quan et al. (2019) conduziram uma revisão sistemática sobre intervenções contra o isolamento social e a solidão em adultos mais velhos residentes em Ilpis. Foram analisados 15 estudos que relatavam intervenções com residentes de instituições com 65 anos ou mais, e que apresentassem dados quantitativos. Cinco dos estudos revisados eram ECRs, oito eram estudos quase experimentais e dois tinham delineamentos de sujeito único. Os autores caracterizaram as intervenções descritas nos estudos em seis categorias: i) intervenções para facilitação social; ii) intervenções psicológicas (terapia de reminiscência, intervenção em memória autobiográfica, terapia do humor, terapia do riso e logoterapia); iii) provisão de cuidados sociais e de saúde; iv) intervenções com animais; v) intervenções envolvendo laços de amizade; vi) intervenções de lazer ou de desenvolvimento de habilidades.

De acordo com Quan et al. (2019), a maioria das intervenções analisadas (13), em todas as categorias, indicou mudanças significativas nos escores de solidão dos participantes na comparação pré e pós-teste. A manutenção dessas mudanças, no entanto, mostrou-se modesta nas medidas de *follow-up*. Entre as intervenções psicológicas analisadas, a terapia do riso (*laughter therapy*) foi a que apresentou maior diminuição dos escores de solidão entre os participantes (mais de 50%). A terapia do riso é uma intervenção grupal que compreende técnicas de respiração inspiradas na ioga, além de exercícios físicos envolvendo contato físico com outros membros do grupo e jogos, atividades capazes de desencadear naturalmente o riso. A intervenção se baseia na suposição de que o riso e o humor podem equilibrar emoções positivas em situações estressantes que podem potencialmente desencadear emoções negativas (Kuru Alici et al., 2018). Quan et al. (2019) verificaram também que a terapia de reminiscência levou a uma redução significativa dos escores de solidão dos participantes. O formato analisado dessa intervenção foram sessões grupais semanais, focadas na recordação e no compartilhamento de memórias, bem como na expressão dos próprios sentimentos. Esse resultado sugere que esse tipo de intervenção tem resultados positivos quando conduzida em ambiente institucional para adultos mais velhos, não apenas para depressão, mas também para solidão.

Uma limitação dos estudos revisados por Quan et al. (2019) refere-se ao fato de que quase todos os estudos excluíram participantes com declínio cognitivo, o que pode ser um fator limitador na generalização dos resultados. Sabe-se que uma parcela significativa de residentes de Ilpis apresenta declínio cognitivo ou transtorno neurocognitivo maior (Fagundes et al., 2021). Essas condições, no entanto, não isentam os indivíduos de se sentirem sozinhos ou de se isolarem socialmente; ao contrário, limitações cognitivas estão associadas a maiores escores de solidão (Quan et al., 2019). Dessa forma, é preciso ter cautela no manejo das intervenções sugeridas pela revisão, especialmente no que se refere a indivíduos que apresentam algum grau de comprometimento cognitivo.

Como citado anteriormente, apesar da alta prevalência de ideação suicida entre adultos mais velhos institucionalizados, a maioria das intervenções voltadas para a prevenção dessa condição não é realizada diretamente com os residentes das instituições, mas com os funcionários. Essas intervenções, em geral, têm caráter informativo, incluindo tópicos sobre o conhecimento do problema e identificação de fatores de risco. De modo geral, essas intervenções melhoram o conhecimento dos funcionários sobre a problemática do suicídio e sobre depressão, mas não fornecem dados sobre os efeitos na ideação suicida entre os residentes da instituição (Mezuk et al., 2014). Mezuk et al. também relatam um ECR que comparou uma intervenção de "revisão de vida" com visitas amistosas periódicas para 52 residentes de instituições de longa permanência para pessoas idosas. Apesar de os níveis de depressão dos participantes terem diminuído, mesmo em medidas de *follow-up* de até dois anos, não foram verificados impactos significativos nos níveis de desamparo e na ideação suicida.

Zhang et al. (2022) conduziram um ECR testando uma intervenção baseada no protocolo "Eu tenho, eu sou, eu posso" (*"I have, I am, I can"*), uma intervenção voltada para a melhora dos níveis de resiliência, o que poderia, de acordo com os autores, mediar a diminuição dos escores de ideação suicida. O estudo foi conduzido com 68 adultos residentes em Ilpis, com idade superior a 60 anos, que apresentavam ideação suicida ativa ou passiva. Os participantes foram alocados em dois grupos, de intervenção e lista de espera, sendo que o grupo de lista de espera participou de sessões de educação em saúde. A intervenção foi realizada em oito semanas, com sessões individuais que duravam de 60 a 90 minutos. Na primeira semana, o foco era a construção de vínculo; nas seis semanas seguintes, eram trabalhados os conteúdos sobre resiliência: i) "Eu tenho" – ajudava o paciente a buscar suporte social para que ele se sentisse seguro e protegido; ii) "Eu sou" – auxiliava o paciente a reconhecer seus próprios pontos fortes e estabelecer crenças, sentimentos e atitudes positivas; iii) "Eu posso" – ajudava o paciente a fortalecer suas habilidades interpessoais, analíticas e de resolução de problemas, além de ajudá-lo a desenvolver habilidades de manejo emocional e de estresse. Finalmente, na última semana era feito o fechamento da intervenção. Medidas de ideação suicida, resiliência, depressão e ansiedade foram feitas antes da intervenção (T1), ao final (T2) e um mês após o término da intervenção (T3).

Apesar de os escores de ideação suicida e depressão terem diminuído entre T1 e T2 para ambos os grupos, a queda no grupo intervenção foi maior que no grupo controle. Para ambos os grupos também houve um discreto aumento das duas medidas entre T2 e T3. No entanto, os escores de resiliência aumentaram para os dois grupos, mas o aumento foi estatisticamente maior para o grupo intervenção que para o grupo controle, em T2 e T3, em comparação a T1. Os autores concluíram que o aumento da resiliência em pessoas idosas institucionalizadas pode reduzir a ideação suicida, assim como os sintomas de depressão (Zhang et al., 2022).

INTERVENÇÕES PARA PESSOAS COM TRANSTORNO NEUROCOGNITIVO MAIOR

Os transtornos neurocognitivos maiores (TNMs) são prevalentes nos adultos idosos residentes em Ilpis. Nesta seção iremos tratar do TNM, já referido anteriormente, e que necessariamente torna o indivíduo dependente do suporte de outros e dos sistemas de saúde para viver.

A dependência desse grupo de pessoas com TNM faz com que muitos sejam institucionalizados para garantir a sua segurança e das pessoas ao seu redor. Ao mesmo tempo, o declínio cognitivo piora a qualidade de vida dessas pessoas, que estão mais propensas às alterações de comportamento, como agitação e agressividade. Estratégias de remediação e melhora da função cognitiva nas Ilpis poderiam aliviar o desgaste que esses sintomas causam ao paciente, a seus cuidadores e às instituições como um todo. As Ilpis precisam se cercar de mais profissionais de saúde e investir mais dinheiro para lidar com essas alterações. As intervenções disponíveis variam entre as farmacológicas e não farmacológicas.

O uso de fármacos se mostra efetivo para o tratamento do declínio cognitivo, mas causa efeitos colaterais que aumentam o risco de morte no TNM (Yorozuya et al., 2019). Assim, a busca por intervenções cognitivas não farmacológicas com efeitos semelhantes aos dos fármacos e sem os indesejados efeitos colaterais se faz necessária.

Revisão da literatura realizada por Folkerts et al. (2017) buscou analisar a eficácia de intervenções cognitivas em indivíduos institucionalizados com TNM. Anteriormente, a eficácia de intervenções de estimulação cognitiva, treino cognitivo e terapia de reminiscência para pessoas com demência foi analisada em diversos estudos (Alves et al., 2014; Bahar-Fuchs et al., 2013; Huang et al., 2015; Huntley et al., 2015; Kurz et al., 2011; Sitzer et al., 2006; Spector et al., 2000; Subramaniam & Woods, 2012; Woods et al., 2005; Woods et al., 2012). Contudo, faltam estudos sobre o uso dessas intervenções em instituições residenciais que dependem tanto de profissionais especializados como de disponibilidade para realizar tais atividades, visto que o tempo desses profissionais é sempre escasso nessas instituições. Deve-se considerar ainda que alguns desses lugares não contam com um espaço apropriado para essas atividades.

Do ponto de vista dos participantes, pessoas que residem nas Ilpis geralmente têm idade mais avançada do que aqueles que residem em seus domicílios e, portanto, poderiam acumular mais comorbidades e fazer maior uso de medicamentos do que os últimos. A institucionalização de pessoas idosas também está relacionada ao seu grau de comprometimento cognitivo: em geral, residentes de Ilpis apresentam maior comprometimento cognitivo, funcional e físico do que aqueles que estão na comunidade. Por fim, as alterações de comportamento e psicológicas são mais prevalentes entre pessoas com TNM. Dessa forma, particularidades desse grupo de pessoas e do contexto da Ilpi justificam o estudo e o desenvolvimento de intervenções cognitivas individualizadas para esse fim.

As abordagens encontradas nas intervenções cognitivas avaliadas por Folkerts et al. (2017) foram terapia de reminiscência (oito estudos), treino cognitivo (seis estudos), enquanto nove estudos definiram seus procedimentos como de estimulação cognitiva e quatro ofereceram intervenções multimodais. A terapia de reminiscência envolve discussões, geralmente em grupos pequenos, que compartilham assuntos passados relativos a atividades, eventos e experiências por meio de fotos, objetos, músicas e jornais que servem de pistas para os trabalhos (Kurz, 2013; Woods et al., 2005). O treino cognitivo, por sua vez, envolve a prática orientada, em grupo ou individual, de atividades tradicionalmente de lápis e papel que foram depois computadorizadas para o treino de habilidades específicas (Clare & Woods, 2004).

Ademais, um método mais personalizado de intervenção cognitiva seria a reabilitação cognitiva, que deve atender às demandas do paciente e seus familiares para melhorar ou sustentar as habilidades cognitivas e a funcionalidade do indivíduo (Clare & Woods, 2004). Em contrapartida, esses mesmos autores referem que a prática da estimulação cognitiva envolveria atividades de discussão em grupo para melhorar o funcionamento cognitivo e social.

A estimulação cognitiva, segundo Woods et al. (2012), também engloba a técnica de orientação para a realidade. Nesse procedimento, informações pessoais e atuais, como horário, local ou próximas refeições, são apresentadas no quadro de orientação da realidade, que é o foco principal da sessão (Spector et al., 2000; Woods et al., 2012). Por fim, as intervenções multimodais contrastam com as unimodais por abrangerem módulos de diversas abordagens interventivas, como esporte, arte, música, e necessariamente alguma intervenção cognitiva deveria estar incluída na revisão de Folkerts et al. (2017).

Os resultados da revisão sistemática de ensaios controlados e ensaios controlados randomizados (ECRs), junto com metanálise dos ECRs, mostraram efeitos significativos e moderados na cognição global, memória autobiográfica e sintomas comportamentais e psicológicos na demência, comparando intervenções cognitivas a grupos de controle passivo (Folkerts et al., 2017). Houve também efeitos menores significativos na qualidade de vida dos residentes. No entanto, efeitos moderados nas atividades da vida diária não alcançaram significância e nenhum efeito foi encontrado na depressão.

A revisão de Folkerts et al. (2017), além de focalizar intervenções realizadas em Ilpis, revisou também os efeitos dessas intervenções cognitivas na comparação com grupos controle ativos e passivos, ressaltando o maior rigor advindo dos resultados dos grupos controle ativos. Sabe-se que nos grupos de controle passivo, os participantes realizam as avaliações pré e pós-intervenção, mas com contato mínimo ou nenhum com o experimentador ou qualquer parte do protocolo de intervenção.

Já os grupos de controle ativo estabelecem contato com o experimentador e as mesmas condições do grupo experimental, diferindo apenas o tipo de intervenção, que não poderia enfocar as habilidades cognitivas do grupo experimental. Espera-se, desse modo, controlar efeitos não específicos ao treino cognitivo nos controles ativos que apresentaram resultados menos imprecisos que os do controle passivo, que poderiam superestimar os efeitos dessas intervenções (Folkerts et al., 2017).

Os achados de Folkerts et al. (2017) mostraram efeitos moderados significativos na cognição global e na depressão na comparação das intervenções cognitivas com grupos de controle ativo. Ressalta-se ainda, nesse mesmo estudo, que não foram observados eventos nocivos relacionados à participação nas intervenções.

Contudo, a metanálise conduzida por Au et al. (2020) não encontrou diferença no desempenho de intervenções cognitivas entre controles ativos e passivos. Esses autores concluíram que a literatura existente sobre desenhos com controles ativos não foi capaz de capturar acuradamente efeitos não específicos ou, então, que esses efeitos foram insignificantes nos experimentos conduzidos.

Apesar da representatividade das técnicas de intervenção cognitiva apresentadas, a comparação dos efeitos dessas diferentes intervenções não pôde ser realizada por causa do número limitado de estudos encontrados. Assim, embora todas as intervenções tenham demonstrado bons resultados, permanece incerto quais intervenções tiveram maior efeito para residentes das Ilpis com TNM (Folkerts et al., 2017). Deve-se considerar, ainda, que as intervenções cognitivas revisadas se mostraram seguras e efetivas para participantes com TNM no contexto das Ilpis.

Yorozuya et al. (2019) realizaram uma revisão sistemática sobre intervenções cognitivas para pessoas com TNM residentes de Ilpis. Os resultados dessa revisão foram favoráveis às intervenções cognitivas multimodais (ICMs). Os autores partiram da premissa de que as intervenções multimodais produzem maiores efeitos, em mais de uma função cognitiva e mesmo em medidas globais, em comparação às intervenções unimodais, o que é desejável nesse tipo de intervenção. Contudo, os autores argumentaram que até a revisão não se sabia o formato, a frequência, a duração e a quantidade recomendada para esse tipo de intervenção. Também faltam estudos sobre os efeitos desse tipo de intervenção em pessoas com TNM residentes em Ilpis.

Foram extraídos de bancos de dados eletrônicos seis ECRs controlados e um que não preenchia esses critérios. As intervenções cognitivas multimodais analisadas tinham três formatos: i) integrada, na qual intervenções múltiplas eram realizadas como uma só; ii) dividida, na qual as intervenções são realizadas de forma separada; e iii) combinada, na qual se misturam as duas formas numa terceira. Yorozuya et al. (2019) encontraram quatro ICMs integradas, duas divididas e uma combinando as duas formas, sendo a integrada a mais prevalente. Os conteúdos das ICMs variaram entre os estudos, sendo exercícios presentes em dez estudos, treino cognitivo e atividades de vida diária (AVDs) em três estudos, elementos espirituais em dois estudos, enquanto reminiscência, arte, horticultura, música, neurorreabilitação, recreação, técnica de fazer sorrir, atividade e artesanato foram descritas em apenas um estudo. A quantidade de conteúdos utilizados também variou entre os estudos, de modo que três utilizaram dois tipos de intervenções, que foram exercícios aeróbicos e de força (Bossers et al., 2014, 2015), bem como treino cognitivo e neurorreabilitação (De Luca et al., 2016). Outro incluiu exercícios aeróbicos, de força e atividades de vida diária (Henskens et al., 2018). Quatro tipos de intervenções (exercícios, treino cognitivo, atividades de vida diária e elementos espirituais) foram utilizados em dois estudos (Graessel et al., 2011; Luttenberger et al., 2012), enquanto dez conteúdos (alongamento, aeróbica, reminiscência, arte, horticultura, música, recreação, sorrir, atividade e artesanato) foram utilizados em um único estudo (Kim et al., 2016). A frequência e a duração mais comuns das intervenções foram 3, 5 e 6 vezes por semana, durante 24 semanas. As sessões tinham duração de 30 e 120 minutos nessa revisão.

Os resultados de Yorozuya et al. (2019) mostraram que as ICMs podem melhorar a função executiva, a memória e as medidas de cognição global de pessoas com TNM residentes em Ilpis. O melhor resultado possível é obtido por meio da combinação de exercícios, treino cognitivo e atividades de vida diária pelo menos três vezes por semana, durante, no mínimo, oito semanas. Cada sessão deve durar até 30 minutos, de forma integrada, para melhorar tanto funções cognitivas específicas como globais nesse grupo de pacientes das Ilpis.

Outro ponto importante a se considerar sobre as intervenções cognitivas são as medidas de desfecho adotadas. Kudlicka et al. (2023) consideram desfechos comportamentais, cognitivos e psicossociais como medidas de término ou de acompanhamento da reabilitação cognitiva. Os desfechos primários seriam as habilidades funcionais desenvolvidas ao se envolver e realizar as atividades propostas nessas intervenções (Wilson, 2002). Esses desfechos poderiam ser avaliados por medidas de desempenho em escalas padronizadas respondidas pelo participante, cuidador ou terapeuta (ou a combinação dos anteriores). A observação direta e a gravação do desempenho em tarefas específicas também poderiam ser um desfecho primário.

Os desfechos secundários, por sua vez, seriam habilidades funcionais gerais avaliadas por um informante, bem como escalas de autoeficácia, humor, qualidade de vida, cognição global e domínio específico e intensidade da doença (Kudlicka et al., 2023). Os cuidadores também poderiam participar desses desfechos secundários, reportando mudanças no estresse, sobrecarga, enfrentamento e qualidade de vida relativas às intervenções de reabilitação neuropsicológica.

Os desfechos apresentados nessas revisões sobre pessoas com TNM em Ilpis (Folkerts et al., 2017; Yorozuya et al., 2019) priorizaram desempenhos cognitivos globais e específicos. Contudo, estudos que utilizaram questionários de autoavaliação, respostas de informantes sobre a saúde e comportamento do paciente também foram considerados como medidas de desfecho em Folkerts et al. (2017). Opcionalmente, os autores também avaliaram medidas não cognitivas sobre depressão, qualidade de vida e atividades de vida diária (AVDs), assim como os efeitos adversos das intervenções.

Nenhum desses estudos considerou informações sobre a família e os cuidadores, excluindo tanto a opinião das pessoas próximas ao paciente como intervenções voltadas a esse grupo. Também se negligenciou o quanto essas intervenções contribuíram para a funcionalidade do paciente, ou seja, para a vida dessa pessoa dentro da ILPI. Ressalta-se que a melhora funcional é sempre o objetivo maior da reabilitação cognitiva em pessoas idosas que residem na comunidade, mas também deveria ser almejada nas Ilpis. Deve-se ainda considerar que avaliar os resultados de intervenções neuropsicológicas apenas com testes neuropsicológicos pode não captar toda a melhora do paciente, em parte pela falta de validade ecológica desses instrumentos. Vislumbra-se, assim, um campo de estudo e atuação ainda não explorado sobre as intervenções cognitivas.

CONSIDERAÇÕES FINAIS

O rápido envelhecimento da população mundial vai requerer mudanças profundas na sociedade, de forma a garantir que as pessoas idosas tenham o direito a um atendimento de qualidade e que lhes garanta uma vida digna, a despeito de suas necessidades de acompanhamento intensivo e de longo prazo (OMS, 2019). Um dos desafios para esse atendimento de qualidade é a oferta de serviços eficientes, inclusive no campo da saúde mental, que atendam às necessidades de pessoas mais velhas, sobretudo daquelas residentes em Ilpis. Profissionais da Psicologia podem contribuir nesse sentido, na medida em que, na sua prática em Ilpis, estiverem empenhados em utilizar intervenções que tenham evidências de eficácia, testadas em ambientes institucionais em estudos controlados e de boa qualidade. Este capítulo apresentou revisões sistemáticas que analisaram estudos de boa qualidade que testaram intervenções para depressão, solidão, ideação suicida e declínio cognitivo de residentes de Ilpis.

As revisões apresentadas indicaram evidência de eficácia de diferentes tipos de intervenções. A terapia de reminiscência foi referida como uma intervenção eficaz para a pessoas com sintomas depressivos e com altos escores de solidão, além de se mostrar eficiente para alguns sintomas de TNM, como memória autobiográfica. Esse tipo de intervenção pode ser conduzido em grupo ou de forma individual, e envolve a comunicação entre duas ou mais pessoas, que compartilham memórias sobre eventos tristes e/ou alegres, de maneira mais formal e profunda, com objetivos definidos (Elias et al., 2015). A condução desse tipo de intervenção requer treinamento específico, da mesma forma que outras intervenções aqui relatadas.

Além disso, a terapia cognitivo-comportamental, envolvendo técnicas específicas, também se mostrou eficiente no tratamento de depressão. As técnicas efetivamente mencionadas nos estudos incluíram a ativação comportamental, enfrentamento ao estresse e terapia cognitiva focada na discussão de pensamentos disfuncionais. Como mencionado anteriormente, o rótulo de terapia cognitivo-comportamental abrange um amplo leque de intervenções. Assim, a formação do profissional é essencial para que ele possa identificar claramente os protocolos testados e adaptá-los para a sua realidade. No caso da solidão, a terapia do riso foi a intervenção com melhor nível de eficácia, e o protocolo "Eu tenho, eu sou, eu posso", baseado nos princípios da Psicologia positiva, mostrou eficácia no tratamento de ideação suicida para residentes em Ilpis.

Finalmente, as revisões que analisaram intervenções no funcionamento cognitivo de residentes de ILPI com declínio cognitivo e TNM mostraram que diferentes protocolos de treino e estimulação cognitiva, assim como intervenções multimodais, mostraram efeitos significativos na cognição global, na memória autobiográfica e em sintomas comportamentais e psicológicos na demência desses residentes, além de melhora na qualidade de vida. Considerando a alta prevalência de TNM em residentes de Ilpis e o fato de que a institucionalização está associada ao rápido declínio das funções cognitivas, o investimento de intervenções dessa natureza no ambiente institucional é fundamental para manter, o quanto possível, a autonomia e a independência dos residentes com essas características.

Para além de protocolos de intervenção específicos, é necessário atentar às características que são próprias das pessoas mais velhas e que devem ser levadas em conta no planejamento de intervenções voltadas a esse público. Em uma revisão sistemática sobre intervenções em saúde mental para adultos mais velhos, Niclasen et al. (2019) listaram três fatores gerais que devem sempre ser levados em conta para obter resultados positivos em intervenções com adultos mais velhos, seja na comunidade, seja em instituições residenciais: i) ajuste às características individuais dos participantes (sua motivação para a intervenção, suas preferências e necessidades, seu nível de funcionamento físico, cognitivo e psicológico, e suas condições de saúde mental no início da intervenção); ii) o conteúdo e a estrutura da intervenção (intervenções mais efetivas para adultos mais velhos tendem a ser em grupo, de maior duração [p. ex., mais de oito semanas, mas para pessoas com baixo nível de funcionamento cognitivo, as intervenções mais efetivas tendem a ser mais breves], e envolver equipe multiprofissional); iii) a implementação da intervenção (garantir a participação e o engajamento dos participantes nas atividades planejadas, e garantir o envolvimento ativo dos profissionais da equipe na intervenção, incluindo os funcionários da instituição, quando for o caso). Todos esses fatores devem ser levados em conta no planejamento das intervenções em Ilpis e podem ajudar a garantir não apenas a adesão dos residentes às intervenções, mas também um clima favorável e que respeite as condições de cada indivíduo.

Os resultados aqui analisados dão várias indicações de caminhos que podem ser adotados na prática por profissionais de Psicologia que atuam em Ilpis. Em contrapartida, as revisões analisadas também indicam que há um número reduzido de pesquisas especificamente voltadas para pessoas idosas residentes em Ilpis, o que também pode significar que a própria formação do profissional de Psicologia não tem dado a devida ênfase a esse *setting* de atuação. Dada a situação atual do envelhecimento populacional, essa é uma área cujo interesse deve crescer nos próximos anos e que precisará de maiores investimentos para uma atuação profissional ética e comprometida com a ciência.

REFERÊNCIAS

Capítulo **40**

Eficácia de intervenções psicológicas e psicossociais mediadas por tecnologia de informação e comunicação

Mirlene Carvalho de Novaes, Gabriela Andrade da Silva

INTRODUÇÃO

A atenção psicológica *on-line*, que já era bastante popular e utilizada em países onde a regulamentação foi efetivada, como Canadá, Austrália, Estados Unidos e Reino Unido (Silvério et al., 2021; Pieta & Gomes, 2014), ganhou força no cenário mundial após a pandemia de Covid-19. Devido à necessidade de prestar serviços num contexto coletivo de grande fragilização da saúde mental, mantendo o distanciamento social para evitar a disseminação da doença, a mediação por tecnologias da informação e da comunicação (TICs) passou a ser uma alternativa amplamente difundida.

No Brasil, o debate sobre o uso de TICs na prestação de serviços de saúde tem mais de duas décadas e se aprofundou com a difusão da internet e a possibilidade de utilização de *websites*, plataformas e aplicativos para intervenções a distância, sendo um campo de inserção da Psicologia a partir da década de 1990 (Viana, 2020; CFP, 2018). Nesse contexto, as normatizações do Conselho Federal de Psicologia são consideradas ainda recentes, e a possibilidade de realização de psicoterapia *on-line* só foi efetivada a partir de 2018.

Na evolução histórica das normativas do Conselho Federal de Psicologia (CFP) a respeito do uso de tecnologias da informação e da comunicação (TICs) na prestação de serviços de saúde, foram publicadas sete resoluções que abordam a prestação de serviços por meio de TICs nos anos de 1995, 2000, 2005, 2012, 2018 e 2020. Iniciando as regulamentações nesse âmbito, a Resolução n. 2 (CFP, 1995) vedou à categoria a prestação de serviços ou mesmo vinculação de título de psicólogo(a) a serviços de atendimento psicológico via telefone. Posteriormente, em 2000, o Conselho Federal de Psicologia (CFP), por meio da Resolução n. 6, instituiu uma Comissão Nacional de Credenciamento e Fiscalização dos Serviços de Psicologia pela internet, considerando que os efeitos do atendimento psicoterapêutico mediado pelo computador ainda não eram comprovados cientificamente (CFP, 2000). Em 2005, a Resolução n. 12 possibilitou o atendimento psicoterapêutico mediado pelo computador apenas em caráter experimental, em contexto de pesquisa, mas reconheceu que serviços psicológicos não psicoterapêuticos – como orientação psicológica e afetivo-sexual, orientação profissional, orientação de aprendizagem e psicologia escolar, orientação ergonômica, consultorias a empresas, reabilitação cognitiva, ideomotora e comunicativa, processos prévios de seleção de pessoal e utilização de testes psicológicos validados para uso informatizado – poderiam ser mediados por computador, desde que os(as) psicólogos(as) responsáveis fossem identificados(as), por meio de credenciamento com *hiperlink*, junto ao Conselho Federal de Psicologia (CFP, 2005).

A publicação da Resolução n. 11 (CFP, 2012) validou o uso de TICs nas seguintes práticas: orientações psicológicas de diferentes tipos, com até 20 encontros ou contatos virtuais, síncronos ou assíncronos; seleção de pessoal; aplicação de testes regulamentados; supervisão eventual ou complementar à presencial; atendimento eventual de clientes em trânsito e/ou momentaneamente impossibilitados de comparecer presencialmente. Nesse contexto, os(as) psicólogos(as) eram obrigados(as) a realizar cadastramento do serviço e de *website* exclusivo para a oferta dos serviços psicológicos na internet.

Por fim, em maio de 2018, com a Resolução n. 11, o CFP regulamentou a prestação dos seguintes serviços psicológicos realizados por meio de TICs: consultas e/ou atendimentos psicológicos de diferentes tipos de maneira síncrona ou assíncrona; processos de seleção de pessoal; utilização de instrumentos psicológicos devidamente regulamentados; e supervisão técnica (CFP, 2018). No entanto, vedou o atendimento de pessoas e grupos em situação de urgência e emergência e em situação de violação de direitos ou de violência, e condicionou a prestação dos serviços à realização de um cadastro prévio do(a) psicólogo(a) em um novo sistema, denominado e-Psi, e autorização do Conselho dispensando o registro de *websites*.

Nesse cenário de pandemia por Covid-19, disparado em 2020, houve um aumento repentino e significativo da busca por prestação de serviços psicológicos mediados por TICs à medida que a recomendação de distanciamento físico para evitar o contágio foi se prolongando. Por essa razão, algumas restrições da Resolução CFP n. 11 (2018) foram flexibilizadas, a partir da Resolução CFP n. 4 (CFP, 2020a), incluindo a possibilidade de atendimento *on-line* em cenários de urgência, emergência e desastres, bem como medidas para simplificar e agilizar o cadastro de profissionais no e-Psi (CFP, 2020b). Em outubro de 2023, segundo dados do Portal da Transparência do CFP, o número de psicólogos com cadastro aprovado no e-Psi já era de 179.062 (CFP, 2023a), representando cerca de 40% da categoria (total de 439.559 profissionais com inscrição nos Conselhos Regionais de Psicologia em 25/9/2023) (CFP, 2023b).

A rápida expansão, em cenário global e nacional, da prestação de serviços psicológicos mediados por TICs justifica a importância do presente capítulo, que partiu do seguinte questionamento: intervenções psicológicas e psicossociais mediadas por TICs são eficazes e/ou efetivas, quando comparadas à ausência de intervenção ou a intervenções presenciais? Para responder a essa questão, realizou-se uma pesquisa com o objetivo geral de analisar estudos de revisão sistemática ou *overview*, publicados na *Cochrane Library*, sobre eficácia ou efetividade de intervenções psicológicas mediadas por tecnologias de informação e comunicação.

Como objetivos específicos, buscou-se identificar: 1) condições psicossociais ou de saúde para as quais existem evidências científicas da eficácia ou efetividade de intervenções psicológicas ou psicossociais; 2) abordagens psicológicas para as quais existem evidências científicas da eficácia ou efetividade de intervenções psicológicas ou psicossociais; 3) públicos-alvo para os quais existem evidências científicas da eficácia ou efetividade de intervenções psicológicas ou psicossociais; e 4) tipos de mediação tecnológica utilizados em intervenções psicológicas ou psicossociais para os quais existem evidências científicas de eficácia ou efetividade.

DEFINIÇÕES

Durante a pesquisa realizada para escrever este capítulo, observou-se grande heterogeneidade de termos usados para definir as intervenções mediadas por TICs. Assim, apresentaremos nesta seção os conceitos encontrados e suas definições, resumidos na Tabela 1.

As TICs são definidas na Resolução CFP n. 11 (CFP, 2018) como todas as mediações informacionais e comunicativas com acesso à internet, por meio de televisão, aparelhos telefônicos, aparelhos conjugados ou híbridos, *websites*, aplicativos, plataformas digitais ou qualquer outro modo de interação que possa vir a ser implementado. Similarmente, a Associação Americana de Psicologia (APA) utiliza o termo "telepsicologia" e o define como a prestação de serviços psicológicos que utilizam tecnologias de telecomunicações. Estas incluem telefone, dispositivos móveis, videoconferência interativa, *e-mail*, bate-papo, texto e internet (*websites* de autoajuda, *blogs* e mídias sociais), mas não se limitam a esses exemplos, podendo haver

Tabela 1 Termos e definições para referir-se a intervenções psicológicas mediadas por tecnologias de comunicação e informação (TICs)

Termo	Definição	Referência
Tecnologias da informação e da comunicação (TICs)	"[...] meios tecnológicos de informação e comunicação são entendidos como sendo todas as mediações informacionais e comunicavas com acesso à internet, por meio de televisão, aparelhos telefônicos, aparelhos conjugados ou híbridos, *websites*, aplicativos, plataformas digitais ou qualquer outro modo de interação que possa vir a ser implementado [...]"	Resolução CFP n.11 (CFP, 2018)
Telepsicologia	Prestação de serviços psicológicos utilizando tecnologias de telecomunicações. Inclui telefone, dispositivos móveis, videoconferência interativa, *e-mail*, bate-papo, texto e internet (*websites* de autoajuda, *blogs* e mídias sociais), mas não se limita a esses exemplos, podendo haver transmissão de informações por escrito, por imagens, sons ou outros dados, de forma síncrona ou assíncrona. Pode usar diferentes tecnologias em várias combinações e para diversas finalidades, incluindo, também, os serviços híbridos, como utilizar materiais postados *on-line* após uma sessão presencial.	APA (2013) DeCS (2017)
Telessaúde mental	Prestação de serviços de saúde mental (telepsiquiatria e telepsicologia) utilizando tecnologias de telecomunicação.	DeCS (2017)
Telemedicina	Prestação de serviços de saúde por meio de telecomunicações remotas. Inclui consultas interativas e serviços diagnósticos.	Hilty et al. (2013) MeSH (2023)
Psicoterapia *on-line*	Psicoterapia realizada por um profissional por meio de *e-mail, chat*, mensagem instantânea, áudio ou videoconferência, podendo funcionar completamente mediada por TICs ou de forma híbrida.	Pieta e Gomes (2014)
Intervenções baseadas na internet (IBI)	Programas computadorizados de terapia, com ou sem participação do profissional, que incluem o uso de CDs, DVDs, CD-ROMs, realidade virtual, aplicativos de celulares, tarefas e *feedback on-line*.	Pieta e Gomes (2014)
Intervenções apoiadas ou guiadas por terapeutas na internet	Utilizam TICs, mas contam com intervenções de um profissional em algum momento, seja por telefone, *e-mail* ou vídeo.	Olthuis et al. (2016)
Terapias fornecidas remotamente	Terapias psicológicas flexíveis e autoguiadas, realizadas por meio da utilização de tecnologia, como internet, aplicativos, programas, CD-ROM, entre outros.	Simon et al. (2021)

Fonte: elaborada pelas autoras.

transmissão de informações por escrito, por imagens, sons ou outros dados, de forma síncrona ou assíncrona. Há a possibilidade de uso de diferentes tecnologias em várias combinações e para diversas finalidades durante a prestação dos serviços, incluindo não apenas os serviços completamente remotos, mas também os híbridos, em que são usadas tecnologias para melhoria de serviços presenciais tradicionais, como utilizar materiais postados *on-line* após uma sessão presencial (APA, 2013).

Assim, quanto às formas de mediação tecnológica, podemos encontrar intervenções síncronas e assíncronas. As comunicações síncronas podem ter várias partes interagindo em tempo real, de forma imediata, como videoconferência interativa, telefone e *chat*, enquanto nas assíncronas há um atraso na comunicação, que pode ser curto ou longo, como *e-mail*, mensagens, boletins *on-line* (Pieta & Gomes, 2014; APA, 2013).

O vocabulário controlado multilíngue Descritores em ciências da saúde/*Medical subject headings* (DeCS/MeSH), do Centro Latino-americano e do Caribe de Informação em Ciências da Saúde (Bireme) (DeCS, 2017), contém os termos "telepsicologia", extraído do documento da APA (APA, 2013) e definido como "fornecimento de serviços psicológicos utilizando tecnologias de telecomunicação", e "telessaúde mental", extraído de um artigo científico (Hilty et al., 2013) e definido como "prestação de serviços de saúde mental (telepsiquiatria e telepsicologia) utilizando tecnologias de telecomunicação". O *Medical subject headings* (MeSH, 2023) da *National Library of Medicine* (NLM), por sua vez, conta apenas com o termo "telemedicina" (*telemedicine*), definido como "prestação de serviços de saúde por meio de telecomunicações remotas. [...] inclui consultas interativas e serviços diagnósticos" (tradução livre). Portanto, considerando que o conceito abarca prestação de serviços de saúde em geral, entende-se que a telepsicologia e a telessaúde mental estão incluídas no vocabulário controlado como telemedicina.

Os serviços psicológicos mediados por TICs podem ser planejados e executados com diferentes níveis de participação do terapeuta. Pieta e Gomes (2014) apontaram a diferença entre psicoterapia *on-line* e intervenções baseadas na internet (IBI). A psicoterapia *on-line* é realizada pelo profissional por meio de *chat*, *e-mail*, mensagem instantânea, áudio ou videoconferência, podendo funcionar completamente mediada por TICs ou de forma híbrida, isto é, alternando entre a comunicação síncrona, mediada por TICs, e os encontros presenciais. Já as IBI são programas computadorizados de terapia, com ou sem participação do profissional, que incluem o uso de CDs, DVDs, CD-ROMs, realidade virtual, aplicativos de celulares, tarefas e *feedback on-line* (Pieta & Gomes, 2014).

Nos artigos analisados neste trabalho, também encontramos as terminologias (livremente traduzidas) "intervenções apoiadas ou guiadas por terapeutas na internet" (Olthuis et al., 2016), que utilizam tecnologias, mas contam com intervenções de um profissional em algum momento, seja por telefone, *e-mail* ou vídeo; "terapias fornecidas remotamente" (Simon et al., 2021), que são terapias psicológicas flexíveis e autoguiadas, realizadas por meio da utilização de tecnologia, como internet, aplicativos, programas, CD-ROM, entre outras formas.

Também foi encontrado o termo "intervenção digital", definido como "oferecida, primariamente, por meio de um computador ou dispositivo móvel (*laptop*, telefone ou *tablet*) programável, e responsiva aos dados inseridos pelo usuário para gerar conteúdo personalizado". Essas intervenções não foram restritas, portanto, às acessíveis *on-line* (Kaner et al., 2017). De forma semelhante, o termo "e-saúde" (tradução livre de *e-health*) foi definido em um artigo de revisão sistemática (Thabrew et al., 2018) como "aplicação de tecnologias digitais (p. ex.: as que são oferecidas por meios digitais, como computadores e *smartphones*) para apoiar ou oferecer intervenções de saúde", podendo apresentar variações, desde as mais simples, como programas baseados predominantemente em textos (como *websites* oferecendo informações) até as mais complexas, como programas multimídia interativos, realidade virtual, jogos e *biofeedback*.

Portanto, observa-se uma grande variedade de termos aplicados para comunicar o uso de TICs na prestação de serviços de saúde mental, com uma considerável sobreposição entre conceitos. A heterogeneidade é compreensível, uma vez que as TICs proporcionam possibilidades vastas de criação de novas intervenções, por meio de diversos dispositivos e possibilidades de diferentes níveis de participação de profissionais; entretanto, considera-se necessária a padronização para facilitar a comunicação entre cientistas, profissionais e usuários, bem como as buscas sistemáticas nas bases de dados científicas.

MÉTODO

Para a revisão sistemática proposta neste capítulo, foi realizada consulta à *Cochrane Library*, em 20 de outubro de 2023, utilizando estratégia de busca baseada em termos que constam do MeSH: *(telemedicine OR internet-based interventions) AND (psychotherapy OR psychology OR "psychosocial intervention")*. A busca retornou 1.980 registros, dos quais 110 eram revisões sistemáticas.

Os critérios de inclusão foram: a) ser uma revisão sistemática b) sobre efetividade de intervenções psicológicas ou psicossociais usando tecnologias de informação e comunicação c) para desfechos envolvendo questões relacionadas à saúde mental. Foi critério de exclusão considerar intervenções psicológicas ou psicossociais mediadas por TICs e intervenções presenciais ou mediadas por outros tipos de mídia (como materiais impressos, p. ex.) no mesmo grupo, sem distinção que pudesse estabelecer a efetividade ou eficácia, especificamente, das intervenções mediadas por TICs. A seleção de estudos foi feita em duas etapas: pela leitura de títulos e resumos e, posteriormente, pela leitura do texto completo.

A escolha da *Cochrane Library* como única fonte de busca se deve à reconhecida qualidade das revisões sistemáticas publicadas nessa base de dados, permitindo avaliar, de forma mais precisa, os resultados concomitantemente com a qualidade das evidências encontradas. Futuras pesquisas deverão considerar a busca em outras fontes de informação.

RESULTADOS

Das 110 revisões sistemáticas encontradas, 18 foram selecionadas pela leitura dos títulos e dos resumos, e, destas, 14 atenderam aos critérios de inclusão após a leitura do texto completo, os quais foram sintetizados na Tabela 2. A somatória de todos os estudos incluídos totalizou 87.652 participantes. Os estudos foram publicados entre 2013 e 2023 e variaram quanto ao tipo de intervenção e público-alvo.

Apenas duas revisões sistemáticas incluídas tiveram como escopo o tratamento de pessoas com transtornos mentais diagnosticados: transtornos de ansiedade (Olthuis et al., 2016) e transtornos de estresse pós-traumático (TEPT) (Simon et al., 2021). Duas revisões abordaram o uso abusivo ou dependência de substâncias – tabaco (Thabrew et

Tabela 2 Síntese de revisões sistemáticas publicadas na biblioteca da Colaboração Cochrane acerca de intervenções psicológicas e psicossociais mediadas por TICs

Autores/ano	Público-alvo	Escopo da intervenção	Abordagens	Uso de TICs	N. de estudos/N. participantes	Principais resultados
Gentry et al. (2013)	Adultos com HIV	Redução da morbidade e mortalidade	Não especificou	Telefone	11, apenas 3 sobre sintomas depressivos e psiquiátricos/447*	As intervenções de chamada de voz por telefone podem reduzir sintomas depressivos e psiquiátricos, mas as evidências atuais são escassas e de baixa qualidade.
Eccleston et al. (2014)	Adultos com dor crônica	Redução de intensidade da dor, incapacidade depressão e ansiedade	TCC, terapia de compromisso e aceitação	IBI – terapias interativas, baseadas em abordagens psicológicas, com ausência ou participação secundária de profissional de saúde	15/2.012	Encontrou-se evidência de redução da dor e incapacidade após o tratamento, mas o efeito não se manteve em longo prazo; não foram encontradas evidências de redução da depressão ou ansiedade após o tratamento ou em longo prazo. As evidências foram consideradas de boa qualidade.
Lins et al. (2014)	Adultos que cuidam de pessoas com demência	Aconselhamento	Aconselhamento telefônico	Telefone, podendo ter sessões de vídeo e apostila	9 ECRs e 2 estudos qualitativos/462	Aconselhamento telefônico mostrou-se eficaz na redução dos sintomas depressivos, mas não foram encontrados efeitos positivos claros para qualquer outro resultado, como estresse ou ansiedade. Qualidade das evidências considerada moderada.
Olthuis et al. (2016)	Adultos diagnosticados com algum transtorno de ansiedade	Tratamento de transtornos de ansiedade	TCC	Telefone, mensagem de texto ou *e-mail*	38/3.214	A TCC pela internet apoiada pelo terapeuta foi mais eficaz do que nenhum tratamento (lista de espera), mas pode não haver diferença entre a TCC pela internet não guiada e a apoiada pelo terapeuta.
Kaner et al. (2017)	Pessoas que foram rastreadas positivamente para consumo perigoso e prejudicial de álcool, recrutadas na comunidade	Redução do consumo perigoso e prejudicial de álcool, de problemas relacionados ao álcool, ou ambos	As mais frequentes foram: teoria da entrevista motivacional, modelo transteórico e teoria das normas sociais	Intervenções digitais responsivas ao usuário para gerar conteúdo personalizado, mas que não fossem meras replicações de uma conversa síncrona	57/34.390	As intervenções digitais levaram a uma redução do consumo de álcool, quando comparadas a nenhuma intervenção ou intervenção mínima; intervenções digitais tiveram resultados similares às presenciais, mas nenhuma delas foi efetiva. Qualidade das evidências considerada moderada a baixa.

(*continua*)

Tabela 2 Síntese de revisões sistemáticas publicadas na biblioteca da Colaboração Cochrane acerca de intervenções psicológicas e psicossociais mediadas por TICs (*continuação*)

Autores/ano	Público-alvo	Escopo da intervenção	Abordagens	Uso de TICs	N. de estudos/N. participantes	Principais resultados
Kuster et al. (2017)	Trabalhadores	Gerenciamento de estresse	TCC e treinamento de habilidades	IBI	2/159	Os resultados foram heterogêneos. Um estudo não encontrou evidência de diferença entre um método baseado em computador ou um método presencial, enquanto outro descobriu que um método baseado em computador era significativamente menos eficaz do que um método presencial. O risco de viés foi alto, e a qualidade da evidência considerada muito baixa.
Taylor et al. (2017)	Pessoas fumantes de qualquer idade	Interrupção do comportamento de fumar	Não especificou	IBI, com ou sem interatividade e intervenções personalizadas	67/35.969	As IBI interativas e personalizadas, com ou sem apoio adicional, foram moderadamente mais efetivas que os grupos-controle sem intervenção. As IBI não tiveram efeito superior ao de outras intervenções. IBI combinada a apoio comportamental foi eficaz, comparada ao grupo-controle sem intervenção. IBI interativa e personalizada apresenta resultados semelhantes a IBI sem essas ferramentas. Evidências de qualidade moderada a baixa.
Thabrew et al. (2018)	Crianças e adolescentes com problemas físicos de longa duração	Tratamento de ansiedade e depressão	Não definiu	Não definiu	5/463	Devido à baixa qualidade da evidência científica, os efeitos das intervenções de e-saúde foram considerados incertos, especialmente em crianças com menos de 10 anos.
Corry et al. (2019)	Cuidadores informais de pessoas com doenças agudas e crônicas	Educação e apoio psicossocial	Não definiu	Telefone	21/1.690	A ansiedade do cuidador foi ligeiramente reduzida e a preparação para cuidar melhorou ligeiramente com intervenções de apoio telefônico. Houve pouca ou nenhuma diferença entre essas intervenções de apoio telefônico e os cuidados habituais para resolução de problemas, atividade social, competência do cuidador, enfrentamento, estresse, conhecimento, saúde física, autoeficácia, funcionamento familiar e satisfação com apoios (práticos ou sociais), qualidade de vida e na sobrecarga no acompanhamento e depressão.

(*continua*)

Tabela 2 Síntese de revisões sistemáticas publicadas na biblioteca da Colaboração Cochrane acerca de intervenções psicológicas e psicossociais mediadas por TICs (*continuação*)

Autores/ano	Público-alvo	Escopo da intervenção	Abordagens	Uso de TICs	N. de estudos/N. participantes	Principais resultados
Fisher et al. (2019)	Crianças e adolescentes com dor crônica	Redução da intensidade da dor, depressão e ansiedade, melhoria do funcionamento físico	TCC	Programas autoguiados (excluiu atendimento telefônico)	10/697	As terapias psicológicas remotas foram úteis na redução da dor em crianças e adolescentes com cefaleia quando avaliadas imediatamente após o tratamento. Não foi encontrado efeito benéfico na redução da intensidade de outros tipos de dor, desfechos de funcionamento físico, depressão ou ansiedade para dor de cabeça e condições mistas de dor crônica. Qualidade da evidência considerada muito baixa.
Noone et al. (2019)	Idosos	Redução da solidão e isolamento social	Não se aplica	Videoconferências	3/201	As evidências foram de qualidade baixa e mostraram que houve pouca ou nenhuma redução do sentimento de solidão em idosos que moravam em instituições de longa permanência, quando utilizadas videoconferências, em comparação com tratamento usual.
González--Fraile et al. (2021)	Cuidadores informais de pessoas com demência	Informação, treinamento (administrar a exaustão) e apoio (discussão de sentimentos, problemas e outras questões)	Não especificou	Intervenções remotas, com uso de internet ou telefone	12/944 compararam treinamento, apoio ou ambos com tratamento usual; 14/1.423 compararam treinamento/apoio com informação, somente	Intervenções remotas de suporte, treinamento ou ambas, combinadas, ou não, a intervenções de informação, reduziram levemente a exaustão e melhoraram sintomas depressivos nos cuidadores, quando comparadas com intervenções exclusivamente de informação, mas não quando comparadas ao grupo-controle. Não foram encontradas evidências de que essas intervenções pudessem melhorar a qualidade de vida. A qualidade dos estudos foi considerada baixa ou moderada.

(*continua*)

Tabela 2 Síntese de revisões sistemáticas publicadas na biblioteca da Colaboração Cochrane acerca de intervenções psicológicas e psicossociais mediadas por TICs (*continuação*)

Autores/ano	Público-alvo	Escopo da intervenção	Abordagens	Uso de TICs	N. de estudos/N. participantes	Principais resultados
Simon et al. (2021)	Adultos com sintomas de estresse pós-traumático ou diagnóstico de TEPT	Tratamento de TEPT	TCC	IBI, *softwares*, por telefone, *e-mail*, mensagens instantâneas	13/808	A TCC pela internet foi mais eficaz do que a lista de espera na redução do TEPT. Não houve diferença entre TCC pela internet e outro tipo de terapia psicológica realizada *on-line*. Um estudo descobriu que outras terapias (excluindo TCC) presenciais foram mais eficazes do que a TCC pela internet. Qualidade da evidência considerada muito baixa.
Rosser et al. (2023)	Adultos com dores crônicas, excluindo dor de cabeça	Psicoterapias para pessoas com dores crônicas	Diversas, mas foram mais frequentes TCC e terapia de aceitação e compromisso	Terapias remotas, com contato com terapeuta em no máximo 30% do tempo	32/4.773	TCC, quando comparada ao grupo-controle, levou a redução pequena da intensidade da dor e da incapacidade imediatamente após tratamento, mas o efeito não se manteve em longo prazo. Não foram observados efeitos da TCC na qualidade de vida, nem efeitos adversos. Evidências consideradas de qualidade moderada a baixa.

ECRs: ensaios clínicos randomizados; IBI: intervenções baseadas na internet; TCC: terapia cognitivo-comportamental; TEPT: transtorno de estresse pós-traumático; TICs: tecnologias de informação e comunicação.

* Considerou-se a soma de participantes dos três estudos que tinham desfechos relacionados à saúde mental.

Fonte: elaborada pelas autoras.

al., 2018) e álcool (Taylor et al., 2017). Os demais estudos tiveram como foco pessoas com problemas crônicos de saúde, como HIV (Kaner et al., 2017) e dor crônica em adultos (Gentry et al., 2013; Eccleston et al., 2014), dor crônica (Rosser et al., 2023) e problemas físicos de longa duração (Thabrew et al., 2018) em crianças e adolescentes; cuidadores informais de pessoas com necessidades especiais, como demência (Fisher et al., 2019; Lins et al., 2014), doenças agudas e crônicas (González-Fraile et al., 2021); idosos (Corry et al., 2019) e trabalhadores (Noone et al., 2019).

Quanto às intervenções, nem todas foram baseadas em abordagens ou modelos psicológicos, e nem sempre as teorias subjacentes foram explicitadas nos artigos. Entre as abordagens psicológicas, foram mais comuns a terapia cognitivo-comportamental (TCC) e a terapia comportamental. As intervenções variaram quanto aos dispositivos (computadores ou dispositivos móveis) e às estratégias usadas: IBI com ou sem interatividade e com diversos graus de participação de terapeutas, troca de mensagens instantâneas, chamadas de voz, psicoterapias *on-line*, entre outras.

INTERVENÇÕES PARA PESSOAS COM DIAGNÓSTICO DE TRANSTORNO MENTAL

Olthuis et al. (2016) avaliaram os efeitos da TCC na internet, apoiada por terapeutas, na remissão do diagnóstico de transtorno de ansiedade e na redução dos sintomas de ansiedade em adultos, comparados com os seguintes grupos-controle: lista de espera, TCC não guiada ou TCC presencial. Foram incluídos 38 ensaios clínicos randomizados (ECRs), totalizando 38 estudos e 3.214 participantes. As intervenções na internet utilizaram telefone, mensagem de texto ou *e-mail*. Os autores concluíram que a TCC pela internet apoiada pelo terapeuta foi mais eficaz que o grupo-controle, mas pode não haver diferença significativa na comparação com a TCC não guiada. Entretanto, os pesquisadores ressaltaram que este último achado é impreciso.

Simon et al. (2021), por sua vez, revisaram 13 ECRs, com 808 participantes, com o objetivo de avaliar os efeitos da TCC ou terapia comportamental baseada na internet (I-C/BT) em adultos com diagnóstico de TEPT em comparação com pessoas diagnosticadas sem tratamento (lista de espera), com tratamento presencial usando outras abordagens terapêuticas (que não fossem TCC ou terapia comportamental) e com outras abordagens terapêuticas oferecidas pela internet. Para serem classificados como I-C/BT, os programas deveriam ser entregues por meio de um computador ou dispositivo móvel, oferecer no máximo cinco horas de orientação do terapeuta, presencial ou remota, por exemplo, por telefone, *e-mail* ou mensagens instantâneas. Os resultados de dez estudos descobriram que a I-C/BT foi mais eficaz que nenhuma terapia na redução do TEPT. Em paralelo, dois estudos mostraram que não houve diferença entre I-C/BT e outro tipo de terapia psicológica realizada *on-line*. No entanto, as evidências para essas duas conclusões foram muito baixas. Foi incluído, ainda, um estudo em que a terapia presencial usando outra abordagem foi mais eficaz que a I-C/BT.

INTERVENÇÕES PARA ABUSO OU DEPENDÊNCIA DE SUBSTÂNCIAS

Taylor et al. (2017) investigaram IBI, com ou sem interatividade, e intervenções personalizadas para interrupção do comportamento de fumar em pessoas de qualquer idade, incluindo 67 ECRs e 35.969 participantes, no total. Quatro ECRs tiveram adolescentes e jovens adultos como público-alvo. Encontrou-se grande heterogeneidade de resultados. As intervenções se mostraram eficazes para adultos, comparando-se as personalizadas ou interativas com grupo-controle não ativo, com nível de evidência considerado baixo. Estudos que compararam intervenções com grupo-controle ativo não encontraram evidências de eficácia, e a qualidade da evidência foi moderada. O efeito de *softwares* na internet combinados com apoio comportamental foi positivo, quando comparados a um grupo-controle não ativo, mas não quando comparados com grupo-controle ativo (nível de evidência moderado). Comparando *softwares* interativos com os não interativos, bem como entrega de mensagens pela internet personalizadas com as não personalizadas, não foram identificadas diferenças estatisticamente significativas (níveis de evidência moderado e baixo, respectivamente). Concluiu-se que as IBIs com ou sem apoio comportamental são moderadamente mais efetivas que os grupos-controle não ativos, mas não houve evidências de que seriam superiores a outros métodos ativos de interrupção do hábito de fumar – evidência a ser interpretada com cautela, devido à alta heterogeneidade e risco de vieses nos estudos incluídos.

Kaner et al. (2017) buscaram avaliar a efetividade e o custo-efetividade de intervenções digitais para reduzir os comportamentos prejudiciais e de risco relacionados ao consumo de álcool na comunidade. Foram incluídos 57 estudos, que analisaram 34.390 participantes. Concluiu-se que as intervenções digitais reduziram o consumo de álcool, quando comparadas a nenhuma intervenção ou intervenções mínimas (evidência de qualidade moderada). Somente cinco estudos (390 participantes) compararam intervenções digitais com as realizadas pessoalmente, constatando que ambas tiveram resultados semelhantes e não foram efetivas, isto é, não reduziram significativamente o consumo de álcool.

INTERVENÇÕES PARA PESSOAS ADULTAS COM ENFERMIDADES CRÔNICAS

Gentry et al. (2013) buscaram avaliar a eficácia das intervenções oferecidas pelos telefones fixos e móveis para a redução da morbidade e mortalidade em pessoas com infecção por HIV. Foram avaliados 11 estudos, mas destes apenas 3 tratavam de sintomas depressivos e psiquiátricos e contaram com 447 participantes (os demais se referiram a outros desfechos). Foram encontradas evidências de que as intervenções telefônicas podem reduzir os sintomas psiquiátricos em pessoas com HIV, mas, segundo os autores, a qualidade geral das evidências analisadas é baixa e o risco de viés é incerto, devido à falta de detalhes ao relatar a metodologia.

Eccleston et al. (2014) avaliaram a eficácia de IBI para adultos com dor crônica, considerando como desfechos intensidade da dor, níveis de incapacidade, depressão e ansiedade. As terapias deveriam ser interativas, baseadas em abordagens psicológicas, com ausência ou participação secundária de profissional de saúde. Foram incluídos 15 estudos, totalizando 2.012 participantes, com intervenções baseadas na TCC e na terapia de compromisso e aceitação. As evidências mostraram que participantes com dores crônicas de cabeça (incluindo enxaqueca) tiveram redução da dor, observando-se efeito moderado de redução da incapacidade após o tratamento, mas não foram encontrados efeitos de redução significativa da depressão ou ansiedade. Em participantes com outros tipos de dores, encontrou-se redução da dor com tamanho de efeito pequeno, redução do nível de incapacidade com tamanho de efeito moderado após o tratamento e pequeno no seguimento longitudinal, e redução nos níveis de depressão e ansiedade após o tratamento com tamanho de efeito pequeno; entretanto, essa melhora não se sustentou em longo prazo. A qualidade dos estudos foi considerada alta.

Rosser et al. (2023) avaliaram psicoterapias remotas para pessoas adultas com dores crônicas (excluindo dor de cabeça), em que o contato com o terapeuta se deu em, no máximo, 30% do tempo. Foram incluídos 32 estudos e 4.773 participantes, com diversas abordagens terapêuticas, sendo mais frequente o uso de TCC e terapia de aceitação e compromisso. A TCC, quando comparada ao grupo-controle, levou à redução pequena da intensidade da dor e da incapacidade imediatamente após tratamento, mas o efeito não se manteve em longo prazo. Não foram observados efeitos da TCC na qualidade de vida, nem efeitos adversos. As evidências foram consideradas de qualidade moderada a baixa.

INTERVENÇÕES PARA CRIANÇAS E ADOLESCENTES COM ENFERMIDADES CRÔNICAS

Com público-alvo de crianças e adolescentes com problemas físicos de longa duração, Thabrew et al. (2018) revisaram ensaios clínicos randomizados (ECRs), ensaios randomizados por *cluster* e ensaios cruzados para avaliar a eficácia das intervenções de e-saúde em comparação com placebos de atenção, placebos psicológicos, tratamento usual, controles de lista de espera ou tratamentos não psicológicos para tratar ansiedade e depressão nesse grupo. Foram encontrados cinco estudos, com um total de 463 participantes. Ao fim da análise, os autores concluíram que os efeitos das intervenções de e-saúde para o tratamento da ansiedade ou depressão em crianças e adolescentes com problemas físicos de longa duração são incertos, devido à baixa qualidade da evidência.

Ainda com o público de crianças e adolescentes, porém, com dores crônicas, Fisher et al. (2019) buscaram determinar a eficácia das terapias psicológicas ministradas remotamente em comparação com lista de espera, tratamento usual ou tratamentos de controle ativo, para o manejo da dor. Foram excluídas intervenções por atendimento telefônico, sendo consideradas "terapias fornecidas remotamente" (livre tradução) como terapias psicológicas fornecidas por meio da tecnologia, de modo flexível e autoguiado. A revisão contou com dez ensaios clínicos randomizados e 697 participantes. Todos os estudos se fundamentaram em TCC. Percebeu-se que as terapias psicológicas remotas foram úteis na redução da dor em crianças e adolescentes com cefaleia somente quando avaliadas imediatamente após o tratamento, com efeitos que não se sustentaram no seguimento longitudinal. Não foi encontrado efeito benéfico para redução da intensidade em outros tipos de dor. Também não houve efeitos benéficos de terapias remotas sobre o funcionamento físico, depressão ou ansiedade pós-tratamento para dor de cabeça e condições mistas de dor crônica. Os autores fazem a ressalva de que, para condições mistas de dor crônica, os dados eram limitados. A satisfação com o tratamento foi descrita como positiva, e a qualidade da evidência dos estudos foi considerada muito baixa.

INTERVENÇÃO PARA PESSOAS IDOSAS

Noone et al. (2019) publicaram uma revisão rápida de estudos sobre uso de videoconferência para reduzir a solidão e o isolamento social em idosos. Foram incluídos três ensaios clínicos quasi-randomizados, que compararam intervenções que usaram videoconferências em instituições de longa permanência para idosos, em comparação com o tratamento usual. As evidências foram de qualidade baixa e mostraram que houve pouca ou nenhuma redução do sentimento de solidão. Não foram encontrados estudos sobre o impacto no isolamento social, e nenhum dos estudos incluídos foi conduzido durante a pandemia de Covid-19.

INTERVENÇÕES PARA CUIDADORES INFORMAIS DE PESSOAS COM ENFERMIDADES CRÔNICAS

Lins et al. (2014) produziram uma revisão quantitativa sobre a eficácia do aconselhamento telefônico para cuidadores informais de pessoas com demência; também buscaram sintetizar estudos qualitativos para descrever as experiências dos cuidadores e dos conselheiros ao receberem e conduzirem, respectivamente, aconselhamento por telefone e identificar aspectos valorizados na intervenção. A revisão incluiu nove ensaios clínicos randomizados (ECR) ou ensaios cruzados e dois estudos qualitativos, totalizando 462 cuidadores. Os estudos compararam aconselhamento telefônico contra nenhum tratamento, cuidados habituais ou chamadas amigáveis para bate-papo. O aconselhamento via telefone também poderia incluir sessões de vídeo e apostilas. Os autores encontraram evidências de que o aconselhamento telefônico foi eficaz para reduzir sintomas depressivos em cuidadores de pessoas com demência (três estudos), mas não foram encontrados efeitos positivos claros para outros sintomas, como estresse ou ansiedade. A qualidade dos estudos foi considerada moderada.

Corry et al. (2019) realizaram uma revisão com o objetivo de avaliar a eficácia das intervenções de apoio telefônico em comparação aos cuidados habituais ou intervenções de apoio não telefônico para fornecer educação e apoio psicossocial para cuidadores informais de pessoas com doenças agudas e crônicas e também avaliar a relação custo-eficácia dessas intervenções. Considerando os critérios de inclusão, foram analisados 21 estudos, com um total de 1.690 cuidadores. Os resultados demonstraram um ligeiro benefício nas intervenções de apoio telefônico para ansiedade e preparação para o cuidar, no final da intervenção, mas para a maioria dos resultados, como qualidade de vida e depressão, as intervenções apenas por telefone tiveram pouco ou nenhum efeito sobre o cuidador, em comparação com os cuidados habituais. Os estudos tinham alto risco geral de viés e poucos participantes.

González-Fraile et al. (2021) avaliaram intervenções remotas, com uso de internet ou telefone, para cuidadores informais de pessoas com demência, de três tipos: informação, treinamento (para administrar a exaustão) e apoio (consideradas intervenções que envolveram discussão de sentimentos, problemas e outras questões) (Silvério et al., 2021). Concluiu-se que intervenções remotas de suporte, treinamento ou ambas, combinadas, ou não, a intervenções de informação, reduziram levemente a exaustão e melhoraram sintomas depressivos nos cuidadores, quando comparadas com intervenções exclusivamente de informação, mas não quando comparadas ao grupo-controle. Não foram encontradas evidências de que essas intervenções pudessem melhorar a qualidade de vida. Os resultados devem ser interpretados com cautela, devido a limitações e heterogeneidade dos estudos incluídos. A qualidade dos estudos foi considerada baixa ou moderada.

INTERVENÇÃO PARA TRABALHADORES

Kuster et al. (2017) compararam os efeitos das IBI *versus* intervenções presenciais com o mesmo conteúdo para prevenir e reduzir o estresse nos trabalhadores. Apenas dois ensaios clínicos randomizados preencheram os critérios de inclusão e totalizaram 159 participantes, sendo que 67 pessoas participaram de intervenções baseadas em computador e 92 de intervenções presenciais, e ambas as intervenções foram baseadas em educação (cursos). Os resultados foram considerados heterogêneos e contraditórios, não sendo possível agrupá-los em uma única metanálise. Um estudo não encontrou evidências de diferença entre um método baseado em computador ou um método presencial, enquanto o outro apontou que um método baseado em computador foi significativamente menos eficaz que um método presencial. Por fim, os autores ressaltaram que os estudos tinham alto risco de viés e qualidade de evidência muito baixa.

IMPLICAÇÕES PARA A PRÁTICA PROFISSIONAL

Os estudos analisados nesta revisão sistemática apontaram evidências de eficácia de alguns tipos de intervenções mediadas por TICs, quando comparadas a grupos-controle. Entretanto, essas intervenções são bastante heterogêneas em relação a critérios como forma de aplicação, nível de participação do terapeuta, populações-alvo e condições de saúde específicas. Portanto, terapias mediadas por TICs ainda devem ser utilizadas de forma cautelosa, considerando que nem sempre há evidências que sustentem a sua eficácia. Em especial, observou-se que metanálises de estudos com crianças ou idosos não encontraram evidências de eficácia das intervenções mediadas por TICs, recomendando-se ainda mais cuidado em relação a esses públicos.

A maioria das pesquisas utilizou intervenções autoguiadas ou apenas apoiadas na figura do terapeuta. Esse cenário pode apontar, por um lado, para uma possibilidade de maior acesso a tratamentos de saúde mental, tanto por ser realizado remotamente como por ter características mais autônomas e flexíveis em relação à figura de um profissional, o que poderia possibilitar a redução do custo desses serviços e, consequentemente, ampliação para maior número de pessoas. Por outro lado, esse desenvolvimento precisa ser acompanhado por reflexões teóricas, práticas e éticas para que não ocorra uma precarização do trabalho dos profissionais de saúde, em especial de saúde mental, e uma perda da singularidade dos processos terapêuticos, com consequente redução de eficácia. Cabe observar que nem todas as metanálises obtiveram resultados que sustentem a evidência desse tipo de intervenção, e a qualidade da evidência foi considerada moderada ou baixa em todos os estudos.

É importante observar que, ao contrário de intervenções baseadas em fatores biológicos (p. ex., medicação ou intervenção cirúrgica), as intervenções psicológicas e psicossociais são altamente impactadas por fatores culturais, carecendo de validação em cenários mais próximos daqueles em que as práticas profissionais acontecem. Assim, recomenda-se cautela na generalização dos resultados dessas revisões sistemáticas para os cenários de práticas no Brasil, uma vez que os estudos incluídos não contemplaram estudos brasileiros e foram, em grande parte, conduzidos em países de alta renda e desenvolvimento humano.

IMPLICAÇÕES PARA A PESQUISA

Os estudos localizados, em sua maioria, não abordaram serviços psicológicos voltados ao tratamento de transtornos mentais, com exceção de ansiedade e TEPT, de forma que se fazem necessárias pesquisas sobre o tratamento de outros transtornos mentais e condições de saúde mental em geral. Além disso, há ausência de evidências de eficácia ou efetividade de intervenções mediadas por TICs para crianças, adolescentes e pessoas idosas.

Além disso, poucos ensaios clínicos utilizaram a videoconferência como meio de intervenção, possibilitando interação síncrona, e/ou outras intervenções com maior participação do profissional, apesar de serem uma modalidade frequentemente utilizada por psicólogos, especialmente após a pandemia de Covid-19. Também observou-se que raramente as revisões sistemáticas puderam encontrar alguma conclusão sobre o grau de efetividade de intervenções mediadas por TICs quando comparadas às intervenções presenciais, campo de investigações que, portanto, permanece pouco explorado.

Geralmente, a qualidade das evidências foi apontada como moderada ou baixa, indicando considerável risco de viés, e, portanto, há necessidade de conduzir outros ensaios de alta qualidade e com amostras maiores. Recomenda-se o uso de critérios internacionalmente convencionados pela comunidade científica para o delineamento e o relato das investigações científicas.

Finalmente, observou-se a ausência de estudos brasileiros incluídos nas revisões sistemáticas da Colaboração Cochrane, de forma que se recomenda a realização desse tipo de estudo em cenário nacional. Recomenda-se, por fim, a padronização de termos para se referir às diversas modalidades de intervenção mediadas por TICs, facilitando a busca de estudos em bases de dados e a comunicação acerca desse assunto entre a comunidade científica e profissionais de saúde.

CONSIDERAÇÕES FINAIS

O presente capítulo, até onde se tem conhecimento, é o primeiro trabalho a sintetizar as revisões sistemáticas da Colaboração Cochrane acerca de intervenções psicológicas ou psicossociais mediadas por TICs. Entretanto, uma limitação referente ao método adotado é a ausência de busca em outras bases de dados científicas, uma vez que pesquisas na área da Psicologia costumam se concentrar em outras plataformas. Pretende-se, futuramente, realizar revisões mais abrangentes.

De acordo com as revisões sistemáticas disponíveis na *Cochrane Library* e incluídas no presente trabalho, pode-se concluir que algumas intervenções psicológicas e psicossociais mediadas por TICs foram eficazes e/ou efetivas, quando comparadas à ausência de intervenção. Há poucos estudos que compararam intervenções mediadas por TICs com aquelas em modalidade presencial, não sendo possível constatar se há semelhança ou diferença entre os graus de eficácia ou efetividade obtidos por ambas.

As revisões sistemáticas abordaram uma variedade de condições de saúde mental, saúde física e questões psicossociais (p. ex., trabalhadores ou cuidadores de pessoas enfermas), coerentemente com a diversidade dos campos de atuação de psicólogos na saúde. Foram mais comuns as revisões sistemáticas voltadas a intervenções com público adulto, que encontraram evidências de eficácia de parte das intervenções testadas, mas não foram encontradas evidências de eficácia de intervenções mediadas por TICs para pessoas em outras fases do ciclo de vida, como crianças, adolescentes e idosos.

Observou-se que as TICs abriram uma gama de possibilidades que foram combinadas, de forma criativa, para compor intervenções variadas. Entretanto, a maior parte das metanálises mesclou estudos que usaram diferentes estratégias e dispositivos, o que pode dificultar a interpretação, devido à falácia de "combinar maçãs com laranjas" (Higgins & Green, 2008), isto é: sintetizar, estatisticamente, populações, intervenções e desfechos com características muito diversas, levando à perda do sentido da informação numérica.

Finalmente, foi possível constatar que estudos sobre a eficácia de intervenções psicológicas ou psicossociais mediadas por TICs é incipiente, havendo poucas evidências, consideradas, na maior parte das vezes, de qualidade baixa a moderada. Em relação às psicoterapias por videoconferência, há ainda menos evidências levantadas por revisões sistemáticas. Portanto, apesar de existir regulamentação da prestação de serviços psicológicos mediados por TICs pelo Conselho Federal de Psicologia, com expressivo aumento de seu uso a partir de 2018 e uma expansão vertiginosa impulsionada pela pandemia de Covid-19, recomenda-se cautela ao realizar tais intervenções, visto que o presente trabalho não localizou evidências de boa qualidade que sustentem esse tipo de prática.

REFERÊNCIAS

Índice remissivo

A

B

C

D

E

F

G

H

I

J

L

M

O

P

Q

R

S

T

V